洞头年鉴

2020

总第30卷

DONGTOU YEARBOOK

温州市洞头区委史志编纂委员会
温州市洞头区地方志研究室
编

方志出版社
Publishing House of Local Records

图书在版编目（CIP）数据

洞头年鉴. 2020 / 温州市洞头区委史志编纂委员会，温州市洞头区地方志研究室编. -- 北京：方志出版社，2020.12

ISBN 978-7-5144-4504-6

Ⅰ. ①洞… Ⅱ. ①温… ②温… Ⅲ. ①洞头区 - 2020 - 年鉴 Ⅳ. ①Z525.54

中国版本图书馆CIP数据核字（2020）第242125号

洞头年鉴（2020）

编　　者：温州市洞头区委史志编纂委员会
　　　　　温州市洞头区地方志研究室
责任编辑：刘方圆

出 版 者：方志出版社
　　　　　地　址：北京市朝阳区潘家园东里9号（国家方志馆4层）
　　　　　邮　编：100021
　　　　　网　址：http://www.zgfzcb.cn
发　　行：方志出版社图书经销中心
　　　　　电　话（010）67110500
经　　销：各地新华书店
印　　刷：温州市北大方印务有限公司

开　　本：889×1194　　1/16
印　　张：32.5
字　　数：1054千字
版　　次：2020年12月第1版　2020年12月第1次印刷
印　　数：001～500册

ISBN 978-7-5144-4504-6　　定价：280.00元

编辑说明

一、《洞头年鉴（2020）》以马克思列宁主义、毛泽东思想、邓小平理论、“三个代表”重要思想、科学发展观、习近平新时代中国特色社会主义思想为指导，坚持辩证唯物主义和历史唯物主义的立场、观点和方法，实事求是记载2019年度洞头自然、政治、经济、文化、社会等方面基本概貌和发展状况；记述2019年洞头大事、要事、特事、新事，反映各行各业的新变化、新经验、新探索。以记述为主，务求真实性、实用性。

二、《洞头年鉴（2020）》记述时限为2019年1月1日至12月31日，个别资料时间有延溯。记述范围为2019年的洞头区境。其中，人物栏目中“在外洞头人”，主要反映洞头人的创业精神，不受地域限制。

三、《洞头年鉴（2020）》采用分类编辑法，全书主体内容设栏目、分目、条目三个层次。全书共含31个栏目、251个分目、1286个条目。文中配图照270幅、表格68张。卷首设“特载”“专辑”“大事记”“区情概览”等4个栏目，百科设“中共洞头区委”等25个栏目，卷尾设“附录”“索引”2个栏目，全书约100万字。

四、本卷年鉴框架结构部分整合调整。其中，“区情概览”内容作调整，“组织机构负责人名录”移至“人物”类目；整合“综合管理与监督”“财政·税务”“国土资源”类目，设立“经济管理”类目；整合“人力资源与社会保障”“民政”“社会民生”，设立“居民生活”类目；“大门海洋经济示范区”并入“工业”类目。

五、本卷照片多为相关部门、单位提供，部分照片由区融媒体中心、摄影协会等提供，部分资料照片无法具名摄影者。

六、《洞头年鉴（2020）》采用记述体。文字、称谓、数字、纪年、标点符号等，均按国家有关规定书写。有些计量单位如农田土地单位沿用“亩”。作者署名在条目文尾，一个分目下连续多个条目均为同一作者的，署名于最后条目文尾。

七、《洞头年鉴（2020）》各项资料均由洞头区各有关部门、单位提供，正式引用时以《2019年洞头区国民经济与社会发展统计公报》《洞头统计年鉴（2019）》为准。部分数据、表格，均在文尾注明引述来源。

DONGTOU NIANJIAN

总　目

洞头区地图

乐清市
乐清湾
玉环
北白象镇
瓯江
灵昆街道
龙湾区
温州龙湾国际机场
甬台温高速复线(在建)
市域铁路S1线(在建)
灵霓大堤(北堤)
S218省道(规划)
温州湾
大门岛
大门镇
小门岛
鹿西岛
青山岛
状元岙岛
元觉街道
霓屿岛
霓屿街道
洞头岛
洞头区
北岙街道
东屏街道
半屏岛
大瞿岛
北策岛
南策岛
东策岛
崎头洋
瑞安市
图例
县(市、区)政府驻地
乡(镇)政府 街道办事处 驻地
行政村
自然村
省级风景区
重要旅游点
山峰
机场
汽车站
码头
设区市界
县(市、区)界
乡镇界
高速公路
建筑中高速公路
国道及编号
县道
城镇道路
规划路
乡道
小路
桥梁
堤坝
河流 湖泊
水库 沟渠

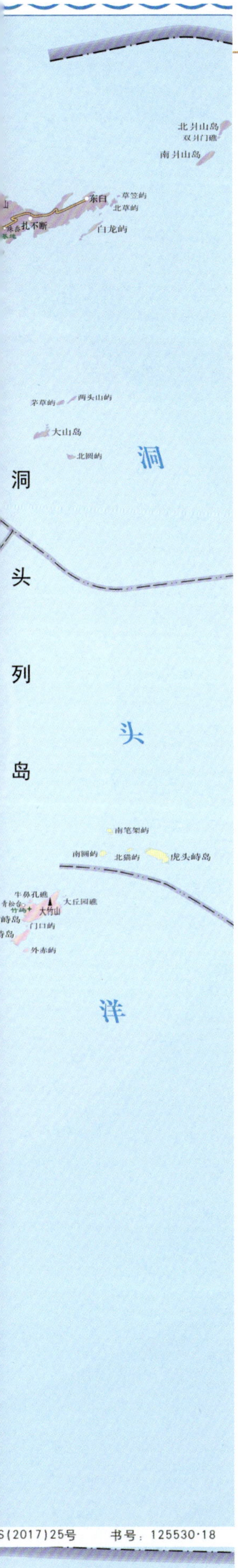

洞头城区图

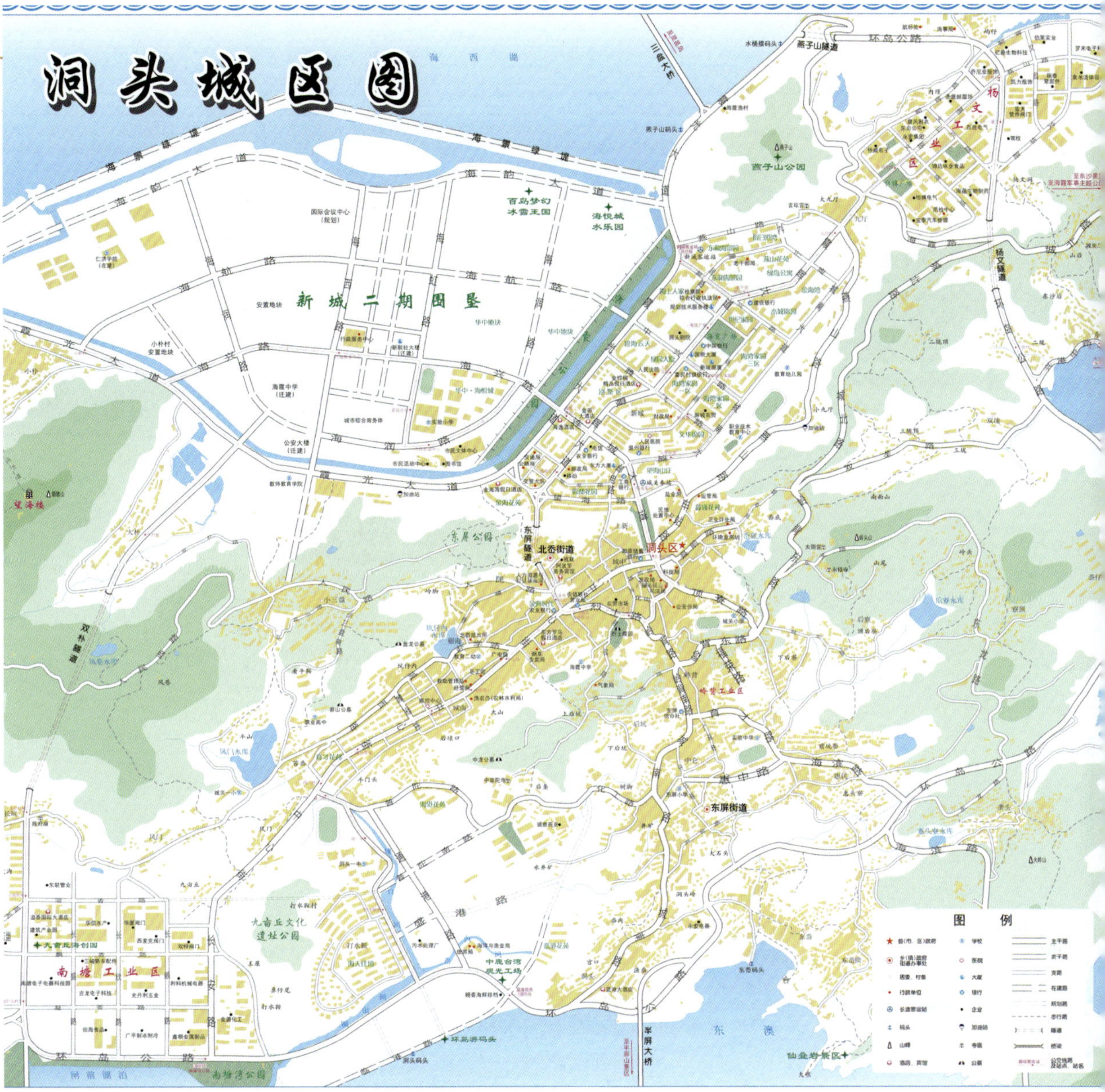

大门城区图

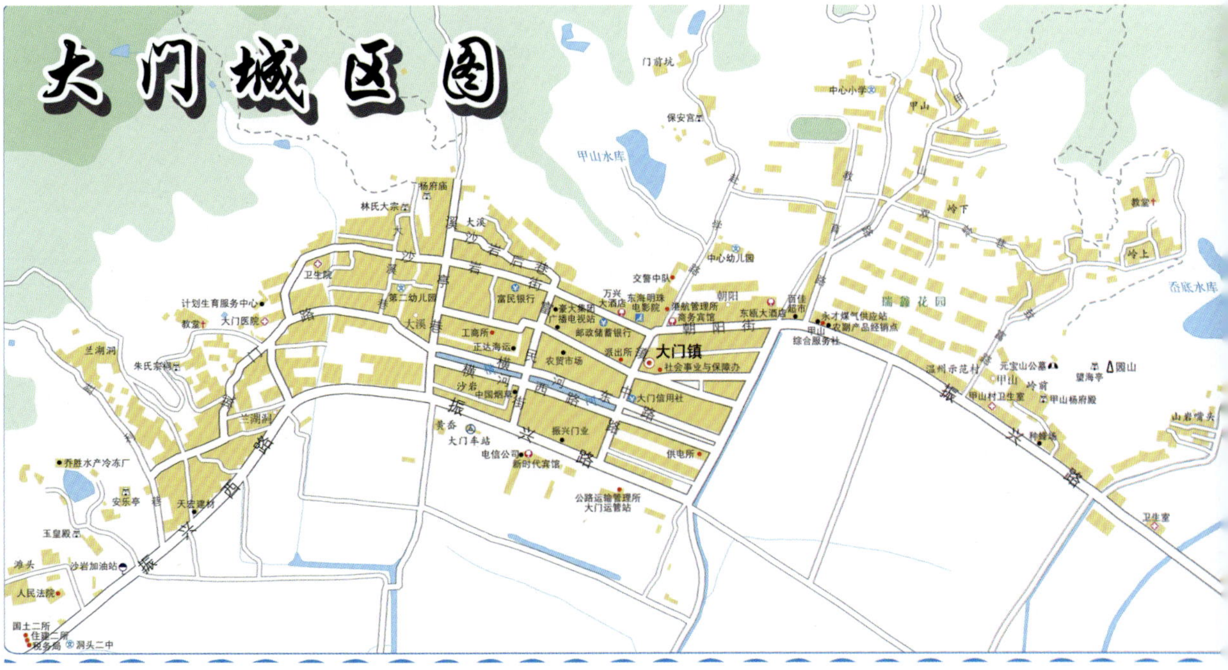

浙S(2017)25号　书号：125530·18

洞头海岛荣誉

- 全国平安建设先进县
- 国家卫生县城
- 国家计划生育优质服务示范县
- 全国双拥模范县“三连创”
- 国家级海洋公园
- 国家海洋生态文明建设示范区
- 国家生态文明建设示范区（国家生态县）
- 国家级生态保护与建设示范区
- 国家义务教育发展基本均衡县（市、区）
- 中国“十大美丽海岛”
- 国家AAAA旅游风景区
- 中国七夕文化之乡
- 中国羊栖菜之乡
- 全国海钓基地
- 中国十大摄影发烧风景区
- 中国最佳海岸摄影地
- 国家海洋牧场示范区
- 全国十大美丽国家海洋保护区
- 全国“两山”实践创新基地
- 国家海洋经济发展示范区

- 浙江省重点风景名胜区
- 浙江省森林城市
- 浙江省园林城市
- 浙江省旅游发展十佳县（市、区）
- 浙江省最值得去的五十个景区之一
- 浙江省美丽乡村先进县
- 浙江省综治工作先进县（区）
- 浙江省文明县城
- 浙江省教育基本现代化县（区）
- 浙江省首批生态文明示范县（区）
- 浙江省美丽乡村示范县
- 浙江省首批“平安金鼎”
- 浙江省全域旅游示范区
- 浙江省食品安全区

数字洞头

2019年地区生产总值

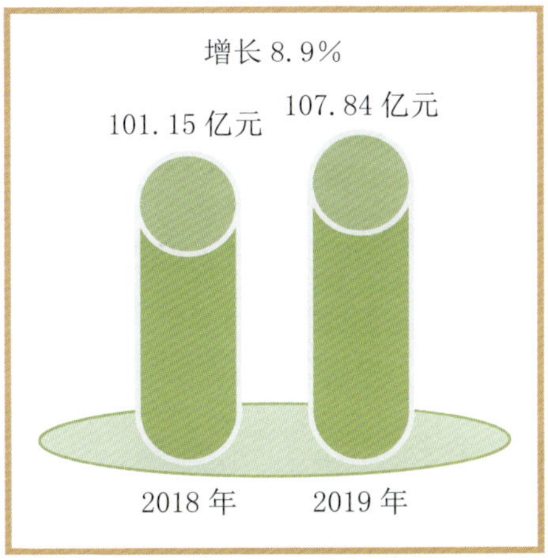

2019年生产总值结构比重

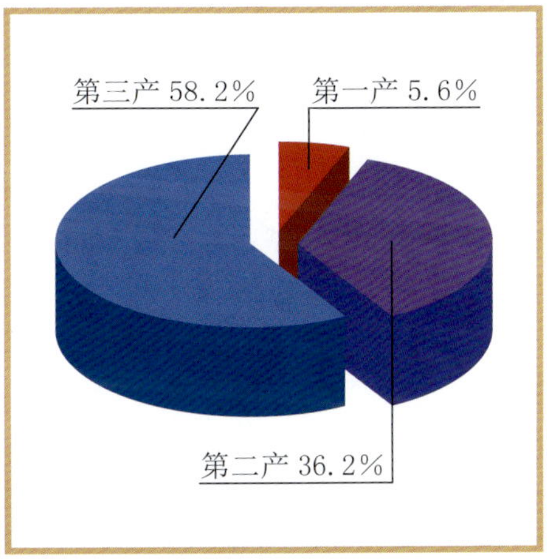

2019年社会消费品零售总额

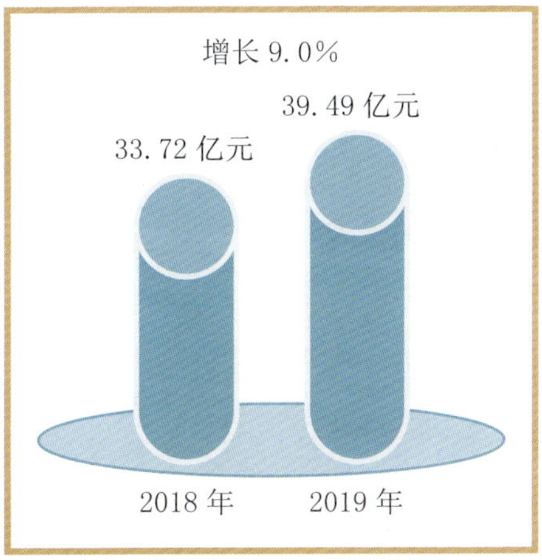

2019年财政收入

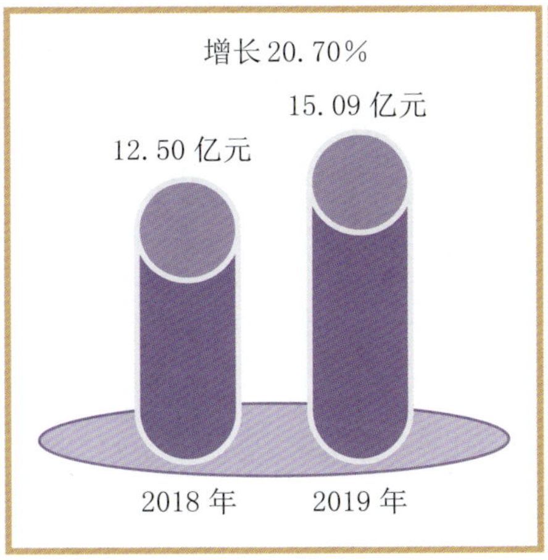

2019年建筑业总产值

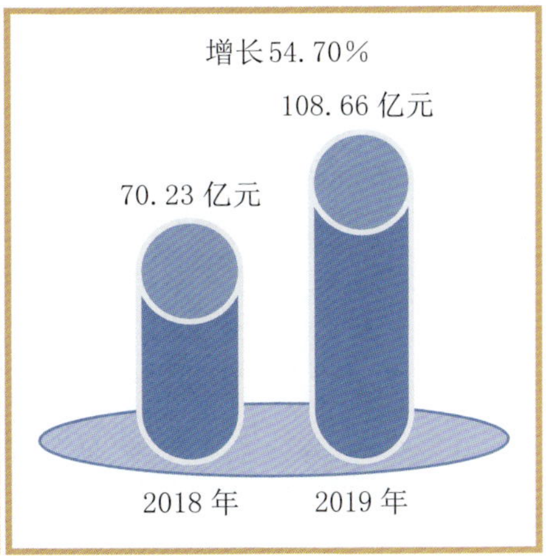

2019年港口货物吞吐量

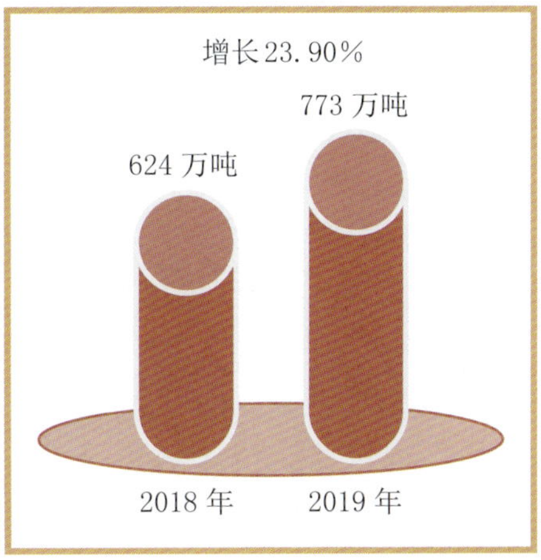

2019年5月13日，省委书记车俊（左）为洞头区颁发2018年度美丽浙江建设工作考核优秀区牌匾（区融媒体中心提供）

2019年8月20日，省政协主席葛慧君（左二）到洞头调研（区融媒体中心提供）

2019年11月15—17日，浙江·温州创业创新博览会展会期间，省委常委、市委书记陈伟俊（中）参观洞头馆

（区融媒体中心提供）

2019年6月28日，市委副书记、市长姚高员（左六）参加在洞头举办的“2019两岸一家亲·半屏山系列交流活动”

（区委台办提供）

2019年8月16日，洞头区“不忘初心、牢记使命”主题教育专项整治暨社会治理七大攻坚推进会

开展“牢记嘱托、实干有为”专题读书会活动。图为区领导重走习近平总书记调研洞头之路

区委书记王蛟虎率队开展“三助三红”工作。图为座谈现场

洞头区"不忘初心、牢记使命"主题教育

2019年8月，洞头区启动"不忘初心、牢记使命"主题教育，突出"六个带头"承诺，把学习教育、调查研究、检视问题、整改落实贯穿始终，精心制定工作时间表、路线图和任务书，推动主题教育走深走实，主题教育民意测评多项指标满意率位居全市第一。

（区融媒体中心提供）

区委副书记、区长林霞率队开展工作调研

区委理论中心组开展专题读书会

2019年1月19日，洞头区召开机构改革动员大会　　（区融媒体中心提供）

2019年1月19日，为新设立、组建及更名单位授牌　　（区融媒体中心提供）

2019年4月24日，洞头区举行村规模优化调整新村（社区）集中授牌　（区融媒体中心提供）

2019年10月31日，洞头区举行“海霞红港”启用仪式暨“海霞红”党建阵地集中授牌　（区融媒体中心提供）

2019年9月28日，温州市S1线灵昆段正式通车　（王建成　摄）

2019年8月30日，洞头区首个EPC砂质岸

2019年11月15日，甬台温高速复线灵昆至苍南段通车　（王建平　摄）

（北岙街道提供）

2019年12月31日，洞头区殡仪服务中心正式投用　（区民政局提供）

2019年12月，洞头青山岛旅游度假区项目开工建设。图为项目鸟瞰效果图　（区发改局提供）

2019年8月，半屏韭菜岙沙滩整治修复（管新民　摄）

2019年11月13日，洞头区青山欢乐岛项目代表温州市大花园项目在第五届世界浙商大会上签约　（区发改局提供）

2019年10月27日，温州洞头院士论坛暨蓝色海湾·海洋产业发展峰会在洞头举行　（区融媒体中心提供）

2019年11月4日，洞头丙烷脱氢制丙烯项目在第十六届全国各地温州商会年会上签约　（区发改局提供）

2019年7月5日，温州状元岙港区新辟温州至越南海防直达航线开通　（温州港集团状元岙港务分公司提供）

2019年11月26日，中华人民共和国成立70周年看渔村新变化渔民画展览　（金如龙　摄）

古厢古色古宅趣味定向赛　（区文广旅体局提供）

2019年4月27日，两岸

2019年9月9日—10日，当伦敦遇上温州—中英艺术家温州写生活动走进洞头　　（区文广旅体局提供）

组文化沙龙活动　　（卓桂枝　摄）

2019年1月6日晚，洞头蔡亦寒舞蹈《故国》获第11届中国舞蹈“荷花奖”古典舞最高奖——古典舞奖

（区融媒体中心提供）

2019年1月26日—27日，中国·洞头首届乒乓球国际邀请赛举行

（区融媒体中心提供）

2019年4月26日，千名职工健步走活动举行　　（区融媒体中心提供）

2019年5月17日—18日，全国俱乐部海钓·路亚邀请赛在洞头举行

（区文广旅体局提供）

2019年11月25日，洞头区第六届运动会开

（区文广旅体局提供）

2019年5月18日—19日，第六届浙江哈雷骑士大会在洞头举行

（区文广旅体局提供）

2019年10月19日，首届“一带一路”国家间群众体育交流比赛（沙滩只求赛）举行

（区文广旅体局提供）

2019年12月24日，浙江省青少年拳击冠军赛在洞头举行（区融媒体中心提供）

2019年9月7日—8日，温州长距离铁人三项世界杯在洞头举行 （金如龙 摄）

自行车项目比赛

跑步项目比赛

游泳项目比赛

ITU
multisport
World Cup Wenzhou
triathlon
2
1
3

multisport
World Cup Wenzhou
ITU
triathlon
2
1
3

颁奖仪式

2019年5月9日，洞头区首条环岛旅游公交线路正式开通　　（滕敏敏　摄）

2019年7月15日，洞头区首条夜间公交正式开通　　（李小刚　摄）

岭背百姓书屋

2019年9月12日，全市首个有害垃圾收集站建成　（区综合行政执法局提供）

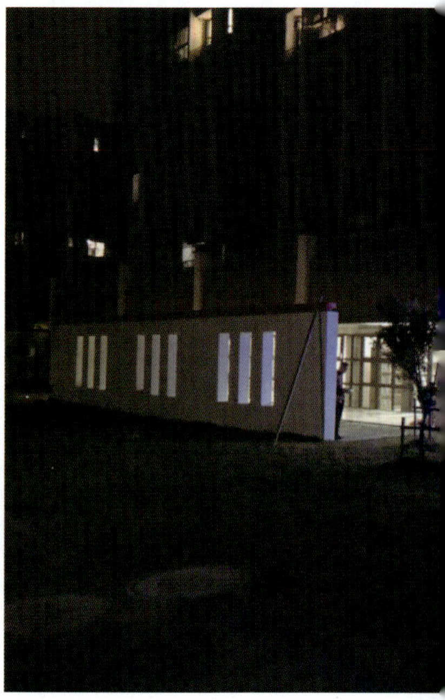

灵昆新灵景园城市书房

（区文广旅体局提供）

（区文广旅体局提供）

2019年8月26日，洞头区灵昆幼儿园开园　　（灵昆街道提供）

第十届中国·洞头妈祖平安节

2019年4月27日(农历三月廿三),第十届中国·洞头妈祖平安节在北岙街道东沙村妈祖宫广场主会场、元觉分会场举行。

(区融媒体中心提供)

两岸同心妈祖慈善基金授牌

四海安澜瓶汇水

千人祈福

元觉分会场举行妈祖巡游

霓屿南山分会场举行平安巡游

2019年8月7日，第12届中国·洞头七夕民俗风情节活动　　（东屏街道提供）

2019年11月18日，温州市第三个“兰小草”爱心宣传日暨第五届最美洞头人·道德模范颁奖典礼在仁济学院举行

（区委宣传部提供）

2019年9月20日晚，庆祝中华人民共和国成立70周年和人民政协成立70周年活动　　（区融媒体中心提供）

2019年11月6日，洞头区第九届放生节活动　　（区融媒体中心提供）

大门油菜花 （叶凌志 摄）

2019年6月6日，2019年世界海洋日暨全国海洋宣传日浙江主场活动在洞头东岙沙滩举行　　（区融媒体中心提供）

2019年5月23日，全国“蓝色海湾”整治行动项目现场调研工作座谈会　　（区融媒体中心提供）

醉美灵昆岛（张锦显　摄）

望海楼（张锦显　摄）

鹿西鸟岛　　（杨海贵　摄）

有关组织机构全称、简称对照表

全　　称	简　　称
中国共产党温州市洞头区委员会	洞头区委或区委
中国共产党温州市洞头区委办公室	区委办或区委办公室
温州市洞头区政策研究办公室	区委政研室
温州市洞头区人大常委会	区人大常委会
温州市洞头区人民政府	洞头区或区政府
温州市洞头区人民政府办公室	区府办或区政府办公室
政协温州市洞头区委员会	区政协
中国共产党温州市洞头区纪律检查委员会（温州市洞头区监察委员会）	区纪委、区监委
中国人民解放军浙江省温州市洞头区人民武装部	区人武部洞头区人武部
温州市洞头区人民法院	区法院
温州市洞头区人民检察院	区检察院
中国共产党温州市洞头区委组织部	区委组织部
中国共产党温州市洞头区委宣传部	区委宣传部
中国共产党温州市洞头区委统一战线工作部	区委统战部
中国共产党温州市洞头区委政法委员会	区委政法委
温州市洞头区民族宗教事务局	区民宗局
温州市洞头区机构编制委员会办公室	区委编办
中国共产党温州市洞头区委直属机关工作委员会	区委机关工委
中国共产党温州市洞头区委、温州市洞头区人民政府信访局	区信访局
中国共产党温州市洞头区委老干部局	区委老干部局
中国共产党温州市洞头区委党史研究室（温州市洞头区地方志研究室）	区史志研究室
温州市洞头区精神文明建设指导委员会办公室	区文明办
中国共产党温州市洞头区融媒体中心	区融媒体中心
温州市洞头区发展和改革局	区发改局
温州市洞头区经济商务和信息化局	区经信局
温州市洞头区教育局	区教育局
温州市公安局洞头区分局	区公安分局
温州市洞头区民政局	区民政局
温州市洞头区司法局	区司法局

全　　称	简　　称
温州市洞头区财政局	区财政局
温州市洞头区人力资源和社会保障局	区人力社保局
温州市洞头区住房和城乡建设局	区住建局
温州市洞头区交通运输局	区交通运输局
温州市洞头区农业农村局	区农业农村局
温州市洞头区文化和广电旅游体育局	区文广旅体局
温州市洞头区卫生健康局	区卫生健康局或区卫健局
温州市洞头区退役军人事务局	区退役军人事务局
温州市洞头区应急管理局	区应急管理局
温州市洞头区市场监督管理局	区市场监管局
温州市洞头区统计局	区统计局
温州市自然资源和规划局洞头分局	自然资源和规划局洞头分局
温州市生态环境局洞头分局	市生态环境局洞头分局
温州市医疗保障局洞头分局	市医疗保障局洞头分局
温州市洞头区供销合作社	区供销社
温州市洞头区金融工作服务中心	区金融工作服务中心
温州市洞头区科学技术协会	区科协
温州市洞头区文学艺术界联合会	区文联
温州市洞头区残疾人联合会	区残联
温州市洞头区工商业联合会	区工商联
温州市洞头区红十字会	区红十字会
温州市洞头区社会科学界联合会	区社科联
温州市洞头区关心下一代工作委员会	区关工委
温州市住房公积金管理中心洞头分中心	公积金洞头分中心
国网温州市洞头区供电公司	国网洞头供电公司
温州市洞头区烟草专卖局	区烟草专卖局
温州市洞头华数广电网络有限公司	洞头华数公司
温州市洞头区消防救援大队	区消防救援大队
人民武装警察部队温州支队洞头区中队	武警中队
浙江温州洞头农村商业银行股份有限公司	洞头农商银行

目 录

特 载

专 辑

大事记

区情概览

中共洞头区委

洞头区人民代表大会

洞头区人民政府

政协洞头区委员会

纪检监察

人民团体

法　治

军　事

农业　水利

海洋与渔业

经济管理

工　业

交　通

城乡建设

商贸服务

旅　游

金融业

环境保护

教　育

科学技术

文　化

卫生　体育

居民生活

人　物

街道　乡镇

附　录

索　引

CONTENTS

Special Issue

Album

Calendar of Events in 2019

An overview of the situation

CPC Dongtou District Committee

Dongtou District People's Congress

DongTou District People's Government

Dongtou District Committee of CPPCC

Discipline Inspection and Supervision

Mass organizations

Nomocracy

Military

Agricultural water

Oceans and fisheries

Economic Management

Industry

Transportation

Urban and Rural Development

Business Services

Tourism

Financial Industry

Environmental Protection

Education

Science and Technology

Culture

Health Sports

Residents Living

Figure

Street Towns

Appendix

Index

特 载

火红的日子 · 陈钦煅

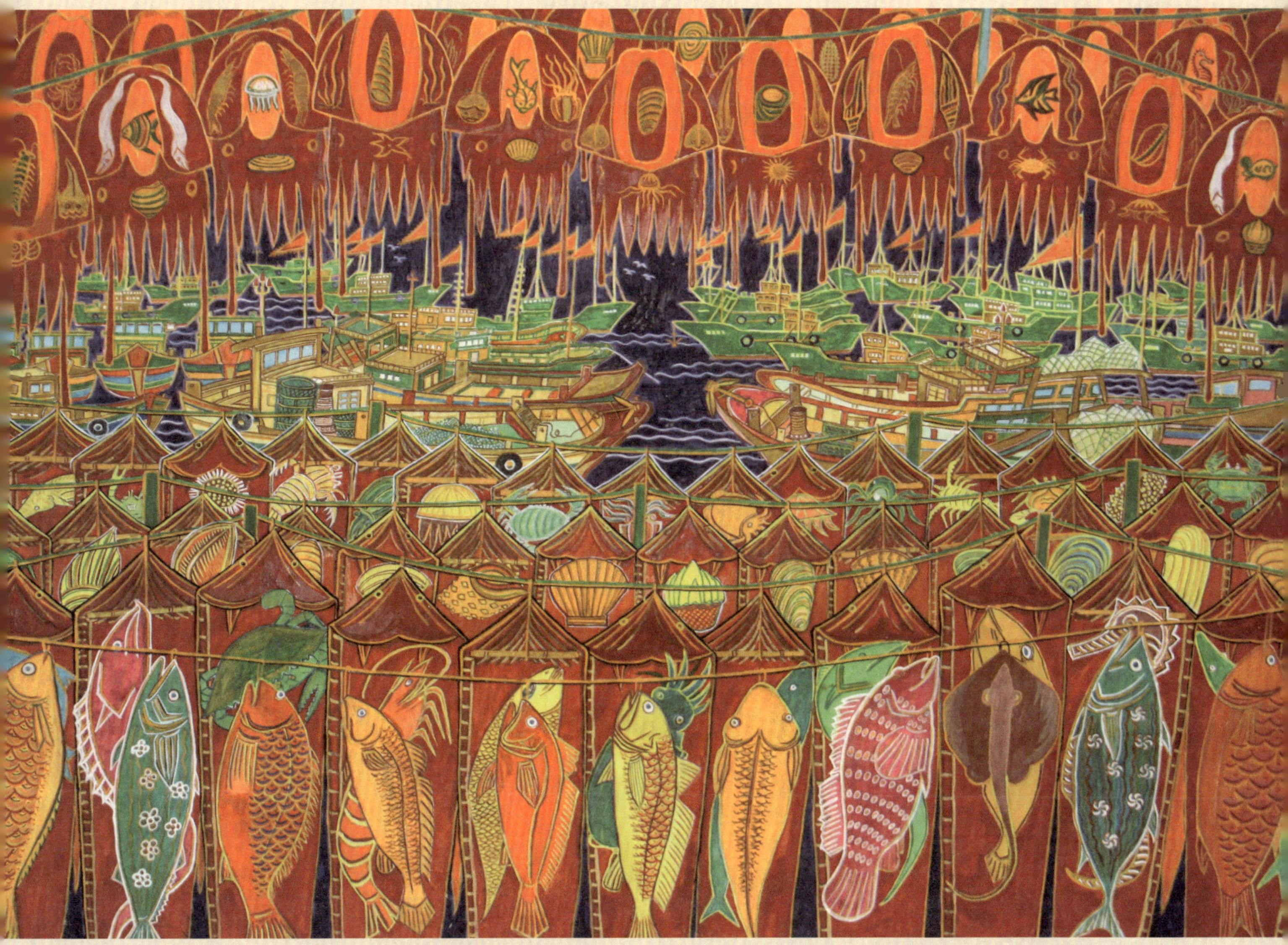

“海霞精神”

爱岛尚武　励志奉献

特　载

高水平推进区域治理 高质量建设海上花园

——在中共温州市洞头区委一届七次全体（扩大）会议上的报告

中共温州市洞头区委书记　王蛟虎

（2020年1月3日）

中共洞头区委书记　王蛟虎

这次区委全会的主要任务是，高举习近平新时代中国特色社会主义思想伟大旗帜，认真学习贯彻党的十九届四中全会和省市重要会议精神，回顾总结2019年工作，研究部署2020年任务，动员全区上下解放思想、继续奋斗，确保高水平全面建成小康社会，高水平推进区域治理，高质量建设海上花园。审议通过《中共温州市洞头区委关于深入学习贯彻党的十九届四中全会精神高水平推进区域治理现代化精细化的决定》。

一、回顾总结2019年工作，海上花园展现新景象

2019年是中华人民共和国成立70周年。一年来，区委常委会坚决贯彻中央和省市委重大决策部署，紧扣高质量建设海上花园目标，聚焦八大领域，加快全域振兴，同心同德干事业、攻坚克难抓落实，促进了经济社会快速发展，新增15项省级以上荣誉，14项指标居全市前三。预计全年实现地区生产总值112.5亿元，同比增长8%以上；财政总收入15.4亿元，其中一般公共预算收入9.7亿元，分别增长20.7%和18.7%；城乡居民人均可支配收入达到49267元和29904元，分别增长8.5%和9.5%，城乡收入比缩小至1.65：1。

回顾去年工作，区委常委会始

终把政治建设摆在首位，贯彻党中央重大决策部署，保障政令畅通。一是坚决贯彻习近平总书记重要指示精神，坚定维护核心。区委常委会牢固树立“四个意识”，坚定“四个自信”，做到“两个维护”。重温习近平总书记两次调研考察洞头重要指示精神，牢记总书记对洞头发展的殷切嘱托，按照“真正把洞头建设成为名副其实的海上花园”的战略构想，坚持一张蓝图绘到底，保持定力、久久为功。二是坚决贯彻“不忘初心、牢记使命”主题教育部署，坚守为民初心。区委常委会突出“六个带头”承诺，把学习教育、调查研究、检视问题、整改落实贯穿始终，带领全区6900余名党员守初心、担使命、找差距、抓落实。注重规定动作做扎实、自选动作做特色，重走解放洞头革命之路、海上花园建设之路，传承弘扬洞头精神，落实“9+4+8”专项整治，推动“三服务”“三助三红”走深走实，集中解决了一批群众急难愁盼问题，开展了问需问计问效活动218场次，办理了民生小事542件，全区广大党员普遍经历了一次深刻的思想洗礼和党性锤炼。我区主题教育工作得到省委第三巡回指导组和市委第二巡回指导组的充分肯定。三是坚决贯彻打好三大攻坚战部署，提振发展信心。区委常委会紧盯经济社会发展的薄弱环节，坚决打好防范化解重大风险、精准脱贫、污染防治三大攻坚战，有序化解地方政府隐性债务风险，深入实施低收入渔农户奔小康计划，打好蓝天、碧水、净土、清废“四大战役”，生态环境公众满意度走在省市前列。认真做好东西部扶贫协作工作，与南部县开展党政互访12批次，实打实做帮扶，得到四川省委书记肯定，南部县委专程发来感谢信。四是坚决贯彻“两岸一家亲”理念，共筑两岸同心。注重扩大对台开放，把两岸融合发展融入海上花园建设，荣获浙台经济社会融合发展突出贡献单位，获建全省首批海峡两岸交流基地，同心旅游小镇入围省级特色小镇创建名单。高规格举办了两岸一家亲·半屏山系列交流活动，获得国台办、省台办和市委市政府高度肯定。台湾新党主席郁慕明、国民党前主席洪秀柱莅临考察，洞头对台影响力逐步提升。五是坚决贯彻中央“基层减负年”行动，增强干事决心。实施基层减负增效行动，巩固村级减负成果，开展绩效考核改革试点，督查事项减少39%、考核文件精简67%，攻坚十二张工作清单，实行“项目盯”机制，开展村级“五四竞赛”，在全区形成了常委班子领衔破难、领导干部一线作为、村居干部赛马比拼的实干氛围。

一年来，经过全区上下共同努力，洞头呈现六个喜人变化。

（一）着力抓海洋经济，平台能级全面跃升。举全区之力推进国家海洋经济发展示范区建设，总体方案获省政府批复，并获省海洋经济发展专项资金补助1亿元，完成启动区投资9.6亿元。坚持招大引强，新增落地、开工超亿元产业项目17个，丙烷脱氢、油气储运码头、海上风电、威尼斯小镇等4个百亿级项目达成合作意向。交通城建工业化项目、诚意健康产业园纳入省重点产业项目库。完成93个重点工程投资37.5亿元，民间项目投资增速139%，社会资本投资占比达62%。培育临港产业，大小门临港产业区8平方公里纳入浙江自贸区温州联动创新区范围，状元岙港区集装箱吞吐量增长553%，国际邮轮港实现常态化运营。做特现代渔业，纳入省级渔业转型发展先行区，在全市率先创成国家级渔业健康养殖示范县，“两菜”锁鲜技术和智能养殖平台实现重大突破。高标准服务“两个健康”，举办“首届民营企业家节”庆祝活动，实施惠企政策“直通车”，全年为企业直接减负2.3亿元，兑现涉企政策资金1.6亿元，创历年新高。实施“万名干部进万企”行动，问题化解率达93%。推进工业区提质增效百日攻坚行动，盘活低效用地246亩，激活闲置厂房2.7万平方米。实现“僵尸项目、蜗牛工程”全部清零，成功处置珑头湾、奥博休闲中心、国际大酒店等长期停滞项目，有效利用闲置土地2200亩。

（二）着力抓花园洞头，城乡环境精建精美。实施蓝色海湾整治，获得两轮中央补助5.26亿元，获得央视《新闻联播》报道，亮相中华人民共和国成立70周年成就展，成为全国生态修复典型。率全国之先开展蓝碳试点项目，蓝湾指数获准国家行业标准立项，成功举办蓝色海湾·海洋经济院士论坛。实施大建大美，建设花园系列工程，花园村庄覆盖率80%。加强城乡环境精细化管理，有序推进生活垃圾分类、小城镇环境综合整治、道路治理，完成北岙、东屏、霓屿“污水零直排”创建。深化两山实践，实施湾（滩）长制，入选省级山水林田湖草生态保护修复试点，蝉联美丽浙江建设工作考核优秀单位，元觉街道荣获美丽浙江魅力示范点、省美丽乡村示范镇。实施海岛振兴“526”行动，实践“五农五化”，回岛就业创业人员新增1500名，百万收入村达48个，建成乡村振兴示范带4条、样板村5个，东岙村获评中国美丽休闲乡村，沙岗村获评全国乡村治理示范村。

（三）着力抓全域旅游，融合发展势头强劲。游客接待量、旅游综合收入均增长15%。东屏街道上榜省级旅游风情小镇，望海楼入选2019年浙江省生态旅游区。发展海鲜夜市，串联夜游线路15公里，打造星光经济带。引导发展中高端民宿，新增民宿101家、床位732张，“民宿管家培训”获评国家级“终身学习品牌项目”。培育旅游新业态，发展帆船帆板、休闲海钓等体育运动产品，开发观鸟游、禅修游，建成浙南最大人工沙滩，办好妈祖、七夕等节庆。高规格举办国际铁人三项赛、“一带一路”体育交流赛等活动，中铁协授予杰出贡献奖。注重康旅结合，完成医疗康养重点项目投资16.5亿元。

（四）着力抓海岛改革，创新动能逐步增强。坚持以“最多跑一次”改革撬动各领域改革，全面打造“无证明区”，清理证明材料1852个，推进“一件事”改革和“网上办”“掌上办”，98%事项实现网上通办。率全国之先开发“渔小二”自助办证系统，实现渔船办证“零次跑”，渔业行政许可改革获农业农村部和省厅试点。探索“洞头标准”改革，发布休闲船艇纳规、海岛通景公路管理等16项“地方标准”。全面完成机构改革任务，编制43家单位三定方案，编外用工管理综合改革初显成效。纵深推进医共体改革，获批全省唯一“两慢病”基层首诊改革试点区，在全国县域医共体会议上作经验交流。扎实推进智慧城市建设，打造智慧政务和智慧综治等项目，助力政府数字化转型。落实海岛普惠金融创新试点，完成筹融资27亿元，累计向上争资13.9亿元。实施“三年百名”中高层次人才引进计划，招引各类人才768名，其中硕博士40人，初步彰显才聚百岛效应。

（五）着力抓社会治理，民生福祉不断增进。全年民生支出26亿元，增长26.6%，占一般公共预算支出80%。稳步提升社会保障水平，基本养老保险参保率达98.3%。创成省级“无欠薪”区。出台社会救助尽职免责办法，入选民政部社会救助领域十大创新案例。全力办好民生实事，新建改造一批城市文化客厅、放心农贸市场，实现街镇养老服务中心全覆盖。实施“明眸皓齿”工程，全区1.6万名学生受益。发展优质教育，首家民办中学正式投用，建成灵昆中学改扩建项目，省教育现代化发展水平大幅提升，高考一段率实现翻一番。深化平安洞头建设，打赢中华人民共和国成立70周年大庆安保维稳硬仗，创成省级无信访积案区。开展社会治理七大攻坚行动，社会矛盾纠纷调处化解中心基本建成，“两车”事故同比下降20.1%。抓牢扫黑除恶专项斗争，累计立案13件、打击22人，得到中央督导组肯定。深入推进移风易俗，投用殡仪服务中心，规整民间迷信陋俗。全力做好超强台风“利奇马”抢险救灾工作。加强退役军人服务保障体系建设，推动国防动员工作创新发展。

（六）着力抓党建引领，创业激情全面焕发。全方位加强作风整顿、专项整治，广泛开展“明纪律、正作风、铸铁军”主题教育月和警示教育月活动，办好“百千万”党性教育读书班。推进宣传思想工作“守正创新”，学习贯彻《中国共产党宣传工作条例》等党内重要法规，落实意识形态工作责任制，全区党员在观看《解放洞头》《海霞》纪录片和兰小草电影中得到了激励。加强内外宣传，精心组织庆祝中华人民共和国成立70周年主题宣传，国家级媒体报道2493篇，央视栏目播出41次，《人民日报》等中央主流报刊报道29篇，花岗渔村登上美国纽约时代广场。率全市之先完成村社规模优化调整，行政村规模总体减少21.7%。强化干部队伍建设，纠治15名“庸懒散慢”干部，完善“红黄牌”管理，厘清村社干部正向干事清单和负面底线清单。深入推进全面从严治党，驰而不息正风肃纪，毫不手软惩贪治腐，全区纪检监察机关共立案58件，党纪政务处分57人，连续四年同比上升，巩固发展反腐败斗争取得压倒性胜利。

在充分肯定成绩的同时，我们也要清醒地看到存在的困难和问题：一是海洋经济新增长点培育不足，大小门等重点功能平台开发滞后，传统渔业、养殖业转型慢，旅游大项目谋划多落地少，现代服务业和战略新兴产业培育不足，离高质量发展目标仍有差距。二是海岛保护开发硬约束破解不足，关键要素支撑不够，大项目落地需要的用地、用林、用海、用能指标缺乏，财税增收难、化债压力大，离高效能创新要求仍有差距。三是公共服务供给不足，优质教育、医疗、养老服务发展不充分，环保基础设施和市政设施建设滞后，大门、鹿西3万居民“靠天吃水”现状还未得到根本性解决，离高品质生活要求仍有差距。四是基层治理效能不足，安全稳定隐患点不少，矛盾纠纷化解压力增大，平安创建形势严峻，离高水平治理要求仍有差距。五是干部思想解放不足，担当意识欠缺，闯劲干劲需要增强，离高素质干部队伍建设要求仍有差距。对此，我们一定要高度重视，采取有效措施加以解决。

二、深入落实党的十九届四中全会精神，高质量建设海上花园

中华人民共和国成立70周年来，特别是改革开放40多年来，我们坚持一张蓝图绘到底，干成了一批大事要事，推动孤岛变半岛、半岛变城市、城市变花园，谱写了自强不息、勇立潮头的壮丽篇章。

站在“两个一百年”奋斗目标交汇的关键节点上，洞头既面临着前所未有的重大机遇，也面临着不进则退的困难挑战。纵观全局，我国发展仍处于重大战略机遇期，经济稳中向好、长期向好的基本趋势没有变。环顾周边，浙江迎来长三角一体化发展、“一带一路”建设、海洋强国等国家战略机遇叠加的好时期，全省域、全方位推进长三角一体化发展，掀起“四大”建设新热潮。温州系统推进区域中心城市、全国性综合交通枢纽建设，推动县域经济向都市经济转型。审视洞头，近年来海岛开发提速，环境变美了，项目变多了，创新加速了，高速通达洞头，市域铁路S1线延伸灵昆，城市框架有序拉开，配套功能持续完善，正在迎来精彩蝶变的突破期。在激烈的区域竞争格局中，必须聚焦高质量，迈向现代化，提升竞争力，开辟新蓝海，推动洞头跨越发展。

同心迎小康，奋进新时代。在高质量建设海上花园过程中，我们要坚定不移地按照习近平总书记指引的路子阔步前进，与时俱进谋新篇、勇立潮头开新局，更加注重五大发展导向，推动新发展理念在洞头落地生根。

第一，高质量建设海上花园，要更加注重开放借力，对接融入长三角一体化发展国家战略。洞头作为联动长三角和海西区的重点节点，我们要牢牢把握历史机遇，提高站位、主动谋划、紧密对接，搭上长三角一体化发展这列快车，真正在融入国家战略、服务国家战略中发展洞头。我们要坚持开放发展理念，加强与崇明、平潭等海岛地区合作，强化交通共联、海港共建、产业共兴、生态共保、服务共享，共建开发开放主平台，打造海洋经济增长极，当好对接闽台桥头堡。我们要深度融入长三角港口群、产业链、生态圈，深度参与长三角现代化港口群分工合作，积极参与浙江自贸区联动创新区分工协作和全省港口一体化发展，主动参与长江流域海洋污染联动治理，开创一体化发展新篇章。

第二，高质量建设海上花园，要更加注重陆海联动，充分彰显洞头在温州区域中心城市发展中的重要作用。洞头作为温州的新兴城区，要抓住温州中心城区向东面海发展的机遇，深入实施生态立区、旅游兴区、海洋强区战略，找准功能定位、产业定位、城市定位，推动温州真正从瓯江时代向东海时代跨越。要加快推进撤县设区后转型发展，深入推进瓯洞一体化发展，强化基础设施互联互通、产业发展协同协作、公共服务共建共享。要加强与瓯江口产业集聚区协同发展，联动建设国家海洋经济发展示范区，突出海洋产业高端化发展、滨海城市高水平建设、海洋生态高标准保障，大力促进海岛生态文明建设，深化海峡两岸海洋经济合作，探索民营经济参与海洋经济新模式。

第三，高质量建设海上花园，要更加注重统筹协调，精心制定“十四五”发展规划。我们要把握区情实际，注重规划的前瞻性和引领性，加强顶层设计，谋深谋细发展目标、重点任务，开展资源要素保障、海洋产业升级等14个关键性课题研究，描绘好洞头未来五年发展蓝图。树立全域“一盘棋”和体系化推进的思维，统筹好总体规划和专项规划，完善海岛空间布局、功能布局、人口布局，做好与温州市本级和瓯江口区域发展规划的衔接，促进全域统筹发展、城乡协调发展。加强城市设计、景观设计，强化建筑风貌、城市色彩管控，在自然中独具匠心，在大气中彰显精致。

第四，高质量建设海上花园，要更加注重解放思想，不断增强洞头发展动能和体制创新活力。洞头作为温州唯一的海岛区，硬约束多，建设成本高，相比内陆地区发展更难。虽然我们在改革路上已经做了一些探索实践，但有的干部创新理念跟不上，发展视野还局限在小岛上，仍未“跳出洞头发展洞头”。我们要坚持解放思想不停步，变“路径依赖”为“模式创新”，变“事事找惯例”为“大胆创先例”，以思想大解放推进工作大提速、发展大跨越。要更大力度向上争取改革试点，争取先行先试机会，突破条条框框的束缚，构建“洞头标准”体系。要想方设法破解一批困扰多年的发展瓶颈，深化大小门岛投资开发体制、地方财政体制研究，创新用地用海等政策保障机制，增强区域发展活力。

第五，高质量建设海上花园，要更加注重共治共享，高水平推进区域治理现代化精细化。过去一个时期，我们积极探索“海上枫桥”模式，走出了一条具有洞头特色的地方治理路子，成为全省最具安全感的地区之一。去年，中央政法委两次调研洞头基层治理工作，要求我们拉高标杆，在基层治理现代化精细化上作示范。在新形势下，我们要结合洞头社情民情，推进区域治理创新，强化党建引领、改革引领、精神引领，推进系统治理、依法治理、综合治理、源头治理，完善治理体系，提升治理能力，不断把高水平治理效能转化为高质量发展动能。

党的十九届四中全会开辟了“中国之治”新境界，省委十四届六次全会和市委十二届九次全会开启了高水平推进省域和市域治理现代化新征程，为我们提供了根本遵循。区委审时度势，召开千人大会，及时部署社会治理七大行动，打赢了几场硬仗，形成了一批亮点，为更大力度推进区域治理打下了基础。站在新起点，区委常委会提请本次全会作出“深入学习贯彻党的十九届四中全会精神，高水平推进区域治理现代化精细化的决定”，既是贯彻落实中央和省市委全会精神的实际行动，也是高质量建设海上花园的现实需要。各单位要抓好区委决定的贯彻执行，确保各项任务落到实处。

三、精准实施十项举措，奋力开创经济社会发展新局面

2020年是全面建成小康社会的决胜之年，也是“十三五”规划的收官之年。做好今年工作，意义十分重大。全年工作的总体要求是：高举习近平新时代中国特色社会主义思想伟大旗帜，深入贯彻党中央和省市委决策部署，着力落实温州“奋战1161，奋进2020”年度工作主题主线，践行新发展理念，发挥“五海”优势，坚持“三区”战略，实施十项举措，打造“一个主平台、两个样板、三个岛”，强化改革、民生、平安、法治“四个保障”，全面加强党的领导，高水平推进区域治理，高质量建设海上花园，确保高水平全面建成小康社会和“十三五”规划圆满收官，奋力开启洞头跨越发展新征程。

建议全年经济社会发展主要预期目标为：地区生产总值增长7.5%，一般公共预算收入增长10%，规上工业增加值增长10%，固定资产投资增长10%，城乡居民人均可支配收入分别增长7.5%、8.5%，R&D经费支出占比1.3%。

在具体工作中，重点抓好四个方面、实施十项举措：

（一）突出一个主平台，高质量建设国家海洋经济发展示范区。实施示范区建设“1357”行动，联动推进89项任务清单，确保示范区海洋产业增加值90亿元以上，占GDP比重70%以上。

1.聚焦海洋经济，展现国家示范区新形象。坚持项目为王，开展“项目突破年”行动，落实全市“六重”清单，建立重点工作服务专班，集中力量克难攻坚，拉动海洋经济发展引擎。抓牢重大平台强基础。加快建设大门功能区，推进小门起步区电力、水利、道路等配套设施建设，投用220千伏大门输变电工程，建成美岙至沙岙隧道及连接线工程。着力开发两大深水港区，加快港口集疏运体系建设，完善状元岙港区集装箱扩容设施，实现集装箱吞吐量突破30万标箱。发展海洋经济产业园，持续推进工业区提质增效、腾笼换鸟，完成亩税低效企业整治任务。谋划数字经济产业平台，力争核心产业制造业增加值增速超12%，推进重点公共区域5G全覆盖。实施市政基础设施建设三年行动，完善路网、水网、电网、气网，深化“拓空间强保障”行动，提升综合承载力。加快对外大通道建设，建成325规划省道沙岙至岙底隧道主体工程，完成211省道洞头段一期工程前期工作。抓牢重大项目促投资。完善大招商机制，引进“大好高新”项目，完成招商引资到位资金18亿元。全年保障落地亿元以上产业项目10个，其中5亿元以上重大产业项目3个，力争丙烷脱氢项目开工，实现温州市百亿级单体制造业项目招引的历史性突破。招引海大海洋科技城，争取海洋生态养殖碳汇示范区试点。加快88个重点工程项目建设，完成投资39亿元，力争社会资本投资占比70%以上，确保民间项目投资增长20%以上。抓牢重大产业优结构。加快渔业转型发展，培育远洋海钓、冷链物流等产业，发展数字渔业，建设海洋牧场，延伸“两菜一鱼”全产业链，实现温州远洋捕捞零的突破。加大招商引税力度，做强建筑、医药等总部园，力争招商引税超1亿元。促进房地产市场平稳健康发展。抓牢“两个健康”稳企业。全面落实党中央、国务院《关于营造更好发展环境支持民营企业改革发展的意见》，持续推进“两个健康”100项责任清单，提振实体经济发展信心。用好用足减税降费政策，进一步降低企业用电、用气、物流成本，支持本土企业做大做强。推进市场主体升级，加快企业“上市、上规、上云”步伐，力争永宏电气上市。优化营商环境，实施新生代企业家“青蓝接力”工程，构建亲清新型政商关系。持续深化“三服务”活动，用“绣花功夫”精准服务企业，让更多人向往洞头、让洞头人更爱洞头。

（二）突出两个样板，高标准建设全国“两山”实践创新基地和部省共建乡村振兴先行示范区。践行“两山”理念，实施乡村振兴战略，推进全域振兴、均衡振兴，奏响强村富民新乐章。

2.建设蓝色海湾工程和花园细胞工程，打造两山实践海岛样板。实施绿色发展组合拳，开展省级山水林田湖草修复试点，落实山水林田湖海修复工程，打造省级海岛公园。建设蓝色海湾二期项目，实施灵霓大堤破堤通海工程，启动三盘港清淤疏浚，修复栖鹿湾等5个沙滩，打造万亩海洋湿地。建设花园细胞工程，开展栽花种树行动，推进霓屿、洞头峡、三盘桥头等重要入城口景观提升，做好网寮鼻、王山头等山体修复，彰显一路一花径、一村一精品、一户一花墙、一坡一花景、一园一花海、一港一风情的“六个一”景象。大力实施生态环保基础设施提升三年行动，全面完成全区“污水零直排区”建设。坚决打赢污染防治攻坚战，全力推进中央和省级环保督察整改，确保年底全面完成入海排污口整治任务。

3.建设美丽城镇和美丽渔村，

打造乡村振兴海岛样板。持续开展“五四竞赛”，深入推进“五农五化”，全面建成10条乡村振兴示范带、10个精品村。高标准建设美丽城镇，落实“功能便民环境美、共享乐民生活美、兴业富民产业美、魅力亲民人文美、善治为民治理美”要求，统筹推进北岙特色街区改造和老城区有机更新，全域提升美丽灵昆环境，加快大门集镇配套建设，创建东屏街道美丽城镇，高品质打造元觉状元城，精致建设霓屿滨海小城镇，继续提升“花园鹿栖”品质。高品质提升美丽渔村，加快产业振兴，设立乡村振兴产业基金，谋划大门仁前途、鹿西黄鱼岛田园综合体，加快紫菜产业园企业入驻，提升4个村庄经济总部园，激发乡村经济活力。高标准改善农村人居环境，深化“最脏村居、最脏厕所”考评，推广无蚊（蝇）岛创建，巩固提升花园村庄建设成果。深入实施农村饮用水达标提标工程，谋划离岛第二水源地建设，让群众喝上放心水。全域抓好垃圾分类，抓牢源头减量、全域覆盖、分类体系、严管严治工作，确保生活垃圾零增长。

（三）突出三个岛，高品质建设国家全域旅游示范区、区域医疗康养示范区、两岸融合发展示范区。依托三个岛建设，在海岛旅游、蓝色康养、两岸同心上下功夫，走出海岛特色发展路子。

4.推进旅游融合，打造国际旅游岛。落实旅游发展三十项举措，创新旅游新媒体营销，完善旅游配套设施，规范管理产权式酒店，提升行业服务水平，力争“率先突破、一年见效”。主攻30个涉旅亿元项目，推进威尼斯小镇项目，加快鹿西鳌岛综合开发，建设青山欢乐岛、星空之城·星空岛等主题岛，努力做到星星与月亮并举。开展文旅品牌策划，发挥“东海石厝”的文化价值，打响中国诗歌之岛等文化品牌。实施文体旅产业融合发展两年行动，培育会议培训、文化创意等六大业态，打造沙滩排球、游艇等六大运动基地，确保国际邮轮港开航11个航次以上。精心举办国际海钓等体育赛事活动，争取铁三世锦赛基地落户。建成环中心渔港和东沙渔港星光经济带，丰富夜游、夜赏、夜购、夜娱业态，让夜空亮起来、人气聚起来。做特精品民宿村，打造滨海酒店群，推进景区市场化运营，让游客来洞头住石屋、看海景、吃海鲜。

5.推进健康养生，打造生命科学岛。科学编制生命科学岛建设规划，构建创新创业生态圈，打造健康洞头。深化公立医院改革，推进全国慢病健康全程管理试点，努力打造医共体建设的海岛样板。发展“康养+”产品，深化省级康养体系建设试点，增强康养产业支撑。加快温州市社会福利院、精灵海岸养生庄园、南霓湾康养服务中心项目建设，打造霓屿“健康养生岛”。招引韵动海湾健康小镇，保障诚意健康产业园投产。筹办大健康院士论坛。支持办好温州医科大学仁济学院，鼓励发挥科研平台优势，加强“产学研”合作，实现校地合作新的突破。

6.推进对台交流，打造两岸同心岛。加强重点领域交流合作，有效服务台胞台青在洞头创业，打造台胞青年筑梦家园。高品质建设同心旅游小镇，加快建设核心区和半屏美丽同心岛，推进中普陀文化园、白鹭湾、同心广场等项目，完成投资13.5亿元。高水平建设省级海峡两岸交流基地，深化浙台邻里节、浙台合作周等活动，争取两岸研学交流项目落地。高标准落实“台事通”改革，完善聘请台胞担任政府顾问机制，建设温州台青创业就业服务中心洞头工作站。

（四）突出四个保障，高水平推进区域治理现代化精细化。落实地方治理创新的关键举措，强化改革、民生、平安、法治保障，推动海岛高质量发展、高效能治理、高品质生活。

7.强化改革保障，提升治理效能。加快政府数字化转型，建设区级政务数据库，探索全域“刷脸办”。深化“一件事”改革，推进机关内部跑改事项网上办理工作，加快“最多跑一次”改革向公共服务、资源交易等领域延伸扩面，提升“网上办、掌上办、就近办”体验感。巩固“无证明区”创建成果，建立审批材料零提供机制，实现高频民生事项“全域受理、全区通办”。深化特色改革实践，打响“渔小二”等品牌，争取召开全国渔业审批改革现场会。争取海岛综合管理改革试点，推进“洞头标准”提质扩面，探索“标准海”出让。做好机构改革“后半篇文章”，深化事业单位改革，优化国有企业管理运营体制，提高地方改革绩效。

8.强化民生保障，共享治理成果。坚持以人民为中心的发展思想，统筹发展民生事业，提升海岛群众获得感、幸福感、安全感。完善为民办实事长效机制，推进新城一期、元觉一期、大门长沙等安置房建设，加快构建就业、养老、住房等保障体系。高要求落实精准扶贫，打赢低收入渔农户增收攻坚战。稳步推进国家级义务教育优质均衡发展区创建，加快元觉义校等教育重点项目建设，投用霓屿中心幼儿园、海霞中学迁建二期工程，促进公办和民办教育协调发展。深化公共文化服务“十百千”工程，完成区文体中心改造。深化移风易俗，规范运行殡仪服务中心，实施本岛集中办丧、缩短殡期、统一礼仪、规范出殡。高质量通过全国文明城市和国家卫生城市复评，巩固提升创建成果。

9.强化平安保障，夯实治理基础。深入推进平安细胞创建、隐患清零行动，开展无案无事无访“三无区”创建，确保夺取平安星级金鼎。重拳打击黑恶霸、黄赌毒等违法犯罪行为，确保扫黑除恶专项斗争取得全面胜利。建好用好社会矛盾纠纷调处化解中心（信访超市），建立初信初访、信访信用管理体系，构建“一中心、四平台、一网格”治理模式，加大诉源治理力度，努力实现矛盾纠纷化解“只进一扇门”“最多跑一地”。深化智慧洞头建设，强化智慧文旅、智慧综治等平台应用，推进数据集成、应用集成、指挥集成，打造“城市大脑”。提升“闸门工程、雪亮工程、智安工程”，织密海陆空、人技物联动的“天罗地网”。打造社会治理共同体，推动重心下移、服务下沉、保障下倾，构建区、乡、村三级协同治理格局。健全乡村治理体系，探索“能人治村”模式，推广百姓议事机制，推进“四治融合”。深化城乡社区、社会组织、社会工作“三社联动”，培育壮大海霞妈妈、微动力、溢香救援队等社会组织，建立社会治理示范基地，发动群众入网入格入组织，让人人有组织、让组织不漏人。构建应急救援体系，全力提升防汛防台抢险救灾能力。

10.强化法治保障，筑牢治理底线。更高水平建设法治洞头，推进法治政府、法治社会一体建设，严格规范公正文明执法司法，强化全民学法守法，注重运用法治思维和法治方式破解区域治理难题。加强重大决策法制审核和规范性文件管理，不断提高依法行政水平。构建社会大普法格局，引导全社会办事依法、遇事找法、解决问题用法、化解矛盾靠法，推进公共法律服务体系建设。更大力度建设信用洞头，倡导契约精神，加快政府采购、招标投标等重点领域政务诚信建设，落实守信联合激励和失信联合惩戒机制，强化信用在社会治理中的基础性作用，推行信用分级监管，推动全方位征信、全数据入信、全社会用信。

四、全面加强党的领导，以高质量党建引领高质量发展

贯彻落实新时代党的建设总要求，层层压紧压实主体责任，纵深推进全面从严治党，为高质量建设海上花园提供坚强保障。

（一）加强政治建设，铸就绝对忠诚的政治品格。深入学习贯彻习近平新时代中国特色社会主义思想，推动学思用贯通、知信行统一。严守政治纪律和政治规矩，引导党员干部增强“四个意识”，坚定“四个自信”，做到“两个维护”。发挥区委统揽全局、协调各方的领导核心作用，支持人大、政府、政协和监委依法履职，支持法院、检察院依法独立公正地行使审判权和检察权。全面构建大统战工作格局，强化“同心·思想引领”工程，实施新的社会阶层人士三年培训计划。依法管理宗教事务，维护宗教领域和谐稳定。加强新时代党管武装工作，做好工青妇、侨务侨联、残联、老干部、关心下一代等工作，凝聚共促发展的强大合力。

（二）加强思想建设，夯实信念坚定的宗旨根基。加强科学理论武装，办好百岛讲坛、百千万读书班，有效运用理论学习中心组、“学习强国”等平台，推动理论学习走深走实。弘扬社会主义核心价值观，开展基层宣讲“三进”活动，弘扬励志奉献的海霞精神、众志成城的五岛连桥精神、守望相助的兰小草精神。加强思想道德引领，大力培育和宣传道德模范、“洞头好人”和“兰小草”式典型人物。推动军民融合深度发展，办好洞头先锋女子民兵连建连60周年系列活动。传承红色基因，拍摄新海霞电影，建设海霞学院、海霞小镇、海霞基地，打造红色海霞品牌。加强意识形态工作，深化基层宣传文化阵地建设，做好文化礼堂“管建育用”，建设海岛新时代文明实践中心和融媒体中心，全面构建立体化媒体宣传新格局。

（三）加强基层组织建设，筑牢坚强有力的战斗堡垒。加强“瓯江红”基层党建，整顿转化软弱后进基层党组织，建设党群服务中心，打造“十分钟党群服务圈”。实施“三回”计划，落实大学生“家燕归巢”行动，建设街道乡镇乡贤理事会和乡贤队伍，打造乡贤之家、乡兴基地。聚焦3年未发展党员村、机关优秀年轻中层干部等重点领域和人群，落实党员发展工作。扎实开展村级组织换届准备工作，重点探索兼并村换届选举和村书记、主任“一肩挑”实现路径，深化村社干部“金十六条”，选优配强“领头雁”。实施新一轮村集体经济发展三年行动，力争村集体经济收入增长15%以上。加强城市基层党建，推广“海霞红管家”模式。探索基层党组织组织生活实时管理和党员“大数据”管理，打造“智慧党建3.0”版。坚持“一切工作到支部”，不断提升支部标准化规范化水平。

（四）加强干部队伍建设，提升干事创业的能力素质。坚持“忠诚、干净、担当、为民、激情”用人五标准，加大优秀年轻干部培养选拔力度。推行“单位推、组织核、平台练、群众评、集体定”选育五步法，推动干部加强政治历练和专业训练，注重专业干部储备和培养，提升专业型班子成员配比。

继续招引“三年百名人才”，健全引才留才机制。加强全程积分考核管理，落实“干部回炉”制度，纠治“庸懒散慢”干部，发挥职级激励效应。构建“干部为事业担当、组织为干部担当”的良性互动机制，落实干部关心关爱举措。

（五）加强清廉洞头建设，构建山清水秀的政治生态。严格落实全面从严治党责任制度，构建一体推进不敢腐、不能腐、不想腐体制机制。加强作风建设，持之以恒落实中央八项规定及其实施细则精神，完善纠治“四风”长效机制，力戒形式主义、官僚主义。深入落实基层减负增效行动，让基层干部有更多精力抓落实。全面从严管理干部，完善惩防体系，建立纠错式提醒、捆绑式问责、澄清式保护机制。深化政治巡察，抓好延伸微巡察、靶向微整治等工作。加强基层党风廉政建设，深化清廉细胞创建，规范“微权力”运行。落实纪检监察体制改革，构建全方位监督体系。注重运用监督执纪“四种形态”，常态开展警示教育，加大案件查办力度，切实发挥“查办一案、警示一批、教育一片”的效果。

潮起洞头，浪涌瓯江。让我们更加紧密地团结在以习近平同志为核心的党中央周围，在省市委的坚强领导下，同心同德，群策群力，真抓实干，高水平推进区域治理，高质量建设海上花园，奋力开启洞头跨越发展新征程！

区委一届七次全会报告名词解释

聚焦八大领域：花园洞头、海洋经济、海岛振兴、两岸同心、国际旅游、生命科学、改革创新、民生福祉八大领域。

“六个带头”承诺：带头学理论，在高举思想旗帜上作表率；带头讲政治，在秉持政治忠诚上作表率；带头干事业，在勇挑发展重担上作表率；带头优服务，在践行勤政务实上作表率；带头惠民生，在增进人民福祉上作表率；带头转作风，在保持清正廉洁上作表率。

“9+4+8”专项整治：在主题教育中开展中央和省定“8+1”项专项整治、市级4项专项整治和区级8项专项整治。

蓝碳试点：通过保护和恢复红树林、盐沼和海草等生态系统，有效控制二氧化碳等温室气体排放，改善区域生态环境，恢复和保护海洋资源。

海岛振兴“526”行动：以打造“最均衡、最干净、最文明、最平安、最幸福”的海岛振兴全国样板为目标，重点实施五大行动、推进二十项目标、落实六十个重点指标。

洞头标准：立足海岛特殊的地理条件和发展定位，制定适合洞头经济社会发展的地方性标准，促进上级各项建设管控规范标准在洞头合理执行。

“百千万”党性教育读书班：在全区开展“百名领导、千名干部、万名党员”党性教育读书班活动。

示范区建设“1357”行动：“1”指突出一个中心，启动区建设出形象；“3”指推进三方面重点项目；“5”指聚焦五大体系支撑；“7”指打造七大标志性工程。

“六重”清单：重大项目、重大平台、重大产业、重大改革、重大政策、重点要素六张清单。

标准海：是洞头区参照“标准地”做法部署开展的一项海域管理改革，由政府事先制定发布标准，企业对标竞价，以“承诺制”出让海域使用权。

“一中心、四平台、一网格”治理模式：“一中心”指社会矛盾纠纷调处化解中心，“四平台”指基层综治工作、市场监管、综合执法、便民服务“四个平台”；“一网格”指基层治理全科网格。

城市大脑：利用实时全量的城市数据资源全局优化城市公共资源，实现城市治理模式突破、城市服务模式突破、城市产业发展突破。

闸门工程：南北闸门工程，“北”指大门通道防控，“南”指霓屿大堤通道防控。

智安工程：创建智安单位、智安村社、智安离岛等智慧安防工程，加快推进全域智能防控。

“两山”：绿水青山就是金山银山。

“三回”计划：老干部回乡、乡贤回村、大学生回家。

村社干部“金十六条”：通过落实十六条举措，建立健全我区村和社区干部队伍从强配备、从优关爱、从严管理机制，进一步加强村社干部队伍建设。

政府工作报告

——在温州市洞头区第十四届人民代表大会第四次会议上

温州市洞头区区长　林 霞

（2020年4月28日）

洞头区区长　林霞

现在，我代表洞头区人民政府，向大会作政府工作报告，请予审议，并请区政协委员和其他列席人员提出意见。

一、拼搏2019，我们携手并肩，砥砺前行

2019年是中华人民共和国成立70周年，也是洞头加快海岛振兴、深化海上花园建设的重要一年。面对新时代的历史坐标，我们在市委、市政府和区委的坚强领导下，坚持以习近平新时代中国特色社会主义思想为指导，全面贯彻党的十九大和十九届二中、三中、四中全会精神，认真执行区委各项决策部署和区十四届人大三次会议决议，深入实施“三区”战略，加快特色崛起，经济社会各项事业取得新的重大进展，新增17项省级以上荣誉，14项主要指标居全市前三。全区实现地区生产总值107.8亿元，同比增长8.8%；财政总收入15.4亿元，其中一般公共预算收入9.7亿元，分别增长20.7%和18.7%；城乡居民人均可支配收入为49567元、29962元，分别增长9.2%和10.4%，城乡收入比缩小至1.65：1。

这一年，我们坚持产业转型升级，经济质效越来越高。乘势推进国家海洋经济发展示范区建设，总体方案获省政府批复，启动区完成投资11.7亿元。构建“5+X”产业政策体系，全面运行“惠企直通车”，为企业减负2.3亿元，兑现政策资金1.6亿元，创历年新高。渔业转型由浅入深。6艘远洋捕捞渔船正式启航，“蟹公寓”“智能渔城”“海上支付宝”等建成投用，“两菜”锁鲜技术取得突破，创成国家级渔业健康养殖示范区、省级渔业转型发展先行区。工业经济提档升级。狠抓工业区提质增效，激活闲置厂房4.7万平方米，盘活低效用地246亩。新“升规上限”企业14家，规上工业产值增长43.7%。创成省科技型中小企业9家，高新技术产业投资、数字经济核心产业增加值分别增长40.2%和13.2%。科技进步综合评价跃升至全省第22名，创历史最好成绩。现代服务业全面提升。大小门临港产业区8平方公里纳入浙江自贸区温州联动创新区。状元岙港集装箱吞吐量达26.1万标箱，增长5.5倍，国际邮轮港全年接待游客2.8万人。建筑业总产值突破百亿大关，总部经济税收达3亿元。海运业总运力超60万吨，继续领跑全市。金融业稳健运行，存贷款增速保持全市第一，风险防控全市最优。旅游业加快发展，入选浙江十大海岛公园，创成全省首批全域旅游示范区，全年接待海内外游客714万人次，旅游总收入超40亿元。高标准完成全域旅游产业规划编制，同心旅游小镇入围省特色小镇创建名单，东屏街道上榜省级旅游风情小镇，望海楼入选省生态旅游区。发展星光文化夜市，串联夜游线路15公里。出台民宿地方标准，新增海岛民宿101家、床位732张，民宿管家培训获评国家级“终身学习品牌项目”。成功举办“铁人三项”世界杯赛、“一带一路”国家间群众体育交流赛、妈祖节、七夕节等活动，荣获中国铁三赛事举办和推广杰出贡献奖，获评全国文旅融合特色创新示范区。

这一年，我们坚持扩大有效投资，发展基础越来越实。项目攻坚成效显著。93个重点建设项目完成投资37.6亿元，民间投资增长139%，社会资本占比62%，获评全市唯一省级有效投资先进区。珑头湾、国际大酒店、奥博休闲中心等项目不断激活，沉睡多年的29个“僵尸项目、蜗牛工程”全部清零。招大引强创历史新高，新增落地、开工17个亿元产业项目，总投资300亿元的海上风电项目实现测风塔上水，投资120亿元的高分子新材料及氢能综合利用项目完成签约，投资22亿元的青山欢乐岛项目成为全省“大花园”建设典型。基础设施加快完善。聘请中国城市规划设计研究院团队，深入研究对外综合交通体系，形成“两省两铁一高”的方案成果。325省道大门岛主线纳入省交通规划，甬台温高速复线灵昆至苍南段、市域铁路S1线灵昆段顺利通车，洞头进入联陆发展新阶段。美岙隧道全线贯通，鹿西综合交通码头完成主体建设。开通环岛旅游公交、夜间公交和S1线接驳客运班线，推行公交智能站牌，创成美丽经济交通走廊省级示范区。新城二期、状元南片、布袋岙新区等片区加快开发，同心公园、河道景观、中心渔港亮化等项目完成建设。发展要素保障有力。实施财政保障专项行动，全年向上争取资金13.3亿元、债券6亿元。新增建设用地指标226.1亩，争取林地指标457.5亩，累计出让土地565亩。实施“三年百名”中高层次人才引进计划，招引各类人才768名，其中硕博士40人，呈现“才聚百岛”效应。

这一年，我们坚持海岛绿色发展，“两山”通道越来越宽。生态修复再添新彩。再次入选蓝色海湾整治项目，获中央补助2.26亿元，一期成果亮相中华人民共和国成立70周年成就展，成为全国生态修复典型。率全国之先开展蓝碳试点项目，蓝湾指数入选国家行业标准，成功举办蓝色海湾·海洋经济院士论坛。获批建设省级山水林田湖草生态保护修复试点，总投资达8.3亿元，韭菜岙建成浙南最大人工沙滩。环境建设全面发力。入选培育省AAAA级景区城，高分通过省“无违建区”复评，小城镇环境综合整治圆满收官。广泛开展垃圾分类工作，建成海湾三区等4个省市级示范小区，获评全省生活垃圾分类工作优秀单位。严格落实中央环保督察和国家海洋督查整改意见，完成北岙、东屏、霓屿“污水零直排”建设，排查疏通地下管网98公里，夺得治水大禹鼎。创成全省首批空气清新示范区，蝉联美丽浙江建设工作考核优秀奖，生态环境公众满意度保持全市第一、全省前列。美丽乡村加快振兴。实施“五农五化”行动，入选部省共建乡村振兴示范省先行创建区。在全市率先完成村社调整，撤并减少18个行政村，加快发展融合。新增22个花园村庄，建成4条乡村振兴示范带、17个省新时代美丽乡村，元觉街道荣获省美丽乡村示范乡镇，沙岗获评全国乡村治理示范村，东岙获评中国美丽休闲乡村。全区村集体经济总收入增长40%，超100万元村达48个。

这一年，我们坚持改革开放合作，发展活力越来越足。简政放权不断深入。高质量完成新一轮政府机构改革，压茬推进事业单位配套改革，职能配置不断优化。以“最多跑一次”改革推动各领域改革走深走实，获省政府通报激励。全力打造“无证明区”，深化“一件事”办理，清理912个事项，98%事项实现网上通办。渔业审批“一证通办”获批农业农村部改革试点，“渔小二”自助办证系统得到《人民日报》点赞。完成市场监管、交通运输等五大领域综合执法改革，推动执法力量向基层下沉。特色改革亮点纷呈。开展海洋经济统计试点等改革成果应用，形成一批可推广的改革经验。发布小型休闲船艇管理、建筑外墙保温施工、标准海等16项“洞头标准”，破解了海岛治理众多难题。全力打造智慧城市升级版，完成时空云平台、智慧审批、智慧文旅等项目，智慧综治获中央政法委肯定。合作交流迈上新台阶。全域谋划“大对台”工作机制，启动实施海峡两岸同心小镇建设三年行动，获评浙台经济社会融合发展突出贡献单位，获批省海峡两岸交流基地。创新推出“台事通”改革，出台26条优惠政策，打造金岙101双创经营区，总投资5亿元的精灵海岸项目正式开工。台湾国民党前主席洪秀柱、新党前主席郁慕明莅临考察，洞头对台影响力逐步提升。扶贫协作成效突出，南部县东西部扶贫产业园成功招引106家企业，入选全国扶贫典型案例。

这一年，我们坚持优化公共服务，惠民成果越来越多。民生保障不断加强。全年民生支出26亿元，增长26.6%，占一般公共预算支出达到80%。高质量办好民生实事和一批“关键小事”，“明眸皓齿”工程惠及全区1.6万名学生。全面推进社保扩面提质，医疗保险、基本养老保险参保率分别达99.2%和98.1%，在全省率先实现残疾人社会保险补贴全覆盖。创成省首批“无欠薪”区，新增就业1405人。首创社会救助尽职免责办法，入选民政部年度十佳创新案例。社会事业协调发展。积极发展优质均衡教育，教育现代化评价跃升至全省第15名，高考一段率实现翻番，洞头乐成寄宿中学、灵昆幼儿园正式投用。区域医共体建设纵深推进，获批全省唯一“两慢病”基层首诊改革试点区，改革经验全国交流。完成省级公共文化服务重点县验收，新增一批城市文化客厅、体育运动设施，档案新馆正式投用。筹拍新海霞电影，成功举办庆祝中华人民共和国成立70周年系列活动、第六届区运动会。全市首家多功能护理养老机构落户霓屿，街镇养老服务中心实现全覆盖。全面整治民间迷信陋俗，区殡仪服务中心建成投用，移风易俗工作进入新阶段。平安根基更加扎实。圆满完成系列重大活动安保维稳任务，创成省级无信访积案区。铁腕开展扫黑除恶专项斗争，立案13件、打击22人。实施安全生产“1950”工程，开展社会治理七大攻坚行动，做好超强台风“利奇马”抢险救灾工作，夺取全省首批一星平安金鼎，蝉联全国平安建设先进区。国防动员、退役军人服务水平不断提升，圆满完成“温州金盾-19”人防实战化演习。此外，民宗、侨务、外事、史志、反走私和关心下一代等工作进一步加强，工青妇、老龄、文联、社科、红十字、工商联、慈善等事业取得新成绩。

这一年，我们坚持加强自身建设，政府形象越来越好。高质量开展“不忘初心、牢记使命”主题教育，将学习教育、调查研究、检视问题和整改落实有机融合、一体推进，梳理形成45项“对标找差距抓落实”专项攻坚任务清单，推动政府工作创先争优，去年区政府工作报告确定的204项重点工作完成率达98%。政治建设切实加强。牢记习近平总书记对洞头发展的殷切嘱托，牢固树立“四个意识”，坚定“四个自信”，做到“两个维护”。重走解放洞头革命之路、海上花园建设之路，传承弘扬洞头精神，全区广大党员干部经历一次深刻的思想洗礼和党性锤炼。工作作风持续转变。深入开展“三助三红”“三服务”，扎实推进“万名干部进万企”“千名干部联千村”，共收集办结企业、基层问题1293个。继续实施清单工作法，完善“办不了质询”制度，创新建立决策监测点、“项目盯”专班机制，深化“庸懒散慢”治理，政府执行力明显提升。基层减负改革、绩效考核改革走在省市前列，督查事项减少39%、考核文件精简67%。主动接受人大政协监督，认真吸纳社会各界意见建议，办理人大代表建议133件、政协委员提案101件。廉政建设富有成效。健全完善政府法律顾问制度和合法性审查制度，不断规范政府重大事项决策行为。开展招投标市场专项整治，公共资源交易行为有效规范。强化审计监督，完成审计项目28个、整改事项51个，查处违规使用资金3.56亿元。开展“清风亮剑”“三不三乱”等专项治理，查处问题77起，通报典型案例26起，党纪政务处分57人。

各位代表，前进路上无坦途。今年伊始，一场新冠肺炎疫情席卷而来，这是建国以来传播速度最快、感染范围最广、防控难度最大的重大突发公共卫生事件。全国人民在党中央统一领导和习近平总书记亲自指挥、亲自部署下，风雨同舟、精准施策，打响了疫情防控的人民战争、总体战、阻击战。我们坚决贯彻市委市政府“奋战十天、拿下拐点”“再战十天、锁定胜局”“决战十天、力夺双赢”三个阶段的决策部署，把保护人民群众的生命安全和身体健康摆在首位，致力于早发现、早诊断、早报告、早隔离、早治疗，实施连续2个“居家七天、足不出户”最严规定，落实集中硬隔离、居家硬管控、全域硬封堵措施，采取“大数据+健康码+公安+网格”等精密智控手段，扎紧“岛口、网口、门口”，确保“找对人、找到人、找全人”，以工作的确定性战胜疫情的不确定性，以有效的管控力跑赢疫情的强大传播力，战“疫”工作取得阶段性胜利。

面对这场前所未有的大战大考，区委区政府第一时间组建工作领导小组，集结精干力量设立指挥中心，加强应急管理、统一协调；区四套班子领导作表率，分赴联系街道（乡镇）开展实地督导；广大党员干部舍小家顾大家、日夜奋战，广大公安干警冲锋在前、保驾护航，广大医务工作者坚守岗位、舍身忘我，涌现出吕海生、陈虹等一批无私奉献、敢于担当的最美“逆行者”，以实际行动书写了对党和人民的忠诚；广大海内外洞头人守望相助、和衷共济，全体市民识大体顾大局、主动配合，全区上下众志成城、团结一心，凝聚起“硬核”力量，洞头精神在这场战“疫”中得到了进一步检验、诠释和升华。

事实证明，我们对疫情形势的判断是准确的，各项工作部署是及时的，采取的措施是有力有效的。当前，抗击疫情已取得了“上半场”的阶段性胜利，随着“三强两促”专项活动的纵深开展，经济社会发展开启了“下半场”积极化危为机、加速转型升级的新征程。我们坚信，在大家共同努力之下，“两手硬、两战赢”的目标必定会实现，打不倒我们的疫情，终将使我们更加强大！在此，我代表区人民政府向奋战在疫情防控一线的广大党员、干部、群众，特别是医务工作者、社区工作者、公安干警、基层干部和志愿者，向积极参与抗击疫情的驻岛部队、武警官兵，向自觉服从防控需要、主动投身疫情防控斗争的全体市民，表示崇高的敬意！向支援支持我区疫情防控的社会各界表示诚挚的谢意！向过去一年为全区经济社会发展作出贡献的广大建设者，向人大代表、政协委员，工商联和人民团体，向关心支持洞头发展的海内外朋友们，表示衷心的感谢！

过去一年尤其是这场疫情，让我们更加清醒地看到，洞头经济社会发展中还存在不少短板和问题：一是重大产业平台支撑不够有力，筹融资压力较大，用地、用海、用能等要素制约仍未有效破解，科技人才等创新短板依旧明显，“后疫情时期”实现高质量发展任重道远；二是城乡融合发展任务依然繁重，城市建设管理、功能品质仍需提升，乡村振兴路径有待创新；三是优质公共服务供给相对不足，卫生、教育、养老等领域仍有薄弱环节，与现代化、精细化的治理目标有差距，与群众对美好生活的期盼有差距；四是部分工作人员的理念、能力、作风与形势发展还不相适应，担当精神、法治思维、创新意识有待加强，纠治“四风”仍在路上。对此，我们一定拿出有效办法，认真加以解决，尽心尽力把各项工作做好！

二、奋进2020，我们目标坚定，斗志昂扬

2020年是全面建成小康社会和“十三五”规划收官之年，是实现“第一个百年”奋斗目标的冲刺之年，也是承上启下谋划“十四五”发展的关键一年，做好今年政府工作，意义十分重大。纵观国内外形势，世界大变局加速演变的特征更趋明显，我国正处在转变发展方式、优化经济结构、转换增长动力的攻坚期，虽然经济有下行压力，但稳中向好、长期向好的基本趋势没有改变。要看到，新冠肺炎疫情在全球的大爆发，更加凸显中国制度的优越性，激发出来的爱国热情和奋斗精神,将转化为推动改革发展的强大动力；党的十九届四中全会科学擘画了新时代改革开放的宏伟蓝图，开启了国家治理现代化新的篇章，为我们带来更系统的顶层设计，增添更强的政治定力；浙江坚决扛起“三个地”的使命担当，努力成为新时代全面展示中国特色社会主义制度优越性的重要窗口，温州牢牢把握区域中心城市的目标定位，全省域、全方位推进长三角一体化和大湾区、大花园、大通道、大都市区建设，为我们带来更多的政策机遇，提供更好的发展环境。站在新的历史起点，我们必须牢牢把握“融入大局”的战略导向、“化危为机”的机遇导向、“纲举目张”的工作导向、“只争朝夕”的进取导向和“实绩论英雄”的结果导向，千方百计把利好条件转化为现实优势，努力当好“重要窗口”的建设者、维护者、展示者。通过三至五年努力，争取达到温州中等县（市、区）发展水平，实现洞头更精彩的蝶变。

根据区委一届七次全会精神，今年政府工作的总体要求是：高举习近平新时代中国特色社会主义思想伟大旗帜，坚决贯彻习近平总书记在浙江考察时的重要讲话精神，深入贯彻党中央和省市委决策部署，着力落实温州“奋战1161，奋进2020”年度工作主题主线，践行新发展理念，发挥“五海”优势，坚持“三区”战略，实施“六大百亿工程”，打造“一个主平台、两个样板、五个岛”，强化改革、民生、平安、法治“四个保障”，全面加强党的领导，高水平推进区域治理，高质量建设海上花园，确保高水平全面建成小康社会和“十三五”规划圆满收官，奋力开启洞头跨越发展新征程，为浙江努力成为新时代全面展示中国特色社会主义制度优越性的重要窗口贡献更大力量。

“一个主平台”，就是要聚焦国家海洋经济发展示范区建设，联动瓯江口产业集聚区，突出海洋产业高端化发展、滨海城市高水平建设、海洋生态高标准保障，探索民营经济参与海洋经济发展新模式；“两个样板”，就是要立足洞头良好的工作基础，努力打造“两山”实践的海岛样板和乡村振兴的海岛样板；“五个岛”就是要发挥洞头资源特色优势，全力打造国际旅游岛、生命健康岛、两岸同心岛、科技创新岛和临港产业岛。

为加快推进“一个主平台、两个样板、五个岛”建设，结合“十四五”发展规划编制和洞头未来发展定位，我们积极谋划了一批具有示范性、引领性和支撑作用的重大项目，全面实施“六大百亿工程”：一是国际旅游百亿工程，包括状元南片威尼斯小镇、大瞿南策主题岛开发等16个项目，总投资415亿元，“十四五”计划完成投资64.5亿元；二是生命健康百亿工程，包括韵动海湾健康小镇、温州市水上运动中心等10个项目，总投资110.5亿元，“十四五”计划完成投资35.2亿元；三是两岸同心百亿工程，包括梦幻海湾、同心码头综合体等11个项目，总投资110亿元，“十四五”计划完成投资76.5亿元；四是科技创新百亿工程，包括海洋科技产业园、高端装备式养殖等7个项目，总投资109亿元，“十四五”计划完成投资37亿元；五是临港产业百亿工程，包括高分子材料及氢能综合利用、海上风电场等11个项目，总投资634.2亿元，“十四五”计划完成投资308.6亿元；六是基础设施百亿工程，包括211省道东延线、陆域引供水二期等16个项目，总投资

161.8亿元，“十四五”计划完成投资54.8亿元。“六大百亿工程”是洞头今后一段时期的重心所在、希望所在，将为高质量建设海上花园注入强劲动力。

综合考虑各方面因素，今年我区国民经济和社会发展主要预期指标是：地区生产总值增长7.5%；一般公共预算收入增长10%，规上工业增加值增长10%，固定资产投资增长12%；城乡居民人均可支配收入分别增长7.5%、8.5%，研发投入强度达到1.3%，能源和环境指标完成上级下达任务。

围绕上述目标要求，今年政府工作要聚焦聚力高质量发展、竞争力提升、现代化建设，统筹推进疫情防控和经济社会发展，以重大项目、重大平台、重大产业、重大改革、重大政策和重点要素“六重清单”为统领，实施“六个年”行动计划，全力抓好工作落实：

（一）实施“项目突破年”行动。始终抓牢项目建设“牛鼻子”，完善重点项目招引、平台实体运营、重点建设服务等专班机制，持续扩大有效投资。

千方百计抓招商引资。完善“1+3+N”招商工作机制，实施“双评估+尽职调查”管理,营造全员招商氛围，以打桩论英雄。实施“4321”招商推进计划，确保40个亿元以下“专精特新”项目入库、30个亿元项目重点盯引、20个精品项目推介、10个亿元项目落地开工，至少落地1个百亿级项目，争取3个项目列入省“152”工程。注重产业链招商、精准招商，发挥在外洞头商会纽带作用，鼓励总部回归、贸易回归、智力回归、资本回归，确保全年到位资金18亿元，实际利用外资500万美元以上。强化招商引税工作责任制，新增地方综合贡献1.5亿元以上。

鼓足干劲抓项目推进。按照“前期项目抓深度、新建项目早开工、在建项目出形象、完工项目画句号”的总要求，全年安排重点建设项目88个，确保完成投资40亿元以上，社会资本投资占比65%以上。主攻青山欢乐岛、珑头湾、东港休闲中心等重大项目，加快推进状元南片市政道路、沙岙综合交通码头等PPP项目建设，清零历史遗留未决算项目。开展大门海洋经济功能区实体化运作，谋划大门鹿西一体化综合开发。健全项目储备制度，谋深谋细黄岙片区排涝、实验小学扩建等项目前期，成熟一个开工一个。建立项目“过堂会制度”，健全从签约注册、到资开工、投产达效到纳税就业的全闭环管理链条。

全力以赴抓建设保障。高质量完成国土空间总体规划编制，合理划定城镇空间、农业空间和生态空间。深入实施“拓空间强保障”专项行动，消化“批而未供”土地300亩，处置“供而未用”土地1400亩，新增工业用地（用海）800亩，低效用地再开发150亩。建立政府投资“项目池-资金池”对接平衡机制，利用国家稳投资的政策窗口期，争取更多项目纳入国家支持重大项目清单和省“2+6”清单，借力破解用海用能等要素制约，争取更多财政资金、专项债券和企业债发行支持，全年筹融资24亿元以上。紧盯重大政策处理事项，及时拔钉清障，确保项目落地施工无障碍。

（二）实施“产业提升年”行动。实施海洋经济发展示范区建设“1357”计划，确保海洋产业增加值80亿元以上，涉海服务业占比60%以上，努力构建高质量的现代海洋产业体系。

以“两个健康”引领实体经济创新发展。全面落实党中央、国务院《关于营造更好发展环境支持民营企业改革发展的意见》和《浙江省民营企业发展促进条例》，提升企业创新能力和核心竞争力。推进工业园区再提质再增效，新增规上企业8家、产值超亿元企业2家，培育上市企业1家。加强工业园区及其周边区域配套设施建设，完善职工生活服务体系。实施传统产业重塑计划，推进“机器换人”“空间换地”，加快“两菜”、传感器等行业整合提升，促进高档幕墙门窗基地回归落地。加快企业数字化改造，推进智能尔项目，力争数字经济核心产业增加值增长15%。建设“企业云管家”平台，新增上云企业80家。实施科技企业新“双倍增”计划，创成省科技型中小企业7家以上。用好减税降费政策，进一步降低企业用电、用气、物流、社保等成本，为企业减负2.2亿元以上。注重亲商暖企、稳心留根，以“绣花功夫”精准服务企业，为企业外来技术人员购房落户、子女就学、医疗保障等提供政策支持。完善民营企业家容错关爱机制，深化落实柔性执法、重大涉企案件风险报告等制度，营造企业家健康成长环境。

大力发展现代渔农业。谋划建设远洋捕捞生产基地，逐步向全产业链发展。强化养殖海区规范管理，探索装备式深海养殖、藻贝虾蟹接力养殖等新模式，提升海洋牧场效益。加快建设霓屿紫菜现代产业园，招引国内知名藻类、海产品企业入园，扩大“两菜一鱼”营销市场,争创省级渔业数字化发展示范基地。积极发展农村物流、冷链物流，建立海鲜从海上到餐桌的新消费模式，培育渔农产品特色品牌。立足三大国家级渔港，打造渔港经济区，建设仁前途、鹿西海岛田园综合体，助推“海、港、岸”协调发展。

做大做强临港产业。对接省市

“大湾区”战略，积极参与甬台温临港产业带建设，全力建设“临港产业岛”。加快打造大小门临港石化基地，完善水电路等配套设施，开工建设小门环岛公路二标段，基本建成大门应急引水工程，启动配水管网建设，投用220千伏输变电工程。精心抓好石化产品延链扩容，推进温州LNG、华顺燃料油、力强助焊剂、优瑞欣化学等项目建设，确保高分子新材料及氢能综合利用、浙石油温州油库等项目落地，努力形成临港石化产业集群。提升状元岙港区功能，协同建设华港LNG与荣和开采项目，推进港区后方配套用地开发，积极建设物流产业园，集装箱吞吐量突破30万标箱，构筑港城联动发展新格局。

全面提升滨海旅游业。以“国际旅游岛”为目标，统筹推进国家全域旅游示范区和省级海岛公园创建，打造接轨国际的旅游环境，实现“率先突破、一年见效”。紧盯引擎项目，开工梦幻海湾、伴山悦海等项目，推进白鹭湾、星空岛、开元产权式酒店等项目建设，建成南洋国际大酒店、灵昆九珑湖度假村，努力提升旅游接待水平。建成海脚、伴山等民宿项目，打造隔头民宿旅游目的地。谋划国有景区市场化运营管理试点，回购大沙岙国润公司资产，完成马岙潭度假区改造提升。完善旅游基础设施，加快景区村、AAAA级景区城创建，实现半屏旅游交通一体化。做好中心渔港夜市和望海楼夜游活动，打造海上星光经济带，游客过夜占比达30%。大力发展红色旅游，开工建设海霞学院，完成女子连纪念馆改造提升。实施文旅体产业融合发展两年行动，建设韭菜岙沙滩公园，发展帆船帆板、深海钓鱼等高端运动产品，开展马拉松线上线下活动，打造海洋时尚运动基地。举办国际铁三世界杯赛、全国海钓邀请赛等品牌赛事，启动建设铁三运动小镇。包装提升“百岛十二鲜”特色菜，展示洞头美食魅力。实施“云旅游”策略，加强短视频、直播带货等新媒体宣传营销。计划全年接待国内外游客600万人次以上，实现旅游总收入45亿元以上。

加快培育新兴产业。聚焦新技术、新产业、新业态、新模式，发挥产业引导基金作用，谋划“后疫情时期”经济发展路径。以“生命健康岛”为目标，大力发展蓝色康养产业，构建大健康发展格局。借力温州区域医疗康养中心城市建设，加快韵动海湾项目招引，联动温医大仁济学院，建设高端健康小镇综合体。推进诚意药业健康产业园、精灵海岸养生庄园等一批康养项目建设，做好海洋生物医药研发、生命健康服务、海岛康体产业发展等文章。加快发展海洋新能源产业，推进海上风电项目，完成前期测风工作。高度重视平台经济、共享经济、体验经济，推动远程医疗、线上教育、无人配送等业态发展，打造“互联网+”产业生态。积极培育定制消费、时尚消费、网红消费等消费新模式，社会消费品零售总额增长8.5%以上。

（三）实施“开放合作年”行动。立足区位优势，南北双向融入“海西区”与“长三角”，深化两岸合作交流，扩大进出口贸易，实现服务大局与加快自身发展有机统一，在全市、全省竞相发展的大格局中赢得主动。

高站位融入长三角一体化。抢抓温州纳入长三角一体化发展国家战略的重大机遇，努力打造长三角南向的蓝色经济门户和生态文明建设样板区。强化交通融入，深化211省道、温州绕城北高速东延线等前期谋划，争取开工霓屿至白迭跨海大桥，加快建设325省道洞头段，实现228国道灵昆段通车。加快港口集疏运体系建设，谋划状元岙港区疏港高速、大小门港区海铁联运通道，拓展与上海、宁波港的业务合作，深度融入长三角港口群。做好产业协作文章，推动海产品供应、石化产业链、旅游营销等向长三角核心区延伸。积极融入长三角生态圈，与上海崇明岛开展结对合作，共建生态姊妹岛。探索医疗卫生、教育文化、社会保障、信用体系、政务服务等领域的对接合作，促进互联互通、互动互鉴。

高水平助推两岸融合发展。以同心旅游特色小镇为核心区，争创国家级海峡两岸交流基地，打造“两岸同心岛”。推进中普陀文化园、同心码头综合体、韭菜岙村旅融合、小镇客厅等项目建设，实施半屏整岛环境提升，开展智慧化、低碳化建设运营。强化金岙101项目运营管理，共建同心村。持续扩大对台交流合作，打造“双屏论坛”品牌，办好浙台邻里节、七夕成人节等重要节庆，加强与台湾各类民间组织的常态交流和友好结对。探索与福建平潭开展多层面合作，努力形成对台政策叠加优势。不断深化“台事通”改革，建设温州台湾青年创业就业服务中心洞头工作站，打造台胞青年筑梦家园。

积极对接高能级开放平台。利用温州建设国家跨境电商综合试验区、浙江自贸区温州联动创新区等契机，鼓励企业开拓国际市场，探索承接温州综合保税区溢出效应。积极参与鹿城市场采购贸易方式试点，完成出口500万美元。联动建设浙南闽北赣东进口商品集散中心，助力温州打造“世界超市”。

（四）实施“城乡提质年”行动。致力精建精美，持续补短板、理秩序、提品质、促融合，建设海岛大花园，彰显岛城魅力。

精致化打造滨海城区。提升城乡通达水平，开工建设鸽尾礁至大王殿接线公路，谋划双朴第二隧道，投用美岙隧道、鹿西综合交通码头。深化交通治堵，建设机械立体停车场。提升城市功能，实施市政基础设施三年行动计划，基本建成黄岙城市配套一期工程，开工建设城区燃气站和大门、状元岙综合能源站，全面推进城北、布袋岙污水处理厂建设。加快市政公用一体化步伐，争取实现水、电、气等市区同城同网同价。巩固小城镇环境综合整治成果，全面启动美丽城镇建设，率先将东屏打造成全省样板。加速城市有机更新，启动老旧小区改造，打造精品街、步行街，留住“原味”、唤醒活力。推进城市常态化精细化管理，确保高标准通过全国文明城市和国家卫生城市复评。打好垃圾分类持久战，加快建设分类投放、收集、运输、处理体系，实现生活垃圾零增长。谋划1个未来社区，探索未来美好生活的新型城市功能单元。建设提升42公里绿道系统，构筑生态、亲海、人文的城市景观带。

全域化推进海岛振兴。深化乡村振兴“六千六万”“五农五化”行动，创成部省共建乡村振兴示范省先行区，大力推进资金进农村、科技进农村，引导乡贤回农村、青年回农村。深入开展“五四竞赛”比拼活动，新建17个省新时代美丽乡村、10个乡村振兴五星级示范村，打造北岙海霞红港、大门蓝色乡愁、东屏滨海文旅、霓屿紫菜新田园等4条示范带。深化农村人居环境整治，高质量推进垃圾、污水、厕所“三大革命”，做好“最美村”“最脏村”“最脏厕所”考评，创成鹿西国家级卫生乡。以“六无六有”为目标，开展美丽田园创建行动。设立乡村振兴产业基金，把整治村庄与经营村庄结合起来，鼓励发展生态渔农业、民宿经济、乡村旅游、信息商贸等业态，打造金岙、白迭、寮顶、蓝港等4个村庄经济总部园，实现村集体经济总收入增长15%以上。高质量完成全区村社组织换届。探索乡村共治共享新路径，健全自治、法治、德治、贤治“四治融合”的乡村治理体系。

特色化建设生态文明。推进“两山”实践创新基地建设三年行动，争创国家生态文明建设示范区。全面实施湾（滩）长制，探索社会资本参与生态修复建设机制，构筑生态安全屏障。实施蓝湾二期项目，推进灵霓大堤“破堤通海”“生态海堤”建设，开展网寮鼻、王山头、西山头等岛体沙滩修复，完成三盘港“退养还海”，种植红树林“十里湿地”。开展美丽河湖创建，建设状元岛河道水系治理工程，建成南塘湾湿地公园，做好省级山水林田湖草生态保护修复试点工作。完成栖鹿湾人工沙滩修复。持续开展“栽花种树”，实施“六个一”工程，厚植海岛景观优势。倡导“一村万树”模式，完成绿化彩化面积800亩。决胜污染防治攻坚战，确保创成“污水零直排区”。全力落实环保、海洋、土地等督察问题整改，打好蓝天、碧水、净土、清废保卫战。

（五）实施“改革深化年”行动。强化改革引领、科技支撑、政策保障，破解海岛硬约束，创新机制软联接，全面激发经济社会发展动力和活力。

深化“最多跑一次”改革。更加注重系统集成、协同高效，以“好办事、易办事”为导向，持续推进“最多跑一次”向公共服务领域延伸。落实营商环境便利化“10+N”领跑行动，实现工商登记不出区，不动产登记事项100%网上申请、一体化办理。全面推广“网上办”“掌上办”“刷脸办”，推出20项微改革举措，加快“渔小二”等办证系统集成运用。加强街道（乡镇）便民服务中心标准化建设，实现民生事项“全域受理、全区通办”。进一步优化项目审批流程，建设“不见面开标”系统和“信易批”平台，探索项目阶段合并审批，加快推进“多审合一、多证合一”。深化机关内部“最多跑一次”改革，推动90%以上非涉密事项实现“一窗受理、一网通办”。

纵深推进重点领域改革。继续做好“洞头标准”改革，争取海岛综合管理试点，努力破解生态用海、环保管控等要素制约。全力推进霓屿料场市场化运作，提高矿山资源有偿利用价值。深化“亩均论英雄”改革，加大低效用地和“僵尸企业项目”整治力度，引导资源要素向优势产业、优势企业集中，实现“腾笼换鸟”。深化农村改革，出台集体经营性土地管理办法，盘活闲置资源。推进海岛普惠金融创新试点，探索新型海洋金融产品，落细落实融资畅通工程，共同营造风险可控、企业满意、银行有利的金融生态。厘清政企责任边界，深化国资国企改革，提升城发、旅发公司资金运作和管理能力，盘活存量国有资产。做深做实机构改革“后半篇”文章，推进事业单位和编外用工清理规范工作。深化殡葬综合改革，引导本岛片居民集中区殡仪服务中心办丧。加强区域联动发展，进一步理顺大小门岛开发、灵昆街道托管等体制机制，提升瓯洞一体化融合度。

加快集聚创新力量。积极利用区块链、大数据、云计算、物联网、人工智能等前沿科技力量，促进新旧动能接续转换，提升动态治理能力，努力建设“科技创新岛”。深化“智慧城市”建设，构建统一数据仓，完善“视频一张网”“全域一张图”等五个基础平台，建设数字文旅二期、智慧应急等应用，形成集数据治理、数据决策、数据服务为一体的“智慧大脑”。加快布局“新基建”，推进5G基础设施和通信网络建设，实现重点公共区域5G信号全覆盖。持续推进“三年百名”人才招引和育才留才举措，加强人才房建设管理工作，用好政府雇员政策。加强与高校、科研院所的合作交流，发挥院士专家工作站、高水平创新团队、科技特派员团队等作用，打造海洋科创平台。

（六）实施“全域治理年”行动。认真落实区委关于高水平推进区域治理现代化精细化的决定，完善党委领导、政府负责、社会协同、全民参与的治理体系，不断提高人民群众的获得感、幸福感、安全感。

“慎终如始”抓好疫情防控。强化底线思维、风险意识，毫不放松抓紧抓实抓细常态化疫情防控工作，根据形势变化完善防控策略和应对举措。继续守好“岛口、网口、门口”，从严落实“健康码”“安居码”科学受控、精密智控。加强境外返乡人员闭环防控和无症状感染者筛查力度，开展“净海”专项行动，打击海上非法偷渡行为，坚决“外防输入、内防反弹”。

加强社会精细化治理。创新建设新时代“海上枫桥”，全面提高治理社会化、法治化、智能化、专业化水平，争当基层治理示范标杆。注重群防群治和基层“四个平台”建设，提升闸门工程、雪亮工程、智安工程，打造海陆空、人技物联动的“天罗地网”。实体化运作社会矛盾纠纷调处化解中心，实现群众纠纷化解“只进一扇门、最多跑一地”。深入实施平安建设“护航、补短、强基、聚力”四大工程，打造“七无”平安社区（村）等创建品牌。健全应急管理体制，提升安全生产、防汛防台、抢险救灾能力，切实维护人民群众生命财产安全。依法管理宗教事务，维护宗教领域安全稳定。深化城乡社区、社会组织、社会工作“三社联动”，培育壮大海霞妈妈、溢香救援、微动力等社会团体和志愿力量，建设人人有责、人人尽责、人人享有的社会治理共同体。

优化公共服务供给。深化“互联网+义务教育”，大力实施集团化办学，促进教育优质均衡发展。加快建设元觉幼儿园、元觉义校迁建工程，投用海霞中学迁建二期、东屏中心小学综合楼、霓屿幼儿园。深入实施“明眸皓齿”工程，推广3岁以下婴幼儿照护工作。全力建设“健康洞头”，谋划建设区人民医院改扩建工程，深化公立医院综合改革和医共体改革，以全国慢性病全程健康管理试点为抓手，打造“两慢病”基层首诊改革样板。提升“互联网+医保”普及率，建设“飞药”平台，开展远程购药、送药上门等服务。开发“智慧医疗”“智慧养老”平台，完善医康护养为一体的服务体系。开工建设区级综合护理型敬老院，加快温州市社会福利养老院建设，逐步实现全区特困老人集中供养。贯彻落实党中央、国务院关于新时代爱国主义教育实施纲要，加强国防动员和国防教育，做好征兵、人防、海防、双拥等工作，完善退役军人服务保障体系，促进军民融合新发展。

全力加强社会保障。构建覆盖全民、均衡共享的就业、住房等保障体系，大力发展妇女儿童、慈善、红十字事业，加强残疾人权益保护。做好第七次全国人口普查工作。落实就业创业“三千”行动，城镇调查失业率控制在2.8%以内，巩固“无欠薪”区创建成果。扩大社保覆盖面，提高被征地农民社保待遇。改善居住条件，建成鹿西明珠花苑，加快建设新城保障房、元觉一期安置房。开展农贸市场升级创星行动，投用大门、霓屿农贸市场。稳定基本物价，保障粮食安全。建成大门、鹿西农村饮用水提升工程，启动鹿西陆域引水工程前期,着力解决离岛群众“吃水难”问题。坚决打赢脱贫攻坚战，健全因病因灾致贫返贫人口监测和帮扶机制，实现全区危旧房和农村困难家庭无房户清零，确保对口援助工作取得更大成效。

提升城市文化气质。培育践行社会主义核心价值观，以高规格举办女子连建连60周年系列活动为契机，联动宣传最美人物、道德模范，大力弘扬新时代海霞精神、五岛连桥精神和兰小草精神，传播社会正能量。注重文化惠民，推进公共文化服务“十百千工程”，新建一批城市书房、文化驿站，完成区文化馆改造。推动社会力量办文体，倡导全民健身、全民阅读，鼓励支持文艺精品创作。积极参与瓯江山水诗路文化带建设，加强文化遗产保护，引导文化产业特色发展，让文化和气质成为城市的灵魂。

各位代表，增进民生福祉是政府工作的出发点和落脚点。经过广泛征集和充分讨论，区政府遴选出了文体设施建设、交通出行提升等12件民生实事候选项目，提请本次大会票决。我们将根据票决结果，认真分解落实、严格督查考评，主动接受监督，确保办出成效，让全区人民共享发展成果。

三、不忘初心，牢记使命，努力建设现代政府

圆梦的目标越接近，越要爬坡过坎；对美好生活的向往越热切，越要拼搏奋斗。今年的新冠肺炎疫情是对政府治理的一次实践考验、一次全面锤炼，我们要立足于更好为人民服务，按照“整体智治、唯实惟先”的理念，推动政府职责明确、依法行政、协同高效，努力提升行政质量、行政效率和政府公信力，不辜负全区人民的期望和重托。

一要绝对忠诚跟党走。坚持把政治建设摆在首要位置，落实全面从严治党要求，牢固树立“四个意识”，坚定“四个自信”，坚决做到“两个维护”。着力构建“不忘初心、牢记使命”长效机制，学懂弄通做实习近平新时代中国特色社会主义思想，坚决贯彻中央方针政策和省、市、区委决策部署。

二要一心为民破难题。坚持以百姓之心为心，大兴调查研究之风，深入一线问政于民、问需于民、问计于民，让政策更加惠民、流程更加便民、政府更加亲民。持续深化“三服务”活动，严格落实问题办理“实名制”、问题化解“销号制”，确保取得更大成效。深化政务公开工作，认真办理人大议案建议和政协提案，以脚踏实地的工作作风和业绩，赢得广大人民的信任和拥护。更多运用市场化、社会化、信息化方式加强服务管理，只要对洞头发展有利、对洞头百姓有益，就要敢于打破传统，大胆创新实践，努力把难事办妥、实事办好、大事办成。

三要提速增效干事业。深入推进政府数字化转型，深化“放管服”改革和精文减会工作，开展跨部门多业务协同流程再造，推动政府履职方式的系统性重塑。进一步健全抓落实的目标体系、工作体系、政策体系、评价体系，落细落实“三强两促”和“六重清单”任务，做制度执行的表率。牢固树立争先意识，完善“比”的方式，加大“拼”的力度，展示“干”的成效，以政府的效率指数提升经济社会的发展指数。

四要严守法纪树形象。健全科学、民主、依法决策机制，严格落实重大行政决策法定程序，加大合法性审核和备案审查力度。全面加强行政审批、项目招投标、工程建设等重点领域监管，推动审计监督全覆盖。自觉接受区人大法律监督、工作监督和区政协民主监督，主动接受监察监督，管好公务人员、公共资源、公共权力、公共资金。坚持政府过紧日子，压减一般公用经费和“三公”经费支出5%、非刚性非重点项目支出10%，强化财政资金绩效评价，把钱花到“刀刃”上。全面履行党风廉政建设主体责任和一岗双责，高标准落实中央八项规定精神，持之以恒纠“四风”，切实为基层减负，营造风清气正的政治生态。

各位代表，号角已经吹响，征途就在脚下。不寻常的一年，更需要我们不一般的付出，创造不平凡的业绩，重任在肩、使命光荣！让我们紧密团结在以习近平同志为核心的党中央周围，在市委、市政府和区委的坚强领导下，坚定信心、保持定力，激情创业、拼搏赶超，为高水平推进区域治理，高质量建设海上花园，奋力开启洞头跨越发展新征程而努力奋斗！

北岙街道鸟瞰图　　（叶凌志　摄）

《政府工作报告》有关名词解释

“5+X”产业政策体系：“5”指工业、服务业、农业、开放型经济、人才等五个方面政策；“X”指在5个方面政策基础上，制定或保留必要的若干政策，总数不超过5个。

蓝碳试点：通过保护和恢复红树林、盐沼和海草等生态系统，有效控制二氧化碳等温室气体排放，改善区域生态环境，恢复和保护海洋资源。

五农五化：农村美化、农民转化、农房亮化、农地彩化、农耕文化。

标准海：洞头区参照“标准地”做法开展的一项海域管理改革，由政府事先制定发布标准，企业对标竞价，以“承诺制”出让海域使用权。

两慢病：高血压病、糖尿病。

社会治理七大攻坚行动：消防安全隐患整治、民间迷信活动整治、扫黑除恶治乱、信访、电动车整治、渔业安全生产整治以及住宅小区物业管理等内容。

三助三红：开展以助援救灾、助力发展、助推落实为重点，以指标全年红、任务全部红、工作全线红为目标的专项活动。

三不三乱：党员干部不担当、不作为、不带头，乱作为、乱讲话、乱信教。

三强两促：强机制、强动能、强服务，促目标实现，促士气激扬。

两手硬、两战赢：一手抓疫情防控，一手抓经济社会发展；疫情防控阻击战，经济发展主动仗。

三个地：浙江作为中国革命红船起航地、改革开放先行地、习近平新时代中国特色社会主义思想重要萌发地的简称。

“1+3+N”招商工作机制：构建以“投资促进服务中心+台办、文广旅体局、经信局+N个部门单位”的招商工作机制。

省“152”工程：又称省市县书记、县长工程，主要指省、市、县各级领导谋划招引一批100亿、50亿、20亿产业大项目好项目落地开工。

新“双倍增”计划：到2020年，全区高新技术企业数和省科技型中小微企业数均较2015年翻一番。

两个健康：非公有经济健康发展和非公有制经济人士健康成长。

未来社区：围绕社区全生活链服务需求，以人本化、生态化、数字化为价值导向，以未来邻里、教育、健康、创业、建筑、交通、能源、物业和治理等九大场景创新为引领的新型城市功能单元。

“六千六万”行动：千亿社会资本下乡、万家农业经营主体提质；千个景区村庄创建、万亩美丽田园建设；千家文化礼堂引领、万个家庭新风示范；千个村庄善治、万个网格治理；千村经济消薄防滑、万元农民收入新增；千里公路改造提升、万户农民异地搬迁。

“五四竞赛”：通过“制定一个计划、盯引一批项目、撬动一笔资金、创新一套机制、实现一项增收”的“五个一”举措，实现“城里人下来、农村人回来、游客住进来、老百姓腰包鼓起来”的“四个来”目标。

六无六有：“六无”指无积存垃圾，无脏乱棚架，无乱建设施，无乱架杆线，无失管农田，无秸秆焚烧。“六有”指有标准的管理房，有完善的沟路渠，有统一的收集点，有管用的田长制，有统一的产业布局图，有明确的服务。

“飞药”平台：依托外卖支付平台，为群众提供便捷的送药上门服务。

就业创业“三千”行动：千名渔农民转产转业，千名外出者返乡创业，千名大学生回归创业。

十百千工程：全省完成10个公共文化服务重点县、100个公共文化服务重点乡镇（街道）和1000个公共文化服务重点村（社区）建设任务。

营商环境便利化“10+N”：“10”涵盖企业开办、企业注销、不动产登记“一件事”、跨境贸易、纳税、提升执行合同质效、用水用气报装、用电报装、获得信贷、办理破产便利化行动方案等10项主要政策，以及“N”项配套措施等内容。

新基建：新型基础设施建设，主要包括5G基站建设、大数据中心、人工智能等领域，涉及诸多产业链。

七无：无家庭暴力、无赌博、无吸毒、无非法集资、无传销、无非法宗教组织、无邪教组织。

栽花种树“六个一”工程：一路一花径、一村一精品、一户一花墙、一坡一花景、一园一花海、一港一风情。

温州市洞头区人民代表大会常务委员会工作报告

——在温州市洞头区第十四届人民代表大会第四次会议上

温州市洞头区人大常委会主任　叶国胜

（2020年4月28日）

洞头区人大常委会主任　叶国胜　　　　（张倩　摄）

2019年工作回顾

2019年是中华人民共和国成立70周年，更是洞头海上花园建设喜获丰收的一年！一年来，区人大常委会坚持以习近平新时代中国特色社会主义思想为指导，深入学习贯彻党的十九大和十九届四中全会精神，对标省市和区委要求，紧盯各项目标任务，乘风破浪潮头立，忠诚履职创佳绩。全年共召开常委会会议11次、主任会议15次，听取审议专项工作报告33个，作出审议意见8个、决议决定24个，为全区经济社会发展和民主法治建设作出积极贡献。

一、初心如磐，以绝对忠诚把牢正确方向。坚持党的领导，是人民代表大会的最大优势，更是做好人大工作的根本保证。常委会始终把政治建设摆在首位，把党的领导贯穿于工作全过程，保证各项决策部署落地落实。

坚定政治立场。深刻把握人大是党领导下政治机关的鲜明定位，始终站在讲政治的高度，强化政治统领，增强政治担当，树牢“四个意识”、坚定“四个自信”、坚决做到“两个维护”。坚持把学深悟透习近平总书记关于坚持和完善人民代表大会制度的重要思想摆在突出位置，常态化开展常委会党组理论中心组学习，在全市率先召开常委会组成人员政治专题学习会、常委会会议列席代表座谈会，加强政治引领，毫不动摇地体现党的全面领导。

坚守初心使命。深入推进“不忘初心、牢记使命”主题教育，坚持常委会党组、机关党组、党支部统分结合、整体联动。举办专题读书会、“百千万”读书班，开展“红色寻根行”、革命传统教育活动，让党员干部在追溯红色记忆中，接受党性洗礼，做到学深悟透、真信笃行。以主题教育为牵引，结合“三服务”“三助三红”等工作，紧扣群众反映的“操心事烦心事”，持续调研、精准发力，帮助协调解决民生问题31个。

坚持同心同向。坚持在区委领导下，与时代同步伐、与改革同频率、与实践同发展。协助区委召开人大工作会议，第一时间抓好会议精神贯彻落实，围绕推进新时代洞头人大工作新命题，开展研讨、作出部署。自觉将区委的要求与推动依法履职、促进经济高质量发展、保障和改善民生紧密结合，充分凝聚共识，强化责任担当。坚持以高度的思想自觉、政治自觉和行动自觉，积极投身海洋经济、花园洞头、全域旅游、海岛改革等中心工作，全力助推疫情防控和复工复产，切实做到区委有号召、人大就有响应，区委有部署、人大就有作为，区委有要求、人大就有行动。

二、围绕中心，以主动作为投身改革实践。高质量发展是未来一个时期最鲜明的导向。常委会聚焦主题主线，紧扣薄弱环节和关键部位，靶向发力，克难攻坚，全力助推改革创新发展。

紧盯推进海岛振兴。紧扣中央“二十字”总要求，立足洞头乡村实际，着重围绕海岛振兴示范带、“两菜一鱼”产业、景区便利化、村旅融合、基层治理等重大议题，下村社、入田头、上渔船，累计专

2020年4月28日，温州市洞头区第十四届人民代表大会第四次会议召开　　（张倩　摄）

题视察调研185次。引导人大代表积极助推海岛振兴，联动监督，广纳民意，帮助村社增强发展动力。多次组织集中研讨，共谋振兴思路，将代表征集到的民智民策悉数转化为审议意见，推动短板逐个补齐。紧扣村社集体经济壮大命题，把牢村社改革关键环节，助推村集体产权制度改革，稳步提升产业综合效益，努力打造乡村振兴海岛样板。

积极助力“三个高质量”。主动靠前，助推国家海洋经济发展示范区建设迈向高质量。针对瓶颈制约、支撑体系、市场准入等重点领域，深入开展调研，提出意见建议15条，供区委区政府决策参考。积极争取更高层面政策支持，如代表提出的《关于加大温州海洋经济发展示范区政策支持的建议》得到市政府高度重视。主动请缨，助推民营经济发展迈向高质量。通过蹲点调研、集中走访、座谈交流、网络征集等形式，了解企业诉求，梳理市场堵点，就强化产业培育、优化要素保障、加大政策扶持等方面积极建言献策。常委会班子成员深化挂钩帮扶，问需于企、问计于企，全程“挂图作战、挂单销号”，累计帮助企业解决问题21个，推动区政府为企业直接减负2.3亿元、兑现涉企资金1.6亿元。主动作为，助推“同心旅游小镇”打造迈向高质量。着眼于同心共建海上花园，携手拓展基层交流同心圆，建议区政府加快载体创设、强化项目招引，乘势而上塑造同心品牌，进一步提升海岛魅力。

加强计划和预决算审查监督。召开人大经济形势分析会，针对新环境新动向，研判经济发展目标和思路。组织检查和调研2019年上半年计划执行情况，初审2020年计划草案，围绕实体经济发展、重点项目推进等四方面提出意见，要求区政府以创新驱动转型，以改革提振活力。拓宽深化预决算审查监督，听取和审议预算执行、决算和审计等报告，审查和批准区级决算、预算调整方案、债务限额及新增债务预算调整方案，加强审计发现问题整改的跟踪监督，推动区政府加强规范管理，资金使用绩效明显提升。提前介入预算编制，制定2020年区级部门预算审查方案，组织专家开展审查，选取3个部门公开听证，梳理提出初审意见，督促整改落实，对60个部门91个项目实行优化调整，涉及金额2.39亿元。探索开展国有资产监督，首次听取和审议全区国有资产管理情况综合报告和专项报告，基本摸清我区国有资产家底，促进相关管理制度健全完善。

三、民生为本，以暖心举措优培幸福指数。财须民生，强赖民力，民生工作始终是人大工作的立足点和出发点。常委会坚持民有所呼、我有所应，促进改革成果普惠共享，不断增强人民群众的获得感、幸福感和安全感。

聚焦惠民实事。深化巩固政府民生实事项目人大代表票决制，坚持以惠民的实效衡量项目的质量，以群众的评价推进制度的完善。在“年初定、全年跟、年末评”的基础上，常委会及时总结经验，持续发力项目监督，探索实施1个项目3组跟进的“1+3”监督方式，全程对口跟踪监督，共开展4次集中视察，督促项目提质增速。区乡两级累计投入3.45亿元，一批城市文化客厅、放心农贸市场得到新建和改造，街镇养老服务中心实现全覆盖。连续三年跟进环境状况和环境保护目标完成情况，定期走访重点区域，督查重要节点，常态开展“回头看”，主动回应群众对良好环境的期盼。成立执法检查组，对《城市市容和环境卫生管理条例》贯彻落实情况开展检查，推动城乡环境精细化管理，加快人居环境高品质提升。

聚焦公共服务。坚持教育优先发展，开展学前教育监督，督促加快教育重点项目建设，保障教育经费支出，努力推动教育事业优质均衡发展。专题调研公共卫生服务体系建设，针对运行机制有待完善等问题提出9条审议建议，促进医疗服务能力不断增强、看病“难、贵、繁”问题加速缓解。听取全民健身工作报告，建议区政府以实施“四提升四覆盖”工程为抓手，优化规划布局，促进产业发展，满足群众健身需求。开展综合交通体系建设专题监督，关注交通基础设施建设，将其列入代表视察重要内容，尽全力让群众出行条件得到逐步改善。

聚焦基层治理。围绕涉黑涉恶涉乱问题，开展调研走访，广泛征集意见，全力支持“一府一委两院”深入推进扫黑除恶专项斗争。专题听取区政府信访工作报告，就源头防控、领导包案、积案处置等方面，与政府交换意见，共同研究对策。重视人大信访工作，实行清单式交办、项目化跟踪、销号式管理，做到及时协调和移交办理。常委会班子成员坐班接访50多次，帮助协调解决金海岸项目开竣工延期、三轮车老城区限行、灵昆养殖户诉求等一批问题。跟进监督人民调解工作实施情况，进一步助推完善“大调解”格局，力促人民调解规范化、科学化、制度化。

四、厉行法治，以不懈动力建设法治洞头。维护法治尊严是人大监督应有之义。常委会把全面推进法治洞头建设，作为重要职责，不断加强和改进法律监督，着力促进依法行政和公正司法。

弘扬宪法精神。开展第六个“国家宪法日”暨第二个宪法宣传周系列活动，以“弘扬宪法精神，推进国家治理体系和治理能力现代化”为主题，多层次、多途径广泛宣传宪法及国家法律法规，在全区营造学习宣传宪法的良好氛围。积极履行宪法赋予的职责，依法加强人事任免工作，共任免国家工作人员64人次、人民陪审员44人次。严格执行任前法律考试、审议表决、表态发言、颁发任命书等程序，认真落实宪法宣誓办法，常委会组织新任命国家机关工作人员宪法宣誓31人次，带动“一府一委两院”自行组织宪法宣誓64人次。

强化司法监督。突出金融案件审理监督，强化与法院互联互动，督促加强诉源治理、审判数据功能、金融审判庭建设，有力维护区域金融稳定。以落实司法责任制为重点，持续开展法官、检察官履职专项评议，创新推出“八步法”，督促法、检两院加强和改进队伍建设。认真履行基层立法联络站职责，积极协助市人大开展《温州市养犬管理条例（草案）》《温州市荣誉市民条例（草案）》等法规立法调研工作。

督促依法行政。贯彻落实省市区委人大工作会议精神，强化对归口党委职能部门领导或管理的政府部门监督，确保在机构改革后，人大依法监督政府行政的一致性和连续性。积极配合区委七大百日攻坚行动，开展消防工作情况专题调研，指出区政府要适应机构改革新要求，加快完善监管体系，提升防控能力，切实保障群众生命财产安全。严格落实规范性文件备案审查制度和程序，审查报备规范性文件12件，及时对洞政办发〔2019〕19号文件提出审查意见，促使暂停实施并废止，从源头上制止行政管理偏差，与区政府一道在法治的轨道上稳步前行。

五、强化保障，以问题导向力促代表履职。尊重代表的权利就是尊重人民的权利，保证代表依法履职就是保证人民当家作主。针对代表主体作用发挥问题，常委会持续完善机制、拓宽平台、丰富载体，充分保障代表依法履职、为民尽责。

抓服务，增强代表素质。针对代表法律和业务知识结构不完善问题，组织代表“走出去”，将专家学者“请进来”，共培训代表17批291人次，指导乡镇街道人大常态开展“代表讲坛”，为代表订阅《人大代表报》《中国人大》《浙江人大》等报刊杂志，帮助代表更新知识、增强本领。注重丰富代表履职实践，先后邀请代表列席常委会会议54人次，组织代表参与专题视察43人次，服务保障各级代表小组活动58次。注重代表政治素质提升，通过主题教育，淬炼代表“守初心、担使命”，用实际行动诠释人大风采。有的代表连续两年拿出专项科研奖金，资助困难群众；有的代表组织救援队伍冲在抗灾一线，守护海岛安宁；战疫时刻，广大代表主动参与疫情防控，配合做好卡口管控、人员排摸、场所消杀、复工复产等工作，齐心协力助力打赢疫情防控战和发展主动战。

抓督办，强化办理实效。针对建议办理“回娘家”苗头性问题，健全建议办理机制，在“五到位、三步骤”的基础上，探索实施重点督办、联动督办等“四督办”新举措，形成“543”建议办理机制，133件建议全部得到办复，解决率同比增长6.79%，创三年来新高。《关于洞头区北沙东片大王殿与鸽尾礁公路立项建设的建议》《关于推进“两菜”产加销，促进海岛乡村振兴》作为年度重点办理件，得到区政府高度重视。鸽尾礁至大王殿连接公路列入2020年度区重点建设计划，前期工作基本完成；紫菜现代产业园建设进一步加快，“两菜”产业发展持续向好。此外，对涉及群众反映强烈的民生类建议，常委会班子成员多次带队上门督办、现场督办，许多建议办理成果转化为政府决策措施、上升为制度安排。

抓深化，完善平台建设。针对代表联络平台作用发挥不够充分问题，根据“就近就便、高效快捷”原则，按照“多站多点”“网上网下”相结合的布局要求，整合代表网上履职平台，完善代表联络实体阵地，使代表倾听群众呼声更为直接、更加及时。突出活动规范性、多样性，安排专项资金保障站点建设和活动支出。各站点“代表在行动”主题活动常态开展，代表进站104次，接待群众430人次，先后征集到养老服务、环境整治、重点工程、花园村庄等方面的建议308个，其中91.2%转化成破解问题的具体思路，转化为群众实实在在的获得感。

六、刀刃向内，以革新姿态夯实自身建设。人大制度因初心使命而生、因初心使命而兴。常委会始终坚持守初心担使命，持续在提高履职水平、强化自身建设上下功夫。

加强常委会及机关建设，履职能力进一步提升。发挥常委会党组把方向、抓大事、作决策的政治保证作用，健全党建工作规则，支持机关党组作用发挥，成立机关党总支，扎实推进“四化”支部建设，全面提升组织力。认真落实机构改革部署要求，设立社会建设工委，并逐步完善制度、理顺职能。加大常委会组成人员和机关工作人员培训力度，持之以恒抓好思想政治建设和业务素质建设。开展“明纪律 正作风 铸铁军”主题教育月活动，通过五问反思、谈心谈话、干部家访、澄清正名等载体，提振干部队伍精气神。根据新时代人大工作和建设的新要求，规范议事规则，深化全员绩效考核，完善机关管理机制，深化文明机关创建，不断提高制度化规范化水平。

加强区乡人大联动，工作合力进一步形成。常委会坚持重点工作和重大活动协调联动、重点建议督办合力跟踪，定期召开人大联席会，深入乡镇街道调研，不断增强“一盘棋”整体合力。全面加强和规范街道人大工作，积极争取区委重视和支持，及时设立街道人大办公室和配备专职人员。加强与兄弟县市区人大交流学习，围绕工作监督、预算审查、议事平台、代表活动等，认真探索街道人大工委统筹衔接和协同推进机制，为贯彻实施《浙江省街道人大工作条例》夯实了基础、优化了保障。

加强调查研究和宣传工作，人大影响力进一步扩大。坚持常委会班子成员重点课题调研制度，开展“领衔调研、攻坚破难”行动，深入基层调查研究，强化调研成果转化，形成9个重点课题成果，有针对性地提出解决实际问题的建议。推动理论研究和实践创新相结合，紧盯民生实事项目后续监督等新领域，一批理论研究成果入围省市理论研讨会。围绕提升基层治理能力开展研讨，主动探索“洞头标准”改革，积极为区委区政府决策提供参考。依托“两站一平台”、人大网站、新闻媒体，讲好人大故事，全年推出一批高质量的人大新闻作品，其中被省市级采录48篇。

各位代表，2019年是不平凡的一年！我们在庆祝中华人民共和国成立70周年之际，迎来了地方人大设立常委会40周年。洞头人大设立常委会发轫于改革开放，与社会主义民主法治建设同步启动、同步发展，经历了从无到有、从小到大、从弱到强的发展过程。数十年的风雨兼程，我们在创新中加强，在规范中提高，在实践中成长。我们深切地体会到，做好人大工作，必须要始终坚持党的领导这一政治原则，必须要始终坚持服务中心这一使命担当，必须要始终坚持履职为民这一价值追求，必须要始终坚持代表主体作用这一有力保障。

过去一年区人大工作取得的成绩，是区委坚强领导的结果，是常委会组成人员和全体人大代表共同努力的结果，是“一府一委两院”和社会各界大力支持配合的结果。在此，我代表常委会表示衷心的感谢和崇高的敬意！

知之愈明，行之愈笃！面对新形势新任务新要求，我们深刻地认识到，常委会工作仍然存在一些不足，突出表现在监督工作的实效性还有待进一步增强、服务保障代表履职渠道还有待进一步拓宽、常委会和机关自身建设还有待进一步加强等。我们将采取有效措施，认真加以改进，不断推进人大工作与时俱进、创新发展，也真诚希望各位代表和同志们一如既往地支持我们的工作。

2020年工作任务

2020年是全面建成小康社会、“十三五”规划的收官之年，也是开启我区跨越发展新征程的一年。区人大常委会工作的指导思想是：高举习近平新时代中国特色社会主义思想伟大旗帜，深入学习贯彻习近平总书记关于坚持和完善人民代表大会制度的重要思想，认真落实党中央和省市区委决策部署，紧扣高水平全面建成小康社会目标任务，围绕区委“一个主平台、两个样板、五个岛”部署，服务“振兴洞头”六大百亿工程，聚焦改革发展，聚情民生关切、聚力依法履职、聚合代表力量，创造性地做好新时代人大各项工作，为高水平推进区域治理、高质量建设海上花园提供有力保障。

一、旗帜鲜明讲政治，更加坚定制度自信。深入学习贯彻习近平新时代中国特色社会主义思想，推动学思用贯通、知信行合一。严守政治纪律和政治规矩，引导常委会组成人员和机关干部树牢“四个意识”，坚定“四个自信”，坚决做到“两个维护”。牢牢把握人民代表大会制度的特点和优势，牢牢把握新使命新任务，进一步坚定制度自信。更加自觉地把思想和行动统一到党的十九届四中全会精神上来，切实把智慧和力量凝聚到高水平推进海岛区域治理现代化精细化的重大实践中来，努力把制度优势转化为治理能力。坚持和依靠党的领导，以区委人大工作会议精神指导和统揽工作，把区委的高度重视和关心支持转化为做好工作的强大动力。

二、围绕全局促发展，精准把握监督重点。坚持推动高质量发展走在前列的鲜明导向，主动融入全区大局，依法履行职责，凝聚发展合力。聚焦海洋经济发展示范区建设，紧盯“六重”清单和六大百亿工程，加大对海岛乡村振兴、渔农民增收、“两菜一鱼”发展、旅游品牌建设、港口产业发展、国有资产管理等方面监督力度，开展民营企业发展促进条例执法检查，助推经济结构调整和发展动能转换。聚焦区域治理现代化精细化，开展矛盾纠纷调处化解“最多跑一地”、应急管理、非机动车管理、殡葬改革、垃圾分类、侨务外事、食品药品安全等专项监督，提高社会治理水平。聚焦改革发展大局，审议“十三五”规划实施和“十四五”规划编制情况，关注国土空间规划编制，推进规划科学编制和高效实施。聚焦生态文明建设，助力两山实践海岛样板打造，听取环境状况和环境保护目标完成情况报告，开展污水处理设施建设维护、农村生活垃圾处理终端运行等情况专项检查，推动问题解决。聚焦法治建设，加大法律实施监督力度，听取公益诉讼、行政诉讼应诉等情况报告，深化规范性文件备案审查工作，强化干部任后监督，推进法治政府、法治社会一体建设。落实省市人大常委会疫情防控有关决定要求，督促完善公共卫生应急体系建设，主动参与“三强两促”专项活动，为实现“两手硬、两战赢”贡献人大力量。

三、务实创新增活力，不断提升履职实效。完善区人大常委会讨论决定重大事项制度，进一步探索科学化、民主化、法制化举措，依法有效行使重大事项决定权，为全区经济社会发展提供有力支撑。更加务实地探索审议意见清单制、整改落实销号制、整改效果评议制，对重点意见落实情况开展跟踪监督，推动浅层次程序监督向深层次精准监督转变，以审议意见落地落实保证监督事项落地落实。更加精细地组织预决算审查，健全完善预决算审查监督机制，强化专项资金监管，注重从预审、初审、批准、执行等环节精准切入，开展财政资金使用绩效和政府投资项目绩效管理专题调研。更加深入地实施民生实事项目代表票决制，将其作为做实决定工作、做深监督工作、做活代表工作的重要抓手，优化监督、评价环节，做到运作规范、程序简明、管用有效。

四、优化服务强保障，积极拓展代表工作。以“两个联系”为着力点，做深做实代表履职引导、服务和管理，推进代表工作体制机制创新和平台载体优化。探索精细化、小规模培训方式，开展代表法、监督法、组织法等法律法规培训，提升代表依法履职能力。突出计划、主题、重点，组织代表开展闭会期间活动，邀请列席常委会，参与工作评议、部门预算初审和民生实事项目监督，参加执法检查、集中视察、专题调研，丰富活动内涵和形式，激发代表履职热情。全面推进代表联络站建设，在规范基础上求实效。认真督办建议，积极探索建议办理的评价机制、公开机制和跨年度衔接督办机制。

五、奋发有为提效能，切实抓好自身建设。强化“两个机关”目标定位，以改革思维、创新理念和务实举措推进自身建设，不断焕发生机与活力。着力强化机关政治建设，构建“不忘初心、牢记使命”长效机制，以党建引领人大工作高质量开展。注重履职能力提升，切实增强统筹协调、调查研究和跟踪督办的工作本领。按照议事有章可循、工作有规可依，完善各项规则和程序，注重抓好制度执行。结合形势发展需要和机构改革要求，加强区人大社会建设委员会工作和建设。全面贯彻实施乡镇人大工作条例和街道人大工作条例，规范和加强乡镇街道人大工作，充分发挥其在基层民主政治建设中的重要作用。

各位代表，这是一个千帆竞发、百舸争流的时代，也是一个攻坚克难、接续奋斗的时代。让我们更加紧密地团结在以习近平同志为核心的党中央周围，在区委的坚强领导下，不负人民期盼，戮力前行、争创一流，当好“重要窗口”建设者、维护者、展示者，为高水平推进区域治理，高质量建设海上花园，奋力开启洞头跨越发展新征程而努力奋斗！

中国人民政治协商会议
第八届温州市洞头区委员会常务委员会工作报告
——在政协第八届温州市洞头区委员会第四次会议上

温州市洞头区政协主席　汪慧平

（2020年4月27日）

洞头区政协主席　汪慧平　　（张倩　摄）

2019年工作回顾

2019年是中华人民共和国成立70周年，也是人民政协成立70周年。中共中央首次召开政协工作会议，习近平总书记出席会议并发表重要讲话，中共浙江省委、温州市委、洞头区委相继召开政协工作会议，为政协工作高质量发展注入了强大动力。一年来，区委高度重视政协工作，专题听取政协工作汇报，研究政协工作新情况，为政协工作创造更好条件。区政协及其常委会坚持以习近平新时代中国特色社会主义思想为引领，紧紧围绕区委重大决策部署，牢牢把握团结和民主两大主题，努力发挥专门协商机构作用，认真履行政治协商、民主监督、参政议政三大职能，为高质量建设海上花园作出了积极贡献。

一、初心如磐、使命在肩，共同思想政治基础更加牢固

一年来，常委会始终坚持中国共产党领导这一根本政治原则，旗帜鲜明讲政治，切实增强“四个意识”，坚定“四个自信”，做到“两个维护”，确保政协事业方向正确、行稳致远。

坚决把牢思想政治方向。认真学习贯彻习近平新时代中国特色社会主义思想特别是习近平总书记关于加强和改进人民政协工作的重要思想，深入学习贯彻中央和省市区委政协工作会议精神，引导广大政协委员维护核心、服务中心、凝聚人心。坚持党对人民政协工作的领导，做到区委有部署、政协就紧紧跟进，区委有要求、政协就坚决执行，始终保持与区委思想同心、目标同向、工作同行，努力为实现区委确定的目标任务聚人心凝合力。充分发挥政协党组领导核心作用，认真贯彻政协系统党的建设要求，全年召开12次区政协党组理论学习中心组学习会、18次党组会议、7次主席会议、23次学习座谈会，健全完善政协中共党员委员与党外委员共联共学制度，落实“两个全覆盖”。切实加强政协机关党的建设，严格落实全面从严治党主体责任，支持派驻纪检监察组履行职责，着力维护风清气正的政治生态。

扎实开展“不忘初心、牢记使命”主题教育。按照中共中央和省市区委统一部署，紧扣“守初心、担使命，找差距、抓落实”总要求，认真抓好主题教育各项工作。区政协党组示范引领，指导带动机关党组主题教育一体谋划、统筹推进，坚持学原著、读原文、悟原理，开展集中研讨，讲好专题党课。强化区委中心导向，紧贴发展要事、民生实事，组织开展调查研究30余次，完成区委重大调研课题4个，确保主题教育往深里走、往心里走、往实里走。坚持对标对表，聚焦解决思想根子问题，广泛听取意见，高质量开好党组专题民主生活会，以刀刃向内的自我革命精神，认真检视反思，落实整改措施，扎实开展专项整治，把初心使命变为党员干部锐意进取、开拓创新、真抓实干的自觉行动。

精心组织“新时代人民政协的新样子”专题讨论。按照全省政协系统“新时代人民政协的新样子”专题讨论活动要求，常委会聚焦政

2020年4月27日，政协第八届洞头区委第四次会议召开　　（庄缘　摄）

治责任担当、价值作用发挥、履职能力提升、为民情怀体现、精神风貌焕发等要求，精心制定方案，组织专题讨论26次，开展笔谈征文、金点子征集等活动，进一步强化政协委员对新时代人民政协新样子的思想认识，引领广大政协委员保持奋斗者的姿态和干劲，大力推进转理念、转方式、转作风、提质量，推动我区政协事业高质量发展。专题讨论活动期间，被省市政协采用笔谈文章16篇，金点子17条。

二、围绕中心、建言资政，专门协商机构作用更加凸显

一年来，常委会紧紧围绕区委区政府决策部署，聚焦协商主业，精心选择履职议题，坚持调研、协商、监督一体推进，努力擦亮专门协商机构牌子。

干靠前活，高站位助推同心小镇建设。紧紧围绕区委关于海峡两岸同心小镇建设的决策部署，深入一线调研，运用提案、大会发言、调研报告等履职手段，形成《探索吸引台青长效机制 打造两岸青年筑梦家园》等调研成果，供区委区政府决策参考。发挥“一线”作为，牵头制定《洞头区关于支持台青台商创业发展的若干规定》，盯紧盯牢同心小镇重点建设项目，主动对接市、区两级相关部门，按照时间节点抓落实，一个月完成“民革之家”改造，为成功举办两岸一家亲·半屏山系列交流活动贡献政协力量。注重品牌打造，努力提升以“同心”为标识的两岸交流活动知名度和影响力，助力我区荣获2019年度浙台经济社会融合发展突出贡献奖，获批浙江省海峡两岸交流基地，入选省级特色小镇创建名单，省政协葛慧君主席，吴晶、马光明副主席等领导先后莅临指导，时任台湾新党主席郁慕明、国民党前主席洪秀柱分别率团考察。

说实在话，高规格开展专题协商议政。积极推进“请你来协商”平台建设，严格落实省委、省政协对县(市、区)“6+X”协商频次的要求，认真开展协商议政活动。王蛟虎书记、林霞区长和区委区政府有关领导高度重视，就同心小镇建设、蓝湾整治、公共文化服务、花园村庄环卫保洁、工业区提质增效、交通状况改善等重点工作和群众普遍关心的热点难点问题，与委员开展面对面协商。全年共开展“请你来协商”活动6次，专委会对口协商11次，52名委员针对76个问题作专题发言，提出意见建议98条，解决了台湾青年住宿、医保、出行及子女就学等问题，实现工业企业优惠政策即知即办，推动《关于进一步深化湾（滩）长制工作的意见》等政策文件出台，一批事关全区经济社会发展的问题逐步得到解决。

盯关键事，高标准履行民主监督职能。按照省政协关于开展城乡生活垃圾分类处理专项集体民主监督要求，组织政协各参加单位、各专委会、各界别组对重点企业、中小学校、大型餐饮店垃圾分类情况开展随访监督40余次，提出意见12条。落实常委会议专题监督，听取区政府关于中小学生“明眸皓齿”工程推进、医养结合实施以及“两个健康”先行区、乡村振兴示范带和公共文化服务重点区建设等情况通报，听取区纪委区监委、区法院和区检察院年度工作通报。针对医共体改革、“基层基础提升年”行动和紫菜现代产业园建设等专项工作，组织委员开展跨界别联合视察监督，提出建议11条，助推政府职能部门有关工作高效落实。

三、履职为民、凝心聚力，团结奋斗的正能量更加强劲

一年来，常委会自觉把凝聚共识、汇聚力量摆在重要位置，高度重视与社会各界的联络联谊，不断营造团结民主的浓厚氛围，共画携手奋进最大同心圆。

厚植民生为本情怀。重视发挥提案助推发展的重要作用，加大提案质量考评权重，鼓励形成高质量提案，八届三次会议以来共征集提案128件，立案110件，确定重点提案2件，对口提案5件，坚持日常督办、协商督办、跟踪督办相互结合，努力使提案办理落地落实。积极反映社情民意，全年收集社情民意信息18篇，上报市政协11篇，采用6篇，其中《关于加快瓯洞一体化 融入长三角的建议》得到市政府姚高员市长和陈建明常务副市长批示。针对小微企业融资难融资贵、“三位一体”农民合作体系建设、村社规模优化调整、城区占道经营等民生问题，组织相关专委会和界别委员，认真开展调查研究，形成调研报告供相关部门决策参考。围绕海岛乡村振兴、民营企业健康成长、村集体经济发展壮大、重大民生工程推进等，深入开展“三助三红”“三服务”活动37场次，走访企业、村居51个，及时将问题反馈给有关部门，帮助解决企业、基层和群众的困难。

汇聚抗击疫情合力。新冠肺炎疫情发生以来，区政协党组第一时间学习贯彻习近平总书记重要指示精神，积极响应区委区政府号召，及时发出倡议书，广泛动员全区政协委员和机关党员干部主动作为，展示“为国履职、为民尽责”的情怀和担当。区政协领导班子成员多次深入一线了解疫情防控和企业复工复产情况，协调解决相关问题。政协委员充分发挥界别优势，主动投身疫情防控，努力在各自领域发挥积极作用。卫生界委员奋战在抗击疫情最前线，经济、特邀等界别委员通过各种渠道，累计捐款捐物达300余万元，新闻文艺界委员创作诗歌、歌曲、摄影等“抗疫”文艺作品20余件。其他各界别委员和机关干部，积极参与社区、企业防控工作，在宣传引导、卡口检查、复工复产等方面献策出力，为我区统筹推进疫情防控和经济社会发展作出贡献，多名委员获区委通报表彰。

彰显联络联谊特色。联合省市政协就同心小镇建设、“委员会客厅”、海峡两岸（温州）民营经济创新发展、国际化休闲旅游度假、基础教育发展、健康养老产业、基层医疗服务提升等项目开展调研视察16次。加强与省外、市外政协的工作交流，接待省内外政协考察团28批437人次。扩大与社会各界人士的沟通联谊，领导班子成员积极走访党外知识分子、非公有制经济人士、新的社会阶层人士和宗教界人士，宣传区委区政府重大决策部署，听取意见建议，最大范围引导社会各界支持、参与高质量建设海上花园。积极联络在外洞头商会和洞头籍知名人士，搭建联络联谊平台，推介我区重点工作和发展成效，为招商引资牵线搭桥，助力产业回归。

赓续政协文化传承。协同区委举办庆祝中华人民共和国成立70周年暨人民政协成立70周年千人歌咏会，组织开展“人民政协发挥专门协商机构作用研究”和“庆祝人民政协成立70周年”主题征文，多篇文章在省市政协理论研讨中获奖，并获市级组织奖。组织委员精心编排节目，参加市政协“壮丽七十年 风雨一路行”文艺晚会，获广泛好评。打造“协商精准化”履职品牌，获市政协“一县一亮点”创建活动三等奖。组织科技、教育、卫生、文体、司法等部门，精选契合基层群众需求的内容，开展“六下乡”活动8场次，汇聚基层合力。通过《联谊报》、省市区三级政协网站、微信公众号等平台，大力宣传我区的好做法、好经验，全年被省政协采用信息21条、市政协采用42篇、其他媒体采用33条，不断扩大政协的社会影响力。

四、固本强基、锐意进取，队伍履职管理更加精细

一年来，常委会按照新时代人民政协新样子的要求，加强政协队伍建设，引导政协委员和政协干部抓好自我教育、自我管理、自我约束，队伍履职能力和水平有了新提高。

强化学习提素质。着力建设学习型政协队伍，组织委员和机关干部110余人次参与省市政协举办的“崇学讲坛”“学思讲坛”，提高委员履职能力。围绕年度重大履职课题，组织委员前往省内先进地区学习考察，选派优秀委员参与市政协举办的委员履职培训，拓展委员履职视野。委托宁波市委党校举办委员轮训班，56名委员和机关干部围绕习近平新时代中国特色社会主义思想、区域经济发展、委员履职基础知识等内容进行深入学习。积极搭建知情明政平台，采取专家授课+委员讲座的模式，打造专业性强、趣味性浓的“委员讲坛”，组织委员100余人次参加“百岛讲坛”及各类通报会，及时了解当前经济社会发展情况。

完善机制促履职。坚持把制度建设贯穿政协工作全过程，制定区政协主席接待日制度，出台政协界别组履职量化考核办法及优秀提案、先进界别组和优秀召集人评选办法。完善优秀委员评选机制，开展界别活动组委员年度述职，表彰履职成绩突出的委员，严格执行委员退出制度，激发广大委员履职积极性。进一步规范内部管理和工作运行机制，修订政协机关内控制

度、外出考察调研管理规定。认真组织“百千万”读书班，开展明纪律正作风铸铁军主题教育活动，努力打造政治素质高、服务能力强的政协机关。

优化平台求实效。推进“智慧政协”建设，全面推行委员履职APP，实现履职业务系统对接、履职信息实时发布，全年委员登陆平台处理业务、阅读信息超2万人次。率全市之先推出12家委员“云”工作室，使政协常态服务延伸至“云”端，致力于发挥政协委员在推动发展、服务群众、凝聚人心、促进和谐等方面的桥梁纽带作用，全年提供法律、教育、卫生、网络服务、社会治理等各类业务咨询1200余次，开展法律援助、服务走访等活动76场次，解决群众反馈的问题和困难25个，实现服务民生“不打烊”，被中新网、联谊报推广报道，并得到区委主要领导的肯定。协助民革温州市委会创成温州两岸同心政协委员会客厅，精心筹划我区首家省级委员会客厅建设。

各位委员、同志们，一年来，在大家的共同努力下，区政协各项工作取得了新进展新成效，这些成绩的取得，是中共温州市洞头区委坚强领导和上级政协关心指导的结果，是区人大、区政府和社会各界大力支持的结果，也是区政协各参加单位和广大政协委员团结奋斗的结果。在此，我谨代表区政协常委会表示衷心的感谢！

回顾过去一年的工作，我们也清醒认识到，比照新时代政协工作新使命新要求，还存在一些差距，专门协商机构的作用发挥还不够充分，协商成果跟踪监督机制还不够完善，建言资政和凝聚共识双向发力还不够到位，部分政协委员和政协干部履职积极性和履职能力有待进一步提升等。这些问题必须高度重视，认真研究，积极改进。

2020年工作任务

2020年是全面建成小康社会和“十三五”规划的收官之年，也是实现两个百年奋斗目标的交汇之年。区政协工作的总体要求是：以习近平新时代中国特色社会主义思想为指导，全面贯彻落实中共十九大和十九届二中、三中、四中全会精神，增强“四个意识”，坚定“四个自信”，做到“两个维护”，坚决贯彻习近平总书记在浙江考察时的重要讲话精神，按照中共中央和省市区委政协工作会议部署，坚持发扬民主和增进团结相互贯通、建言资政和凝聚共识双向发力，紧紧围绕区委“一个主平台、两个样板、五个岛”战略目标，服务振兴洞头“六大百亿”工程，充分发挥专门协商机构作用，努力干出新时代人民政协的新样子，为高水平推进区域治理，高质量建设海上花园贡献政协力量、彰显政协作为。

一、强化思想理论武装，更加自觉以习近平新时代中国特色社会主义思想引领政协工作。持续深入学习贯彻习近平新时代中国特色社会主义思想，特别是习近平总书记关于加强和改进人民政协工作的重要思想，全面贯彻中央和省市区委政协工作会议精神，认真学习时事政策和中共党史等理论知识，不断夯实团结奋斗的共同思想政治基础。坚持把强化思想政治引领同经常性思想政治工作结合起来，充分发挥政协党组的领导作用，切实发挥党员委员先锋模范作用，完善政协党员委员与党外委员共学共联制度，相互学习、相互促进，实现党的组织对党员委员的全覆盖、党的工作对政协委员的全覆盖。要坚持学研结合，积极开展以发挥专门协商机构作用为主题的政协理论实践课题研究，以理论创新引领履职实践。

二、把握专门协商机构定位，更加主动围绕中心服务大局。按照疫情防控阻击战和发展主动仗“两手都要硬、两战都要赢”的要求，紧扣区委区政府年度目标任务，聚焦协商主业，发挥政协优势，坚持在“重要窗口”建设的大局下思考、谋划和一体推进政协各项工作。围绕“一个主平台、两个样板、五个岛”目标以及我区国民经济和社会发展第十四个五年规划建言资政，努力提出建设性意见建议。通过重点课题调研、提案办理协商、专题议政性常委会议、专题协商会等多种形式，重点围绕港口建设和产业发展、特色旅游小镇建设、城市精细化管理、基层社会治理、健康养老产业、传统产业提升、公共卫生体系完善以及文化元素导入等开展调研协商。认真落实“6+X”协商频次要求，推进“请你来协商”平台规范化建设，实行跨界别、多界别委员共同协商，提高建言资政的精准度。探索民主监督与媒体监督联动机制，搭建政情民意连心桥，提升监督工作质效。按照省政协部署，在高水平建成小康社会补短板、城乡生活垃圾分类处理、社会治理领域“最多跑一地”等方面开展三级政协联动履职。

三、发挥团结联谊功能，更加广泛凝聚社会各界共识。深入贯彻落实中共十九届四中全会精神，搭建政协委员在街镇村企的活动平台，通过民意洽谈会、场院议政会、民情咨询会等形式，推动政协协商与基层协商相衔接、同基层治理相结合，拓展有事好商量、众人的事情由众人商量的制度化实践，协助党委、政府做好协调关系、化解矛盾、促进和谐等工作，把协商民主优势转化为社会治理效能。把握凝聚共识的内涵，创新凝聚共识的机制和载体，建成我区首家省级委员会客厅，建好政协书画院，营造积极向上的文化氛围。充分发挥街道（乡镇）联络组作用，打通委员服务基层最后一公里。助力台胞台青交流联谊，积极探索涉台经济文化交流路径，助推台胞青年筑梦家园的打造。重视社情民意工作，组织精干力量，加强信息收集和报送，实现提质增效。拓展同党外知识分子、非公有制经济人士、新的社会阶层人士、宗教界人士交往渠道，注重倾听和及时反映社会各界意见建议，努力寻求最大公约数，画好最大同心圆。

四、夯实履职基础，更加严实推进自身建设。巩固提高“不忘初心、牢记使命”主题教育成果，构建队伍建设长效机制。认真落实常委和委员年度述职等制度，强化对委员和界别组履职评价的组织领导和统筹协调，不断完善委员和界别组履职考核评价体系，增强履职责任意识，激发委员和界别组履职积极性。加强委员学习教育培训，规范委员培训轮训机制，办好年度委员履职培训班，积极组织委员参加省市政协和区委举办的各类学习培训活动，不断提高委员履职能力和水平。建立委员关爱机制，健全委员谈心谈话和走访看望委员制度。加强机关干部队伍建设，强化机关内部监督管理，规范工作程序，落细落实全面从严治党主体责任，提升政协队伍整体形象。

奋力谱写新时代政协工作高质量发展新篇章

中共中央、全国政协和中共浙江省委、温州市委、洞头区委对新时代加强和改进人民政协工作已经作出新部署，我们要自觉对标对表，勇于开拓创新，以奋进者姿态推动我区政协工作高质量发展。

一、深耕“责任田”，以更深的思想认知把握新定位，聚焦主责主业。实现政协工作高质量发展，必须以新定位新使命探索新路径，实现新发展。我们要立足于高水平推进洞头区域治理，高质量建设海上花园来谋划推进新时代政协工作，切实把政协专门协商机构的职能和广泛凝聚共识的优势发挥出来。要深刻理解和深入思考人民政协“是什么、干什么、怎么干”等重大问题，把握专门协商机构这一工作定位的新内涵，健全完善多层次、广覆盖的常态化协商议政规则和格局，提升各类协商活动制度化规范化精细化水平，不断擦亮专门协商机构的牌子。把握双向发力这一工作职责的新概括，建立健全建言资政和凝聚共识的制度机制，提高工作质量，做到广集良策助力科学民主决策，广聚共识推动决策部署落实，真正释放专门协商机构的潜能和效能。把握“三个重要”这一工作任务的新内容，探索完善既符合政协共性要求，又具个性特色的履职方式和平台载体，在常态中走新路，在不变中求变革，让人民政协成为坚持和加强党对各项工作领导的重要阵地、用党的创新理论团结教育引导各界代表人士的重要平台、在共同思想政治基础上化解矛盾和凝聚共识的重要渠道。

二、立好“风向标”，以更实的工作举措追求新作为，提升履职质效。高质量发展是新时代各项工作的“风向标”。中共中央政治局常委、全国政协主席汪洋反复强调，人民政协要树立正确的工作理念，以求真务实的态度，努力提高工作质量。我们必须确立“数量适度、质量为要”的理念，准确把握多与少、大与小、冷与热的关系，完善党政交题、社会征题、政协选题机制，精选一批符合党政所需、群众所盼、政协所能的履职议题，确保政协工作始终围绕党政中心大局“不偏向”。要强化目标导向，紧扣事关全区高质量发展的大事要事，开展深入调查研究，牵住“牛鼻子”，确保参政议政说到点子上、忙到关键处。要强化问题导向，发挥好协商式监督的特色优势，让政协民主监督工作的“软监督”产生“硬效果”，切实推动协商成果落地见效。

三、争做“排头兵”，以更强的责任担当服务新发展，干出政协新样子。实现政协工作高质量发展，需要政协“大家庭”每一位成员的共同努力，全区广大政协委员要始终牢记习近平总书记“为国履职、为民尽责”的谆谆教诲，强化政治责任，珍惜委员荣誉，按照“懂政协、会协商、善议政，守纪律、讲规矩、重品行”的要求，不断提高政治把握能力、调查研究能力、联系群众能力、合作共事能力，以新时代奋斗者的姿态和干劲当好人民政协制度的参与者、实践者、推动者，切实履行好委员职责，高质量做好“委员作业”。政协机关干部要拉高工作标杆、严实工作作风，为委员履职提供更加优质的服务，搭建更为宽阔的平台，把政协机关建设成为“政协委员之家、各界人士之家、联谊交友之家”。我们要以新担当、新作为，干出新时代人民政协的新样子，助推洞头经济社会高质量发展。

各位委员，同志们！

伟大时代，铸就昭昭伟业。站在新的历史起点，踏上新的伟大征程，人民政协使命光荣，责任重大。让我们紧密团结在以习近平同志为核心的中共中央周围，在中共温州市洞头区委的坚强领导下，在浙江建设“重要窗口”的伟大征程中，团结奋进、群策群力，干出新样子、谱写新篇章，为高水平推进区域治理，高质量建设海上花园，奋力开启洞头跨越发展新征程而努力奋斗！

（年鉴编辑部）

专 辑

美丽渔村花园 · 杨金花

“海霞精神”

爱岛尚武　励志奉献

“不忘初心、牢记使命”主题教育

【概况】2019年8月，洞头区委根据中央和省、市委统一部署，启动准备工作，突出“六个带头”承诺，把学习教育、调查研究、检视问题、整改落实贯穿始终，制定工作时间表、路线图和任务书，推动主题教育走深走实，主题教育民意测评多项指标满意率位居全市第一，得到中央、省、市巡回指导组充分肯定。抓实学习教育。集中9天时间举办“守初心牢记殷切嘱托、担使命共建海上花园”主题读书会3场，进行集中封闭式学习和交流研讨，区委书记带头上好专题党课。开展“不忘初心寻根行”活动，重走解放洞头革命之路、海上花园建设之路，传承弘扬洞头精神，27名区领导示范带头，率领带动57个部门系统、6个街道（乡镇）、401个支部、6900余名党员守初心、担使命、找差距、抓落实。深入调查研究。落实周二固定服务日机制，开展“基层走亲连心解忧”活动，通过“大榕树下”“厝边五问”“霓有话说”等百姓议事平台，开展问需问计问效活动218场次，办理民生小事542件，群众满意率98%。结合“大学习大调研大抓落实”行动，班子成员每人领衔开展课题研究，全区完成调研课题187个。深刻检视剖析。高质量专题开展民主生活会和组织生活会，会前广泛征求各界意见建议291个，带头对照党章党规，按照“四个对照”“四个找一找”“五个够不够”要求，查摆班子问题20类39个，坚持立查立改、即知即改，获省委巡回指导组肯定，并推送给中央督导组。从严整改落实。结合洞头实际，实施“9+4+8”专项整治，收集问题127个，整改率100%，“两车”整治、民间迷信陋俗规整等工作取得明显成效，13个后进党组织实现整转。重拳整治干部不担当不作为拉倒车问题，纠治“庸懒散慢”干部15名，其中免职2名，开除2名。

【洞头区“不忘初心、牢记使命”主题教育工作会议】2019年9月12日，全区“不忘初心、牢记使命”

2019年10月9日，区委书记王蛟虎上专题党课　（区融媒体中心提供）

主题教育工作会议召开，贯彻落实中央和省、市委主题教育会议精神，动员部署全区主题教育工作。会议观看纪录片《洞头解放史》，回顾历史中重温初心。自8月开始，全区按照上级“不忘初心、牢记使命”主题教育统一部署，结合洞头实际落实“先学先研先查先改”活动要求，组织开展区领导调研课题26个，通过多领域自查自纠和查找问题根源，推进“9+4+8”专项整治工作。主题教育时间从9月开始，11月底基本结束，总体安排不少于3个月，不划阶段、不分环节，把学习教育、调查研究、检视问题、整改落实贯穿始终。会议要求按照“学习教育要真学真悟、调查研究要身入心入、检视问题要查实查深、整改落实要立行立改”要求，结合洞头实际，重点抓好八个方面工作。王蛟虎代表区委常委会作报告，市委第二巡回指导组副组长李作航出席会议并讲话。区领导林霞、叶国胜、汪慧平、吴志安及各单位主要负责人500余人参加会议。会后，全区召开“不忘初心、牢记使命”主题教育工作培训会。全区各单位按要求召开主题教育部署会。

【**主题教育专题读书会**】2019年9月至11月下旬，洞头区举办“守初心牢记殷切嘱托、担使命共建海上花园”读书会3次。其中，9月16日—18日，王蛟虎、林霞、叶国胜、汪慧平、吴志安等区四套领导班子集中开展“不忘初心、砥砺前行”专题读书会活动，通过重走洞头解放之路、理论中心组专题学习会、观看党史专题片、集中自学通读精读党史和重要讲话精神等形式，带头深入开展“不忘初心、牢记使命”主题教育。10月12日，王蛟虎、林霞、叶国胜、汪慧平、吴志安等区四套班子领导带头深入开展“牢记嘱托、实干有为”专题读书会，引导广大党员干部牢记嘱托、实干担当，发挥“五海”优势，实施“三区”战略，落实“八化”导向，聚焦八大领域，加快全域振兴，高质量建设海上花园。市委第二巡回指导组参加专题学习交流会。11月7日，区委理论学习中心组举行“不忘初心、牢记使命”主题教育第三次专题学习会暨调研成果交流会。王蛟虎、林霞、叶国胜、吴志安等区领导参加会议，市委第二巡回指导组副组长李作航出席会议。

【**主题教育宣传活动**】2019年8月始，为做好区委“不忘初心、牢记使命”主题教育宣传工作、营造良好舆论氛围、助力主题教育和“三助三红”专项活动推进，根据中央、省、市、区委部署和要求，洞头区开展“不忘初心、牢记使命”主题教育暨八大攻坚行动宣传工作，重点是宣传“不忘初心、牢记使命”主题教育、“9+4”专项排查整治、“三助三红”专项活动、宣传八大攻坚行动等专项活动进展情况。做好全区工业区提质增效、消防安全隐患整治、民间迷信活动整治、扫黑除恶治乱、信访打闹、电动车整治、渔业安全生产整治、住宅小区物业管理等八大百日攻坚行动宣传报道。通过举办理论宣传活动、开展社会宣传活动、全面抓牢区内舆论引导、做好区外媒体宣传等形式。策划“聆听百岛心声”“主播带你看党建”“海霞红在行动”“整改落实成效”“包乡走村深化‘三服务’”“民生实事回头看”等主题教育宣传专栏。董绍新等4人初心故事在“不忘初心、牢记使命”主题教育官网、人民网、“学习强国”等平台同步转载，陈盈盈、周明福等先进典型在“聆听百岛心声”上宣传。活动期间刊发报道380余篇，《海上花园和我的祖国》在“学习强国”平台播出，《我这辈子要做100件好事》等3部视频被中央主题教育办公室、人民网采用。

【**“不忘初心寻根行”活动**】2019年，洞头区主题教育期间利用洞头红色教育资源，区四套班子领导和各基层党组织组织开展“不忘初心寻根行”活动，重走解放洞头革

2019年9月16日—18日，区四套班子领导集中开展“不忘初心、砥砺前行”专题读书会活动
（区融媒体中心提供）

命之路、海上花园建设之路。9月4日，王蛟虎、林霞、叶国胜、汪慧平、吴志安等区四套班子领导走进红色印迹馆、烈士陵园、汪月霞旧居等党性教育基地，观看《解放洞头》纪录片，重走解放洞头之路，缅怀革命先烈、传承海霞精神、重温入党誓词，在学思践悟中寻初心、担使命。10月11日，重走习总书记调研洞头海上花园建设之路，重温“真正把洞头建设成为名副其实的海上花园”的殷切嘱托。

【“基层走亲连心解忧”活动】2019年，在洞头区主题教育期间，坚持走进基层、为民解忧。区领导包乡走村机制，创新“大榕树下”“厝边五问”“霓有话说”等议事新模式，整合推出“海霞说事”，用接地气方式广泛征集意见建议，开展问需问计问效活动218场次，征集基层民生小事542件，化解率100%，群众满意率98%。及时回应群众所需，向社会开放公共资源329处。

【“9+4+8”专项整治】2019年，洞头区开展“9+4+8”专项整治，共收集问题127个，整改率100%。组织开展社会治理七大攻坚和工业区提质增效百日攻坚行动，明察暗访158次，检查单位225家，处理33人，严肃处理并通报曝光9起典型案例、违纪违规党员15名。深化扫黑除恶治乱打闹行动，“套路贷、保护伞”案件双破零，侦破洞头历史上涉案金额最大网络开设赌场案，金额为8000余万元；“两车”整治查处违法行为6231起。排查小型渔船管理隐患并全部完成整改401起，移风易俗整治取缔362个点位。

【干部“庸懒散慢”纠治】2019年，洞头区主题教育期间，制定出台《在“不忘初心、牢记使命”主题教育中纠治“庸懒散慢”干部的实施方案》，牵头成立整治专班，严厉查处推动中心工作落实不力、“最多跑一次”精神落实不到位、在单位内部干事不积极、不听指挥等等庸懒散慢现象，2轮集中整治共处理各类不担当、不作为、乱作为、拉倒车等人员15人，免职2人、开除2人，发出通报2期。

（曾国耿）

中共十九届四中全会精神学习贯彻

【概况】2019年，洞头区委制定《洞头区党的十九届四中全会精神的宣传工作方案》，区委常委会坚决贯彻中共十九届四中全会精神等中央重要会议精神，通过召开区委常委会议、全区领导干部大会等形式传达落实，及时召开千人干部大会，部署社会治理七大行动、基层治理工作，研究制定《中共温州市洞头区委关于深入学习贯彻党的十九届四中全会精神 高水平推进区域治理现代化精细化的决定》，通过区委理论中心组、常委会专题学习和百岛讲坛，全区各级领导干部及时学习贯彻中共十九届四中全会精神和省、市委决策部署，区领导带队开展中共十九届四中全会精神基层宣讲，实现村居、企、校“三进”全覆盖，截至年底，基层宣讲累计500余场。

【理论学习】2019年，区领导班子把学习贯彻中共十九届四中全会精神作为重点任务，深学细悟总书记习近平重要讲话和《中共中央关于坚持和完善中国特色社会主义制度推进国家治理体系和治理能力现代化若干重大问题的决定》精神，举办培训班、研讨班等，集中分批对全区党员干部系统培训。街道（乡镇）和部门通过党委（党组）理论学习中心组学习会、“百千万”读书班、支部主题党日等多形式开展学习活动50余场。征订《党的十九届四中全会·决定·学习辅导百问》等辅导读物。举办全区中共十九届四中全会精神集中备课会，组织全区社科理论专家、宣讲骨干深入系统学习中共十九届四中全会精神。在区级新闻媒体开设“中共十九届四中全会理论学习”专题专栏，策划中共十九届四中全会全媒体报道和主题系列活动，依托“筑梦中华”主题书法展、“美丽新时代”大型文艺巡演、基层综合治理成果图片展等活动载体，开展系列活动90余场。

【主题宣讲】2019年，洞头区制定《洞头区党的十九届四中全会精神的宣传工作方案》，召开全区中共十九届四中全会精神宣讲报告会，邀请市委宣讲团作专题宣讲。区委书记、区长等区领导带头开展十九届四中全会精神基层宣讲，组建区四级“中共十九届四中全会精神宣讲团”，做好区领导到基层联系点作报告、上党课服务保障工作，组织涵盖街道（乡镇）书记、部分区直部门负责人在内区委宣讲团下基层宣讲工作，开展中共十九届四中全会精神进机关、进企业、进农村、进校园、进文化礼堂等宣讲活动130余场。组织全区理论微宣团在文化礼堂开展“互动式”宣讲、“文艺式”宣讲、“菜单式”宣讲等宣讲200余场。

【中共十九届四中全会精神宣讲会】2019年12月12日，洞头区召开中共十九届四中全会精神宣讲会，邀请温州市委宣传部常务副部长邱小侠为1000多名干部群众授课，结合洞头实际工作，深刻认识中共十九届四中全会重大意义，深刻认识中国特色社会主义制度和国家治理体系13个方面显著优越性，深刻认识坚持和完善中国特色社会主义制度、推进国家治理体系和治理能力现代化总体要求、总体目标和重点任务，深刻认识对坚持和完善中国特色社会主义制度、推进国家治理体系和治理能力现代化的领导，系统、全面地阐述中共十九届四中全会精神。区委副书记、区长林霞主持会议。林霞要求全区各级领导干部对中共十九届四中全会精神要带头学、深入学、反复学，把思想和行动统一起来，把解决当前突出问题、推进重点工作与全会精神结合起来。党员干部要带头做好基层宣讲，把国家治理体系制度讲深讲透，提高基层治理现代化、精细化水平。

（黄成翔）

中华人民共和国成立70周年纪念活动

【概况】2019年，洞头区围绕中华人民共和国成立70周年主线，开展主题宣讲、文艺赛事、快闪活动、“红色”系列活动等，组织媒体记者深入一线，开展“聚焦八大领域加快乡村振兴”“两个健康”先行区创建、海峡两岸同心小镇以及半屏同心岛、国际旅游岛和生命科学岛建设等重点专题采访报道。开展“奋斗在他乡”专题报道，展示在外洞头人创业创新故事，宣传在外洞头人自强不息感人故事。开辟“70年看变化”等专栏专题，推出洞头好故事，通过前后对比变化，反映中华人民共和国成立70周年洞头取得辉煌成就。利用公众平台、LED显示屏、喷绘广告等形式，在数字媒体、文化场馆等平台宣传庆祝中华人民共和国成立70周年相关内容，通过“线上”+“线下”宣传途径，在区级媒体重要版面、时段、页面开辟“70年看变化”“奋斗在他乡”等专栏专题，联动省、市新闻媒体，推送“70年看海岛变化”。

洞头区组织理论微宣团、文明宣讲团赴农村、社区、军营、机关、学校等基层阵地，开展“我和我的祖国”主题宣讲活动350余场。以理论学习中心组、“百千万”读书班、百岛讲坛专题报告会为载体，深入学习总书记习近平在庆祝大会上重要讲话精神；组织宣讲团赴基层阵地，开展“洞头精神”、洞头解放史、“最美洞头人”的宣讲，讲好中华人民共和国成立70周年来洞头好故事；开设特别主题党日，举办“不忘初心、牢记使命”主题微党课大赛、主题演讲比赛。举办庆祝中华人民共和国成立70周年——“沧桑巨变70年”洞头成就大型图片展，出版《洞头70周年70事》，展播《洞头解放》纪录片、《海霞》纪录片，海上花园建设成就系列片展播；摄制《洞头70年》大型纪录片。

洞头区以国际放生台作为主阵地，结合流动舞台车为各个社区、文化礼堂等地提供文艺下乡服务，开展文艺演出18场，吸引游客和观众16000余人。举办“清风徐来·廉洁花开”书法作品展、“诗画洞头”视觉艺术展、“海霞研旅杯”洞头区第六届青歌赛、“花开海上”大型咏诵会、2019中国·洞头七夕民俗风情节等活动。举办洞头区庆祝中华人民共和国成立70周年和人民政协成立70周年千人歌咏会。组织《海上花园和我的祖国》大型快闪拍摄活动，汇集7个街道8场快闪活动，拍摄完成洞头版本《我和我的祖国》在“学习强国”APP上播出。开展“红色经典读书会”“红色革命经典电影”“红色系列展览”等“红色”系列活动37场，参与人数2660多人次。组织“红色经典读书会”“红色革命经典电影”“红色系列展览”等活动，区图书馆四楼讲座室开展红色革命经典电影大餐，放映16场，展览《伟大历程·辉煌成就》。开展“传统节日+庆祝新中国成立”主题活动，举行“红色革命故事走进文化礼堂”活动3场，“亲子共祝新中国70周年”暨甜蜜庆中秋活动4场，及“欢喜迎国庆 老少乐重阳”游园活动。举

2019年11月4日，洞头区领导参观温州市庆祝中华人民共和国成立70周年图片展

（区融媒体中心提供）

办洞头文明好故事暨洞头区中小学第三届讲海霞故事比赛。开展“庆祝中华人民共和国成立70周年”主题活动暨走进红色古迹展示教育基地洞一中旧址礼堂与汪月霞旧居活动，30余名洞头实验中学学生参加，观看“温州红色古迹专题图片巡回展”，参观洞头先锋女子民兵连纪念馆、汪月霞故居等红色古迹26处。

（黄成翔）

机构改革实施

【概况】2019年，洞头区制定《洞头区机构改革方案》，召开机构改革动员大会，完成部门挂牌、办公地点调整、国有资产财务处置、档案移交等配套工作；印发机构改革人员转隶工作意见、部门“三定”工作实施意见，召开全区机构改革人员转隶和“三定”工作培训会；重新组建部门11个，完成部门职责调整15个，涉改人员转隶413名。制定印发党政机构“三定”规定。实行街道（乡镇）机构因地制宜、差异化体制核定，内设机构和事业单位采取“3+X”“2+X”等多种组合模式，实行分类管理，推动重心下移，推进区乡统筹发展；设置街道（乡镇）政务服务中心、综合行政执法队。开展机构改革后街镇工作人员专题培训，完成培训课目44个，覆盖人数550人，培训2662人次。理清全区各部门线上权力清单、公共服务事项及线下办事指南，动态调整改革后权力清单6407项、公共服务事项557项；开展机构改革专项巡察、机构改革“回头看”等，对开展调研评估单位20家、提出整改意见部门7个，理顺改革后单位职责分歧13家。

2019年1月19日，区农业农村局、区文化和广电旅游体育局、区卫生健康局、区退役军人事务局、区应急管理局、市自然资源和规划局洞头分局、市生态环境局洞头分局、市医疗保障局洞头分局等挂牌。

【洞头区机构改革方案实施】2019年1月19日，根据《中共中央关于深化党和国家机构改革的决定》《深化党和国家机构改革方案》《关于地方机构改革有关问题的指导意见》和《中共浙江省委关于深化机构改革的实施意见》《浙江省机构改革方案》《中共浙江省委关于市县机构改革的总体意见》及《温州市机构改革方案》精神，经省委、省政府批准同意，区委、区政府印发《温州市洞头区机构改革方案》（洞委发〔2019〕7号），主要任务是调整优化区级党政机构和职能，建立健全和优化区委对重要工作的领导体制机制，加强区委职能部门的统一归口协调管理职能，对应省市机构改革，新组建和优化职责相应机构，因地制宜设置机构，优化市级部门派出机构设置；统筹推进其他各项改革，深化区人大、政协机构改革和群团组织改革，深化区委区政府直属事业单位改革和承担行政职能的事业单位改革，深化“最多跑一次”改革，推进审批服务便民化，深化综合行政执法改革，深化乡镇（街道）机构改革，强化机构编制管理刚性约束等。机构改革设置党政机构33个。党委机构11个，其中，纪检监察机关1个，工作机关10个。政府机构22个，其中，政府办公室和工作部门20个；市级部门派出机构3个，其中市自然资源和规划洞头分局、市医疗保障分洞头局计入机构限额，市生态环境洞头分局不计机构限额。3月底前，完成动员部署，组织开展新部门组建、人员转隶和“三定”规定制定等工作。

【洞头区机构改革动员大会】2019年1月19日，洞头区机构改革动员大会在温州医科大学仁济学院滨海校区召开。会议全面部署实施全区机构改革，为新设、组建及更名单位授牌，宣布部门领导干部任命情况。会议强调要坚决贯彻落实中央和省委、市委部署要求，牢牢把握改革正确方向，推动各项改革任务落到实处。新组建区文化和广电旅游体育局、区应急管理局、市自然资源和规划局洞头分局主要负责人作表态发言。区委书记王蛟虎出席会议并作讲话。区委副书记、区长林霞主持会议。区领导叶国胜、汪慧平、吴志安等500余人参加会议。

2019年1月28日，洞头区机构改革人员转隶和“三定”工作培训会（区委编办提供）

【事业单位改革】2019年，洞头区推进事业单位分类改革，完成调整设置正科级事业单位11家、副科级事业单位11家，新增海霞学院、海洋渔业发展研究中心等洞头特色事业单位；新增科级事业单位5家，撤销全区最后一家生产经营类事业单位温州市洞头区白蚁防治所，完成生产经营类事业单位改革，落实行政类事业单位行政职能回归、规范更名等工作，完成行政职能回归35家、整合精简6家，实现“政事分开”。

【综合执法改革】2019年，洞头区完成市场监管、生态环境保护、文化市场、交通运输、农业等五大领域综合执法改革，整合组建洞头区交通运输综合执法队、洞头区海洋与渔业执法大队、洞头区文化市场综合行政执法队、洞头区市场监督综合行政执法队、洞头区生态环境保护综合行政执法队、洞头区农业和水利综合行政执法队等执法机构6个，制定印发科级执法机构“三定”规定5个，完成机构挂牌、办公场所集中、人员编制锁定、人员转隶等配套工作；理清执法主体权责，理顺综合执法、住建等部门职责，明晰城乡规划、风景名胜等317项职权归属，其中19项城乡规划行政处罚和12项风景名胜行政处罚职权划转由区综合行政执法局行使，建筑业和房地产业职权回归区住建局；完善“专业执法+综合执法+联合执法”体系，整合部门派驻队伍与街道（乡镇）机构力量，创新设置街镇综合行政执法队，推动执法权限和力量下沉，推进基层减负增效。

【机构部门“三定”实施意见】2019年1月19日，为认真贯彻落实省委、省政府批准的《洞头区机构改革方案》，根据《省委关于市县机构改革的总体意见》有关精神，洞头区深化机构改革协调小组办公室印发《区级机构改革部门“三定”工作实施意见》（洞机改〔2019〕2号），确定区机构改革方案明确设置31个区级党政部门和1个市级派出机构（区自然资源和规划分局、区生态环境分局由市级制定）、7个街道（乡镇）党政机关为“三定”工作对象。主要任务是科学确定部门主要职责、综合设置部门内设机构、合理配置人员编制。明确部门“三定”规定实施后出现超编、超职数情况三年左右过渡期逐步消化；个别单位划入人员较多、消化压力大过渡期为5年左右。全区完成31个党政机构、1个市级派驻机构、7个乡镇（街道）、2个群团组织和10家正科级事业单位的“三定”规定制定印发。

【人员转隶】2019年1月19日，洞头区为认真贯彻落实中央关于深化党和国家机构改革有关精神，确保各部门有关人员和业务工作有序衔接，深化机构改革协调小组办公室印发《区级机构改革人员转隶工作意见》（洞机改〔2019〕3号），意见明确承担行政职能事业单位，行政职能回归机关，应在核定统筹编制内确定转隶人员数量。事业单位参公管理的，相关人员可直接转任到机关，事业单位非参公管理的，符合调任条件相关人员可按有关规定调任到机关，不符合调任条件相关人员，可借用到机关工作（身份不变），借用时间由各部门根据实际情况确定。人员转隶后，公务员相应职级保留不变，事业人员按原有岗位类别和岗位等级过渡。涉及改革股级干部允许保留原股级职位3年，按有关管理要求逐步调整消化或取消。对于在机构改革中涉及职能划转、改变隶属关系部门，离退休干部服务管理工作仍由原主管部门管理；对于撤销合并、不再单独保留部门，离退休干部服务管理工作由新组建整合部门负责。3月，涉及改革部门413名人员全部转隶到位。

【机构改革专项巡察】2019年3月18日，洞头区委巡察工作领导小组印发《洞头区委机构改革专项巡察工作方案》，区委巡察办、区委编办等单位联合开展机构改革专项巡察，确定全区涉及机构改革相关单位的领导班子、主要负责人、分管领导和相关负责人员为巡察对象，针对涉改政策执行、职能调整衔接、经费资产移交等十个方面问题开展巡察。张贴巡察通告21份，收集问题建议64个，向7家职能部门提出整改意见，并完成跟踪督办整改情况。

【机构改革“回头看”活动】2019年3月18日，洞头区深化机构改革协调小组专题召开“机构改革回头看”会议，听取机构改革人员转隶、“三定”规定审核、办公用房调整、档案移交、资产财务处理等情况汇报。7月22日，根据省、市深化机构改革协调小组办公室关于及时开展机构改革“回头看”工作要求，洞头区深化机构改革协调小组办公室印发实施《温州市洞头区机构改革“回头看”调研评估实施方案》。调研评估各部门、街道（乡镇）机构改革方案落实情况、贯彻落实“三定”规定情况、深化“最多跑一次”改革情况、改革后机构运行情况。分自查自评、集中评估、评议总结、反馈整改等阶段。截至9月底，梳理汇总有关职责和人员编制等问题建议36个，完成对全区20家单位开展集中督查评估，理顺改革后单位职责分歧13家。

（陈美美）

大事记

喜事连连 · 王洁灵

“海霞精神”

爱岛尚武　励志奉献

大事记

1月

1日，第十二届“龙元建设杯”中国·洞头横渡半屏海峡冬泳邀请赛在洞头国际放生台举行，比赛全程约700米，省内外冬泳爱好者300余人参加。

同日，洞头区首例适用《中华人民共和国刑事诉讼法》案件宣判，蔡某某因骗取医保基金被判处有期徒刑三年，缓刑五年。

2日，市人大常委会副主任仇杨均到洞头开展“三服务”走访活动。走访了解白迭村民宿开发、经营等情况，金岙村海峡云村101项目进展情况及永宏集团老厂房“退二进三”改造提升项目等情况。区领导王蛟虎、叶国胜等陪同。

3日，李兆申院士洞头工作站签约，为洞头区第3家合作共建院士专家工作站、首家医疗技术合作院士专家工作站。聘任李兆申院士为洞头区政府建设“生命科学岛”专家咨询委员会高级顾问，为洞头区人民医院“消化道肿瘤早诊早治协作中心”授牌。

6日晚，中央电视台《新闻联播》以“浙江：优化生态环境打造‘海上花园’”为题，报道洞头区“海上花园”建设，时长1分45秒。

6日晚，第11届中国舞蹈“荷花奖”颁奖大会在海南省海口市举行，洞头90后小伙蔡亦寒舞蹈《故国》夺得古典舞最高奖——古典舞奖。

7日，省“四边三化”行动“互查、互比、互学”调研组一行到洞头调研“四边三化”工作。调研组一行参观入城口景观工程、白迭汐语精品民宿、南塘湾公园、东岙渔村、海霞村及洞头先锋女子民兵连纪念馆。

8日，省发改委副主任徐幸带队到洞头区考核美丽浙江建设和“五水共治”工作。考核组实地考察白迭“一村万树”示范村建设项目、东屏街道金岙村、东岙村和北岙街道海霞村，参观市级生态文明教育基地、两岸同心小镇建设及101民宿项目和东岙沙滩修复治理及民宿建设情况，了解农村生活垃圾分类及花园村庄建设情况。市政府副市长娄绍光，区委副书记、区长林霞等陪同。

9日，市政府副市长李无文一行到大门镇开展结对帮扶工作。

11日，洞头区委一届五次全体（扩大）会议召开，区委书记王蛟虎代表区委常委会做题为“聚焦八大领域加快全域振兴谱写高质量海上花园新篇章”工作报告，并传达学习市委十二届七次全会精神，部署工作任务。区委副书记、区长林霞主持会议。

14日，市委常委、市纪委书记、市监委代主任方向带队到洞头考核指导全面从严治党主体责任落实和意识形态工作责任制落实情况。区领导王蛟虎、林霞、叶国胜等参加。

16日，温州中石油燃料沥青有限责任公司、浙江中燃华电能源有限公司、温州市万年混凝土有限公司、浙江温州洞头农村商业银行股份有限公司等四家企业入选2018温州百强企业榜单。

17日，洞头区海岛振兴“五四竞赛”第三轮现场比学活动举行，全区6个街道（乡镇）15个村居参加。

同日，温州“瓯越情”教育基金举行首次颁奖，洞头6名教师获奖。

19日，洞头区机构改革动员大会召开。会议部署洞头区机构改革工作，宣布涉及人事调整单位班子成员配备情况，并为新设立、组建及更名单位授牌。

22日，洞头区党委书记抓基层党建和人才工作述职评议会召开，全区六个街道（乡镇）和部分单位汇报履职情况。

23日，洞头区文广旅体局、区卫生健康局、区市场监督管理局（区知识产权局）、区机关事务管理中心、区重点项目建设服务中心等挂牌。

26日—27日，中国·洞头首届“海上花园杯”乒乓球国际邀请赛在区文体中心举行，来自省内外及国际联合队近百名运动员参加。洞头乒协代表队获甲组亚军。

29日，洞头航空主题风情岛开发项目举行签约仪式，区政府与温州市兴龙航空投资有限公司签订战略合作框架协议。区委书记王蛟虎等出席签约仪式。

2月

1日，区委书记王蛟虎率队到温州慰问共建部队，区领导叶国胜、汪慧平等参加慰问。

2日，洞头区推进医共体改革再动员会暨医共体授牌仪式举行。区领导王蛟虎、林霞、叶国胜、汪慧平、吴志安等出席活动。

11日，市委常委、市公安局局长罗杰，市人大常委会副主任张洪国一行到洞头区开展新春“下基层、走企业、访温商”活动。

13日，洞头区三级干部大会暨发展海洋经济建设海上花园动员大会召开。会议传达温州新时代“两个健康”先行区暨国家自主创新示范区建设推进大会精神。观看《乡村振兴星级示范村》短片，通报表彰2018年度洞头区省级以上先进荣誉和各类先进单位、村居及企业。区委书记王蛟虎作动员报告，区领导林霞、叶国胜、汪慧平、吴志安等及部分企业主要负责人1000多人参加会议。

21日，四川省南充市各（县、区）残联一行人到洞头区开展扶贫协作交流考察。温州市残疾人联合会党组书记、理事长郑宏国等陪同。

22日—24日，政协第八届温州市洞头区委员会第三次会议在洞头剧院举行，出席会议委员165人。大会听取和审议八届政协常委会工作报告和提案工作情况报告。会议期间，收到委员提案128件。

23日—25日，温州市洞头区第十四届人民代表大会第三次会议在洞头剧院举行，出席代表157人。会议听取和审议《政府工作报告》《人大常委会工作报告》，会议期间，收到代表提出建议、批评和意见133件。

28日，洞头区委政法信访工作会议召开。

3月

1日，洞头区颁发首份新版营业执照——“海风水电安装服务部”营业执照。

5日，洞头区召开第一届纪律检查委员会第五次全体（扩大）会议。区委常委、纪委书记、监察委主任梅山标代表区纪委常委会作工作报告。区委书记王蛟虎出席会议，区领导叶国胜、汪慧平、吴志安等参加。

6日，省信访局副局长邵根宝率队到洞头区开展平安复查工作。区委书记王蛟虎汇报洞头区平安综治工作情况。区领导吴志安等参加。

7日，洞头区公安工作会议召开。

8日，省台办副主任周晁利一行到洞头调研对台工作。

11日，洞头区举行“百名领导、千名干部、万名党员”党性教育读书班开班典礼，共设立29个读书班。开班典礼后，省委党校党史党建教研部主任徐彬作《“八八战略”与习近平新时代中国特色社会主义在浙江的萌发与实践》主题讲座。区领导王蛟虎、林霞、叶国胜、汪慧平、吴志安等1000余人参加。

同日，洞头区获评浙江省首批清新空气示范区。

12日，洞头区召开绿化委工作会议。会后，区四套班子领导、机关干部和社会各界群众参与义务植树活动。

15日，洞头区召开“五水共治”工作专题会议。

19日，洞头区政府与青拓集团有限公司签署“再生资源项目”落地协议，区委书记王蛟虎出席签约仪式。

同日，省发改委调研洞头区大花园典型示范建设工作。调研组一行先后到同心公园、望海楼、白迭村、东岙村实地考察洞头海岛型大花园建设工作相关情况。

21日，洞头区党务工作会议暨村（社区）规模优化调整工作动员部署会召开，会议学习贯彻各级会议精神，研究部署村（社区）规模优化调整工作任务。区领导王蛟虎、叶国胜、汪慧平、吴志安等出席会议。

22日，温州市文化礼堂建设工作推进会在洞头区元觉街道文化礼堂召开。

26日，洞头区政府与浙江省能源集团有限公司签订温州液化天然气（LNG）接收站项目合作备忘录。项目一期建设规模年接收LNG 300万吨，总投资约90.36亿元。

28日，市人大常委会副主任、总工会主席张洪国调研洞头区工会工作。

29日，洞头区获评2018年度平

安县（市、区）。

31日，洞头入选省级山水林田湖草生态保护修复试点，获省级山水林田湖草生态保护修复试点补助资金四年8000万元。

4月

1日晚，温州疗休养主题产品推介大会在洞头区举行。市文化广电旅游局局长朱云华，区委副书记、区长林霞，区政协主席汪慧平参加。

3日，洞头区首例造血干细胞捐献者捐献288毫升造血干细胞混悬液。

9日，省财政厅率队到洞头区调研蓝色海湾整治项目和省级山水林田湖草生态保护修复试点项目。

10日，2019年度洞头区与南部县扶贫协作第一次联席会议召开，共同探讨新一轮东西部扶贫协作工作。区委书记王蛟虎，区委副书记、区长林霞，南部县委副书记、县长黄波等参加会议。

11日—12日，国家发改委地区经济司副司长曹元猛、自然资源部海洋战略规划与经济司经济发展处处长沈君一行到洞头调研海洋经济发展。调研组一行到大门镇、北岙街道白迭村、东屏街道东岙沙滩等地调研小门岛临港产业布局、洞头城市建设总体规划及旅游发展、海洋生物原料高科技转化项目、蓝色海湾整治项目及蓝湾二期申报方案等情况。市委副书记、市长姚高员，市委常委、常务副市长陈建明，区委书记王蛟虎，区委副书记、区长林霞参加调研。

17日—19日，区委书记王蛟虎率队到深圳，参观考察比亚迪集团、深圳太子湾邮轮母港等地，听取项目介绍，参与项目体验。

20日，2019中国·洞头羊栖菜节暨渔家厨星大赛在洞头区国际放生台开幕。洞头区供销合作社与浙江农都农业科技发展有限公司，温州星贝海藻食品有限公司与洞头区教育局，温州星贝海藻食品有限公司与洞头区机关事务管理中心分别签署战略合作协议。

24日，洞头区举行村规模优化调整新村（社区）集中授牌仪式。优化调整减少行政村19个，新建新村1个、城市社区8个。

26日，2019年洞头区“海上花园健康先行”千名职工健步走活动举行。

27日，第十届中国·洞头妈祖平安节在北岙街道东沙天后宫广场主会场举行，中国台湾同胞和全国各地游客、信众参加祈福大典、海上巡安等活动。省民宗委副主任莫幸福、市人大常委会副主任潘孝政，区委书记王蛟虎、市民宗局局长金国平等领导参加。分会场活动在元觉街道沙角村举行。区委常委、常务副区长叶海峰，区委常委、纪委书记梅山标出席开幕式。

27日—30日，第14届中国义乌文化产品交易博览会和第11届中国国际旅游商品博览会在义乌国际博览中心举行。洞头东海贝雕工艺品有限公司的《螺钿漆器笔盒套装》城市系列入选首批浙江省优秀非遗旅游商品，郑大志、王帆贝雕作品《夏木垂阴》《花梨木嵌螺钿四方茶托》分获义乌文博会工艺美术银奖、铜奖。

28日，2019浙台邻里节温州会场活动在洞头举行，中国台湾南投、高雄150余位基层代表在洞头开启“邻里走亲”之旅。

30日，洞头区入选全省首批AAAA级景区城试点培育单位，全市仅洞头入选。

5月

7日，省考核评估一行对2017年度洞头区中央农村环境综合整治项目进行考核评估。考核评估组现场检查海霞村生活垃圾“三化”建设工程、惠民村生活污水提标工程和前坑寮水库清淤工程。听取洞头区中央农村环境综合整治工作汇报，检查农村环境整治项目建设台账。

7日—12日，中国社会科学院政治学研究所研究员、博士生导师田改伟率队到洞头区调研乡村振兴、基层治理、蓝湾整治等工作。区委副书记、组织部部长吴志安陪同调研。

9日，洞头区首条环岛旅游公交线路开通。

13日，浙江省高质量建设美丽浙江暨高水平推进五水共治大会上公布2018年度“五水共治”（河长制）工作和美丽浙江建设工作考核结果，洞头区获评2018年度“五水共治”（河长制）工作优秀县（区）“大禹鼎”和2018年度美丽浙江建设工作考核优秀单位。

13日—17日，洞头区乡村振兴战略专题培训班在上海交通大学继续教育学院举行。

17日，省政府副省长、市委书记陈伟俊到洞头区调研旅游工作，到半屏大桥、金岙村了解全域旅游发展和金岙101项目建设等情况。市领导王军、苗伟伦和区领导王蛟虎、林霞等参加调研。

17日—18日，第四届温州市“慈善”杯全国俱乐部海钓·路亚邀请赛在洞头区举行，24支俱乐部参赛。当场拍卖捐给洞头慈善总会，拍得善款5888元。

19日，“中国旅游日洞头主题活动暨第六届浙江哈雷骑士大会”在洞头区举行，来自上海、江苏、福建、浙江等地35个车队近600名哈雷车主参加。

22日，洞头区召开区领导挂钩联系重大项目推进会，研究分析重大项目推进情况44个，部署下步工作任务。区委书记王蛟虎在会上强调，要确保全面完成年度各项目标任务，实现洞头区经济社会健康快速发展。林霞、叶国胜、汪慧平、吴志安等区领导参加会议。

23日，市人大常委会党组副书记、副主任任玉明到洞头督查调研人大工作和乡村振兴工作开展。区人大常委会主任叶国胜，区委副书记、组织部部长吴志安等参加调研。

同日，“蓝色海湾”整治行动调研活动在洞头举行。自然资源部相关人员及入围2019年蓝色海湾整治行动的丹东市、青岛市、威海市、连云港市、温州市等十个城市相关负责人参加。调研组一行到东屏街道东岙村、仙叠岩海洋生态廊道、凸垄底海洋生态村庄、南塘湾湿地公园等地，实地查看洞头区“蓝色海湾”整治行动项目实施情况。召开“蓝色海湾”整治行动项目现场调研工作座谈会。30余位专家学者开展探讨交流国家第二批“蓝色海湾”整治行动工作。洞头区委副书记、区长林霞代表温州市作项目实施成效和经验汇报。

26日，鹿西乡首届海岛旅游文化节开幕式暨“黄鱼岛杯”海岛振兴欢乐跑开跑，全国各地500名跑友参加。

28日，北岙街道三盘社区揭牌运行，由原擂网岙村、西山头村、阜埠岙村、大岙村、下尾村调整合并。

6月

3日，洞头区“绿水青山就是金山银山”实践创新基地暨“美丽洞头”建设推进会召开。区领导王蛟虎、林霞、叶国胜、吴志安等参加。

6日，2019年世界海洋日暨全国海洋宣传日浙江主场活动在洞头东岙沙滩举行，主题为“珍惜海洋资源、保护海洋生物多样性”。

7日，“海岛记忆·多彩非遗”2019年洞头区“文化和自然遗产日”系列活动启动。

12日，市政协副主席黄寿龙率督查组到洞头专项督查贯彻落实中央与省、市有关政协工作文件精神情况。区政协主席汪慧平，区委副书记、组织部部长吴志安等参加。

14日，市委常委、组织部部长马永良一行到洞头调研部门“大党组”设置改革等工作。市委组织部副部长、市委两新工委书记滕荣权，区委副书记、组织部部长吴志安等参加调研。

同日，洞头区举行海岛振兴“五四竞赛”第一轮现场观摩活动，10个村居参与观摩比拼。区领导王蛟虎、叶国胜等参加。

18日，省生态环境厅副厅长单锦炎调研洞头区省级山水林田湖草生态保护修复试点工作。调研组一行实地考察海洋生态廊道整治修复工程和海岸线整治修复工程等山水林田湖草生态保护修复试点项目。

20日，中国温州星贝海藻食品有限公司与印度尼西亚PT·PRIMA AGUNG SEJAHERA签订紫菜（海苔）出口合作协议，洞头紫菜开始进军印尼市场。区委常委、统战部部长刘素婷出席签约仪式。

20日—21日，温州市文明创建暨移风易俗工作现场会在洞头区召开。

28日，以“两岸同心·筑梦海上花园”为主题的2019两岸一家亲·半屏山系列交流活动暨“双屏论坛”在洞头举办。来自海峡两岸政商界嘉宾、工商协会代表、创业青年代表等800余人参加。市委副书记、市长姚高员，国台办对台干部培训中心主任王杰，省台办副主任何永明，市委常委、统战部部长施艾珠等出席活动，中国台湾新党主席郁慕明应邀出席。

30日，市委常委、温州军分区司令员靳卫东到洞头看望慰问困难党员。

7月

1日，洞头区召开庆祝中国共产党建党98周年暨“夺星鼎、保大庆、树样本”大会战动员大会。会议表彰先进集体和先进个人，部署平安百日攻坚大会战。区领导王蛟虎、林霞、叶国胜、汪慧平、吴志安等参加。

4日，市政协主席陈作荣带队到洞头区调研海洋经济发展示范区建设情况及区政协上半年履职情况，实地调研霓屿紫菜现代园项目、温州国际邮轮港、青山欢乐岛项目及蓝色海湾整治项目。区委书记王蛟虎、区政协主席汪慧平等参加活动。

5日，省生态环境厅副厅长陈畅一行到洞头区调研环保工作并召开人大代表建议面商会，答复省人大代表议案《关于加强海岛环保科学管控的建议》。区领导林霞、叶国胜、吴志安及省人大代表颜丽函等出席会议。

同日，东方菲利亚号集装箱船首次挂靠温州港状元岙港区8号泊位，中国至越南快速航线服务网延伸至温州港，为温州港开通第二条近洋直航国际航线。

9日，省医疗保障局党组副书记、副局长王广兵调研洞头区医保工作和城乡居民医保慢性病门诊保障制度落实情况，走访鹿西乡“送药上山进岛”服务点和基层医疗机构。

9日—10日，第二届海峡两岸青年发展论坛创意设计研习营30余名台湾青年到洞头参访海岛美景，体验海岛文化。

9日—10日，区委副书记、区长林霞率区党政代表团到四川省南充市南部县开展东西部对口支援扶贫协作交流。

10日，洞头区2019年首家街道（乡镇）示范型居家养老服务中心——灵昆街道养老服务中心运营。

12日，国务院新闻办中华人民共和国成立70周年新闻发布会（浙江）在北京举行。洞头东海贝雕博物馆三件作品（花卉宝贵首饰盒、金漆螺钿牛角梳和缅甸花梨木嵌螺钿茶托）参加展示。

15日，洞头区首条夜间公交开通，专线沿途设置18个站点。

16日，省农业农村厅厅长林健东到洞头调研渔业安全生产和“港长制”落实情况。区委副书记、区长林霞陪同调研。

18日，自然资源部海岛研究中心一行到洞头调研“蓝色海湾”整治行动。调研组一行到东屏街道东岙村、韭菜岙，霓屿街道倪岙等地，实地查看洞头区“蓝色海湾”整治行动项目实施情况及蓝湾二期项目建设情况。

19日和21日，2019“诚意药业杯”全国象棋男子甲级联赛（洞头主场）在洞头大长坑文化礼堂举行，为洞头区首次承办国家级象棋比赛，共举行比赛2场。

22日凌晨3点左右，北岙街道海湾一区9幢一房子因蜡烛倾倒发生火灾，事故造成3人伤亡。

同日，洞头区召开安全生产和消防安全工作紧急会议，部署集中开展隐患大排查大整治行动。

同日，全国政协常委，省政协副主席吴晶到洞头为洞头民革之家揭牌。

24日，区政协第二场“请你来协商”专题协商议政会在半屏社区金岙101台胞之家举行。区委书记王蛟虎应邀参加，与部分区政协委员、在洞头创业台胞代表共同协商“同心小镇”事宜。区政协主席汪慧平主持会议。

26日，全国退役军人工作会议在北京召开，会议表彰全国模范退役军人、全国退役军人工作模范单位和全国退役军人工作模范个人。洞头先锋女子民兵连现任连长陈盈盈荣获“全国模范退役军人”称号。

28日，2019年全国空手道锦标系列赛第二站在洞头区开赛。全国28支代表队500余名空手道运动员展开为期三天角逐。中国空手道协会主席、国家体育总局拳击跆拳道运动管理中心副主任管健民，北京体育大学副校长陈立人，市人大常委会副主任、省武术协会副会长、省南拳专委会主任张洪国，市体育局局长张志宏，及区领导王蛟虎、叶国胜、汪慧平等出席开幕式。

29日，汪月霞入选全国“最美奋斗者”候选人名单，温州有3人入选。活动由中央宣传部、中央组织部等部门联合组织开展。

同日，区委书记王蛟虎会见台湾中国文物协会、台湾优势产业对外合作委员会考察团。双方座谈交流两岸研学产业项目落户洞头等。

同日，东屏街道获评“浙江省爱国拥军模范单位”，全市仅3家单位获奖。

30日，省十三届人大代表金华中心组到洞头区考察美丽海岛建设情况。市人大常委会主任葛益平，区委书记王蛟虎，区人大常委会主任叶国胜参加。

30日—31日，省“三改一拆”、“五水共治”、小城镇环境综合整治、生活垃圾分类督查组到洞头区开展实地督查工作。区委副书记、区长林霞陪同督查。

8月

2日，洞头区委常委会专题学习省委书记车俊《把“三服务”送到家做到位抓到底》主题讲话精神，总结全区“三服务”开展情况，部署工作任务。区领导王蛟虎、林霞、叶国胜、汪慧平、吴志安等参加会议。

同日，由浙江大榕树影视文化传媒有限公司出品，以温州慈善楷模“兰小草”为故事原型的院线电影《寻找兰小草》，在温州举行全国首映仪式。电影特邀王珏之子王子震演唱插曲《啊，故乡》。该片于8月9日全国上映。

3日，2019年浙江省青少年沙滩排球锦标赛在洞头半屏社区韭菜岙沙滩举行，全省100多名青少年运动员参加。

5日，区委副书记、区长林霞现场接听12345政务服务热线。

5日晚，“温州擂台·六比竞赛”2019年第二次全市乡镇（街道）党（工）委书记工作交流会召开，洞头区霓屿街道作交流发言。

7日，省交通运输厅副厅长夏炳荣一行到洞头区调研“双领双联三服务”活动等工作。实地考察状元岙LNG码头、联检大厅工作运行状况，座谈交流运营过程中详细情况。市交通运输局局长董庆华，洞头区委副书记、区长林霞等参加。

同日，洞头区召开“不忘初心、牢记使命”主题教育专项整治工作推进会，贯彻落实省、市系列会议精神，部署落实“9+4”专项整治工作。

8日，洞头区禁毒工作会议召开。区委副书记、区长林霞，区委副书记吴志安等参加。

10日01时45分，第9号台风

“利奇马”（超强台风级）在浙江省温岭市城南镇登陆，受台风影响，造成洞头多地电力、城市绿化损坏，直接经济损失3.2亿元。11日，区委书记王蛟虎主持召开专题会议，部署灾后恢复工作。

12日，省委、省政府授予“浙江省道德模范”称号28人，洞头区王珏入选“助人为乐模范”，温州2人入选。

14日，洞头区召开组织工作“海霞红”七大行动部署会。

16日，洞头区“不忘初心、牢记使命”主题教育专项整治暨社会治理七大攻坚推进会在洞头剧院召开。

20日，省政协主席葛慧君到洞头区调研。省委常委、市委书记陈伟俊等领导陪同调研。

21日，洞头大门籍足球运动员姚均晟入选中国国家男子足球队。

22日，省人大常委会党组副书记、副主任李卫宁率队到洞头调研对台工作和台湾同胞投资保障“一法一条例”实施情况。市人大常委会副主任潘孝政，区委副书记、区长林霞，区人大常委会主任叶国胜等参加。

同日，省直机关工委副书记王义带队到洞头区调研基层治理、党建工作等情况。

23日，省十三届人大代表温州中心组第二组到洞头区考察海洋生态文明建设工作。实地考察东屏街道半屏山海洋生态廊道、韭菜岙沙滩修复等项目，察看蓝色海湾整治一期项目建设和东沙渔港察看渔港建设管理等工作。区委副书记、区长林霞，区人大常委会主任叶国胜等参加。

26日，洞头区灵昆幼儿园开园，实现街道（乡镇）公办园全覆盖。

27日—30日，洞头区海洋经济发展专题培训班在青岛中国海洋大学举行。

28日，洞头区总工会代表队获“祖国好 劳动美”温州市首届职工文化艺术节排舞大赛金奖。

29日，市委常委、温州军分区司令员靳卫东，市人大常委会副主任王祖焕一行到洞头区开展“三助三红”活动。

同日，洞头区首例非法采矿刑事附带民事公益诉讼案件在区检察院提起公诉。

9月

2日，国家卫生健康委副司长高光明一行到洞头区调研基层卫生健康工作。走访元觉社区卫生服务中心、区人民医院等地，详细了解元觉社区卫生服务中心基层信息化、公共卫生、慢病分级诊疗情况，听取洞头区卫生健康工作汇报。

3日，海峡两岸同心小镇“农商杯”第六届“两岸同心·青创未来”创新创业大赛决赛在半屏社区举行，12支参赛团队进入决赛，温州瓯蟹渔业有限公司获一等奖。

5日，省自然资源厅一行到洞头实地调研海洋生态修复工作开展情况。

7日—8日，2019年温州长距离铁人三项世界杯在洞头举行。该赛事是温州举办最高规格国际A类体育赛事,参赛人数572人，其中外籍选手70人。市政府副市长娄绍光，中国铁人三项运动协会秘书长陈笑然、常务副秘书长秦建秋，浙江省体育竞赛中心主任陶自力、市体育局局长张志宏、国际铁人三项联盟亚洲区顾问埃里克，及洞头区领导林霞、叶国胜、汪慧平等出席开幕式。

8日，洞头首家全日制民办完全中学——洞头区乐成寄宿中学揭牌。

10日，洞头区首个村级乡贤馆——霓屿街道桐岙村乡贤馆开馆。

11日，洞头区北岙街道隔头村、鹿西乡鹿西村、大门镇观音礁村获评浙江省AAA级景区村庄。

12日，洞头区建成全市首个“有害垃圾收集站”。

16日—18日，洞头区四套班子领导集中开展“不忘初心、砥砺前行”专题读书会活动，通过重走解放洞头之路、理论中心组专题学习会、观看党史专题片、集中自学通读精读党史和重要讲话精神等，带头开展“不忘初心、牢记使命”主题教育。

17日，位于洞头区霓屿街道布袋岙片区C-17地块温州市社会福利养老院（洞头项目）动工建设。

19日，市政府副市长娄绍光一行到洞头区调研乡村振兴示范带、田园综合体建设及渔业安全生产等工作。

同日，洞头区在市人民大会堂举行“‘发挥五海优势、实施三区战略’高质量建设海上花园”主题新闻发布会。区委书记王蛟虎，区委副书记、区长林霞，区委常委、常务副区长叶海峰等出席并回答记者提问。

20日晚，洞头区在洞头国际放生台举行庆祝新中华人民共和国成立70周年和人民政协成立70周年千人歌咏会暨第二届市民文化节活动。

26日，市政协副主席黄寿龙率队调研洞头健康养老工作。

同日，洞头区元觉街道青山岛A—01a地块以3588万元价格被浙江重山实业有限公司竞得，标志着洞头青山欢乐岛项目正式落户洞头。

28日，温州轨道交通S1线全线贯通运营，灵昆站开通。

30日，洞头区举行《洞头70年70事》出版发行仪式。

10月

9日，洞头区举行2019年海岛振兴“五四竞赛”第二轮现场观摩活动。

10日，洞头区羊栖菜系列衍生品、半屏山贝雕系列产品入选2019浙江省特色旅游商品名单。

11日—12日，洞头区领导“牢记嘱托、实干有为”专题读书会活动（第二次）举行，重走习近平总书记调研洞头之路、集中自学、学习会交流等。

17日，省残联副理事长黄树良到洞头开展残疾人工作调研。

18日，市委第二巡回指导组到洞头区专项调研改革发展稳定、党的建设和主题教育开展等情况。区委常委、区纪委书记、区监委主任梅山标参加。

同日，洞头区举行2019年村级集体经济项目集中开竣工仪式暨飞地“抱团”项目签约仪式，46个村级集体经济项目集中开竣工，投资总额约24.76亿元。

24日—25日，2019年温州市金牌导游大赛举行，洞头区选送选手江钢获“金牌导游员”称号，陈庆获“温州市优秀导游”称号，区文广旅体局获优秀组织奖。

26日，洞头东海贝雕艺术博物馆获聘中国文物学会漆器珐琅器专业委员会常务理事单位。

27日，温州洞头院士论坛暨蓝色海湾·海洋产业发展峰会在洞头举行，主题是“深耕蓝色海湾、聚焦海洋经济、建设海上花园”。洞头区政府与中科院南海海洋研究所、浙江省海洋水产养殖研究所、自然资源部第三海洋研究所、青岛海大海洋能源工程技术股份有限公司等单位签订战略合作协议。林霞以《打造四个示范建设海上花园——关于温州海洋经济发展示范区建设的思考》为题作主旨演讲。

29日，《洞头年鉴2018》获第六届全国地方志优秀成果（年鉴类）县区级综合年鉴二等奖。

30日，省卫健委副主任曹启峰一行到洞头调研医共体改革、“两慢病”基层首诊改革试点等工作开展情况。

31日，洞头区“海霞红港”启用仪式暨“海霞红”党建阵地集中授牌仪式举行。区委常委、组织部部长邵建乐等出席。

11月

4日，“壮丽70年·瓯越新时代”温州市庆祝中华人民共和国成立70周年图片展在洞头区展出。王蛟虎、叶国胜、汪慧平、吴志安等区四套班子领导参观图片展。

5日晚，温州市第三次乡镇（街道）党（工）委书记工作交流会召开。洞头区北岙街道作交流发言。区委书记王蛟虎，区委副书记、区长林霞在温州主会场参加，叶国胜、汪慧平、吴志安等区四套班子领导在洞头分会场参加会议。

6日，以“养海护生，感恩海洋”为主题的洞头区第九届放生节举行，3000余名来自社会各界的群众，一同把45万尾优质鱼苗放流入海。市民宗局副局长马建新，区领导刘素婷、林海珊、叶锦丽、张释忠等出席活动。

7日，洞头区首届民营企业家节庆祝大会暨优秀企业家表彰会议召开。王蛟虎、叶国胜、汪慧平、吴志安等区领导参加会议。

8日，国家湾长制工作组到洞头区调研洞头湾（滩）长制推进工作。调研组一行到东沙渔港、东岙沙滩、半屏岛等地，调研渔港物业化管理及社会资本参与海洋生态保护修复、沙滩修复及湾滩属地村居自治管理、半屏海洋生态廊道建设及韭菜岙沙滩整治修复情况。

8日—9日，区委书记王蛟虎到上海考察学习旅游产品营销、养老项目开发、医学研究等方面先进理念和做法。

11日，中国和平石油能源发展集团有限公司、中商恒生能源产业有限公司到洞头区实地考察温州大门岛LNG储运港口（码头）工程项目投资建设环境，达成投资开发意向，并签订三方协议。区委书记王蛟虎，区委常委、常务副区长叶海峰陪同。

同日，中央电视台一套播出生态环保专题宣传片《美丽中国》第一集（清水绿岸）以浙江洞头岛生态修复为例，反映中国近年来生态养海、精心护海、绿色用海情况。

14日，国家农业农村部公布2019年中国美丽休闲乡村名单，东屏街道东岙村入选，为温州市唯一入选乡村。

18日，温州市第三个“兰小草”爱心宣传日活动在洞头区启动。区领导侯合海、林海珊、叶锦丽、张释忠等出席。

20日，洞头区在福建省三明市参加全国紧密型县域医共体培训会作典型经验交流。

23日—24日，省政府副省长、公安厅厅长王双全到洞头调研指导公安工作，看望慰问基层一线民警辅警。

25日，区委常委会暨办不了质询会召开，质询“9+4+8”专项整治事项及区委区政府重要决策事项。区领导王蛟虎、林霞、叶国胜、汪慧平、吴志安等，市委第二巡回指导组副组长李作航出席。

“两代表一委员”及村居代表等列席会议。

25日晚，洞头区第六届运动会在区文体中心篮球馆举行开幕式。王蛟虎、林霞、叶国胜、吴志安等区领导出席开幕式。

26日，国家级渔业健康养殖示范县验收组一行到洞头区验收国家级渔业健康养殖示范县建设情况。通过现场考察、听取汇报，洞头区通过国家级渔业健康养殖示范县创建验收。区委副书记、区长林霞，副区长朱学进参加验收会议。

同日，省改革研究和促进中心主任许垚一行到洞头区调研省改革创新实践案例评选相关工作。区委书记王蛟虎，区委常委、常务副区长叶海峰参加会议。

同日，东屏街道首家城市书房揭牌启用。

27日，中共温州市洞头区党史和海霞文化研究会一届一次会议召开。会议选举产生温州市洞头区中共党史和海霞文化研究会第一届常务理事会常务理事18名，理事68名，叶国胜任会长。

29日，洞头区获2019年度省海洋（湾区）经济发展专项资金1亿元。

30日，在2019中国城市大会暨中国城市品牌评价发布（地级市）大会上，洞头被授予“文旅融合特色创新示范区”称号。

同日，中国铁人三项运动协会授予洞头区杰出贡献奖，以表彰洞头区在举办铁人三项赛事及推广铁人三项运动中所做出的贡献。

12月

2日，全国人大常委会委员、全国人大宪法和法律委员会副主任委员徐辉，法制工作委员会副主任、全国人大宪法和法律委员会委员许安标带队到洞头区调研生态环境保护等工作。市人大常委会主任葛益平，省人大常委会法工委副主任田梦海，区领导王蛟虎、叶国胜、张孚标等参加。

同日，省政协副主席马光明到洞头区调研政协委员会客厅建设工作。市政协副主席黄寿龙、区政协主席汪慧平等陪同调研。

同日，省发改委经动办副主任郑昌平一行到洞头考察国民经济动员中心（即温州海霞民兵特色文化小镇）建设情况。

3日，温州市人民防空指挥部会议在洞头区召开。

4日，洞头区殡仪服务中心工程通过竣工验收，项目总投资额5558.3万元，总建筑面积9854.73平方米。

同日，大门大桥一期工程获全国公路建设最高质量奖“李春奖”。

7日，北京洞头企业商会换届选举大会暨第二届一次会员大会召开。区领导林霞、叶国胜、叶明久等出席。

7日—8日，区委书记王蛟虎率区党政代表团到宁波、舟山学习考察基层治理、国际旅游、海岛振兴、海洋经济等。区领导汪慧平、叶海峰、刘素婷、梅山标、邵建乐等参加。

11日，省水利厅公布浙江省2019年度美丽河湖名单，洞头区海滨河上榜。

12日，洞头区基层治理现代化精细化暨移风易俗、生活垃圾分类工作推进会召开，部署推进移风易俗、城乡生活垃圾分类及启用殡仪服务中心推进殡葬改革等工作。邀请市委宣传部常务副部长邱小侠为1000余名干部群众授课。王蛟虎、林霞、叶国胜、汪慧平等区四套班子领导参加会议。

同日，省教育厅副厅长丁天乐等一行到洞头区调研教育工作。

16日—17日，区委书记王蛟虎率队到上海学习考察并开展项目合作洽谈。区领导任叶国胜、汪慧平、叶海峰等参加。

18日，青海省海西州委副书记、格尔木市委书记王勇率党政代表团一行到洞头区考察城市建设、民宿开发、蓝湾整治等情况。温州市委常委姜军，市政府副市长娄绍光及区领导林霞、邵建乐等参加。

19日，全市首家支持刷脸购药医保结算定点药店——一正药房人本店试运行。

24日—25日，省“三改一拆”“五水共治”、小城镇环境综合整治、生活垃圾分类督查组到洞头区督查相关工作进展情况。

24日—28日，2019“寅领杯”浙江省青少年拳击冠军赛在洞头区举行，全省199名运动员参加，角逐出男子甲乙丙组、女子甲乙组共五个组别35个级别比赛。温州队以9枚金牌位列金牌榜第一。

25日，省政府副省长王文序到洞头区调研退役军人工作。市政府副市长李无文，区委副书记、区长林霞等参加调研。

同日，洞头元觉街道状元南片相思岙矿区普通建筑石料矿通过评审，纳入全国绿色矿山名录库。为洞头区首个纳入全国绿色矿山名录库矿山。

27日，全国县域医共体背景下慢性病管理试点项目现场会在洞头举行。区领导吴志安、叶锦丽参加会议。

30日，洞头区档案馆新馆揭牌启用。

31日，区消防救援大队挂牌。

同日，2018年度全省万里美丽经济交通走廊示范县名单公布，洞头区为全市唯一获该称号县（市、区），全省仅6个。

（年鉴编辑部）

区情概览

谷雨前后正逢时·陈钦煅

“海霞精神”

爱岛尚武　励志奉献

区情概览

自然地理

【位置面积】洞头区总面积2862平方千米，其中陆地面积155.25平方千米。位于北纬27° 40′ 00″ —28° 5′ 00″ ，东经120° 52′ 30″ —121° 30′ 00″ ，地处浙东南沿海瓯江出海口。南与瑞安市的北麂、北龙乡（大北列岛）隔海相望；西与龙湾永强相对；北望乐清、玉环两市。

【地形地貌】洞头列岛主要有侵蚀剥蚀高丘陵和低丘陵以及洪积平原、海积平原等堆积地貌。侵蚀丘陵地貌分布广泛，约占全区陆地面积91%。其中高丘陵（海拔250米以上）主要分布于大门岛以及鹿西、霓屿、状元岙等岛的中部和洞头岛的西部，山坡较陡，一般为30° —40° ，特别是边缘地带，常有大于40° 的陡坡或陡崖出现；顶部较平缓，坡度一般为15° —25° 。最高山峰烟墩山位于大门岛，海拔高391.8米。高丘陵以凸型坡及直线型坡为主，部分地段为复合型坡。低丘陵（海拔大于250米）主要分布于洞头岛、半屏岛、三盘岛、小门岛以及鹿西、霓屿、状元岙等岛边角部位，山顶部较平缓，为10° —25° ，山坡坡度为25° —35° ，局部坡麓地带有超过35° 陡坡及陡崖。低丘陵山坡地形以凸型坡和直线型坡为主，局部为阶梯状复合型坡。堆积地貌主要分布于大门岛、灵昆岛、洞头岛，分布零星。其中洪积平原零星分布于大岛屿的沟谷及山麓地带，上游坡度为10° —15° ，下游坡度为3° —10° 。海积平原主要分布于洞头岛、灵昆岛、大门岛及小门岛，在霓屿岛及半屏岛亦有小块分布，地势平坦。境内无大河发育，溪流多发源于山体中部，向四周呈辐射状独流入海，其特点是数量多、流域面积小，长度短，比降大，枯水期多断流。

【海洋生物资源】洞头海域渔业资源丰富，能捕捞的鱼类300余种，其中常见40余种。主要鱼类有：小黄鱼、黄姑鱼，棘头梅童鱼、鲚鱼、鳓鱼、鮸鱼、鲳鱼、鲈鱼、魟鱼、黄鲫、龙头鱼、海鳗、带鱼、马鲛鱼、白姑鱼、石斑鱼、竹荚鱼、鲨鱼、鳎鱼、东方鲀、鲻鱼、

紫菜养殖

鲥鱼、海鲫等。岩礁潮带生物156种，占总数47.13%；泥质潮间带生物142种，占总数42.9%；沙滩潮间带生物33种，占总数9.97%。主要常见品种有泥蚶、缢蛏、泥螺、彩虹明樱蛤、青蛤、疣荔枝螺、瘤荔枝螺、锯缘青蟹、龟足、藤壶、弹涂鱼、粗脚厚纹蟹、棒锥螺、棘刺牡蛎、艾氏活额寄居蟹、痕掌沙蟹、海蟑螂、厚壳贻贝、石花菜、海萝、鼠尾藻、孔石莼、紫海胆、瓦氏马尾藻、紫菜、羊栖菜等。浮游植物81种，以近岸广温广盐种为主；浮游动物78种（类）（不包括鱼卵仔鱼），以近海暖水类群和近海暖温带类群为主；底栖生物45种，以沿岸广温低盐种和近岸广温广盐种为主。

南北爿山省级海洋特别保护区珍稀鸟类51种，其中国家二级重点保护野生动物有黄嘴白鹭、普通鵟、红隼、游隼和凤头鹰5种；省重点保护动物有中白鹭、夜鹭、棕背伯劳、红尾伯劳、褐翅燕鸥、大凤头燕鸥和黑枕黄鹂8种，历年繁殖高峰期，约有350只黄嘴白鹭、4000只黑尾鸥亲鸟筑巢、产卵。有维管植物67科166属199种，海域有游泳生物23种，其中鱼类14种，甲壳类9种。

【港口资源】洞头港口资源丰富，拥有状元岙、大小门岛等，可利用岸线近30千米，其中可建万吨级以上泊位的深水线15千米，可布置1万—20万吨级泊位90余个，是温州深水大港的重要港口。水域条件、集疏运条件好，横穿洞头列岛中部的北水道是巨轮进出温州的咽喉，南面黑牛湾是瓯江口外靠近远洋航线的最大天然锚地。目前在建的状元岙港区共规划码头作业区4个，深水泊位25个，总长度7100米，设计年吞吐能力7000万吨，其中集装箱500万标箱。已建成7#、8#、9#泊位5万吨级（兼靠10万吨级）集装箱专用泊位。大小门岛港区划分为小门岛、大门东和大门西3个作业区，规划港口岸线14.6千米，可形成年通过能力1.15亿吨。目前建有亚洲最大的天然气液化储运基地。

【矿产资源】全区境内甲类矿产资源贫乏，已发现的矿产类型有花岗岩、建筑用凝灰岩、海砂、蛎壳、黏土以及矿泉水等6种，矿床地40处。

花岗岩，主要有大门、青山岛、隔头、北策、牛鼻孔、大爬山、大瞿等岩体，岩性包括钾长花岗岩、花岗岩、辉绿岩等。花岗岩开采利用以及大门钾长花岗岩为主，其次有隔头花岗岩、北策辉绿岩。大门钾长花岗岩可开采资源量约为3.18亿立方米，是理想天然防酸、防腐石材；辉绿岩主要分布在北策岛中部，是理想中档板材荒料基地；花岗岩主要分布在北岙街道隔头，估算资源量29.8万立方米。

建筑凝灰岩，区内建筑用凝灰岩分布较广，产于上侏罗统火山碎屑岩中，主要住人岛均有分布，有青山岛、灵昆岛、霓屿岛、沙岙屏、铁炉头、小三盘、北岙后石子矿，以及大门、霓屿、本岛等开采点。根据石料的块度大小不同，主要用于工民建、围垦、填海造地等。

海砂，区内海砂分布于灵昆岛瓯江北口、南口和大门岛南侧、西侧海域。灵昆岛瓯江北口，呈东西向条状分布，面积0.7平方千米，由细沙组成，夹杂少量淤泥；灵昆岛瓯江南口、东南口，面积17.95平方千米。大门南侧海域储量较大，距离乌仙头咀约1500米，矿区沿东西向展布，面积约5.6平方千米，砂层有细粉砂、中细砂、淤泥混砂等，海砂矿物成分以长石为主，石英次之，砂层直接赋存表面，呈松散—稍密状，可采性较好。

蛎壳，区内蛎壳矿产资源丰富，主要分布于大门岛北、霓屿东部、三盘门、大瞿西、黑牛湾等五个矿区（海域）。蛎壳层厚度一般在3米左右，最厚可达6.5米，探明蛎壳资源量2149.9万吨，估算资源量1653.9万吨。

【旅游资源】洞头素有“百岛之县”“东海明珠”美称。洞头是全国唯一以区域冠名的国家AAAA级旅游景区、全国海钓基地、中国十

状元岙港区

大摄影发烧风景地、中国最佳海岸摄影地，是浙江省重点风景名胜区、浙江省最值得去的50个景区之一。

全区七大景区400多个景点，风光迷离，山海兼胜，人文荟萃，气候宜人，富有“岛奇、礁美、滩佳、鱼鲜、生态优”特色，融海上游览、海上运动、海上体验、海洋文化、渔乡风情于一体，与雁荡山、楠溪江构成温州“山—江—海”旅游金三角。

仙叠岩，位于洞头区城东南2.7千米处，景区巨石摩天，危石层叠，是听涛、观海、赏石的绝佳去处。观音训狮、海天独径、祭海石猪、金鹰迎客、蛤蟆欲仙、仙童戴帽、十二生肖等景观。珍珠礁岩石错落有致，十八钓鱼台拾阶而起，可垂钓写生、捡螺拾贝。被誉为“中国岩雕第一人”的中国美院洪世清教授创作的30余处岩雕作品，加上名家书写的诗词作品摩崖，更增添赏石品画的雅趣。

仙叠岩

大沙岙海滨浴场，呈半环抱形，沙滩平坦开阔，沙质属铁板砂，细柔而不松软。这里是晒日光浴、游泳冲浪的好地方，还可进行沙滩排球、自行车赛，晚间可举行篝火晚会，放歌劲舞，尽情欢乐。沙滩四周奇礁兀立，有海豹回头、猛虎下岗、将军观天、龟石岩等景观。浴场边的南炮台山是东海海防要塞，可观鸥鸟、听松涛，一洗尘嚣，是赏海上日出的好去处。

半屏山，位于洞头区城南3千米处，民谣曰“半屏山，半屏山，一半在大陆，一半在台湾”，大陆半屏山即为此。景区东部沿岸断崖峭壁。连绵数千米的海上天然岩雕长廊在全国堪称一绝，被誉为“神州海上第一屏”。有惟妙惟肖的迎风屏、赤象屏、鼓浪屏、孔雀屏、渔翁扬帆、黄金印、虾将岩、乌龙腾海等四屏十八景，荡舟观浪，听涛赏景，堪称奇绝。景区西部的大沙龙沙滩曲长宽阔，可捡螺、拾贝、戏要、冲浪。

大瞿景区，位于洞头城区西南约9千米，与附近的双峰山、南摆屿、乌岛等组成岛礁景区，面积约6.05平方千米，有“七十二胜景”。岛上山奇石巧、林密花香，被誉为“海上绿洲”，岛东南部石景荟萃，有千奇百怪的“千佛山”、生动传神的大卫岩，以及百鱼图、石佛观海、仙童击鼓、大象吸水等景观。大瞿山顶有明末抗清

半屏山景区

名将郑成功练兵的校场遗址。位于大瞿岛东南方的双峰山、北摆山、南摆山为鸥鸟、鹭鸶等候鸟的聚集地。

竹屿景区，位于洞头城区东侧约6.5千米海域处，面临浩瀚东海，由大竹屿、小竹屿、虎头屿、北猫屿、笔架屿等数十座岛礁组成，景区面积约3.8平方千米。域内天蓝海碧，鸥鸟翔集。游人可观奇礁怪石，听海涛潮响，更能一览虎头屿国际灯塔雄姿。大竹屿有数千平方米的天然大草坪，被誉为东海第一大天然草坪，宜开展孤岛生存、探险野营、海上生态观光等活动。

大门景区，面积约4.5平方千米，以马岙潭度假区为核心，呈辐射状向大门岛东南延伸，包括石和尚、龟岩峰、舢舨岩、马岙潭沙滩、观音礁等十多个景点。这里候鸟翔集、沙滩平坦、山青水蓝、石奇滩佳，享有“温州夏威夷”美誉，是观看日出日落、避夏消暑、度假休闲，以及品尝生猛海鲜的好去处。

鹿西鸟岛，位于鹿西岛东北面，即北爿山屿、南爿山屿，合称南北鸟岛，岛上阳光充足，周边鱼类繁多，每年都有数以万计的海鸟在此安家筑巢，繁衍生息，形成极为罕见的鸟岛奇观。岛上万鸟齐飞，珍禽展翅，构成一幅大自然的精美画卷。

洞头先锋女子民兵连纪念馆，2000年（建连40周年）时建造。初建于1976年，2010年、2015年两度修缮。展示了女子民兵连成长的不寻常历程。女子民兵连成立于20世纪60年代，是一支有着辉煌历史的连队，铸就了“爱岛尚武，励志奉献”的海霞精神，其事迹曾被写成长篇小说《海岛女民兵》，拍成电影《海霞》，载入《中国共产党历史》（第二卷）。

竹屿

为国家、省、市爱国主义教育基地，省党史教育基地，首批国家级国防教育基地，全国红色旅游经典景区。

望海楼，始建于公元434年，距今已有1500多年历史。位于洞头本岛海拔227米的烟墩山，是洞头旅游标志性建筑。建有望海楼主楼、颜延之雕像、诗词碑廊、同辉亭、泓澄亭、心赏亭等景观。主楼设海洋民俗文化展厅和观景厅，是观赏百岛美景、领略渔村风情的窗口。楼内有启功、沈鹏、韩美林、李铎、朱关田等名家墨宝。作为洞头历史文化的窗口和百岛旅游第一景的望海楼，以其历史悠久、建筑雄伟、海洋民俗文化气息浓郁，跻身国内名楼之列，被誉为“气吞吴越三千里，名贯东南第一楼”，2012年11月加入中国名楼协会。

海霞军事主题公园，是全国第一座军事主题公园，建有“海霞电影棚”“军事演练区”“华山险道”“丛林战道”“国防知识画廊”“军事器材展览室”“CS真人

望海楼

模拟对抗赛”等，还陈列着退役的战机、军舰、火炮，并有军事拓展等项目。这里，岗楼林立、碉堡成群、战壕纵横，是见证“洞头先锋女子民兵连”成长历史、解读“海霞精神”的军事旅游胜地，可以亲身体验军旅生活。

中普陀寺，是集佛陀教育、文化旅游、慈善安养为一体的修炼经法圣地。寺院分弘法、修行及综合服务三个区，建筑整体格调体现唐代和明清建筑风格中的清、畅、哀、亮、微、妙、和、雅之韵，突出实用庄严。目前弘法区建有大雄宝殿、天王殿、钟楼、鼓楼、圆通殿、念佛堂、戒台、放生池等。大圆通殿内供奉着高9米、由13吨纯铜铸造而成的千手千眼观世音坐像，是众多普陀寺中之最。寺内观音圣像陈列馆，收藏的观音佛像、图片、字画等，在各地观音寺院中最为丰富。

大龙山永福寺，是仿明清建筑风格的佛教寺院，是释迦牟尼佛之道场，具有300余年历史。庄严肃穆的殿堂楼阁从翠山碧岭中拔地而起，樟刻和石刻佛像325尊、释迦牟尼佛和十八罗汉威仪端详，尽显海天佛国之风采，是领略海岛风光、感受佛教文化的绝佳去处。

白马古道，连接小朴村和望海楼，属于望海楼森林绿道的一部分，由清风圃、托楼廊、涵秀台和木栈道组成，全长1300米。沿道上下间，浓荫遮蔽；廊台高低处，岛礁入眼，是登山健体、观涛览胜的首选地。小朴村建有白马寺，传承马灯民俗活动。过去村民外出，这里是通道之一。

灵昆九村生态园，位于灵昆街道九村，占地面积13.33余公顷。园区内分为科普教育区、亲子互动文化区、水上娱乐运动区、拓展培训区、林果采摘区、民俗文化区、欧陆风情街、野炊烧烤区、休闲垂钓区、3D油画区、真人CS区等20多个区域，可垂钓、采摘、划船、与小动物玩耍等。是一座以农业为主题的生态休闲园。

气候气象

【概况】洞头区属于亚热带海洋性季风气候区。冬无严寒，夏少酷暑，春季温暖，秋季干爽；夏冬季长，春秋季短，四季分明；全年光照充足，雨水丰沛，温暖湿润。年平均气温17.9℃，最冷月（1月）平均气温8.1℃，最热月（8月）平均气温27.6℃，年极端最高气温34.7℃，出现在2005年8月，年极端最低气温-2.2℃，出现在1993年1月。年平均降水量1410.6毫米，年平均雨日148.1天，降水量年际差异显著，最大年降水量1913.1毫米，出现在2005年，最小年降水量785.8毫米，出现在2003年；全年降水量分布不均匀，6月最多，月降水量为192.5毫米；11月至次年1月降水量较少，仅占年降水量13%左右。春夏之交进入梅雨期，出现连阴雨、气温高、雨势强、湿度大的梅雨天气，为期约1个月；5月—9月是本地区主汛期，降水量为806.4毫米，占全年降水量57%，是全年主要降水期。年平均相对湿度80%，最小相对湿度24%。年均日照时数1878.3小时；年平均蒸发量1541.5毫米；年平均风速4.2米/秒，最多风向为北偏东北风。年雷暴日数38.8天；平均无霜期322天，最短无霜期281天，最长无霜期365天。主要气象灾害有热带气旋、暴雨、大雾、霾、干旱、大风、强对流天气（雷暴、冰雹、龙卷风）等。其中台风影响最早在5月，最迟在12月。台风影响盛期在7—9月，平均2.1个，占全年（2.7个）77.8%，其中8月最多，平均每年0.9个。

【气温】2019年，洞头区年平均气温18.7℃，较常年（17.9℃）偏高0.8℃，逐月平均气温均较常年偏高（仅6月、7月弱偏低），其中4月偏高幅度最大，偏高1.7℃。全年极端最高温度为33.9℃，出现在7月19日；年极端最低气温3.7℃，出现在1月27日。入春时间为3月6日，常年为3月17日；入夏时间为6月6日，常年为6月4日；入秋时间为10月17日，常年为9月28日；入

灵昆街道九村生态园

冬时间为2020年1月15日，常年为12月19日。

【降水】2019年，洞头区降水总量1520.1毫米,较常年(1404.6毫米)略偏多。全年总降水比常年偏多，且各月份雨量分布不均匀。3个月月降水量较常年同期明显偏少，分别出现在5月、9月、11月，5月偏少幅度最大，偏少101.8毫米；5个月月降水量较常年同期明显偏多，分别在2月、4月、6月、7月、8月，8月偏多幅度最大，偏多102.2毫米。降水日数160天，较常年偏多10.9天。

【日照】2019年，洞头区总日照时数1652.3小时,较常年（1878.3小时）偏少226小时。全年月日照时数较常年同期偏多，年内仅3月、8月和11月日照时数较常年同期偏多，其中8月偏多幅度最大，偏多51.3小时，11月次之，比常年同期偏多27.3小时。2月、6月、7月和8月日照明显偏少，7月偏少幅度最大，偏少118.7小时，6月次之，比常年同期偏少71.3小时。总体来看，2019年度夏季日照不足。

【蒸发】2019年，洞头区蒸发总量1133.5毫米，较常年（1541.5毫米）偏少26.5%，除11月外，逐月亦较常年月份偏少。月蒸发量呈现先降后增趋势，8月最高，与常年趋势基本一致。

【梅雨】2019年，洞头区梅雨期为6月17日—7月17日，梅雨期降水量为271.3毫米，较常年（131.4毫米）偏多106.5%，“冷黄梅”特征明显，气温为近二十年最低。梅雨期间，气温偏低，全区平均气温25.1℃，较历史同期（25.8℃）偏低0.7℃，为2000年以来最低。

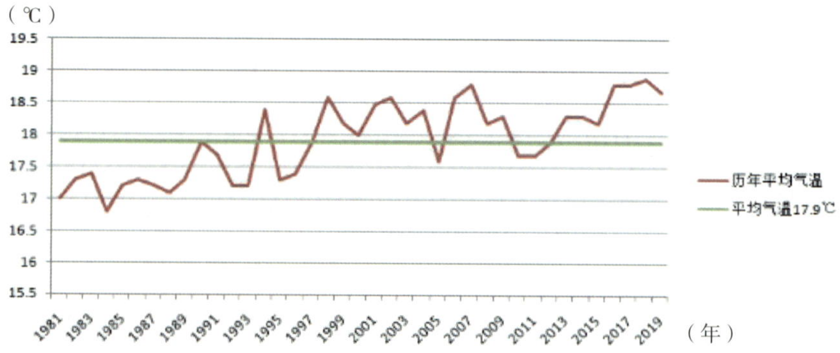

图1　1981—2019年洞头区历年平均气温演变图

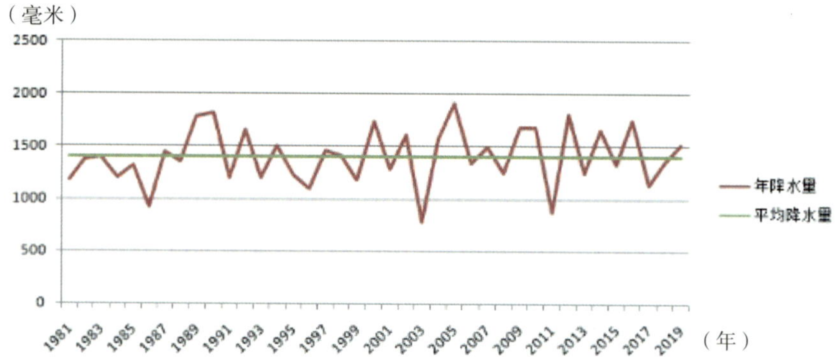

图2　1981—2019年洞头区历年总降水量演变图

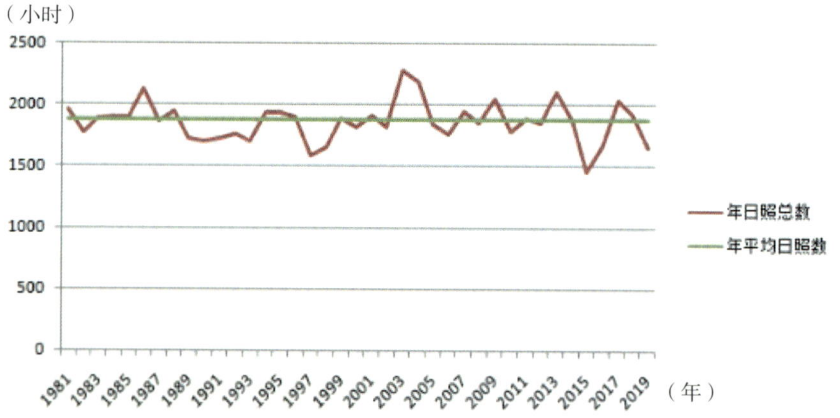

图3　1981—2019年洞头区历年总日照时数演变图

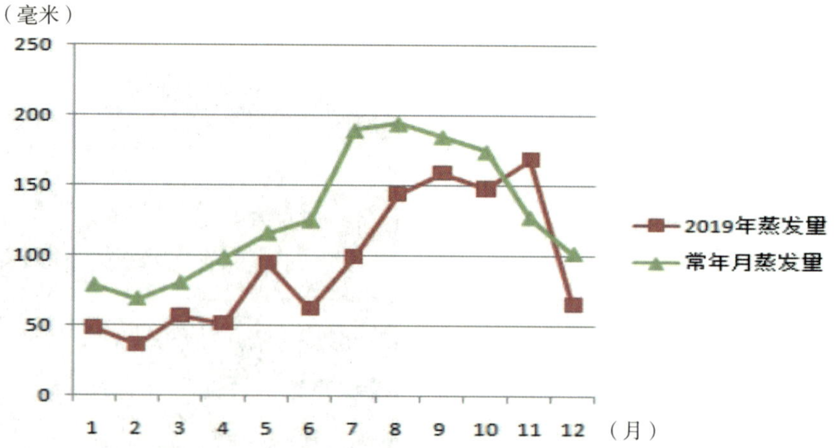

图4　2019年洞头区逐月蒸发量与常年同期平均曲线图

【台风】2019年，台汛期为7月—9月，台风影响个数偏多，共5个台风，较常年影响个数（2.7个）偏多，强度偏强，其中“利奇马”是新中国成立以来登陆浙江最强台风第3位。受1909号台风“利奇马”影响，洞头沿海海面出现12—16级大风，洞头国家基本气象站41米/秒（13级），全区27个气象监测站，12级及以上站点有25个、13级及以上站点有21个、14级及以上站点有13个、15级及以上站点有7个、16级风站点有3个（虎头屿54.4米/秒，元觉大笔架屿52.3米/秒，竹屿51.0米/秒）。12级大风最早于9日10时05分在虎头屿站出现，持续影响洞头区到10日10时，持续时间长24小时，时长历史排名第一。全区27个气象监测站中，12级及以上站点25个（占比92.6%），13级及以上站点有21个（占比77.8%），14级及以上站点有13个（占比48.1%），15级及以上站点有7个（占比25.9%），16级风站点有3个（占比11.1%），站点数量均居历史第一，单站过程极大风力出现在虎头屿54.4米/秒，达16级,为建站以来历史排名第一。

【霾】2019年，全区霾日数16天，较2018年（15天）多一天。全年共出现15天轻微霾、1天轻度霾、无中度霾和重度霾。全区霾日数季节差别较大，秋、冬季节为霾的多发季节；春夏季节霾天气较少。

历史人文

【区树区花】区树，台湾相思，别名相思树、相思子，属于含羞草科金合欢属，常绿乔木，高达15米，喜光，根深材韧，抗风力强，花期5月份，花色金黄，花串硕大、艳丽芬芳，花期长达两个月左右。对土壤要求不严，耐干旱贫瘠，病虫害少，萌芽力强，是生态绿化、四旁植树的好树种。原产台湾省、福建、广东、海南皆有栽培，树姿具有南国风味，洞头区自19世纪80年代开始引种栽植，现已广泛分布于各乡镇岛屿。

台湾相思

区花，三角梅，别名叶子花、勒杜鹃，属紫茉莉科叶子花属，原产于南美巴西、秘鲁，其为热带植物，喜高温的气候环境，亦较耐干热，不耐寒冷，忌霜冻，对土壤肥力要求不高，树干多刺，常绿木质大藤本植物，枝条常拱形下垂，花多数为3朵聚生一处，花色多样，有淡红、大红、紫红、淡黄、乳白，一株多色，多用于庭园、宅旁。近年来洞头区在城市绿化美化中大量栽植。

三角梅

2007年1月24日，洞头县第十一届人大常委会第三十三次会议决定：台湾相思树、三角梅为洞头县县树、县花。

【历史沿革】据九亩丘出土文物考证，早在3000多年前，洞头列岛就有人类活动。

春秋战国，为瓯越之地。秦，属闽中郡。

西汉始元二年（前85），属回浦县，隶属会稽郡。

东汉建武元年至三年间（25—27），改回浦县为章安县。永和三年（138）析章安县东瓯乡置永宁县，遂为永宁县地，仍隶属会稽郡。

三国，属吴国永宁县地。太平二年（257），分会稽郡东部置临海郡，永宁县属之。

东晋太宁元年（323），分临海郡立永嘉郡，以永宁县为郡治。宁康二年（374）分永宁县置乐成县，今洞头区境遂为乐成县地。

隋开皇九年（589），改永宁县为永嘉县，隶处州，今洞头区境为永嘉县地。开皇十二年（592），改处州为括州。

唐武德五年（622），分括州置东嘉州，分永嘉县复置乐成县，今洞头区境又为乐成县地，隶东嘉州。武德七年（624），又撤乐成县并入永嘉县，今洞头区境地复为永嘉县地。贞观元年（627），废东嘉州，永嘉县隶括州。上元二年（675），分括州置温州，设州治于永嘉。载初元年（689），复置乐成县，隶温州，今洞头区境复为乐成县地。

五代十国时，乐成县属吴越国。后梁开平二年（908）改乐成为乐清，今洞头区境为乐清县地，仍属温州。南宋咸淳元年（1265）属瑞安府。元，属温州路。明，属温州府。

清雍正六年（1728），置玉环厅，隶温州府，今洞头区境划玉环厅第二十都。

民国元年（1912），改玉环厅为玉环县，隶瓯海道，今洞

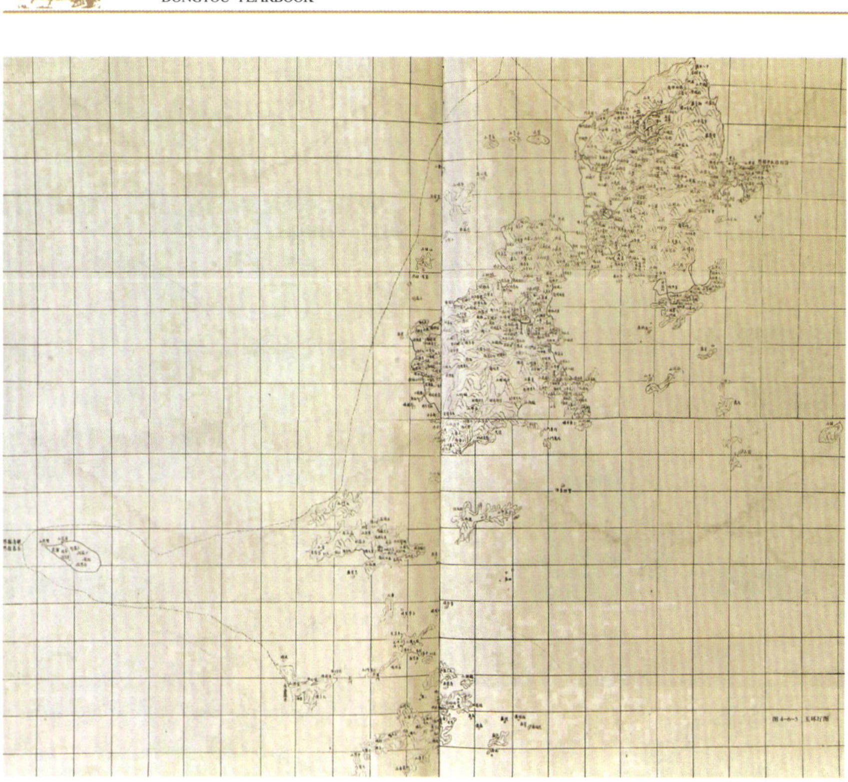

清光绪十九年（1893）玉环厅图

头区境为玉环县第四区。民国22年（1933），同属玉环第四区的灵昆岛改属永嘉县。民国25年（1936），洞头境为玉环县三盘区。

1949年10月8日，洞头境首次解放。

1952年1月15日，洞头全境最后解放，仍属玉环县。

1953年6月10日，中央人民政府批准洞头置县，隶浙江省温州地区专员公署。

1958年5月29日，国务院批准撤销洞头县建制，7月1日起，划归玉环县。

1959年1月7日，国务院决定撤销玉环县建制。4月1日，洞头划归温州市。

1964年10月31日，国务院批准恢复洞头县建制，隶温州地区专员公署。

1965年3月1日起，洞头县人民委员会正式对外办公。

1981年9月22日，温州地区和温州市合并，洞头改隶浙江省温州市。

2015年7月23日，国务院批准洞头撤销县建制，设为温州市洞头区，并将温州市龙湾区灵昆街道划归洞头区管辖。9月2日，温州市洞头区正式挂牌成立。

【历史文化】洞头列岛早在3000多年前即有人类活动，北岙街道风门村的九亩丘遗址和大门岛的岙底等处，曾出土新石器晚期的石斧、石刀及石矛。据相关志书记载，古时洞头岛被称为“中界山”，大门岛名为“青岙山”。南北朝刘宋时，洞头隶属永嘉郡的永嘉县。公元423年，永嘉太守谢灵运卸任后由颜延之接替，乘船巡察到过大门岛，并在岛上筑“望海亭”以观海景，距今已有1580余年。唐代时洞头属乐成县。公元825年，温州刺史张又新到洞头、大门等地，寻望海亭遗址，触景生情，作诗两首。从颜延之建亭到张又新寻亭，其间378年，人去亭毁，只见灵海翠峰，积水沧浪，诗人无比感慨。《全唐诗》收有张又新诗作17首，写洞头的占2首。清朝也有诗人对洞头的描写，如诗人王步霄的《三盘颂》，就是对洞头百岛的赞美。

【行政区划】1953年7月，洞头置县后，下设3个区、1个镇、18个乡。此后，行政区划多次变更，至1990年年底，全县设1个区、2个镇、11乡、90个建制村、10个居委会。

1991年3月18日，北岙镇下街居委会析为创新居委会和赴学居委会。

1992年4月3日，大门乡尾岙村更名为大门乡美岙村。同年5月18日，经浙江省民政厅批准，撤销大门区公所；将大门乡、浪潭乡并入黄岙镇，同时更名为大门镇。至此，洞头县辖2个镇9个乡90个建制村11个居委会。

1994年1月25日，元觉乡状中、状南、状北3个村合并为状元村。元觉乡改设为7个建制村。同年7月30日，双朴乡增设双兴村，

颜延之塑像

双朴乡改设为14个建制村。至此，全县建制村89个。

1995年2月23日，鹿西乡烟墩岗村撤销，并入鹿西村；鹿西乡改设为6个建制村。至此，全县建制村88个。

1996年8月17日，经浙江省民政厅批准，洞头乡改为建制镇，同时更名为东屏镇。至此，全县设3个镇、8个乡、88个建制村、11个居委会。

2001年11月16日，经浙江省人民政府批准：撤销双朴乡、三盘乡、北沙乡并入北岙镇；撤销半屏乡并入东屏镇；撤销霓南乡、霓北乡，合并为霓屿乡。至此，全县设3个镇、3个乡、88个建制村、11个居委会。

2002年4月30日，北岙镇的埭口村、苔岙村、双兴村撤销，合并为北岙镇城南社区居委会。至此，洞头县设3个镇、3个乡、85个建制村、12个居委会。同年11月2日，霓屿乡官财岙村改名为同兴村。

2003年4月29日，北岙镇的岭背、上街、新街、中街、后街、创新、赴学等7个居委会撤销，重新调整组建为岭背、上新、城中、银海等4个社区居委会。北岙镇改设为23个建制村5个居委会。同时，东屏镇寮顶村更名为寮顶民族村。至此，全县设3个镇、3个乡、85个建制村、9个居委会。

2004年6月，大门镇沙岩居委会撤销。同年7月14日，北岙镇新城社区居委会成立。同年12月15日，东屏镇前坑寮村、惠头寮村合并，并更名为惠民村。至此，全县设3个镇、3个乡、84个建制村、9个居委会。

2005年3月1日，北岙镇桐桥村更名为海霞村。截至2005年年底，全县设3个镇、3个乡、84个建制村、9个居委会。

2006年年末，辖3个镇、3个乡：北岙镇、大门镇、东屏镇，元觉乡、霓屿乡、鹿西乡；84个行政村、7个社区、2个居民区（新增1个社区，减少1个居民区）。

2011年，经省政府批复：撤销北岙镇建制，在原北岙镇行政区域内设立北岙街道办事处；调整后，北岙街道办事处辖6个社区、23个行政村；街道办事处驻镇前街1号。撤销东屏镇建制，在原东屏镇行政区域内设立东屏街道办事处；调整后，东屏街道办事处辖16个行政村；街道办事处驻府前路51号。撤销元觉乡建制，在原元觉乡行政区域内设立元觉街道办事处；调整后，元觉街道办事处辖7个行政村；街道办事处驻繁府路15号。撤销霓屿乡建制，在原霓屿乡行政区域内设立霓屿街道办事处；调整后，霓屿街道办事处辖10个行政村；街道办事处驻滨海北路2号。调整后，洞头县辖北岙、东屏、元觉、霓屿等4个街道办事处和大门镇、鹿西乡。

2015年7月23日，国务院正式批复同意撤销洞头县，设立温州市洞头区，将温州市龙湾区灵昆街道划归洞头区管辖。以原洞头县和龙湾区灵昆街道的行政区域为洞头区的行政区域。洞头区辖北岙、灵昆、东屏、元觉、霓屿等5个街道，大门镇、鹿西乡。其中，灵昆街道辖9个行政村、4个社区。至此，全区辖93个行政村、7个社区。温州市洞头区人民政府驻北岙街道县前路12号。

2018年10月10日，区政府同意撤销北岙街道打水鞍村村民委员会建制，设立打水鞍社区居民委员会。至此，全区有92个行政村、8个社区、2个未改制居。

2019年4月,洞头区撤销北岙街道小朴村、风门村、九厅村建制，改设社区；撤销西山头村、大岙村、阜埠岙村、擂网岙村、下尾村建制，合并设立三盘社区。撤销大门镇甲山村、长沙村建制，改设社区；撤销沙岙村，枫树坑村建制，合并设立沙枫港村。撤销东屏街道洞头村、大瞿村、南策村建制，合并设立蓝港社区；撤销松柏园村、大北岙村、金岙村、外埕头村建制，合并设立半屏社区。至此,全区有74个行政村、16个城市社区、2个未改制居。

【方言】洞头区居民大多原是从闽浙沿海地区迁徙而来，故以操闽南话和温州话两种方言为主。洞头区居民方言使用的分布特点，南片岛屿居民大多数以操闽南话方言为主；西、北两片岛屿居民均操温州话方言；而中片岛屿居民两种方言交错夹杂。按行政区域分，北岙、东屏居民大多数操闽南话方言，灵昆、大门、鹿西居民均操温州话方言，而霓屿和元觉居民夹杂操闽南话方言、温州话方言。按常住人岛分，洞头岛、半屏岛、南策岛、大瞿岛、胜利岙岛、花岗岛、青山岛等7个岛屿居民以操闽南话方言为主，灵昆岛、大门岛、鹿西岛、小门岛、大三盘岛、屿仔岛等6个岛屿居民以操温州话方言为主，而霓屿岛、状元岙岛居民夹杂两种方言。闽南话方言使用范围约40平方千米，占全区陆地面积30%左右，使用人口约占全区总人口44%左右；而温州话方言使用范围约100平方千米，占全区陆域面积70%左右，使用人口约占全区总人口56%左右。

【名人诗词】

望海亭

〔唐〕张又新

碧海泓澄匝翠峰，昔贤心愿已成空。
只今亭馆无遗迹，积水沧浪一望中。

三盘颂

〔清〕王步霄

沧海几度变桑田，海外桃源别有天。
云满碧山花满谷，此间少住亦神仙。

海蜇诗

〔清〕王步霄

美利东南甲玉川，贩夫坐贾各争先。
南商云集帆樯满，泊遍秋江海蜇船。

三盘山

〔清〕吕荣

见说三盘峻，沧溟一览收；
却愁行处险，聊作望中游。
雪浪云边叠，烟霞日下浮；
地遥身未历，心为坑勾留。

渔船叹

〔清〕玉环同知陆玉书

冲风冒雨趁来潮，猎食渔船拼力摇。
雾里帆樯云里棹，汗淋头面水淋腰。
直将生命争鱼虾，能耐饥寒度暮朝。
举网不空喧妇子，竟忘辛苦说逍遥。

双昆

〔清〕张振夔

群山叠嶂夹江流，潮势东来地欲浮。
人拟关梁开外市，天教砥柱奠中州。
明知沧影终如电，不信桑田已有畴。
共目恬波清似镜，萑苻时事碍行舟。

【民间歌谣】

洞头岛屿歌[①]

温州对出洞头山，百个岛屿好名声。
先出朝凤又朝龙，无故也出君王城。
也有铜盘鼠头凤，连出双凤无正宫。
有鞍无马难得跑，大鞍出跑小南宁。
大小民府无官做，冬瓜虽大不扒藤[②]。
北麂给贼先霸占，土地宫帝无显灵。
铜钟无锤敲不响，壳菜无肉空挂名。
牛皮做鼓敲无声，畚箕没耳挑难成。
大小街鱼没上市，大瞿校场没练兵。
东边也出一石佛，石佛拜海明又明。
大小中鱼得着水，一年四季无鱼腥。
巴仑无肉煮不熟，白鹭无翅难飞行。
判官无庙难下海，柴梳无篦难梳成。
连出三策无巡按，将军骑马步难行。
泽国江山一字水，双排丞相分两边。
四将盘花战一将，五将盘花一条龙。
也出东洋斧头屿，此斧出战不伤人。
斧头内面一竹屿，篾刀劈开作两爿。
竹屿内面箬箩屿，万船过此提不能。
箬箩屿内仙叠石，仙人叠石真出神。
铁桶江山永不变，回头一看是半屏。
若问此诗啥人作，洞头渔岙路蛮人[③]。

①闽南话方言歌谣，每句中都包含地名。
②扒藤：抽藤。
③路蛮人：即周鸣岐，民间艺人，后被日寇杀害。

大门山地名谣[④]

大门高，小门低，
横屿东南是鹿西。
黄大岙无风打大暴，
金鸡头金鸡不会叫。
浪潭岩头打大浪，
无风也会兴浪杠。
观音礁观音不上天，
沙岙凉床无人眠；
尾岙米桶吃不完，
豆腐岩豆腐卖不焉[⑤]。
老鼠尾老鼠躲岩边，
杨梅田唔有杨梅结。
洞桥头洞桥无人行，
唔有船儿渡人龙船坑。
百花庙龟岩对甲山，
小门山嘴大篓岩。
营盘基营盘不扎兵，
乌仙头仙人不上天。
大荆出王，小荆出将，
长沙山头出个石和尚，
兰湖洞背出个老幺娘。

④温州话方言歌谣，每句都含有地名。
⑤焉：臭。

人际社交[⑥]

一台戏大家唱，
一只船大家撑。
瞒天瞒地，
瞒不着隔壁邻舍。
千年亲戚，
万年厝边。
落难全靠亲兄弟，
驶船全靠四边风。
海水阔阔，
总有一日会流拢。
人靠嘴水，
船靠潮水。
唇和舌也会相碍。
亲兄弟，
明账目。

⑥闽南话方言。

观象测潮[⑦]

初一十五，
吃饱下涂。
月上山，
潮涨滩；
月光正，
潮涨平。
春分、秋分，
日夜平分。
未吃端午粽，
破衣破袄不愿放。
初八廿三“半晡”平。
清明谷雨，
大小做母。
三月洋，
海水当眠床。
初三“帝”[⑧]，
“帝”到无水洗脚白。

⑦闽南话方言。
⑧“帝”：退潮。

【海岛习俗】温州（洞头）婚嫁习俗。洞头婚嫁礼仪随着社会的发展，人们生活水平的不断提高而发生着变化。旧时男女婚姻由“父母之命，媒妁之言”而定，从媒人上门说亲到结婚有很多礼节，共有十四个步骤：一是合婚，媒人说媒，测算男女双方的“生月”；二是定亲，择定吉日，男方准备“盘担”到女方家；三是送日，结婚前一个月，择取结婚佳期；四是纳彩，俗称“挑盘”，一般在结婚前1—3天进行；五是分汤圆，结婚前三天，新郎家挨家挨户分送汤圆；六是修面，通常在结婚前一天下午5—6时，为新娘开颜修面，俗称“摘面”；七是唱哭嫁歌，从新娘梳头开始，到跪拜祖宗牌位、辞别亲人、跨炉火、上花轿，一直到花轿上路一半止；八是娘舅礼，外甥结婚，娘舅送大礼；九是安床，迎娶前一晚，请两位属龙属虎的人到新房进行“安床”；十是迎娶；十一是新娘酒；十二是闹洞房与冬瓜诗，冬瓜诗是客人自由发挥的诗作，孩子们向新娘要糖果，俗称“讨冬瓜”；十三是“缘茶”与“拜公”，婚后第三天早晨，家人烧好“缘茶”，在厅桌摆上汤圆和糖果等，新娘新郎要祭拜祖宗，俗称“拜公”；十四是“三人返”，婚后第十四天早晨，女方家请新娘、新郎赴宴，也称“请女婿”或“回门”。

上梁。“上梁”是新宅落成的一个重要标志，“梁”是一根4米长的横木，用来连接房柱支撑屋顶，梁一上就意味着房子主体工程结束。过程虽简单，但对木匠师傅、新宅主人而言却是大事。对木匠师傅来说，中梁要计算准确，按放稳当。对主人家人而言，上梁意味着新房已建成，家宅平安，人财两旺。因此，上梁前必须选吉日良辰，“拜梁”抛红圆，梁上“钉八卦”、挂“五谷种”。安放“中梁”时，鞭炮一响木匠师傅的锤子随即敲响，主人在屋顶向四方抛红圆，口里念着吉祥语，这时新房四周大人和小孩开始抢红圆，场面十分热闹。上梁关系到房东一家人命运前程，寄托老百姓安居乐业美好愿望。

迎头鬃。“迎头鬃”大约始于清咸丰年间，其实质是对渔业生产先进的表彰仪式。“迎头鬃”活动在每年鱼汛结束时，评出海洋捕捞作业产量最高的渔船，被评上者称作“扛头鬃”。然后选定吉日举行“迎头鬃”仪式，届时，当地渔行主和乡绅们率领众人给“扛头鬃”渔船送去“头鬃旗”和“红包”，且端上用红布披盖着的大猪头，一路上敲锣打鼓燃放鞭炮，送到“扛头鬃”渔船老大家中。船老大会举办酒席宴请大家，席间交谈往年生产经验和新年生产打算。然后在船上祭拜海神，再把“头鬃旗”升到桅上。渔民们都把“扛头鬃”视为极高荣誉。

送顺风。洞头“送顺风”习俗，过去是给新下山（第一次去捕鱼生产）小伙子送纸蓬包，内装红枣、桂圆、荔枝等。送顺风现已扩展到工厂、商店开张，姑娘出嫁，入学，参军等领域。传说财神赵公明运送银子，把船化成纸船，纸船恰巧被一小学童发现并拴住，不能航行。神仙托梦给学校先生，先生给学童送点礼品，放掉纸船，神仙驾船顺风顺水。“送顺风”习俗由此沿袭传承，给新入学的孩子送书包、文具盒、笔，给读大学、参军的人送脸盆或旅行袋，给出嫁姑娘添妆等。

海岛祝寿礼俗。为五十岁以上的老人过生日称为“做寿”，在洞头流传有二三百年历史。旧时民间过生日有“渡坎儿”说法，“坎儿”是指每个人在寿命上的关口。从五十岁起，每隔十年左右就有一个坎。在洞头，为老人做寿是家族中一件大事。祝寿中所有活动全都围绕着老人进行，如为其发送请帖，布置寿堂，举办寿宴，叩拜祝福等，或有请法师作敬，献三牲敬天公，请戏班唱祝寿戏餐。出嫁的女儿们要送上祝寿礼金，挑送礼盒笼，内侄送寿礼。祝寿时，寿星老坐厅堂正位，接受亲友和晚辈的祝福和叩拜，辈分不同，拜礼有别。来宾每人都向寿星老献一份祝寿礼金，仪式完毕，开始举行寿宴，回礼给左邻右舍和来贺寿的亲朋好友。

做祭。“做祭”是专门为去世的亲人而设的一种特别形式的民俗。最重要的一次是去世亲人的周年忌日，在其后每年祭日都要祭祀。每逢上辈人忌日，家里的儿子或孙子要祭拜，已出嫁的姐妹或姑母一家要回家参与祭拜，即使因各种原因不能亲自前来，也要由家人

“迎头鬃”习俗

作代表，带上冥币、纸制手提袋等。中午要在自己家中逝世亲人木主牌或祖宗炉前摆上菜肴，点烛拈香祭拜，以示不忘上辈人养育之恩与骨肉亲情，略表做晚辈孝顺之心及怀念之情。祭祀对象一般上溯三代。在洞头民间，各家各户不论家庭经济状况如何，上辈人的“祭”一定要做，否则视作不孝，会受到亲戚、邻居指责。

拜天公。农历正月初九“拜天公”是海岛居民新年伊始最隆重、最神圣的祭祀活动。据说这一天是天公诞辰，所谓“天公”，指玉皇大帝，也泛指居住在九重天上的天神。经考证始于明末清初，闽南、瓯越一带沿海移民择居洞头列岛时始。一般在初八夜十二时过后，听到公鸡第一声报晓，各家各户当家人和参拜天公的家庭成员起床。大家穿戴整齐，洗脸净手后，打开大门，一家人十分虔诚地摆设“拜天公”的用具和供品。祭拜始，由当家人点亮大红蜡烛，点燃一大把香，分发给参拜的家庭各位成员，由当家人领头，一齐跪在地上，脸朝上天，参拜“天公”，祈求各自心愿或表示对天公的感恩。拜毕，把香插在香炉内，待香烛燃烧过半，开始烧化供奉“天公”用的神币大金和金元宝。烧化完毕，开始鸣鞭炮，宣告“拜天公”结束。“拜天公”有两种形式，一种是各家各户单独祭拜，一种是左邻右舍或姓氏宗族共同结合进行“团祭”（天公会）。

【洞头特产】洞头羊栖菜，俗名大麦菜，属褐藻门马尾藻科暖温带性海藻，生长在低潮带岩石上，多分布于沿海地区，其中浙江沿海最多。羊栖菜肉质肥厚多汁，营养丰富，既是食品，又是中药材，《名医别录》《本草纲要》都有以其入药记载。据现代科学检测，羊栖菜含有丰富的钙及人体必需的矿物质、B族维生素、17种氨基酸等。研究发现，这些有效成分具有软化血管，降低血压、血脂，改善血糖值，增进大脑健康发育，抗肿瘤等多种功效。欧美、日本等国称之为“现代饮食生活的理想食品”、长寿食品、当今最有食用价值的海洋藻类，是婴幼儿和老年人理想的天然佳品，有“海里人参”的美誉。洞头羊栖菜自1989年人工试养成功后，开始推广养殖，历经30多年发展，现已成为洞头区浅海藻类养殖主要品种之一。全区从事羊栖菜养殖有28个渔村、专业养民800余人，从事羊栖菜产品加工出口企业10家，羊栖菜食品加工企业9家，开发即食羊栖菜、羊栖菜茶、羊栖菜酱、羊栖菜饮料等系列产品10余个，2003年11月12日，洞头被中国优质农产品开发服务协会命名为“中国羊栖菜之乡”。2019年，洞头区羊栖菜养殖面积13558亩，产量19372.7吨，产值15025.52万元。

洞头紫菜，俗名紫菜，属红藻类，原野生于岩礁上。很早就被人们认识、利用。早在2000年前的汉代，就有关于紫菜食用记载；北宋年间，紫菜受到朝廷垂顾，成了进贡珍贵食品；明代李时珍《本草纲目》把紫菜入药，更是提高紫菜身价。当代医学科学揭示，紫菜营养丰富，含蛋白质，钙、铁、磷、锌等微量元素，有明显增强细胞免疫和体液免疫功能，可促进淋巴细胞转化，提高机体免疫力，所以适用于高血压、高胆固醇等心血管患者食用。用于甲状腺肿大、水肿、慢性支气管炎、咳嗽等病治疗。1968年，洞头紫菜试养成功，并在全县推广，50多年来，洞头紫菜已以成为区域优势特色渔农产业，养殖规模、产量、产值均居全省前列。养殖模式也更多样化，包括滩涂毛竹插杆、深水彩播插杆、玻璃钢、全浮翻转式养殖技术等。洞头紫菜实现规模化养殖同时也加大产品深加工领域发展，专业化合作社和企业相继创办而成。2019年，全区养殖紫菜30760亩，产量2250吨，产值13704万元。

鹿西大黄鱼，又名黄鱼、大黄花鱼，俗称黄瓜鱼，硬骨鱼纲，鲈形目，为传统“四大海产”（大黄鱼、小黄鱼、带鱼、乌贼）之一，是中国近海主要经济鱼类。中国沿海大黄鱼主要分布于黄海南部至台湾海峡北部，包括吕泗洋、岱衢洋、嵊山渔场、猫头洋、洞头洋、福建的官井洋直至闽江口海域及珠江口以西至琼州海峡南海区。鹿西岛海域是洞头洋渔业捕捞场地和野生大黄鱼传统产区，特别是五六十年代达到盛产高峰。由于过度捕捞，洞头渔场海洋生物资源日益枯竭，尤其是野生大黄鱼等名贵鱼种濒临绝种。鹿西海域大山屿海区、仰天岙海区、北山后海区及白龙屿海区水深10—15米，无论是水质、水流、水温均非常适应养殖生态大黄鱼。2014年，浙江东一海洋经济发展有限公司开始在白龙屿养殖黄鱼，面积650亩；2016年，黄鱼岛海洋渔业公司开始引进抗风浪深水网箱44口，在鹿西岛东南方向7千米处大山屿和仰天岙海区开始养殖大黄鱼，养殖面积260亩。鹿西现有大黄鱼直销店40余家。2019年，鹿西大黄鱼养殖产量218吨，产值4061万元。

灵昆蝤蛑，也称青蟹。属名优水产品，是一种肉肥膏腴、肥满度高、营养丰富的食用蟹。灵昆滩涂地处温州市瓯江口，处于咸淡水交汇处，水质肥沃，水温适中，宜于蝤蛑繁殖生长。近年来，蝤蛑野生资源骤减，灵昆岛蝤蛑人工养殖迅速崛起，有“蝤蛑之乡”美誉。灵昆蝤蛑有较高营养价值，蟹肉含蛋白质19%，脂肪8%，还有糖类、各种维生素等，多与文蛤混养，效益甚佳。2018年，灵昆蛸蛑产量41吨，产值485万元。2019年，因非法养殖场清理整顿，灵昆蛸蛑产量仅16吨，产值190万元。

灵昆甜瓜香瓜，又名甜瓜、白菊瓜、白啄瓜。是葫芦科黄瓜属一年生蔓性草本植物，叶心脏形。花单性，黄色，雌雄同株，或为两性花。瓜呈球、卵、椭圆或扁圆形，皮色黄、白、绿或杂有各种斑纹。原产热带，全国各地普遍栽培，为夏季的优良果品之一。灵昆岛属亚热带海洋性季风气候区，四季分明，冬暖夏凉，温暖湿润，雨量充沛，日照充足，土壤肥沃，适宜甜瓜生长。灵昆甜瓜为白皮甜瓜种，具有果皮脆簿、表面光滑、色泽白色，平均果重300克，大果达500克，果肉香甜，回味爽口。2019年，灵昆甜瓜种植面积3465亩，产量0.86625吨，产值5197.5万元。

【人口】2019年年末，户籍总户数5.45万户，户籍总人口15.49万人，其中城镇人口6.11万人，乡村人口9.38万人。按性别分，男性人口7.92万人，女性人口7.57万人，分别占总人口的51.1%和48.9%。据卫计部门统计，全年出生人口1307人，出生率8.44‰；死亡人口888人，死亡率5.74‰；全年自然增长人口419人，自然增长率为2.71‰。

【民族】洞头区是以汉族为主，人口占98%以上。少数民族有回族、蒙古族、苗族、彝族、壮族、布依族、朝鲜族、满族、锡伯族、侗族、瑶族、白族、土家族、黎族、畲族、土族、布朗族等，其中回族人口占少数民族总人口的97.73%。

2019年洞头区发展综述

【概况】2019年，洞头区辖街道5个（其中灵昆街道属托管）、镇1个、乡1个，16个社区、2个居民区，74个行政村。户籍总人口15.49万人，人口自然增长率2.71‰。全年实现地区生产总值107.84亿元，比上年增长8.8%。从分产业看，第一产业增加值5.86亿元，下降1%；第二产业增加值44.55亿元，增长11%，其中工业增加值26.02亿元,增长19.5%；第三产业增加值57.44亿元,增长8.4%。全区人均地区生产总值69655元,增长8.6%。创成国家级渔业健康养殖示范县、首批省级全域旅游示范区、省级渔业转型发展先行区、省级农产品质量安全放心县。获评全市唯一省级有效投资先进区，首夺治水大禹鼎，蝉联美丽浙江建设工作考核优秀。海洋经济发展示范区建设总体方案获省政府批复。

【经济建设】2019年，洞头区实现农林牧渔业总产值123159万元，比上年增长3.19%。渔业总产值108104万元，增长5.4%；规上工业总产值104.4亿元，增长70.77%；规上工业增加值17.70亿元，增长73.4%，增速居全市首位；工业用电量1.45亿千瓦时，增长17.3%。全区建筑业省内产值108.66亿元，增长54.7%。全年限额以上固定资产投资增长11.8%，其中民间项目投资增长89.6%，高新技术产业投资增长40.2%，工业投资和服务业投资分别增长69%和7.9%。全年实现社会消费品零售总额39.49亿元，增长9%；完成批零住餐销售总额141.94亿元，增长22.9%，其中限上批零住餐销售额99.82亿元，增长34.8%。实现电子商务交易额1.4亿元，增长30%。全年外贸进出口总额14.34亿元，下降29.7%，其中自营出口额3.09亿元，增长9.6%。全年接待游客890万人次，增长15.6%，实现旅游总收入40.11亿元，增长15.5%；国际邮轮港累计接待游客2.75万人，增长87.4%。全区有海运企业19家，总运力规模59.04万吨，继续领跑全市；全社会货运量2519万吨，增长44.0%，货物周转量225.49亿吨·千米，增长18.1%。全年完成港口货物吞吐量773万吨，增长23.9%；全社会客运量969万·人次，下降0.9%，客运周转量14999万人·千米，下降1.3%。全年实现财政总收入15.09亿元，增长20.7%，一般公共预算支出32.74亿元，增长18.5%。专利申请受理量266件，专利授权量223件，其中发明专利授权33件。新增国家级高新技术企业4家，累计19家；新增省级科技型企业21家。

洞头区推进国家海洋经济发展示范区建设，总体方案获省政府批复，获省海洋经济发展专项资金补助1亿元，启动区完成投资9.6亿元。引导民资投资增速139%，社会资本投资占比62%，推进93个重点工程，完成投资37.7亿元。实现29个“僵尸项目、蜗牛工程”全部清零，成功处置珑头湾、奥博休闲中心、国际大酒店等长期停滞项目，盘活土地2200亩。加快传统渔业转型提升，“两菜”入选市“瓯越鲜风”公用品牌，紫菜首次迈出国门进军印尼市场，“大黄鱼智能养殖”项目列入省重点研发计划。霓屿农村产业融合发展示范园列入省级农村产业融合发展示范园。大小门临港产业区8平方公里纳入浙江自贸区温州联动创新区，温州LNG项目加快推进，集装箱突破26万标箱，完成港口货物吞吐量773万吨，海运总运力保持全市前列。落实“两个健康”100项责任清单，出台30条新政，举办首届民营企业家节。实施“惠企直通车”，为企业直接减负2.4亿元，兑现涉企政策资金1.6亿元。实施“万名干部进万企”行动，问题化解率93%。研究推进工业区提质增效攻坚行动，盘活低效用地246亩，激活闲置厂房2.7万平方米。招引数字经济落地项目1个，诚意药业被认定为省级上云标杆企业、省数字化车间/智能工厂，浙江立鹏被认定为市第七批建设行业企业技术中心。建成首个企业云平台，新增上云企业126家，完成年度任务131%。新建5G基站19个，超额完成考核任务。

【政治建设】2019年，洞头区始终把政治建设摆在首位，树牢“四个意识”，坚定“四个自信”，做到“两个维护”，确保中央和省委、市委重大决策部署在洞头落地生根。坚决贯彻中共十九届四中全会精神等中央重要会议精神，召开区委常委会议、全区领导干部大会等传达落实，召开千人干部大会，部署社会治理七大行动、基层治理工作，研究制定《深入学习贯彻党的十九届四中全会精神 高水平推进区域治理现代化精细化的决定》。坚决贯彻打好防范化解重大风险、精准脱贫、污染防治三大攻坚战，统筹做好“六稳”工作。坚决贯彻省委“八八战略”再深化、改革开放再出发主题，落实“四大”建设总体部署，研究推进长三角一体化发展行动方案。坚决贯彻全市“奋战1161、奋战2019”主题主线，抓住温州系统推进区域中心城市、全国性综合交通枢纽建设等机遇，加快洞头设区过渡期后转型发展，明确发展定位和功能布局，研究推进瓯洞一体化发展和市区公共服务一体化。全面贯彻新发展理念，始终把“三区”战略作为海上花园建设战略选择，发挥“五海”优势，突出“八化”导向，坚持生态立区，做好保护修复提升三篇文章，在央视《新闻联播》《美丽中国》报道。部署高水平推进区域治理、高质量建设海上花园，深化细化建设“一个主平台、两个样板、三个岛”主要任务和具体举措。

深入开展“不忘初心、牢记使命”主题教育，突出“六个带头”承诺，把学习教育、调查研究、检视问题、整改落实贯穿始终，精心制定工作时间表、路线图和任务书，推动主题教育走深走实，主题教育民意测评多项指标满意率位居全市第一，得到中央、省、市巡回指导组充分肯定。集中9天时间举办“守初心牢记殷切嘱托、担使命共建海上花园”主题读书会3场，带头上好专题党课。开展“不忘初心寻根行”活动，重走解放洞头革命之路、海上花园建设之路，传承弘扬洞头精神，带领全区6900余名党员守初心、担使命、找差距、抓落实。带头对照党章党规，按照“四个对照”“四个找一找”“五个够不够”要求，查摆班子问题20类39个，坚持立查立改、即知即改，获得省委巡回指导组肯定，并推送给中央督导组。结合洞头实际，实施“9+4+8”专项整治，收集问题127个，整改率100%。集中开展“明纪律、正作风、铸铁军”主题教育月和警示教育月活动，组织党员干部开展“大学习、大讨论、大反思”，全覆盖开展廉政提醒谈话3262人次。深入开展“三服务”“三助三红”活动，共收集“三服务”问题636个，办结率99.21%，成功入选省三服务办典型案例1个，市三服务办典型案例6个。深入开展基层减负增效行动，力戒形式主义、官僚主义，督查考核事项减少39%、考核文件减少67%，典型做法参评省改革创新最佳实践案例。健全办不了报告、“干部回炉”等抓人促事制度。实行容错免责备案制，给予25名干部免予责任追究，为15名干部澄清正名。全年提任干部共4批次64人。组织开展干部跨单位交流6名。举办乡村振兴、国际旅游岛、海洋经济示范区等3个区委专题班，培训领导干部160余人次。全面完成机构改革任务，整合组建11个部门、12个融合式、归口式大党组。完成工商联、残联等6家群团组织改革方案。率全市之先完成村社规模优化调整，行政村减少18个，撤并率21.7%。全区纪检监察机关立案58件，党纪政务处分57人。开展“清风亮剑”专项督查，查处违反中央八项规定精神问题、群众身边腐败问题、形式主义和官僚主义问题45起，问责52人次。

【文化建设】2019年，洞头区出台文旅体产业融合发展两年行动计划，推进文旅产业发展，获评“全国文旅融合特色创新示范区”。高分通过省公共文化服务重点县，新增城市文化客厅5个，率全市之先实现村居文化礼堂全覆盖。新增省文化示范村1个、市优秀非遗传承基地2家，东海贝雕陈灿渊被聘为故宫研究院客座研究员。成立洞头区艺术类培训机构公益大联盟，整合全区培训机构资源，通过活动联搞、培训联做、平台联建、品牌联创等方式，开展高层次、多门类、全方位的艺术公益培训。开拍电影《美丽海霞》等文艺作品，推进海霞民兵连纪念馆、主题公园、海霞学院建设。举办两岸半屏山文化旅游经贸交流活动，七夕、“妈祖祭典”民俗文化、开渔文化、放生文化影响力与日俱增。创作《同心梦圆》主题曲，举办全民阅读节等系列活动和中华人民共和国成立70周年、“乡音乡情双屏双赢”等主题文艺晚会，全年文艺下乡近

2000场，“渔文化”农村技艺普及新模式入选市公共文化创新项目。举办庆祝中华人民共和国成立70周年和人民政协成立70周年千人歌咏会、市民文化节、中秋诗会、温州市第五届戏剧小品大赛、“文化和自然遗产日”等大型系列活动，开展文化活动50余场、阅读活动100余场、送书下乡1万余册、送电影下乡1224场、送戏下乡50余场、文化公益培训活动80余期，服务群众10余万人次。温州至朴海陶有限公司参加2019温州文博会，获优秀展示奖，作品《海陶花人》获文化创意金奖。创作《魅力洞头》《乡韵寮顶》《比海更深》《味儿·道》《我从海上花园来》等文艺精品，原创小品《生命的奇迹》获温州市第五届戏剧小品大赛表演第一名，摄影作品《美好生活》入选浙江省第六届群星视觉艺术大展，5幅渔民画作品入选“壮丽70年·阔步新时代”全国农民画创作展。新建农村文化礼堂10家，累计建成农村文化礼堂56家。组织开展“星期天善行日”“新青年下乡”和“墨香洞头”等系列文化惠民活动2000余场。常态化开展“兰小草”系列实践活动和文明宣讲，建设“兰小草”爱心接力站13个，“兰小草”获评第六届浙江省道德模范。全年获评省市级道德模范14人、区级道德模范10人。创设“洞头好人”评选机制，建立好人档案库，采访道德人物15人、制作好人短视频13篇，开展“第五届道德模范评选”。入选浙江好人2个、温州好人12个。评出区“民间道德奖”200余人，组织开展“3·5”学雷锋日等系列道德宣教实践主题活动1000余场。全年创成市级文明村镇（单位、幸福社区、星级文明示范户）23个，通过市文明单位复评单位34家。区殡仪服务中心建成投用，移风易俗工作进入新阶段。开展“深化移风易俗攻坚年”行动和“破除民间迷信、深化移风易俗”集中整治行动，区文明宣讲团开展各种宣教活动200多场。实施集中“拜天公”活动。组织实施党员干部婚嫁操办月度考核，建设婚礼新风基地，建设公职人员公益婚礼中心。建设户外沙滩婚礼基地、公职人员公益婚礼中心。

截至年底，全区共有文化馆1个，乡镇文化站7个，图书馆1个，总藏书37.59万册；艺术表演91场，受益群众5.35万人次；拥有文化设施建筑面积2.30万平方米；国家级非物质文化遗产2个，省级非物质文化遗产12个，市级非物质文化遗产53个；省级文物保护单位3处，区级文物保护单位33处;拥有文化信息资源共享基层支中心1个，省文化强镇1个，市级文化强镇1个，省级文化示范村（社区）8个，市级文化示范村（社区）28个，区级文化示范村（社区）29个。

【**社会建设**】2019年年末，全区共有小学11所，招生1190人,在校生7162人，小学学龄儿童入学率达100%；初中7所，招生1241人，在校生3497人，初中入学率100%；普通高中2所，招生807人，在校生1752人，毕业生429人；中等职业学校（含技工学校）2所，招生401人，在校生970人，毕业生247人。

半屏大桥灯光秀　（郭卫民　摄）

义务教育中小学专任教师1024人；中等职业学校（含技工学校）专任教师72人。全区共有幼儿园26所，其中省一级幼儿园2所，省二级幼儿园8所，省三级幼儿园16所；在园幼儿3983人，幼儿园（公办）专任教师138人。全区设有洞头区社区学院（含洞头电大、洞头老年开放大学）1所，创成市二级社区学院。7个乡镇（街道）均设有社区学校（含成人文化技术学校），其中，创成省级标准化成人文化技术学校7所，创成省级社区教育示范学校各1所、市级社区教育示范学校1所、市一级社区学校3所、市二级社区学校2所。2019年，民宿管家培训项目荣膺国家级和浙江省终身学习品牌称号；增创省级成人教育品牌项目1个，全区累计3个；增创省现代化成人文技校1所，全区累计2所。制定出台《洞头区学前教育集团化办园实施方案》《洞头区中小学中层及以上干部年度工作综合目标考核办法（试行）》，完成首次校长职级考核及首次职级晋档工作。实施"卓越教师"培养计划，滚动培养"冲特冲优"骨干教师，定向打造名师名家；启动为大门和鹿西定向培养全科教师和紧缺学科教师的师资培育新模式，完成"小学课后公益托管"和"明眸皓齿"民生改革实事项目。全年教育经费支出5.17亿元，其中公共财政教育支出4.71亿元。通过"浙江省区域推进语言文字规范化区"评估验收，创成省级示范学习型城市，获全市唯一省对市县区政府教育履职考核"优秀单位"，"零跑审批"入选教育系统最多跑一次改革试点区。

年末全区共有医疗卫生机构91个，其中医院2家，卫生院（社区卫生服务中心）7家，社区服务站17家，村卫生室27家，个体诊所医务室29家。卫生技术人员705人，其中执业（助理）医师323人，注册护士243人，平均每千人拥有医生3.12人。医疗机构年诊疗104.5万人次；医疗卫生机构床位数378张，平均每千人拥有床位3.65张。妇幼健康管理服务不断强化，实现连续14年孕产妇零死亡，产妇住院分娩比例达100%。5岁以下儿童死亡率5.91‰，婴儿死亡率2.95‰。获批全省唯一医共体模式下"两慢病"基层首诊改革试点和全国县域医共体背景下慢性病患者全程健康管理试点。

全年城镇新增就业1405人，下岗失业人员实现再就业313人。年末城镇登记失业人员369人，城镇登记失业率1.93%。举办大型专场招聘会4场，其中赴外招聘2场，共提供就业岗位2440个，达成就业意向1538人，开发公益性岗位69个，安置就业困难人员上岗136人。全年劳动合同签订率为97.9%，比上年提高0.1%。年末参加城镇基本养老保险人数41066人、城镇基本医疗保险人数18976人、失业保险人数11938人、工伤保险人数33243人、城乡居民合作医疗保险人数100202人、城乡居民农村社会养老保险人数40253人，比上年减少819人；全年实缴基本养老保险费39520万元，发放养老金43071万元。城乡医疗救助2830人，医疗救助资金支出563万元。共有居家养老服务照料中心57家；公办敬老院3家，民办养老机构7家，养老机构床位数1076张。全年办理结婚登记1101对、离婚登记412对。

全年城镇常住居民人均可支配收入49567元，同比增长9.2%。农村常住居民人均可支配收入29962元，同比增长10.4%。城乡居民收入比由上年的1.67缩小为1.65。

【生态文明建设】2019年，洞头区坚持生态立区，始终践行"两山"理念，严格落实中央、省级环保督察整改意见，制定《洞头区"绿水青山就是金山银山"实践创新基地建设三年行动方案（2019—2021年）》《洞头区山水林田湖草生态保护修复试点工作方案》，编制洞头区国家生态文明建设示范区创建技术报告，全面评估国家生态文明建设示范区创建指标完成情况。实施蓝色海湾工程，两轮获中央补助5.26亿元，实施十大花园工程，花园村庄覆盖率80%。提升城乡人居环境，通过省"无违建区"复评，完成北岙、东屏、霓屿等街道"污水零直排"创建，海滨河入选省级美丽河湖，首捧治水"大禹鼎"。洞头纳入省十大海岛公园建设，入选省级山水林田湖海生态保护修复试点，创成省新时代美丽乡村达标村17个，东岙村获评中国美丽休闲乡村。蓝湾指数获国家行业标准立项，整治成果获央视《新闻联播》报道，亮相中华人民共和国成立70周年成就展，成为全国生态修复典型。获批建设省级山水林田湖草生态保护修复试点，建成浙南最大人工沙滩。连续两年被授予美丽浙江建设工作考核优秀单位，首次获得"大禹鼎"，2019年生态环境公众满意度、"五水共治"公众满意度获全市第一。

累计建成国家级生态街道（乡镇）5个，省级生态街道（乡镇）1个，市级生态村65个（由于2019年洞头行政区划调整，部分生态村合并），生态村覆盖率78.31%；国家级绿色学校1家，省级绿色学校9家，市级绿色学校11家；省级绿色社区3个，市级绿色社区5个；省级绿色家庭30个，市级绿色家庭54个。全年空气质量有效监测天数353天，其中空气质量达优良天数339天，环境空气质量优良率96%，PM2.5年均浓度为22微克/立方米。

（年鉴编辑部）

中共洞头区委

千帆竞发·陈钦煅

“海霞精神”

爱岛尚武　励志奉献

中共洞头区委

概述

【概况】2019年，洞头区有党委机构11个。区委常委会紧扣高质量建设海上花园目标，聚焦八大领域，全区实现地区生产总值107.8亿元，比上年增长8.8%；财政总收入15.4亿元，其中一般公共预算收入9.7亿元，分别增长20.7%和18.7%。全年民生支出26亿元，增长26.6%，占一般公共预算支出80%。新增国家级渔业健康养殖示范县等国家级和省级荣誉15项。

洞头区推进国家海洋经济发展示范区建设，总体方案获省政府批复，获省海洋经济发展专项资金补助1亿元，完成投资9.6亿元。引导民间资本参与投资海洋经济、生态建设等，民间项目投资增速139%，社会资本投资占比62%。推进重点工程93个，完成投资37.7亿元。实施“惠企直通车”，为企业直接减负2.4亿元。

贯彻“两山”理念，实施蓝色海湾工程，在中华人民共和国成立70周年成就展展出。率全国之先开展蓝碳试点，蓝湾指数获国家行业标准立项，高分通过省“无违建区”复评，首次捧得治水“大禹鼎”，再次获评美丽浙江建设工作考核优秀单位。开展三轮“五四竞赛”，建成乡村振兴示范带4条、村庄经济总部园4个，村集体经济总收入增长40%，年收入“百万村”近六成，村经营性收入增速全市第一，回岛就业创业人员新增1500名。建设海霞学院、海霞小镇、海霞基地，海霞军旅营地揭牌，洞头先锋女子民兵连纪念馆入选省级干部党性教育基地。开工青山欢乐岛、白鹭湾、精灵海岸，建成浙南最大人工沙滩。举办国际铁人三项等12项赛事活动，国际邮轮港实现常态化运营，接待游客2.75万人次。

“最多跑一次”改革获省政府通报激励，全区98%以上事项开通“网上办”“掌上办”，大门鹿西离岛群众办理不动产证全程不出岛。率全国之先开发“渔小二”自助办证系统，渔船管理“一网通办”获批国家试点，得到《人民日报》点赞。探索“洞头标准”改革，发布小型休闲船艇纳规、海岛通景公路管理等16项标准。获批全国慢病健康管理试点和全省唯一“两慢病”基层首诊改革试点区，智慧综治典型案例被列入全国社会治理创新样本。全年引进大学生768人、企业人才98人，新增高级职称人才38人。乡村振兴“特色人才”培育计划首批遴选出特色人才124名，“三年百名”中高层次人才引进高学历人才40人。举办两岸一家亲·半屏山系列交流活动，获国台办、省台办和市委市政府肯定。全国首创“台事通”改革，出台惠台政策26条。

创成省级“无欠薪”区。建设一批城市文化客厅、放心农贸市场，实现街道（乡镇）养老服务中心全覆盖。首家民办中学正式投用。创成省区域推进语言文字规范化区。殡仪服务中心投用，规范整治民间迷信陋俗。连续53个月进京“零非访”，实现省级平安区“十四连创”，中央政法委两次调研洞头基层治理工作。创成省级无信访积案区。扫黑除恶专项斗争累计立案13件、打击22人。获全省“七五”普法中期成绩突出区。

“不忘初心、牢记使命”主题教育突出“六个带头”承诺，把学习教育、调查研究、检视问题、整改落实贯穿始终，主题教育民意测评多项指标满意率位居全市第一，获中央、省、市巡回指导组充分肯定。深入开展“基层走亲连心解忧”活动，办理民生小事542件，群众满意率98%。整治干部不担当不作为拉倒车问题，纠治“庸懒散慢”干部15名，其中免职2名，开除2名，起到警示一批、教育一片作用。

坚决落实全面从严治党主体责任，集中2个月时间开展“明纪律、正作风、铸铁军”主题教育月和警示教育月活动，全覆盖开展廉政提醒谈话3262人次，科级以上干部376人次。深入开展基层减负增效行动，典型做法参评省改革创新最佳实践案例。坚持干部选育“五标准”“五步法”，健全办不了报告、“干部回炉”等制度。实行容错免责备案制，免予责任追究干部25人，澄清正名干部15人。全年提任干部共4批次64人。率全市之先完成村社规模优化调整。全年区委常委会专题研究意识形态工作2次，开展区委理论学习中心组13次。全区纪检监察机关立案58件，党纪政务处分57人。实行“五单一网”精准运用监督执纪“四种形态”，处理干部125人次。开展“清风亮剑”专项督查，查处违反中央八项规定精神问题、群众身边腐败问题、形式主义和官僚主义问题45起，问责52人次。

（许生浩）

全面深化改革

【概况】2019年，洞头区推动重点领域和关键环节改革落地见效，区委书记、区委改革委主任做到重要改革部署、重大方案把关、关键环节协调、落实情况督察。主持召开3次改革委会议，审议通过改革方案12个，听取改革项目落实情况12个。区长领衔深化国家海洋经济示范区建设、“洞头标准”和政府数字化转型等重点领域改革，多次主持召开专题推进会。落实区级领导领衔制和牵头部门责任制，建立责任清单，任务分解成三张改革清单，明确工作内容、责任人和完成时间。首创“不见面审批”“无纸化审批”“跨层级联办”“智能化申请”渔业审批改革，牵头“台事通”改革。推出信访全域代跑模式，实现群众信访及诉讼“最多跑一地”。实施工业企业环保行政许可规范管理改革。推进群团改革，完成工商联、残联等6家群团组织改革方案。开展养老服务中心康养体系建设试点、学前教育专业“现代学徒制”试点工作。获批全省唯一“两慢病”基层首诊改革试点区。改革办会同区纪委、区委办、区府办等单位每月跟踪督查，评比前10%、后10%项目,动态扣分管理项目8个，做到项目化管理、销号制推进。

全年在上级媒体、专报刊登改革稿件100余篇，基层减负、“渔小二”等2项改革在《人民日报》刊载。“渔小二”改革获评市首届“微改革”入围案例，典型经验在全市复制推广。新设企业刻章政府买单等2项改革在《温州日报》“微改革”专栏刊发。区委改革办会同传媒中心开辟“争当领跑者”“民生微改革”栏目，展示改革案例20个。

【机构设立】2019年1月，根据洞头区机构改革部署，单独设立区委政研室，作为区委工作机关。区委全面深化改革领导小组改为区委全面深化改革委员会，作为区委议事协调机构。设在区委办公室（区委政策研究室）的区委全面深化改革领导小组办公室调整为区委全面深化改革委员会办公室，设在区委政策研究室，对外加挂区最多跑一次改革办公室和公共资源办牌子，划入区发展和改革局的城乡和社会体制改革相关职责以及相关部门的行政审批制度改革牵头协调职责。归口管理区政务服务中心。区委政研室内设办公室、改革科等科室2个；下属事业单位2个，分别为洞头区政策咨询服务中心和洞头区改革研究促进中心。

【海岛发展差异化标准体系改革】2019年，洞头区推出海岛发展差异化标准体系改革（“洞头标准”改革），以突破海岛发展瓶颈制约、解决基层反映诉求难题、探索海岛发展示范样板为目标，推出入海排污口设置、海岛通景公路建控区管理、小型休闲船艇管理、海岛民宿审批管理、蓝湾指数、“标准海”出让、渔家乐民宿、渔家乐餐饮服务等16个“洞头标准”改革。其中，“蓝色海湾指数”已通过自然资源部海洋领域标准立项审查；“小型休闲船艇管理标准”工作获市长姚高员批示，被中新网、凤凰网等各媒体相继报道；“海岛民宿审批”工作被省委改革办《竞跑者》栏目报道等等，中国社科院调研组专题调研“洞头标准”改革。

【“最多跑一次”改革】2019年，洞头区围绕企业、公民全生命周期，推出63个“一件事”，不动产登记、用水用气用电报装、纳税等13个优化营商环境“10+N”指标全面落地。率全市之先实现企业开办7小时办结和公章刻制免单；民宿开办由22天减少为3天，企业不动产登记减至1天可办；实现新生儿9个事项在医院“一并办”。全力推进“最多跑一次”改革向11个领域延伸，推出跑改延伸举措133项，元觉码头延伸方案作为全省示范在《竞跑者》刊登。率全市之先启动机关内跑，材料精简42%，时限压缩58%，人事流动“一件事”

在《探路者》刊登。推进政府数字化转型，指标排名由靠后提升至全市前列。330个民生事项100%下放，实现公积金、社保、医保、车管等事项在银行、邮政可办。

【“无证明区”创建】2019年5月—7月，为深化“最多跑一次”改革，多管齐下全面推进“减证便民”工作，最大程度精简和优化各类证明，根据省市关于深化“最多跑一次”改革的决策部署和工作要求，洞头区开展“无证明区”创建。全区党政机关、司法部门、群团组织、公共服务领域和街道（乡镇）等有对外办事（服务）事项单位，通过推进数据共享、内部核查、部门沟通、告知承诺、上门核查、部门代办等形式改变证明获取形式，清理各类行政审批、公共服务、行政管理等10种证明材料。截至年底，公布区内两批912个事项计1852个证明材料清理清单，涉及79家单位，累计减少群众提交证明5000多件。

政策研究

【概况】2019年，洞头区政研室形成区四套班子领导牵头调研重点课题25个、街道（乡镇）部门课题187个，《洞头政研》刊发37期、获批示18次，牵头完成《我区培育发展会议产业的思考与对策》《关于推进区域社会治理现代化的决定（意见）》等综合文稿、课题报告10余个，参与编写区委书记在中央农办工作会议上发言材料。其中，社会资本投入生态保护修复课题成果，在国家自然资源部会议上作交流；《洞头区民营经济参与海洋经济发展示范区的规范实践和机制探索》上报中央办公厅；《洞头区羊栖菜出口困境及解决建议》上报国务院办公厅；《加快破解瓯洞一体化改革障碍 助推温州高质量发展》获市长姚高员、常务副市长陈建明批示。《洞头旅游突破发展的路径探索与对策研究》获温州市发展研究奖三等奖。组织开展“最多跑一次”改革向公共场所延伸等调研活动。“最多跑一次”改革获省政府通报激励，基层减负改革获评省改革创新优秀实践案例、市首届改革创新最佳实践案例，新增省级以上改革试点5项，改革举措在《竞跑者》《探路者》刊登6项。区委改革委成员单位结合“大学习大调研大抓落实”“三服务”活动和“不忘初心 牢记使命”主题教育等，围绕基层治理、海洋经济发展、最多跑一次等重点改革，形成调研报告37篇。启动“四聚焦、四查找”“街头问改革”“征集改革金点子”“微改革 微创新”等系列活动，找出各类改革问题100多个。

（张玲玉）

重要会议

【区委全委会议】2019年，洞头区委一届会议召开2次。

1月11日，中共温州市洞头区委一届五次全体(扩大)会议召开，会议听取、审议并通过王蛟虎代表区委常委会作题为《聚焦八大领域加快全域振兴谱写高质量海上花园新篇章》工作报告，传达学习省委、省政府批复同意《洞头区机构改革方案》和贯彻落实市委十二届七次全会精神，部署工作任务。区委副书记、区长林霞主持会议。区委委员、候补委员，区纪委委员，区人大常委会副主任、区政府副区长、区政协副主席，区人武部政委，区法院院长、区检察院检察长，区政协秘书长，区人大机关、区政协机关各委（室）主要负责人、专职常委，区直属各单位、省市属有关单位主要负责人，各街道党工委书记、办事处主任、纪工委书记，乡镇党委书记、乡镇长、纪委书记，区委巡察办主任，区委巡察组各组长，区监委委员，区纪委监委派驻机构纪检组组长，担任过区级领导职务党员老同志，部分省、市、区党代会代等参加会议。

7月19日，洞头区委一届六次全体(扩大)会议暨区政府第五次全体会议召开。会议贯彻上级决策部

2019年1月11日，中共温州市洞头区委一届五次全体(扩大)会议召开

（区融媒体中心提供）

署，总结上半年工作，部署下半年任务，听取、审议并通过《区委一届六次全体(扩大)会议暨区政府第五次全体会议工作报告》。区委书记王蛟虎代表区委常委会作工作报告，区委副书记、区长林霞作工作部署。区委委员、候补委员，区政府组成人员，区纪委委员，区人大常委会副主任，区政协副主席，区人武部政委，区法院院长、区检察院检察长，区政协秘书长，区人大机关、区政协机关各委（室）主要负责人、专职常委，区直属各单位、省市属有关单位主要负责人，各街道党工委书记、办事处主任、副书记（党群）、纪工委书记，乡镇党委书记、乡镇长、副书记（党群）、纪委书记，区委巡察办主任，各区委巡察组组长，区纪委派驻(出)机构主要负责人及县处级老同志、省市区党代表、人大代表、政协委员等200多人参加会议。

【**区委常委会**】2019年，区委常委会共举行常委会议20次。会议具体情况如下：

1月3日，第一届区委常委会举行第51次区委常委（扩大）会议。会议学习传达中央经济工作会议、省委经济工作会议和全省巡视巡察工作现场推进会精神；审议《洞头区海峡两岸同心小镇建设三年行动方案（送审稿）》《中共温州市洞头区委一届五次全体（扩大）会议报告（送审稿）》和会议方案，《温州市洞头区机构改革办公用房调整方案（送审稿）》《2018年度区委常委会民主生活会方案（送审稿）》。

1月16日，第一届区委常委会举行第52次区委常委（扩大）会议。会议学习传达全省扫黑除恶专项斗争视频会议和全省“大棚房”问题专项清理整治行动电视电话会议精神；审议《关于深化温州市洞头区医疗卫生服务共同体改革实施方案（送审稿）》；研究第三轮海岛振兴“五四竞赛”活动相关事宜。

2月2日，第一届区委常委会举行第53次区委常委（扩大）会议。会议审议《2019年区政府工作报告（送审稿）》《关于洞头区2018年国民经济和社会发展计划执行情况与2019年国民经济和社会发展计划草案的报告（送审稿）》《关于洞头区2018年预算执行情况和2019年预算草案的报告（送审稿）》《区人大常委会工作报告（送审稿）》《区政协常委会工作报告（送审稿）》《区人民法院工作报告（送审稿）》《区人民检察院工作报告（送审稿）》《洞头区“百名领导、千名干部、万名党员”党性教育读书班活动方案（送审稿）》《洞头区海岛振兴特色人才培育实施方案（送审稿）》。

2月22日，第一届区委常委会举行第54次区委常委会议。会议研究《区纪委一届五次全会工作报告（送审稿）》《2019年度巡察工作实施方案（送审稿）》《洞头区村居、基层站所巡察工作全覆盖实施方案（送审稿）》《2018年度基层党建和人才工作述职评议反馈意见的整改方案（送审稿）》《洞头区竞绩择优选拔年轻副科长级领导干部工作方案（送审稿）》。

3月20日，第一届区委常委会举行第55次区委常委会议。会议学习传达全国“两会”精神，审议《温州市洞头区“绿水青山就是金山银山”实践创新基地建设三年行动方案（2019—2021年）（送审稿）》，专题研究党风廉政建设工作和其他工作。

4月11日，第一届区委常委会举行第56次区委常委会议。会议研究《2019年区委区政府“十张工作清单”（送审稿）》和推进措施，审议《洞头区审计整改责任追究实施细则（试行）（送审稿）》，专题研究党风廉政建设工作和其他工作。

4月30日，第一届区委常委会举行第57次区委常委（扩大）会议。会议学习传达省委十四届五次全会和全省防范化解重大风险专题培训班精神，审议《2019年街道（乡镇）和区直部门考核办法（送审稿）》，研究《关于庆祝中华人民共和国成立70周年系列活动方案（送审稿）》《整治形式主义突出问题为基层减负增效12条措施（送审稿）》，专题研究党风廉政工作和其他工作。

5月9日，第一届区委常委会举行第58次区委常委（扩大）会议。会议分为基层减负质询和督办事项质询。

5月20日，第一届区委常委会举行第59次区委常委扩大会议。会议学习传达全省高质量建设美丽浙江暨高水平推进“五水共治”会议和副省长、市委陈伟俊书记5月17日调研洞头旅游时重要指示精神，全市台办主任座谈会精神，研究《2019两岸一家亲半屏山系列交流活动方案（送审稿）》《关于实施“干部返乡·兴村富民”行动的工作方案（送审稿）》。

6月12日，第一届区委常委会举行第60次区委常委会议。会议学习传达中央和省委“不忘初心、牢记使命”主题教育工作会议精神，审议《2019年度洞头区督查工作考核管理办法（送审稿）》《关于进一步规范区级国企改革管理的意见（送审稿）》。

6月24日，第一届区委常委会举行第61次区委常委会议。会议学习传达全省公安工作会议精神；研究2019两岸一家亲·半屏山系列交流活动方案；审议《洞头区关于支持台青台商创业发展的若干规定

（暂行）（送审稿）》。会议还研究其他工作。

7月17日，第一届区委常委会举行第62次区委常委（扩大）会议。会议学习传达市委十二届八次全会和全省加强诉源治理工作部署会议精神；研究《关于开展工业区提质增效百日攻坚 助力海洋经济高质量发展专项行动方案（送审稿）》，审议《中共温州市洞头区委一届六次全会暨区政府第五次全会报告（送审稿）》和会议方案。

7月22日，第一届区委常委会举行第63次区委常委（扩大）会议。会议听取海湾一区火灾应急处置情况及住宅小区消防设施隐患整改情况，研究具体处置意见。

7月23日，第一届区委常委会举行第64次区委常委（扩大）会议，专题研究意识形态工作。会议专门听取上海财经大学章忠民教授关于《新时代意识形态工作面临的挑战和对策》讲座，传达市平安办关于《温州市“平安护航中华人民共和国成立70周年大会战”实施方案》精神。

8月2日，第一届区委常委会举行第65次区委常委（扩大）会议。会议学习传达《中共中央关于李平同志搞形式主义、官僚主义案件查处情况及其教训警示的通报》，全国市县巡察工作推进会等会议精神，并研究区贯彻落实意见，全市“不忘初心 牢记使命”主题教育专项整治工作推进会议精神和《温州市“不忘初心 牢记使命”主题教育准备工作方案》文件精神，研究《洞头区“实施五化四来 争创五星乡村 打造部省共建乡村振兴示范省先行创建区”实施意见（送审稿）》和中共洞头党史学会设立事宜。

8月23日，第一届区委常委会举行第66次区委常委会议。会议传达学习省委人大工作会议精神，省政协葛慧君主席调研洞头指示精神，《进一步加强检察机关法律监督工作的若干意见》文件精神和8月7日省委常委、政法委王昌荣书记在省检察院调研讲话精神，全市公安工作会议精神，研究《洞头先锋女子民兵连建连60周年活动实施方案（送审稿）》。

9月12日，第一届区委常委会举行第67次区委常委（扩大）会议。会议学习传达中央和省市委关于第二批单位主题教育工作部署等会议精神，研究“不忘初心、牢记使命”主题教育系列文件方案和《区四套班子成员年度考绩奖评定标准（试行）（送审稿）》。

10月10日，第一届区委常委会举行第68次区委常委（扩大）会议。会议专题学习贯彻习近平总书记在庆祝中华人民共和国成立70周年大会上重要讲话精神，学习传达全国政协工作会议暨庆祝中国人民政治协商会议成立70周年大会精神，研究《温州市洞头区公务员职务与职级并行制度实施方案（送审稿）》《在“不忘初心、牢记使命”主题教育中纠治“庸懒散慢”干部的实施方案（送审稿）》《洞头区党政领导干部安全生产领域责任追究实施办法（试行）（送审稿）》《洞头区党政领导干部履行安全生产责任季度清单（送审稿）》和编外用工事宜。

11月28日，第一届区委常委会举行第69次区委常委扩大会议。会议学习传达省委十四届六次全体（扩大）会议精神和省委政协工作会议精神，研究《关于开展大学生“家燕归巢·助力振兴”行动的实施意见（送审稿）》和其他工作。

12月20日，第一届区委常委会举行第70次区委常委扩大会议。会议学习传达中央经济工作会议精神；研究《关于深入学习贯彻党的十九届四中全会精神 高水平推进区域治理现代化精细化的决定（送审稿）》，专题研究全面从严治党工作和其他工作。

【全区领导干部会议】2019年11月5日，全区领导干部会议在洞头剧院二楼会议室召开。区委书记王蛟虎书记主持并讲话，区委副书记、区长林霞学习传达中共十九届四中全会精神。区四套班子领导，区人武部部长、政委，区法院院长、区检察院检察长，区政协秘书长，区人大常委会、区政协各委（室）主要负责人，区直属各单位、省市属有关单位主要负责人，各街道（乡镇）党政主要负责人，区纪委班子成员，区委巡察办主任，区委巡察组组长，区纪委派驻纪检监察组组长及区级领导离退休老同志等近200人参加会议。

【洞头区三级干部大会暨发展海洋经济建设海上花园动员大会】2019年2月13日，洞头区三级干部大会暨发展海洋经济建设海上花园动员大会召开，会议回顾总结2018年工作，部署2019年重点任务，传达温州新时代“两个健康”先行区暨国家自主创新示范区建设推进大会精神，观看《乡村振兴星级示范村》短片，表彰2018年度各类先进，各分管区领导就重点工作部署表态发言。区委书记王蛟虎讲话，区委副书记、区长林霞主持会议，区领导叶国胜、汪慧平、吴志安等出席，区人武部政委、法检两长、区直属各单位班子成员、各街道(乡镇)班子成员及部分企业主要负责人等近1000人参加会议。

【洞头区“两山”实践创新基地暨“美丽洞头”建设推进会】2019年6月3日，洞头区“两山”实践创新基地暨“美丽洞头”建设推进会召开。会议观看宣传片《让中国更美丽》，区长林霞与各街道（乡镇）签订“美丽洞头”建设责任书，区发改局、市自然资源和规划局洞头分局、市生态环境局洞头分局、区农业农村局、北岙街道分别围绕海洋经济示范区民营经济与生态文明建设、山水林田湖草（蓝湾、矿山等）生态保护修复、生态文明建设和“两山”实践创新、美丽乡村与生态文明建设、污水零直排建设等作发言，区委书记王蛟虎讲话。区领导叶国胜、吴志安等出席会议。

【洞头区庆祝建党98周年大会暨平安大会战动员大会】2019年7月1日，洞头区庆祝建党98周年暨“夺星鼎、保大庆、树样本”大会战动员大会召开。会议表彰基层工作先进集体、优秀个人及区平安建设突出贡献集体和个人，为平安建设党员攻坚队出征授旗，集体重温入党誓词。区委王蛟虎书记上党课，部署平安百日攻坚大会战工作，对“不忘初心、牢记使命”主题教育活动提出要求。区委副书记、区长林霞围绕区委、区政府中心工作和年度“十张工作清单”任务再部署。区领导叶国胜、汪慧平、吴志安等近200人参加会议。

【全区基层治理现代化精细化暨移风易俗、生活垃圾分类工作推进会】2019年12月12日，洞头区基层治理现代化精细化暨移风易俗、生活垃圾分类工作推进会召开。会议表彰海岛振兴“五四竞赛”第三轮现场观摩获奖村，部署推进移风易俗、城乡生活垃圾分类及启用殡仪服务中心推进殡葬改革等工作。区委王蛟虎书记讲话，区委副书记、区长林霞部署相关工作。区领导叶国胜、汪慧平等1000多人参加会议。

重要决策

【机构改革】2019年1月19日，为贯彻落实习近平总书记对浙江工作的重要指示精神，按照中央、省委和市委有关机构改革要求，区委、区政府出台《洞头区机构改革方案》（洞委发〔2019〕7号），主要机构设置同中央保持基本对应，对应省市机构改革，调整优化相应机构和职能，加强区委职能部门统一归口协调管理职能，统筹推进其他各项改革；深化“最多跑一次”改革，推进审批服务便民化；深化综合行政执法改革和街道（乡镇）机构改革等；严格执行机构编制管理法律法规和党内法规及机构编制管理权限和程序，严禁越权审批。区深化机构改革协调小组负责全区机构改革组织实施，统筹安排时间表、路线图，严格按照中央规定时间进度要求推进。做好国有资产、财务管理、办公用房、档案管理等工作。3月底前，基本完成新部门组建、人员转隶和“三定”规定制定等工作。

【洞头区“两山”实践创新基地建设】2019年4月10日，为进一步打通“绿水青山”向“金山银山”转化通道，围绕“两个高水平”奋斗目标和高质量建设海上花园总体部署，打造“两山”实践的全国海岛样板、“碧海蓝天也是金山银山”示范基地，区委、区政府印发《洞头区“绿水青山就是金山银山”实践创新基地建设三年行动方案（2019—2021年）》（洞委发〔2019〕2号），重点任务是护美蓝天碧海，夯实绿色发展生态本底，全面推进海洋生态保护，统筹推进海岛生态修复，大力推进城乡生态提升；做大金山银山，构筑绿色发展经济体系，大力发展海岛旅游业，加快发展绿色渔农业，提升发展绿色临港产业，培育发展绿色新兴产业；强化污染防治，树立绿色发展环境标杆，深入实施碧水工程，持续深化蓝天行动，全面推进净土清废；深化制度创新，完善绿色发展机制保障，构建绿色发展推进机制，健全自然生态保护机制，创新海岛综合管理机制，探索两山通道转化机制；共享绿水青山，实现绿色发展富民惠民，统筹城乡协同发展，美化城乡人居环境，拓展城乡生态文化。包含重点指标、机制体制创新、重点项目等，主要目标是全区环境质量持续改善，经济社会全面发展，生态文明成果显著，基本建成全国“两山”实践创新海岛样板。

【实施村（社区）规模优化调整】2019年3月29日，为进一步贯彻落实中共十九大精神，加快实施乡村振兴战略，健全完善乡村治理体系，推进农业农村现代化，根据中央和省委关于加强和完善城乡社区治理文件精神，区委、区政府制定《关于开展村（社区）规模优化调整工作的实施意见》（洞委发〔2019〕19号），调整坚持党委领导、党政联管、总量调控、因村制宜，依法依规、有序和谐，从严从实、选优配强等原则。因地制宜、分类施策，统筹推进村（社区）规模优化调整工作。分准备与启动阶段、组织实施阶段、总结完善阶段等三个阶段。开展调查摸底工作，建立领导小组和工作机构，制定工作方案，研究新村（社区）名称和办公地址。全面动员部署，收缴保管印章，依法依规实施。档案整理移交，建立工作机制，加强干部教育管理，做好证照标识更换，同步推进融合发展。并对村（社区）规模优化调整中村级集体资产处置和管理、有关政策意见、推进新村

（社区）融合发展提出意见和措施。4月底完成调整。

调研与活动

【葛慧君到洞头调研】2019年8月20日，省政协主席葛慧君到洞头调研宗教工作情况。葛慧君一行先后来到中普陀寺、半屏韭菜岙沙滩、半屏金岙村等地，调研佛教文化园、韭菜岙沙滩、半屏64条间民宿一条街和同心小镇等情况。察看佛教文化园建设进展情况，走访以佛教七菩提为命名七栋建筑物；参观200多间石头厝与台湾设计团队改造“台胞之家”、同心会馆、台湾主题文创展馆和民宿等项目情况。省委常委、市委书记陈伟俊，省政协秘书长金长征，省政协常委、省委统战部副部长、省民宗委主任楼炳文，省政协常委、民宗委主任朱志泉，市政协主席陈作荣，省政协副秘书长、研究室副主任王四清，市委常委、秘书长王军，区领导王蛟虎、林霞、汪慧平、刘素婷等陪同调研。

【陈伟俊到洞头调研】2019年5月17日，省委常委、市委书记陈伟俊到洞头调研旅游工作。陈伟俊一行走访半屏大桥、同心里、金岙101项目，了解海峡两岸同心小镇建设、对台开放以及全域旅游发展情况。陈伟俊强调洞头在全域旅游发展要进一步科学规划布局，明晰产业定位，坚持项目导向，不断赋予旅游发展特色内涵。市委常委、秘书长王军，市政府副市长苗伟伦及市有关部门负责人和区领导王蛟虎、林霞参加调研。

【“百名领导、千名干部、万名党员”党性教育读书班】2019年，根据“不忘初心·牢记使命”主题教育总体要求，推进“两学一做”学习教育常态化制度化，全面提升党员干部的党性素质，洞头区开展“百名领导、千名干部、万名党员”党性教育读书班活动，对象为全区副科长级以上领导、机关事业国企等单位全体干部职工、各基层党组织全体党员、基层群体先进代表，设立读书班29个。明确学习内容，固定学习时间，学习形式不限，建立区级红色讲师团，年终开展综合考评，成绩纳入干部全程积分或党员年度民主评议指标。3月11日，举行开班典礼，省委党校党史党建教研部主任徐彬授课《“八八战略”与习近平新时代中国特色社会主义在浙江的萌发与实践》。王蛟虎、林霞、叶国胜、汪慧平、吴志安等区领导，与全区直属各单位、省市属有关单位、街道（乡镇）班子成员和干部职工，村（居）、企业、社会组织等基层组织党员群众代表共1000余人参加。

【两岸一家亲·半屏山系列交流活动暨“双屏论坛”】2019年6月28日，以“两岸同心 筑梦海上花园”为主题的2019两岸一家亲·半屏山系列交流活动暨“双屏论坛”在洞头举行，来自海峡两岸政商界嘉宾、工商协会代表、创业青年代表等800余人参加。活动包括举办“双屏论坛”和“百会百企·共筑同心”“两岸一家亲·社区治理行”交流分享会、两岸诗人创作交流活动、两岸嘉宾媒体聚焦海峡两岸同心小镇、“乡音乡情·双屏双赢”主题文艺晚会，及“小农好物”两岸特色产品展销会等系列活动。开幕式上，举行两岸合作项目签约、“百会百企”授牌、台青就业创业先锋授牌及两岸同心“台事通”改革成果发布等。人民网、新华社、央广网、《台湾导报》等130多家媒体进行报道。活动由国台办交流局、浙江省台办指导，市人民政府主办，市台办、洞头区委、区政府、台湾竞争力论坛协会、台湾新时代智库等承办。温州市委副书记、市长姚高员，国台办对台干部培训中心主任王杰，浙江省台办副主任何永明，温州市委常委施艾珠，温州市人大常委会副主任潘孝政，温州市政协副主席、民革温州市委会主委诸葛启钏，温州市政府秘书长彭立华，温州市台办主任苏爱萍，洞头区委书记王蛟虎，洞头区委副书记、区长林霞，上海国际问题研究院副院长严安林等出席活动。台湾新党主席、新中华儿女学会荣誉理事长郁慕明应邀全程出席活动。

（戴伟洁）

2019年6月28日，2019两岸一家亲·半屏山系列交流活动暨“双屏论坛”在洞头举行
（区委台办提供）

综合党务工作

【概况】2019年，洞头区委办公室牵头制定《洞头区整治形式主义突出问题为基层减负增效12条措施》，实施限额控制整治文山会海、清单亮绩考核改革试点、先行先试首创“七多”问题减负样本、双向激励干部减负干事等改革举措，探索追根溯源、制度创新、干部激励等“闭环”机制，全区基层减负增效工作获省委书记车俊等省、市领导批示肯定，《人民日报》等10余家党报央媒网媒报道点赞。洞头基层减负改革入选全省58个改革创新最佳实践案例第二轮评选，成为全市标杆。精文减会工作走在全市前列，全年三类文件发文501件，同比下降52.9%，超市下达任务14.9%，为全市文件减负贡献103个文件额度，全区性会议控制在168个，下降38.2%；优化收文办理，严把文件质量，强化党内规范性文件发文前备案审查制度，全年办理紧急件668件，传阅件456件，发文388件，其中三类文件114件，上备文件22件，文电处理做到“零延误”“零推诿”“零障碍”。全年服务重大会议81个、筹办重大活动52次，按标准配备办公室各种办公设备，实行统一上报，统一采购。全员竞聘中层正职8人、副职7名，招引、选拔新干部8人。编印2019年版区通讯手册电子版。

（颜泓粟）

【目标督查】2019年，洞头区考核办出台《洞头区2019年度督查工作管理办法》，完善办不了事项报告制度，实现督查事项计划化管理，全年纳入督查检查计划事项32项，新增督查事项严格审批，实地督查一律核准，实行每季度“双随机”，督查必有结果、结果必由两办通报。结果运用纳入全区科级领导干部全程积分管理，实行效能问责和容错免责，督查结果全部纳入各单位年度绩效考核。全年督查领导批示件257件、督办单32期、督查专报142件、区委重要会议纪要36期178项。全年纳入办不了督查582项，召开办不了事项质询会2次、办不了事项会诊会1次、办不了曝光之《督查聚焦》8期。督查事项逾期率从上年2.7%降至2.4%，申请展期办不了事项减少50.81%。办理重点决策部署落实不力或不作为情况，向区纪委提交线索44件，向区主题教育办提交线索11件。

（周巧燕）

【绩效考核】2019年，区考核办在全市率先试点绩效考核改革，落实基层减负增效。实施六化考核，遵循“形式清单化、任务项目化、内容个性化、事项减量化、分配差异化、结果激励化”原则，形成任务清单、负面清单和综合评价三张考核清单，实现从定性评价向定量评价、主观评价到客观评价、模糊评价向完成率评价三大转变。严格项目准入标准，对各考核牵头单位制定考核细则进行合理性审查，累计退回考核细则15个，实现各单位平均考核项目数控制在15项内，“一票否决”事项仅保留3项。增设“头鬃旗”最优奖、先进工作“海豚奖”、落后工作“海龟奖”等特别奖项。围绕全市“六比竞赛”活动，提前谋划亮点项目，制定比看项目推进计划和责任分工，常态化开展项目推进督查，全年完成市级比看活动任务3次及县（市、区）书记述政活动任务。每月通报市对区考核指标推进情况，召开三季度市对区考核指标分析会，及时向相关单位给予考核提醒，市对区年度绩效考核第10名。

（许扬翔）

【保密工作】2019年，洞头区创新特色保密管理“四个三”工程，即强化保密自查、协查和抽查“三查”，健全保密观察员制、涉密隐患整改制和检查结果反馈制“三制”，突出定密管理、网络安全、涉密人员管理“三大重点”，实现重点单位保密检查、重点领域专项检查、涉密人员保密宣教“三个全覆盖”，完成中华人民共和国成立70周年保密防控任务。6月和8月，开展两轮保密检查，全区单位开展自查自评60家。印制《保密案例警示录》《警惕，泄密就在身边》等宣传资料，联合区普法办开展面上保密宣传，做到警钟长鸣。

（丁国欣）

组织

【概况】2019年年底，洞头区有基层党组织427个，党员6968名。其中，党委26个，党总支31个、党支部370个；非公有制经济单位党委1个、党总支2个、党支部45个、联合支部163个，企业党员498名。部门党委8个，各类党组33个，区委派出工委6个。全区党员中，女性党员2096名、少数民族190名；45岁及以下2710名，大专及以上3493名。全年发展党员111人，其中女性党员38人，占34.2%；年龄在35岁以下的党员83人，占74.8%；具有高中中专以上文化程度的92人，占82.9%，其中具有大专以上文化程度的62人，占55.9%。全区建有党建服务中心7个，党员服务站（点）17个。全年新建村民服务中心3个，累计33个。全区发展党员志愿者服务队93支，党员志愿队伍队员1383名，红色“驿站”30个。

全年新建、改建各类阵地58个，提升区本级及街道（乡镇）党群服务中心6个。引入社会组织打造“海霞妈妈”等十大特色品牌，常态化开展“红色星期天”等活动。依托机关党员“两地双评议”，以海湾三区为试点，探索以党支部为核心、业委会为主体、物业公司为依托、社会组织为补充的小区治理新模式。通过成立志愿服务队，常态化开展环境整治、纠纷调解等服务，相关工作在人民网、《浙江日报》等媒体报道。

全年提任干部4批次64人，其中正科长级20人、副科长级44人；调整交流干部93人，其中正科31人，副科62人；消化超配干部10名，调整身份混岗干部1名。开展全员竞聘、年轻科级干部竞绩择优，提任年轻科级干部27人，区直部门、街镇领导班子年轻干部配比均居全市第一。组织开展干部跨单位交流6名。举办乡村振兴、国际旅游岛、海洋经济示范区等3个区委专题班，培训领导干部160余人次。严格落实干部关爱激励“十二条”措施，率全市之先实施公务员录用、转任、退休系列“一件事”全流程办理，实现公务员职业生涯“一件事”全覆盖。截至年底，全区公务员1038名，参照公务员法管理机关事业单位工作人员154名。

全年引导52名各类优秀人才到村任职，厘清村社两委主职干部正向干事清单和负面底线清单，完善不胜任村社干部“红黄牌”管理，累计“红牌”处理3名，“黄牌”警示10名。整顿抓好后进基层党组织13个。村集体经济集中开竣工项目46个，总投资25亿元。实施“兴村五法”，全区村集体经济总收入1.21亿元，增速首破40.4%，居全市第二。其中全区总收入超100万元村数48个、超300万元村6个、超500万元村数3个。

【机构改革】2019年1月，根据洞头区机构改革部署，区委组织部统一管理区委机构编制委员会办公室。调整优化区委机构编制委员会领导体制。区委机构编制委员会办公室作为区委机构编制委员会的办事机构，承担区委机构编制委员会日常工作，作为区委工作机关，归口区委组织部管理。区委组织部统一管理公务员工作。区人力资源和社会保障局公务员录用调配、考核奖惩、培训和工资福利等职责划入区委组织部，对外加挂区公务员局牌子。区直属机关工作委员会的职责划入区委组织部，加挂区委直属机关工作委员会牌子。不再保留区直属机关工作委员会。区委老干部局的职责划入区委组织部，保留区委老干部局牌子。区委组织部加挂区委新经济与新社会组织工作委员会牌子。

【干部管理机制】2019年，洞头区坚持干部选育“五标准”“五步法”，健全办不了报告、“干部回炉”等抓人促事制度。实行容错免责备案制，免予责任追究干部25名，澄清正名干部15名。完善股级干部预审制，建立年轻干部储备库，引进40名“双一流”高校毕业生、副高职称以上等专业化年轻干部。选派17名干部到区外挂职，213名干部参与各类攻坚历练，新提任干部中来源于专项攻坚及基层一线占70%。开展“全员竞聘”和中层干部跨部门交流，实施“竞绩择优”年轻干部选拔工作，全年提任科级干部4批次共计64人，其中年轻干部27人，全区年轻干部配比达11.28%，居全市第一。全年整治“庸懒散慢”干部15人。

【人才招引】2019年，洞头区实施“才聚百岛、智汇洞头”行动。全年引进领军人才1名，招引大学生768人，新增高技能人才402人。创新增设专技职称政府津贴、就业（生活）补贴等项目，累计兑现647万元。新建杭州电子科技大学洞头科技园区工作联络站，推动院企合作，获科技专项经费支持680万元，解决技术难题21项。建立专家基层工作站，通过技术嫁接等形式，推动霓屿“蟹公寓”等海岛特色种养项目科技化、效益化。鼓励诚意药业“飞地”引才，成立上海研发中心。

【洞头区部门大党组设置试行】2019年5月9日，为进一步加强和改善党的领导，更好发挥党组总揽全局、统筹协调的领导核心作用，整合资源力量，优化工作机制，切实提升机构改革后区直部门领导班子领导力、凝聚力和战斗力，区委、区政府制定《洞头区部门大党组设置的实施意见（试行）》（洞委办发〔2019〕18号），组建模式包含融合式管理，把5家正科级事业单位、8家群团组织，与8家区党政工作部门融合形成大党组，即区委组织部（区关工委）、区委宣传部（区精神文明指导中心、区文联、区社科联）、区委统战部（区侨联、区工商联）、区发改局（区重点项目建设服务中心）、区经信局（区金融工作服务中心、区科协）、区农业农村局（区海洋与渔业发展研究中心）、区卫生健康局（区红十字会、区计生协会）、区文广旅体局（区旅游发展中心）。归口式管理，把存在归口管理关系相关部门形成大党组，即区委办（区档案馆）、区委组织部（区委编办）、区委宣传部［区传媒中心（区广电台）］、区委政研室（区政务服务中心）。采用融合式管理和归口式管理，明确“三重一大”、各项考核、重要事项汇报、财务管理等运作。

【村（社区）规模优化调整】2019年，洞头区坚持“党委领导、党政联管，总量调控、因村制宜，依法依规、平稳有序”原则，以“并村并账并心”为目标，历时25天，完成各项表决程序，全市率先完成调整工作，各村表决平均赞成率97%以上，其中实现投票率与赞成率两个“100%”3个村，全区行政村规模总体减少12%左右。制定《调整后续工作指南》，探索建立村民议事委员会制度，建立新村（社区）融合发展共商机制，探索民宿党支部、渔业党支部等“功能型”党组织建设，优先制定新村发展规划。

【干部教育培训机制】2019年，洞头区创新城区主体班次竞争性选调机制，打破“越优秀的干部越得不到培养”恶性循环，竞争性选拔优秀年轻干部35名参加市委党校城区中青班、年轻班，调训率100%。创新跨地区联合办班机制，采取市域内联合办班，实现小规模班次出省培训，降低干部教育培训经费支出全年举办培训班41期，培训干部1700余人。研究制定年度领导干部专题培训班次计划，组织开展乡村振兴战略培训班、国际旅游岛培训班、海洋经济发展培训班等专题班次3期。

【洞头区海岛振兴特色人才培育】2019年2月2日，为充分发挥特色人才在打造乡村振兴海岛样板中引领和支撑作用，洞头区制定《洞头区海岛振兴特色人才培育实施方案》（洞委办发〔2019〕6号），实施红色引领人才计划、蓝色海洋人才计划、绿色乡村人才计划。经部门自荐或专家联合推荐等，专家评审小组评定公示确定。海岛振兴特色人才纳入全区人才数据库管理，列入全区人才重点培育对象。颁发人选证书和奖牌，给予入选人才一次性个人工作资助经费。截至年底，培育红领人才14人、现代渔农业人才23人、临港产业人才33人、滨海旅游人才16人、海岛文化人才14人、乡村双创人才14人、乡村贤达人才10人。

【“红色海霞”基层组织建设】2019年，洞头区按照场所集中、功能集成、简朴实用、开放共享原则，新建、改造党群服务中心33个，启用洞头区“海霞红港”，形成“1+6+26”党群服务中心体系，常态化开展“红色星期天”等活动，持续打响“瓯江红”党群服务中心品牌。紧盯高知群体、共青团员、创业青年及各领域各行业业务骨干人群，提前做好入党积极分子“结构化储备”，全年结构性发展党员111名。

（曾国耿）

宣传

【概况】2019年，洞头区宣传思想文化战线深入贯彻习近平新时代中国特色社会主义思想和中共十九届四中全会精神，根据全国、全省和全市宣传思想文化工作会议部署，落实五大使命任务，凝聚宣传力量。完善中心组学习、督查考核和学习通报等制度。利用百岛讲坛、百千万党性教育读书班等载体，加强全区党员领导干部学习。组织开展区委理论学习中心组开展专题学习13次，举办百岛讲坛10次；各党委（党组）中心组成员到会率90%以上。推进“学习强国”学习平台建设和利用，建立二级学习管理8个，三级学习管理120个，实现在职党员全覆盖。与中国农业银行合作，推出“积分先进评选”“积分兑奖”等活动载体。组织开展教育警示、新中国成立70周年、“学习兰小草”等系列主题教育月活动，筹备做好十九届四中全会精神宣传教育活动。开展以“我和我的祖国”主题的微党课大赛活动，全区共130余名党员参加活动，其中杨燕辉代表洞头参加市级比赛，获市微党课大赛一等奖，区委宣传部获赛事优秀组织奖。组建“我和我的祖国”主题宣讲团，开展各村居文化礼堂巡讲“党员担当的故事”130场。组织“洞头精神”“最美洞头人”“最美家庭”等宣讲500余场。

全年“洞头发布”两微平台推送信息5093千余条。围绕庆祝中华人民共和国成立70周年、“两会”“扫黑除恶”等专题做好社会宣传。组织“不忘初心、牢记使命”理论宣讲团，以海霞精神、五岛连桥精神、兰小草精神为核心的“洞头精神”为重点，开展“初心大巡讲”活动50余场。开展“兰小草爱心宣传日”活动和第五届最美洞头人暨道德模范表彰活动。开展中央网信办“精神的力量、新时代之魂”大型网络主题宣传走进洞头活动，国家级、省、市级媒体记者近40人就洞头“海霞精神”“海上花园”建设开展采访采风活动。各级各类媒体正面主题报道9000余篇（条）。启动各级舆情管控应急响应6次，涉及洞头网络舆情3262条。洞头先锋女子连纪念馆改扩建提升工程启动，成立女子民兵连建连60周年活动筹备工作领导小组。推进电影《美丽海霞》（暂命名）拍摄工作，入选省市文艺精品创作扶持项目。

【机构改革】2019年1月，按照全区机构改革方案，原区文化广电新闻出版局新闻出版和电影管理职能，原区经信局指导监督政府部门、重点行业重要信息系统与基础信息网络安全保障和安全检查等相关职责划入区委宣传部；原区精神文明建设指导委员会办公室行政职能划归区委宣传部，加挂区精神文明建设指导委员会办公室牌子。区文联和区社科联增设领导职数各1名，增加挂职副主席。根据全区大党组改革要求，区委宣传部与区精神文明指导中心、区文联、区社科联等4家单位实行融合式管理，与区传媒中心（区广电台）实行归口式管理。区委网络安全和信息化领导小组改为区委网络安全和信息化委员会，作为区委议事协调机构。区委网络安全和信息化委员会办公室设在区委宣传部。

【**宣传报道**】2019年，区委宣传部围绕经济社会文化发展，推出“不忘初心、牢记使命”“乡村振兴在洞头”“贯彻区委一届五次全会精神”“村社调整助力海岛振兴”“明纪律正作风铸铁军”“七大攻坚行动进行时”“奋战一季度”“聆听百岛‘心’声”“争当领跑者”等近20个专栏，分层次、多角度、全方位地展示洞头发展成就。其中，东岙民俗活动照片入选《壮丽70年·奋斗新时代·共和国发展成就巡礼》浙江篇章配图，登上《人民日报》；央视《新闻联播》、新华社《新华每日电讯》头版聚焦洞头；首届视觉艺术展作为温州群众文化活动唯一事例，入选《浙江日报》国庆特别报道。精心策划新闻选题，结合海洋经济、海岛振兴、对台交流等角度切入，精选三助三红三服务、基层减负增效、最多跑一次改革等新闻选题和妈祖民俗、国际铁三、双屏论坛、院士论坛等主题活动，对接各级媒体到洞头采访或送相关新闻报道。全年各级各类媒体累计刊发洞头正面主题报道9000余篇（条），其中：国家级媒体报道2493篇（条）、省级媒体报道1357篇（条），《人民日报》《新华每日电讯》《经济日报》《光明日报》等国家主流报纸刊17篇，中央电视台《新闻联播》《新闻直播间》《朝闻天下》《生财有道》《消费主张》等栏目41篇。官方抖音粉丝量4.6万。

【**“四力”教育实践工作八大行动**】2019年6月13日，为贯彻落实习近平总书记关于新形势下宣传思想文化工作队伍增强“四力”（“脚力、眼力、脑力、笔力”）指示精神和中宣部、省委宣传部和市委宣传部有关部署要求，推动全区宣传思想战线增强“四力”教育实践工作，洞头区宣传思想战线开展“四力”教育实践工作八大行动，主要内容为组织理论学习、开展基层调研、推行阵地挂钩、推出记者走基层、推出文艺走基层、组织专题培训、深化人才培育、深化意识形态责任等行动。目标任务是围绕增强“四力”教育实践工作，提高政治能力，提升专业本领，推动创新创造，培养优良作风，强化风险意识。基层宣讲实现村居全覆盖，全年累计1000余场。

【**第五届最美洞头人暨道德模范评选**】2019年5月—11月，为进一步培育和践行社会主义核心价值观，提高公民思想道德素质和社会文明程度，洞头区开展第五届最美洞头人暨道德模范评选工作。评选对象为全区范围在助人为乐、见义勇为、诚实守信、敬业奉献、孝老爱亲等五方面表现突出、事迹感人、群众认可个人和群体。邀请有关领导、专家、热心市民等人员，成立评审小组。通过组织推荐、评审联评等方式。经宣传推荐、初审投票、评审表彰等阶段。最终，赵伟锋、溢香应急救援队、成贞心、郑原子、吕萍萍、林忠民、彭福义、朱友才、郑美英、林永弟获评第五届最美洞头人暨道德模范，职教中心2018级电子商务1班、林淑苗、庄海省、童海珠、姚均晟、黄文达、陈爱爱、庄允其、庄恭安、庄恭顺、黄道福、陈华林获提名奖。

【**“兰小草精神”教育活动**】2019年10月12日—31日，为深入贯彻落实习近平新时代中国特色社会主义思想和中共十九大精神，区委“不忘初心、牢记使命”主题教育领导小组办公室、区委宣传部、区委组织部、区教育局、区卫生健康局联合开展“兰小草精神”特色教育活动。活动包含收看《寻找兰小草》院线电影，打造“兰小草”文化传承教育宣传品牌，参观兰小草道德馆，开展“兰小草”爱心教育活动，开展观影大讨论活动。

【**电影《寻找兰小草》全国首映**】2019年8月2日，由浙江大榕树影视文化传媒有限公司出品，以2017年度感动中国人物、温州慈善楷模“兰小草”为故事原型的院线电影《寻找兰小草》在温州举行全国首映仪式，北京、上海、河北、深圳、山东、四川等地温州商会与温州主会场同时进行“七城直播联动”，共同爱心接力，传播“温州好声音”。该片4月取得国家电影局电影公映许可证，8月9日在全国上映，影片导演邱晓军，原型人物王珏由“中国电影华表奖”新人奖获奖演员王韦智扮演，影片主题曲《平凡的爱》由音乐人赵江谱写，温州籍歌手李慧珍演绎。电影特邀王珏之子王子震演唱插曲《啊，故乡》。该电影公映后每张电影票提取1元捐赠给洞头区慈善总会，用于慈善事业。

（黄成翔）

2019年洞头百岛讲坛一览表

表1

时间	主题	主讲人
3月1日	宏观经济专题	浙江大学、全国干部教育培训浙江大学基地教学研究室专职教师孙家良教授
3月19日	基层综合治理专题	上海社区党总支书记，第四届全国道德模范杨兆顺
4月12日	洞头旅游创新发展战略专题	华高莱斯智库负责人，清华大学等高校城市发展课程客座教授李忠
5月10日	党风廉政专题	市纪委副书记、市监委副主任龚大昕
6月20日	洞头宗教形势与工作专题	市委统战部副部长、市民族宗教事务局局长金国平
8月22日	党政同责与食品安全专题	浙江省市场监督管理局食品安全协调处处长沈华清
9月20日	网络舆情处置专题	温州市委宣传部副部长孙祥光
11月1日	国防安全专题	国防大学政治学院副教授张芳
11月29日	干部任用条例专题	温州市委组织部干部综合处处长蒋小强
12月19日	依法治国专题	温州大学和浙江财经大学法学教授、博士生导师茅铭晨

（区委宣传部提供）

统一战线

【概况】2019年，洞头区四套班子领导全员挂钩联系统战对象。统战系统围绕“八大聚焦”，聚焦中共十九大精神、中华人民共和国成立70周年和“不忘初心 牢记使命”主题教育，开展“弘扬爱国奋斗精神、建功立业新时代”主题教育、“坚定发展信心、矢志报效国家”理想信念教育实践等六大主题活动，举办专题座谈、同馨沙龙等16场次。开展“红五月”党外人士思想教育系列活动，创新党外干部培养交流、正风肃纪等“加减乘除”工作法，开展专题学习、履职分享等18次。落实组统党外干部联席制度，全年提拔党外科级干部5名，推荐市级挂职1名；深化新的社会阶层溢香实践创新基地“公益救援”品牌，对接民革市委会，促成民革之家落地金岙村。组织开展乡贤助力海岛振兴“136”行动，以乡贤理事会为平台，健全乡贤参事议事等三项机制，实施项目回归、人才回归等六大行动，桐岙、白迭获市级乡贤助乡兴实践基地，打造霓屿乡贤助力基层治理“霓虹”品牌，设立兰小草大病救助、桐心基金等慈善基金8个。寮顶民族村入选浙江省少数民族十佳特色村寨培育名录。

举办“双屏论坛”、省“第二届青年发展论坛”洞头参访等活动。全省首创“台事通”改革，出台洞头惠台政策，签约台青创业筑梦担保基金等两岸合作项目8个，设立温州台湾青年创业就业服务中心洞头工作站，获批市级台湾青年创业就业实习基地2家。

全区首个民营企业家节庆祝大会召开，表彰优秀企业家10名。开展民营企业家座谈会、政企对接会等18场次，成立法律维权中心等非公服务站点6个。开设“洞商学堂”、深化“青蓝接力”，举办企业家创新研修班6期。在寮顶村打造总部经济园，推行招商引商“四大员一热线”制度，汇总在外企业家457人。举办蓝色海湾·海洋经济院士论坛，7位海内外院士受邀参加活动。开展华裔青少年“寻根之旅”、在港乡亲家乡行等活动，

2019年7月8日，“第二届海峡两岸青年发展论坛”洞头参访活动

（区委统战部提供）

促成印尼华侨与星贝海藻签订紫菜出口合作协议。洞头（包括灵昆）侨情普查工作启动，开展节日走访慰问、“侨界助力寨楼村捐款”及侨界空巢老人健康体检等活动，侨界捐款234.5万元。

洞头区党外知识分子联谊会健全完善会长办公会议制度、理事会议制度、副会长联系小组制度、财务管理制度等，补选1名副会长及秘书长。广大会员参与调研视察、民主协商、民主监督等活动。参加“百岛讲坛”“委员讲坛”，组织年度文娱活动及“同馨港湾·创享筑梦”2020洞头区党外联谊活动。参与政协“请你来协商”活动6次，围绕“同心小镇建设”“蓝湾整治”“公共文化服务建设”“花园村庄环境卫生保洁”“工业区提质增效”“交通状况改善”等开展专题协商11次。组织开展“三位一体”农民专业合作体系建设、村社规模优化调整、花园村庄环境卫生保洁、蓝湾整治等专题调研4次。走访调研全区涉调村18个社。提交各级提案、议案21件、大会发言材料5篇。其中，曾嵘、郭青松等集体提案《让美丽渔村向美丽经济转变——关于洞头海岛渔村发展振兴的提案》获评2019年度区政协优秀提案，苏娅《关于加快我区旅游人才引进和培育的提案》和郭青松《关于打造多层次植被景观推进全域全年旅游的提案》，入围区政协优秀提案候选提案。推介会员参加市级党外干部中青班、党外代表人士高级研修班学习。

【乡贤助力海岛振兴“136”行动】2019年，洞头统战开展乡贤助力海岛振兴“136”行动，以乡贤理事会为平台，健全乡贤参事议事等三项机制，重点实施乡贤引领项目回归、乡贤引领人才回归、乡贤引领两岸融合、乡贤引领慈善公益、乡贤引领文明乡风、乡贤引领平安和谐等六大行动。全年动态更新完善洞头区级乡贤数据库290名，新挖掘“乡乡兴”人才27人，打造霓屿乡贤助力基层治理“霓虹”品牌，建成全区首个村级乡贤馆，桐岙村、白迭村获市级乡贤助乡兴实践基地；元觉乡贤成立“兰小草”大病救治基金，筹集善款80多万元；印度尼西亚洞头籍乡贤苏海宁与其中星贝海藻食品有限公司签订紫菜（海苔）出口合作协议。

【党外干部“红五月”主题思想教育活动】2019年4月下旬至5月底，为全面贯彻落实新时期干部队伍建设要求，进一步强化党外干部思想政治、纪律作风建设，持续深化党外干部学习教育制度化、常态化，组织开展“不忘初心 牢记使命”党外干部“红五月”主题思想教育活动，活动内容包含召开“不忘初心 牢记使命”党外干部专题会议、党外干部履职分享会，开展党风廉政警示教育、党内外“谈心交友”活动，落实党外干部同步报告机制。目标是引导党外干部增强“四个意识”，树牢“四个自信”，建设政治站位清、认可程度高、担当意识强党外干部队伍。

【洞头首个村级乡贤馆】2019年9月12日，洞头首个村级乡贤馆——桐岙乡贤馆正式开馆。乡贤馆由村民自筹30万元建成，馆内设置“桐心议事堂”“乡贤榜”“休闲区”“洽谈区”“办公区”等乡贤文化展示区域和活动区域。为桐岙村展示乡贤风采重要窗口，旨在凝聚乡贤力量，强化乡贤交流学习、互促发展，充分发挥乡贤在招商引资、创业创新、乡村治理、社会公益等领域的重要作用。馆内入驻乡贤理事会、桐心议事会两个乡贤组织。

【港乡亲故乡行活动】2019年9月4日—9日，洞头区开展香港洞头同乡会故乡行活动，20名洞头籍在港乡亲先后走访考察望海楼、红色印记馆、鹿西白龙屿及世界温州人家园等地。活动由区委统战部、区侨联组织。开展的“同根海联·心怀家国”主题交流活动之一，通过邀请洞籍在港乡亲返乡考察交流，近距离接触、感受家乡的变化和发展，进一步营造庆祝中华人民共和国成立70周年浓厚氛围，加强统一战线成员政治思想引领。

（方　芳　尤培玲）

对台事务

【概况】2019年，洞头区制定出台《洞头区关于支持台青台商创业发展的若干规定》《洞头区海峡两岸同心小镇建设三年行动方案》，建设海峡两岸（温州）民营经济创新发展示范区重点平台、海峡两岸交流和海峡两岸青年就业创业基地。开展海峡两岸民营经济创新发展示范区先行试点，组建海峡两岸同心小镇建设管委员，同心旅游小镇直接入选省级特色小镇创建名单。

全省首创两岸同心“台事通”改革，出台洞头“惠台政策”26条，设立温州台湾青年创业就业服务中心洞头工作站，携手台湾团队打造金岙101两岸同心村青年创新创业平台，建成台胞之家、台青公寓、民革之家等项目。获批温州市台湾青年实习实践基地2个，“三年百名”人才再招高层次台湾青年1名，提供台湾大学生实习岗位33个，接收5人。组织开展“两岸同心·青创未来”创业大赛、“青享未来.同心共跑”越野赛、“两岸同心·相约七夕”联谊等台青交流活动，举办两岸一家亲·半屏山系列交流活动暨“双屏论坛”、“第二届海峡两岸青年发展论坛”

金岙台胞之家（区委台办提供）

活动、浙台邻里节温州会场（洞头）活动、“两岸一家亲·社区治理行”交流分享会，及妈祖平安节、两岸诗会、同心文化夜市等活动，台湾岛内洪秀柱、郁慕明和“台湾微雕”艺术家陈逢显、知名媒体人邱毅、李秀媛等参加交流。台湾跨境电商、台湾商贸物流团、两岸优势产业委员会、两岸大健康产业考察团等到洞开展产业合作对接。“双屏论坛”签约合作项目8个，浙台合作周签约项目精灵海岸颐养度假庄园并完成土地招拍挂，总投资6923万美元。台企合立安农业（温州）有限公司在洞开展垃圾减量生态处理，台企庶安永龄（温州）酿造科技有限公司与白迭汐语民宿合作开拓礼品市场，浙江喜嘉登海洋旅游开发有限公司聘用台湾团队开展远洋海钓、海上旅游等项目，洞头台湾旅游线路迎首批台湾游客。“海峡两岸青年学生暑期社会实践营”“第二届海峡两岸青年发展论坛创意设计研习营”“2019温州医科大学两岸暑期青年社会实践营”“台湾物流青年团”及在沪实习台湾大学生等台青团体先后到洞头考察交流。全年接待台湾各界代表94批次1148人次，其中接待台湾青年600余人。

洞头区获评浙台经济社会融合发展突出贡献单位，获批浙江省海峡两岸交流基地。

【洞头区支持台青台商创业发展的若干规定】2019年9月16日，为深入贯彻习近平总书记关于深化两岸经济文化交流合作的重要思想，让台湾同胞到大陆创业安家。区政府出台《洞头区支持台青台商创业发展的若干规定（暂行）》（洞政发〔2019〕18号），重点规定宜创业、宜见习、宜交流、宜生活等优惠政策，内容涉及交通补贴、税收补助、租金减免、贷款贴息等方面26条政策。落实“首来族”生活补助、台湾青年一次性创业补助、台籍实习生实习补贴等一批奖补措施，景区、公交实行台胞免费等。规定自2019年10月16日起实施，有效期两年。截至年底，提供台湾大学生实习岗位33个，接收5人。

【洞头区海峡两岸同心小镇建设三年行动方案】2019年3月12日，为深入贯彻中共十九大精神和习近平总书记新时代对台工作重要思想，落实国台办31条惠台措施，进一步深化洞头与台湾地区交流合作，实施新一轮对台开放战略，全域建设海峡两岸同心小镇，区委、区政府制定《洞头区海峡两岸同心小镇建设三年行动方案》（洞委办发〔2019〕11号），主要任务是深入谋划建设同心小镇，提高对台开放战略地位；深化台湾青年“双创”，推进两岸创新融合发展；深化民俗文化交流，提高两岸交流认同感；深化基层治理交流，提高两岸交流向心力；深化特色产业对接，增强两岸交流内生动力；深化对台小额贸易发展，提升两岸交流合作质量。总体目标是通过三年努力，海峡两岸（温州）民营经济创新发展示范区先行试点工作取得成效，海峡两岸交流基地和海峡两岸青年就业创业基地创建取得突破，全面建成海峡两岸同心小镇，成为浙江对台开放、合作交流的试验田和主窗口，台湾同胞在浙江的实践地和主平台。至2021年年底，建成海峡两岸同心小镇。海峡两岸民营经济交流合作深入开展，民宿、旅游、文创等涉台项目落地10个；实现区内引入台资企业30家，涉台项目投资总额达50亿元，对台小额贸易年均增长20%，接待台胞2万人次，引进台湾人才100名，对台旅游业年均增长15%，建成含台湾元素样板村（社区）5个以上，建设台湾商城、台湾小吃一条街、台湾民宿一条街、台湾夜市等。

【两岸同心“台事通”改革】2019年，洞头区围绕台商台胞工作、生活关系最紧密领域和事项，构建审批改革、政策研究、咨询服务“三位一体”涉台服务体系，制定《洞头区两岸同心“台事通”改革实施方案》（洞改办发〔2019〕2号），实施以一策通达、一证通用、一窗通办、一网通联、一人通晓等“五个一”举措为核心的“台事通”改革。设立“台事通”专窗、专网，通过居住证可办理事项122项，开启“台商登记直通车”，实行台事全程代办，实现台商台胞登记不出区、注册登记就地领证。建立1+N涉台服务专班，履行“五最”承诺，全年走访台胞180人次，受理相关咨询130余件，协调解决项目发展、创业帮扶、生活保障、子女就学等问题40多个。全年台胞在洞头注册公司113家，办理台湾居民居住证291个。

【2019浙江台湾邻里节温州会场活动在洞头举行】2019年4月28日，以“两岸一家亲 欢度邻里节”为主题的2019浙台邻里节温州会场活动在洞头开幕。来自两岸邻里嘉宾80余人参加交流活动。开启“邻里走亲”之旅，与洞头乡亲代表共话家常，共植“同心树”，共食“同心饭”，共访“同心小镇”。市台办副主任李跃国、区领导刘素婷等参加活动。

【半屏山获批首次省海峡两岸交流基地称号】2019年9月23日，洞头区半屏山获批浙江省海峡两岸交流基地，为全省首批、全市首个省级海峡两岸交流基地。近年来，洞头区委、区政府把两岸同心作为中心工作，全域建设海峡两岸同心小镇，依托两岸半屏山闽南文化，创新开展文化、基层、经贸、青年等多领域对台交流。举办2019半屏山系列交流活动暨“双屏论坛”、“第二届青发论坛”洞头参访等活动，台湾岛内两位统派领袖郁慕明和洪秀柱先后率团汇聚洞头深入交流。洞头吸引一批台商台青前来投资创业，一批涉台项目落户生根。

【两岸企业家峰会产业推进小组考察洞头】2019年12月30日，两岸企业家峰会现代服务业及文化创意产业合作推进小组到洞头考察，帮助指导精准招商。考察组先后到岙仔台青公寓、远洋海钓俱乐部、半屏山韭菜岙、半屏金岙等地，参观民革之家、台胞之家，并与台湾青年亲切交谈，了解台湾青年在洞头生活和创业情况、两岸同心工作开展等情况。市台办主任苏爱萍，区委副书记、区长林霞等陪同考察。

（罗丽丽）

区直机关党建

【概况】2019年底，区直机关工委辖部门机关党委10个、机关党总支9个、党支部109个，党员2727名（其中，大专及以上学历党员2086名，35岁及以下党员532名）。全年发展新党员54名，本科以上学历33名，其中35周岁以下14名。截至年底，机关党组织建有支部党员服务队130余支。

组织开展“支部达标·机关示范”创建行动。推进机关党组织“典型示范、四化达标、后进整转”体系建设，验收达标支部40个、区级示范支部15个。实施“一领域一特色、一支部一品牌”行动，培育区级机关党建品牌22个。构建机关党建质量管理体系，制定“红色阵地”“党员管理”等六大标配基准，试行党建“质检员”制度量。优化发展党员源头储备，储备入党申请人198名、入党积极分子106名。创设“百千万”党性教育读书班，全区各单位和基层党支部组合设立读书班29个，全年读书班开课348次，参学近5.6万人次。相关信息《洞头区依托本地红色资源持续升温“先学一步”》获省委常委、市委书记陈伟俊批示。深化“两地双评议”。发挥机关党员在居住地（户籍地）服务员、宣传员、指导员作用，创新机关党员融入城市党建、助力小区治理、返乡帮扶建设三大模式，搭建机关党员助力基层治理比拼平台，1779名机关党员联系群众1864户，担任“楼栋管家”“红色管家”252名，认领微心愿469个，参与纠纷调解160余场。全年推选民主评议优秀党员335名，慰问患病党员、困难党员和老党员170余人，发放慰问金17余万元。

2019年1月，根据洞头区机构改革部署，区直属机关工作委员会职责划入区委组织部，不再保留区直属机关工作委员会，挂区委直属机关工作委员会牌子。

【机关党建服务品牌建设】2019年，深化红色领航“机关示范”行动，推进党建品牌培育和示范点创建工作，洞头区实施“一领域一特色、一支部一品牌”工程，开展机关党建示范项目申报，项目包含名称、党建主题和特色、具体举措和取得成效。通过自主申报、审查预选、评比验收。截至年底，组织开展示范点、示范机关等“比学看”现场会3次，创建市、区两级党建品牌23个，如区法院“四度天平”、区市场监管局“红盾管家”等。

【机关党员“两地双评议”活动】2019年，为助力提升基层治理和社会服务水平，切实推动城乡建设发展，机关事业党员到居住地开展党员亮相示范服务，协助社区优化社会服务管理，到原籍地助力乡村振兴发展，发挥政策宣导、挂钩联系、风尚引领等作用。截至年底，全区1727名机关党员，联系群众1864户，担任“楼栋管家”“红色管家”252名，认领微心愿469个，参与纠纷调解160余场。相关做法在《浙江日报》刊登。

【“红色领航·机关示范”行动】2019年，区委机关工委推行支部建设分级管理，开展“红色领航·机关示范”行动，把党组织分为达标、示范两个创建层次，系统制定包含支部建设、项目党建、队伍管理等10个项目28个指标体系。采取创评申优机制，激励各系统各领域党组织争当党建工作的样板地、模范生。截至年底，通过验收达标支部40个、区级示范支部13个。

【机关党组织督查】2019年，区委机关工委遴选20余名机关党务干部组建党建工作督查组，采取“按月督查、实时通报”方式，对机关党建重点工作“无盲区、无死角、常态化”督查。全年发出督查通报5期，并点对点进行问题反馈，责令限期整改。

【机关党建工作推进现场会】2019年8月14日，洞头区召开机关党建工作推进现场会，交流党建品牌创建创新做法和经验。现场会以“互看互学”形式，观摩区烟草专卖局、公安局洞头分局等支部品牌创建。区农业农村局、区政务服务中心、区税务局、团区委分别围绕“强化机关党员作用发挥”“党建引领做优服务”“建强‘四化’党支部”“群心向党、党群共建”主题作典型发言，分享党建品牌创建创新做法和宝贵经验。会议部署机关党组织把握“9+4”整治内容，要求抓好党建带群建工作。

（曾国耿）

信访

【概况】2019年，洞头区召开区级群众信访工作会议2次，区委常委会、区人大常委会专题听取信访工作汇报5次，区级领导信访专案研究会14次。制定《洞头区争创“无信访区”样本工作方案》《洞头区推行信访“最多跑一次”改革实施方案》《洞头区推行群众信访代跑制实施方案》《到国家机关缠访、闹访违法行为依法处置暂行规定》《区政府机关缠访、闹访违法行为现场处置工作预案》，推进信访“最多跑一次”改革，依法整治缠访、闹访违法行为，健全阳光信访工作机制，实现各级“两会”“一带一路”高峰论坛和中华人民共和国成立70周年大庆、中国国际进口博览会、世界互联网大会等重点时段“零上访、零滋事、零事故”，实现省级“无信访积案区”目标。

全年共受理群众信、访、网、电3453件，同比上升27.18%。其中，来信46件，下降36.98%；来访165批300人次，上升87.5%，人次上升111.2%；来电1885件，上升15.92%；网上投诉1357件，上升46.22%。群众来访方面，集体访16批133人次，上升166.6%，人次上升232.5%；重复访32批39人次，上升88.23%、人次上升116.6%；区级领导接待来访群众23批44人次，上升96.92%，人次上升83.33%。全年发生越级上访25批29人次，其中到温上访20批22人次，上升25%，人次下降21.42%；去省信访8批11人次，下降11.11%，人次上升22.22%；赴京行1批1人次，与上年持平。全年无非正常上访。

【信访“最多跑一次”改革】2019年，洞头区以“最多跑一次”理念，充分整合信访调解、人民调解、行政调解、司法调解职能和资源，建立洞头区社会矛盾纠纷调处化解中心，采取重点部门整体入驻、一般部门派员常年入驻、其他部门随叫随驻的灵活入驻形式，实现群众信访及诉讼“一窗式受理、一站式接待、一条龙服务、一揽子解决”。建立以“全程代跑”“上门代跑”“掌上代跑”“海上代跑”“旅游代跑”信访全域代跑模式，全区6个街道（乡镇）83个村社建立信访代跑站、点，成立信访代跑员队伍89支492人，全年受理信访代跑事项1125件，化解1070件，化解率95%以上，实现“你信访我代跑”，推动信访问题就地化解。

【信访积案化解】2019年，洞头区继续开展“无信访积案区”创建活动，制定《深入开展“无信访积案区”创建活动》《区级领导包案化解疑难问题工作方案》，创新“问题、任务、责任”清单式包案制度，区级层面建立小三盘、东屿、状元等三个重点村支部整转、遗留信访问题等攻坚小组，由区委常委挂帅，分管副区长带队蹲村攻坚，推动领导一线解难题。深化信访问题“众筹”化解模式，集体“会诊”，逐案“把脉”，个性化“解题”。全年化解区级信访积案7件，其中10年以上信访积案3件，发放区级疑难信访问题化解补助资金9万元，信访化解补助案件3个。

【法治信访建设】2019年，洞头区依照《浙江省依法分类处理信访诉求工作细则》，对群众信访诉求严格落实诉访分离、依法分类处理，全年移交政法部门279件，其中公安部门275件，法院4件，依法分类信息录入率100%。开展依法治理“缠访、闹访”专项整治行动，向全社会发布《关于依法打击缠访、闹访、扰序以及越级上访等违法信访行为的通告》。全年发放信访教育书6份，公安机关训诫6人。

【阳光信访建设】2019年，洞头区落实《浙江省县级领导干部公开接访群众工作办法（试行）》，坚持每月开展区级领导值守接访工作，创新“派单+联合接访”模式。全年区领导累计开展联合接访12次，接待群众59批119人次，阅批群众来信12件。实施信访事项办理“红橙黄绿”四色预警办法，信访件办理时长同比缩短2个工作日。全年信访按期受理率、按期办结率、回访核实率均100%；信访部门满意度99%以上。

（林玉燕）

史志编研

【概况】2019年，洞头区启动《中国共产党洞头历史（三卷）》编写工作，整理编印《中共洞头县委重要文件选编（2003—2005）》，收集整理洞头历史大事记（2003—2012）资料。《洞头年鉴（2019）》《洞头70年70事》出版发行，《洞头年鉴（2018）》获全国地方志优秀成果（年鉴类）县区级二等奖。组织开展地方志条例颁布13周年纪念日活动，开展有奖知识问答、发布宣传标语等。参加区社科周活动、中华人民共和国成立70周年等活动。全年向机关单位、街道（乡镇）、社区、文化礼堂、企业等赠送史志书籍2700余册。洞头红色印迹馆获评市级党史教育基地。

2019年1月，原区委史志办涉及机构改革，更名为中共温州市洞头区委党史研究室（温州市洞头区地方志研究室），与区档案馆机构合署。

【《洞头年鉴（2019）》出版】2019年12月，《洞头年鉴（2019）》（总第29卷）出版发行。该书由区委、区政府主办，区委史志办公室编纂，线装书局公开出版。全书全面、系统、实事求是记述2018年洞头大事、要事、特事、新事，反映各行各业新变化、新经验、新探索。共34个栏目、224个分目、81个子分目、1414个条目，文中配照片（图标）399幅、表格70张。全书设“特载”“专辑”栏目，卷首设大事记、区情概览等4个栏目，百科设中共温州市洞头区委员会等28个栏目，卷尾设附录、索引2个栏目，计115万字。16开精装本，印数500册，定价178元。主编曾焕定。

2019年9月30日，《洞头70年70事》出版发行仪式举行　　（陈素芳　摄）

【《中共洞头县委文件选编（2003—2005）》编印】2019年6月，洞头区档案馆、区史志研究室完成《中共洞头县委文件选编（2003—2005）》编辑并内部发行。该书收录2003年1月至2005年12月期间洞头县委县政府主要文件，并内部发行，为县委文件选编第六辑，全书64.9万字，印制300册。

【《洞头70年70事》出版发行】2019年9月，《洞头70年70事》出版发行。为庆祝中华人民共和国成立70周年，记录70年来洞头各领域、各行业所取得丰硕成果，完整展现洞头的沧桑巨变。2月，启动《洞头70年70事》编写，历时7个月。选取70年来洞头各领域发生的70件典型事例，以档案文献资料为主要依据，充分运用《中共洞头历史（1949—1978）》《洞头县志》《洞头统计年鉴》《洞头年鉴》等史学成果和数据资料。全书20.8万字，印制3000册，主编邱国鹰。

【洞头年鉴获全国年鉴类成果县区级二等奖】2019年10月，中国地方志指导小组、中国地方志学会公布第六届全国地方志优秀成果（年鉴类）评审结果，《洞头年鉴（2018）》获评县区级综合年鉴二等奖。继《洞头年鉴（2016）》《洞头年鉴（2017）》分获全国地方志优秀成果（年鉴类）县区级一等奖、优秀奖后，再次获奖，温州市仅洞头年鉴获奖。

（谢海燕）

老干部管理

【概况】2019年，洞头区有离休干部11人，平均年龄约90.5岁。其中，居住本地5人，安置和居住在异地6人；机关7人、事业1人、企业3人；享受副处级待遇6人，享受正科级待遇5人。中共党员8人，占73%。副处级以上退休干部15人。

全年围绕“不忘初心、牢记使命”主题，召开主题教育部署推进会，组织红色讲堂、主题党日、党建知识竞赛和公益志愿活动等300余场次。召开全区老干部工作暨关心下一代工作会议。组织老干部参加情况通报会、区级重大会议和意见征求15场。围绕“看温州70年巨变”、蓝湾整治等重点工作，开展“知政议政促振兴”活动7场。组织老干部开展“我看新中国新变化”征文和学习体验畅谈、“我和我的祖国”微故事比赛等活动5场。联合区委组织部、区人社局、区关工委开展离退休干部“我为洞头发展献一策”活动，征集到意见建议29条，评选优秀意见建议14条。“我为洞头发展献一策”活动累计征集179名老干部意见建议222条，评选出优秀建议86条。

2019年1月，根据洞头区机构改革部署，区委老干部局职责划入区委组织部，保留区委老干部局牌子。

【离退休干部党组织建设管理】2019年，洞头区离退休干部党建联动资源清单建立，引导离退休干部支部开展“互邀互看互感”联盟活动20场，61家支部560余名老党员参与活动。10个市级共享基地接待服务离退休干部党支部及老党员团体74批次1800多人次。建成区老干部服务中心老党员驿站、区东屏街道东港社区老党员驿站、区党群服务中心老党员驿站等3家。通过举办“助力三服务 银龄显担当”主题培训班、建立离退休干部党支部在职联络员队伍、下发月学习提示、实施支部星级标准管理、建用老党员驿站、常态化运作共享基地等措施，深化支部规范化建设。全年按照离退休干部党支部书记（由退休人员担任的）每人每月200元标准，下拨工作补贴4.3万元。全区有单独设立离退休干部党支部25家，创成市级“五好”星级支部13家，其中新创成6家。各支部开展“困难群众帮扶行”活动43场次，为460个农村困难群众及老党员提供慰问物资及资金17.7万元，为农村群众送医送药500余人次。其中区人大退休干部支部结对温州金源新材料科技有限公司、区纪委退休支部结对浙江诚意药业股份有限公司开展党建共建共享、助力民营企业发展。

【离退休干部服务】2019年，区委老干部局推出离休干部“服务专员”制度，全程陪护离休干部健康体检、“走看促”活动“一对一”服务。联合区卫健局开展离休干部家庭医生签约服务，实施个性化、常态化上门医疗服务。开展“新中国老功臣”系列大走访活动，组织新春慰问、“七一”走访、高龄慰问等走访活动6次，慰问老干部168人次物品10.1万元，解决困难问题15个。发放为新中国成立前参加革命工作离休干部纪念章。全年发放困难老干部及遗属帮扶慰问金4万元，拨付社区“四就近”工作补助经费1.4万。

【专（兼）职老干部工作人员队伍建设】2019年，根据区委组织部、区人力社保局联合印发《关于建立离退休干部工作专（兼）职人员、离休干部“服务专员”和离退休干部党支部在职联络员等三支队伍的通知》（洞组发〔2019〕17号）要求，明确离退休干部单位配备作专（兼）职人员，即1名分管领导负责老干部工作、1名专（兼）职工作人员落实具体工作；确定一名在职干部与一名离休干部结对，提供一对一“服务专员”帮扶，保证离休干部过上有尊严晚年；单独建立离退休干部党支部单位，确定一名干部担任支部在职联络员，协助本单位离退休干部党支部书记开展离退休干部党建工作。全区有离退休干部工作专（兼）职人员、离休干部“服务专员”和离退休支部在职联络员124人。

【老干部中心活动】2019年，区老干部书画摄影协会建立，有老干部团队6个，会员187名，建有老干部活动团队党员先锋队5个。举办第五届老干部台球赛、第二届老干部乒乓球赛、离退休干部趣味赛等文体赛事5场，承办洞头区34届老年人运动会、洞头区门球赛等区级体育赛事。开展“一月一礼堂”“红色星期天”等“三服务三助力”志愿活动，为上新社区、石子岙村等社区村居送去太极拳、时装走秀形体培训、证件照拍摄等服务13场次，参与老干部志愿者200余人，受众1500余人，为农村群众写赠春联500余幅。参加温州市首届老干部趣味运动会并获团体第二名。参加温州市庆祝中华人民共和国成立70周年“乡村振兴”摄影采风、庆祝新中国成立70 周年老干部诗词书画作品展，参展诗词、书画、摄影作品20幅。

【老年大学活动】2019年，区老年大学开展老年教学需求调查，新增太极剑班，设有智能手机、歌咏、时装等课程10门，有学员242人。举办“老少共贺中华人民共和国成立70周年”专场演出、“我和我的祖国”红歌快闪、趣味运动会、春秋游、垃圾分类讲座等文化养老活动13场。组织学员参与温州国际铁人三项世界杯赛、古渔村民宿海鲜节、第十届中国·洞头妈祖平安节等重大活动8场。小组唱《渔家姑娘在海边》参与市委老干部局举办“最美系列”表彰及小组唱展演获好评。

【离退休干部主题培训】2019年6月4日—6日，洞头离退休干部“助力三服务 银龄显担当”主题培训班在温州大学瓯江学院举行，全区各离退休干部党组织书记（委员）、关工委五老骨干、老干部志愿团队负责人等50余人参加。培训采取专家授课与现场教学形结合方式，开展《历届党代会看党的建设》《志愿服务项目设计与管理》《接力非遗传承 唱响文化自信》《人类文明视域下的中国道路及其现实意义——纪念中华人民共和国成立70周年》等专题讲座，区人大机关退休干部党支部、区关爱帮扶志愿队和东屏街道四点半钟学校发起者叶元才作经验交流。现场教学中参观学习奥康集团党建工作和永嘉县源头村新农村建设。

（甘淑谊）

精神文明建设

【概况】2019年，洞头区率全市之先出台民间习俗行为规范，组织开展“拜天公”习俗规整行动、破除民间迷信百日攻坚行动、深化移风易俗攻坚年行动，规范整治“拜天公”、丧事“做功德”、婚事“做供”等民间习俗，建设婚礼新风基地，建设公职人员公益婚礼中心。召开全市文明创建暨移风易俗现场会。全区文明村创成率87.7%，全市第一。常态化开展“兰小草”系列实践活动和文明宣讲，传递最美榜样。全年获评省市级道德模范14人、区级道德模范10人。创设“洞头好人”评选机制，建立好人档案库，采访道德人物15人、制作好人短视频13篇，开展“第五届道德模范评选”。入选浙江好人2个、温州好人12个。评出区“民间道德奖”200余人，建设“兰小草”爱心接力站13个。打造文明大学堂、文明大舞台、文明大讲坛、文明实践点等道德宣教阵地，组织开展“3·5”学雷锋日、“9·20”道德嘉年华、“11·17”兰小草爱心宣传日、“道德模范在身边”宣讲等系列道德宣教实践主题活动1000余场。全年创成市级文明村镇（单位、幸福社区、星级文明示范户）23个，评选街道（乡镇）级和村级十星级文明（示范）户8795户，通过市文明单位复评单位34家，预申报全国、省级文明村（单位）5个、申报区级文明村（单位）11个。1月，洞头区精神文明建设指导委员会办公室行政职能划归区委宣传部，更名为洞头区精神文明建设指导中心。

2019年，新城社区海湾三区活动中心、兰小草道德馆、洞头区爱加壹社工服务中心、上新社区未成年人活动中心获评市未成年人思想道德建设优秀阵地；北岙街道城南社区“春泥计划”阵地、北岙街道打水鞍社区“春泥计划”阵地、东屏街道蓝港社区服务中心获评市“春泥计划”示范点。“兰小草”王珏获评第六届浙江省道德模范，朱友才入选第七届温州市道德模范，林杰获评浙江孝贤。朱友才、周明福获评“浙江好人”。

【移风易俗改革】2019年，洞头区组织开展民间习俗规范整治行动，实施集中“拜天公”活动。开展破除民间迷信攻坚行动和深化移风易俗攻坚年行动。组织实施党员干部婚嫁操办月度考核，建设户外沙滩婚礼基地，建设公职人员公益婚礼中心。全市率先出台民间习俗行为规范，对“拜天公”、丧事“做功德”、婚事“做供”等民间习俗全面规范。实施乡风文明（移风易俗）季度测评，修订完善测评办法，全区75个村社（占全区村社90%）纳入测评，委托第三方组织暗访，通过实地测评、问卷调查

2019年7月16日，老年大学在恒博电气公司举办“我和我的祖国”红歌快闪活动 （黄春花 摄）

等方式，整改环境秩序问题1000余个。深化移风易俗攻坚年行动，制定攻坚年行动方案，实施深化价值引领行动等五大行动，开展“拜天公”习俗规整和破除民间迷信百日攻坚等专项行动。

【深化移风易俗攻坚年行动】2019年，洞头区开展“深化移风易俗攻坚年”行动。深化价值引领、婚事新办、丧事简办、综合整治、便民惠民等行动。成立移风易俗工作领导小组，设立办公室。组织开展“简约婚礼进万家、节俭办丧惠百姓”活动大讨论，举办简约婚礼设计大赛。组建讲师团，采取群众喜闻乐见形式开展移风易俗宣传进农村、进社区、进校园、进企业、进机关、进家庭活动，流动宣传车持续1个月，巡街上路走村入巷开展宣传。制作反映移风易俗内容公益广告、宣传片，利用各种传播媒介广泛刊播。区文明办联合区纪委监委、区委组织部等部门，开展婚嫁喜庆攻坚行动专项督查，对违规对象采取约谈、媒体曝光等办法予以处置。移风易俗工作纳入乡风文明季度测评内容和乡镇（街道）考核和街道（乡镇）和单位部门负面督查清单。区文明宣讲团开展各种宣教活动200多场。

【“破除民间迷信、深化移风易俗”集中整治行动】2019年7月—12月，为深化社会治理、消除安全隐患，净化社会环境，树立文明新风尚，洞头区开展“破除民间迷信、深化移风易俗”集中整治行动，整治内容包含开展“破除民间迷信、抵制陈规陋俗”集中整治、“规范民俗行为、深化移风易俗”文明风尚、“破除迷信、崇尚科学”宣传教育等行动，分为宣传发动、集中整治、巩固提升等阶段。目标是破除民间迷信、推进移风易俗、树立文明新风；规整民间信俗活动中存在的明火焚烧、噪音扰民等陋习；引导城乡居民自觉崇尚科学、抵制迷信、革除陋习。整治期间，召开全区千人动员大会，发布通告，分发整治宣传单和广播宣传，公布举报电话，开展联动督查，建立每周汇报、半月督查通报制度，区领导召开专题汇报会、专项督查9次。重新排查梳理重点监管活动点40个，排查公职人员直系亲属关系活动点，联合区纪委，召开集体谈话会，签订承诺书，组建巡查队，不定期开展巡查，处理反弹回潮现象2起。

【“拜天公”习俗整治行动】2019年2月13日（农历正月初九），为洞头区闽南语系群众集中开展“拜天公”民俗活动。全区规范集中“拜天公”民俗活动，设置主中心祭拜点2个、分中心（点位）46个，北岙、东屏街道点位规定凌晨3:00—7:00开展集中祭拜活动，简化确定“点香、上香、叩拜、烧大金”等四个环节，过程压缩至20分钟内，倡议不燃放烟花爆竹。设立应急处置小组，联动溢香救援队，发动党员、网格员、海霞妈妈志愿者等开展通宵巡逻400余人。活动前期走村入户分发“文明祭拜平安初九”倡议书25000余份，张贴海报1000份，组织专题访谈、推出百姓茶坊专访，电视、网络滚动跟踪连续宣传报道。组织专业力量对集中祭拜点及周边安全开展隐患排查工作，制定各祭拜点位的安全预案和人员分批引流方案，明确祭拜点管理人员职责分工。开展祭拜预登记工作，引导各点位人员流动，组织警力对重要点位开展交通疏导、消防蹲守。全区参与集中“拜天公”民俗活动群众7000余户。

【未成年人工作】2019年，洞头区建设特色春泥示范点、优秀阵地12个，“春泥计划”服务中心开展“开心农场体验日”“缅怀革命先烈”“游学感恩行”“扣好人生第一粒扣子”等主题教育实践活动。设立未成年人道德讲坛、组建艺术类培训机构公益大联盟，组织开展“红领巾动感假日”创客夏令营、“海霞小作家班”、“老少携游助成长”、“墨香送福”、“花灯春语元宵汇”、“耕读传家·开春耕读礼”、清明祭英烈、七岁启蒙礼、十岁成长礼等各类活动。指导村社文化礼堂、百姓舞台等场地，开设“国旗下讲话，承红色薪火”“皮影戏说海霞精神”等系列红色课程，开展“红七月”歌唱比赛、青少年绘画展示活动、“我们的村晚”文艺演出等文体活动。联合仁济学院社会实践队、微动力志愿服务队等开展服务，指导帮助实施村开展春泥计划主题活动500余场，鹿西乡推出“海岛书院”学习课堂、东屏街道开辟“春泥计划”第二学堂。全年开展以缤纷冬日、缤纷夏日等主题活动500余场。

【温州市第三个“兰小草”爱心宣传日活动】2019年11月18日，温州市第三个“兰小草”爱心宣传日活动在洞头新城广场和温州医科大学仁济学院会堂举行。活动包含温州社会各界代表观看电影《寻找兰小草》选段，重温幽兰小草馨香满城凡人大爱；举行“兰小草”爱心接力棒授旗。开展便民服务活动、大型爱心义诊、兰小草式人物图片展，举行第五届最美洞头人、道德模范颁奖典礼。活动由市委宣传部、市文明指导中心、市卫健委、市慈善总会、洞头区委、区政府主办，区委宣传部、区文明指导中心、区卫健局、团区委、区慈善总会、温州医科大学仁济学院承办，区教育局、区文广旅体局、区融媒体中心、大门镇政府协办。区领导侯合海、林海珊、叶锦丽、张释忠等1000多人参加活动。

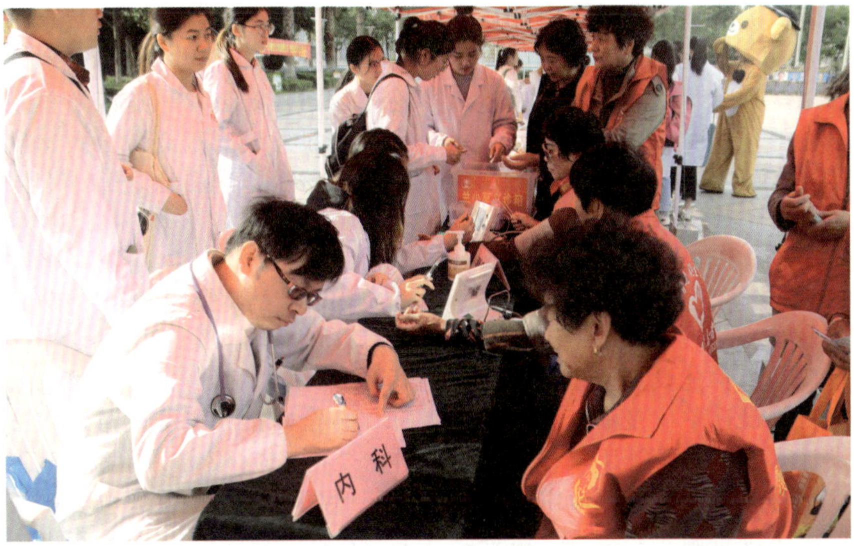

2019年11月18日，温州市第三个“兰小草”爱心宣传日爱心义诊活动

（区融媒体中心提供）

【洞头区7个单位创成市文明单位】2019年11月8日，温州市精神文明建设指导委员会公布第十八批市文明单位，洞头区7个单位创成，即洞头昌海电力实业有限公司、温州银行股份有限公司洞头支行、中国邮政储蓄银行股份有限公司洞头区支行、洞头区疾病预防控制中心、中国人民财产保险股份有限公司洞头支公司、国网浙江省电力有限公司洞头区供电公司元觉供电所、国家税务总局洞头区税务局大门税务所。

【洞头区创成市文明村镇3个】2019年11月8日，温州市精神文明建设指导委员会公布第十四批温州市文明村镇，洞头区鹿西乡、北岙街道白迭村、霓屿街道桐岙村创成市文明村镇。

【洞头区创成市十星级文明户10户】2019年11月8日，温州市精神文明建设指导委员会公布第一批温州市十星级文明户，洞头区创成10户，即大门镇甲山社区侯海平家庭、大门镇朝阳社区朱友才家庭、东屏街道惠民村陈集家庭、大门镇大溪村林彩虹家庭、北岙街道双垅村刘正其家庭、东屏街道寮顶村李金星家庭、鹿西乡鹿西村李海蛟家庭、霓屿街道布袋岙村黄光明家庭、元觉街道状元村陈帮书家庭、北岙街道小朴村颜小边家庭等。

【15人入选“温州好人”】2019年，洞头区有15人入选“温州好人”，即黄道福、陈华林、林永弟、成贞心、林忠民、庄恭顺、庄恭安、叶尊国、黄中岳、林淑苗、周明福、陈爱爱、陈磊、庄海省、郑美英。

（林永新 陈培汝）

档案管理

【概况】2019年，洞头区档案局印发《关于进一步做好机构改革档案处置工作的紧急通知》，完成涉改单位档案管理与档案处置方案审核14家及组建、优化调整职责涉改机构8号令审批38个，完成撤并单位档案移交进馆13家。对接组织部、北岙街道、大门镇、东屏街道，现场指导各村（社区），完成优化调整村（社区）建档任务19个，完成3个街道（乡镇）档案接收工作。全年接收民生档案16个部门65种，接收土地确权户级档案、公证档案等10类民生档案21976卷719件，全面实现纸质档案和数字化成果双套制进馆。洞头区档案馆新馆建成投用，档案信息资源共建共享平台投用，全区200家立档单位条目150余万条，馆藏14个大类民生档案22万条目录及对应档案全文数据。全年查档154人次27911件次。全年完成区委等三个全宗档案数字化加工扫描252379页，开放鉴定档案41个全宗44542条，涉密档案清查6034件。新增贵阳市白云区异地备份点，全年完成区政府办公室、区编办、区审计局等45个单位2018年文书和业务档案登记备份41.87GB。组织开展基层机关事业单位档案工作调研，走访机关事业单位、涉改部门及机关部分下属事业单位73家，调查档案保管工作状况和档案软硬件设施建设情况。

【机构改革】2019年1月，根据洞头区机构改革部署，区档案局与区档案馆分离，区档案局职能划分到区委办,撤销档案局（馆）党组。区档案馆作为区委直属事业单位设置，区档案馆与区委党史研究室（区地方志研究室）合署办公，为区委直属公益一类全额拨款事业单位。有全额拨款事业编制14名（其中：区档案馆全额拨款事业编制10名，参照公务员法管理；区史志研究室全额拨款事业编制4名），内设办公室、保管利用科、业务指导科、信息技术科、史志编研科5个科室。

【洞头区档案大楼启用】2019年12月30日，洞头区档案大楼开馆启用。区档案大楼位于海兴路130号，于2015年7月开工建设，工程建筑总面积9009平方米，共四层，包含档案查阅大厅、档案库房、数字化加工室、永久陈列室、档案登记备份中心、大数据中心等功能用房，工程概算5790万元。工程责任单位和工程建设单位是洞头农商银行，设计单位是浙江鸿地建筑设计有限公司，施工单位是温州市东海建筑安装工程有限公司，监理单位是温州华夏建设监理有限公司。

【洞头区档案大楼室内装修工程完工】2019年10月31日，洞头区档案大楼室内装修工程完工。该工程于5月开工建设，共四层，包含档案查阅大厅、档案库房、数字化加工室、永久陈列室、档案登记备份中心、大数据中心等功能用房土建装修，机房信息化设备、库房密集架、库房恒温恒湿系统、消毒设备、永久陈列室设备等；工程概算1923.6万元。工程责任单位和建设单位是洞头城市发展有限公司，设计单位是中国新型建材设计研究院有限公司建筑分院，施工单位是浙江东晟建设工程有限公司，监理单位是温州华夏监理工程有限公司。

【机构改革档案处置】2019年1月27日，区政府制定《关于进一步做好机构改革档案处置工作的紧急通知》，全面指导机构改革档案工作，全年完成14家涉改单位档案管理与档案处置方案审核，组建、优化调整职责涉改机构8号令审批38个，完成原科技局、原安监局等13家撤并单位档案移交进馆工作。

【农村基层档案建设】2019年，洞头区完善农村基层组织档案规范化管理，结合村社规模优化调整，完成北岙街道上新社区、九厅村、城南社区，大门镇沙岙村、长沙村、枫树坑村，东屏街道大北岙村、洞头村、南策瞿村、松柏园村、外埕头村、后寮村、中仑村农村基层组织档案规范化建设，投入经费22.7万元。

【档案接收管理】2019年，区档案馆接收纸质档案16116件23201卷。其中，文书档案71卷15380件，民生档案17815卷719件，个人档案17份，会计档案4820卷，工程档案495卷，照片档案（纸质）665张。征集重大活动、重要事件电子档案1020件，实物档案4件，字画档案576，实物档案4件；图书资料、报纸65册。

【民生档案服务管理】2019年，区档案馆接收16个部门65种民生档案，包含土地确权户级档案、公证档案等10类民生档案21976卷719件，实现纸质档案和数字化成果双套制进馆。通过档案信息资源共建共享平台公开馆藏14个大类民生档案22万条目录及对应档案全文数据，全年查档154人次27911件次。

【特色档案资源挖掘】2019年，区档案馆突出“记忆系列”，围绕中华人民共和国成立70周年、洞头解放、总书记视察洞头岛等题材，完成上级领导到洞头考察调研史料收集整理材料10个及相关影响材料，

2019年12月30日，洞头区档案大楼开馆启用　　（区档案馆提供）

成果得到区委主要领导批示肯定。组织编纂《洞头70年70事》，拍摄《档案带你看沧海巨变》。

【“6·9”国际档案日宣传】2019年6月9日，是国际档案日，洞头区档案馆作为全省唯一一个县（市区）级进入浙江在线进行专题宣传。活动通过浙江在线展现“洞头记忆”新旧照片对照，用档案形式呈现洞头发展和改革历史进程成就，联合区委组织部推出《档案带你看沧海巨变》8期，完成“重走习总书记洞头调研之路”讲解词收集。与区传媒中心以洞头非遗作为拍摄选题联合推出《海岛记忆》(第一季)系列纪录片，多次被新华社海外全球平台多语传播。

（陈素芳）

机构编制管理

【概况】2019年，洞头区全面完成党政机构改革，整合组建11个部门，完成15个部门职责调整、人员转隶413名、涉改单位“三定”规定52家；完成生产经营类事业单位改革，全面清理规范事业单位，行政职能回归35家、规范更名21家、整合精简6家；完成五大领域综合执法改革，整合组建综合执法队伍6支；实施机关内部“最多跑一次”改革，实现42个部门369事项“最多跑一次”，办事材料精简44.3%、时限压缩53.6%、网办率90.9%，推出27件多部门联办“一件事”；出台事业单位编制周转管理、教育卫生系统编制备案管理等机制；完成全区事业单位法人年度报告公示工作138家；全年核准用编231名；完成单位编制违规问题整改43家。

【机构内部“最多跑一次”改革】2019年，洞头区全面实施机关内部“最多跑一次”改革，5月，率全市之先启动改革试点工作，组织开展业务培训；全区公布42个部门369项“跑改”事项，办事材料精简44.3%、时限压缩53.6%、网办率90.9%，居全市前列。开展机关内部“最多跑一次”改革“找茬”活动，梳理汇总并督促落实问题22个，实现相关事项线上“零次跑”、线下“跑一次”。实现机关事业单位人事业务、办公用品配置采购等27件多部门联办“一件事”；全市首创人事“一件事”，把机关事业单位人事录用（聘用）涉及事项13个、人事流动涉及事项12个、退休涉及事项10个分别整合为“一件事”，实现线上平台“一次受理，一网联办”，破解部门间人事业务办理“多次跑、多头跑”等问题，《浙江日报》《温州日报》《温州都市报》和浙江新闻网等多家报刊媒体宣传报道改革创新做法，并获《温州改革（探路者）》专报刊发。

【事业单位登记管理】2019年，洞头区实施事业单位登记“告知+承诺+公开”等机制，整合精简办理事项、流程和办件材料，取消原需由第三方机构出具住所、经费来源、开办资金确认等证明材料，实现事业单位登记材料精简率37.5%，依托“事业单位网上登记管理系统”，打造“线下跑一次、线上一网办”模式，实现事业单位登记管理全事项、全流程限时即办。强化事业单位督查，开展“双随机、一公开”抽查工作，规范事业单位运作；加强事业单位法人监管，完成全区138家事业单位法人年度报告公示工作，公示率100%。

【编制管理】2019年，洞头区出台实施事业单位编制周转管理办法，盘活编制存量，破解编制供求矛盾；出台实施区中小学（公办幼儿园）和医共体成员单位内设机构和中层职数设置备案制管理办法，保障教育卫生等重点领域人力供给。出台实施区国有企业机构编制设置与编制管理办法，规范国企机构设置与编制管理。加强用编和进出编管理，全年共核准行政编制、事业编制、员额报备编制用编240名，办理出入编644人次；狠抓机构编制违纪违规问题清单整改，督促整改到位48条。联合实施编外用工综合改革，将编外用工纳入实名制系统管理，规范编外用工岗位，精简编外用工14名；加强机构编制信息系统管理，完成机构改革后全区374家行政事业单位数据维护。

（陈美美）

2019年洞头区委及其办公室制发的重要文件选目

表2

序号	发布文号	文件名称
1	洞委发〔2019〕2号	关于印发《温州市洞头区“绿水青山就是金山银山”实践创新基地建设三年行动方案（2019—2021年）》的通知
2	洞委发〔2019〕7号	关于印发《温州市洞头区机构改革方案》的通知
3	洞委发〔2019〕19号	关于开展村（社区）规模优化调整工作的实施意见

续表2

序号	发布文号	文件名称
4	洞委发〔2019〕27号	关于表彰洞头区“百岛先锋”的决定
5	洞委发〔2019〕35号	关于开展“不忘初心、牢记使命”主题教育的实施意见
6	洞委办发〔2019〕3号	关于公布2018年十张工作清单“海豚奖”“海龟奖”项目的通知
7	洞委办发〔2019〕4号	关于印发《区委财经委员会会议制度》的通知
8	洞委办发〔2019〕6号	关于印发《洞头区海岛振兴特色人才培育实施方案》的通知
9	洞委办发〔2019〕7号	关于印发《开展基层站所执法队伍集中整顿行动工作方案》的通知
10	洞委办发〔2019〕9号	关于印发《洞头区村（居）、基层站所巡察工作全覆盖实施方案》的通知
11	洞委办发〔2019〕10号	关于印发《2019年度巡察工作实施方案》的通知
12	洞委办发〔2019〕11号	关于印发《洞头区海峡两岸同心小镇建设三年行动方案》的通知
13	洞委办发〔2019〕12号	印发《关于开展铁腕除弊、清风润商“五清单一承诺”行动 打造一流营商环境的实施方案》的通知
14	洞委办发〔2019〕14号	关于印发《温州市洞头区2019年“花园洞头”绿化美化建设实施方案》的通知
15	洞委办发〔2019〕15号	关于开展“明纪律 正作风 铸铁军”主题教育月活动的实施意见
16	洞委办发〔2019〕16号	关于印发《2019年度全面从严治党主体责任落实暨清廉洞头建设情况考核办法》的通知
17	洞委办发〔2019〕17号	关于做好2019年全面深化改革工作的通知
18	洞委办发〔2019〕18号	关于印发《洞头区部门大党组设置的实施意见（试行）》的通知
19	洞委办发〔2019〕19号	关于印发《2019年区委区政府“十张工作清单”推进方案》的通知
20	洞委办发〔2019〕20号	关于印发《市纪委对洞头区委2018年度落实全面从严治党主体责任情况报告评议意见的整改方案》的通知
21	洞委办发〔2019〕21号	关于印发《温州市洞头区审计整改责任追究实施细则（试行）》的通知
22	洞委办发〔2019〕22号	关于开展2019年度行风政风双评议活动的通知
23	洞委办发〔2019〕23号	关于印发《2019年党风廉政建设和反腐败工作组织领导与责任分工》的通知
24	洞委办发〔2019〕24号	关于印发《整治形式主义突出问题为基层减负增效12条措施》的通知
25	洞委办发〔2019〕30号	关于印发《2019年洞头区党内法规制度建设工作要点》的通知
26	洞委办发〔2019〕32号	关于印发《洞头区“三助三红”专项活动工作方案》的通知
27	洞委办发〔2019〕33号	关于印发《2019年法治洞头建设工作要点》的通知
28	洞委办发〔2019〕34号	关于印发《区委常委会带头深入开展“不忘初心、牢记使命”主题教育的实施方案》的通知
29	洞委办发〔2019〕36号	关于印发《在“不忘初心、牢记使命”主题教育中纠治“庸懒散慢”干部的实施方案》的通知
30	洞委办发〔2019〕41号	关于修改《洞头区村（居）、基层站所巡察工作全覆盖实施方案》的通知

（区委办公室提供）

洞头区人民代表大会

渔乡大有鲜 · 罗纯香

“海霞精神”

爱岛尚武　励志奉献

洞头区人民代表大会

概述

【概况】2019年，洞头区人大常委会召开常委会会议9次、主任会议16次，听取和审议专项报告32个，作出审议意见9个、决议决定17个。

区人大常委会听取和审议2018年环境状况和环境保护目标完成情况、促进民营经济高质量发展（“两个健康”先行区建设）情况、国家海洋经济发展示范区（核心区）建设情况、金融案件审理工作情况、国有资产管理情况、代表建议办理情况、公共卫生服务体系建设情况、开展“扫黑除恶”专项斗争工作情况、交通建设情况、2019年民生实事项目进展情况、海岛振兴示范带建设情况等专项工作报告。听取和审议2019年上半年国民经济和社会发展计划执行情况、2019年上半年预算执行情况、2018年决算、2018年预算执行及其他财政收支情况的审计工作、2018年预算执行及其他财政收支情况的审计报告整改意见落实情况等报告，审查批准2018年区级决算、2019年地方政府债务限额及新增地方政府债务预算调整方案、2019年区财政预算调整方案。开展区检察院部分检察官履职工作评议、《城市市容和环境卫生管理条例》实施情况执法检查，跟踪监督区政府落实区人大常委会2018年度作出关于2017年环境状况和环境保护目标完成、道路交通安全法实施、文体工作、“十三五”规划纲要实施、2017年财政决算与同级审计和2018年上半年财政预算执行、“七五”普法中期评估、海洋休渔禁渔通告执行、贯彻实施旅游法等审议意见落实情况。听取“同心小镇”建设情况、学前教育工作情况、信访工作情况、财源和偿债能力建设情况、村集体经济发展情况、消防工作情况、人民调解工作情况等报告。召开2019年半年度与全年度经济形势分析会，开展2018年度部分部门预算单位决算审查活动与2020年部门预算草案审查及评审工作。严格落实规范性文件备案审查制度和程序，审查报备规范性文件12件。

重要会议

【区十四届人民代表大会第三次会议】2019年2月23日—25日，区第十四届人民代表大会第三次会议在北岙召开。大会主席团成员37人，出席代表157人，列席人员172人，邀请市民代表旁听100人。会议听取和审查区长林霞所作的《政府工作报告》；审查《关于洞头区2018年国民经济和社会发展计划执行情况与2019年国民经济和社会发展计划草案的报告》，审查和批准《洞头区2018年国民经济和社会发展计划执行情况的报告、2019年国民经济和社会发展计划》；审查了《关于洞头区2018年预算执行情况和2019年预算草案的报告》，审查、批准《洞头区2018年预算执行情况的报告、2019年预算》；听取和审查《区人大常委会主任叶国胜所作的人大常委会工作报告》；听取和审查区法院院长李德通所作的《法院工作报告》和区检察院检察长胡刚所作的《检察院工作报告》；决定洞头区2019年民生实事项目；选举梅山标为洞头区监察委员会主任，王仁建、吴兹敏、陈青委、季晓瀚、金威华、黄根忠、章成斌为洞头区第十四届人民代表大会常务委员会委员；表决通过关于政府工作报告等6个决议。会议期间，收到代表提出建议、批评和意见133件。

【区人大常委会会议】2019年，区人大常委会召开常委会会议9次。会议具体情况如下：

1月18日，区第十四届人大常委会第十六次会议召开。会议审议并表决通过关于召开洞头区第十四届人民代表大会第三次会议的决定；审议并表决通过有关人事任免事项。

2月12日，区第十四届人大常委会第十七次会议召开。会议审议通过《区人大常委会工作报告稿》；听取和审议《区政府关于洞头区2018年国民经济和社会发展计划执行情况与2019年国民经济和社会发展计划的报告（草案）》《关于洞头区2018年预算执行情况与2019年预算的报告（草案）》，及关于2019年民生实事候选项目有关情况的报告；听取和审议区人大常委会代表资格审查委员会《关于区十四届人大补选代表的代表资格审查报告》；审议决定区十四届人大三次会议列席人员；审议通过区十四届人大三次会议主席团和秘书长等建议名单；初审《区十四届人大财政经济委员会关于洞头区2018年预算执行情况和2019年预算的审查报告（草案）》和《区政府民生实事项目代表票决办法（草案）》；审议通过《区政府民生实事项目实施情况满意度测评办法（草案）》；审议并表决通过有关人事任免事项。

3月29日，区第十四届人大常委会第十八次会议召开。会议听取和审议《区政府关于2018年洞头区环境状况和环境保护目标完成情况的报告》；审议区十四届人大三次会议代表议案和建议，作出相关决定；审议并表决通过《关于增补区人大常委会代表资格审查委员会组成人员的决定（草案）》；审议并表决通过有关人事任免事项。

4月23日，区第十四届人大常委会第十九次会议召开。会议审议并表决通过有关人事任免事项。

5月27日，区第十四届人大常委会第二十次会议召开。会议听取和审议《区政府关于区人大常委会2018年度作出的审议意见落实情况的报告》；审议《公安龙湾分局关于提请许可对区人大代表朱某某采取刑事强制措施的函》，表决通过相关决定；审议并表决通过有关人事任免事项。

6月27日，区第十四届人大常委会第二十一次会议召开。会议听取和审议《区政府关于促进民营经济高质量发展（“两个健康”先行区建设）情况的报告》《关于国家海洋经济发展示范区（核心区）建设情况的报告》。

7月25日，区第十四届人大常委会第二十二次会议召开。会议听取和审议《区政府关于2019年上半年国民经济和社会发展计划执行情况的报告》《关于2019年上半年预算执行情况的报告》，及《关于2018年预算执行及其他财政收支情况的审计工作报告》；听取和审议《区政府关于2018年决算的报告》，审查批准2018年区级决算；听取和审议《区政府关于全区企业国有资产管理情况的专项报告》，审议《区政府关于全区国有资产管理情况的综合报告》；听取和审议区政府关于提请审议洞头区2019年地方政府债务限额及新增地方政府债务预算调整的议案，作出相关决议；听取和审议《区法院关于金融案件审理工作情况的报告》；审议并表决通过有关人事任免事项。

9月26日，区第十四届人大常委会第二十三次会议召开。听取和审议《区政府关于公共卫生服务建设情况的报告》《关于“扫黑除恶”专项斗争工作情况的报告》，以及《关于交通建设情况的报告》；审议并表决通过有关人事任免事项。

11月26日，区第十四届人大常委会第二十四次会议召开。会议听取和审议《区政府关于代表建议办理情况的报告》《关于2019年民生实事项目进展情况的报告》《关于海岛振兴示范带建设情况的报告》，以及《关于2018年预算执行及其他财政收支情况的审计报告整改意见落实情况的报告》；听取和审议《区政府关于提请审议2019年区财政预算调整方案的议案》，表决通过相关决议；审议并表决通过有关人事任免事项。

【区人大常委会主任会议】2019年，区人大常委会召开主任会议16次。会议具体情况如下：

1月16日，区第十四届人大常委会第三十次主任会议召开。会议讨论《关于召开温州市洞头区第十四届人民代表大会第三次会议的决定（草案）》；讨论有关人事任免事项；讨论并原则通过有关审议意见；研究决定区十四届人大常委会第十六会议有关事项。

1月17日，区第十四届人大常委会第三十一次主任会议召开。会议听取有关人事任免事项。

2月11日，区第十四届人大常委会第三十二次主任会议召开。会议听取《区人大常委会办公室关于区人大常委会工作报告稿》的起草说明；听取《区人大常委会代表资格审查委员会所作的关于区十四届人大补选代表的代表资格审查报告》；听取《区政府关于2019年洞头区民生实事候选项目情况的报告》；听取区人大常委会代表工委就《区政府民生实事项目代表票决办法（草案）》和《政府民生实事项目实施情况满意度测评办法（草案）》所作的说明；听取《区委组织部关于区十四届人大三次会议列席人员名单（草案）》及主席团和秘书长等建议名单的说明；讨论有关人事任免事项；研究决定区十四届人大常委会第十七会议有关事项；听取区人大常委会法制内务司法工委就温州海关缉私分局关于提请许可对李某某采取取保候审刑事强制措施的报告所作的说明。

2月21日，区第十四届人大常委会第三十三次主任会议召开。会议讨论《洞头区第十四届人民代表大会第三次会议执行主席分组名单（草案）》和《洞头区人民代表大会选举产生或表决通过的国家工作人员宪法宣誓办法（修订稿）》。

3月5日，区第十四届人大常委会第三十四次主任会议召开。会议讨论并原则通过2019年区人大常委会监督工作计划及常委会会议、主任会议、各专门委员会会议主要议题；听取区人大常委会代表工委所作的关于区十四届人大三次会议代表议案建议初审情况的说明；讨论《关于增补区十四届人大常委会代表资格审查委员会成员名单（草案）》；讨论区法院《关于提请吕子乒等同志人民陪审员职务任免的议案》；讨论并原则通过《关于调研和审议我区促进民营经济高质量发展情况的实施方案》。

3月21日，区第十四届人大常委会第三十五次主任会议召开。会议讨论《关于区十四届人大三次会议代表议案和建议初审情况》；研究决定区十四届人大常委会第十八次会议有关事项；讨论区人大常委会各工委督办2019年政府民生实事项目分工安排等事项。

4月22日，区第十四届人大常委会第三十六次主任会议召开。会议书面学习传达十三届全国人大二次会议、省十三届人大二次会议精神；讨论相关人事任免事项；讨论确定区人大常委会专题学习会有关事项；研究决定区十四届人大常委会第十九次会议有关事项；讨论并原则通过有关审议意见。

5月24日，区第十四届人大常委会第三十七次主任会议召开。会议听取《区政府关于海峡两岸同心小镇建设情况的报告》；研究有关人事任免事项；听取《公安龙湾分局关于提请许可对区人大代表朱某某采取刑事强制措施的函》所作的说明；研究决定区十四届人大常委会第二十次会议有关事项。

6月24日，区第十四届人大常委会第三十八次主任会议召开。会议听取区政府关于《城市市容和环境卫生管理条例》贯彻实施情况的报告；研究决定区十四届人大常委会第二十一次会议有关事项；讨论《区人大常委会调查视察组关于促进民营经济高质量发展情况的调查报告》。

7月22日，区第十四届人大常委会第三十九次主任会议召开。会议听取《区政府关于洞头区学前教育工作情况的报告》；听取区政府关于提请审议洞头区2019年地方政府债务限额及新增地方政府债务预算调整的议案说明；讨论有关人事任免事项；研究决定区十四届人大常委会第二十二次会议有关事项；讨论并原则通过有关审议意见。

8月20日，区第十四届人大常委会第四十次主任会议召开。会议听取区《政府关于信访工作情况的报告》，以及《关于洞头区实施“四提升四覆盖”全民健身工程建设情况的报告》；传达省委人大工作会议和全省各级人大常委会主任学习会精神，及区委书记王蛟虎在全区“不忘初心、牢记使命”主题教育专项整治暨社会治理七大攻坚推进会上的讲话精神；讨论并原则通过有关审议意见。

9月18日，区第十四届人大常委会第四十一次主任会议召开。会议听取区《政府关于洞头区财源和偿债能力建设情况的报告》；会议研究决定区十四届人大常委会第二十三次会议有关事项。

9月25日，区第十四届人大常委会第四十二次主任会议召开。会议讨论有关人事任免事项。

10月23日，区第十四届人大常委会第四十三次主任会议召开。会议听取《区检察院的工作汇报以及张辉星、吕海荣、吕品三位被评议检察官所作的履职报告》；讨论并原则通过相关审议意见。

11月20日，区第十四届人大常委会第四十四次主任会议召开。会议听取《区政府关于村集体经济发展情况的报告》，及关于2019年度预算调整方案情况的说明；听取区法院和区检察院检察长就相关人事任职事项所作的说明；研究决定区十四届人大常委会第二十四次会议有关事项。

12月30日，区第十四届人大常委会第四十五次主任会议召开。会议讨论有关人事任免事项；研究决定区十四届人大常委会第二十五次会议有关事项；讨论区人大常委会工作报告稿；讨论并原则通过有关审议意见。

监督工作

【概况】2019年，区人大常委会加强计划和预决算审查监督，首次听取和审议全区国有资产管理情况综合报告和专项报告。强化司法监督，协助市人大开展法规立法调研工作。配合区委七大百日攻坚行动，开展消防工作情况专题调研，审查报备规范性文件12件。全年组织代表参与专题视察43人次，服务保障各级代表小组活动58次。

【检察官履职评议监督】2019年9月始，区人大常委会按照检察官履职评议方案要求开展评议工作。成立履职评议工作组，召开评议动员大会，随机抽取3名检察官作为被评议对象。在网上发布意见建议征求公告，公布信访举报邮箱和投诉方式，广泛征求社会各界意见。评议工作组通过走访相关单位、案卷抽查调阅、审阅自查报告、听取群众意见等形式，对评议对象进行全方位“体检”。10月下旬，召开会议专题听取《检察院工作情况及被评议检察官的履职报告》，对检察院及被评议检察官工作提出要求和意见，及时将评议意见向法院进行反馈，并抓好整改落实。

【金融案件审理监督】2019年7月，区人大常委会通过走访金融机构、重点企业和基层村社，了解对法院办理金融案件情况意见建议，召开座谈会，同区处置办、金融服务中心等部门负责人研讨当前金融犯罪形势，常委会专门听取该项工作报告，向区法院作出坚持服务大局，加大法律宣传，充分发挥审判职能，强化审判数据功能，持续高压打击金融犯罪等审议意见。区法院积极回应，强化诉源治理，有效维护金融稳定。

【“扫黑除恶”专项监督】2019年9月，区人大常委会组织成立调查视察组，围绕群众反映强烈“扫黑除恶”相关问题与乱象，走访调研、征求意见、对症下药，要求区政府提高政治站位，强化宣传教育，注重在高效联动、维护营商环境和源头治理上加力加码，以更强决心、更实举措、更大力度，深入抓好工作落实。

【信访监督】2019年8月，区人大常委会根据人大信访工作和日常调研中发现的全区信访工作存在若干信访积案未有效化解、重点人员信息掌握不畅、部门联动合力不足等问题，听取区政府关于信访工作情况列入监督议题，并就源头防控、领导包案、积案处置等方面与政府交换意见，共同商讨对策。

【促进民营经济高质量发展监督】2019年3月—6月，区人大财经委、区人大常委会财经工委根据省、市人大部署和区人大常委会年度工作安排，制定实施方案，组织调查视察组，对区促进民营经济高质量发展情况开展调查视察。实地走访多家企业，了解制约企业高质量发展痛点、难点、堵点；召开座谈会，听取区工商联及行业协会负责人和民营企业家的意见建议；召开专题汇报会，听取相关部门单位及街道乡镇的汇报，全面掌握洞头促进民营经济高质量发展情况。召开常委会，专题听取和审议《区政府关于促进民营经济高质量发展情况报告》。围绕如何促浓发展氛围、壮大企业规模、强化要素保障、优化发展环境等方面提出意见建议。

【重点工程和重点项目督查】2019年，为推进洞头重大项目和重点工程建设，促进洞头经济平稳健康较快发展，充分发挥人大代表在“围绕中心、服务大局”中参政议政作用，区人大财经委、区人大常委会财经工委于年初与年底两次组织区人大代表对重大项目和重点工程开展督查视察活动，听取有关负责人关于重大项目和重点工程建设进展情况汇报，探讨工程建设中存在困难和问题，针对如何加快施工进度、规范工程建设管理、加强质量监督等提出意见和建议。

【预算审查监督】2019年，区人大财经委、区人大常委会预算工委在人代会召开前，听取区财政局关于上年预算执行和当年预算安排汇报，提出当年预算安排有关意见和建议，督促区财政局改进完善预算报告。在人代会期间，结合各代表团审查意见，对预算草案和预算报告进一步审查，向大会主席团提出预算审查结果报告。对区财政局提出当年区财政预算调整方案进行初审，提交常委会审议表决。组织开展2020年部门预算草案审查与评审工作，制定2020年区级部门预算审查方案，在全面审查基础上，组织预算审查专家对60个区级部门预算草案进行重点审查，确定区卫生健康局、区农业农村局、区残联等3个部门进行听证审查。

2019年5月7日，区人大代表督查视察洞头重点工程PPP项目（区人大办提供）

【决算审查和审计监督】2019年，按照中央有关“加强对政府全口径预算决算的审查和监督”要求，区人大财经委、区人大常委会预算工委选取区经信局、区农业农村局、市生态环境洞头分局等三个重点部门，组织专业人员就其上年度决算情况进行审查，重点审查专项资金管理使用及其绩效情况。在人大常委会审查批准区本级财政决算前，听取区财政局工作汇报，对2019年上半年预算执行情况报告、2018年决算报告进行审查，形成审查结果报告提交常委会供审议参考。与审计部门沟通交流，听取审计部门《关于上年度预算执行及其他财政收支情况的审计工作报告》，对区政府落实区人大常委会提出关于财政决算同级审计工作情况审议意见情况跟踪监督，听取审计部门《关于审计报告整改意见落实情况报告》，促进审计问题得到有效整改落实。

【国有资产管理监督】2019年，根据中央和省市委关于建立政府向本级人大常委会报告国有资产管理情况制度的有关文件要求，区人大常委会首次审议《全区国有资产管理情况综合报告》，听取和审议《全区企业国有资产管理情况专项报告》。针对国有资产管理存在着规范管理意识不强，资产家底掌握不清，国企发展定位不明、归口管理不顺等问题，提出要全面摸清国有资产底数，理顺政府与功能性公司的关系，加快构建现代企业制度等意见和建议。

【财源和偿债能力建设监督】2019年，区人大财经委、区人大常委会预算工委围绕洞头财源状况、财源建设存在的问题、财源建设对策和措施等，就洞头财源和偿债能力建设情况开展调研，听取《区政府关于洞头区财源和偿债能力建设情况的报告》。牵头落实财源和偿债能力建设情况调研课题，从近2年政府全部可用财力结构情况及各行业（税种）税收对政府财源贡献情况，分析可开发利用、通过规划调整可利用的自然资源；根据债务结构预测今后3年债务变化情况、2022年前每年还本付息和需融资情况，及未来几年对地方财政贡献产生较大影响的实体经济发展情况和区旅发公司、区城发公司等企业融资能力情况，剖析全区财源和偿债能力建设主要问题及原因，提出财源和偿债能力建设对策措施。

【公共卫生服务建设工作监督】2019年9月中上旬，区人大常委会组织调查视察组对全区公共卫生服务建设情况开展调查视察。先后走访区卫健局、区人民医院、部分街道（乡镇）卫生服务中心区文体局，实地察看霓屿街道社区、卫生服务中心等一些建设项目，听取区卫健局关于公共卫生服务建设情况的工作汇报。听取审议《区政府关于区公共卫生服务建设情况报告》。针对公共卫生运行机制、医共体建设、人才队伍建设、政策宣传教育等方面存在的问题和困难，提出多措并举，推进海岛医共体建设；因材施策，不断加强公共卫生服务队伍建设；加大宣传，努力增强公共卫生服务意识等意见建议。

【生态环境保护工作监督】2019年3月，区人大常委会组织调研视察组对区生态环境保护工作开展专题调研，重点从目标任务落实、基础设施建设、行业污染治理等几个方面，听取区生态环境局等部门工作汇报，实地察看相关环境建设工作。区第十四届人大常委会第十八次会议听取和审议《区政府2018年环境状况和环境保护目标完成情况的报告》，并做出审议意见。审议要求区政府在完善基础设施建设、提升五水共治成果、健全环保体制机制、促进社会经济发展上下功夫。

【城市市容和环境卫生管理条例执法检查】2019年6月，区人大常委会组成调查视察组通过听取综合执法局等部门工作汇报，实地察看市容市貌、老城农贸市场等关键节点整治成效等情况，对落实城市市容环境卫生管理条例执工作情况开展调查视察，区人大常委会主任会议针对城市管理先天条件不足、历史欠账较多等问题，提出区政府要加大宣传教育、优化规划布局、强化部门联动、加快设施建设。

【交通建设工作情况监督】2019年9月，区人大常委会组成调查视察组通过座谈交流、实地走访等形式对区交通建设工作情况开展调查视察，了解工作推进情况及存在困难问题。区第十四届人大常委会第二十三次会议听取和审议《区政府相关工作报告（草案）》，并作出审议意见。审议要求区政府进一步深化认识，全面推进交通事业发展；优化布局，提升公共交通出行环境；强化保障，发展壮大临港产业经济。

【乡村振兴督查】2019年，区人大常委会成立督查工作小组，制订海岛乡村振兴督查工作计划，每月组织代表认真开展视察督查，实地查看项目建设进度，走访了解企业发展、农家乐、民宿、养殖产业情况，督促政府加大推进乡村振兴战略工作力度，确保督查工作质量和效果。5月至7月，组织和发动区、乡两级人大代表就地就近开展监督活动，召开区人大常委会助推乡村振兴座谈会和各街道（乡镇）人大助力乡村振兴座谈会，探讨实施海岛乡村振兴战略优势条件，制约短板、发展前景等问题，并紧密结合洞头区渔农村实际，撰写调研文章供区政府决策。11月，听取区政府关于《洞头区乡村振兴示范带建设情况》报告，通过审议乡村示范带建设情况，以点到线到面推动乡村振兴建设。

【村集体经济发展情况监督】2019年，区人大常委会把村集体经济发展情况监督、乡村振兴督查和“不忘初心、牢记使命”三助三红主题活动相结合，走访乡村振兴示范带建设村庄、花园村庄、挂钩联系村、后进村等多个村居，倾听村居干部、群众意见，了解村集体经济发展存在问题和建议。听取区政府《关于村集体经济发展情况》报告。针对全区村级集体经济存在发展不平衡、收入来源渠道狭窄、村级集体资源盘活难度大、村级刚性支出逐年增加、村级经济收不抵支等问题提出意见建议。

考察调研

【全国人大常委会调研组到洞头调研】2019年12月2日，全国人大常委会委员、全国人大宪法和法律委员会副主任委员徐辉，全国人大常委会委员、法制工作委员会副主任、全国人大宪法和法律委员会委员许安标率队到洞头调研生态环境保护等工作。调研组一行首先到小门岛温州市综合材料生态处置中心，现场查看和了解垃圾生态处理相关内容；到东屏街道韭菜岙沙滩及东岙村，查看蓝色海湾整治修复情况，并为洞头区在海洋生态保护方面的工作情况点赞，肯定东岙村在经过蓝色海湾整治后成效，包括村庄的村容村貌、文化气息的变化。市人大常委会主任葛益平，省人大常委会法工委副主任田梦海，区领导王蛟虎、叶国胜、张孚标等参加调研。

【李卫宁到洞头调研】2019年8月22日，省人大常委会党组副书记、副主任李卫宁率队到洞头调研对台工作和台湾同胞投资保障“一法一条例”实施情况。李卫宁一行先后到霓屿街道石子岙村、东屏街道半屏社区、东岙村等地，察看精灵海岸养生庄园建设、同心小镇、蓝色海湾整治修复情况，走访半屏社区“台胞之家”、同心会馆、台湾主题文创展馆和民宿，并与台湾创业青年交流。召开座谈会，林霞汇报洞头区保障台湾同胞投资“一法一条例”工作相关情况。市人大常委会副主任潘孝政，区人大常委会主任叶国胜等参加调研。

【省十三届人大代表温州中心组考察洞头】2019年8月23日，省十三届人大代表温州中心组第二组考察洞头区海洋生态文明建设工作。考察组一行先后到东屏街道半屏山海洋生态廊道、韭菜岙沙滩修复等项目，察看蓝色海湾整治一期项目建设，到北岙街道东沙渔港察看渔港建设管理等工作。召开座谈会，观看《打造蓝色海湾建设海上花园》专题片；并听取洞头区海洋生态文明建设情况汇报。考察组一行肯定洞头海洋生态文明工作，不少做法创新有效，值得学习和借鉴。建议洞头要再加大旅游方面宣传力度，让海洋资源展示给游客欣赏，引导游客购买洞头特色渔农产品，帮助渔农民增收致富。区委副书记、区长林霞，区人大常委会主任叶国胜等参加活动。

议案建议督办

【概况】2019年，区十四届人大三次会议期间，收到代表10人以上联名提出议案 28件，代表建议、批评和意见105件，经审议，28件议案均转为代表建议办理，共计133件代表建议交区“一府一委两院”有关部门办理。石耀光代表领衔提出的《关于“对标国家战略，推进洞头‘两菜'产地加工”的建议》（79号）、陈坤业代表提出的《关于加强两菜销售引导的建议》（123号）、彭魏权代表提出的《关于建立羊栖菜品牌宣传联合会的建议》（133号）合并为《关于推进洞头“两菜”产加销，促进海岛乡村振兴的建议》；尤国仪代表领衔提出的《关于洞头区北沙东片大王殿与鸽尾礁公路立项建设的建议》（64号）以上两项确定为重点建议。交区政府分管副区长牵头办理，由区人大常委会分管副

洞头区第十四届人民代表大会第三次会议代表重点建议目录

表3

编号	案　由	领衔人	联系领导	主办单位	会办单位
1	关于推进洞头‘两菜’产加销，促进海岛乡村振兴的建议（第79号、123号、133号合并）	石耀光、彭魏权等9人	林 霞	区供销社	区经信局、区财政局、区农业农村局、区市场监管局、区传媒体中心
2	关于洞头区北沙东片大王殿与鸽尾礁公路立项建设建议（第64号）	尤国仪等9人	林 霞	区交通运输局	北岙街道

主任负责牵头督办。截至10月26日代表建议全部办理完毕并答复代表。其中，代表建议所提问题已经解决或基本解决82 件（A类），占61.65%；所提问题正在解决或列入计划逐步解决件38件（B类）,占28.57%；所提问题不符合法律法规或受客观条件制约确实无法解决的，留作参考件13件（C类），占9.77%。向领衔代表发放133份代表建议反馈表，从领导重视、办理态度、面商沟通、答复质量、落实情况等五个方面征求代表意见，其中满意116件，占87.21%；基本满意17件，占12.79%。

专委会工作

【概况】2019年，洞头区人大法制内务司法委员会与财政经济委员会履行基层立法联络职责，严格落实规范性文件备案审查，依法加强监督，听取和审议区政府关于消防工作情况及人民调解工作情况报告；投身海洋经济、海岛改革等中心工作，助推国家海洋经济发展示范区建设迈向高质量，开展2018年度部分部门预算单位决算审查，召开2019年半年度与全年度经济形势分析会，听取和审议区2018年决算草案报告，初审2018年财政决算草案，听取和审议区2018年预算执行及其他财政收支情况审计工作报告，开展2020年部门预算草案审查及评审工作，初审区2019年国民经济和社会发展计划执行情况与2020年国民经济和社会发展计划草案的报告、区2019年预算执行情况和2020年预算草案的报告。

人事任免

【概况】2019年，洞头区第十四届人民代表大会常务委员会任命76人次，免职41人次。

决定任命：

朱学进为洞头区人民政府副区长；

叶万福为洞头区人民政府副区长；

庄峥嵘为洞头区发展和改革局局长；

南海滨为洞头区经济商务和信息化局局长；

郑元永为洞头区住房和城乡建设局局长；

梁祥赞为洞头区农业农村局局长；

郑雪园为洞头区文化和广电旅游体育局局长；

陈后春为洞头区卫生健康局局长；

陈旭阳为洞头区退役军人事务局局长；

陈继海为洞头区应急管理局局长；

吕建伟为洞头区审计局局长；

许生星为洞头区统计局局长。

任命：

梅山标为洞头区监察委员会主任；

黄根忠为洞头区人大常委会法制内务司法工作委员会主任；

金威华为洞头区人大常委会代表工作委员会主任；

陈青委为洞头区人大常委会预算工作委员会主任；

黄根忠为洞头区人大常委会监察和法制司法工作委员会主任；

金威华为洞头区人大常委会代表与选举任免工作委员会主任；

郑建林为洞头区人大常委会社会建设工作委员会主任；

郭坤碟为洞头区人大常委会霓屿街道工作委员会主任；

韩辉辉为洞头区人大常委会监察和法制司法工作委员会副主任；

陈后勤为洞头区人大常委会东屏街道工作委员会副主任；

杨建国为洞头区人大常委会元觉街道工作委员会副主任；

林涛为洞头区人民法院审判员、审判委员会委员、副院长；

郭灵燕为洞头区人民法院大门人民法庭庭长；

林忠诚为洞头区人民法院立案庭（诉讼服务中心）庭长；

蔡志海为洞头区人民法院民事审判庭庭长；

吕虹虹为洞头区人民法院行政审判庭（综合审判庭）庭长；

董文锐为洞头区人民法院民事审判庭副庭长；

朱成杰为洞头区人民法院行政审判庭（综合审判庭）副庭长；

王芳草为洞头区人民法院刑事审判庭副庭长；

庄晓勤、陈璐为洞头区人民法院审判员；

应建国为洞头区人民检察院检察员、检察委员会委员、副检察长；

张辉星为洞头区人民检察院检察委员会委员；

曹雅倩为洞头区人民检察院检察员；

吕子乒、杨朝文、张大蜜、陈显微、张静、陈庆平、王海春、王小林、王志东、赖玉琴、陈铜孟、朱剑芬、刘永照、杨帮唐、洪恭火、许爱芳、陈志孟、陈丽芬、林小松、陈时焕、吕建日、黄艳萍、夏珊珊、张思迎、尤海燕、陈华玮、苏友杰、叶海更、黄玲玲、许艳媚、洪珊妮、陈旭东、邱瑞菁、宋浩、周昱、林加恭、赵子岳、纪建波、杨业、张孙贤等为洞头区人民陪审员。

决定免去：

邱瑞琳的洞头区人民政府副区长职务；

林伟宏的洞头区人民政府副区长职务；

庄峥嵘的洞头区发展和改革局（统计局、粮食局）局长职务；

梁祥赞的洞头区农林水利局局长职务；

郑雪园的洞头区文化广电新闻出版局（体育局）局长职务；

陈后春的洞头区卫生和计划生育局局长职务；

陈继海的洞头区安全生产监督管理局局长职务；

张立志的洞头区经济商务和信息化局局长职务；

曹其忠的洞头区科学技术局局长职务；

陈青委的洞头区民族宗教事务局局长职务；

吕建伟的洞头区住房和城乡规划建设局局长职务；

朱志飞的洞头区环境保护局局长职务；

许战胜的洞头区审计局局长职务。

免去：

倪日新的洞头区人大常委会法制内务司法工作委员会主任职务；

陈胜宝的洞头区人大常委会代表工作委员会主任职务；

陈后平的洞头区人大常委会预算工作委员会主任职务；

苏友山的洞头区人大常委会霓屿街道工作委员会主任职务；

黄根忠的洞头区人大常委会法制内务司法工作委员会主任职务；

金威华的洞头区人大常委会代表工作委员会主任职务；

韩辉辉的洞头区人大常委会法制内务司法工作委员会副主任职务；

张杰的洞头区监察委员会副主任职务；

黄明华的洞头区人民法院副院长、审判委员会委员职务；

林忠诚的洞头区人民法院立案庭庭长职务；

蔡志海的洞头区人民法院民事审判第一庭庭长职务；

吕虹虹的洞头区人民法院行政审判庭庭长职务；

陈斌斌的洞头区人民法院执行庭庭长职务；

郭灵燕的洞头区人民法院金融审判庭庭长职务；

朱江的洞头区人民法院大门人民法庭庭长职务；

董文锐的洞头区人民法院民事审判第一庭副庭长职务；

应建国的洞头区人民法院审判员职务；

陈斌斌的洞头区人民法院审判员职务；

林涛的洞头区人民检察院检察委员会委员、检察员职务；

陈阳熹的洞头区人民检察院检察委员会委员、检察员职务；

王光珊的洞头区人民检察院检察员职务；

林士臻的洞头区人民检察院检察员职务；

蔡宏伟的洞头区人民检察院检察员职务；

叶友剑的洞头区人民检察院检察员职务；

许爱芳、宋浩、唐昭君、甘世算的洞头区人民陪审员职务。

人大代表

【概况】2019年，洞头区共有区级以上代表182人，其中全国人大代表1名，省人大代表3名，市人大代表18名，区人大代表160人。

【代表名录】

全国人大代表：滕宝贵

省人大代表：

林　霞、颜丽函　陈丹凤

市人大代表：

陈宏峰　姜增尧　徐　静　殷志军
詹学森　王蛟虎　林　霞　叶国胜
叶永辉　李　毅　侯合海　刘乐飞
江丽萍　周春萍　金文林　林加帅
任秉钧　张玉萍

区人大代表：

王蛟虎　李玉红　季晓瀚　彭桂香
许素艳　张建疆　欧阳海霞　叶丽月
王仁建　林　雪　陈青委　陈佩秋
齐　雪　许曹毅　杨森权　林海珊
尤海燕　蔡继华　杨建龙　方君育
郑华端　尤国仪　吴纪安　戴华姆
吴兹添　吴子屹　杨新苗　黄根忠
朱扬华　张于喜　赵仙仙　方健康
黄朝晖　许生坚　曾海芬　许丽娟
许艳丽　王海雷　颜厥炎　苏彩照
颜孙胜　朱志兴　林微汝　徐松龙
朱元标　蔡芙玲　戴显强　黄建勇
张亦杰　林培强　董放鸣　陈小芬
吴云华　叶永辉　金光义　刘君可
朱建德　翁光才　林章勇　余琴瑜
周春萍　姜成兰　李德通　柳定波
金威华　吴建林　陈建海　陈庆琴
林　艳　李　毅　林银凤　陈民存
南建军　谢松艳　林　秀　翁定献
王信暖　陈荣华　林　霞　陈汉龙
陈林英　胡　刚　李罗芬　甘海选
刘建财　方君旺　陈丽芬　吴冬花
彭魏权　叶国胜　周世遵　叶小其
侯雪霞　叶旭进　洪求伟　陈坤业
陈素李　陈绿萍　邱安炬　张于斌
纪华宣　张瑞静　周必东　郭加平
金丽玮　章成斌　林素娟　张福德
褚志攀　庄　平　陈声荣　郑铲非
曾国柱　郑海冬　南立双　吴志安
吴金寿　叶明芽　叶明理　叶秀霞
庄芬连　石耀光　侯宣荣　詹景伟
曾焕明　洪文才　郭坤碟　潘步总
程银友　纪玉丕　叶　环　柯冬琳
蔡国华　梅山标　郭芳芳　郭海辉
李建平　张良水　柯泽慧　叶海峰
颜贤权　陈爱武　苏剑群　林立东
赖碎和　陈建英　郑元安　陈庆杰
张孚标　缪双叶　郑　鹏　颜丽函
郑鹤珍　曾焕能　吴兹敏　林海鸥
唐海珍　林高承　陆银银　陈　刚

（邱瑞菁）

洞头区人民政府

朝朝满载·陈钦煅

“海霞精神”

爱岛尚武　励志奉献

洞头区人民政府

概述

【概况】2019年，洞头区政府设置机构22个。全年实现地区生产总值107.8亿元，同比增长8.8%；财政总收入15.4亿元。推进国家海洋经济发展示范区建设，总体方案获省政府批复，启动区完成投资11.7亿元。构建“5+X”产业政策体系，全面运行“惠企直通车”，全年为企业减负2.3亿元，兑现政策资金1.6亿元。6艘远洋捕捞渔船正式投用，“蟹公寓”“智能渔城”“海上支付宝”等建成投用，创成国家级渔业健康养殖示范区、省级渔业转型发展先行区。激活闲置厂房4.7万平方米，盘活低效用地246亩。创成省科技型中小企业9家。科技进步综合评价跃升至全省第22名。大小门临港产业区8平方千米纳入浙江自贸区温州联动创新区。状元岙港集装箱吞吐量26.1万标箱，增长5.5倍，国际邮轮港全年接待游客2.8万人次。建筑业总产值突破百亿元，总部经济税收达3亿元。海运业总运力超60万吨。金融业稳健运行，存贷款增速保持全市第一。入选浙江十大海岛公园，创成全省首批全域旅游示范区，全年接待海内外游客714万人次，旅游总收入超40亿元。完成全域旅游产业规划编制，同心旅游小镇入围省特色小镇创建名单，东屏街道入选省级旅游风情小镇，望海楼入选省生态旅游区。出台民宿地方标准，民宿管家培训获评国家级“终身学习品牌项目”。成功举办“铁人三项”世界杯赛、“一带一路”国家间群众体育交流赛、妈祖节、七夕节等活动，荣获中国铁三赛事举办和推广杰出贡献奖，获评全国文旅融合特色创新示范区。

全年93个重点建设项目完成投资37.6亿元，民间投资增长139%，社会资本占比62%，获评全市唯一省级有效投资先进区。珑头湾、国际大酒店、奥博休闲中心等项目激活，29个“僵尸项目、蜗牛工程”全部清零。投资22亿元的青山欢乐岛项目成为全省“大花园”建设典型。325省道大门岛主线纳入省交通规划，甬台温高速复线灵昆至苍南段、市域铁路S1线灵昆段通车。美岙隧道全线贯通，鹿西综合交通码头完成主体建设。创成美丽经济交通走廊省级示范区。全年向上争取资金13.3亿元、债券6亿元。新增建设用地指标226.1亩，争取林地指标457.5亩，累计出让土地565亩。

洞头蓝色海湾整治项目再次获中央补助2.26亿元，一期成果亮相中华人民共和国成立70周年成就展，成为全国生态修复典型。率全国之先开展蓝碳试点项目，蓝湾指数入选国家行业标准，成功举办蓝色海湾·海洋经济院士论坛。获批建设省级山水林田湖草生态保护修复试点，总投资8.3亿元，韭菜岙建成浙南最大人工沙滩。入选培育省AAAA级景区城，通过省“无违建区”复评，小城镇环境综合整治工作完成。建成海湾三区等4个省市级垃圾分类示范小区，获评全省生活垃圾分类工作优秀单位。完成北岙、东屏、霓屿等街道“污水零直排”建设，排查疏通地下管网98千米，首次夺得治水大禹鼎。创成全省首批空气清新示范区，再次获评美丽浙江建设工作考核优秀奖，生态环境公众满意度保持全市第一、全省前列。入选部省共建乡村振兴示范省先行创建区。在全市率先完成村社调整，撤并减少18个行政村。沙岗获评全国乡村治理示范村，东岙获评中国美丽休闲乡村。全区村集体经济总收入增长40%，超100万元村48个。

渔业审批“一证通办”获批农业农村部改革试点，“渔小二”自助办证系统得到《人民日报》点赞。完成市场监管、交通运输等五大领域综合执法改革。开展海洋经济统计试点等改革成果应用。发布小型休闲船艇管理、建筑外墙保温施工、标准海等“洞头标准”16项。启动实施海峡两岸同心小镇建设三年行动，获评浙台经济社会融合发展突出贡献单位，获批省海峡两岸交流基地。推出“台事通”改革，出台26条优惠政策，总投资5亿元精灵海岸项目开工。南部县东西部扶贫产业园招引106家企业，入选全国扶贫典型案例。

全年民生支出26亿元，增长26.6%，占一般公共预算支出的80%。“明眸皓齿”工程惠及全区1.6万名学生。医疗保险、基本养老保险参保率分别99.2%和98.1%，全省率先实现残疾人社会保险补贴全覆盖。创成省首批“无欠薪”区，新增就业1405人。首创社会救助尽职免责办法，入选民政部年度十佳创新案例。洞头乐成寄宿中学、灵昆幼儿园投用。获批全省唯一“两慢病”基层首诊改革试点区，改革经验全国交流。完成省级公共文化服务重点县验收。筹拍新海霞电影，举办庆祝中华人民共和国成立70周年系列活动、第六届区运动会。全市首家多功能护理养老机构落户霓屿，街镇养老服务中心实现全覆盖。区殡仪服务中心建成投用。创成省级无信访积案区。实施安全生产“1950”工程，开展社会治理七大攻坚行动，夺取全省首批一星平安金鼎，再次获评全国平安建设先进区。

重要会议

【区政府第四次全体会议】2019年2月15日，区政府召开第四次全体会议。会议通报《政府工作报告(审议稿)》起草情况、意见征求和主要内容。分组讨论《政府工作报告(审议稿)》，区政府组成人员表决通过《政府工作报告(审议稿)》，同意提交区人民代表大会审议。书面审议《关于2018年民生实事项目落实情况的报告》和《关于2019年洞头区民生实事候选项目情况的报告》。

【区政府常务会议】2019年，区政府召开常务会议11次。

1月15日，区长林霞主持召开区政府第20次常务会议。会议专题学习《关于规范行政机关负责人出庭应诉工作的意见》，研究讨论《洞头旧城及拓展区城市设计暨控制性详细规划修编》《洞头区农房建筑外观设计导则及方案》《洞头区地名管理实施办法（试行）》《关于深化洞头区医疗卫生服务共同体改革实施方案》《洞头区海岛振兴特色人才培育实施方案》《转发落实市委〈关于高水平建设人才生态最优市的40意见〉有关事项的通知》和2018年洞头区科技计划项目安排、洞头区2019年重点建设项目计划安排。

2月1日，区长林霞主持召开区政府第21次常务会议。会议讨论研究并原则同意《关于洞头区2018年国民经济和社会发展计划执行情况与2019年国民经济和社会发展计划草案的报告（送审稿）》《关于洞头区2018年预算执行情况和2019年预算草案的报告（送审稿）》《2019年政府工作报告（送审稿）》《2019年民生实事候选项目（送审稿）》和2018年度海洋经济发展功勋企业和明星企业评选结果、2018年十张工作清单“海豚奖”“海龟奖”评选结果等事宜。

4月4日，区长林霞主持召开区政府第22次常务会议。会议讨论研究并原则同意《关于实施新一轮区对街道和乡镇财政管理体制的通知》《洞头区审计整改责任追究实施细则（试行）》《洞头区加快培育工业企业、商贸业企业“升规上限”实施方案》、困难企业社会保险费返还政策落地、《洞头区元觉街道青山岛民房搬迁补偿和安置实施方案》。

4月28日，区长林霞主持召开区政府第23次常务会议。会议讨论研究并原则同意《2019年度区直单位绩效考核办法》《2019年度街道（乡镇）绩效考核办法》《洞头区小型休闲船艇管理标准》《关于扶持洞头区村庄总部经济发展的若干意见》和新村（社区）区域规模优化调整、命名等批复事项。

6月4日，区长林霞主持召开区政府第24次常务会议。会议讨论研究2018年第15期审计专报（东屿村搬迁）建议、小北岙村普通建筑用石料场宗地社保指标、落实阶段性降低社会保险缴费和《加快推进羊栖菜产业发展工作方案》《洞头区养殖水域滩涂规划（2017—2030）》。

8月1日，区长林霞主持召开区人民政府第25次常务会议。会议专题听取全区禁毒工作汇报、中央扫黑除恶专项斗争督导反馈问题整改工作情况和阶段性工作事宜及2018年全区法治政府建设等情况汇报，集体书面学习《政府投资条例》《浙江省行政规范性文件管理办法》。会议研究并原则通过《洞头区“实施五化四来争创五星乡村打造部省共建乡村振兴示范省先行创建区”实施方案(送审稿)》《洞头区政府规范性文件管理办法(送审稿)》《洞头区政府2019年度重大行政决策目录(送审稿)》等文件。

8月13日，区长林霞主持召开区政府第26次常务会议。会议专题学习《中华人民共和国政府信息公开条例》《中华人民共和国土地管理法实施条例》。讨论研究《温州市洞头区农贸市场提档升级创三年行动计划（2019—2021年）》《洞头区低效用地再开发专项规划（2018—2027年）》《温州市洞头区海岛民宿等级评定办法（试行）》《洞头区文体旅产业融合发展两年行动计划（2019—2020年）》及扶持政策（送审稿）。会议传达省市关于抢险救灾和灾后重建工作会议精神并作工作部署。

9月11日，区长林霞主持召开区政府第27次常务会议。会议讨论研究并原则同意《洞头区放宽企业住所（经营场所）登记条件实施细则》《洞头区原城北污水处理厂地块控制性详细规模修编》《洞头区城南片综合规划A—24地块规划研究成果》《洞头区东屏街道后垅自然村一期房屋搬迁补偿安置实施方案》《洞头区机关事业单位编外用工综合改革实施方案》《洞头区机关事业单位编外用工退出岗位实施细则》《洞头区机关事业单位编外岗位招聘“政务助理”工作方案》《综合行政执法第二批划转行政处罚事项》《洞头区支持台青台商创业发展的若干规定（暂行）》及洞头区2019年度机关事业单位住房公积金基数调整、设立小门岛化工园区。

10月16日，区长林霞主持召开区政府第28次常务会议。会议专题学习《浙江省反走私综合治理规定》《农田建设项目管理办法》，讨论研究并原则同意《关于进一步深化湾（滩）长制工作的意见》《洞头区海钓功能性服务船舶纳规管理规定（试行）》《鼓励电商企业发展相关优惠政策》和2020年度洞头区城乡居民医疗保险人均筹资标准。

11月15日，区长林霞主持召开区政府第29次常务会议。会议专题学习《中华人民共和国食品安全法实施条例》《优化营商环境条例》，学习传达有关会议工作精神。会议讨论研究迎接第二轮中央生态环境保护督察相关事宜、《洞头区宗教及民间信仰活动场所专项规划（2018—2035）（送审稿）》、《关于进一步规范整治全区丧葬礼俗活动的实施意见（送审稿）》、洞头区投入浙江华数广电网络股份有限公司的股份整转入华数传媒控股股份有限公司相关事宜、《关于调整被征地农民基本生活保障待遇的方案》、《关于2019年区财政预算调整方案的议案》、《关于进一步规范财政资金审批工作的通知》、《关于进一步加强预算绩效管理、落实厉行节约若干规定的意见》、2019年东西部扶贫协作工作、驻岛部队等相关事宜。

12月24日，区长林霞主持召开区政府第30次常务会议。会议专题学习《如何防范政府决策中的常见问题和风险》，讨论研究并废止部分规范性文件、《洞头区调整城镇土地使用税差别化优惠政策促进土地集约节约利用实施方案》《洞头区国有企业员工招聘与流动管理办法》《关于加强和改进新形势下征兵工作的实施意见》《洞头区气象灾害预警信号发布与传播规定》《洞头区养殖类“标准海”改革实施方案（试行）》等。

【**区长办公会议**】2019年，区政府召开区长办公会议13次。

1月15日，区长林霞主持召开区政府第23次区长办公会议。会议讨论研究《2019年政府工作报告》、国际大酒店破产清算、温州医科大学仁济学院政府采购管理、工程建设项目招标采购范围和规模标准调整等事宜，传达学习《关于学习贯彻习近平总书记在庆祝改革开放40周年大会上重要讲话精神的通知》等文件精神和有关会议精神。

3月8日，区长林霞主持召开区政府第24次区长办公会议。会议讨论研究《洞头区“绿水青山就是金山银山”实践创新基地建设三年行动方案（2019—2021年）》《洞头区12处历史建筑保护图则》《洞头区健康产业园控制性详细规划》《洞头区霓屿街道石子岙G地块控制性详细规划修改》《鹿西岛城乡道路客运票价优惠实施方案》《温州液化天然气（LNG）接收站项目合作备忘录》及环岛观光线路营运车辆采购方式相关事宜、青拓集团再生资源公司“一企一策”优惠政策、2019年政府工作报告重点工作清单等事宜。

4月4日，区长林霞主持召开区政府第25次区长办公会议。会议讨论研究长期护理保险试行办法、洞头北沙东片区C—23—a地块国有建设用地使用权合同解除、延长洞头农商行大楼建设工程竣工期限、洞头城市发展有限公司电力设施建设工程（不含PPP项目）委托国网洞头区供电公司代建、浙江协和健康产业有限公司、浙江康隆医药有限公司“一企一策”等相关事宜。

4月28日，区长林霞主持召开区政府第26次区长办公会议。会议讨论研究中普陀宗教旅游文化园合作方案、2019年农村数字电影放映项目采购等相关事宜，听取《洞头区创建“无证明区”实施方案》《洞头区民宿审批管理暂行办法》《洞头区民用建筑外墙保温工程施工管理指导意见（试行）》改革相关工作汇报。

6月4日，区长林霞主持召开区

政府第27次区长办公会议。会议讨论研究霓屿闲置校舍处置、《洞头区儿童青少年“明眸皓齿”工程实施方案》、《进一步规范区级国企改革管理的意见》、温州液化天然气（LNG）接收站项目开山土石方消纳的实施方案、洞头区2019—2020年度水陆公交运营亏损补助、直升机低空观光旅游项目试点开发建设、洞头区南塘工业区B03—3地块重新约定开竣工、温州医科大学仁济学院地块竣工延期、洞头蓝色海湾整治行动实施方案项目采购、洞头区海洋牧场建设规划项目采购等事宜。会议听取蓝色海湾整治行动（二期）项目安排、区供销社往来款长期挂账问题处理情况等汇报。会议讨论研究电影《美丽海霞》（暂命名）合作协议书、“东海华庭”项目竣工延期等事宜。

7月2日，区长林霞主持召开区政府第28次区长办公会议。会议讨论研究《洞头区百日攻坚助力海洋产业经济提质增效专项行动方案》《洞头区杨文和南塘工业区厂房出租、转让管理实施意见（试行）》《洞头区深化“亩均论英雄”改革推进企业综合评价的实施意见》《洞头区工业项目竣工延期受理指导意见》《洞头区违建别墅问题清查整治专项行动工作实施方案》及中普陀寺建设手续不全历史遗留问题相关事宜、状元南片01—03D—2等地块开竣工延期、区政府和浙江大学校地合作、浙能液化天然气（LNG）项目和东屿村整村搬迁征地面积误差确认等事宜。

8月1日，区长林霞主持召开区政府第29次区长办公会议。会议讨论研究《海悦海世界（暂名）项目投资开发意向协议》《青山国家海洋公园项目投资补充协议（一）》《洞头霓屿紫菜现代园招商引资扶持办法》及“白鹭湾”海渔文化旅游度假区项目补充协议有关条款变更、金海岸产权式酒店项目开竣工延期问题、状元岙南片区04—01a地块控规修改及拟出让地块指标、洞头区新城二期B—13地块、霓屿紫菜产业园NY—A—02地块、“瑞鑫花苑”项目二期竣工延期、2018年度洞头区工业企业“亩均论英雄”综合评价结果名单等事宜。

8月13日，区长林霞主持召开区政府第30次区长办公会议。会议讨论研究《鹿西明珠花苑农房集聚（一期）项目实施方案》、中心街拆迁安置房工程（一期）相关地块竣工延期、洞头区青山岛及周边配套地块开发建设规划、区殡仪服务中心工作人员岗位补助等事宜。

9月11日，区长林霞主持召开区政府第31次区长办公会议。会议讨论研究并原则同意《洞头区清洁能源出租汽车推广实施方案》《洞头区鹿西乡道路客运公交一体化改造实施方案》《3×70万吨/年丙烷脱氢及新材料项目合作备忘录》《洞头区政府投资重点建设项目提速增效百日攻坚方案》和工业企业用地分割、鹿城市场采购贸易试点涉及洞头部分的相关事宜。

10月16日，区长林霞主持召开区政府第32次区长办公会议。会议讨论研究并原则同意《洞头旅游“率先突破 一年见效”攻坚方案（送审稿）》《洞头区渔港废油回收方案》和星贝海藻食品有限公司地块收储、海霞民兵小镇民房搬迁安置补偿资金、南洋国际大酒店项目审批、区旅发公司相关资产出租、浙江伟望精密工业有限公司、温州市华邦包装机械制造有限公司等工业企业竣工延期等相关事宜。

11月15日，区长林霞主持召开区政府第33次区长办公会议。会议讨论研究《三盘港退养还海补偿方案》《洞头区鼓励和支持金融业发展改革与创新促进地方经济发展业绩考核办法》及小门石子岙矿地利用项目及采矿权设置、半屏山韭菜岙大沙龙沙滩及码头委托运营管理、温州液化天然气（LNG）接收站项目开山土石方竞争性处置方案等事宜。

12月4日，区长林霞主持召开区政府第34次区长办公会议。会议学习传达全省退役军人事务工作会议等有关精神。会议讨论研究南塘机械汽配园相关11家企业用地开竣工、浙江迪特高强度螺栓有限公司开竣工延期、珑头湾海洋旅游综合体J—08—03地块建筑密度调整等相关事宜。

12月24日，区长林霞主持召开区政府第35次区长办公会议。会议讨论研究《洞头区全域旅游产业发展规划》《洞头区物业管理指导意见》《洞头区社会投资建设项目竣工验收改革指导意见》《洞头区杨文工业区A12等地块规划研究》《高分子新材料及氢能综合利用项目投资协议和补充协议》及浙江永宏电气股份有限公司作为2019年区长质量奖授奖企业。

【全区安全生产和消防安全工作会议】2019年 2月27日，全区安全生产和消防安全工作会议暨第一季度工作例会召开。会议贯彻落实上级安全生产工作会议精神，部署2019年全区安全生产和消防安全重点工作任务。会上通报2018年度全区安全生产和消防安全工作情况及目标管理责任制考核结果情况；与会人员签订2019年度安全生产和消防工作责任书；北岙街道、区农村农业局、区住建局、区公安分局等作表态发言。区领导林霞、叶海峰参加会议。

【全区数字经济发展推进会暨政府数字化转型工作部署会】2019年6月5日，区委副书记、区长林霞主持召开洞头区数字经济发展推进会暨政府数字化转型工作部署会，贯彻落实省、市关于数字经济“一号工程”和政府数字化转型的决策部署，推进区数字经济发展和政府数字化转型工作。区经信局、区文广旅体局、区大数据管理中心、区农业农村局等部门还分别围绕发展数字经济、数字旅游、政府数字化转型、数字渔业做表态发言。

【健康洞头建设工作推进会】2019年7月5日，洞头区举行健康洞头建设工作推进会。会议分析健康洞头建设中存在的问题和短板，研究落实相关推进措施。会议听取2018年度健康浙江考核结果。区文广旅体局、北岙街道、区人民医院分别围绕健康运动城市建设、卫生城市建设、医共体建设和公立医院改革作发言。会议要求围绕短板强攻坚、强化基础提亮点、对接信息畅通、部门联动促合力、紧盯目标抓督查、加强宣传营氛围、加强健康洞头宣传，推进各项工作落实，提升健康洞头建设水平。区领导林霞、叶锦丽参加会议。

【同心旅游小镇创建工作部署推进会】2019年10月24日，洞头区召开同心旅游小镇创建工作部署推进会。会议听取同心旅游小镇创建、有效投资情况及建议，部署创建工作。会议要求创建特色小镇要立足洞头的独特优势，精心谋划招商引资项目，开展特色产业培育，构建“全域旅游+全时旅游”发展新格局。大力培育特色和品牌旅游配套服务机构，充分挖掘小镇内旅游类特色人才、高端人才，引导更多“新军”人才到小镇创业。区委副书记、区长林霞，区委常委、常务副区长叶海峰等参加会议。

（王 勋）

重要活动

【洞头院士论坛暨蓝色海湾·海洋产业发展峰会】2019年10月27日，温州洞头院士论坛暨蓝色海湾·海洋产业发展峰会在洞头举行，主题是“深耕蓝色海湾、聚焦海洋经济、建设海上花园”，重点研究深耕蓝色海湾整治行动、海洋生物资源永续利用及突破羊栖菜产业发展瓶颈对建设海上花园、发展经济、保护环境、乡村振兴和惠及民生重要作用，探讨符合各地发展海洋生态环境治理和海洋生物产业发展模式。区政府还与中科院南海海洋研究所、浙江省海洋水产养殖研究所、自然资源部第三海洋研究所、青岛海大海洋能源工程技术股份有限公司等单位签订战略合作协议。特聘严小军、金振民、潘德炉、李百炼院士为洞头区政府专家咨询委员会高级顾问。林霞以《打造四个示范建设海上花园——关于温州海洋经济发展示范区建设的思考》为题作主旨演讲。中国工程院院士潘德炉围绕“智慧海洋助推洞头海上花园建设”内容作主题演讲，浙江海洋大学党委书记、国际欧亚科学院院士严小军，法国科学院院士伊·勒·马霍，美国人类生态科学院院士李百炼就《海洋生态经济走鱼藻共兴之路》《气候变化对生物多样性的影响》《以绿水青山的生态技术创新引领蓝色海湾建设》等主题分别演讲。论坛由中国科学技术协会、省政府、中国太平洋学会主办，市委统战部、市科学技术协会、区政府、中国太平洋学会蓝色海湾研究分会承办，区委统战部、区农业农村局、市自然资源和规划洞头分局、区海洋与渔业发展研究中心、区科学技术协会协办，省自然资源厅、省农业农村厅，省科学技术协会支持。中国太平洋学会常务副会长、自然资源部海洋出版社有限公司党委书记、董事长、总经理丁磊；自然资源部东海局副局长魏泉苗；市委常委、统战部部长施艾珠；省科学技术协会副主席姜长才；中国太平洋学会副会长兼秘书长、自然资源部海洋出版社有限公司董事、副总经理李正楼；中国自然资源报社纪委书记李文君；洞

2019年10月27日，温州洞头院士论坛在洞头举行。图为区长林霞向区政府专家咨询委员会高级顾问颁发聘书（区融媒体中心提供）

头区委书记王蛟虎；浙江省自然资源厅海域海岛处处长阮飚及中国科学院、国际欧亚科学院、美国人类生态科学院、法国科学院等机构院士专家等出席活动。

【世界海洋日暨全国海洋宣传日浙江主场活动】2019年6月6日，世界海洋日暨全国海洋宣传日浙江主场活动在东岙沙滩举行，主题是“珍惜海洋资源、保护海洋生物多样性”。省自然资源厅副厅长沈仁华、副市长李无文和区委书记王蛟虎分别致辞，区长林霞等出席，市自然资源和规划局局长冯金考主持活动。现场活动观看舞蹈《地方谣》、VCR《美丽的洞头海湾》、诗朗诵《写给大海的诗》；2019年全省大学生海洋知识竞赛启动；浙江电视台公共新闻频道主持人梦瑶受聘担任浙江海洋公益形象大使。开展增殖放流活动，投放10万尾大黄鱼鱼苗与3000尾黑鲷。旨在总结推广洞头蓝色海湾生态修复经验，增强全社会海洋意识、弘扬海洋精神、传播海洋文化，共同推动全省海洋经济可持续健康发展。活动由省自然资源厅和市政府共同主办，省海洋监测预报中心、市自然资源和规划局、区政府、浙江电视台公共新闻频道承办，市自然资源和规划局洞头分局、区农业农村局、区海洋与渔业发展研究中心协办。

【“温州金盾—19”人民防空实战化演习】2019年12月3日14时35分，代号“温州金盾—19”温州市暨洞头区人民防空指挥部实战化演习举行。演习由区委常委、常务副区长叶海峰担任指挥长。演习依据人民防空方案，按照平战转换、行动筹划、指挥控制等作业流程，组织实战化演习。联合洞头先锋女子民兵连、交通部东海救助局温州救护站、丽水36—1气田终端处理厂、人防专业队、民防应急救援队等力量，重要经济目标防护并重，重点突出民生类重要经济目标防护、人口疏散、消除空袭后果等课题，组织现场带部分实兵实战化演练。洞头区人民防空指挥部全体人员，担负区人民防空指挥部演习任务的医疗救护专业队、消防防化专业队、抢险抢修专业队、交通治安专业队，温州黑马民防应急救援队，蓝天破拆应急救援队，洞头溢香民防后勤保障应急救援队，洞头先锋女子民兵连，“海霞妈妈”心理疏导志愿者服务队，“丽水36—1”目标单位等2000余人参加演习。演习出动消防车7辆，各类救援队车辆8辆，后勤保障车1辆，冲锋舟6艘，海事执法船2艘，渔船3条，直升机1架，各型装备50余种。市委常委、军分区司令员靳卫东，省人民防空办公室总工程师王一明，市人民防空指挥部指挥长、副市长李无文，市人民防空指挥部副指挥长、市人民政府副秘书长黄悌敏，市人民防空指挥部副指挥长、市人防办主任章公华，洞头区委副书记、区长林霞等领导参加实战观摩。

2019年12月3日，代号“温州金盾—19”温州市暨洞头区人民防空指挥部实战化演习（区民防局提供）

【第十届中国·洞头妈祖平安节】2019年4月27日(农历三月廿三)，第十届中国·洞头妈祖▲平安节在北岙街道东沙村妈祖宫广场主会场、元觉分会场举行，活动主题是“同谒妈祖·共享平安；两岸同心·传承文化”。两个会场分别举行妈祖祈福祭拜大典。主会场台湾、福建、苍南、洞头等四地代表把家乡海水共同汇入“四海安澜瓶”内，寓意中华民族同祖同宗、同根同源；举行两岸同心妈祖慈善基金授牌仪式；开展海上巡安、文艺演出、妈祖文化主题展及平安宴、美食一条街等丰富多样体验项目及台湾名人妈祖文化体验游、两岸同心妈祖文化沙龙、两岸特色商品展销等。元觉分会场举行妈祖文化图片、楹联展，平安宴暨“妈祖缘，两岸情”文艺演出，第四届古村古韵旗袍秀。活动由省民宗委、省文化和旅游厅、省文物局指导，区政府主办，市民宗局、市文化广电旅游局协办、中华妈祖文化交流协会，北岙街道、元觉街道、霓屿街道、区妈祖文化交流协会承办。省民宗委副主任莫幸福、市人大常

2019年4月27日，第十届洞头妈祖平安节　　（金如龙　摄）

委会副主任潘孝政、区委书记王蛟虎、市民宗局局长金国平等领导参加开幕式。4月30日，霓屿街道举行第二届霓屿南山妈祖平安节。

▲妈祖，又名林默、林默娘，宋太祖建隆元年(960)生于福建莆田湄洲岛。因经常救助遇难渔民，深受沿海人民敬爱，宋太宗雍熙人四年（987）因救助海难而献身。湄洲渔民为纪念这位好姑娘，在岛上建庙并奉为海神，被敕封为“天妃”“天后”并被立祠奉祀，因闽浙沿海、台湾、港澳等信众的传承而名扬四海。2011年5月，妈祖祭典（洞头妈祖祭典）列入国家级非物质文化遗产扩展项目名录。

（王　勋）

民生实事项目

【概况】2019年，区政府加强领导，按照年度目标，精心组织，扎实推进为民办实事的各项工作。全年为民办实事项目共10个，涉及责任单位12个，投入资金7958.9万元。

（林逾静）

2019年区政府为民办实事项目及完成情况一览表

表4

项目名称	实施内容	完成情况
示范型居家养老服务中心建设	新建示范型居家养老服务中心3家并实现社会化专业运营；20家村级居家养老服务照料中心实现社会化运营（北岙街道6家、大门镇7家、东屏街道4家、元觉街道1家、霓屿街道2家）；为2000名老年人、五保老人、重度残疾人免费提供一键通服务	2019年3月，全区26家村级居家养老服务照料中心实现社会化运营；6月，灵昆街道示范型居家养老服务中心建成投用；11月，霓屿街道、鹿西乡示范型居家养老服务中心建成投用；10月，完成2000台一键通设备发放。年度投资517万元
“120”急救能力提升工程	建设提升区“120”急救中心和大门、霓屿、鹿西急救站，实现急救服务全覆盖	2019年7月，完成区“120”指挥平台并入市“120”指挥平台，由市“120”急救中心统一调度指挥；9月，完成大门、霓屿、鹿西急救站人员及设备配置，综合提升区“120”急救能力，达到市级院前急救标准，实现急救服务全覆盖，年度投资290万元
交通出行服务提升	开通全区环岛公交、城区夜间1路，定制公交线路和5条城乡公交末班延迟线路［城关车站–霓屿布袋岙、城关车站至半屏、城关车站至三盘（7路公交）、城关车站至元觉（3路公交车）、城关车站至东岙］，更新农村客车10辆	2019年5月，投入4辆豪华观光型新能源公交车（铛铛车），开通环岛旅游公交专线；7月15日，开通夜间1路公交，5条城乡公交增加一班末班车；10月，完成14辆农村客运车辆更新工作
	建设公共停车位100个	8月，完成129个公共停车位建设
	对12个公交站台进行智能化改造（区府门口2个、人民医院2个，仁济学院2个，行政服务中心2个，金典时代2个，疾控中心1个，育才花苑1个）	8月，建成投用电子公交站牌12个

续表4

项目名称	实施内容	完成情况
城乡环卫提升	城区垃圾分类覆盖达到90%，发放居民生活分类垃圾袋560万个；拓宽一体化保洁范围141.7万平方米	2019年5月，完成拓宽一体化保洁范围至141.7万平方米，新增打水鞍社区、埭口河局部道路、新城二期局部道路等边角地、闲置地、保洁真空地块，实现城区保洁全覆盖。完善垃圾分类收运体系，发放居民生活分类垃圾袋600万个，推进“不分不收、不分不运”模式，城区生活垃圾分类覆盖面92%。实行中心街定时定点收运，重点区域撤桶并点，有效减少公共垃圾桶。年度投资281万元
四好农村路建设	新建提升农村公路11公里，增设农村机耕道路安全防护设施2公里，完成路面大中修14公里，完成灵昆非现场执法治超点建设，完成农村公路观景休憩点建设5个	2019年4月，完成灵昆非现场执法治超点建设；7月，增设北岙、东屏、元觉等农村机耕道路2.8千米；8月，完成330国道灵昆段路面大中修14.25千米；10月，完成农村公路浅门、相思岛、东沙、尾坑、海角等5个观景休憩点建设，新建提升农村公路12千米。年度投资2720万元
小学放学后托管服务	开展全区部分小学放学后校内托管服务，根据公益服务与成本分摊、学生自愿参与原则，实现全区小学放学后校内托管服务基本覆盖	2019年4月，出台《关于做好小学托管服务工作的实施意见》，向服务对象收取一定数额课后管理服务费，每学期预收200元。根据需求调查及学校实际情况，有9所小学开展课后托管服务，托管学生数为2407人，占比38%，参与托管服务教职工398人，占比84.1%。年度投资50万元
文体惠民服务	对全区健身苑点及公园广场进行场地器材维护；建设社区多功能运动场（体育休闲公园）3个（霓屿街道布袋岙村、同兴村，鹿西乡鹿西村）、小康体育村升级工程3个（北岙街道鸽尾礁村、大门镇豆岩村、东屏街道东港社区）；新建5公里以上登山健身步道1条（元觉街道烟墩山）；新建或提升篮球场4个（北岙街道鸽尾礁村、大门镇豆岩村、东屏街道东港社区、元觉街道活水潭村）；建设城市文化客厅5个［城市书房1个（东屏街道）、文化驿站1个（东屏街道）、百姓书屋3个（北岙街道、大门镇、鹿西乡）］；全年组织送书下乡10000册（北岙街道2000册、灵昆街道2500册、大门镇1000册、东屏街道1500册、元觉街道1000册、霓屿街道1000册、鹿西乡1000册）；送文体活动下乡200场（北岙街道70场、灵昆街道10场、大门镇15场、东屏街道50场、元觉街道20场、霓屿街道20场、鹿西乡15场）	2019年10月，建成多功能运动场（体育休闲公园）社区3个、小康体育村3个、5千米以上登山步道1条、4个篮球场，并做好全区健身苑点及公园广场场地器材维护工作；10月，鹿西乡百姓书屋建成投用；11月，东屏街道城市书房、文化驿站、南炮台山百姓书屋、大门百姓书屋建成投用。完成组织送书下乡1.34万册，送文体活动下乡201场。年度投资427万元
保障性安居工程	开工建设安置房338套（大门镇100套、元觉街道150套、鹿西乡88套）；全年公租房租赁补贴数75户	鹿西明珠花苑安置房88套、元觉街道一期安置房150套分别于2019年3月、11月开工建设。全年完成公租房租赁补贴75户。年度投资2557万元

续表4

项目名称	实施内容	完成情况
完善应急救援服务	推行社会力量开展摘除马蜂窝、捉蛇、处置流浪狗、海岸救援等应急救援服务	2019年7月31日，与溢香应急救援队签订服务项目采购合同。全年开展摘除马蜂窝、捉蛇、处置流浪狗、海岸救援等各类应急救援服务105次，支付50%项目合同款24.9万元
就业创业推进行动	征集（开发）就业岗位1500个；开展蓝领引培、全域旅游、家政服务等技能培训（含素质提升）1000名；发放创业担保贷款500万元	全年累计征集（开发）机电工程师、网络技术员、设计师、编辑等多类型就业岗位2440个，促成城镇新增就业1405人。完成蓝领类、全域旅游类及家政服务类等多领域职业技能人才培训57期，累计培训2611人次。全面落实就业扶持政策，为恒博电器、迪特公司等企业实体累计发放创业担保贷款1666万元。年度投资167万元

（区政府办公室提供）

重点工程建设

【概况】2019年，洞头区重点工程前期项目36个，完成23个，占63.8%；在建项目93个，政策处理完成104项，占90.4%。累计激活“僵尸项目、蜗牛工程”29个，激活率100%。完成重点建设项目投资37.65亿元，为年度计划107.54%。其中，区本级财政投资项目完成投资14.63亿元，完成计划98.19%；非区本级财政投资项目完成投资23.02亿元，完成计划114.45%；市级重点建设项目完成投资15.29亿元，完成计划98.36%（其中区本级项目完成投资3.08亿元，完成92.29%）。省重点项目完成投资11.98亿元，完成93.30%（其中区本级项目完成投资1.57亿元，完成85.33%）。

洞头区重点项目建设服务中心紧盯重点建设目标任务，印发《2019年重点建设项目投资推进计划表》《2019年重点建设政策处理推进计划表》《2019年重大项目前期工作推进计划表》，细化工程建设、政策处理、前期工作等重要时间节点。每月督促推进，双月现场督查，累计检查出问题400余项，并限时督促整改。联合区纪委、发改、统计局、考核办等部门对62个“政府性投资项目”开展纳统情况跟踪督查，梳理项目纳统难点问题。清理历史遗留未决算项目，成立政府性投资项目历史遗留未决算项目清理工作领导小组，组织开展百日攻坚行动。

【洞头区建成重点项目建成20个】2019年，洞头区建成重点项目20个，即鹿西岛旅游基础设施提升工程、330国道沿线（霓屿段）环境综合整治工程、半屏韭菜岙沙滩整治修复工程、大门工业化基地对外交通建设工程、洞头城市夜景照明工程、洞头村至铁炉头村东侧生态廊道、新城二期河道景观工程、新城二期排涝泵站二期工程、元觉片引供水工程、万大利水泥仓储项目、霓屿中心幼儿园、殡仪服务中心工程、大门长沙片市政一期工程、农村公路改造提升工程、鹿西社区卫生服务中心建设工程、半屏山沿海海岸慢行道建设工程［中心渔港港区二期工程（生态慢道）］、大竹峙岛保护与开发利用示范项目市政配套工程、鹿西综合交通码头工程、区中医院（大门社区卫生服务中心）、霓屿社区卫生服务中心建设工程。

【重点工程三色警示管理机制】2019年，洞头区对重大项目进展情况实行三色“亮灯”管理机制。对因客观原因暂时落后项目予以标注，采用蓝灯提示，激励业主单位克难攻坚；按月梳理重点工程推进过程中存在问题，提交分管副区长协调，跟踪督促落实，全年蓝色提示重点工程13个；累计投资完成率在65%—100%之间即相对滞后项目，采用黄灯预警，全年黄色提示重点工程3个；累计投资完成率低于65%即严重滞后项目，采用红灯警告，全年红色警告重点工程11个。

（徐鑫鑫）

【洞头区状元岛河道水系治理工程（水工部分）完工】2019年9月9日，洞头区状元岛河道水系治理工程（水工部分）完工。该工程是省重点工程，位于洞头区元觉街道状元南片垦区内。主要建筑物为河道护岸工程，包括基础处理、挡墙工程、亲水平台、仿木栈桥及土石方开挖回填等，全长8367米。设计排涝标准20年一遇。工程总投资

20483.73万元。工程责任单位是区城发公司，设计单位是中国市政工程华北设计研究总院有限公司，跟踪审计单位是浙江万邦工程管理咨询有限公司，项目公司是温州明元基础设施投资有限公司，施工单位是浙江省围海建设集团股份有限公司，监理单位是浙江华东工程咨询有限公司。

2019年洞头区重点项目完成情况一览表

表5 单位：万元

序号	项目名称	建设性质	年度计划投资	完成情况	责任单位
1	鹿西岛旅游基础设施提升工程	续建	500	建成	文旅局、鹿西乡
2	330国道沿线（霓屿段）环境综合整治工程	续建	1500	建成	城发公司
3	半屏韭菜岙沙滩整治修复工程	续建	1500	建成	海洋与渔业发展研究中心、城发公司
4	大门工业化基地对外交通建设工程	新建	1550	建成	大门镇
5	洞头城市夜景照明工程	续建	1600	建成	城发公司
6	洞头村至铁炉头村东侧生态廊道	续建	400	建成	城发公司
7	新城二期河道景观工程	续建	4100	建成	城发公司
8	新城二期排涝泵站二期工程	续建	1000	建成	城发公司
9	元觉片引供水工程	续建	2500	建成	水利公司
10	霓屿中心幼儿园	续建	800	建成	教育局、城发公司
11	殡仪服务中心工程	续建	1500	建成	城发公司
12	大门长沙片市政一期工程	续建	1450	建成	大门镇
13	万大利水泥仓储项目	续建	5000	建成	交运局
14	农村公路改造提升工程	续建	3200	建成	交运局
15	鹿西社区卫生服务中心建设工程	续建	1000	建成	卫生健康局、城发公司
16	半屏山沿海海岸慢行道建设工程（中心渔港港区二期工程<生态慢道>）	续建	4700	建成	交运局
17	大竹峙岛保护与开发利用示范项目市政配套工程	续建	2000	建成	自然资源和规划分局、中心渔港开发有限公司
18	鹿西综合交通码头工程	续建	2800	建成	交运局
19	区中医院（大门社区卫生服务中心）	续建	2000	建成	卫生健康局、城发公司
20	霓屿社区卫生服务中心建设工程	续建	800	建成	卫生健康局、城发公司
21	洞头同心码头旅游综合体	新建	3000	完成土地出让合同签订	文旅局、旅发公司
22	中普陀宗教旅游文化园	续建	9500	建设中	民宗局
23	珑头湾海洋旅游综合体	续建	2000	建设中	发改局
24	青山欢乐岛	新建	2000	建设中	发改局、元觉街道
25	农贸市场改造提升工程	续建	1000	基本完成	市场监督管理局、大门镇、霓屿街道
26	伴·精选民宿（半山民宿开发）	新建	500	完成13栋民宿土建工程	文旅局、北岙街道
27	霓屿紫菜现代产业园	续建	20000	建设中	霓屿街道
28	海霞中学迁建二期工程	新建	2500	建设中	教育局、城发公司

续表5

序号	项目名称		建设性质	年度计划投资	完成情况	责任单位
29	诚意药业医药健康产业园（一期）		续建	12000	部分完成	经信局
30	韭菜岙村旅融合项目		续建	2000	部分完成	文旅局、东屏街道
31	海峡云村金岙101工程		续建	1200	部分完成	区台办、东屏街道
32	东港休闲中心建设工程		续建	8000	部分完成	住建局
33	新城一期第四期02-01地块安置房工程		续建	4000	进行砌体及粉刷工程施工	新农村发展公司
34	状元南片市政道路工程		续建	5000	海景桥通过竣工验收；完成部分陪同实施	城发公司
35	大门镇污水处理厂提升改造工程		新建	500	管网施工	大门镇
36	市政管网提升工程		续建	1000	完成城南污水处理厂调节池改造及污水泵站提升工程	综合执法局
37	状元岛河道水系治理工程		续建	6000	临建办公室、生活用房投用，围垦内河完工。水工部分通过完工验收	城发公司
38	大门岙底至沙岙隧道及接线工程		续建	6000	完成隧道主体工程35%	交运局
39	智慧城市（二期）		续建	2100	完成智慧政务二期	政法委、公安分局、住建局、交运局、文旅局、政务服务中心、大数据管理中心
40	新城环境综合整治工程		续建	400	基本建成。	城发公司
41	洗心海度假村项目		新建	500	建设中	文旅局、大门镇
42	大门镇消防站建设工程		续建	2000	建设中	大门镇、消防救援大队
43	观音礁度假酒店		新建	1500	装修工程继续施工	大门镇
44	黄岙城市基础配套一期建设工程		新建	2700	二区继续回填	自然资源和规划分局、大门镇
45	大门岛美岙至沙岙隧道及连接线工程		续建	6000	完成隧道主体工程	交运局
46	2019年花园村庄建设工程	花园村庄	新建	4720	完成	农业农村局
		森林康养项目	新建	700		自然资源和规划分局
47	布袋岙污水处理厂工程		续建	500	完成临时设施建设	城发公司
48	220千伏大门输变电工程		续建	25000	变电站主体结构装修基本结束	供电局
49	半屏沿线新渔村改造提升项目		新建	1800	部分完成	东屏街道

续表5

序号	项目名称	建设性质	年度计划投资	完成情况	责任单位
50	温州交通城建工业化生产基地	续建	40000	营盘基厂区主体工程基本完成	住建局
51	洞头全域旅游示范区建设工程(国家级旅游度假区创建工程)	续建	1500	建设中	文旅局、旅发公司
52	污水零直排建设项目	新建	2000	基本完成	生态环境分局
53	海陶村	新建	920	完成半屏社区服务中心建设	东屏街道
54	沙岙综合交通码头及接线工程	续建	2500	开展码头接线道路施工及PHC桩基预制	交运局
55	鹿西明珠花苑棚改项目	新建	2500	基本完成4幢主体工程建设	住建局、鹿西乡
56	新联社大楼（档案馆、气象服务中心、规划展示馆）	续建	3000	城市城市规划展示厅建成档案馆建成投用	档案馆、气象局、城发公司
57	新城二期市政道路工程	续建	4000	建成海西路等	城发公司
58	半屏山生态廊道延伸段工程	续建	1000	完工	文旅局、海洋与渔业发展研究中心
59	白鹭湾海渔文化旅游度假区（大巴山地块开发）	新建	5000	开工建设	文旅局、东屏街道
60	洞头移动4G、5G建设无线城市智慧洞头项目	续建	1500	建设4G（TD-LTE）基站6个，WLAN站3个，建设（改造）汇聚1个	经信局、移动洞头分公司
61	洞头移动光纤网络助力城乡统筹建设项目	续建	1000	有线宽带新增420户,光交箱3个，光缆40皮千米，道路跟进管道建设4孔千米	经信局、移动洞头分公司
62	年产100万吨沥青混凝土搅拌站项目	新建	4000	建设中	经信局
63	2019年配电网建设与改造工程	新建	1801	建设中	供电局
64	110千伏深水输变电项目	新建	500	开工建设	供电局
65	北岙街道环东沙港沿线新渔村改造提升项目（产业发展配套项目）	新建	2000	完成部分项目建设	北岙街道
66	沙岗村彩虹湾植物迷乐园	新建	1400	土地出让阶段	元觉街道
67	霓屿紫菜田园综合体试点项目	新建	1500	建设中	霓屿街道
68	大门产业基地应急引水工程	续建	5000	建设中	大门镇
69	海霞展示馆提升工程(洞头女子民兵连纪念馆扩建工程)	新建	1000	完成主体扩建施工内容	宣传部、旅发公司

续表5

序号	项目名称	建设性质	年度计划投资	完成情况	责任单位
70	网寮鼻普通建筑石料矿治理工程	新建	1600	建设中	霓屿街道
71	小门岛环岛公路工程	续建	8000	建设中	大门镇
72	花园里城市书房及配套工程	新建	1000	建设中	住建局、城发公司
73	温州液化天然气（LNG）项目	续建	50000	建设中	发改局、大门镇
74	海霞民兵小镇一期（胜利岙公园提升工程）	新建	2800	建设中	宣传部
75	电网建设配套管沟工程	新建	1800	建设中	城发公司
76	栖鹿湾人工沙滩修复工程	新建	1000	建设中	自然资源和规划分局、鹿西乡
77	农业综合开发现代园	新建	2000	部分建成	霓屿街道
78	元觉一期安置房	新建	3500	建设中	住建局、元觉街道、城发公司
79	长沙安置房一期工程（II标）	新建	500	未开工	大门镇
80	小门岛石化产业基地起步区市政工程	新建	1500	未开工	大门镇
81	东屏中心小学综合楼建设工程	续建	800	基本建成。	教育局、城发公司
82	元觉幼儿园工程	新建	1500	建设中	教育局、城发公司
83	元觉义校迁建工程	新建	2500	建设中	教育局、城发公司
84	南塘湾湿地公园	续建	1500	建设中	城发公司
85	铁炉头村东侧至沙岙村西侧生态廊道	续建	3000	完成乔灌木种植及草坪铺设	城发公司
86	城北污水处理厂一期建设工程	续建	2000	临时设施搭建，开工建设	城发公司
87	相思岙料场边坡治理工程	新建	800	临时设施建设	城发公司
88	东沙段生态廊道工程	续建	1500	停滞	北岙街道
89	大门综合能源站	新建	500	未开工	城发公司
90	状元岙综合能源站	新建	500	未开工	城发公司
91	大门花岗岩加工集聚区	续建	2000	未开工	大门镇
92	城区燃气站及管道工程	新建	2000	未开工	综合执法局
93	风门安置房项目	新建	1650	未开工	北岙街道、城发公司

（区重点项目建设服务中心提供）

综合政务

【概况】2019年，洞头区政府制发文件296件，其中，洞政发30件，洞政函81件，洞政干13件，洞政办发66件，洞政办函30件，会议纪要76件。收到各类公文2116件，其中各街道（乡镇）和区直部门333件，上级文件1783件。区政府办公室起草、修改各类综合文稿835份，其中，起草修改的蓝湾二期项目、山水林田湖草试点等申报材料，为争取项目资金发挥积极作用；海洋经济发展示范区、全域旅游等重要汇报文稿，充分总结提炼区工作亮点；撰写的院士论坛主旨演讲稿，引起专家院士的肯定和共鸣；调研编辑羊栖菜出口贸易信息被省政府上报国办；省级海岛公园建设、小型休闲船艇管理信息分别获省长袁家军和市长姚高员批示。上报省市信息320篇、获省市领导批示15篇。全年召开各类专题协调会议820个，出具交办单133张，协调解决一批僵尸项目和历史遗留问题。全年督办重点工作和重要决策事项388项，开展专项联合督查21次，办理区政府主要领导批示158件，编发督查通报49期。建立重要决策监测反馈点32个，征集到群众意见建议133条，化解各类问题50余个。发挥大数据中心“智慧大脑”作用，实现智慧城市联合指挥中心实体化运作，完成时空云平台、智慧文旅等十大项目建设，投用智慧审批大厅、公交电子站牌等一大批民生项目；全面构建智慧综治“4+N”应用体系，中央政法委两次专题现场调研肯定。完成人防工作隶属转移，承接“两个健康”、外事等职责，在反走私、议提案办理、年度十大民生实事、“12345”热线等方面取得显著成绩。首推“两会即时办”，办理人大代表、政协委员反映的民生小事33个。创新推出“项目盯”，每天即时协调，每周小结进展，每月通报满意和不满意项目，协调解决各类问题69个。推行督查“清单化管理”制度，梳理海洋经济发展示范区建设、高质量发展工作等“十张工作清单”，设立“海豚奖”和“海龟奖”。开展“五个一”素质提升活动，全年组织集体学习48次，分享一本书、上一堂课、主题发言153人次，提出意见建议42条，撰写调研文章35篇，其中，产权式酒店现状的调查与思考等8篇文章获区领导批示。组建文体社团，开展最美办公室评比化。组织开展“明纪律、正作风、铸铁军”及“不忘初心、牢记使命”主题教育。

（黄智华）

外事工作

【概况】2019年，洞头区外事工作职能由统战部划转到洞头区政府办公室。落实公职人员因公出国（境）审批管理工作。建立几内亚侨团领保联络站和美国纽约温州灵昆商会领事保护服务站。加强涉外应急管理，调整各街道（乡镇）基层领保站人员名单，落实“五个一”制度，组织参加市外事办学习培训，配合做好全区安保维稳工作。开展部分机关单位和行政服务中心领事保护知识宣传普及，分发领事保护知识图册、关注“领事直通车”微信公众号、观看领保知识展板等，普及出国（境）前注意事项、在外护照遗失和文明出游等方面知识。启动“最多跑一次”改革，参照省、市事项目录和办事指南，在现有申办流程基础上提质增效，提高区外事办因公出国（境）申办速度。简化办事流程，减少审批环节和申报材料，审批时限由原来15个工作日压缩至8个工作日（大团9个工作日），小团和大团办理时限分别压缩46.7%、40%。审批材料由10类缩减至6类，减少40%。

【外事工作职能划转】2019年3月，洞头区外事工作职能由统战部划转到洞头区政府办公室，区委外事工作委员会办公室设在区政府办公室（区政府外事办），接受区委外事工作委员会直接领导，承担委员会具体工作，统筹协调、督办检查全区重要涉外政策和涉外工作。设区委外事工作委员会办公室秘书科，负责处理区委外事工作委员会办公室的日常事务，承担指导涉党际、民间组织和社会组织对外交往，承担全区外事工作；审核办理全区派遣因公出国（境）和邀请国外人员来访事宜；指导开展全区与外国城市的结好工作,组织落实区委、区政府领导的重要外事活动安排,承担区委外事工作委员会办公室日常工作。

【因公出国管理】2019年，区外事办落实公职人员因公出国（境）审批管理工作，完善区级行前审核报批制度，加强公职人员出访计划性、规范性和实效性。加强因公出国管理制度建设，完善计划编报及执行、任务公示、人员备案、经费使用、团组审批、出访总结等环节，提高因公出国管理规范化水平，建档齐备完整，严肃外事纪律，未发生在外超时、绕道等违纪现象。严格执行党政领导干部因公出访频次标准。全年成行8批次11人，其中计划内指标6人，计划外指标5人，符合10+8指标要求。

【海外领保站建立】2019年初，建立几内亚侨团领保联络站，当地侨领洞头区霓屿籍许经权担任联络站中心主任，设常务副主任2名，联络员4名。3月，美国纽约温州灵昆商会领事保护服务站申请登记和备案，设站长1名，副站长1名，联络员4名。

【对外交往】2019年8月，区委副书记团组出访，分别与德国、荷兰2个城市洽谈建立友好交流关系意向，通过与相关企业、院校、商会座谈，达成初步合作意向6项，签订意向书3份。参观慕尼黑Bio-Firm研究所，学习环保建材项目实际运用，对接发明家团队，签订环保建材开发项目合作意向；并学习慕尼黑传统文化挖掘工作经验和城市规划先进做法。访问法兰克福Ocean Ball Gmbh Berlin公司，学习新型可打印光伏发电设备生产工艺，了解海洋系能源产业和海浪潮汐发电技术，洽谈中德海洋（海浪）能源创新开发合作示范基地初步意向。与波恩大学农学院院长里昂教授、著名农业专家巴沃瓦博士和申建博士团队洽谈盐碱地、滩涂海洋湿地生态化改造利用及人才合作、技术支持等工作；与霍林赫姆DAMEN公司洽谈洞头鹿栖游艇修造及主题酒店项目，签订意向协议；走访阿姆斯特丹北荷兰省供水公司，参观离子交换-陶瓷膜微滤水厂，了解沙丘过滤水处理工艺；学习尼特瑙市推进高水平农业农村现代化发展进程中的先进经验。

（叶 丛）

应急管理

【概况】2019年，洞头区应急管理局组建。建立救援体系，防灾减灾救灾能力有效提升。培育发展以溢香国际、猎豹救援队等社会应急救援力量，全区建立应急救援队伍12支，全年出动专业救援力量近1.5万人次，处置火情等应急排险300多起，组织转移群众避险近万人。完成社会救援队伍人身意外险全覆盖，为全区居民投保自然灾害公共责任险，纳入省级民生管理系统避灾场所19处。

全区发生火灾24起、死亡3人，直接财产损失51.39万元。全年区领导专题研究消防工作10余次，开展消防检查20余次。组织开展“防风险、保平安、迎大庆”消防安全执法检查专项、消防隐患整治百日攻坚等行动和民俗祭祀领域消防安全“双十”专项行动。通过现场培训、法律讲解、手把手教授等形式指导街道（乡镇）提高行政执法能力和水平，办理处罚案件20起。

区消防救援大队深化消防执法改革，开展“学训词、铸忠诚、创新业、立新功”和“不忘初心 牢记使命”主题教育。设立区企业家协会“助企服务站”，建立每月定期驻点服务机制，帮助企业解决消防技术难题，帮扶企业30余家，上门服务20余次。联合北岙街道、住建、人社等多部门举办消防设施操作员培训班，推动为考取国家证书员工实施就业资金补助；推动建成北岙街道中心街“135”模式微型消防站，设置执勤器材点40个。推出洞头标准“海霞旅站”日租房，联合拟定《洞头区民宿审批管理暂行办法》。完成中华人民共和国成立70周年庆祝活动和世界青年家温州峰会洞头会场安保工作；参与“利奇马”台风奋战40余小时，连续出警37次、61车次、409人次，疏散被困群众27人，救出被困人员1名。吸取“7·22”较大火灾事故教训，组织开展以消防安全为重点的隐患大排查大整治工作。组织参加全市消防救援队伍第三届“瓯越卫士杯”实战化比武竞赛，获大队、中队团体总分第一，个人获单兵“金斧头”第一，成绩创历史最好。全年发布微博、微信、今日头条等消防安全提示3100余条，发送短信43.5万余条，播放LED宣传标语1600余次。全区各大中小学联合部署开展“消防进军训”“消防夏令营”等活动。采用“体验式”“上门式”培训方法，举办校园讲座60余次，受教育群众8000余人。开展以“防范火灾风险建设美好家园”为主题119消防宣传月活动，及社区、文化礼堂培训演练168次，免费发放各类消防宣传资料10万余份。区消防救援大队获评市支队政治工作先进单位，中队获评省总队执勤训练工作先进中队。

2019年6月，区消防救援大队开展燃气管路泄漏应急处置演练

（区消防救援大队提供）

【应急管理机构组建】2019年1月，根据洞头区机构改革方案，把区安全生产监督管理局职责，区政府办公室的应急管理职责，市公安局洞头分局消防管理职责，区民政局救灾减灾职责，区国土资源局地质灾害防治相关职责，区农林水利局水旱灾害防治、森林防火相关职责，及防汛抗旱、森林防火、抗震救灾等指挥部职责整合，组建洞头区应急管理局，为区政府工作部门。3月，区委办公室、区政府办公室下发职能配置、内设机构和人员编制规定。设立独立编制机构5个，其中行政类1个，为区应急管理局，设内设机构7个，分别为办公室、政策法规科（挂行政审批科牌子）、综合协调科、应急救援管理科、火灾防治管理科、安全生产基础科、危险化学品安全监管科。全额事业类3个，分别为区应急管理监察大队（参公）、区应急保障服务中心、区应急管理指挥服务中心（应急管理宣传教育中心）。行政编制13名（含事业单位行政职能回归的统筹编制4名）。

【实现线上应急信息全管理】2019年，率全市之先完成城市安全风险一张图建设，采集全区18个大领域、310个点位数据、隐患信息1792条，实现风险点全时段监测，重点企业实现安全生产无人化监管。全区12家应急救援队伍、5088件应急物资、737件应急装备、184类公共应急资源、83个避灾安置中心、3000余个监控高清等，均实现信息化上线管理。

【洞头民间救援队跨市救援】2019年8月10日，台风“利奇马”导致临海57.9万人受灾，463个村17.7万户断电。洪水还冲进灵江畔的千年台州府城城墙内，导致其老城区积水达1.5米左右，城内居住的大批居民告急。11日下午15时，溢香应急救援队准备大型后勤保障餐车、冲锋舟，携带有2吨干净自来水、大米等各种食物，以及一台30千瓦的发电机。到达临海市古城街道崇和门广场后，第一时间投入救援工作，为当地居民现场制作的盒饭，提供应急发电机，争分夺秒地为临海人民送去光明。

（叶旦舟）

【应急物资储备】2019年，应急物资储备职能从区民政部门划转至区发改局，组织实施全区重要储备物资和应急储备物资收储、轮换和日常管理，落实有关动用计划和指令。监督检查政府储备、企业储备及储备政策落实情况。建立区级物资储备中心库。全年调拨物资10批次；建立动态储备合作机制，与签订食品应急供应点人本超市协作配合，购买方便面120箱、矿泉水70箱、饮水机4台、桶装水40桶发放给避灾安置点群众，保证台风期间避灾安置点群众避灾安置基本生活需求。

（洪 星）

2019年8月11日，溢香应急救援队支援临海市抗洪救灾（区融媒体中心提供）

【“双随机、一公开”消防监督工作】消防部门转隶后，主要承担监督检查职责，不再承担审批职能，根据《关于深化消防执法改革的意见》和《国务院关于加强和规范事中事后监管的指导意见》要求，2019年10月1日起，全省消防救援机构全面推行随机抽取检查对象、随机选派检查人员、抽查计划和抽查结果全程向社会公开“双随机、一公开”消防监督检查机制。区消防救援大队制定《“双随机、一公开”抽查监管操作手册》并全市推广，规范监督检查流程，把两类场所、高层建筑、电动自行车等领域作为工作重点。结合消防管控“秒响应”平台建设，推广安装智慧用电261套、智能烟感2000余个、城市消防远程监控系统36家。全年检查单位5946家，督促整改火灾隐患3030处，办理处罚171起，临时查封54家，三停单位24家，行政强制2家，拘留10人。组织重大火灾隐患单位、高层建筑物业单位、人员密集场所、消防安全重点单位等消防安全负责人集中约谈150余人。温州市“双随机、一公开”消防监督工作试点现场会在洞头举行。

【“7·22”火灾事故救援】2019年7月22日3时12分，洞头区消防救援大队指挥中心接到报警称位于洞头区北岙街道广场路45号海湾家园一区9幢1单元某室发生火灾。大队于3时17分到场处置，4时57分明火熄灭，7时39分结束。火灾过火面积约170平方米，室内装修、家具、电器等均被烧毁，造成3人死亡（其中1人跳楼后经抢救无效死亡）。8月9日，经温州市消防救援支队认定，出具《火灾事故认定书》(温消火认字〔2019〕第0002号)，起火原因为麻将桌上点燃的蜡烛（祭祀用）发生倾倒后引燃周边可燃物引发火灾。

【水域专业救援设施等建设】2019年，区消防救援大队组织队员开展游泳、绳索技能训练，先后分三批次选送6名队员参加支队组织的国际救援水域救援培训，取得国际救援初中级水域救援资格证4人、国际救援中高级水域救援资格证1人、潜水员资格证1人、摩托艇驾驶证3人、无人机驾驶证2人。投资100余万元购买机动橡皮艇、水域救援服、潜水套装等水域救援装备和两台无人机，联合洞头区溢香应急救援队开展水域救援训练2次。

【洞头区职工消防安全技能比武大赛】2019年9月11日，洞头区举行职工消防安全技能比武大赛，全区33支代表队参加。开幕式上，为北岙街道、洞头水务发展有限公司、洞头溢香国际大酒店有限公司、温州金源新材料科技有限公司、浙江诚意药业股份有限公司、洞头区电子电器科技园等6支消防安全志愿者服务队授旗；职工代表宣读消防安全倡议书。比赛分为一人两盘水带连接操和干粉灭火器灭油盘火操，两组比赛相加，用时最少队伍获胜。比赛设置团体奖一、二、三等奖和组织奖若干名。比赛由区总工会、人力资源社保局、区应急管理局、区消防救援大队联合举办。

（钱鲁）

信用体系建设

【概况】2019年，拟定《洞头区信用信息管理暂行办法》。以区级公共信用信息管理和信用产品应用为重点，探索突破信用惠民便企应用场景。推动洞头区社会信用体系建设逐步优化，持续开展信用信息社会化应用探索。市对区信用建设评价暂定以温州市各县市区公共信用评价良好以上企业占比指标排名第2，综合信用指数排名全市第三。实现自然人（户籍人口）15.45万人，政府机关80个，事业单位149家，社会组织260个，企业（包括个体工商户）9442家全覆盖。实现统一社会信用代码100%赋码，完成省平台嵌入，公共信用信息目录涵盖50个部门372个信息项，录入信用信息近42万条。累计红名单462条，黑名单53条。开展企业、部门信用修复培训3期。整改退出黑名单12家，比例超过运营黑名单主体总量40%。

【信用信息管理】2019年，洞头区规范公共信用信息管理和信用产品应用，完善区级信用体制机制，明确区级信用信息采集范围、应用对象、平台设置等内容，健全全区社会信用管理体系。计录入及发布失信被执行人名单3159人次；曝光失信被执行人名单1007例；限制2125人次（含法定代表及高管84人）购买机票、动车、高铁票。新增小微企业361家，累计新增2332家，新增“守信贷”银行3家，小微企业成长卡新增开卡120张，累计开卡459张，新增小微企业“守信贷”贷款7.12亿元，贷款余额10.75亿元。“信易游”免票人数逾17万人次。

【洞头区“8·8”诚信宣传系列活动】2019年7月—9月，为深化全区社会信用体系建设工作，促进政府信用、企业信用、个人信用建设，全面提高全社会诚信意识，洞头区“8·8”诚信宣传系列活动，主题是“诚信，一座城市的生命”。活动内容包含诚信日宣传月、诚信金融知识宣传、信用约束“双随机”活动、劳动保障宣传、金融征信宣传、“全警防诈”宣传等活动。市金融办主任、地方金融管理局局长顾威、区委副书记、区政协主席王文胜、团市委副书记王伽伽、区人大常委会副主任叶明理、副区长戴冕、区政协副主席叶明久出席启动仪式。活动由区发改局（信用办）牵头，区经信局（金融办）、区人力社保局、区市场监管局、区公安分局、区人行承办，区传媒中心、各信用建设成员单位协办。

（俞漪）

电子政务

【概况】2019年，洞头区完成区生态环境分局、区统计局、区卫健局、区住建局、区农业农村局等5家单位专网整合。开展政务外网边界安全检查。完成浙江政务服务网洞头站改版，完善政府门户网站信息发布审核制度。区政府门户网站全年引用和发布政务信息3533条，同比增长7.8%。全年未发生重大网络运行故障与网络安全事故。

（苏海鑫）

对口支援协作

【概况】2019年，洞头区按照国家和省市新一轮东西部扶贫协作战略决策部署，成立洞头区对口工作领导小组，推动与南部县各项对口合作。制定出台《南部县东西部扶贫协作对口帮扶资金使用管理办法》《南部县东西部扶贫协作资金收益池使用管理办法》，规范与南部县东西部扶贫协作对口帮扶资金使用管理。全年拨付给南部县对口帮扶资金3300万元，实施冷链仓储物流工程、生猪养殖扶贫工程、金融扶贫工程等帮扶项目18个，项目惠及贫困人员7189人，全年资金使用3216.19万元，占资金总额97.46%。制定洞头区东西部扶贫协作重点工作任务，安排部署组织领导、资金支持、人才支援、产业合作、劳务协作、消费扶贫、携手奔小康7大项任务，涉及全区22个成员单位。其中，洞头至南部两地交流互访12批116人次；选派党政领导干部2名及专技人才到南部县挂职28名，党政干部培训420人次，开展专技人才培训401人次；新引导到对口帮扶地区扶贫浙江籍企业数17家，实际投资额44966万元，带动贫困人口脱贫数76人，援建扶贫车间65家，吸纳贫困人口就业339人；帮助贫困人口省内就业数1078人，到浙江就业数457人，到其他地区就业数979人；帮助南部县销售农牧产品1896万元，带动贫困人口1421人；医院、学校结对各2所，村企结对18对，镇镇结对2对，村村结对2对，培训致富带头人2251人次，创业成功9人，带动贫困人口数163人。

【洞头区与南部县扶贫协作交流】 2019年，为洞头区与南部县东西部扶贫协作第二年。双方签订《2019年度洞头区与南部县东西部扶贫协作框架协议》《洞头区残联、南部县残联扶贫协作协议》《东西部扶贫协作家政帮扶合作框架协议》《助力对口支援南部县农特产品销售采购合同》《洞头至南部东西部扶贫协作黄牛采购协议》。洞头区政府组织党政代表团到南部县交流考察；区教育局教师一行到南部县开展东西部扶贫协作“千里送教”行动，集中培训讲座与交流活动6场次，南部县近300名城乡学校校长、教师参加；区人力社保局组织14家企业到四川省南部县参加东西部劳务协作招聘大会；区审计局率队到南部县开展为期5天东西部扶贫协作专项审计；区残联慰问大王镇雨台山村、楠木镇花冠庙村、中心乡秧草沟村贫困残疾人37户，捐赠南部县残联扶贫款5万元，考察洞头与南部残疾人阳光驿站项目；北岙街道党工委副书记一行到南部县中心乡秧草沟村走访慰问老党员和贫困人员；洞头区实验小学师生一行到南部县永红乡九年一贯制学校开展千里师生共建活动；洞头区先锋女子民兵连定向招录南部县女民兵3名，服役年限3年；洞头区溢香国际大酒店员工到南部县中心乡秧草沟村开展东西部扶贫协作慈善宴活动，走访慰问秧草沟村贫困户43户，受众贫困学生100名；团区委、区教育局、区少工委在实验小学举行“情系南部·心语心愿”暨红领巾手拉手·书信交流共成长活动，与南部县100名少先队员手拉手赠送微心愿；团区委和南部县团县委联合举行对口帮扶、圆梦大学爱心助学金活动，发放助学金3万元；舌尖上扶贫“四川省南部县农产品展销中心授牌暨南部县农产品走进温州（洞头）启动仪式”在温州举行；温州技师学院组织四川南部县专班学生开展中秋系列活动，参观仙叠岩、海滨浴场、望海楼等景点。四川特色扶贫产品入驻温州市老供销实业发展有限公司洞头分店。南部县委副书记、县长黄波率领南部县党政代表团一行到洞头考察，到洞头区实验小学看望慰问南部县挂职教师，在九亩丘海创园举行“洞头区—南部县扶贫协作青年创业基地”挂牌仪式；南充市残联李会全理事长率南部县等六个县区残联理事长一行到洞头区开展扶贫协作交流考察；南部妇幼保健院考察团一行4人到洞头区人民医院等实地参观考察；洞头区帮扶资金捐助投资50万元的南部县花园旅游示范厕所工程开工建设。

2019年10月17日，四川省南部县农产品展销中心在洞头授牌。图为南部县特色农产品
（区融媒体中心提供）

【扶贫协作第一次联席会议】 2019年4月10日，2019年度洞头区与南部县扶贫协作第一次联席会议在洞头区召开，共同探讨新一轮东西部扶贫协作工作。双方签订2019年度洞头区—南部县东西部扶贫协作框架协议。2018年结对帮扶以来，两地利用帮扶资金100万元，实施“千人培训计划”，采用两地合作办班、专家集中授课、人才现场教学等多种形式，开展针对性培训，累计举办各类培训班21期，培训“四类人员”2151人。开展“万企帮万村”活动，洞头区8家企业签约结对南部县58个贫困村，每村平均援助2万元。区委书记王蛟虎，区委副书记、区长林霞，南部县委副书记、县长黄波等参加会议。

【洞头区党政考察团到南部县开展东西部扶贫协作交流考察】 2019年7月10日，洞头区委副书记、区长林霞率党政考察团到南部县开展东

2019年4月10日，2019年度洞头区与南部县扶贫协作第一次联席会议在洞头召开
（区融媒体中心提供）

西部扶贫协作交流考察，先后考察万年天波村洞头柑橘扶贫项目、浙川东西部扶贫工业园、满福坝水城、嘉陵江三桥、八尔湖乡村振兴项目等，南充市副市长、南部县委书记张根生，县委副书记朱仕友，县委常委、常务副县长袁剑柏，县委常委、副县长（挂职）朱大志，县政府副县长张全杰等县领导陪同。双方召开2019年度东西部扶贫协作第二次联席会议，会议深入交流了上半年度南部县东西部扶贫协作开展情况，并就洞南两地下一步开展扶贫协作工作提出了指导性建议。洞头区向南部县捐资扶贫款238万元。

【**两地残联签署残疾人扶贫协议**】2019年3月11日，洞头区残联与南部县残联在洞头签订《洞头区残疾人联合会南充市南部县残疾人联合会残疾人扶贫协作协议》。该协议要求双方重点在两地共建、技能培训、就业服务、康复服务、慰问帮扶等方面开展沟通合作，促进两地残疾人事业发展。洞头区委常委、副区长林伟宏和南充市残联理事长李会全等参加。

（叶晨浩）

行政审批管理

【**概况**】2019年，洞头区政务服务中心更名成立。全年受理各类事项169410件，办结169376件，办结率99.98%，满意率99.86%；完成各类交易项目274个，总金额17.60亿元。其中，工程交易项目96项，中标金额为9.6976亿元，节约金额1.15亿元，节约率10.62%；政府采购152宗，中标金额1.3952亿元，节约额1280.93万元，节约率8.41%；国企采购10宗，中标金额1451.96万元，节约金额5.94万元，节约率0.41%；产权3宗，成交额2881.118万元，增值1140.018万元增值率为68.22%；土地项目总数13宗，交易额6.07亿元，增加额3900万元，溢价率6.86%。

【**机构整合**】2019年1月，洞头区行政审批管理办公室（公共资源交易管理委员会办公室）机构整合成立洞头区政务服务中心。属区政府直属公益一类全额拨款事业单位，机构规格正科级。归口区委政策研究室领导。4月，建立中共温州市洞头区政务服务中心党组。5月，区委办公室、区政府办公室下发职能配置、内设机构和人员编制规定。下设办公室、审批管理科、交易管理科、监督检查科及信息保障科等五个科室。全额拨款事业编制19名。

【**审批服务**】2019年，区政务服务中心调整公布洞头区行政审批中介服务事项清单（2019年版）。助推“最多跑一次”改革，推进企业投资项目高效审批，助企减负。在全省企业投资项目审批“最多90天”基础上，进一步精简流程，试行洞头区一般企业投资项目审批“最多80天”实施办法，实现政府部门和水电气等公用事业审批总用时不超过80天。在全市率先推出企业投资项目“水电气通信”报装“一件事”，申请材料从11份精简到最少1份，报装环节从4个大环节压缩至1个闭环，报装时间从96个工作日压缩至40个工作日。持续开展减事项、减材料、减环节、减时限“四减”工作，梳理公布“一证通办”事项426个，推出民宿审批、企业开办等193个“一件事”。推出领导陪跑代办制、审批服务队上门服务制等。推进“智慧政务”改革，打造集星级大厅、大数据分析平台、基层站点服务平台、个人身份认证平台、智能客服系统等多功能为一体智慧政务平台，实现政务事项开通“网上办”100%，开通“掌上办”99%以上，实现“一证办”事项274个，“跨层级”可办事项304个，下放街道（乡镇）可办民生事项330个，“政银邮”合作可办事项67个，“瓯e办”自助机可办事项177个。整合优化窗口布局，开展事项颗粒化梳理，层层结构高频事项，制定“傻瓜式”办事指南，推出政务服务进村社、进企业等活动，实现群众办事家门口可办，

2019年1月23日，洞头首元科技有限公司赠送区政务服务中心锦旗（苏姗姗　摄）

通过“跑小二”“渔小二”等力量，为群众全程无偿代办，实现办事“零次跑”。

区级政务服务大厅推行“无午休”“春节不打烊”等服务，解决群众上班时间和政务服务时间重合问题，开通绿色通道，为台商、台胞、渔民提供专项服务，推出大厅经理坐班制、一把手驻窗制。推广网上中介超市，改善中介服务传统难题，全年累计进场交易项目80个，挂牌总计570.78万元。完善“电话+网上+掌上”智能咨询体系，事前咨询实现一键可查。构建政务服务“好差评”制度，推进“一次一评”“一事一评”“监督查评”，实现办件评价全覆盖，评价满意率99.86%。

【开评标区管理制度实施】2019年7月8日，为进一步保障全区公共资源交易工作的公开、公平、公正，加强开评标工作严肃性，切实维护公共资源交易各方当事人的合法权益，洞头区政务服务中心印发《洞头区政务服务中心开评标区管理制度》（洞政服〔2019〕21号），内容包含评标区管理规定、电子评标室管理规定、监控室管理规定、询标室管理规定、评标专家库抽取规定、其他规定和开标通则、评标通则、招标人或代理机构职责、监督管理人员职责、招标代理人员职责、评标专家职责等内容。

【企业投资项目“陪跑”代办工作实施】2019年4月26日，为深入落实“最多跑一次”改革，更好地为重点企业、重点项目服务，推进企业投资项目审批提速，根据《温州市企业投资项目政府代办服务工作实施办法（试行）》（温政办〔2018〕1号）、《洞头区企业投资项目无偿代办工作实施办法（试行）》（洞政办发〔2018〕21号）文件精神，洞头区政务服务中心印发《洞头区政务服务中心企业投资项目“陪跑”代办工作实施方案》（洞政服〔2019〕13号），“陪跑”代办范围包含洞头区内企业投资项目（指社会投资类项目），包括区委、区政府确定的“八大领域”建设项目、产业集聚区、特色小镇、工业（小微）园区等产业平台投资项目、招商引资（洞商回归）项目和其他区级及以上重点建设项目。代办内容涵盖企业投资项目从立项到竣工验收阶段所涉及的行政审批事项、中介服务事项及其供电、供水、供气、通讯等公共服务事项。涉及中介服务的，由项目业主自主选择中介服务机构。坚持自愿委托、协调联动、无偿代办、合法高效原则，组建区政务服务中心重点项目“陪跑”代办队伍，按照职责分工。通过项目征集、受理登记、任务分解、开展代办、办结归档等工作流程。开展陪跑上门服务。推出领导陪跑代办制，领导带队助企，挂钩登记“陪跑”代办项目3个。牵头部门组队为企业提供上门服务，全年累计服务12次，化解难题23个。

【洞头区一般企业投资项目审批“最多80天”实施办法试行】2019年6月27日，为深入贯彻落实“最多跑一次”改革要求，提高企业投资项目审批效率，优化全区营商环境，助推“两个健康”先行区创建，根据《关于印发〈浙江省一般企业投资项目审批“最多90天”工作指引（试行）〉的通知》(浙发改投资〔2019〕195号）精神，区改革办、区政务服务中心制定《洞头区一般企业投资项目审批“最多80天”实施办法（试行）》（洞改办发〔2019〕8号），办法适用范围为洞头区内投资企业投资项目（纳入省级公布负面清单项目除外），一般企业投资项目审批“最多80天”，小型项目审批“最多50天”。审批操作流程为项目立项、规划许可、施工许可、竣工验收等阶段。公用事业服务包含服务事项、审批流程、审批时限。

【公共资源交易市场管理】2019年，区政务服务中心牵头开展招投标领域专项整治，排查2018年以来电子招投标进场项目211个，发现线索11条，查实刑事案件1起，处理专家不良行为2起。推行全流程电子招投标，新增水利、交通工程项目，实现全区工程电子招投标全覆盖。开展工程项目交易主体减负行动，推行投标保证金利息返还制度，停止招标文件工本费收取，全年为企业减负150多万元。推动全区招投标平台规范化建设，废止全区建设工程发包管理办法，指导各部门规范开展工程发包和政府采购。

（苏姗姗）

机关事务管理

【概况】2019年，洞头区公务接待315批次，3620人次；完成2019两岸一家亲·半屏山系列活动、温州洞头蓝色海湾·海洋经济院士论坛等全区性重要会议和重大活动后勤保障工作和机构改革后办公用房调整。全区实现公共机构人均综合能耗、单位面积能耗、人均水耗分别同比下降约2.3%、2.1%和3.5%。推进公共机构垃圾分类，开展垃圾分类进机关、进校园、进社区“三进”活动。推进建成智慧后勤，落实后勤服务“关键小事”。组建膳食管理委员会，开展端午节、中秋节、冬至等传统节日“温馨食堂”系列活动。完成全省异地公务出行“一张网”平台建设。组织开展大门白芋助卖行动，与南部县开展南部县及洞头区农特产品售卖会，帮扶企业开展霓屿花水紫菜助卖活动。“不忘初心、牢记使命”主题教育首推党员干部《学初心、读原著》专栏8期。

【洞头区机关事务管理中心成立】2019年1月19日，洞头区机关事务管理局更名为洞头区机关事务管理中心。属区委、区政府直属公益一类全额拨款事业单位，参照公务员法管理，列区政府序列，机构规格正科级。5月，区委办公室、区政府办公室下发职能配置、内设机构和人员编制规定。下设办公室、接待服务科、公房和公共节能管理科、车辆管理科，下属3个事业单位，分别为洞头区机关后勤服务中心，洞头区办公用房管理服务中心，洞头区公务用车服务中心。全额拨款事业编制14名，参照公务员法管理。下属事业编制合计12名。

【公务用车全省一张网平台建成】2019年11月，为进一步深化公务用车制度改革，全面实现省、市、县三级公务出行“高效、便利、节约”，根据省、市关于深化全省公务出行“一张网”平台建设要求，区公务用车服务中心完成“一张网”平台建设正式投用，该平台采用“互联网+”公车保障模式，借助省政务外网公务用车管理平台，打通省与市、县平台用车渠道，实现统一预约程序、统一价格标准，统一费用结算，统一监督管理和平台间信息共享、数据交换和业务协同。全区主副平台50辆公务车纳入集中管理，统筹调度，集约使用。

【办公用房调整】2019年，根据机构改革工作要求，制定《洞头区机构改革办公用房调整方案》，对全区各机关事业单位办公用房重新调整配置，率全市之先完成机构改革后办公用房调整，确保各单位行政办公各项工作开展，涉及单位29家、1120余人、办公面积15000多平方米。

【洞头区首家绿色数据中心机房】2019年10月，为引领公共机构绿色数据中心建设，提高数据中心运维能力和管理水平，根据《浙江省实施〈公共机构节能条例〉办法》精神，《浙江省公共机构绿色数据中心建设指导意见》，洞头区档案馆绿色数据中心建成投用，并通过国家质量认证中心验收。该机房主机房面积120平方米，共5层，主机房位于4层，包含UPS室、电池室、配电间,共安装机柜16个。

【公共机构垃圾分类工作】2019年4月，机关事务管理中心牵头组织开展机关、事业单位垃圾分类工作，联合发布《关于行政机关及公共机构生活垃圾分类容器使用的通知》；6月，组织召开全区机关事业单位及公共机构分类垃圾知识讲座，特邀请省局张彬副处长讲解机关垃圾分类工作的先进做法和经验；7月，联合区考核组对部分区直机关、国有企业垃圾分类落实情况进行督查。截至年底，开展垃圾分类进机关、进校园、进社区20余场次，指导全区公共机构完成垃圾分类收集装置规范设置40多家。

（汪娟娟）

2019年区政府及办公室重要文件选目

表6

序号	文号	标题
1	洞政发〔2019〕13号	关于实施新一轮区对街道和乡镇财政管理体制的通知
2	洞政发〔2019〕17号	关于印发洞头区扶持村庄经济总部发展暂行规定的通知
3	洞政发〔2019〕18号	关于印发《洞头区支持台青台商创业发展的若干规定（暂行）》的通知

续表6

序号	文 号	标 题
4	洞政发〔2019〕19号	关于印发《洞头区深化“亩均论英雄”改革推进工业企业综合评价的实施意见》的通知
5	洞政发〔2019〕28号	关于进一步加强预算绩效管理、落实厉行节约若干规定的意见
6	洞政发〔2019〕29号	关于印发《关于加强和改进新形势下征兵工作的实施意见》的通知
7	洞政办发〔2019〕5号	关于开展巡游出租车行业服务质量提升“百日攻坚”专项行动的通知
8	洞政办发〔2019〕8号	关于调整洞头区殡葬基本服务项目的通知
9	洞政办发〔2019〕9号	关于印发《洞头区地名管理实施办法（试行）》的通知
10	洞政办发〔2019〕10号	关于调整工程建设项目招标采购范围和规模标准的通知
11	洞政办发〔2019〕13号	关于开展安全生产九大攻坚战的通知
12	洞政办发〔2019〕15号	关于印发《洞头区5G通信基础设施建设实施方案》的通知
13	洞政办发〔2019〕16号	关于印发《洞头区“拓空间强保障”专项行动实施方案》的通知
14	洞政办发〔2019〕18号	关于印发《洞头区反走私重点区建设实施方案》的通知
15	洞政办发〔2019〕19号	关于印发《洞头区加快培育工业企业、商贸业企业“升规上限”实施意见》的通知
16	洞政办发〔2019〕20号	关于进一步规范和加强区行政事业单位国有资产管理的通知
17	洞政办发〔2019〕22号	关于印发2019年洞头区深化“最多跑一次”改革推进政府数字化转型工作要点的通知
18	洞政办发〔2019〕23号	关于印发《洞头区儿童青少年“明眸皓齿”工程实施方案》的通知
19	洞政办发〔2019〕25号	关于创建新时代“两个健康”先行区加快民营经济高质量发展的实施意见
20	洞政办发〔2019〕26号	关于印发《2019年推进创建新时代“两个健康”先行区加快民营经济高质量发展的实施意见》责任清单的通知
21	洞政办发〔2019〕27号	关于印发《洞头区全面实施惠企政策“直通车”工作方案》的通知
22	洞政办发〔2019〕31号	关于印发《洞头区养殖水域滩涂规划（2017-2030）》的通知
23	洞政办发〔2019〕33号	关于印发《洞头区海岛普惠金融创新试点实施方案》的通知
24	洞政办发〔2019〕34号	关于印发《洞头区渔家乐餐饮服务质量等级评定办法》的通知
25	洞政办发〔2019〕36号	关于印发《开展工业区提质增效百日攻坚 助力海洋经济高质量发展专项行动方案》的通知
26	洞政办发〔2019〕37号	关于印发洞头区防汛防台抗旱应急预案的通知
27	洞政办发〔2019〕39号	关于印发《关于进一步规范区级国企改革管理的意见》的通知
28	洞政办发〔2019〕41号	关于印发《加快推进羊栖菜产业发展工作方案》的通知
29	洞政办发〔2019〕44号	关于印发《洞头区“两慢病”分级诊疗改革试点实施方案》的通知
30	洞政办发〔2019〕47号	关于印发《洞头区政府投资重点建设项目提速增效百日攻坚方案》的通知
31	洞政办发〔2019〕49号	关于印发《洞头区放宽企业住所（经营场所）登记条件实施细则》的通知
32	洞政办发〔2019〕52号	关于印发《洞头旅游“率先突破 一年见效”攻坚方案》的通知
33	洞政办发〔2019〕53号	关于印发《温州海洋经济发展示范区洞头实施计划》的通知
34	洞政办发〔2019〕54号	关于印发《洞头区生产安全事故应急预案》等三个应急预案的通知
35	洞政办发〔2019〕58号	关于印发鼓励和支持金融业发展改革与创新促进地方经济发展业绩考核办法的通知
36	洞政办发〔2019〕59号	关于印发《洞头区长坑水库饮用水水源地安全保障达标建设实施方案》的通知
37	洞政办发〔2019〕61号	关于印发《洞头区2019年松材线虫病防治方案》的通知
38	洞政办发〔2019〕62号	关于印发《洞头区气象灾害预警信号发布与传播规定》的通知
39	洞政办发〔2019〕64号	关于印发《洞头区入海排污口整治方案》的通知
40	洞政办发〔2019〕65号	关于印发洞头区国有企业员工招聘与流动管理办法的通知

（区政府办公室提供）

政协洞头区委员会

琴歌鱼跃 · 罗纯香

“海霞精神”

爱岛尚武　励志奉献

政协洞头区委员会

概述

【概况】2019年，洞头区政协召开常委会议7次、主席会议8次。组织开展同心小镇、海峡两岸（温州）民营经济创新发展、国际化休闲旅游度假、基础教育发展、健康养老产业、基层医疗服务提升等调研视察，形成调研报告，供区委区政府决策参考。围绕小微企业融资难融资贵、“三位一体”农民合作体系建设、城区占道经营、村社规模优化调整等重大民生问题开展调查研究，形成调研报告，供相关部门决策参考。全年开展“请你来协商”活动6次。围绕海岛乡村振兴、民营企业健康成长、村集体经济发展壮大、重大民生工程推进等问题，开展“三助三红”“三服务”37场次，走访企业、村居51个，帮助解决企业、群众和基层反映的困难和问题。开展城乡生活垃圾分类处理三级联动专项集体民主监督活动，组织随访监督40余次，提出意见12条。开展“两个健康”先行区建设、中小学生“明眸皓齿”工程推进、医养结合实施、乡村振兴示范带建设、公共文化服务重点区建设等专题监督。针对医共体改革、“基层基础提升年”活动和紫菜现代园建设等专项工作，开展跨界别联合视察监督，提出建议11条。

全年建成委员云工作室12家，常态化为基层群众提供法律、教育、卫生、城市管理、社会建设等方面咨询服务。组织开展“六送下乡”活动8场次，服务内容涉及科学辅导、健康义诊、文化惠民、名师助学等项目。区政协党组“不忘初心、牢记使命”主题教育紧扣主题主线，开展集中研讨5次，组织开展调查研究30余次，形成调研课题4个。全年召开理论学习中心组学习会12次，党组会议18次，学习座谈会23次。组织“新时代人民政协的新样子”专题讨论活动，组织开展讨论26次，形成金点子17条，笔谈文章16篇，均被省市政协采用。全年收集社情民意信息18篇，其中《关于加快瓯洞一体化融入长三角的建议》获市长姚高员指示。推行“智慧政协”建设，率全市之先推出委员云工作室12家，全年提供各类业务咨询1200余次，开展法律援助、服务走访等76场次，解决群众反馈的问题和困难25个。全年获省政协各类宣传栏目采用信息21条、市政协采用新闻稿件42篇，其他信息33条。

重要会议

【政协第八届洞头区委员会第三次会议】2019年2月22日—24日，中国人民政治协商会议第八届温州市洞头区委员会第三次会议在北岙召开。参加委员165名，列席176名，邀请市民代表旁听200名。会议听取审议并通过张释忠副主席代表政协第八届温州市洞头区委员会常务委员会委托所作的工作报告和叶明久副主席受政协第八届温州市洞头区委员会常务委员会委托所作的八届二次会议以来提案工作情况的报告；会议选举汪慧平为政协第八届温州市洞头区委员会主席，选举曹其忠为秘书长，选举林秀莲、赵春建、梁友谊、潘国波等为常务委员。12名委员就海峡两岸同心小镇打造、城区交通组织改善、洞头文化旅游发展、城乡垃圾分类处理、学前教育发展、“医养结合”养老模式推进等方面作大会发言。会议提交提案128件，审查立案110件，其中联名提案35件。

2019年2月22日—24日，政协第八届洞头区委员会第三次会议召开

（区融媒体中心提供）

【区政协主席会议】2019年，区政协召开主席会议8次。

1月22日，区政协召开八届十九次主席会议。会议审议区政协专委会机构调整事宜、关于召开政协第八届温州市洞头区委员会第三次会议的决定和区政协八届十次常委会会议建议议程及人事任免事项。

2月14日，区政协召开八届二十次主席会议。会议听取八届三次会议委员大会发言工作情况汇报；审议通过区政协八届二次会议以来优秀委员名单；审议政协第八届温州市洞头区委员会第三次会议相关事宜、区政协八届十一次常委会会议建议议程和相关人事任免事项。

3月14日，区政协召开八届二十一次主席会议。会议审议通过区政协领导班子分工事宜；审议《政协温州市洞头区委员会常务委员会2019年工作要点（草案）》、政协八届三次会议期间委员讨论情况的反馈意见、委员履职量化考核办法；研究市政协第十一次理论研讨会论文征集工作。

4月2日，区政协召开八届二十二次主席会议。会议审议陈赛玉辞去政协副主席、政协委员职务事宜。

5月20日，区政协召开八届二十三次主席会议。会议审议区政协八届三次会议以来的重点提案、对口提案和区政协自办提案相关内容和区政协八届十四次常委会会议建议议程；审议通过《政协温州市洞头区委员会关于庆祝人民政协成立70周年活动的实施方案》《区政协党员委员学习教育活动调整小组名单》；审议《政协温州市洞头区委员会中共党员委员与党外委员共学共联制度》《政协温州市洞头区委员会关于开展“请你来协商”工作的实施方案》《政协温州市洞头区委员会各专门委员会、联络组组成人员调整名单》。

7月22日，区政协召开八届二十四次主席会议。会议审议通过《政协温州市洞头区委员会关于开展“新时代人民政协的新样子”专题讨论活动的实施方案》《政协温州市洞头区委员会优秀委员、优秀提案、先进界别组和优秀召集人评选办法》《政协温州市洞头区委员会界别组履职量化考核办法》；听取小微企业融资难融资贵问题调研情况通报和“三位一体”农民合作体系建设调研情况通报；审议区政协八届十五次常委会会议建议议程。

9月23日，区政协召开八届二十五次主席会议。会议传达学习中央政协工作会议暨庆祝中国人民政治协商会成立70周年大会精神；听取区政协“请你来协商”蓝色海湾整治专题协商方案及筹备情况汇报和政协机关党组相关工作汇报。

10月21日，区政协召开八届二十六次主席会议。会议传达学习省委政协工作会议精神，研究贯彻落实举措。

【区政协常委会议】2019年，区政协召开常委会7次。

1月23日，区政协召开八届十次常委会议。会议听取区纪委、监委2018年监督执纪情况通报；审议通过《关于调整政协温州市洞头区委员会专门委员会机构设置的决定》《关于召开中国人民政治协商会议第八届温州市洞头区委员会第三次会议的决定》和有关人事任免事项。

2月14日，区政协召开八届十一次常委会议。审议通过政协第八届温州市洞头区委员会常务委员会工作报告、提案工作情况的报告、会议议程、日程、选举办法、提案截止日期等草案和报告人、列席人员、编组名单、执行主席分组和主持人、主席台就座人员、大会副秘书长、各级召集人等建议名单。会议审议通过有关人事任免事项。

2月23日，区政协召开八届十二次常委会议。会议审议通过《政协第八届温州市洞头区委员会第三次会议总监票人建议名单》《政协第八届温州市洞头区委员会第三次会议决议（草案）》；听取各界别组对区政府、区政协、区法院、区检察院所作报告讨论情况的汇报和对区政协主席、秘书长、常务委员候选人建议名单讨论情况的汇报；审议通过《区政协提案委员会关于区政协八届三次会议提案审查情况的报告（草案）》。

4月2日，区政协召开八届十三次常委会议。会议表决通过陈赛玉辞去政协第八届温州市洞头区委员会副主席、委员职务。

5月23日下午，区政协召开八届十四次常委会议。会议审议通过《政协温州市洞头区委员会常务委员会2019年工作要点》，区政协八届三次会议重点提案和对口提案建议名单，区政协各专门委员会、联络组组成人员调整名单，区政协党员委员与党外委员共学共联制度和《政协温州市洞头区委员会关于开展“请你来协商”工作的实施方案》。

7月22日，区政协召开八届十五次常委会议。会议传达学习省政协开展“新时代人民政协的新样子”大讨论活动精神；听取区政府关于海峡两岸同心小镇建设和中小学生“明眸皓齿”工程开展情况的通报和经济委和农业农村委关于小微企业融资难融资贵问题和“三位一体”农民合作体系建设的调研情况通报。

10月23日，区政协召开八届十六次常委会议。会议传达学习中央和省委政协工作会议精神；听取区政府关于全区经济运行分析情况、年度提案办理情况、“两个健康”先行区创建落实情况、医养结合实施情况以及区法院2019年工作情况的通报；听取城建资环委关于城区占道经营调研情况汇报；审议通过有关人事任免事项。

（戴冰凌）

协商议政

【概况】2019年，洞头区政协常委会按照省委、省政协关于开展县(市、区)“请你来协商”平台建设工作要求，聚焦“党政中心工作大事、改革发展要事、民生改善实事、社会治理难事”开展协商活动。区领导先后围绕同心小镇建设、蓝湾整治、公共文化服务、花园村庄环卫保洁、工业企业提质增效、交通状况改善等全区中心工作和群众普遍关心热点难点问题，与政协委员和基层代表“面对面”协商。全年开展“请你来协商”活动6次，专委会对口协商11次，52名政协委员和基层代表，针对76个问题作专题发言，提出意见建议98条，解决台湾青年住宿、医保、出行及子女就学等问题，实现工业企业优惠政策即知即办，推动《关于进一步深化湾（滩）长制工作的意见》等政策文件出台。

【首场“请你来协商”活动】2019年6月3日，洞头区政协举行首场“请你来协商”活动，政协委员代表与相关职能部门面对面协商群众关心的“公共文化服务体系建设”专题。根据区文广旅体局通报全区创建浙江省公共文化服务重点县建设工作情况，围绕“公共文化服务体系建设”主题，政协委员深入调查研究、收集公众呼声基础上踊跃发言，提出意见建议，区领导、相关部门负责人现场回复，协商活动持续3个多小时。区政协主席汪慧平主持会议，副区长叶锦丽出席。

【协商蓝色海湾整治工作】2019年9月24日，区政协举行“请你来协商·蓝色海湾整治邀您谈”活动，政协委员和基层代表共13人参加。活动听取相关部门关于区蓝色海湾整治规划与整治推进情况汇报，政协委员、基层代表通过即席发言、现场提问，道实情、提净言，与部门负责人现场“问·答”交流互动，共同探索海洋生态修复中海区功能划分和今后产业布局、持续守护好美丽沙滩、建立近海贝类资源保护机制、打造海产品交易市场等内容作协商发言，面对面交流互动，提出意见建议。区委副书记、区长林霞出席活动，区政协主席汪

2019年6月3日，洞头区政协举行首场“请你来协商”活动（区政协办提供）

慧平主持活动。

【协商推进海峡两岸同心小镇建设】2019年，洞头区政协常委会围绕区委关于海峡两岸同心小镇建设决策部署，深入调研，运用提案、大会发言、调研报告等履职手段，形成《探索吸引台青长效机制 打造两岸青年筑梦家园》等调研成果，供区委区政府决策参考。牵头制定《洞头区关于支持台青台商创业发展的若干规定》，盯紧盯牢同心小镇重点建设项目推进，主动对接市、区两级相关部门，按照时间节点抓落实，完成“民革之家”改造，举办两岸一家亲·半屏山系列交流活动贡献政协力量。助力洞头获评2019年度浙台经济社会融合发展突出贡献奖、获批浙江省海峡两岸交流基地、入选省级特色小镇创建名单。

（武晓峰）

民主监督

【概况】2019年，区政协常委会组织政协各参加单位、各专委会、各界别组对重点企业、中小学校、大型餐饮店垃圾分类情况开展随访监督40余次，提出意见12条。落实常委会议专题监督，听取区政府关于中小学生“明眸皓齿”工程推进、医养结合实施及“两个健康”先行区、乡村振兴示范带和公共文化服务重点区建设等情况通报，听取区纪委区监委、区法院和区检察院年度工作通报。针对医共体改革、“基层基础提升年”行动和紫菜现代产业园建设等专项工作，组织委员开展跨界别联合视察监督，提出建议11条。

【“城乡生活垃圾分类处理”专项集体民主监督】2019年，为进一步推进全区城乡生活垃圾分类处理工作，区政协副主席郭杭峰率城建资环委、区农业农村局和部分区政协委员成立专项民主监督组，开展“城乡生活垃圾分类处理”专项民主监督。先后到区综合行政执法局、各街道（乡镇），监督城乡生活垃圾分类处理情况，针对基层合力不足、垃圾回收渠道不畅通、易腐垃圾处置难、社会氛围不浓厚等问题，提出“强化宣传引导、完善分类体系、健全管理制度”等意见建议，助力全区城乡生活垃圾分类处理工作推进。

【“缓解小微企业融资难融资贵”专项民主监督】2019年，为深入了解全区小微企业融资途径、缓解小微企业融资成本，协商解决全区小微企业融资难融资贵问题，区政协专题成立监督小组，区政协副主席叶明久组织经济委员会、经济界委员、企业代表等，先后调研走访工商联所属协会商会4家、小微企业12家、金融机构及相关涉及部门5家，开展专题调研及民主监督工作，形成调研报告1篇，为推进全区小微企业三年成长计划（2018—2020年）和工业区提质增效百日攻坚进展提供决策依据。

【“最多跑一次”改革专项民主监督】2019年，为加快推进全区新时代“两个健康”先行区创建，区政协副主席叶明久率经济界、社科界委员走访企业、召开企业家座谈会，了解掌握企业司法保障需求及司法工作存在问题不足；开展专项民主监督，组织政协委员暗访区司法系统开展保障洞头“两个健康”先行区创建工作及“最多跑一次”改革工作情况，监督情况及时反馈司法系统，并督促司法部门及时出台创建新时代“两个健康”先行区提供司法保障若干意见，助力区“两个健康”先行区创建司法保障工作；与区司法系统开展面对面协商，推动区人民法院推出“浙江移动微法院”微信小程序，实现区企业网上申请立案、网上参与诉讼等司法行为，促使打官司从“让当事人跑”向“让数据跑”转变。

【“基层基础提升年”行动民主监督】2019年7月始，区政协为助推“基层基础提升年”行动组成调研指导组，由政协副主席郭杭峰带队，组织区政协农业农村委、区政协城建资环委和区委组织部、区民政局、区农业农村局等相关部门及部分区政协委员，对全区所有18个涉调村社开展走访调研，组织人员实地考察丽水、台州等地工作做法，了解全区各村社在村社规模优化调整后工作开展情况及存在困难和问题，为推进融合发展做好村社调整“后半篇”文章建言献策，对于前期谋划不深，工作指导不够，后续工作乏力，致使一些工作流于形式、留于表面等情况，作为社情民意向上呈报，引起区领导高度重视及督促改进。

（林玉明）

调研与活动

【概况】2019年，区政协联合省、市政协开展同心小镇建设、“委员会客厅”、海峡两岸（温州）民营经济创新发展、国际化休闲旅游度假、基础教育发展、健康养老产业、基层医疗服务提升等项目开展调研视察16次。走访党外知识分子、非公有制经济人士、新的社会阶层人士和宗教界人士。联合举办庆祝中华人民共和国成立70周年暨人民政协成立70周年千人歌咏会，组织开展“人民政协发挥专门协商机构作用研究”和“庆祝人民政协成立70周年”主题征文。组织委员编排节目参加市政协“壮丽七十年、风雨一路行”文艺晚会。组织科技、教育、卫生、文体、司法等部门，精选契合基层群众需求内容，开展“六下乡”活动8场次。全年接待省内外政协考察团28批437人次。

【温州民革党员之家揭牌】2019年7月22日，温州民革党员之家在洞头区金岙村揭牌。省政协副主席、民革浙江省委会主委吴晶为温州民革党员之家揭牌，省委会专职副主委刘净非，市政协副主席、民革温州市委会主委诸葛启钏，市委会原主委王德植、王小同，区领导汪慧平、刘素婷等出席。温州民革党员之家落户洞头区东屏街道金岙“101两岸同心村”，室内面积近400平方米，内设两岸展示区、学习交流区、会议室等，展示民革历史、温州民革组织各项工作，及温州和平解放与温州民革的渊源、温台交流等。温州民革之家作为民革党员交流基地，全年接待台湾新党主席、新中华儿女学会荣誉理事长郁慕明，中国国民党前主席洪秀柱，台湾创业青年等多批次客人。

【马光明调研洞头】2019年12月2日，省政协副主席马光明率调研组到洞头调研政协委员会客厅建设工作。马光明一行实地察看温州民革之家建设情况，听取温州民革之家的运作情况和近年来温州民革的祖国和平统一联谊工作情况汇报。马光明指出，创建委员会客厅，是省政协主动适应新时代人民政协面临新形势新要求。要统一思想，凝聚共识，发挥正确思想政治引领作用；要以开放理念、创新的思路，探索建好管好用好这个平台。委员会客厅要选准配强委员团队，把握正确政治方向，精心设计活动主题，建立健全制度机制，做到高水平建、高标准管、高质量用。市政协副主席黄寿龙，区政协主席汪慧平、副主席叶明久等陪同调研。

【人民政协成立70周年庆祝活动】2019年4月至12月，洞头区政协常委会以“凝聚发展共识、增强发展合力”为主题，开展专题理论学习、文艺晚会等“六个一”举措，庆祝人民政协成立70周年。组织开展“人民政协发挥专门协商机构作用研究”和“庆祝人民政协成立70周年”主题征文；联合举办“放歌伟大时代，建功海上花园”——庆祝中华人民共和国成立70周年和人民政协成立70周年千人歌咏会和视觉艺术展等活动。

【委员履职能力提升培训班】2019年7月29日—8月2日，洞头区政协2019年委员履职能力提升培训班在宁波市委党校举行，全区50余名政协委员参加培训。培训采取“课堂授课+现场教学”方式，包含“习近平新时代统一战线思想”“区域经济发展”“政协委员如何提升履职能力”等内容作辅导授课，现场教学走进宁波大学科技园区、得力集团等地实地调研，帮助引导政协委员准确把握新时代政协工作方向、方法和路径，理清履职思路，增强履职本领，助推洞头高质量建设“海上花园”中展示出新时代政协人担当有为新样子。

2019年7月22日，浙江省政协副主席、民革浙江省委会主委吴晶为温州民革之家揭牌　　（区政协办提供）

提案工作

【概况】2019年，区政协八届三次会议以来共提出提案128件，立案110件，交55家承办单位办理。立案提案中委员个人提案73件，联名提案35件，集体提案2件。截至2019年11月，提案均办理答复。提案所提问题已解决或建议被采纳64件，占58.18%；列入计划解决38件，占34.55%；因条件限制暂时不能解决，留待以后研究8件，占7.27 %。委员们对办理结果表示满意104件，占94.55%，基本满意6件，占5.45%。

（张华丽）

2019年洞头区政协重点提案目录

表7

案由	提案人	主办单位	会办单位
关于全域打造海峡两岸同心小镇的提案	王振宇	区委统战部	区台办
让美丽渔村向美丽经济转变——关于洞头海岛渔村发展振兴的提案	教育界别	区农业农村局	区文广旅体局、自然资源和规划分局、区金融工作服务中心、区投资促进服务中心、区人行

（区政协办公室提供）

专委会工作

【概况】2019年，洞头区政协各专委会重点围绕城乡生活垃圾分类处理、缓解小微企业融资难融资贵、“三位一体”农民合作体系建设专题协商、公共文化基础设施建设情况，同心小镇建设等开展调研协商。区政协城建资环委联合区农业农村局和部分区政协委员成立专项民主监督组，开展“城乡生活垃圾分类处理”专项民主监督。发现城乡生活垃圾分类处理中存在基层合力不足、垃圾回收渠道不畅通、易腐垃圾处置难、社会氛围不浓厚等问题，提出“强化宣传引导、完善分类体系、健全管理制度”等意见建议。区政协经济委组织政协委员、企业代表，调研走访协会商会、小微企业、金融机构等，开展专题调研及民主监督工作，形成调研报告1篇。区政协农业和农村委组织界别委员，针对洞头区农民专业合作社运行、营销、资金及服务平台建设等情况开展基层调研，查找问题和薄弱环节，研究制定区“三位一体”农民合作体系建设专题协商工作方案，助力破解区农村产业经济发展中存在的瓶颈问题。区政协科教卫体和文化文史学习委组织界别委员，走访视察区图书馆、城市书房、百姓书屋等场所，了解各公共文化服务站点为群众提供公共文化服务现状提出建议。区政协社法民宗和港澳台侨外事委通过外出考察、实地调研、座谈讨论等多种方式，多次组织委员与台湾青年交流，研究同心小镇建设相关问题。区委书记王蛟虎与区政协委员、台湾青年代表开展“面对面”交流，广泛听取意见建议，共谋海峡两岸高质量融合发展良计。

（武晓峰）

政协委员

【概况】2019年年末，洞头区市政协委员12名，其中女委员6名，占50%；区政协委员165名，其中女委员44名，占26%。

【委员名录】

市政协委员：

汪慧平　刘素婷　洪文才　何掌霞
陈冬梅　林海珊　许曹鲁　吴华征
曾　嵘　曾春萍　释芳振　林少珍

区政协委员：

王仁属　王和飞　王振宇　庄小萍
许荣胜　苏　娅　李金星　李柏瑞
杨小军　杨建国　汪慧平　张　杰
张　政　张忠强　张高爱　宋海良
陈昆肃　陈春飞　林　海　林加群
林宣志　郑祥飞　罗明近　胡忠豹
柯繁荣　翁玲玲　高海龙　黄立华
黄根键　彭德金　谢华跃　蔡柔雄
颜　波　王成和　王琛博　甘学伟
叶明久　戎　兵　庄东升　许丽芳
李永明　杨建立　吴静静　沈　峰
张大华　张立志　张剑慧　张丽彬
陈　胜　陈　燕　陈升湖　陈胜战
邵玉芬　林　帅　项　颖　赵春建
胡成业　胡鹏飞　夏建勇　郭　皓
黄招勇　黄莉莉　曾华越　蔡文昭
颜峥嵘　潘国波　王静新　叶凌志
吕焕伟　许永士　许志攀　李伯庆
杨迎炜　杨燕辉　陈冬梅　陈　肃
陈宣锟　陈素祯　陈献英　林郁峰
郑雪园　南薇薇　施立松　唐　琳
曹其忠　曾中扬　王晓群　甘世东
叶　敏　叶生杰　兰晓军　朱明义
朱荣飞　江卫兵　李慧玲　吴朝阳
余建亮　张剑亮　陆祥忠　陈丹凤
陈声进　陈坤沈　陈星星　陈素芳
陈斌斌　林　丽　林　涛　林少珍
林建斌　卓桂贞　周必杰　郑子阳
郑建林　柯友熙　洪正金　郭杭峰
梁友谊　王小华　王秀兰　王海珍
叶丽仪　吕良栋　苏小勤　李素勤
张军明　张洪星　张高永　陈后春
陈志文　陈群斌　陈赛玉　林秀莲
林奇福　林春芬　郑元阳　郑海山
泮海境　胡建雄　洪　震　郭青松
郭建忠　唐玉丽　黄丽燕　黄爱娥
童燕翔　曾　嵘　薛立峰　王祖成
朱建义　朱盛安　余雪琴　张希才
张释忠　陈仁毅　陈昆传　陈其钦
郑灵巧　郑声良　郑美蓉　胡海花
姚宗浩　郭维杯　释延源　释芳振
谢阿伍

（林玉明）

纪检监察

静谧渔夜·陈建辉

“海霞精神”

爱岛尚武　励志奉献

纪检监察

概述

【概况】2019年，洞头区全面推进“清廉洞头”建设，纵深推进全面从严治党，反腐败斗争压倒性胜利得到巩固发展，政治生态持续净化。全年召开区委常委会议研究全面从严治党工作9次和巡察工作五人小组会议2次。制定《洞头区容错免责事项备案办法（试行）》《温州市洞头区社会救助尽职免责办法（试行）》，印发《关于开展铁腕除弊、清风润商“五清单一承诺”行动 打造一流营商环境的实施方案》《2019年度全面从严治党主体责任落实暨清廉洞头建设情况考核办法》《洞头区开展基层站所执法队伍集中整顿行动工作方案》《2019年度行风政风双评议活动》等文件。

全年处置问题线索132件，同比增长26.9%，立案58件，增长20.8%，处分党员干部57人次，增长14%。查处职务犯罪案件留置2人，移送起诉5人。深化运用监督执纪“四种形态”处理128人次，处理比例分别为54.7%、35.9%、1.6%、7.8%。推进涉纪信访“最多访一次”，实现受理举报件、业务外举报件、重复件、上级转送件“四量”同降，保持越级访和赴省进京访零发生。

【监察体制改革】2019年，洞头区参照省、市纪委监委机构设置，根据《洞头区机构改革方案》，制定“三定”方案，明确机构职责，优化内设机构设置，确定机关行政编制37名。其中，区纪委常委5名，中层职数20名。以“职能发挥最大化”“条块工作紧密化”“工作任务均衡化”为导向，制定派驻机构改革意见，突破职责定位、领导体制、监察权限以及组数、职数、编制和监督单位调整等难点问题，整合优化12家机构为8家。区纪委区监委派驻公、检、法纪检监察组按原设置不变。

【百岛讲坛党风廉政专题】2019年5月10日，百岛讲坛——2019党风廉政专题讲座暨警示教育大会在洞头剧院举行。会议邀请市纪委副书记、市监委副主任龚大昕作党风廉政专题讲座，并观看警示教育片。龚大昕结合身边人、身边事，从如何维护好政治生态的绿水青山、打好作风建设持久战、深化监察体制改革等。四套班子领导王蛟虎、叶国胜等700余人参加会议。

【纪检监察干部素质提升班】2019年6月13日—15日，洞头区纪检监察干部素质提升班在温州职业技术教育学院继续教育学院开班，全区纪检监察干部参加培训学习。主要针对新形势下纪检监察干部精准履职能力要求，结合全区纪检监察干部队伍建设现状，以审查调查、案件审理、执纪执法安全等业务为主线。成立临时党支部和7个党小组，重温入党誓词，开展学习研讨和学习督查，严肃培训纪律。洞头区委常委、区纪委书记、区监委主任梅山标出席作动员讲话。

【警示教育活动】2019年5月23日，区委书记王蛟虎、区人大常委会主任叶国胜等区四套班子领导到乐清警示教育基地开展2019年洞头区党员领导干部警示教育参观活动。参观法纪警示教育基地，从党政机关、企事业单位、基层站所、村级组织反腐倡廉案例，到作风效能建设案例，再到模拟监所等，观看警示教育片。参观法纪警示教育基地监区。警示教育活动旨在增强全区四套班子领导法纪观念和廉洁意识，让领导干部自觉扛起重担和使命，带好头、领好队，为清廉洞头建设增添助力。

重要会议

【区纪委一届五次全会】2019年3月5日，区第一届纪律检查委员会第五次全体（扩大）会议在区行政服务中心召开。会议听取并审议通过区委常委、纪委书记、监察委主任梅山标代表区纪委常委会所作的《坚持稳中求进、立足全面发展，努力把洞头建设成为清廉温州的示范区》工作报告。贯彻落实上级纪委全会和区委全会、区“两会”精神。区委书记王蛟虎出席会议并讲话。区领导叶国胜、汪慧平、吴志安等；区纪委委员、区监委委员；区政协秘书长，区人大机关、区政协机关各委（室）主要负责人、专职常委；各街道（乡镇）党（工）委书记，纪（工）委书记、副书记；区直属各单位、省市属有关单位主要负责人，纪检组长（纪委书记或分管负责人）；区委巡察机构全体人员；区纪委区监委派驻（出）纪检监察组全体人员；区纪委区监委机关全体人员；及部分区第一次党代会代表等210多人参加会议。

【区委第六轮巡察工作动员部署会】2019年10月15日，洞头区一届区委第六轮巡察工作动员部署会召开。会议传达中央、省市区委关于巡视巡察工作的新精神新要求和区委书记专题会议精神，全面部署区委第六轮巡察工作。区领导梅山标、邵建乐参加会议。区委第六轮巡察工作安排3个常规巡察组，巡察区文化和广电旅游体育局、区综合行政执法局、区农业农村局、区退役军人事务局、区统计局、市医疗保障洞头分局、区旅游发展中心、霓屿街道、职业技术教育中心、海霞中学、城关一小等11家单位党组织；安排2个村居交叉巡察组，巡察北岙街道、霓屿街道所辖11个村级组织；组建专项巡察组，联动推进全市小微园建设管理领域专项巡察工作。区人力社保局就巡察整改工作作典型发言，霓屿街道、区文化和广电旅游体育局就配合巡察工作作表态发言；会议对巡察工作联络员进行巡察业务培训。

2019年3月5日，洞头区第一届纪律检查委员会第五次全体（扩大）会议

（区融媒体中心提供）

【全区基层清廉建设现场会】2019年10月17日，为推进全面从严治党向基层延伸，切实加强基层纪检监察工作和清廉建设，全区基层清廉建设现场会在霓屿街道召开。参观霓屿街道纪工委、监察办规范化办公场所——“清风茶室”以及谈话室，听取霓屿街道关于“霓虹之屿、清风之路”主题建设情况介绍和全面从严治党主体责任落实、纪检监察规范化建设、基层治理等方面工作；北岙街道、大门镇、东屏街道、元觉街道、鹿西乡分别交流特色亮点做法。与会人员现场观摩霓屿街道桐岙村的“海霞说事”之“霓有话说”村民议事活动。市纪委常委、市监委委员蔡月琴，区委常委、区纪委书记、区监委主任梅山标等出席会议。

党风廉政建设

【概况】2019年，洞头区制定党风廉政建设和反腐败工作组织领导与责任分工，推进“清廉洞头”建设，全方位加强作风整顿、专项整治，广泛开展“明纪律、正作风、铸铁军”主题教育月和警示教育月活动，办好“百千万”党性教育读书班。推进宣传思想工作“守正创新”，学习贯彻《中国共产党宣传工作条例》等党内重要法规，落实意识形态工作责任制，组织党员观看《解放洞头》《海霞》纪录片和兰小草电影。纠治15名“庸懒散慢”干部，完善“红黄牌”管理，厘清村社干部正向干事清单和负面底线清单。推进全面从严治党，全区纪检监察机关共立案58件，党纪政务处分57人。建立健全廉政纪律教育全面性、长期性、常态性制度机制，开展“党员姓党不信教”专题讨论、党员不信教专项承诺等活动。查处5名信教党员，其中除名1人，责令限期整改4名。组织全区6794名党员干部观看警示教育片，深刻剖析违纪违法案件发生原因，以案释纪、警示震慑，让党员干部以案为鉴、警钟长鸣。强化分级谈话、谈话纪实、廉政风险预警，实现提醒谈话全覆盖，全区纪检监察系统共开展谈心谈话提醒4310次,其中,涉及乡科级以上干部2045人次。

【全面从严治党主体责任考核】2019年，洞头区纪委区监委完善“五单一网”定责机制，强化纪实平台线上监督，审核上传履职信息24000余条，退回61条；线下动态督查发送廉情抄告单12份、预警提醒单18份、整改通知单76份，督促履行“一岗双责”和整改销号，问题整改到位率98%。完善“五报告”履责机制，区镇两级分别听取10个单位党委（党组）书记和56个村社书记落实主体责任情况报告。完善“三式”问责机制，对苗头性、倾向性问题，提醒、警示谈话158人次；公开澄清正名干部15人；问责因落实主体责任不力10人，通报党组4个。评定区审计局等18个单位为2019年度全面从严治党主体责任落实暨清廉洞头建设考核优秀单位。

【铁腕除弊、清风润商“五清单一承诺”行动】为深入贯彻落实中共十九大精神和习近平总书记关于进一步纠正“四风”、加强作风建设的重要指示精神，2019年3月20日，洞头区委办、区府办印发《〈关于开展铁腕除弊、清风润商“五清单一承诺”行动，打造一流营商环境的实施方案〉的通知》（洞委办发〔2019〕12号），推行亲清新型政商关系“三张清单”（机关单位及其工作人员政商交往“正面清单”“负面清单”和清廉民企建设“引导清单”）、贯彻落实海洋经济发展示范区建设决策部署“两张清单”（机关单位及其工作人员贯彻落实海洋经济发展示范区建设决策部署“正面清单”和“负面清单”），开展反对“挈篮子”承诺。通过开展自查整改、优化涉企执法环境、深化民生领域专项治理、深化“行风政风双评议”活动、推进清廉细胞建设、依法保护企业和企业家合法权益、加大查处问责力度等举措。全年开展督查10次，约谈干部24人次，问责3人，全区股级以上干部签订承诺书1489份。查处破坏营商环境问题7起，问责10人。

【基层纪检监察规范化建设】2019年，区纪委加强基层纪检监察规范化建设。霓屿街道按照纪检监察规范化要求，修缮纪检监察办公大楼，配备规范化设施，完善规范化制度，出台《清廉霓屿纪委监察规范化一本通》，推出“霓有话说”百姓议事平台；北岙街道创新开展“微”巡察，突出“短、平、快”，时间控制在20天内，规范巡察反馈时间，5个工作日内反馈微巡察结果，10个工作日内制定整改方案，30天内整改完毕；大门镇推行阳光村务智慧监督平台助力“清廉村居”建设，全镇在外人员只需下载软件即可查询全镇所有村居的“三务公开”情况；东屏街道探索村级大额资金竞争性存放，实现公开透明，建立制度篱笆；元觉街道以重塑清廉机关示范维度，完善支部规矩执行维度，拓展群众抵近监督维度，构建基层清廉建设新架构；鹿西乡以建设“清廉鹿西”纪事馆、廉政书屋、网上微站、打造信息员队伍等方式营造浓郁清廉氛围。

【警示教育月活动】为深化“明纪律 正作风 铸铁军”主题教育，引导党员干部进一步增强政治意识和党性修养，树牢“四个意识”、坚定“四个自信”、做到“两个维护”，2019年5月，洞头区开展警示教育月暨深化“明纪律 正作风 铸铁军”主题教育活动，包含一次警示教育会议、一次警示教育参观活动、一期党风廉政专题讲座或培训、一次廉政风险排查和防范化解、一次专题民主生活会、一次党纪法规测试、一次清廉文化创建活动、一场警示教育巡回展览、一次专项清理活动、一次大督查活动等内容。组织党员干部开展“大学习、大讨论、大反思”，实行党委（党组）“会前学纪学法一刻钟”。期间，全覆盖开展廉政提醒谈话3262人次，其中科级以上干部376人次；主动向组织说明违纪问题2人，退缴各类违纪所得和礼品礼券23.3万元。获市委书记陈伟俊批示肯定。

【“聚焦四有、锻铸铁军”主题实践活动】2019年，区纪委区监委组织开展“聚焦四有、锻铸铁军”主题实践活动。成立机关党委、机关纪委，分设5个党支部，坚持“周一夜学”制度，推进省级文明单位创建。开展访百企联百村走百户“三百”行动，走访企业31家、街道（乡镇）6个、村社46个，收集化解问题50个。开展“回访教育再出发”活动，回访受处分人员20人。举办党纪法规知识测试、初核方案制定、审查报告撰写、信息比武等岗位大练兵活动，举办两次集中业务培训，开设“清廉讲堂”“案件沙龙”，实行“1+1+X”师徒制，发挥业务骨干传帮带作用。推行纪检监察工作一体化协同机制，实现“整合力量、统一管理、绩效共享”。落实“五张清单一张网”，实行“三报告一记录”制度，细化落实“八小时外”管理办法，严格执行工作日饭局报备。出台《关于进一步完善纪检监察机关监督检查工作制度的通知》。坚持每周无预告检查，组建特约监察员、纪检监察信息员两支队伍，严格内部管理，强化外部监督。

纪律检查

【概况】2019年，洞头区监督检查贯彻落实习近平总书记重要指示批示精神和党中央、省委、市委、区委决策部署情况。构建“动态监测、实时预警”政治生态评估预警实时监测平台，完善“5+1”指标体系，全年黄色预警单位17个，红色预警单位2个，约谈干部56人。全年聚焦“三不三乱”查处问题28起，问责38人。“不忘初心、牢记使命”主题教育期间开展“庸懒散慢”干部专项治理，查处问题7起，党纪政务处分2人，解聘2人，免去中层干部职务3人，通报批评7人，约谈提醒1人。

【容错免责事项备案办法试行】为进一步激励广大干部担当作为、开拓进取、干事创业，健全完善容错纠错免责机制，根据中央和省、市、区委容错纠错有关精神和《关于推动容错纠错机制细化落地的实施办法（试行）》（温组发〔2018〕132号）等文件精神，2019年5月21日，区纪委、监委和区委组织部联合印发《洞头区容错免责事项备案办法（试行）》（洞纪〔2019〕53号），办法坚持“三个区分开来”、分级负责、实事求是、一事一备原则。具体事项包含推进改革和体制机制创新，落实上级决策部署、依法履职，推动重点工作、重大项目，化解矛盾、解决历史遗留问题，处置突发事件、执行急难险重任务，其他需要容错免责备案工作等内容。容错免责备案工作实行分级负责，重大事项经区委常委会研究确认。全年备案事项16个涉及25名干部。

【行风政风双评议活动】2019年，根据市委市政府《2019 年度全市万人评机关中层处室和基层站所活动实施方案》（温委办发〔2019〕20号）要求，结合区“铁腕除弊、清风润商‘五清单一承诺’，打造一流营商环境”作风建设活动安排，区政府作风办组织开展行风政风双评议活动。全区177个中层科室和44个基层站所参加评议，其中纳入市万人综合评议网络系统评议中层科室45个和基层站所44个。全区参评单位设置监督牌，接到群众举报8起。季度动态督查下发通报1起、整改通知书18份，电话回访不满意服务对象155个，向11个单位反馈问题42个。最终评出满意单位12个、不满意单位6个。

【“三不三乱”问题专项行动】2019年，洞头区纪委坚持问题导向、强化责任落实、严肃监督执纪，扎实开展党员干部“三不三乱”专项治理工作。按照“每月一主题、每月有声音、每月有通报”要求，加强日常检查，对党员干部违规违纪行为高密度开展明察暗访。结合“让老百姓微笑、向微腐败开刀”专项治理，查处发生在群众身边的腐败案例9起，其中涉及党员干部不担当不作为案例3起，党纪政务处分2人，通报批评1个单位。针对重点项目建设、乡村振兴、“花园洞头”建设、“最多跑一次”改革以及上级党委政府重大决策部署等中心工作开展督查，严肃查处有令不行、有禁不止，上有政策、下有对策，做选择、搞变通、打折扣等行为。督查进展缓慢的重点建设项目3个，未发现不担当、不作为、慢作为、推诿扯皮等问题。建立健全问题线索的收集、汇总、移交、督办、转办工作机制，深入部门、农户、项目一线开展明察暗访。开展14次明察暗访，受理群众投诉信访件3件，办结3件。建立“巡察+联组协作+机动回访”专项督查机制，完善“纪检监督+职能监督+群众监督+舆论监督”一体化模式，开展联动督查9次，发现问题13个，5家单位因办公用房清理整改不彻底、虚假整改受到通报批评处理。全年查处不担当不作为等形式主义官僚主义典型问题共24起，处分37人，其中党纪政务纪处分14人，通报批评13人，诫勉谈话10人。

【洞头区“营商环境提升年”行动】2019年，洞头区工程落实全市“营商环境提升年”行动，把营商环境建设列入重要议事日程，围绕新时代“两个健康”先行区创建、优化营商环境“十一条措施”和治怠政“九条措施”。全区“营商环境提升年”行动实施方案，成立区营商环境提升年行动领导小组和区营商环境服务监督局。全面推行“无差别全科受理”服务模式，加快“一窗受理、集成服务”，实现28个部门950个事项全部“一窗”受理，占所有事项74.5%。制定《关于加快海洋经济高质量发展促进海洋强区建设的扶持政策（试行）》累计兑现16648.46万元，涉及500多家企业。实行涉企税收“柔性服务”，规范自由裁量权，对211户纳税人作出“首次不予税务行政处罚”处理决定，减免约1.5亿元。净化招投标市场，取消代理会员制度和相关收费。梳理公布102个涉批中介服务事项，启用网上“中介超市”。选派84名干部担任100家规上企业、重点招引企业、小微企业营商专员（代办员），同步建立考核评价机制，严格落实“办不了报告”制度，实施销号清单制，通过营商专员、企业座谈会、效能监测点等渠道收集问题239个，开展助企服务185次，发出抄告单51份，化解问题235个，化解率98.3%，为企业减负1075万元。严肃问责倒逼工作落实，发出通报7期，涉及单位14家，通报典型案例4起；查处破坏营商环境问题8起，处理8人。建立问题线索共享机制，并发放监督卡和工作手册800份，公布电话、微信平台、邮箱等监督联系方式。实行涉企执法检查备案制。明确7条禁令，严把执法计划、内部备案、检查结果、补充备案等4道审批关卡，累计备案138多件（次）。组建专项巡察组，向124家企业发放问卷361份，组织召开2场行业座谈会，重点巡察5家部门单位，谈话80余人次，调阅各种文件资料50多份，排查问题线索14个。挖掘宣传典型经验、做法，通报曝光推进不力、推诿扯皮、吃拿卡要等突出问题，发布营商专员手记、政策宣传等各类专题报道134期（篇），其中省纪委微信平台采用案例1次，市级媒体26篇，编发专报13期。

监察管理

【概况】2019年，洞头区完善“五单一网”定责机制，全面实行主体责任季度工单、负面清单、廉情抄告单、整改通知单、预警提醒单制度。完善“五报告”履责机制，实行“一岗双责”情况“两报告”和主体责任评议“三报告”，督促履行“一岗双责”和整改销号，问题整改到位率98%。完善“三式”问责机制，建立健全纠错式提醒机制、捆绑式问责和澄清式保护机制，提醒、警示谈话158人次，通报党组织4个。首创社会救助工作尽职免责机制，获评全国社会救助创新实践十佳案例。

清廉村居长廊格言警句　　（区纪委办公室提供）

【“清廉细胞”培育创建】为深入贯彻落实省委关于建设清廉浙江决策部署，2019年，区纪委开展“五位一体”清廉细胞创建，培育清廉机关、小区、学校、医院、企业等清廉细胞73个。其中，清廉细胞示范点3个（清廉机关示范点1个、清廉村居示范点2个），清廉机关13个，清廉学校4所，清廉基层站所3个，清廉医院（卫生院）2个，清廉企业4个，清廉村居19个。清廉基层站所摘牌1个。

【村级小微权力监管】为细化明确村级权力清单运行流程各个关键环节具体操作细节，确保权力公开透明运行，区纪委联合区委组织部、区农业农村局、区民政局和区卫健局印发《洞头区村级小微权力清单二十六条》（洞纪〔2019〕57号），包含村级重大决策、采购、工程、财务、阳光村务、集体资源和资产管理、农村宅基地申请、村

学校廉政文化墙　　（区纪委办公室提供）

民救助申请、村民用章管理、计生服务、服务村民其他事项等11个方面26项小微权力流程。制定村级党组织负责人落实主体责任负面清单、村（居）干部履职负面清单、三资管理负面清单、村级工程管理负面清单等“四张清单”。试行村级大额资金竞争性存放制度，东屏街道第一批5个村居2610万元村集体资金通过竞争性存放，平均年利率从原来3%提至4%。

【创新“海霞说事”制度】2019年，区纪委监委健全完善集“说事、议事、办事、评事”于一体的“海霞说事”制度，每月固定开展一次以上说事日活动。根据说事主题，邀请村民代表、党员代表、两代表一委员等共同参与协商，村“两委”干部现场解答和领办，探索“党内监督+群众监督”新模式，海霞说事平台常态化开展群众问廉活动，针对群众关注度高、问题建议集中热点难点问题，村两委干部现场作出解答，乡镇纪委对村干部治党不严、为官不为、行风不正、庸政怠政、漠视民意等问题进行监督问责。累计开展各类说事26场次，收集意见建议100余条，全区大信访同比下降32%，涉纪信访同比下降46%。

巡视巡察

【概况】2019年，洞头区制定《洞头区委巡察人才库建设及管理办法》《关于巡察整改约谈工作的若干规定》《关于巡察发现问题线索交办工作的若干规定》《洞头区村（居）、基层站所巡察工作全覆盖实施方案》。全年开展常规巡察3轮、专项巡察4个，巡察党组织68个，发现问题494个，移交问题线索20件，督促上缴违规资金1300余万元。

【洞头区委巡察人才库建设及管理办法】根据《中国共产党巡视工作条例》《中国共产党温州市洞头区委员会巡察工作实施办法》和《中共温州市委巡察人才库建设及管理办法》有关规定，为规范和加强区委巡察人才库建设及管理，2019年9月16日，区委巡察领导小组制定《洞头区委巡察人才库建设及管理办法》（洞巡〔2019〕5号），包含总则、人才库建设、人员抽调、工作要求、附则等5章21条。人才库人员数量约80人，其中年轻优秀干部10名、专业技术人才技术业务类和党务工作类40名，其他专业人才由区委组织部、区委巡察办商有关部门选派。办法即日起施行。

【巡察整改约谈工作若干规定】为压紧压实巡察整改主体责任，严肃巡察整改工作纪律，根据《中共浙江省委巡视工作领导小组关于巡视整改约谈工作的若干规定》《中国共产党温州市洞头区委员会巡察工作实施办法》《被巡察党组织配合区委巡察工作规定》文件精神，2019年9月16日，区委巡察工作领导小组制定《关于巡察整改约谈工作的若干规定》（洞巡〔2019〕6号），约谈对象为每轮被巡察党组织，约谈主要内容包括贯彻中央和省委、市委重大决策部署、落实区委中心工作、党委（党组）履行全面从严治党责任、巡察发现的典型性突出性、落实巡察整改主体责任等方面存在问题及其他需要约谈问题。约谈程序为向被约谈人说明约谈事由和目的、指出存在问题，提出整改要求、对落实整改要求进行表态。约谈工作一般在巡察反馈后一个月内完成。规定即日起施行。

【巡察发现问题线索交办工作若干规定】为做好巡察“后半篇文章”，提高巡察发现问题线索移交工作的权威性、严肃性，促进巡察成果运用，根据关于巡视整改约谈工作若干规定，2019年9月16日，区委巡察工作领导小组制定《关于巡察发现问题线索交办工作的若干规定》（洞巡〔2019〕7号），巡察期间发现问题线索重点是指反映被巡察党组织领导班子及其成员、下一级党组织领导班子主要负责人（含已退休、已调离）等问题。问题线索交办一般在区委书记专题会议后5个工作日内进行，问题线索支撑材料一并移交。接收单位按照“谁接收、谁反馈”原则，自签收问题线索起 3 个月内向区委巡察工作领导小组办公室报送办理情况。规定即日起施行。

【第四轮巡察】2019年3月1日至4月15日，区委开展第四轮巡察工作，召开动员部署暨巡察业务培训会，成立3个常规、2个村居延伸巡察组，巡察8个区直部门和11个村居；开展行政单位机构改革专项巡察。发现问题107个。主要“三重一大”研究决策不规范问题，会议记录不完整、不全面，会议纪要随意更改。违反决策程序，部分重大事项没有提交党组会议研究、党组会议研究事项程序倒置、主要负责人没有落实“末位表态”制。执行党组会议决定变样，决定与执行内容不一致。财经纪律执行不严问题，超标准发放授课费，授课费用支出未附会议文件、签到表和职称证书未按合同约定支付款项且未附相关材料及说明。物品发放签收手续不全、款项发放由他人代领代发。铺张浪费讲排场问题。

（苏 建）

人民团体

闹鱼灯 · 王洁灵

“海霞精神”

爱島尚武　励志奉献

人民团体

总工会

【概况】洞头区第八届委员会两委委员29人（工会委员会委员和经审委委员）。截至2019年年底，全区有基层工会263家，工会会员数1.9万人，其中行业工会11家、机关事业单位工会103家、乡镇（街道）总工会6家、社区工会15家、企业工会128家。

2019年，区总工会深化工会改革，组织洞头沙岙至岙底段工程、生态漫道二期工程等4个重点项目参加市级立功竞赛。建立港口物流和医疗行业2家产业人才实训基地。举办“工人在行动、匠心铸百岛”全区职工职业技能系列竞赛，发动企业广泛开展电子电器等各类技能培训近90期、培训职工2500多人次。承办温州市门座式起重机操作技能竞赛和“惬意温州”疗休养推介洞头专场。新增洞头先锋女子民兵连纪念馆和泉丰、东岙民宿等6家特色酒店民宿市级疗休养基地。组织参加嘉兴、湖州等地主题推介，全年累计接待省内外疗休养职工14700多人次，疗休养直接产生经济效益1176万元。实施农产品消费、疗休养等项目协作帮扶，向南部县输入经费约79万元。实施“三项助跑、三心关爱”品牌专项行动，开展“四一”作风整顿，推动“当一周工人·悟工会初心”活动制度化常态化。“洞工e家”线上服务阵地实现换届、职工移动入会、互助保障线上理赔等业务办理“零次跑”，会员实名制数据1.5万名，粉丝数3.8万人，全省排名前列。

【职工宣传活动】2019年，区总工会深入园区、企业、班组开展职工流动讲堂、劳模讲坛、工会微课堂，围绕“打造新型产业工人队伍”主题，线上线下组织职工开展“两区创建”大讨论，征集建议百余条。开展中华人民共和国成立70周年暨“五一”系列宣传活动，举办“祖国好、劳动美”职工文化展演、“海上花园 健康先行”千名职工健步走等活动，组织“祖国好·劳动美”主题摄影比赛。选树全国优秀农民工、省级劳模滕宝贵等一批技能人才，依托全媒体推出劳模工匠宣传40期。

【职工帮扶服务】2019年，区总工会常态化开展“两节”慰问、职工救助等传统帮扶品牌，累计发放帮扶资金18万元，帮扶困难职工家庭78名，“春送岗位、夏送清凉、秋送助学、冬送温暖”四季行服务职工6650人次。职工医疗互助保障为1万名职工构筑“第二道”健康防线，全年累计减轻职工医疗经济负担83.7万余元。新增省外疗休养路线10条，新建户外劳动者爱心驿站5家，面向基层输送职工讲堂、工益乐学、健康关爱、交友联谊等文化服务80余场，服务职工2000余人次。新增星级妈咪小屋3家，举办“巾帼展春韵、魅力绽百岛”女职工趣味运动会以及瑜伽、中华韵培训，着力关心关爱女职工群体。举办“法制护航民营企业 助力‘两个健康’先行”和“维权伴你 共创和谐”等为主题职工普法宣传和讲座10余场，近万名职工接受法治宣传教育。工资集体协商续签率100%，农民工欠薪排查及清欠行动有效保障农民工合法权益。

【基层工会组织建设】2019年，洞头区百人以上企业实现组织全覆盖，全年新建工会18家，新建民宿联合工会。开展百家工会年检行动，核查全区200家基层工会情况，基本掌握工会组织建设“家底”。推进基层工会规范化建设，建立出台激励机制，巩固标准化示范性工会建设成果，全区131家基层工会开展标准化示范性工会创建，金源、交运、国网供电等单位创成红旗示范工会。召开全区标准化示范性创建推进会，推广国网供电、金源等优秀基层工会创建经验。

【千名职工健步走活动】2019年4月26日，洞头区“海上花园健康先行”“富民银行杯”千名职工健步走活动举行。从新城广场出发，途经新城站、海韵路，终点至同心公园。总路程为6千米，全程采用健步走。活动由区委宣传部、区总工会、区农业农村局、区文广旅体局、区卫生健康局、区传媒中心联合主办，洞头溢香应急救援协会协办，洞头富民村镇银行冠名。区领导和各个机关单位1400多名干部职工参加。

【洞头区职工文化展演晚会】2019年5月20日晚，“祖国好·劳动美”洞头区职工文化展演晚会在洞头剧院举行，近200名普通一线职工以多种文艺形式展现职工风采。演出包含国网洞头区供电公司的《走向复兴》、区传媒中心以朗诵+伴舞形式表演《我爱你中国》、大门镇舞蹈《风筝误》、霓屿街道歌曲《今天是你的生日，我的中国》、市生态环境局洞头分局三句半《美丽洞头生态好》及旗袍舞蹈《女人花》、越歌快板舞《诚意工人有力量》、歌曲《中国美》、情景剧《我们都是电力人》、聋哑人手语《感恩的心》等节目。活动由区委宣传部、区总工会、区文广旅体局、区传媒中心、区文联主办。区委副书记、组织部部长吴志安等近1000人观看演出。

（李津艳）

共青团

【概况】2019年底，洞头区有基层团委12个，团工委7个，团总支12个，团支部273个，青年团员6752个，发展新团员200人。全区少先队员5972名，少先队辅导员180名，少先队组织1025个，其中少先队大队部11个，中队169个，小队845个，少先队组织建队率100%。全区注册志愿者24165人，较去年新增335人，志愿者队伍72支（其中注册61支），志愿活动640场，参与志愿服务88698人次，服务时长20063小时。

团区委巩固并深化共青团改革，贯彻落实《洞头区中长期青年发展规划2018—2025》，依托“智慧团建”系统，开展团情大调研，完成智慧团建团组织录入100%。围绕“平安洞头”建设开展重点青少年走访慰问活动，建立街道（乡镇）和社会组织平安志愿者队伍16支8300多名。围绕“聚焦八大领域·加快全域振兴”主题，通过宣讲团、分享会、青春跑团等方式，开展各类主题活动15场，覆盖青年团员3000余名。组织开展洞头区“不忘初心、牢记使命”初心故事青年说暨寻找海霞讲解员比赛，建立海霞红色讲解团，以“青年初心故事分享+红色教育基地讲解”通过优秀青年引领学、党团青年跟进学、全区青年集体学的形式，传承红色革命基因，深耕红色文化，弘扬爱国主义精神。海霞红色讲解团为世界青科会洞头蓝色海湾·海洋经济论坛、红色记忆展等进行解说100余场，服务院士、党员、团员3000余人，浙江新闻APP、温州日报等媒体专题报道。组织开展“弘扬海霞精神 争当海霞传人”主题系列活动，如“寻访红色印迹 寻访奋斗青春”“红领巾心向党”“当一天小民兵”“红色传承”老少携游等十个一系列。微信专题开设“乡村振兴·青年说”栏目，推选优秀创业青年、90后村“第一书记”、最美乡村教师等典型人物参与。抓好“海疆卫士”青年网络文化传播志愿者队伍建设。

2019年5月20日晚，“祖国好·劳动美”洞头区职工文化展演晚会在洞头剧院举行

（区总工会提供）

【青年创新创业】2019年，团区委举办“两岸同心·青创未来”创新创业大赛，吸引30余支创业团队投身村集体经济发展。联合农商行发布青年创业贷1亿元，执行优惠贷款利率3.75‰—4.25‰，支持青年大学生和台湾青年创新创业。开展创新创业集训营、南部青年电商培训，促进洞头南部共青团助力脱贫攻坚交流与合作。开展“推进‘两区’建设·展现青年担当”中高层次人才交流活动，形成青言轻语建议12条。“农小青”投身乡村振兴建设，深化青春建功美丽乡村专项行动，创成省级青创农场1家。

【开展“家燕归巢”行动】2019年，团区委坚持党建带团建培养农村后备干部，建立青年人才信息库，制定《大学生“家燕归巢·助力振兴”行动方案》，引导青年回洞头。创设“青年学堂”平台，建立洞头籍硕博人才数据库206人，开展读书分享会、聚焦花园村庄、“两区”建设大讨论等各类主题教育活动10场，吸引青年学子、三年百名人才等500多人次参加，形成“青言轻语”调研报告4篇，《“家燕归巢”洞籍学子对家乡发展的建议》获区主要领导批示。组织洞籍大学生开展“家燕归巢·智汇百岛”菁英学子家乡行活动，开展“家燕归巢”大学生寒暑假社会实践2期，发布全区机关、企事业、社会组织等寒暑假实习岗位100余个，通过各类宣传推介活动，引导青年大学生回洞创业就业。组织仁济学院学生开展“智汇洞头·融汇洞头”新青年海霞红色之旅活动，《调查反映温医大滨海校区师生存三大强烈需求》获市委书记陈伟俊批示。

【青年志愿服务】2019年，团区委开展洞头区公职考试公益培训班，为全区青年提供免费培训60余人；常态化建立温州医科大学仁济学院挂钩6个街道（乡镇）志愿服务机制。开展“共植海上花园·共享绿动青春”共青团植绿护绿系列活动；深化“公益特派员下乡”“百家社团进乡村”“新青年下乡”“爱心卡车暖百岛”等志愿活动，开展“3·12”共青团栽花种树、“我是河小二”助力五水共治、青春助力垃圾分类志愿行动，常态化开展“红色星期天·志汇青春”活动105场，组织“3·5”学习雷锋日、“12·5”法制宣传日等志愿者大型服务活动2场服务3000人次，连续多次为青科会洞头分论坛、两岸半屏山、浙江哈雷骑士大会、铁人三项赛、沙滩排球等大型赛会提供优质的志愿服务。开展浙江省“亲青帮”宣传推广暨洞头区“三禁三防三自”主题教育、预防校园欺凌、“模拟法庭”等活动30场次。开展“亲青筹”“对口帮扶·圆梦大学”希望工程助学、洞头南部“红领巾手拉手”等助学助困活动11次，筹资33万元。

【青少年关爱工作】2019年，团区委围绕“平安洞头”建设开展重点青少年走访慰问活动，春节期间走访7个街道（乡镇）283名贫困学生和留守儿童，送上慰问金33000元。建立街道（乡镇）和社会组织平安志愿者队伍16支，注册平安志愿者8300多名，按照“平安宣传、治安巡逻防控、矛盾调解、交通安全、心理健康、禁毒防艾、网络舆论引导”等十一大功能开展平安志愿者活动，全年开展平安志愿者活动共200余次。开展“青春自护 杜绝欺凌”预防校园欺凌和暴力宣传教育活动、“珍惜生命·自护青春”专题宣讲“模拟法庭”等青少年法制宣讲活动30场次，自护课堂12场次，合适成年人指派6次。

【洞头区纪念建团97周年“五四”运动100周年主题团日活动】2019年4月29日，洞头区纪念“五四”运动100周年暨投身“五四竞赛”实现“海岛振兴”洞头区各界青年青春建功“海上花园”主题团日活动在温州医科大学仁济学院会堂举行。组织部部长吴志安、团市委副书记、党组副书记董步显致辞勉励。活动晚会分三大篇章：青春芳华、青春建功、青春追梦。温州医科大学仁济学院党委书记章成斌，区领导林伟宏、张孚标、张释忠及各街道（乡镇）青年团员代表、青年团干、仁济学院学生等1200余人参加。

【洞头区第六届青歌赛】2019年7月9日晚，“海霞研旅杯”洞头区第六届青年歌手大赛暨“百城联动歌唱祖国”浙江省第五届群众声乐大赛决赛在洞头溢香国际大酒店举行。从海选到复赛，12名选手晋级决赛，进入导师战队。经第一轮比拼，5名选手进入最后冠亚季军争夺赛。最终，高一女生尹怀倩摘取青歌赛冠军。青歌赛历时一个半月，参赛报名选手100多人，吸引线上线下观众数千名。活动由区委宣传部、区委机关工委、团区委、区文广旅体局、区传媒中心、区青联联合举办

【“红领巾动感假日”创客夏令营】2019年7月15日—17日，洞头区2019年“红领巾动感假日”创客夏令营在洞头区职教中心举办。洞头区第七届队长学校学员、洞头区5—7年级少先队干部近50余名参加。夏令营以理论加实践形式，通过体能训练、四旋翼式蜂鸟无人机、创意木工、机器人高手停车场智能识别系统等项目，培养同学们创新创造兴趣热情。活动由团区委、区教育局、区科协、区关工

委、区少工委联合主办。

【洞头区基层团干部培训班】2019年8月20日—23日，团区委在宁波市委党校举行2019年洞头区基层团干部培训班，全区各街道（乡镇）、区直属各单位团组织、各中学、新村社团组织负责人及两项计划志愿者近50余人参加培训。培训邀请知名教授对团干部开展《习近平新时代中国特色社会主义思想》《当前国际形势新态势与习近平外交新思想》《全球化新趋势与“一带一路”建设》《理想信念：七十年伟大变迁的精神之钙》《不忘初心正道执行——十九大后全面从严治党总体形势概括》《王阳明的心学思想及其现代意义》。现场教学参观湾底村乡村振兴示范点、党建示范点、宁波博物馆、天一阁等。

【洞头区第六届青年创新创业大赛】2019年9月3日，海峡两岸同心小镇“农商杯”第六届“两岸同心·青创未来”创新创业大赛在洞头半屏金岙台胞之家落幕。大赛吸引海峡两岸30余个项目参加。经过近2个月宣传发动、复赛等层层PK，入围决赛项目12个。决赛采用“现场路演+提问答辩”形式开展，经过激烈角逐，12个创业项目呈现各自项目背景、经营理念、市场范围和发展目标等情况，现场评委针对项目创新性、市场前期、项目可行性、目前进展等提问并给予专业性建议。最终，温州瓯蟹渔业有限公司水产养殖技术获大赛一等奖。决赛现场，洞头农商银行与团区委发布“两岸同心·青创未来”青年创业贷，根据青年创业规模、资信等情况给予10万—300万元青年创业贷授信服务。大赛由区委组织部、团区委、区委台办、区农业农村局、区中小企业公共服务平台、洞头农商银行决定联合举办。

【洞头区纪念少先队建队70周年活动】2019年10月11日，团区委联合区教育局、区文明办、区关工委在洞头区实验小学开展“红领巾心向党·争做海霞好少年”纪念少先队建队70周年主题教育活动，全区7个学校140余名少先队员和各校少先队辅导员参加。现场开展洞头区第六届“阳光体育嘉年华”活动，140名少先队员参加“车轮滚滚”“旱地龙舟”“8字跳绳”等竞赛比拼项目，实验小学获冠军。

（陈巧慧）

妇女联合会

【概况】2019年，全区有街道（乡镇）妇联6个（不包括灵昆街道）、妇工委1个、单位妇委会21个、行政村（居委会）妇联67个、社区妇联16个。有街道（乡镇）妇联主席6名（不包括灵昆），副主席16名，执委76名，机关企业单位妇工委、妇委会主任22名。

区妇联推进家庭文明建设，启动第四届家庭文化节，开展最美家庭寻访，家庭廉政文化进校园进村社、“明眸皓齿”家庭守护宣讲等活动。开展花园庭院创建活动。签约服务妇女儿童家庭项目5个，建成省级儿童之家1个。“美丽课堂 美丽女性”品牌活动累计开展活动100余场，参与人数3000多人次。助力创业女性抱团发展，成立巾帼创业联盟，推出“旅游+”亲子游项目、特色文旅伴手礼。举办“百岛洞头 巾帼有礼”女性创业产品展示会，巾帼创业主题大讨论等活动。建设“她管家”品牌综合服务平台，创设民宿最美“她管家”争创岗，组建“她管家”调解队，启动“她管家”调解服务项目。召开乡村振兴巾帼示范带创建推进会，打造党日共学示范带3条。成立北岙街道海悦城嘉园妇联、北岙街道中央公馆妇联等小区妇联联盟，组织开展新春写家训送祝福，参加“烟头不落地 洞头更美丽”“‘党日共学’作表率 家庭文明促新风”等主题活动。

【家庭文明促进】2019年，区妇联组织开展“最美家庭”“绿色家庭”等系列评选，寻找区级最美家庭18户，获评省级、市级最美家庭1户和7户；寻找区级绿色家庭100户，获评市级绿色家庭18户。建立“最美家庭”双联盟双服务机制。联合32家商家、企事业单位推出“最美家庭”礼遇包，发布最美家庭联盟13项服务清单，联合建行洞头支行为4户家庭发放“好家庭信用贷”105万元。推出“最美家庭”电视专栏，成立好家庭好家风宣讲团，宣传最美家庭典型。开展廉政文化进校园进村社系列活动5场，覆盖1400余人。做深“家长慧”品牌，线上推出《家教向导》广播及语音课堂11期、《智慧家长课堂》视频微课6期，线下举办智慧家长成长营、家教沙龙讲座等30场，线上线下受益家长近万人次。

【巾帼创业创新】2019年，区妇联举办催乳师、民宿女管家、高级母婴护理等“家门口”精准化培训7期。开展巾帼创业主题大讨论、巾帼创业沙龙、两岸妇女创业交流等活动8场。入选区乡村振兴人才库女性29名。持续推出“巾帼创业贷”“女性创业小额贴息”，助力巾帼创业创新。评选最美巾帼创业者10人，推出“百岛女性”电视专栏8期，选树宣传推介巾帼创业项目和创业典型。

【“她管家”品牌建设】2019年，洞头区建立“她管家”村社服务站83个，推行妇联执委履职联系群众制度，实行执委1人联系10户群众，入格进户开展服务。成立“她管家”姐妹帮婚姻家庭调解室10个，为妇女群众权益维护、婚姻家庭纠纷调解等政策咨询提供法律咨询、法律援助、矛盾调处等服务。打造“她管家”示范型小区3个，小区妇联干部加入小区志愿服务队，开展家庭文明促新风等各类志愿服务活动。

【妇女儿童权益保障】2019年，区妇联开展多形式多途径法治宣传活动。“三八”维权周开展“建设法治洞头·巾帼在行动”广场宣传等系列活动；“6·26”国际禁毒日开展以“拒毒禁毒人人有责·平安家庭户户争创”“祖国有我·禁毒有我”为主题禁毒晚会、主题广场等系列活动；“11·25”国际反家庭暴力日开展第十四个反家庭暴力周举办“坚持男女平等·反对家庭暴力·创建平安家庭”徒步走暨广场宣传等系列活动。印制平安家庭、妇女维权手册2万册，开展反家暴平安三率宣传进校园，覆盖全区所有小学和幼儿园近万户学生家庭。全年开展普法讲座近20场、广场宣传活动10余场，动员平安妈妈开展服务活动140余次，服务3万余人次。实施贫困母亲两癌救助项目，为800名贫困母亲购买健康险。募得海霞关爱基金25万元，累计为全区378名困境妇儿提供补助32.6万元。

【花园洞头寻美之旅体验拓展赛】2019年3月4日，区妇联举办以“海岛振兴 巾帼同行 两岸同心 美美与共”为主题2019洞头区纪念“三八”国际妇女节暨花园洞头寻美之旅体验拓展赛，各街道（乡镇）、机关企事业单位500余名妇女参加。拓展赛结合两岸同心、垃圾分类、反家暴、移风易俗等主题，设置六轮闯关游戏和两个团体竞赛项目。启动仪式上，表彰区税务局、区人力社保局、区疾控中心、东屏街道妇联、区教育幼儿园等5个巾帼建功先进集体及巾帼建功标兵10名、最美巾帼创业者10名、最美邻里10名等优秀巾帼代表，为洞头区好家庭好家风宣讲团授旗和颁发聘书和“洞头·台湾百企联盟妇联”授牌。现场邀请区妇计中心、区红十字会、区司法局等部门为妇女同胞解答有关女性健康、反家暴、男女平等相关知识。活动由区委宣传部、区妇联、区台办、区农业农村局、区综合行政执法局、区总工会、区红十字会联合主办。

【花园庭院创建】2019年，区妇联联合区农业农村局、区财政局联合开展花园庭院创建工作。开展以“花开百岛·花漫家园”为主题“花园庭院创建大比武”活动，组织美丽导师入户指导，为创建户赠送绿植1600盆。组织对6个街道（乡镇）申报130户“花园庭院”实地验收。召开花园庭院创建评审会。全年创成花园庭院示范户100户，参与“花园庭院”创建800户。

【基层妇联干部培训】2019年6月4日—5日，洞头区基层妇联干部培训班在市委党校举行，各街道（乡镇）、村居近90名妇联干部参加培训。培训内容包括《乡村振兴背景下的温州农村经济发展》《公务形象与礼仪》《新时代的妇联基层组织建设》《新媒体应用的新思维、新理念、新方法》《表达力——口才智慧》等。

【妇女儿童关爱活动】2019年，组织开展“同在蓝天下 牵手共成长”关爱留守儿童活动，近60名儿童参加。举行“大手牵小手 最炫传统风”游园活动，700余名亲子参加，“六一”期间慰问全区近3000名幼儿园学生和贫困留守儿童206人，慰问金额近10万元。推进“明眸皓齿”工程建设，吸纳学校老师、医护人员、妇联执委、社工等30名，成立洞头区“护眼护齿”妈妈团，实现6个街道（乡镇）讲师全覆盖，开展妈妈团“明眸皓齿”标准化课程培训会。全年“明眸皓齿”家庭守护宣讲活动进村社、进文化礼堂、进校园、进党群服务中心68场，受众4500余人。

（陈　颖）

2019年5月25日，开展“六一”留守儿童活动　（区妇联提供）

【平安家庭宣传教育】2019年，区妇联与平安家庭成员单位及基层妇联密切联动，排查家庭矛盾纠纷700余起，开具家庭暴力告诫书26起，为受暴妇女提供法援6起，开具人身保护令4起。全年妇联接访12件信访件，为1例问题儿童聘请专家进行一对一个案危机干预。结合“三八”维权周、“6·26”禁毒宣传月、“11·25”反家暴周等节点，开展平安家庭宣传活动。借助“海霞妈妈”平安志愿者服务队开展安全隐患排查、平安家庭宣传等工作，参与人数1.2万人。开展“最美平安妈妈”评选活动，评选区级“最美平安妈妈”10名，“平安妈妈”27名，获评市级“最美平安妈妈”1名、“平安妈妈”6名。

（叶双双）

科学技术协会

【概况】2019年，洞头区科协所属区级学(协)会10个，街道（乡镇）科协6个。区科协贯彻落实《科学技术普及法》《全民科学素质行动计划纲要》，围绕科技(科普)活动周、全国科普日等科普品牌活动，发动街道（乡镇）科协、学（协）会和纲要组成单位参与举办科普惠农专家行、“城市美容师”免费体检、海洋藻类养殖技术培训、流动科技馆等科普活动近30场，创成市级科普教育基地1处，农村科普基地2处。开展社区益民行动、科技惠农帮扶、青少年科教等形式多样科学实践活动。全年发动科技社团联合开展形式多样科普宣传活动，召开区护理协会第二届会员代表大会。全年开展慢病管理、急救知识普及等讲座，举办“城市美容师”免费体检，随访村养老院老人及出院患者；区老科协组建科吧健康服务联盟，定期邀请市老卫协医疗专家团队开展坐诊服务，全年到街道（乡镇）开展义诊6次，服务群众442人次，送药品13460元；区安全生产协会在北岙街道打水鞍社区开展消防安全科普讲座；区渔民与羊栖菜协会在大门镇观音礁村举办一期海洋藻类（羊栖菜）养殖技术培训班。联合教育局开展洞头区青少年科技节活动，包含中小学生Scratch现场编程比赛、中学生现场网页制作比赛、少儿“七巧科技”系列活动比赛，共评选出一等奖30名、二等奖53名、三等奖204名。

2019年，洞头蓝色海湾科普体验馆被命名为“2019年度温州市科普教育基地”，洞头霓屿兴屿水产养殖专业合作社、洞头瑞丰农业种植专业合作社被命名为“2019年度温州市农村科普基地”。

【院士工作站建设】2019年1月3日，区人民医院与李兆坤院士新建院士专家工作站，开展早癌筛查方面合作。10月26—28日，温州洞头蓝色海湾·海洋经济院士论坛举行，7名中外院士为洞头海洋产业发展出谋划策，洞头区政府与中科院南海海洋研究所、浙江省海洋水产养殖研究所等多家科研单位签订4个战略合作协议，研究深耕蓝色海湾整治。11月15日，成立杭电子科技大学温州研究院驻洞头电子电器科技园区联络站，共建技术转移平台。

【科普宣传】2019年，洞头区率先推进“科普中国”APP注册工作，经验在市里分享。北岙街道科协代表队参加温州市科普知识竞赛上获第一名；联合区传媒中心推出《打造“枫树坑模式”助力乡村振兴》《引进高端人才 为企业发展添动力》《普及健康科普知识 助力“生命科学岛”建设》专题3个，利用报纸、新闻、微信等多媒体平台宣传报道。全年微信公众号发布45期，内容120条；举办微信月赛、电台专家谈科普4次；推送手机短信13期2.6万人次；户外LED科普公益广告、洞头电视台播放合计近万分钟。

【科技惠农服务】2019年，洞头区相继建立北岙海泉南美白对虾基地、霓屿“蟹公寓”、鹿西高山炮水果采摘园等专家技术指导站5家，推动技术下沉。区科协、建站专家推动大门沙枫港村、石浦村种植户与磐安中药材种苗站签订合作协议，种苗繁育基地落户大门，一期种植40亩1.2万公斤浙贝母等中药材，做法在中国新闻网、浙江日报等新闻媒体报道和省科协领导批示肯定；推荐科技人员和科协工作者参加省市举办各类业务培训7期32人次。邀请专家现场调研、指导及实用人才培训10 期，受众500余人次，解决问题20多个；获评农民高级技师1名、农民技师1名。

【青少年科教活动】2019年，在区实验小学建立校园科普馆、联合食安办建立食品安全科普展馆。牵线温州市海陆空模型协会与霓屿义校结对，帮助打造航模特色校园；推动校园特色科技载体，全年举办“老科学家面对面”“流动科普大篷车”“科普作家进校园”及科技创新大赛、青少年科技节、科普一日游、科技运动会、非遗科普实验室、少儿科幻绘画大赛等各类活动26场次，将前沿的科普资源带进学校，吸引青少年广泛参与，扩大科普活动的影响力。

【青少年科技创新大赛】2019年10月，区科协联合教育局开展青少年科技创新大赛，包含科技创新项目竞赛活动（包括创造发明、机器人创意、科学论文等竞赛）和科技实践活动、科学幻想绘画等展示活动，评出科技创新项目一等奖6名、二等奖11名、三等奖24名；少年儿童科学幻想绘画作品一等奖8名、二等奖14名、三等奖34名；优秀科技实践活动一等奖1名、二等奖2名、三等奖5名；科技辅导员一等奖2名，二等奖3名，三等奖5名;优秀指导师15名。温州市第32届青少年科技创新大赛，洞头区获科技创新成果三等奖1名、科技实践活动三等奖1名、科学幻想绘画二等奖2名、三等奖5名，科技辅导员创新成果竞赛项目一等奖1名，二等奖1名。

【全国科普日活动】2019年9月12日，洞头区全国科普日暨浙江省“中国流动科技馆”开馆启动仪式在半屏山学生综合实践基地举行，主题是“礼赞共和国、智慧新生活”，320名学生参加科普体验活动。流动科技馆展出40余件展品，涵盖声、光、电磁、机械、数学、生活健康等多个领域，均万科技馆经典展品。活动为洞头区好厝边科普志愿者服务队、洞头区科技工作者科普志愿者服务队授旗。至9月22日，区科协推出包含“洞头区青少年科技创新大赛优秀作品展”“航空模型表演”“VR设备体验”“动物标本展”等18项活动。邀请省科技馆“浙江省中国流动科技馆”、市科技馆“科普列车”等走进洞头。

【科协干部培训】2019年6月10日—14日，科协系统干部业务能力提升培训班在丽水学院举行，区全民科学素质工作领导小组组成单位、乡镇（街道）科协、学（协）会、企业（园区）科协、院士专家工作站等56名参加。培训内容包括《两山之路》《十九大精神与乡村振兴战略》《科普信息化与浙江科普实践》《学会改革发展研究》等。融入红色革命教育，走访浙西南革命纪念馆。

（刘良伟）

归国华侨联合会

【概况】2019年1月，根据洞头区机构改革部署，设为独立正科级单位，归口区委统战部管理。洞头区侨联组织开展“同根海联·心怀家国”等主题交流、凝侨力助家乡系列行动、侨情普查及侨法宣传、慰问走访、服务侨企等爱侨护侨活动。开展“三服务”活动，走访温州星贝海藻食品有限公司、华中房地产等侨企，协调帮助企业解决困难和问题。开展春节、六一儿童节、中秋节等节日慰问，重点走访慰问患病、特困、留守儿童、留学生家属等侨眷103户,组织“关爱侨界空巢老人·健康伴侨行”体检活动和香港洞头同乡会故乡行活动举办。2019年，海外华裔青少年“中国寻根之旅”夏令营温州华侨职专营走进洞头和“牵手侨童 同心童行”暑假夏令营活动。

【侨联宣传教育活动】2019年，区侨联组织侨界政协委员、区侨联委员开展“不忘初心.牢记使命”主题教育学习会，召开“议变化、感党恩”为主题庆祝中华人民共和国成立70周年侨界座谈会、恳谈会等方式。组织侨联干部、归侨侨眷代表等42人到洞头区革命烈士陵园祭奠革命先烈，开展“网上祭英烈”等活动。通过微信网络平台，在清明、迎国庆节日期间，发动海外华侨华人、海外留学生、归侨侨眷及统战侨联干部观看回忆洞头解放史、新中国诞生等宣传片5个。组织归侨侨眷50多人聆听缅越华侨爱国运动先驱林环岛生平事迹。组织侨界留守儿童20余人到浙江省爱国主义基地海霞军事主题公园参观学习。侨资企业温州华中房地产公司与区政府合作拍摄电影《美丽海霞》。

【侨联反哺助力家乡】2019年，区侨联拓展与海外华侨华人联谊联络，组织开展“侨界助力寨楼村捐款”活动，捐款到位135万元，用于修复大门寨楼村古城墙、文化礼堂建设、乡村环境整治绿化等，全年各类捐赠234.5万元。促成印度尼西亚PT .PRIMA AGUNG SEJAHERA(进口方)与中国温州星贝海藻食品有限公司（生产方）签订紫菜（海苔）出口合作协议，为洞头紫菜走出国门引来第一单。

联合举办2019年温州洞头蓝色海湾.海洋经济院士论坛，邀请美国人类生态研究院院士、长江大学校友李百炼，国际欧亚科学院院士、博士生导师严小军，中国工程院院士、卫星海洋遥感专家潘德炉等海内外7位院士，聚焦海湾整治和海洋经济发展。

【“中国寻根之旅”夏令营】2019年7月6日，2019年海外华裔青少年“中国寻根之旅”夏令营温州华侨职专营走进洞头，来自巴西、美国、意大利等国家（地区）50余名名华裔青少年参加活动。参观望海楼、九亩丘海创园，在海陶互动工坊亲手制作杯子、碗等工艺品。活动为区委统战部、区侨联开展“同根海联·心怀家国”主题交流活动之一，旨在邀请海外侨胞近距离接触和体验家乡文化,感受家乡的变化和发展,激发其爱国爱乡的情感。

【“牵手侨童同心童行”暑假夏令营】2019年8月26日—27日，区侨联举办“牵手侨童 同心童行”暑假夏令营活动，30名少年儿童参加活动。组织侨界留守儿童到洞头红色印迹馆、金岙101台胞之家、九亩丘海创园等地，参观台湾著名摄影艺术家陈缺《波光弄影》等作品，合力绘制长卷、亲手制作香薰蜡牌等，东岙沙滩开展沙滩接力赛、沙滩人力拔河等活动。活动由区委统战部、区侨联、团区委、区妇联、区市民活动中心联合主办。

（方 芳）

工商业联合会

【概况】2019年底，洞头区工商业联合会执委会执委46人，基层商会7个，即北岙商会、灵昆商会、大门商会、东屏商会、元觉商会、霓屿商会、鹿西商会；行业商会2个，即电器商会、羊栖菜商会；联合性协会2个，即企业联合会、新生代企业家联谊会；联系异地商会9个，即上海商会、杭州商会、乐清商会、贵州商会、北京商会、四川商会、西安商会、广州商会、银川商会。

2019年，制定《洞头区工商联（总商会）执委履职积分管理办法》《洞头区工商联推进“两个健康”先行区创建四年工作计划（2019—2022年）》《洞头区基层商会统战工作联络员制度（试行）》。建立“四大员一热线”服务机制，收集在外企业家在洞家属信息257条，提供服务42人次。筹建村庄经济总部园，接引企业到寮顶村考察21批次。持续开展“进商会、访企业、助发展”活动，进商会访企业200多人次，为新引进企业、困难企业、涉讼企业等企业提供帮助32家，召开部门对接会16次，到部门对接21次，解决困难30个，解释息访2个。联合区司法局成立非公企业法律维权中心，成功调解电子科技园、机械汽配园内部纠纷，为浙江华凯公司提供法律服务。与人行洞头支行签订《优化民营企业金融服务合作框架协议》，开展百家民企评银行活动。举行推进温州市新时代“两个健康”先行区创建宣传进园区活动。联合浙江诚意药业股份有限公司党委开展“八一”慰问活动。开设洞商学堂，开展“守法诚信经营、坚定发展信心”理想信念教育，举办“企业家管理创新研修班”。评选优秀企业家，召开全区民营企业家节庆祝大会。开展赴温州迪安美生体检中心体检活动。“两会”期间，非公经济代表委员共提交议案提案55件。倡议内外洞商参与慈善一日捐、爱心助学、扶贫扶病等慈善公益，捐款240余万元。

区新生代企业家联谊会、北岙商会创成温州市第二批市级“四好商会”成果。指导电器商会、企联会承接行业监测职能转移、企业家管理创新研修班办班购买服务等政府职能转移。在电器商会、金源新材料、永宏电气等非公企业和商会建立党建联系点，选派机关干部担任企业党建工作指导员。永宏电气开展清廉民企创建，诚意药业、金源新材料、广和电器等9个企业在党支部设纪检委员。全年区工商联所属协会商会开展各类会议、学习培训、慈善公益等活动30余场次。

【洞头区工商联一届三次执委会】2019年4月30日，洞头区工商联(总商会)一届三次执委会召开，全区工商联执委近40人参加。会议听取审议通过由市总商会副会长、区工商联主席赵春建所作《区工商联(总商会)2018年度工作报告》，及区工商联副主席郭华斌所作的《区总商会2018年度财务工作报告》。会议讨论 “两个健康”先行区建设主题。补选产生执委会常务副主席1名，副主席1名，执委2名。

【洞商学堂开班仪式暨智慧工商联云平台启动仪式】2019年5月27日，由洞头区工商联主办的洞商学堂开班仪式暨智慧工商联云平台启动仪式在洞头区老干部活动中心举行。现场举行洞商学堂授牌仪式以及智慧工商联云平台启动仪式，观看智慧工商联云平台视频简介。智慧工商联云平台合作方现场演示平台功能运用。启动仪式后，洞商学堂举行开班第一讲。邀请乐清乔德教育、拥有20年以上500强企业运营管理经验聂春明讲师讲授《危局管理下的企业管理之道》。全区企业家代表，协会商会代表，区推进创建新时代“两个健康”先行区工作成员单位130余人参加。市工商联党组成员、副主席徐欣隆，区委常委、统战部部长刘素婷，区政府副区长戴冕等出席活动。

【洞商学堂】2019年，区工商联推出企业家线下学习平台——洞商学堂。举办“企业家管理创新研修班”，每月第三周周三定为固定学习日。依托乔德企业大学师资，为企业家讲授铸文化之谋定未来、股权顶层设计和公司治理、运营战略与品牌规划等课程，通过系统课程学习，帮助企业家全面提升自身综合素质。全年举办培训6期，参训人员300多人次。

【理想信念教育实践活动】2019年，洞头区开展“不忘初心，牢记使命”主题教育期间，区工商联以“守法诚信经营，坚定发展信心”为主题，开展企业家理想信念教育活动，通过每月一次召开专题学习会、座谈会，观看电教片、参观红色教育基地等形式深入开展学习。全年开展活动7场，涉及企业税务法律风险知识讲座、专题纪录片观看、中共十九届四中全会精神宣讲等内容，300多人次参加。

（黄希景）

法　治

鱼跃蟹欢·罗纯香

“海霞精神”

爱岛尚武　励志奉献

法 治

概述

【概况】2019年，洞头区贯彻全面依法治国新理念新思想新战略，学习贯彻全面依法治国系列讲话精神，全面推进法治洞头、法治政府、法治社会一体化建设全面深化依法治区实践，落实党政主要负责人履行法治建设第一责任人职责，推进基层社会治理体系和治理能力现代化。成立区委全面依法治区委员会，下设执法、司法、守法普法3个协调小组和办公室，建立区委全面依法治区委员会工作规则、区委全面依法治区委员会协调小组工作规则及区委全面依法治区委员会办公室工作细则，形成党对法治工作领导制度化、常态化。建立法治建设请示报告、考核评价、重大法治项目调研、信息报送、文件处理等五大常态化工作制度。围绕“保大庆、夺星鼎、树样本”目标，实施“五项行动”，打造“平安浙江示范区、平安建设海岛样本”。建立健全常态化工作制度，深化行政审批制度改革，开展“无证明区”改革。落实行政合同法制监督，开展规范涉企复议应诉专项行动。深化行政复议申请权告知制度改革，加大行政败诉监督问责。推进跨域立案诉讼服务改革，完善公益诉讼制度，规范司法权力运行。创建“三治融合”示范村（社区），推进行业依法治理成效。开展“宪法十进”等多样化法治宣传教育，建立区乡村公共法律服务网络，整合法律服务资源，推进公共法律服务体系建设。深化智慧综治和全科网格建设，创新“海上桥枫”，建成社会矛盾纠纷调处化解中心。开展扫黑除恶专项斗争，立案查处涉黑恶案件13起。连续14年被省委省政府命名为“平安区”。

（金晴 林声响）

【机构改革】2019年1月，根据洞头区机构改革部署，不再设立区社会治安综合治理委员会及其办公室、区委维护社会稳定工作领导小组及其办公室，有关职责交由区委政法委员会承担。区委防范和处理邪教问题领导小组及其办公室职责交由区委政法委员会、市公安局洞头分局承担。7月，洞头区平安综治维稳服务中心更名为洞头区平安工作服务中心，为洞头区委政法委所属股级公益一类全额拨款事业单位，全额拨款事业编制4名。设立洞头区基层治理综合信息服务中心，为洞头区委政法委所属股级公益一类全额拨款事业单位，全额拨款事业编制2名。设立洞头区综治工作服务中心，为洞头区委政法委所属股级公益一类全额拨款事业单位，全额拨款事业编制2名。

【洞头区连续14年获评省级“平安区”】2019年3月28日，省委、省政府发文通报表扬2018年度平安市县和平安建设工作突出单位，全省建设平安浙江工作会议在省人民大会堂召开。会议表彰了浙江省2018年度平安市、平安县(市、区)和平安建设工作突出单位，洞头区名列其中，连续14年获评省级平安县(区)。洞头区以建设平安浙江示范区为目标，创造性发展海上枫桥模式，探索海岛基层治理实践经验，构筑起海岛立体防空网、矛盾纠纷调处网、基层治理网“三张网”，全力打造平安建设海岛样板，不断推动新时代“枫桥经验”在海岛实践中熠熠生辉。全区信访总量、刑事发案及各类事故起数均呈现下降良好态势，始终保持重大敏感时期“零赴省零进京”，捧回全省首批平安金鼎，蝉联全国平安建设先进区，创成全国无邪教创建示范区、省级无信访积案区。

【洞头区委全面依法治区委员会会议】2019年6月10日，洞头区委全面依法治区委员会第一次会议召开。区委书记、区委全面依法治区委员会主任王蛟虎主持会议并讲话。会议传达学习中央全面依法治国委员会第一次、第二次会议和浙江省委全面依法治省委员会第一次会议精神。审议《中共温州市洞头区委全面依法治区委员会工作规则》《中共温州市洞头区委全面依法治区委员会协调小组工作规则》《中共温州市洞头区委全面依法治区委员会办公室工作细则》《中共温州市洞头区委全面依法治区委员会协调小组和办公室组成人员建议名单》和《2019年法治洞头建设工作要点》。区委副书记、区委全面依法治区委员会副主任吴志安，区委全面依法治区委员会委员参加会议。

【全区政法信访工作会议】2019年2月28日，洞头区委政法信访工作会议召开。会议总结2018年政法信访工作，研究部署工作任务，组织开展平安护航深化年、基层基础提升年、枫桥经验推广年、扫黑除恶攻坚年、政法排头兵建设年等行动。会议要求各部门要全面贯彻中央、省、市政法和信访工作会议精神，开拓创新、攻坚克难，扎实做好政法信访工作。区委书记王蛟虎与各街道（乡镇）、部门签订信访工作责任书。区领导吴志安等参加会议。

【洞头区平安“保大庆、夺星鼎、树样本”动员大会】2019年7月1日，洞头区召开“夺星鼎、保大庆、树样本”大会战动员大会。会议表彰区平安建设突出贡献集体和个人，为平安建设党员攻坚队出征授旗。会议部署平安百日攻坚大会战。要求抓好重点项目攻坚、招商引资落地、环境整治攻坚、洞头标准改革、防汛防台等重点工作。区委书记王蛟虎出席并讲话，区领导林霞、叶国胜、汪慧平、吴志安、叶海峰、刘素婷等参加。

（金晴）

政法与综治

【概况】2019年，洞头区围绕“夺金鼎、保大庆、树样本”目标，项目化推进平安建设系列专项工作，深入实施平安考核等三张清单，坚持落实平安约谈等“四制度”，全年共排查隐患2467条，整改率98.14%。组织开展“10·10”主题宣传日活动及平安三率“入格入户入企入铺”等活动，保持三率省电话抽查八年零扣分。建成社会矛盾纠纷调处化解中心，实现矛盾纠纷“最多跑一地”。建成智慧安防小区5个，推出海湾三区自治、枫桥式派出所等“1+10”海上枫桥样本，建成北岙企业园区党建长廊等反邪教阵地3个。洞头区委政法委得到中政委2次到洞头调研肯定。《创新海上枫桥经验，打造平安海岛样本》调研文章获全省“海洋经济论坛”一等奖。全年完成两会、中华人民共和国成立70周年等重大活动维稳安保工作35起。

（金晴）

【平安洞头建设】2019年，洞头区打响平安星级金鼎攻坚战，实施平安考核清单、负面清单和暗访体检清单，坚持落实模拟评分、考核捆绑、问题抄告、平安约谈等制度。分阶段召开平安建设分析会、“夺星鼎、保大庆、树样本”攻坚会、平安建设冲刺部署会。深化“四查三处置”“平安建设我参与”等专项督查活动。组织开展社会治理七大百日攻坚行动，集中力量整治消防、电动车、移风易俗等一批社会治理难题。建成社会矛盾纠纷调处化解中心，实现矛盾纠纷“最多跑一地”。深化全科网格2.0版，升级基层治理“四平台”，基础数据新增3万多条，办结率99.8%。建立“大数据+”治理，建成智慧安防小区5个，完成电子围栏建设15个，400路人脸识别图像汇聚，6个车辆卡口和5个高空监控建设，实现监控高清率、覆盖率、接入率均100%，雪亮专网、视联网、电子政务网实现“三网通”，打造“1+10”海上枫桥样板工程。全年排查各类涉稳隐患问题64件，报备风险评估22件，其中简易评估4件，一般评估18件，应评尽评100%。召开各类会商研判会议112次，完成重大维稳安保任务35起。发放反邪宣教资料73000份，宣传海报2300份。

（南琴慧 林兴栋 吴爱芬）

【“扫黑除恶攻坚年”行动】2019年5月16日，洞头区扫黑除恶专项斗争领导小组升格，完成中央督导和督导整改“回头看”工作。构建覆盖全区的线索排摸网络，核查线索88条，集中攻克大案要案，“套路贷”“保护伞”案件双破零，立案查处涉黑恶案件13起，侦办恶势力犯罪团伙3个，打击各类涉恶犯罪嫌疑人20人，查处涉案资产25万余元，发放举报奖励金2000元。把“扫黑除恶”向“治霸除痞”辐射延伸，牵头专项整治“黄赌毒”“打三闹”，侦破洞头史上最大网络开设赌场案。重点整治十大行业领域乱象，群众满意率

96.3%、知晓率98.1%，均列全市第一。

（林声响）

【政法课题论文获省一等奖】2019年10月11日，浙江省第九届海洋经济发展法治论坛在温州苍南召开，主题是“海洋强省建设的法治保障研究”。论坛共征收征文123篇，经省法学会组织评审，评选出论文一等奖5篇，二等奖10篇，三等奖15篇，优秀奖30篇。洞头区委政法委课题组编写的《发展“海上枫桥”经验、打造海岛平安样板》获一等奖。论坛由浙江省法学会、宁波市法学会、温州市法学会、舟山市法学会、台州市法学会、嘉兴市法学会、浙江省法学会海洋经济法治研究会联合主办，温州市委政法委、温州市法学会承办。

（金晴）

法治政府建设

【概况】2019年，洞头区修订《温州市洞头区政府行政规范性文件管理办法》，编印《洞头区政府2019年重大行政决策事项目录》,建立“两规则一细则”、五大常态化工作制度，优化政府履职模式，深化“最多跑一次”改革，实现民生事项下放基层100%。完善依法决策制度体系，严格落实重大行政决策、规范性文件、重大行政合同合法性审查100%覆盖机制，全年提供各类行政决策法律建议62份。法治建设重点工作列入区委、区政府重要工作任务，制定督察工作机制，压实党政主要负责人依法履行法治建设第一责任人职责，明确党政主要负责人职责清单43项，推动法治建设成为“一把手工程”。落实行政执法“三项制度”，实施轻微违法免罚柔性执法。创建“无证明区”，全年清理证明材料912个事项1852个，累计减少群众提交证明6000余件。全年一审行政败诉率7.37%，位列全市第三。

【行政规范性文件管理】2019年，洞头区组织开展行政规范性文件全面清理，拟保留文件86个、修改文件24个、废止文件30个、宣布失效文件106个。发挥法治服务发展关键作用，区法制部门全年参与各类涉法会议50余次，审核各类涉法文件62件，提出审核意见105条，各级法律顾问参与行政事务100余次。全年区政府制发规范性文件16件。

【行政执法监督】2019年，洞头区落实五大领域行政执法体制改革，建立六大专项执法队，推进“相对集中行政处罚权、行政强制权+部门领域内综合执法”。探索街道（乡镇）基层综合执法，组建7个街道（乡镇）综合行政执法队，推动执法重心下移。推行行政执法“三项制度”，做好执法主体资格及执法人员资格审核，全年执法结果网上公开数7500余件，全区配备执法记录仪370余个，音像记录案件1900余件，执法决定法制审核数3700余件，全区行政执法持证率92.66%。组织开展专项行政执法工作联合督查和执法案件集中评查8个，通过重点单位实地走访、一般单位书面检查，平衡监督，通报案件问题137条。实施重点案件交办制，做好应诉指导，提供应诉建议，引导庭外调处化解。建立败诉监督追责机制，诉案件数、案件败诉率等纳入依法行政考核并通报，区纪委跟进约谈、处分败诉单位主要负责人、责任科室等。全年洞头区一审行政诉讼案件败诉率为7.37%，位列全市第三。全年受理行政复议申请11件，调解化解1件。

（林声响）

公安

【概况】2019年，洞头区公安分局完成中华人民共和国成立70周年、上海进博会、“一带一路”国际合作高峰论坛等系列重大安保任务，确保海峡两岸半屏山论坛、哈雷骑士大会、国际铁人三项赛等大型活动安全。及时排控化解较大不稳因素18起，消除安全隐患330余处。落实重点工程“三个一三个必”（一套护航方案、一批护航警员、一律有局领导牵头、日常工作必联、项目情况必访、阻挠发展必查）机制，依法处置缠访闹访事件，持续保持公安口“零出事、零惹事”目标，群众总体安全感、对公安机关总体满意度继续保持全市前列。区公安分局围绕“无案无事无访”目标，推行实施挂牌整治、挂牌招贤、挂牌督办“三挂牌”机制，成功试行治安复杂区域5个。建立“绩效捆绑、局领导坐班、扁平预警”等制度。完善升级“南北闸门”智能工程，建成智慧安防小区5个、在线实战警务室2个。开展“枫桥式公安派出所”创建，完善溢香警企共建共赢机制，升级“海霞调解菜单”和“渔老大”“海上红管家”调解法，调解成功率98%以上。完善局领导包案制度，全年来信来访并办结5件，信访总量同比下降55%。2019年1月，完成新公安业务技术用房搬迁工作。

全年“110”接报警情3.57万起，刑事立案410起，无命案等重特大案事件发生，“三无”村社保持在1/3以上。开展“扫黑除恶攻坚年”活动，推进缉枪治爆、黄赌毒整治、猎狐、净网等专项行动。全年打处违法犯罪866人次，其中刑事打击189人次，行政处罚677人次，破获新型通信网络诈骗案件28起，抓获各类逃犯34人。制定《洞头区"海霞休闲公寓"管理暂行办法》，完善溢香警企共建共赢机制，升级"海霞调解菜单""渔老大"等调解法，相关经验做法得到上级领导肯定，并获刊《平安时报》头版。

2019年，洞头区公安分局连续第12年获评全省公安机关执法质量优秀单位，获评全省中华人民共和国成立70周年大庆安保工作突出集体、全省公安机关示范数字档案室、2018年度县级公安机关队伍正规化建设成绩突出集体；刑侦大队获评全市"扫黑除恶"专项行动成绩突出集体，大门派出所获评全市公安机关执法规范化建设成绩突出集体，北岙派出所、交警大队二中队获评市级公安机关"枫桥式"基层所队，交警大队获评全市公安机关"创文明交通、治秩序乱象"系列行动成绩突出集体；叶忠静、周文渊、林斌、杨宗威获评全省"千名好民警"。

（许 婧 邵寒诗）

【全区公安工作会议】2019年11月15日，洞头区召开全区公安工作会议。会议以习近平新时代中国特色社会主义思想为指导，学习领会中共十九届四中全会精神，贯彻落实中共中央总书记、国家主席、中央军委主席习近平在全国公安工作会议重要讲话精神以及全省、全市公安工作会议精神，研究部署新时代洞头公安工作。区委书记王蛟虎出席会议并讲话，强调公安机关要扛起职责使命，助推基层治理现代化、精细化。重点建立"党委领导、政府负责、民主协商、社会协同、公众参与、法治保障、科技支撑"社会治理体系；引导群众、企业、群团、社会组织等多元主体入网入格，构建全社会参与全要素网格，真正实现海岛基层治理的全员细胞组织构架；有效运用法治、德治、贤治，全面提升治理能力。区领导林霞、吴志安等参加会议。

（王增环）

【打击刑事犯罪】2019年，洞头公安分局共破刑事案件70起，破案率为21.7%，其中破本地侵财刑事案件49起，破案率为17.1%。侵财对象刑拘38人，侵财对象移诉38人，侵财对象起诉30人，两抢案件零发案，命案零发案，抓获各类逃犯34人，同比上升13.3%。全年刑拘电信网络新型违法犯罪对象18人，起诉对象14人，止付被骗资金25万元，返还被骗资金12万元。

（魏蓓蓓）

【"2·24"开设赌场案侦破】2019年2月，洞头区公安分局发现犯罪嫌疑人林某等人涉嫌在网上开设赌场，组织专班开展侦查工作。6月，组织精干警力到广东省汕头市实施抓捕行动，抓获犯罪嫌疑人林某等6人。11月，再次组织警力到广东汕头，抓获剩余在逃人员2人。经查，犯罪嫌疑人林某、马某等人2018年2月起约定一定分成比例，在网络上开设赌场，并进行操盘获利，涉案赌资流水达8000余万元。

（魏蓓蓓）

【非法经营烟草案侦破】2019年5月13日，洞头区公安分局接报有人通过微信在网上非法销售香烟到洞头，涉案金额5万元以上。经侦查，锁定犯罪嫌疑人山东籍男子韩某。6月27日，区公安分局在山东济南抓获韩某。经查实，韩某未经烟草专卖部门许可，通过微信在互联网上非法销售香烟，涉案销售金额53万余元。11月22日，韩某被洞头区人民法院以非法经营罪判处有期徒刑，并处罚金2万元。

（王伟丰）

【公安部门审批服务】2019年，洞头公安分局办理各类审批申请28200件，通过网上、掌上和自助机器办理3159件；累计上门办证送证300余件；非工作日累计办证157件，办理涉企审批98件。发放居民身份证6638张，其中省外身份证291张，临时身份证1399张。受理中国公民因私出国2489人次，往来香港、澳门通行证1809人次，大陆居民往来台湾通行证903人次。全年取消群众自行提供证明395项，涉及139项公安业务，实现一证办65项，占公安民生事项62%。全年自助办理量2000余件，为车管业务新增拍照设备，群众减少来回跑次数500余次。联合区文广旅体局、街道（乡镇）等多部门对民宿踏勘，符合条件现场发证，相关做法在省委《竞跑者》、市委《探路者》专刊发布。

【"海霞休闲公寓"监管模式】2019年3月，《洞头区"海霞休闲公寓"暂行管理办法》经区政府第19次常务会议审议通过并实施，为助推全区旅游发展新业态，区公安分局把"网约房""短租房"统一定位为"海霞休闲公寓"特色模式，该办法规定开办"海霞休闲公寓"房屋性质、建筑面积、房间人均面积、住宿人数以及消防、食安、治安等规范性要求。区公安分局在准入环节上实行备案制（以出租房的形式统一登记），简化审批手续，并通过旅客登记系统在每户"公寓"开发独立端口，采用"身份证登记""无证登记人脸识别"两种方式，确保入住登记率、登记信息准确率100%。截至年底，办理14家。

（白国栋）

【微电影"孤岛"获大赛最佳影片奖】2019年9月4日，由中央政法委主办的全国第四届平安中国微电影微视频微动漫比赛暨“我和政法70年”短视频征集颁奖活动在山东省青岛市举行，洞头区公安分局原创出品微电影《孤岛》获大赛最佳影片奖，为浙江省唯一一部由县级公安机关创作的获奖作品。该作品系民警深度发掘资源，把鹿西岛《一岛一交警》宣传再次深化，重新编写剧本，组织团队拍摄制作，邀请多名民警、群众观看，汲取意见建议。该微电影曾代表浙江参加公安部比赛获第三届全国公安民警微博微信微电影大赛一等奖。

（季舒钰）

【**雪亮工程建设**】2019年，区公安分局根据“云上公安、在线警务”和“天罗地网”智能防控部署要求，新增建设规上企业视频监控30个，人脸识别250个，车辆卡口6个，视频结构化200路。截至年底，全区实现重点区域和重点行业覆盖率、高清率100%。

（叶　柯）

【**“枫桥式”派出所创建活动**】2019年，区公安分局聚焦“矛盾不上交、平安不出事、服务不缺位”和“党政认可、群众满意、民警幸福”目标，以“海霞警务”为主线，通过创建“枫桥式公安派出所”活动，推动新时代“枫桥经验”在海岛公安实践。大门派出所秉持“一岛一所一家人”理念，推进“枫桥式公安派出所”创建，推出“渔老大”调解法、优化公安“审批超市”、践行“一警多能”模式，打造“平安海岛”和“温暖警营”。

【**洞头“三无村社”创建活动**】2019年，区公安分局开展“无案、无事、无访”“三无”村社提升工程，推出“挂牌整治、挂牌招贤、挂牌督办”“三挂牌”工作机制。对治安复杂村社挂牌招贤，选拔确定5名民警开展社区试岗。围绕案件高发、矛盾突出重点村居或区域，开展“无案周”行动6次。截至年底，全区“三无”村社数量超过总数的1/3。

（白国栋）

【**道路交通安全管理**】2019年，洞头区机动车保有量2.71万辆，其中汽车2.17万辆、摩托车5311辆、其他车辆148辆。区公安分局以“保平安、促畅通、保稳定”为目标，完成春运、新中国成立70周年等重大节日道路交通安保工作，组织开展“电动车农用车两车整治”“冬季交通安全治”等系列专项整治行动。推出四条严管示范路，完善“假日警务”模式。全年排查区级隐患145处，整改131处，整改率为90.3%。全区新增超速测点5处，新建行人申请式过街红绿灯2处，车辆违法变道抓拍3处，不礼让行人抓拍点2处，违法停车自动抓拍17处。开展“五进”交通安全宣传，新闻媒体播出143篇，开展各类宣传讲座12场次，发放各类宣传资料3.6万余份。全年累计办理机动车上牌788辆，新增驾驶人1196人。全年立案交通事故20起，死10人，受伤14人，累计直接经济损失14万元。事故数量和受伤人数与上年持平，死亡人数下降9.09%，直接经济损失下降6.67%。全年处理简易程序交通事故2818起，其中轻微受伤事故516起。查处违法行办7.4万人次，行政拘留41人次，超速行驶7431人次。

【**电动车（农用车）整治行动**】2019年8月20日—11月30日，区公安分局开展电动车（农用车）整治百日攻坚行动期间，采取部门协同；密集查控；宣传曝光等措施。通过宣传发动、全面推进、巩固提升等阶段实施。整治期间，共备案登记电动车（农用车）4268辆，淘汰近1000辆，查处违法行为8756起，暂扣车辆150辆，滞留车辆1160辆。

【**洞头区电动车规范管理办法试行**】2019年11月26日，为预防道路交通事故，保护人民群众生命和

2019年11月29日，洞头区开展电动车、农用车“两车”整治工作

（区公安分局提供）

财产安全，进一步加强电动车管理，实现电动车管理规范化、标准化，根据相关法律法规，区委改革办、区经信局、洞头区公安分局、区交通运输局、区农业农村局、区市场监督管理局、区综合行政执法局联合制定《洞头区电动车规范管理办法（试行）》（洞改办发〔2019〕24号），该办法包含总则、备案登记、纳规的电动三轮车技术参数要求、日常交通管理、安全教育管理、监管处罚措施、协作管理和附则等，同时规定渔农民专用电动三轮车备案登记流程，通过受理申请、审查评估、车名标识、办理保险等，签订限期更新协议书、安全诚信协议书、安全责任书等，按规定区域限行通行。办法即日起试行。

【酒驾查处】2019年，区公安分局采取机动勤务模式，通过夜间、午间设卡检查，突出农村道路、重点路段、酒店周边路段等重点区域管理。全年查处酒驾345起（其中醉驾53起），同比上升156%，万车酒驾查处率居全市第一，未发生酒驾引发的重大伤亡事故。

（王祖龙）

检察

【概况】2019年，洞头区检察院受理提请逮捕案件92件143人，批准逮捕69件104人；受理移送审查起诉案件179件240人，提起公诉129件173人。其中，起诉盗窃、诈骗等侵财类犯罪49件66人；起诉危险驾驶、交通肇事等涉道路交通安全犯罪40件40人；起诉拒不执行判决、裁定等妨害司法类犯罪16件20人。及时介入涉案金额达3亿多元非法经营案、针对老年群体实施的蜂胶保健品诈骗案等，并依法批捕、起诉。办理区监察委移送侵占、受贿等职务犯罪案件2件5人，对原风景与旅游发展委员会党委书记、主任郭某某涉嫌受贿等职务犯罪案件依法提起公诉。全年发布案件程序性信息207条、重要案件信息9条、法律文书152份。全年不批捕33人，不起诉48人。全面执行认罪认罚从宽制度，全年适用认罪认罚73件104人，案件适用率86.6%，位列全市第三，量刑建议采纳率95.6%，已判决案件上诉率同比下降49.7%。全年退回补充侦查率同比下降6.5%，案件比1：1.65，排名全市第二。

组织“检察机关参与海洋环境资源保护”“涉众型民间金融风险防范”主题调研，开展“三助三红”“三服务”活动，化解民生问题12个。开展“检察长进基层”系列活动7场。自觉接受温州市检察院党组对区检察院党组开展的政治巡察。实行过问或干预、插手检察办案等重大事项报告全员覆盖制度。建立人大代表、政协委员分组联系走访工作制度，实现各级代表、委员联系走访全覆盖，每月定期送达检务咨讯，邀请旁听庭审、参加“检察开放日”各3场，参加案件公开听证、宣告2场。全年组织参加各类教育培训活动200余人次，完成业务分析研判10篇，在省级以上刊物发表论文8篇，成果获最高人民检察院等检察理论研究奖项3篇，原创新媒体作品被正义网等相关媒体采用10件，获第二届温州市检察机关新媒体大赛三等奖。“醉驾”不起诉人员参与道路安全维护公益服务制度、海洋生态修复补偿工作协作配合机制两项目入选全市检察机关年度创新项目，推广分片联系代表委员制度项目入选全市创新力建设活动“金点子”。《王文才社区矫正监督案》获评全市检察机关践行“枫桥经验”优秀案例。《郑玉臣未履行交通违法行政处罚非诉执行监督案》获评全市行政检察优秀案例。《海洋固体废弃物污染公益诉讼案》获评公益诉讼二周年全市检察机关优秀案例，《北岙农贸市场蔬菜农药残留超标公诉案件》获全市检察机关“保障千家万户舌尖上的安全”检察公益诉讼专项监督优秀案例。张益根获评全省“守护海洋”专项监督活动成绩突出个人，徐飞博获评全市检察机关“携手关爱 共护明天”未成年人检察法治宣讲比赛二等奖，并获“白鹿普法使者”称号。

【内设机构改革】根据省检察院《关于深化市县两级人民检察院内设机构改革的方案（送审稿）》要求，区检察院启动内设机构改革，坚持人员分类管理，加强专业化办案机构、办案组织建设，确保70%以上人力资源配置在司法办案一线。9月，完成改革，由原办公室、政治部、侦查监督部、公诉部和检察监督部5个部门调整为业务部门3个和行政部门2个。其中，第一检察部负责刑事案件审查逮捕、审查起诉，第二检察部负责民事、行政检察及公益诉讼，第三检察部负责刑事执行、控告申诉、法律政策研究、案件管理、检察技术等综合性业务，并设办公室和政治部。

【“捕诉一体化”改革】2019年，区检察院以实现办案主体合一，缩短批捕和提起公诉时间，提升办案效率和质量为目标，实行“捕诉一体”办案机制，突破捕诉分离局限，按照案件类型重建专业化刑事办案机构，统一行使审查逮捕、审查起诉、补充侦查、出庭支持公诉、刑事诉讼监督等职能。全年审查起诉平均办案时间同比缩短22.97天，审查逮捕平均办案时间同比缩短0.8天。

【扫黑除恶专项行动】2019年，区检察院落实普法宣传增点扩面工作，通过送法进渔村、开展社区矫正专题课等形式深化线索摸排，营造扫黑除恶浓厚氛围。

全年办理涉黑恶案件2件，依法改变案件黑恶定性11人，并促成4名涉恶人员全部认罪认罚。加强涉黑恶罪犯财产刑执行专项检察监督，监督涉恶财产刑执行案件3件，发出纠正违法通知书3份。

【服务“两区”建设专项监督】2019年10月，区检察院出台《充分发挥法律监督职能作用法治护航“两个健康”先行区创建的若干意见》，搭建民营企业维权平台，依法严厉打击侵害民营企业权益犯罪，加强对民事诉讼、涉企行政诉讼和民事执行活动监督，依法惩治虚假诉讼等逃废债行为。坚持“少捕慎诉”原则，加大对涉民营企业案件该立不立、不该立乱立、不正确适用强制措施等问题监督力度，正确把握涉民营企业案件法律界限。起诉强迫交易、挪用资金等影响民营经济发展犯罪案件4件4人，起诉金融诈骗、伪造公司印章等破坏市场经济秩序案件16件47人。办理重大责任事故、虚开增值税专用发票等涉企案件3件4人，相对不诉2件2人，监督立案1件2人，监督撤案1件2人。受理涉企民事执行案件2件，提出检察建议2份。对2起虚开增值税专用发票案依法不诉，挽回税款损失24.2万元。

【刑事诉讼监督】2019年，区检察院监督立案6件7人，监督撤案2件4人，书面纠正侦查违法行为4件，纠正漏捕1人，追诉漏犯2人，依法改变侦查机关对案件事实和性质认定6人。开展重大案件侦查终结前讯问合法性核查5件5人，开展羁押必要性审查11件11人，依法变更强制措施6人，向相关部门发出纠正违法通知书5份。监督收监执行2人。全程同步监督中华人民共和国成立70周年部分服刑罪犯特赦工作，依法办理案件7件。

【民事行政监督】2019年，区检察院审查民事生效裁判监督案件9件、民事审判程序违法监督案件3件、民事执行监督案件7件。对涉嫌虚构事实打“假官司”民事案件提出再审检察建议2件，再审后改判1件，移送刑事犯罪线索2条，刑事立案1件，涉案金额1600余万元。受理公证领域民事非诉执行监督案件2件，受理国有财产保护领域行政非诉执行监督案件5件，发出检察建议1份。

【公益诉讼监督】2019年，区检察院聚焦环境资源保护、食品药品安全、国有土地使用等领域问题立案78件，发出检察建议75份。其中，开展“守护蓝色海湾”“海域非法养殖”专项监督活动，立案16件，发出检察建议8份，涉及8个海域面积约合2万亩，该项活动受省检察院关注并领办。打击非法采砂及沿岸非法采矿犯罪，起诉刑事附带民事公益诉讼案件2件，督促退出违法所得259万元，追缴生态修复补偿金387万元。开展“保障千家万户舌尖上的安全”专项监督，办理食品药品领域行政公益诉讼案件4件，办理国有财产保护公益诉讼案件3件、英烈保护公益诉讼案件2件，共发出检察建议8份，依法收缴拖欠人防易地建设费，挽回国家经济损失21.5万元。联合区农业农村局首次开展渔业资源损害赔偿增殖放流活动，放流鱼苗62万尾。定期开展海岸线巡查，开展医疗废水、入海排污口废水排放，扬尘污染，报废汽车处理等专项监督活动，推动相关部门出台《建筑工地扬尘整治工作方案》，促进“生态环境损害赔偿”改革制度落地。

【未成年人司法保护】2019年，区检察院严厉打击性侵、暴力伤害未成年人犯罪，批准逮捕并提起公诉4件4人，对未成年人犯罪附条件不起诉3人。组建3支法治宣讲队伍，开展预防性侵害、拒绝校园暴力等专题法治课11场，实现城区和离岛初、高中全覆盖。执行最高检“一号检察建议”，联合公安、教育等部门开展预防校园性侵专项行动，联合市场监管等单位开展校园及周边食品安全检查、综治隐患排查整治。联合司法、卫生健康等7家单位联合出台《关于对涉性侵害违法犯罪人员实施从业限制的意见》，谨防容易滋生侵害学生权益等问题关键环节和重点岗位。启动未成年人心理咨询帮教服务3例。

【法律监督行动年】2019年，区检察院启动为期3年“法律监督行动年”活动，检察长参与重大疑难复杂办理52件，检察长或受检察长委托列席审委会8次，检察机关法律监督工作列入地方党委政府5项考核，发出公益诉讼检察建议76件、再审检察建议2件、纠正违法检察建议13件、社会治理检察建议1件、其他检察建议11件，检察建议采纳率100%。

【数字卷宗单轨制协同办案机制】2019年9月，区检察院作为政法一体化办案系统牵头单位，以电子卷宗制作规范、材料流转通畅、流程管控得力、干警应用有获得感为目标，试行数字卷宗单轨制协同办案模式和基于混合组卷单轨制协同办案机制，沟通联系同电子卷宗制作源头单位，三方严把电子卷宗质量关。截至年底，单轨制提请批捕12

件，移送审查起诉17件，提起公诉6件。全年逮捕协同率、逮捕反馈协同率、起诉协同率、起诉反馈协同率均100%。

【检察环节诉源治理】2019年，区检察院深化诉源治理，受理各类信访140件。其中，依法办理民事行政诉讼监督3件、刑事申诉案件10件、涉及诉讼违法与公益损害案件113件、其他控告类信访14件。办结涉残疾人、未成年人等国家司法救助案件9件，发放救助金6.3万元。成功调解拖欠农民工工资纠纷6起，帮助追讨工资10.71万元。受理案卷查询35件，接待律师阅卷57人次。召开案件公开听证、宣告活动4场，走村入社释法说理8场，组织旁听庭审3场。

（庄丽燕）

法院

【概况】2019年，洞头区法院受理各类案件3551件，结案3481件，同比上升9.33%和6.39%。员额法官人均结案193件，增加1.5件。新收刑事案件133 件，审结138件，判处罪犯133人，其中判处3年以上有期徒刑33人。新收各类民商事案件1930件，审结1840件，服判息诉率92.54%。新收行政诉讼案件111 件，审结125件。审查非诉执行案件12件，裁定准予执行5件，审查阶段促成行政相对人自动履行2件。新收执行案件1356件，执结1357件，执行到位金额1.12亿元。

制定为全区创建新时代“两个健康”先行区提供司法保障实施意见20条，保证民营企业依法公开公平参与市场竞争、同等受到法律保护。打造“社会调解优先、法院诉讼断后”递进式矛盾纠纷分层过滤体系。法院诉讼服务中心迁入区社会矛盾纠纷调处化解中心。7个街道（乡镇）挂牌巡回审判诉讼服务点，法院审判团队实行“1+1”定向联系服务，不定期开展上门立案、指导调解、法律咨询等服务。指导和参与化解涉征地、农房、工程、人身损害等疑难复杂纠纷20起。驻法院调解员化解各类纠纷441件，诉前化解率28.29%，同比增加16.62%。全年化解涉法涉诉信访案件6件。协同治理民间借贷，建立职业放贷人名录制度，联合税务部门补征职业放贷人利息收入个人所得税2人4.82万元。民间借贷案件收案数同比下降12.92%。全年陪审员参审案件384件。

是年，成立机关党委和8个党支部，机关党委被授予区“百岛先锋”称号。

【刑事审判】2019年，新收刑事案件133 件，审结138件，判处罪犯133人，其中判处3年以上有期徒刑33人。推进扫黑除恶专项斗争，审结全案认罪认罚的林某等恶势力犯罪团伙案4人。审结故意伤害、“两抢一盗”“黄赌毒”等危害社会治安犯罪案件34件53人。审结叶某等3名村干部职务侵占案，联合区纪委开展旁听庭审警示教育。审结李某等6人非法采矿等刑事附带民事公益诉讼案件2件，追回生态环境损害赔偿、违法所得等641万元。推进刑事案件律师辩护全覆盖，为70余名未聘请律师的被告人通知援助律师到庭辩护。

【民商审判】2019年，新收各类民商事案件1930件，审结1840件，服判息诉率92.54%。审结买卖、承揽、租赁、建设工程等合同纠纷案件211件。审结房屋买卖纠纷案件50件。审结劳动就业、交通事故等涉民生案件44件。审结涉企民商事案件805件，为66家企业执行到位金额6390万元。审结破产案件3件。判决民间金融活动中涉及非法吸收公众存款、集资诈骗等犯罪7件7人。建立破产案件简易审理机制，适用简化程序破产案件办理时限压减至6个月内。审结婚姻家庭、继承等纠纷125件，其中调解结案55件。针对家庭暴力情形，发出人身安全保护令4份。

【行政诉讼审判】2019年，新收行政诉讼案件111 件，审结125件。审查非诉执行案件12件，裁定准予执行5件，审查阶段促成行政相对人自动履行2件。落实行政案件异地交叉管辖改革，审结异地行政案件52件。全年行政机关败诉率同比下降22%。坚持行政负责人出庭应诉制度， 行政机关负责人出庭应诉率100%。定期召开预防和化解行政争议府院联席会议，举办“行政机关旁听庭审”活动。联合区司法局建立行政争议法律援助机制，支持律师为困难群众代理案件。全年向党政机关和有关单位发出司法建议3份。

【审批执行】2019年，新收执行案件1356件，执结1357件，执行到位金额1.12亿元。强化立审执全程兼顾，自动履行率52.2%，同比增加7.14%。开展“拔钉清障”专项执行行动罚款260人次，拘留49人次，执行制裁违法率22.53%。全年纳入失信被执行人名单896人次，限制高消费1422人次，限制出境3人次，使失信被执行人在招投标、融资信贷、投资经营、出境出行、高消费等方面处处受限。打击拒不执行判决、裁定行为，发布拒执移送、审理情况白皮书，移送涉嫌拒执犯罪9件10人，追究刑事责任10件11人，拒执案件成案率位列全市首位。全年有财案件执结率97.4%、执结率88.29%，两项指标均达标；执行款发放平均天数17

天、执行信访办结率100%，均位列全市首位。

【法院司法服务】2019年，区法院严格落实立案登记制，当场登记立案率超99%。推广网上立案、跨域立案等，网上立案1367件，跨域立案11件。推广应用“浙江移动微法院”微信小程序，实现当事人足不出户、动动手指等参与诉讼。全年通过移动微法院证据交换、调解、文书送达等5817次，累计运用率52.92%。牵头推广在线矛盾纠纷多元化解平台，通过平台调解案件352件，成功率95.75%。

组织开展“服务企业、服务群众、服务基层”活动，协调解决企业、群众、基层反映的困难和问题20余个。开展宪法、反家暴、禁毒等主题宣传，法官到学校、村社授课8次，现场释法10余场。邀请仁济学院、城关一小等学校学生参观法院、开展模拟法庭。办结司法救助案件3件，发放司法救助金5.91万元。

【首例非法采矿刑事附带民事公益诉讼案件】2019年8月29日，区法院首次组成7人合议庭公开审理并当庭宣判洞头首例非法采矿刑事附带民事公益诉讼案件，以非法采矿罪分别判处被告人郑某伍有期徒刑1年，处罚金5000元；判处被告人郑某安、郑某东、郑某飞有期徒刑7个月，缓刑1年，处罚金2000元。4名被告共同支付生态环境损失赔偿费及鉴定费用共计129700元。法院审理认为，郑某伍伙同郑某安、郑某东、郑某飞在未取得海域使用权证、采矿许可证非法采砂作业，构成非法采矿罪。4名被告人非法采矿行为造成国家矿产资源损失和生态环境破坏，损害国家利益和社会公共利益，应当承担相应的民事侵权责任。

【首例全案认罪认罚恶势力犯罪团伙案件】2019年12月18日，区法院公开开庭审理林某某等4名被告人恶势力犯罪团伙犯寻衅滋事、开设赌场、非法拘禁罪一案，4名被告人被判处有期徒刑一年六个月至四年不等。法院审理认为，被告人林某某结伙随意殴打、恐吓他人、任意损毁财物，情节恶劣，又结伙开设赌场，情节严重，其行为已分别构成寻衅滋事罪、开设赌场罪，予以数罪并罚。被告人刘某某结伙随意殴打、恐吓他人或任意损毁财物，情节恶劣，其行为已构成寻衅滋事罪。被告人张某某、王某某结伙随意殴打、恐吓他人、任意损毁财物，情节恶劣，又为索取债务，结伙非法拘禁他人，其行为已分别构成寻衅滋事罪、非法拘禁罪。被告人林某某、刘某某经常纠集被告人张某某、王某某实施违法犯罪，为非作恶、欺压群众，扰乱社会生活秩序，造成较为恶劣社会影响，其行为具有恶势力性质，均予以从重处罚，同时考虑到该案被告人均自愿认罪认罚等情节，遂作出如上判决。

【首例个人债务集中清理案】2019年12月31日，区法院办结该洞头区首例个人债务集中清理案件。该案申请人陈某某因生意经营失败，无力偿还个人债务，自2019年1月起，其债权人陆续申请执行，涉及执行案件7件，其中陈某某为主债务人案件6件，为担保人案件1件。陈某某于2019年9月9日向该院申请个人债务集中清理，法院依法受理审查。11月28日，陈某某个人债务集中清理案件第一次债权人会议召开，所有债权人参与会议，经法院工作人员阐述清理方案后，两名债权人均同意与陈某某达成和解，同意清理方案，与另一名债权人将继续沟通协商。会后，该院多次组织当事人沟通协商，商讨合理可行和解方案，最终获三位债权人均同意与陈海忠达成和解，取消对被执行人采取的执行措施，放宽陈某某的债务履行期限。

（林慧慧）

司法行政

【概况】2019年，洞头区司法局坚持“首题必政治”党性学习，开展全员政审、警示教育，时刻筑牢政治规矩、作风纪律防线。深化“法润兰香”服务品牌，打造党员法律服务先锋岗、法治教育宣传队和乡村振兴顾问团，全年为2000多名群众提供志愿法律服务。构建社会化大普法机制，制定36家单位普法责任清单，明确25个重点项目，全年开展宪法法律宣传300余场，获得全省“七五”普法中期成绩突出区称号。开展村规民约和居民公约修订，创成6个省市级民主法治村。

实施平安建设“金盾工程”，强化矛盾纠纷联调机制，组建调解专家库，全年成功化解矛盾纠纷2662件。组织开展“司法行政百村百企行”，全年举行金融风险防范、渔业安全生产等专题法治活动18场，法律服务机构受理案件313件，农村法律顾问下基层服务201次。新设区退役军人法援等工作站3个，创新行政诉讼法律援助、刑拘直诉法律帮助等工作机制，全年接待群众3530人次，受理法律援助260件，上门服务困难对象57次。开展社区矫正执法规范化创建，全年累计入矫83人，解矫75人，特赦7人，收监2人，未发生脱漏管和重新犯罪。

【机构改革】2019年1月，根据洞头区机构改革方案部署，区委建设法治洞头工作领导小组改为区委全面依法治区委员会，作为区委议事协调机构。区委全面依法治区委员会办公室设在区司法局。区司法局和区政府法制办公室（区行政复议局）的职责整合，重新组建区司法局，作为区政府工作部门，保留区行政复议局牌子。不再保留区政府法制办公室。

【洞头区非公有制企业法律维权服务中心成立】2019年6月16日，洞头区司法局联合区工商联成立洞头区非公有制企业法律维权服务中心，受理非公有制企业和非公有制经济人士投诉咨询和法律维权，为民营企业免费提供法律咨询服务，帮助企业规范内部管理，不定期举办有关法律知识讲座和培训，提供法律体检，提高企业经营者的法律意识，促进全区非公有制经济高质量发展。

【社会普法工作室培育】2019年，区司法局挖掘社会普法资源，以具有一定影响力和知名度公民个人、志愿服务组织和法律服务团体等社会普法力量为基础，设立林爱英、微动力、海霞妈妈、爱加壹、宏大法律服务所等品牌普法工作室5个，旨在发挥社会普法工作室机制灵活和贴近群众优势，开展社会化普法，扩大社会普法影响力，构建政府主导、社会力量参与“大普法”工作格局。8月16日，举行授牌仪式。

【“海上枫桥”联调模式】2019年，区司法局强化矛盾纠纷联调，建立基层排查网格，确保第一时间发现矛盾，组建调解专家库，打造金牌调解员队伍，推行“三官一师”参与基层调解，推进纠纷一站式落地解决，实行矛盾纠纷排查登记、会商交办、调解处置、回访建档“四步法”闭环管理，建立联防联调、信息报送、定期研判、督查考核等四大机制，全年成功化解矛盾纠纷2662件，调解员林爱英被司法部评为坚持“枫桥经验”工作突出个人。

【社区矫正执法规范化示范创建试点】2019年，区司法局制定项目实施推进计划，结合省司法厅“四不两直”调研督查和区季度联合执法检查推进执法规范化建设。分别于1月、4月、7月和10月，联合公检法等职能部门，组成检查组，对照《浙江省社区矫正执法质量考核评议办法（试行）》，开展社区矫正季度执法检查和档案质量交叉互评，及时梳理检查发现问题并出具整改建议。全年开展季度执法检查4次，整改督查“回头看”2次，质量评查2次。

【社区矫正“心理健康”工程试点】2019年，区司法局开展心理健康教育工程，借助社会专业心理健康教育资源，形成“区司法局、心理协会、基层司法所”三级联动心理矫治工作体系，从每季度开展一次到每月开展一次心理健康活动。开设社区服刑人员自己“阳光讲堂”“一对一”心理会谈，创设“一所一品”修心教育品牌。

【洞头区退役军人法律援助工作站成立】2019年7月26日，洞头区退役军人法律援助工作站挂牌成立，旨在为广大退役军人及其他优抚对象提供法治宣传教育、法律知识讲座、免费法律咨询、协助符合条件退役军人办理法律援助申请等法律服务，对符合法律援助条件的退役军人开辟绿色通道。截至年底，退役军人法律援助1件，咨询1件。

【农村法律顾问工作】2019年，洞头区法律援助中心引入多家区域外律师事务所，开展法律顾问“百村百访”大行动，落实“律师交叉包片走访”制度，为92个村配备法律顾问，实现法律顾问全覆盖。开展“一村一企一体验”活动，了解企业、职工当前法律困境。打造“半小时农村法律顾问服务圈”，全年，农村法律下村提供维权法援12起，入村走访280余次，审查各类合同25件。

【“学法模范户”和“法律明白人”评选活动】2019年6月18日，洞头区组织开展2019年“学法模范户”和“法律明白人”评选活动，通过个人自荐、群众推荐和村民小组推荐等方式申报，评选分为组织发动、初步审核、评定公布三个阶段，初选名单由各街道(乡镇)通过公示、审核、考察等环节拟定，结合民主法治村（社区）创建，实施“法治人才工程”，培育农村普法骨干等，最终评选出“学法模范户”126户和“法律明白人”240人，并在村社法治宣传栏展示“模范户”“明白人”尊法学法守法用法故事，树立先进典型。

【洞头区组织开展法律法规图片展】2019年3月，洞头区纪委监委、区司法局、区普法办联合开展《中华人民共和国宪法》《中华人民共和国监察法》《中国共产党纪律处分条例》图片展。展览设展板62块，用图文并茂形式全面而系统展示三部法律历史背景、现实需要、重要意义、主要内容和重要原则，收集温州本地典型职务犯罪实例，通过以案明纪、以案释法、以案为鉴形式，对反面案例深入剖析，警醒广大党员干部严守法律法规“高压线”，知敬畏、存戒惧、守底线。全区42家单位1200余人参观。

（林声响）

军　事

渔场领路人·陈海英

“海霞精神”

爱岛尚武　励志奉献

军事

区人民武装部

【概况】2019年，洞头区制定《关于加强和改进新形势下征兵工作的实施意见》《关于加强全区专职人民武装干部队伍建设的实施意见》，严格落实党委议军制度，全年召开专题议军会2次，区委常委会研究涉军议题5次。区人武部执行上级决策部署，聚焦国防动员主业主为，推进国动事业和人武部建设全面发展提升。加强新时代党管武装工作，组织开展参与行动针对性训练，特别是海上搜救、应急维稳等培训和实操训练。完成将值班室与装备仓库合二为一，严格规范执行武器装备管理各项规定制度，定期组织维护保养武器装备，组织清查点验，做到账物相符、底数清楚，确保武器装备数量准确、质量完好。调查部分国防工程被占用和损坏情况，维修部分国防坑道。

【《关于加强和改进新形势下征兵工作的实施意见》印发】2019年12月25日，为进一步加强国防建设，高标准高质量完成征兵工作任务，根据有关法律法规和省市相关文件规定，区政府、区人武部印发《关于加强和改进新形势下征兵工作的实施意见》（洞政发〔2019〕29号），意见包含持续加强征兵宣传教育，完善宣传机制，拓展宣传渠道，营造征兵氛围。是年，不断完善征兵优抚政策，优惠招考录用政策，提高艰苦地区优待标准，发放一次性奖励金，完善职业技能培训，加大就业扶持力度，加大军属优待力度。严格落实征兵法规制度，加大登记检查力度，加大兵役执法力度。成立征兵工作领导小组，把完成年度征兵任务、保证新兵质量纳入党管武装重要内容、纳入“双拥模范城”评比、纳入军地各街道（乡镇）领导干部目标考核，征兵工作经费列入区财政预算予以保障。

【组织开训动员】2019年1月4日，中共中央总书记、国家主席、中央军委主席习近平签署中央军委2019年1号命令，向全军发布开训动员令。洞头区人武部开展一系列开训活动，学习省军区开训动员大会，开展营区消防演练、营门应急演练，组织辖区街道（乡镇）武装部专武干部射击、理论、案例分析、3000米跑等科目考核。

【武装工作现场办公会议】2019年1月31日，洞头区委书记、人武部党委第一书记王蛟虎主持召开洞头区委议军会议暨武装工作现场办公会议。会议听取区人武部关于2018年度党管武装工作情况汇报。会议认为区人武部认真贯彻温州军分区党委和区委的决策部署，紧紧围绕强军目标，在思想政治建设、民兵组织发展、军事斗争准备、全民国防教育、兵员征集、双拥共建、女子连建设等工作发挥主力军作用，扎实推进武装工作。会议明确关于加强党管武装工作、专武干部队伍建设、加强女子民兵连建设、落实征兵优待政策、女民兵安置国有企业、驻军部队随军家属就业安置等事宜。区委副书记吴志安、常务副区长叶海峰、区宣传部部长侯合海、区人大常委会副主任张孚标等参加会议。

国防后备力量建设

【概况】2019年，洞头区人武部围绕“能打胜仗”目标，严格按照实战化要求加强国防动员和后备力量建设，后备力量遂行多样化军事任务能力得到提高。民兵整组严格落实，组织调查后备力量各类资源潜力，分析民兵建设现状，研究队伍布局结构，论证修订整组方案，制定工作实施计划，编实建强应急、支援、储备等基干民兵队伍。开展民兵连长、基干民兵、海上民兵等力量训练。民兵队伍参与9号台风“利奇马”应急抗台抢险200多人。全年完成新兵征集任务。组织参加省、市民兵大比武3人取得好成绩，其中给养单元操作考核中取得军分区第二名。

【民兵应急连集中点验】2019年5月27日，洞头区人武部召开民兵应急连点验大会，组织街道（乡镇）专武干部、应急分队骨干观摩。大会宣读民兵干部任职命令，现场呼点连队人员名单，应急连全体民兵宣誓，新入伍民兵代表表态发言。组织政治教育，号召全体民兵增强国防意识、加强组织训练。

【专武干部及民兵集训】2019年，区人武部组织5次集训。其中，1月下旬至2月中下旬完成两个阶段专武干部集训。4月，组织民兵连长在女子连开展为期一周集训。11月，组织区民兵应急连集中训练，提高基干民兵训练水平。8月和11月，两次组织海上民兵力量骨干、带船干部、船老大等人员开展为期6天集训，提高海上动员骨干力量基本素质。

【民兵应急连集训】2019年11月5日—8日，为着眼平时服务、急时应急、战时应战需要，抓好民兵基本技能，区人武部组织民兵应急连集训，按照大纲规定训练内容，依据《民兵应急分队训练教材》要求，开展民兵应急行动常识、队列、盾牌警棍操等基础课目训练和思想政治教育。结合实际，突出山林救火、反恐维稳等非战争军事行动训练，采取授课辅导、现地操作练习相结合方式组织实施。

【征兵工作】2019年，区人武部联合区政府制定《关于加强和改进新形势下征兵工作的实施意见》，按照“四早一延伸”“征兵五率”要求，开展征兵宣传工作，营造浓厚社会氛围。组织到辖区学校开展征兵政策进校园活动，街道（乡镇）人武部开展征兵宣传走村入户，通过传统宣传平台及网络媒体、微信公众号等，对适龄青年及其家长宣讲征兵政策。区、乡、村三级层层签订责任书、落实主体责任，征兵办公室落实业务责任，推进兵役登记、体验、政治考核、走访定兵、交接运输等工作落实。完成全年新兵征集工作，其中大学生士兵占93%。设立举报电话和信箱，征兵工作人员签订廉洁征兵责任书，应征青年发放廉洁征兵责任卡，聘请廉洁征兵监督员5名。落实公示制度，对征兵上站体检人员、体检合格人员、双合格人员和定兵人员进行公示。

国防教育

【概况】2019年，洞头区开展形式多样国防教育，组织区四套班子和部门单位领导干部过军事日活动，体验打靶、野外就餐等军事生活，邀请国防大学政治学院副教授张芳国防形势讲座，提高全区领导干部国防意识；邀请对越自卫反击战老兵为人武部全体人员、全体专武干部及先锋女子民兵连全体官兵授课。公布“八一光荣榜”，创办“军人荣誉墙”；结合中华人民共和国成立70周年和国防教育宣传日开展国防教育活动；借助“百千万读书学习班”活动，为党政机关授课20多节。发挥洞头先锋女子民兵连纪念馆国防教育基地优势开展国防教育，全年1298批次2.61万人次接受爱国主义教育和国防教育，增强全民国防观念和国防意识。

【国防教育宣传日活动】2019年9月21日，洞头区人武部联合洞头先锋女子民兵连开展“赞颂辉煌成就、军民同心筑梦”第19个全民国防教育日暨全省第8个国防教育宣

2019年9月21日，全省第8个国防教育宣传周活动　（陈增胜　摄）

传周系列活动，设计“新时代的中国国防”白皮书宣传小报，分组到城区主干道、中心商圈、人民医院、菜市场等人员密集场所向市民分发宣传材料、讲解国防知识、宣传爱国主义。举办洞头籍优秀军人先进事迹展，女民兵现场讲解军人事迹、解答征兵政策和女民兵招录情况。洞头先锋女子民兵连微信公众号、抖音官方号开展国防知识有奖竞答，推出“我与国旗同框”话题标签和作品征集，开辟国防教育专栏，邀请多家单位拍摄“我和我的祖国”快闪MV。发放宣传资料500份，接受“线下线上”互动2000余人次，组织学生开展国防教育实践体验近5000人，成立“国防教育宣讲团”进学校宣讲13批次。

【“百岛讲坛”国防教育专题】2019年11月1日，洞头“百岛讲坛”邀请国防大学政治学院副教授张芳做题为《全球治理体系变革中的中美战略博弈》专题讲座。解读全球治理格局中力量变化，分析国际秩序出现混乱和对抗原因，讲解现今世界格局下中美战略博弈。区四套班子领导等120多人参加。

【国防教育工作会议】2019年7月8日，洞头区国防教育工作暨国教委全体（扩大）会议召开。会议传达温州市国教委会议精神，总结分析区国防教育工作形势，明确区国教委成员单位工作职责，部署国防教育任务。会议指出，要健全运行机制，完善国防教育力量体系；要坚持主题牵引，凝聚心系国防强大合力；要传承红色基因，深挖崇军尚武精神土壤；要拓宽眼界思路，创新教育宣传方式方法。区领导吴志安、侯合海、张孚标、叶锦丽、张释忠等参加会议。

军民联防

【概况】2019年，区人武部完成新兵器室建设，组织开展军训、学雷锋、扶贫帮困、红色旅游、植树造林和卫生城市创建等活动。加强现役军人子女入学、随军家属安置等工作，配合区退役军人事务局组织退役军人返乡欢迎仪式，召开座谈会、招聘会。协助解决部队实际困难。组织驻岛官兵、人武部干部职工、女子连女民兵30多人参加无偿献血活动。全年协调解决军属就业安置2人、随调安置1人、货币安置1人。东屏街道获评浙江省双拥模范单位。

【东屏街道获评省爱国拥军模范单位】2019年7月29日，浙江纪念建军92周年暨双拥模范城（县）命名表彰大会召开。会议通报表扬省双拥模范单位名单，东屏街道获评浙江省爱国拥军模范单位。东屏街道继承和发扬拥军优属、拥政爱民优良传统，密切军政军民关系。建立军人军属法律援助工作站，不定期组织专职律师到军营，解答部队官兵在婚姻家庭、交通事故等方面法律疑惑。东屏街道推出《现役军人立功受奖办法》《征兵奖惩办法》《优秀军属评先办法》等。每年迎接新兵入伍，欢送老兵退伍。组织志愿者妈妈上军营，与军人一起联欢，做好国防知识教育宣讲进学校进村居活动。

【军民联合救援台湾货船】2019年1月2日8时20分,洞头区海洋与渔业局人武部值班室接省海上搜救中心通报：一艘台湾货船（船号不详）在玉环市以东90海里处（北纬28度02分、东经123度01分）发生事故，船上5人获救（1人无生命体征），10人下落不明。接报后，区海洋与渔业局人武部启动海上渔船安全搜救应急预案，通过渔船安全救助信息系统，指挥全区附近海域从事渔业生产海上民兵作业渔船快速到出事海域。经协调指挥，海上民兵浙洞渔01497船等会同10余艘渔船参与搜救。搜救至傍晚结束。共救起3名缅甸籍船员，其中2名状态稳定，1名船员无生命体征。沉没船舶“伦敦号”船东为中国台湾人，该船从台湾高雄港出发，目的港为韩国釜山。船上共有15人，其中缅甸籍14人，中国台湾省籍1人。该船于当天凌晨4时30分许遇险沉没。

洞头先锋女子民兵连建设

【概况】2019年，洞头先锋女子民兵连开展军事训练，加强老队员组训和教学能力培养和对新民兵基本素质训练，巩固女子连传统优势课目。联合驻岛部队开展军民联欢联谊晚会；联合公安分局禁毒大队、刑侦大队到驻岛部队开展禁毒宣传和防诈骗宣传工作；组织女民兵参加征兵宣传、征兵体检等工作。围绕“海上花园”建设、平安洞头创建、基层社会治理、海霞民兵小镇建设等研究部署社会志愿服务活动。全年出动1000余人次参与扶贫济困、平安巡防、环境整治、抗台抢险、禁毒宣传、无偿献血、交通疏导等志愿活动。参加“温州金盾—19”人民防空指挥部实战化演习；出动52人次参与第九号台风“利奇马”社区、村居自救、重建工作。完成温州市外国语学校、温州市第二十二中学、洞头实验中学、洞头海霞中学、温州市护士学校、温州市第二职业中等专业学校等学生、街道民兵、企业军事训练12批次近万人。组织为退役女民兵爱心捐款4300余元。全年参加纪念馆讲解1280批次2.48万人次。

组织开展“不忘初心，牢记使命”主题教育，坚持把红色文化发掘和红色精神提炼作为党员干部教育一项重要工程，围绕“海霞旧居”红色集聚点，布置女子连红色展厅，开设《海霞人的初心使命》《汪月霞的初心之路》《东海幽兰—陈玉兰》等微型党课，培养微型党课宣讲员。“海霞的红色足迹”党性教育现场教学点成为全市各级党组织和广大党员干部开展主题教育发挥好主阵地，其间共讲授“微党课”30余场。与海霞村、温州交运集团城东分公司第一运营中心、温州第二职业中专、温州外国语学校等党支部开展联学共建活动。聘请骨伤科专家为连队健康顾问、建立“海霞”心理健康咨询驿站（基地）、成立校外德育实践基地、举办“守初心，迎国庆”中华人民共和国成立70周年文艺演出等。

2019年，洞头先锋女子民兵连获评全国国防动员先进单位、浙江省军区基层建设标兵单位，团支部获评全国五四红旗团支部。连长陈盈盈获评全国模范退役军人。洞头先锋女子民兵连纪念馆入选全省干部党性教育基地、浙江省第三批红色旅游教育基地，获评市离退休干部党员教育活动“十佳共享基地”。

【女民兵集训】2019年，洞头先锋女子民兵连开展女民兵集训近5个月。年初开展“新老民兵”封闭式集训，格落实《内务条令》各项规定，分组分科目军事训练。6月，开展为期一个月第三阶段拳术及体能训练专项暨新兵封闭式集训；开展传统科目训练，分为第一、第四、第五阶段重点施训。6月中下旬，参观市特警支队活动训练。10月底，12名女民兵参加为期两天专训，并邀请支队教官“送教”到连。

【海霞精神宣传】2019年，洞头先锋女子民兵连以海霞精神时代内涵、红色党建品牌特色和海霞民兵小镇建设发展为主题，开展“海霞”品牌宣传。通过撰写图文信息、制作微视频、拍摄MV等推广宣传连队训练工作、志愿服务、党团学习、国防宣传等动态。拍摄快闪MV《我和我的祖国》海霞官抖、女子民兵连微信公众号、洞头百岛女性微信公众号、学习强国等官方平台展播，阅读转发5000多人次。全年洞头先锋女子民兵连微信公众号平台发布信息67次87篇。加强与洞头新闻网、东海民兵、洞头发布、东线瞭望、钱塘兵事、《中国国防报》、中国民兵、人民前线、央广军事洞头发布等主流军事媒体及微信公众号互动交流。《浙江日报》头版刊文《洞头先锋女子陈盈盈：为“海霞”注入新活力》，区委宣传部联合温州广电传媒集团广播中心打造广播剧《我是海霞》并在中央人民广播电台“中国之声—记录中国”栏目播出。全年被市级以上媒体宣传报道30余篇。连队主官主动进机关、进社区、进企业、进学校等开展“海霞”精神宣讲活动。指导员杨燕辉参加“礼赞新中国，奋斗新时代”温州市微型党课大赛获一等奖，并成为浙江省微型党课宣讲团成员，参加“送党课下基层”全省巡讲12场。

【洞头先锋女子民兵连获评全国国防动员先进单位】2019年5月，经国务院、中央军委批准，人力资源和社会保障部、中央军委政治工作部、中央军委国防动员部表彰全国国防动员工作先进个人，洞头先锋女子民兵连获评全国国防动员工作先进单位。连队始终把强化思想引领作为首要任务，组织民兵深入学习领会习近平总书记系列重要讲话精神、视察连队讲话和写给连队的贺信，举办强军目标理论系列辅导，开展“学习践行强军目标，争当新一代海霞传人”延伸教育和“强军梦、海霞梦、我的梦”主题演讲，实凝聚强连兴武强大动力。每年组织不少于3个月基地化

2019年5月，洞头先锋女子民兵连获评全国国防动员先进单位

（洞头先锋女子民兵连提供）

集中封闭式训练，每半年组织一次实案课题演练，每月安排一次军事理论和信息化知识学习，广泛开展和参与比武竞赛活动。常态开展抢险救灾演练，参加平安海岛创建，参与社会慈善。活动党支部先后获浙江省先进基层党组织、浙江省民兵红旗党支部等荣誉称号。

【洞头先锋女子民兵连团支部获评全国五四红旗团支部】2019年5月，五四运动100周年之际，共青团中央发文公布2018年度全国优秀共青团员、优秀共青团干部、优秀共青团委（支部）名单，洞头先锋女子民兵连团支部获评全国五四红旗团支部。连队按照“重难科目骨干先行、注重基础突出组训、理论实践相互结合”方式开展封闭式集中训练，不断提升女民兵基础体能、军事技能和组训能力。围绕助推营商环境、先锋攻坚行动、海岛振兴“五四竞赛”活动及“清廉洞头”建设开展大讨论。组织开展抗台抢险、禁毒宣传、人防宣传、宪法宣传、交通执勤、垃圾分类、花园村庄建设等志愿活动累计1.8万余小时。开展“海霞精神”宣讲进校园，组织队长学校少先队员进行“海霞”军事体验活动等。全年为各中小学校开展军事训练近3000人；组织各类主题军事体验近19批次，受教育人数2500余人；义务为近7万名游客提供讲解服务。

【洞头先锋女子民兵连纪念馆入选省红色旅游教育基地】2019年6月29日，“红动浙江”2019年红色旅游季暨万人初心之旅活动在永嘉县岩坦镇启动。活动现场区文广旅体局与洞头新境界旅游有限公司签约红色旅游线路营销合作，为洞头先锋女子民兵连纪念馆等9家入选浙江省第三批红色旅游教育基地授牌。纪念馆位于洞头区北岙街道海霞村。北沙女子民兵连于1978年9月被浙江省革命委员会和浙江省军区授予“洞头先锋女子民兵连”荣誉称号。连队始终坚持突出特色，夯实军事训练基础；在军民联防、国防教育、精神文明建设等方面作出突出贡献。发挥党史教育基地和爱国主义教育基地功能，打响“海霞巾帼胜须眉”品牌，继承和发扬“爱岛尚武·励志奉献”海霞精神。先后获评浙江省爱国主义教育基地、浙江省国防教育基地、首批国家国防教育示范基地、温州市爱国主义教育基地、浙江省爱国主义教育基地先进单位、全国爱国主义教育示范基地、全国红色旅游经典景区。

【洞头先锋女子民兵连心理健康咨询基地建立】2019年6月19日，洞头先锋女子民兵连与温州市第七人民医院举行洞头先锋女子民兵连心理健康咨询基地签约揭牌仪式。通过共建合作进一步提高连队心理健康工作水平，更好地为女民兵提供优质心理健康教育与医疗服务。逐步探索构建“身体健康关注关爱、心理咨询跟踪随访、急救技术学习培训、绿色就医通道打开”等四大健康体系，全面建设民兵身心健康“数据库”。

【校外德育实践基地签约】2019年10月28日，温州外国语学校与洞头先锋女子民兵连校外德育实践基地签约暨赠牌仪式在洞头先锋女子民兵连连队举行。旨在激励学生深怀爱国之情、砥砺强国之志、力践报国之行。通过参与式体验方式来直观地唤醒学生的爱国热情，传承海霞精神，推进学校德育工作。

【陈盈盈获评全国模范退役军人】2019年7月26日，全国退役军人工作会议在北京召开，人力资源和社会保障部、中共中央组织部、退役军人事务部、中央军委政治工作部联合表彰全国模范退役军人等先进集体和个人，洞头先锋女子民兵连连长陈盈盈获“全国模范退役军人”称号。

（陈增胜）

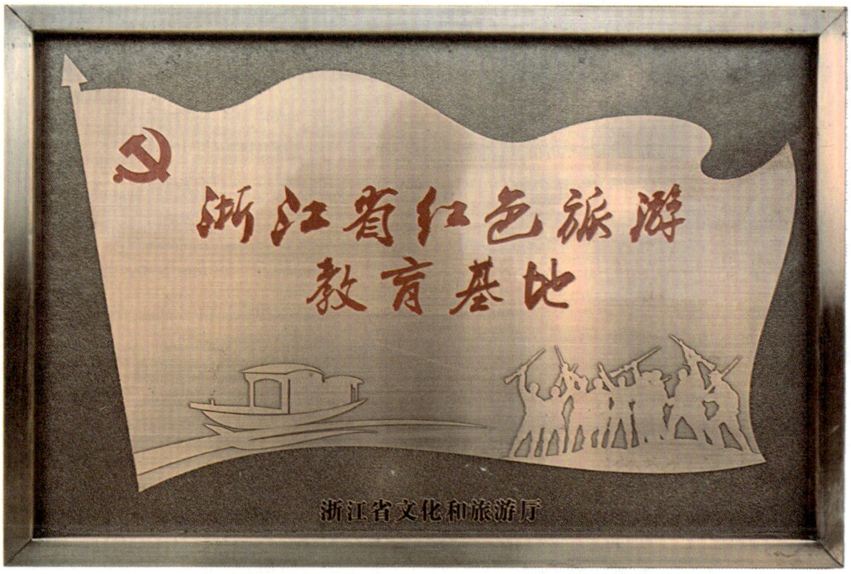

2019年6月，洞头先锋女子民兵连纪念馆入选浙江省第三批红色旅游教育基地

（洞头先锋女子民兵连提供）

武警工作

【概况】2019年，武警温州支队洞头中队贯彻落实新《军队基层建设纲要》《新军事训练大纲》精神，不断遂行处突反恐、抢险救灾等各项任务能力。联合北岙街道上新社区开展军民共建活动。军事训练成绩与评功评奖和入党、转士官相挂钩。中队参与各项执勤工作，无重大执勤事故。全年获支队军事训练优胜单位和支队勤训轮换第一，支队第一届“兵峰”比武第一。中队出动官兵抗击台风“利奇马”，获嘉奖1人次。

（康祥辉）

人民防空

【概况】2019年，根据洞头区机构改革部署，洞头区住房和城乡规划建设局更名为洞头区住房和城乡建设局，挂洞头区人民防空办公室(洞头区民防局)牌子。2月12日，洞头区民防局正式挂牌成立，设置局机关人防保障科、下属事业单位人防指挥信息中心，编制4人。负责人防日常工作，涉及人防审批事项由审批科负责，人防工程质量监督及验收由区建设工程质量与施工安全管理中心负责。修订《洞头区人民防空方案》，完善指挥部工作机制和各成员单位工作职责，修订指挥部编组分工和战时编成方案。全年调整人防指挥部成员单位28个。承办完成“温州金盾—19”实战化演习任务。

重新调查全区重要经济目标，三级重要经济目标纳入分类级目录管理9个。新建疏散基地1个（坐落于东屏街道聆海左舍）。根据人民防空警报规划，合理选取警报设置点，新增警报器1台。全面检查全区防灾警报器，开展通信信息网络训练，确保“5·12”“9·18”等重要防灾警报试鸣活动鸣响率100%。12月25日，人防指挥部1601工程通过省质监站验收。试用《浙江省防空地下室防护专项质量监督工作导则》，施行项目1个。组织检查、清理、核查竣工人防工程设备设施工程质量，定期检查和抽查在建工程项目施工进度和监督管理。

【人防综合服务】2019年，洞头区民防局通过浙江省政务服务网上申请人防窗口审批事项12个。加强流程再造，拓展数据共享应用，压缩审批时限，统一绘制业务经办流程图和办事流程图，提高人防审批效能。全年人防审批项目42件，其中人防工程易地建设费征收7件，依法收取易地建设费953.51万元（其中催缴历年缓缴33.16万元），人防工程易地建设核实20件，应建防空地下室民用建筑项目1件，人防工程质量监督手续办理7件，人防工程竣工验收备案1件，新建防空地下室战时功能和防护等级确定3件，人防工程平时使用登记3件，网上预审件100%，提前办结率、满意率均100%。配合相关部门推进人防施工图联合审查，在新出让和划拨土地时明确面积测算根据“竣工测验合一”标准执行，规划设计条件通知书中明确按规范配建人防设施。

【人防工程产权制度改革】2019年，根据《浙江省实施〈中华人民共和国人民防空法〉办法》《浙江省防空地下室管理办法》等法规规章，按照省委全面深化改革领导小组会议精神及省人防办确定的温州市人防工程产权制度改革试点工作（鹿城区、瓯海区、龙湾区、洞头区、文成县），洞头区加快推进人防工程产权制度改革试点工作，起草《洞头区人民防空工程建设使用与产权登记实施细则（试行）》《洞头区人民防空工程管理办法（试行）》等征求意见稿，完成相关部门征求意见及网上公示。

【人防宣传教育】2019年，区民防办开展人防知识“五进”教育，以初级中学宣传教育为重点、小学教育为基础，普及学校人防宣传教育格局。全区初级中学5所（含2所义校）和小学6所100%开展人防教育。5月12日，联合城关小学开展防治减灾疏散演练，提高师生应急知识储备和自救互救能力。利用“海霞”品牌，与洞头先锋女子民兵连开展“3·1”国际民防日和“5·12”防灾减灾日等主题日系统宣传活动，发放宣传资料1000余份，现场分发知识问卷300份。建设北岙街道新城、上新社区公园人防小广场，宣传人防法律法规和最新人防工作动态，推进国防教育全民普及。

【人防演习成浙江海岛样板】2019年3月，区民防局承接“温州金盾—19”演习任务。成立工作领导小组，精心组织、周密安排，委托第三方机构研究做好重要经济目标防护试点工作。探索海岛人防演练新模式。修改完善演练实施方案52次，确定最终演练导播计划，开展预演活动15次，正式演练动员大会2次，专项推进会23次。协调发动人防成员单位28家、人防专业队部门10个、专业救援队伍8支和民防应急救援力量5支，共计2000余人参演，出动50余种各型装备。完成具有参演人员多、区域范围广、内容难度高特点的“温州金盾—19”演练任务，成为浙江海岛人防演习样板，《中国国防报》刊登。

（张群峰）

农业　水利

海区又绿羊栖·杨金花

“海霞精神”

爱岛尚武　励志奉献

农业　水利

农业

【概况】2019年，全区实现农业产值11893万元，下降1.9%，全区有耕地面积1.04万亩，全年培育市、区龙头企业12家。区政府出台《洞头区扶持村庄经济总部发展暂行规定》，明确村庄总部经济优惠政策。建成金岙、白迭、寮顶、蓝港等4个村庄总部经济园。全年引进社会资本2000万元，创税5810万元。完成村社调整，减少行政村18个，撤并率21.7%。全年村集体经济发展项目开工25个，全区村集体经济总收入1.18亿元，增长37.4%，48个村年收入超100万元，全域村经营性收入超15万元。组织开展三轮“五四”竞赛活动，30个村居参加比拼，投资10.96亿元，新建4条乡村振兴示范带，建成22个花园村庄。

【粮食生产】2019年，洞头区完成粮食播种面积11299.3亩，产量2407.7吨，分别增长29.21%、7.49%。番薯播种面积400公顷，增长12.0%，马铃薯播种面积198公顷，增长41.4%；推广油菜种植面积2900亩，落实油菜高产示范方6个，亩均油菜产量120公斤以上。

【部省共建乡村振兴示范区创建】2019年8月16日，为深入贯彻实施乡村振兴战略，结合《坚持共创共建共享 打造乡村振兴海岛样板 高水平建设海上花园的行动计划（2018—2022）》总体部署，洞头区全面创建部省共建乡村振兴示范省先行创建区，打造乡村振兴全国海岛样板，印发《洞头区“实施五化四来 争创五星乡村 打造部省共建乡村振兴示范省先行创建区”实施方案》（洞委办传〔2019〕35号），包含实施农村美化行动，力助村庄面貌新提升；实施农地彩化行动，助推乡村产业新发展；实施农房亮化行动，完善乡村治理新机制；实施农耕文化行动，培育文明乡风新亮点；实施农民转化行动，促进百姓生活新提高；加强党对“三农”工作的领导，落实农业农村优先发展总方针等。制定洞头区花园村庄人居环境长效管理办法、洞头区2019年海岛振兴“五四竞赛”考核办法和洞头区乡村振兴星级示范村评定办法。

【洞头区扶持村庄经济总部发展暂行规定】2019年5月30日，为加快发展村庄经济总部，大力实施乡村振兴战略，加快推进农业农村转型升级，带动村集体收入。根据《坚持共创共建共享 打造乡村振兴海岛样板 高水平建设海上花园的行动计划（2018—2022）》（洞委发〔2018〕1号），区政府出台《洞头区扶持村庄经济总部发展暂行规定》（洞政发〔2019〕17号），规定认定范围为区外企业在金岙村、寮顶村、白迭村、蓝港社区范围内注册设立公司、分公司，并向本地区税务部门申报缴纳税收的企业；扶持政策包含落户奖励和贡献奖励、其他服务支持及政策。规定自发文之日起实施，有效期至2027年12月31日。截至年底，进驻金岙村企业105家，白迭村注册登记企业6家，蓝港社区建筑企业注册营业42家，寮顶村民宿开业6家，企业注册登记1家，注册2家。

【农业新型业态经济发展】2019年，洞头区推进休闲农业与乡村旅游提档升级，结合全域旅游示范区创建，完善土地、资金支持政策，推进海岛公园、乡村庄园、市民农园、亲子菜园等建设与发展，促进消费向农村下沉，启动农村市场。重点推进霓屿紫菜现代产业园和大门仁前途、鹿西生态黄鱼海岛田园综合体建设。探索深海养殖、蟹公寓等新型养殖模式，发展黄鱼、石斑鱼等高端水产养殖，强化羊栖菜、紫菜产品精深加工和品牌建设，打造贝雕、蟹壳画、海陶等洞头特色旅游伴手礼。

【新型农业经营主体培育】2019年，洞头区实施家庭农场培育计划，开展农民合作社规范提升行动，重视“新农人”等乡村振兴人才培育和扶持，扶持政策重点向新型农业经营主体倾斜。推进农民合作社规范化建设。发挥农业龙头企业和产业化联合体带动作用，完善“农户+合作社”“农户+公司”等利益联结机制，实现小农户和现代农业发展有机衔接。

【乡村数字经济发展】2019年，洞头区实施“互联网+农产品”出村进城工程，利用电商平台，打造线上线下相结合乡村流通新模式。引导和支持星仔岛、星贝、黄鱼岛等农产品企业将服务网点和服务功能向乡村延伸，提高农产品冷链流通率。加快乡村信息基础设施建设，发展乡村数字经济，北岙、东屏要启动5G示范村创建工作。

【乡村振兴五四竞赛活动】2019年，洞头区组织开展乡村振兴五四竞赛三轮，参加比拼村居30个，其中一等奖优胜村13个，分别为北岙街道三盘社区擂网岙、隔头村、大长坑村，大门镇寨楼村、岙底村，东屏街道东岙村、半屏社区松柏园村，元觉街道活水潭村、沙岗村，霓屿街道石子岙村，鹿西乡东臼村；二等奖优胜村8个，分别为北岙街道双垅村、三盘社区大岙，大门镇兰湖洞居、东浪村、仁前途村，东屏街道岙仔村，霓屿街道桐岙村，鹿西乡鹿西村。

【洞头入选部省共建乡村振兴示范省先行创建单位】2019年5月，浙江第一批部省共建乡村振兴示范省先行创建单位公布，全省31个县（市、区）上榜，洞头区名列其中，全市3个县市区入选。洞头区以创建部省共建乡村振兴示范区为抓手，城乡融合发展，打造全域均衡样板。洞头率全市之先制定乡村振兴五年行动计划，全面开展海岛振兴“五四竞赛”活动，出台海岛振兴526行动计划和花园村庄、民宿群落配套政策，两年完成三年农村治污任务，三年计划建成70个花园村庄，“百家单位联百村”“百名干部驻百村”“百个乡贤组织带百村”共促乡村振兴，设立2亿元海岛振兴基金引导3200万元社会捐赠、11.2亿元社会资本、100亿元金融授信投向乡村振兴。

【农业执法】2019年，区农业农村局组织开展农资打假、农药经营许可、农业投入品隐性成分抽检、农产品质量安全等专项执法行动10次，检查监管32家次，检查农产品生产主体5个。规范农资经营行为，对不按用药规范使用农药和违反农产品质量安全规定生产农产品等违法行为开展专项整治。省级风险监测51批次，合格率96.08%；市级送检55批次，合格率100%；区级抽检检400批次，检测结果无不合格反馈；开展蔬菜常规检测5311批次，合格率为99.89%。

（甘君临）

【农业机械】2019年，区农业农村局加强农机安全宣传教育，组织驾驶员学习法律法规知识，通过平安农机示范乡镇、村居设立固定安全宣传窗和交通繁忙地段、公路两旁悬挂宣传横幅、张贴宣传标语等。全年共开展安全学习活动3次，悬挂宣传横幅12条，宣传资料1500多份，发送农民信箱信息200多条。开展农机安全专项整治活动，与交警联合出动开展检查6次，出动检查人数46人次，检查车辆22辆次，未发现严重违章问题。

（林 培）

2019年6月14日，洞头区举行海岛振兴“五四竞赛”现场观摩活动

（区农业农村局提供）

林业

【概况】2019年，洞头区林业产值659万元，增长15.2%。全年争取林地指标457.5亩。依托绿化美化实施花园洞头七大系列工程，全年完成投资6000万元，建成彩色健康森林4270亩、森林抚育建设5033亩、“一村万树”示范村1个和推进村10个、花园村庄22个、花园庭院示范户100户，新增城市绿地面积2万余平方米，完成330国道环境综合整治工程。编制《洞头区2019年“花园洞头”绿化美化建设实施方案》，组织开展有害生物防治工作，全年监测面积36.8万亩次，开展“2019雷霆行动”“绿卫2019”森林草原执法专项行动，共出动警力218人次。完成2018年度彩色健康林建设和森林抚育项目验收工作。

【“花园海岛”工程建设】2019年，洞头区编制“花园洞头”绿化美化建设实施方案；自然资源和规划局洞头分局采用乡土化、阔叶化、珍贵化、彩叶化绿化苗木，实施完成彩色健康林建设4270亩和森林抚育面积5033亩，栽种各类苗木14.543万株。完成松材线虫枯死木清理18627亩，清理松枯死木3.438万株。

【“一村万树”建设】2019年，洞头区贯彻实施全省乡村振兴战略，提升乡村绿化水平，以“一村万树”为载体，完成示范村1个(大岙村)，推进村10个(柴岙村、杨梅田村、枫树坑村、小门村、金岙村、外埕头村、小北岙村、布袋岙村、同心村、山坪村)，发放珍贵树种300株；完成海脚市级康养基地创建工作。

【林业有害生物防治】2019年，洞头区林业监测面积36.8万亩次，监测率100%，其中病害实际监测12.2万亩次，虫害实际监测24.6万亩次；全年完成松枯死木清理18627亩，清理枯死木3.438万株，烧毁松枯死木85.22万公斤，投入人工2002工，投入资金185.68万元，完成现场验收核查工作；开展噻虫啉防治800亩，毒娥、刺蛾防治506亩，无公害防治作业面积1306亩，无公害防治率100%。

【林业执法】2019年，组织开展“2019雷霆行动”“绿卫2019”森林草原执法专项行动，出动警力218人次，车辆76台次，救助省级“三有”保护动物7只、国家二级保护动物猴面鹰1只。截至年底，接处警26起，调处各类涉林纠纷10余次，受理林业行政案件15起，查结13起，行政处罚3人、10家单位，行政罚款412342元。办理案件总数增长50%。

（夏建伟）

畜牧业

【概况】2019年，洞头区以绿色畜牧业发展为工作理念,完成美丽牧场建设、重大动物疫病防控、动物卫生监督执法和屠宰行业监管等各项工作，全年实现牧业产值2101万元，下降43.7%。开展对街道（乡镇）督查20次，走访养殖户50多家，全年免疫生猪706头次，家禽13.18万羽次。根据市农业局监测计划，开展重大动物疫病监测，全年采样送检猪血样70份，家禽血样120份，肛门咽喉拭子120份，狗血样5份，检测结果显示全区各项重大动物疫病抗体检测指标处在较高水平。创建省级美丽牧场和生猪养殖场改造提升项目各1家；开展畜牧技能三下乡服务活动，组织畜牧技术人员深入乡村农户，培育一批思想观念新、生产技能好、带动能力强农业科技示范场和技术能人。

【美丽牧场创建】2019年，省市下达洞头区新建美丽牧场和“百场引领、千场提升”工作任务数各1个，为市对区考核指标。根据美丽牧场建设评分标准，全农业农村局落实创建主体，明确工作进度，做好养殖场改造提升工作，推进畜牧业绿色发展、美丽转型，完成项目建设并通过市级专家组的考核验收。12月底通过材料复合，创成省级美丽牧场。

【屠宰行业监管】2019年，洞头区推进非洲猪瘟防控工作，全年累计处理病死猪236头，处理牛、猪等海上漂浮动物1.3吨，行政执法非法经营未经检疫动物产品案件结案1起。全年开展动物卫生和屠宰监督执法巡查21次，出动123人次，开展屠宰环节生猪瘦肉精检测19批44次。

（余泓源）

农村扶贫

【概况】2019年，洞头区下达扶贫年度工作任务，扶贫工作考核纳入区年度目标管理责任考核指标体系，作为干部综合考核评价重要内容。完成大北岙村光伏项目，每年为本村19户低收入农户增收2000元以上，村级年收益约7.4万元。全区巩固和新增低收入农户产业就业和折股量化扶贫210户，实现每户年增收2000元以上。完成家庭医生签约2349人次，开展低收入农户补充保险工作，统筹专项资金80.67万元，用于全区2680名低收入农户医疗补充保险投保支出，累计赔偿142人次，报销资金33.2万元；完成低收入农户住房即时救助帮扶26户，党支部结对帮扶农村特别困难户97对。全面实现全区低收入农户“两不愁三保障”。

【财政资金折股量化扶贫】2019年，洞头区创新“星光”经济扶贫，洞头村、大瞿村、南策村创建“星光海鲜城星空帐篷建设”工程补助资金47万元，实现3村低收入农户年增收2000元以上，村集体经济增加17万元。推进种植业扶贫，大门镇沙枫港村股份经济合作社“沙枫港村贝母种植”区补助资金10万元，市挂钩帮扶资金35万元，共45万元。推进隔头村桃花谷景观造景工程，工程补助资金43.9万元。

【结对帮扶】2019年，洞头区推行“一个”帮扶机制，实施“一户一档一企一策一干部”“五个一”工作制度。党员干部联系结对低收入农户机制，每户低收入农户与一名干部或党员结对帮扶。细化帮扶措施，落实帮扶责任，低收入农户帮扶成效作为干部（党员）年度考核、星级评定重要内容。组织开展机关事业单位党支部结对帮扶农村特别困难户行动，有97个党支部结对97户特别困难贫困户。

（朱晓卉）

美丽乡村建设

【概况】2019年，洞头区深入实施乡村振兴战略，加快万村景区化和全域旅游工作，制定《洞头区花园村庄建设实施意见》《洞头区2019年花园村庄建设实施方案》。常态化开展“五四竞赛”，农村人居环境整治被农业农村部纳入南方典型样本。新建4条乡村振兴示范带，建成22个花园村庄，创成省新时代美丽乡村达标村17个，市级美丽乡村样板村5个。元觉街道荣获省美丽乡村示范乡镇，东岙村获评中国美丽休闲乡村，沙岗村获评全国乡村治理示范村，白迭等4个村入选全国“千村万寨展新颜”展示活动村庄名单，海霞等7个村获得“温州最美70村”称号。截至年底，建成22个花园村庄，累计投资0.36亿元。

【乡村振兴精品示范带建设】2019年，洞头区全面落实乡村振兴战略，以产业融合发展为重点，深化乡村振兴示范带建设，以渔港风味、海洋休闲、两岸同心为主题，启动海上花园乡村振兴精品示范带建设。围绕乡村振兴“二十字”方针，结合渔港经济区建设，全力支持精品带沿线有条件的村打造地标建筑、提升特色文化、发展优势产业，截至年底，建成大门“临港绿动”乡村振兴示范带、元觉“浪漫港湾”乡村振兴示范带、鹿西“鸟渔花乡”乡村振兴示范带、北岙“渔韵三盘”乡村振兴示范带等4条乡村振兴精品示范带。总投资8.98亿元。

【花园村庄建设】2019年，洞头区开展村庄绿化美化工作，结合乡村振兴示范带和花园村庄建设，围绕沿风景区、沿产业带、沿海岸线、沿人文古迹等区域，形成山上山下绿波荡漾、百花争艳，村间道路绿树成荫、鸟语花香，屋前屋后四季常青、鲜花满目村庄绿化格局。累计投资0.36亿元，建设花园新村22个，即北岙街道打水鞍村、播网岙村、柴岙村、九厅村，大门镇长沙村、杨梅田村、西浪村、石浦村、沙岙村、枫树坑村、豆岩村、东浪村、岙面村、甲山村，东屏街道后坑村、岙仔村、后寮村，元觉街道小北岙村、活水潭村、沙角村，霓屿街道同兴村、下郎村。

【美丽乡村创建】2019年1月，洞头区根据《全面实施乡村振兴

美丽乡村样板村建设。图为下尾村　　（区农业农村局提供）

战略 高水平推进农业农村现代化行动计划(2018–2022年)》(浙委发〔2018〕16号)、《浙江省深化美丽乡村建设行动计划(2016—2020年)》(浙委办发〔2016〕21号)部署，经培育、申报、审核，省"千村示范、万村整治"工作协调小组办公室公布2018年度浙江省美丽乡村示范乡镇和特色精品村等名单，洞头区鹿西乡、北岙街道白迭村、霓屿街道下社村和元觉街道花岗村榜上有名。其中，鹿西乡入选浙江省美丽乡村示范乡镇，白迭村、下社村入选美丽乡村特色精品村，花岗村入选省级高标准垃圾分类示范村。

【省新时代美丽乡村达标村创成17个】2019年，洞头区创成省新时代美丽乡村达标村17个，即大长坑村、海霞村、隔头村、白迭村、美岙村、仁前途村、大荆村、岙底村、观音礁村、东岙村、东岙顶村、寮顶村、花岗村、沙岗村、下社村、桐岙村、山坪村。

【市级美丽乡村样板村创成5个】2019年，洞头区创成市级美丽乡村样板村5个，即北岙街道下尾村、大门镇大荆村、元觉街道小北岙村、霓屿街道下社村、鹿西乡山坪村。

【元觉街道获评省美丽乡村示范乡镇】2019年12月，2019年度浙江省美丽乡村示范乡镇等名单公布，元觉街道上榜。元觉街道围绕乡村振兴战略，发挥基层党组织"红色引擎"作用，以高质量党建凝聚力推进乡村振兴。紧抓港口发展机遇，经济社会发展呈现良好态势。上年全街道村集体经济收入478万元，其中经营性收入375万元，增长46%和234%，增速位列全区第一；7个村经营性收入均15万元以上，其中小北岙村经营性收入超百万。其中小北岙村花园村庄建设投入300多万元用于村庄整个环境和美丽庭院建设。以项目开发带动基础设施建设和花园村庄建设，发挥港口优势，精心优化营商环境，引来青山岛开发建设及融合开矿等项目落户。村集体总收入和经营性收入均突破200万元大关，带动村民共同致富。

【东岙村入选中国美丽休闲乡村名单】2019年12月，农业农村部公布2019年中国美丽休闲乡村名单，洞头区东屏街道东岙村入选，全市仅1个村入选。东岙村落实国家级蓝色海湾、省级历史文化村落和区花园村庄三大项目建设，推进沙滩修复、房屋立面提升改造、三线入地等七大工程，提升农村人居环境和群众生活品质。其中，国家级蓝色海湾项目成功案例多次在国家级新闻媒体播出。把握"文旅融合"发展主题，通过立面改造，开发民宿、沙滩音乐节、文创体验等10余种旅游产品，每年举办七夕民俗风情节、普度节、放生节等大型节庆活动，打造东岙特色文化品牌。先后获浙江省首批高质量就业村、浙江省美丽乡村特色村、浙江省百强魅力乡村、浙江省农家乐特色村、国家AAA级旅游景区村庄等荣誉称号。全村发展民宿72家，渔家乐餐饮13家，渔家商店28家，全年实现全年接待游客38万人次，乡村旅游总收入达5200余万元。

【洞头4个村入选全国"千村万寨展新颜"展示活动】"千村万寨展新颜"是2019年中国农民丰收节6个"千万"系列活动之一，活动自2019年8月启动，全国有1281个行政村向活动承办方中国农村杂志社报送展示材料。经过严格筛选，最终550个村庄在中国农民丰收节官方网站等媒体平台进行全方位展示。洞头区白迭村、海霞村、寮顶村、下尾村入选"千村万寨展新颜"展示。

【沙岗村获评全国乡村治理示范村】2019年12月，按照《中央农村工作领导小组办公室、农业农村部、中央宣传部、民政部、司法部关于开展全国乡村治理示范村镇创建工作的通知》(中农发〔2019〕7号)要求，经推荐和专家评审，中央农办、农业农村部、中央宣传部、民政部、司法部等5部门审核公示，共998个村入选全国乡村治理示范村，洞头区元觉街道花岗村名列其中。沙岗村总面积0.69平方千米，总人口813人。先后建设休闲亭、游步道、景观带、健身广场、文化舞台、艺术长廊等，加大村庄绿化建设力度，居住环境和村庄生态环境大为改观。坚持"党建引领 强村惠民"指导思想，着力发展村级集体经济，发挥生态优势，探索"盘活"闲置用地，引入总投资2000万元"植物园"项目，通过"土地入股+门票分红"形式，与企业共享经营收入，实现村企共赢。

(叶海函)

水利

【概况】截至2019年年底，全区建有小(2)型水库6座及重点山塘17座，总库容285万立方米。建有大小河道(沟)47条39千米，排涝水闸18座，其中中型水闸1座，排涝泵站2座，基本满足各片区排涝需求。建有20年一遇以上标准海塘8处15.52千米，城南片、杨文片和新城区等重要片区基本达到50年一遇防洪标准。全年洞头区投入1.32亿元，建成6.88千米海滨河河道景观绿化带，创成省级美丽河湖，区域排涝标准由5年一遇提升至20年一遇。投入7500万元，提升大门镇13个村和鹿西乡全域供水管网，农村饮用水抽检合格率93.9%，增加5.5%。实施全区水利工程信息化管理21座。

【海滨河河道景观绿化带工程完工】2019年6月，海滨河河道景观绿化带工程完工。该工程位于新城二期，建设面积145540平方米，其中绿化种植面积97640平方米，停车场面积1544平方米，广场铺装21175平方米，游步道3495平方米，自行车道14180平方米，建筑798平方米，红线外挑出平台面积6708平方米。建设内容包括海景河、新西河、大朴溪三条河道两岸绿化景观、景观照明、市政给排水、钻孔灌注桩、钢筋砼挡墙、景观人行桥、公共厕所（含化粪池）、木平台（亲水平台）、游步道、自行车道、停车场（停车位）、景墙、廊架、不锈钢结构（栏杆）、雕塑、硬质铺装（广场）、绿化苗木、土方回填及造型，投资概算10622万元，建设工期为两年。工程由洞头城市发展有限公司实施、洞头蓝天园林工程管理有限公司（项目公司）建设、管理、运营，中船第九设计研究院工程有限公司设计，浙江南正项目咨询管理有限公司负责监理，杭州蓝天园林建设有限公司施工。

【海滨河省级美丽河湖创建】2019年12月，省水利厅、省治水办(河长办)联合公布浙江省2019年“美丽河湖”名单，温州市滨河等11条，洞头区海滨河名列其中。海滨河位于洞头区新城围垦区，由滩涂围垦而成，河道总长6.88千米，护岸长11千米，水域面积8平方千米，环绕洞头新城区。包含护岸工程，投资3.12亿元；景观工程，总用地面积14.55平方米，总投资1.32亿元；排涝泵站工程，投资3634.96万元；生态健康水环境工程，投资1.32亿元，投放鱼苗56.8万尾。

【水利工程信息化建设】2019年，洞头区推进水利工程信息化建设，完成水利专网整合、洪水风险图和水利工程标化提升项目，累计完成投资206.3万元，完成6座小(2)型水库视频、重要水闸、重要海塘监控设施全覆盖；龙潭坑水库增设水雨情自动监测设施，实现水库自动化监测全覆盖；完成城南片区和黄岙片区洪水风险图编制。

防汛防旱防台

【概况】2019年，台汛期为7—9月，对全区造成影响台风5个，即5号台风“丹娜丝”、9号台风“利奇马”、11号台风“白鹿”、13号台风“玲玲”、18号台风“米娜”，共造成直接经济损失5.35亿元。台风期间安全转移海上及涉海作业人员19037人次。其中，9号台风“利奇马”直接经济损失5.1亿元。

洞头区修编《洞头区防汛防台抗旱应急预案》，调整防汛防台抗旱指挥部成员，部署开展防汛安全检查，各街道（乡镇）和自然资源和规划、农业农村、教育、海事、综合执法等成员单位也开展条线上的防汛检查和隐患整改，全年出动检查人员1340人次，检查411处，发现整改安全隐患46处。更新基础信息系统和全区84个村级形势图修编工作，加强汛期24小时值班工作，先后组织抽查2次，电话抽查街道（乡镇）25个次、水库水闸7座次。投入近20万元及时补充购置防汛编织袋、麻袋、救生衣、应急灯、雨衣等防汛应急救援物资。调整落实防汛抗台抢险队伍20支805人。全区开展各类防汛防台应急演练8次，各级防汛责任人培训7次。

【洞头区防汛防台抗旱应急预案修编】为做好洪涝台旱灾害突发事件防范与处置工作，保证防汛防台抗旱及抢险救灾工作高效有序进行，最大程度地减少人员伤亡和财产损失，2019年7月17日，区政府印发《洞头区防汛防台抗旱应急预案》（洞政办发〔2019〕37号），该预案包含总则（目的、依据、适用范围、工作原则）、组织指挥体系及职责（组织机构、工作职责、成员单位职责、区防汛办职责）、预防和预警机制、事件分级与应急响应、抗旱应急预案、信息发布、应急响应变更和结束、灾后处置和应急保障、预案管理等。印发之日起实施，原《洞头区防汛防台抗旱应急预案》（洞政办发〔2018〕101号）同时废止。

【防汛防台】2019年，洞头区在9号台风“利奇马”和18号台风“米娜”防御期间，区四套班子领导全程指导部署防台防御工作，深入分析研判台风发展动态，台风影响期间，发出各类传真电报52份，转发上级有关通知文件18份。防汛防台抗旱指挥部及成员单位和各街道（乡镇）提前部署海上防台工作，督促全区1386艘渔船和其他施工运输船舶回港或到其他安全水域避风。实施24小时驻库巡查、观测。安全转移群众，开展排水管网和排涝设施排查检修，加强危旧房屋、在建工程工地、临时工棚等安全管理和全面排查。及时关闭景区、疏散游客，停止涉海旅游和休闲渔业、渔家乐、民宿，以确保人员安全。对330国道灵霓段、洞头峡大桥等实施封道管理。9号台风“利奇马”期间，全区各级党政机关干部放弃双休日和休假，659名防汛责任人进岗到位，6000多名党员干部投入到防汛防台一线。驻洞部队、武警官兵、消防救援、预备役、公安干警和应急、气象、水利、交通、民政、农业、卫健、住建、执法、文旅、电力、通信等部门通力协作，全面做好防台备战准备。全区转移安置各类危险区域人员9492人，其中海塘外转移280人，非标准海塘内转移26人，危房转移24人，船只回港3213人，地质灾害易发区转移26人，景区转移1064人，工棚转移2965人，其他转移1602人。全区出动驻洞部队、武警、消防、预备役及各类抢险救援队伍1.31万人次参与抢险救灾工作，救出被困人员78人。

【**防汛防台宣传演练**】2019年，区应急管理局通过“4·15”防汛防台日、“5·12”防灾减灾日和安全生产月期间，通过网站、媒体、短信平台、宣传图册等开展防汛防台宣传活动，学习防汛知识。各街道（乡镇）和相关部门组织开展各种形式防汛演练活动和培训工作。全年开展各类防汛防台应急演练共8次，参演282人次，参观536人次，开展各级防汛责任人培训7次，培训388人次。

【**第9号台风“利奇马”影响严重**】2019年8月4日14时，第9号台风“利奇马”在中国台湾花莲东南方向约1300千米的西北太平洋洋面上生成，10日1时45分以超强台风级别在浙江省温岭市城南镇登陆，给全区带来严重风雨影响。全区区直接经济损失为51319.16万元。其中农业损失为9507.96万元，工矿企业损失金额5270.7万元，基础设施损失金额16506.5万元，公益损失金额4730万元，家庭财产损失7075万元，灵昆街道直接经济损失8229万元。全区受灾13万多人，紧急转移群众9492人，安置人员2323人，其中工棚转移2965人，危房转移24人，老旧房转移292人，海边房转移582人。供电、市政、通讯、道路交通、民房、工棚、农田、旅游设施等受损，居民住房倒塌4间，房屋损坏2682间；全区鱼排网箱遭受严重损失，三盘港有三分之一网箱和鱼排房屋损坏，农作物受灾面积535.6公顷，成灾面积275.3公顷，直接经济损失1.28亿。发生故障停电用户33951户，全区超50%用电户停电，近2/3区域停电，鹿西35千伏铁塔倒塌，造成直接经济损失885万元。工业交通运输业直接经济损失约5047.6万元，造成24条国省道、县乡村公路54处点位水毁，公路受阻险情411处，公路基础设施、客运站场、渡口码头、港口设施遭受不同程度损害。全区所有工业都停工，受损89家，直接经济损失8135万元。重点工程、基础设施直接经济损失5013万元，施工现场临时工棚受损786间，倒塌房屋4间，损坏房屋2682间，27个在建项目均有不同程度损失，严重影响重点工程建设进度。人工修复沙滩工程沙子流失严重，直接经济损失2300万元，市政公用设施直接经济损失2600万元，全区50%以上绿化林木倒伏。3处护岸、1处水闸受损，合计85万元。

（叶旦舟）

水政

【**概况**】2019年，洞头区严厉打击非法取水，规范取水许可，全年办理取水许可申请7件，变更7件，足额征收水资源费和水土保持补偿费。按时上报2019年度最严格水资源管理制度及水土保持目标责任制考核成果。组织开展“世界水日”与“中国水周”活动。加强水土保持监督管理，完成生产建设项目水土保持审查审批41个，委托第三方机构协助开展水土保持监督检查50次，完成水土保持设施自主验收报备7个。开展县域节水型社会建设，完成节水型单位10家，企业清洁生产审核4家，节水型小区2家等节水载体建设任务。全区灌溉水有效利用系数为0.605。全年水文遥测报讯到站率99.84%。全区年降雨

2019年8月11日，第9号台风“利奇马”造成洞头绿化带严重受损。图为女民兵正在清障

（区融媒体中心提供）

量为1408毫米。

【洞头区小型水库放水预警方案】 为加强全区小型水库工程安全管理，做好水库放水预警工作，保证水库放水工作安全有序进行，保护人民群众生命和财产安全，根据相关预案规定，2019年6月19日，洞头区印发《洞头区小型水库放水预警方案》（洞政办发〔2019〕28号），包含总则、工作职责、程序和内容、工作保障和附则等五章18条内容。该预警方案即日起实施。

【长坑水库饮用水水源地安全保障达标建设】 2019年12月，洞头区长坑水库获县级以上集中式饮用水水源地安全保障达标评估优秀等次。该评估等级参考《全国重要饮用水水源地安全保障评估指南（试行）》，综合考评年度供水保证率、应急备用水源地建设、水量调度管理、供水设施运行、取水口水质达标率等25项指标。长坑水库位于洞头区北岙街道大长坑溪下游，是一座以供水为主，结合防洪等综合利用的小(2)型水库。水库建成于60年代中期，水库坝址以上集雨面积为1.75平方千米。水库水质常年保持在Ⅱ类水以上，近5年长坑水库饮用水水源地供水保证率均大于100%。供水设施方面，洞头长坑水厂设施、工程状况良好运行安全。

【“世界水日”活动】 2019年3月22日是第27届“世界水日”，3月22日—28日是第32届“中国水周”。区农业农村局、区治水办联合开展宣传活动，通过现场问答、展板展示、发放宣传资料及宣传品等形式，向市民宣传洞头水情，普及《中华人民共和国水法》及节水科普知识，引导市民日常生活中保护水源、节约用水。

水利工程建设

【概况】 2019年，洞头区水利工程完成年度计划投资4301万元。其中：状元岛河道水系治理工程（水工部分）完成年度投资4150万元，洞头区水利工程标准化提升项目完成年度投资151万元。城南片（经济适用房段、诚意药业段、岙内河段）排洪沟（管）工程通过竣工验收，大门镇仁前途垦区一期河道综合治理工程和状元岛河道水系治理工程（水工部分）通过完工验收。状元岛河道水系治理工程（水工部分）获2019度温州市建设工程“瓯江杯”奖。

【城南片排洪沟（管）工程通过竣工验收】 2019年8月，洞头区城南片（经济适用房段、诚意药业段、岙内河段）排洪沟（管）工程通过竣工验收。该工程2014年2月开工建设，建设内容包含新建经济适用房排洪管158米、诚意药业排洪管47米、岙内河排洪沟265米、岙内排污箱涵235米和排污管302米，总投资608.87万元，工程建设单位是洞头城市发展有限公司（原洞头县城市开发建设指挥部）、设计单位是温州市水利电力勘测设计院、施工单位是温州市兴海水利建设有限公司、监理单位是浙江中环建设监理有限公司。

【大门镇仁前途垦区一期河道综合治理工程完工】 2019年3月，大门镇仁前途垦区一期河道综合治理工程通过竣工验收。该工程2017年7月开工建设，建设内容包含新建河道护岸挡墙400米、河道清淤776立方米等，总投资157.85万元，工程建设单位是洞头区大门镇政府、设计单位是厦门任铭顾问有限公司、施工单位是瑞安市瑞江建设工程有限公司、监理单位是温州市金秋建设工程咨询有限公司。

【状元岛河道水系治理工程（水工部分）完工】 2019年9月，状元岛河道水系治理工程（水工部分）完工。该工程位于洞头区状元南片垦区，是状元南片市政基础设施工程PPP项目重要组成部分，也是PPP项目中唯一一个水利专业工程，项目概算投资2.0484亿元，该工程2016年12月开工建设，包括围垦内河、中心湖泊、雨洪截流三个子工程。该项目水域面积27.63万平方米，其中湖泊水域面积19.03万平方米，围垦内河水域面积8.6万平方米。岸线设计长度为湖一河683米、湖二河944米、垦区内河8367米；雨洪截留系统总长2951米。主要建设任务为开挖中心湖泊(湖一河、湖二河)和围垦内河、修建河道护岸工程，对垦区北部山洪进行截流等。工程建设单位是温州明元基础设施投资有限公司、设计单位是中国市政工程华北设计研究总院有限公司、施工单位是浙江省围海建设集团股份有限公司、监理单位是浙江华东工程咨询有限公司。

【状元岛河道水系治理工程(水工部分)获市“瓯江杯”奖】 2019年12月，洞头城市发展有限公司负责实施建设的洞头区状元岛河道水系治理工程(水工部分)获“瓯江杯”奖，该奖项是温州市建设工程质量最高奖。状元岛河道水系治理工程(水工部分)全长8367米，是温州市重点工程，位于洞头区元觉街道状元南片垦区内。工程主要建筑物为河道护岸工程，包括基础处理、挡墙工程、亲水平台、仿木栈桥及土石方开挖回填等。施工单位是龙元建设集体股份有限公司。

（郭 敏）

海洋与渔业

渔村新貌·陈钦煅

“海霞精神”

爱岛尚武　励志奉献

海洋与渔业

概述

【概况】2019年，洞头区渔业产量16.6万吨，同比增长1.79%，实现渔业产值14.22亿元，同比增长6.79%。其中：捕捞产量13.78万吨，捕捞产值9.47亿元。实现养殖产量2.82万吨，产值4.72亿元。全区有渔业船舶1345艘，养殖面积5万亩，渔业从业人员8932人。

制定出台《小型休闲船艇管理标准》《海钓功能性服务船舶管理规定》。实施渔业审批“一证通办改革创新”，“渔小二”自助办证系统研发成功，被列入部级和省级试点。创成省级渔业转型发展先行区，建成省级健康养殖示范场4家。全省率先研发成功“海上支付宝”，为全省第一个在太平洋海域完成交易结算流程平台。建成远洋渔船6艘。全年办理渔业案件96件，投放各类海水苗种12981.84万单位。

【机构改革】2019年1月，根据全区机构改革方案要求，组建区农业农村局，原区海洋与渔业局渔业管理职责整合，加挂区渔业局牌子。原区海洋与渔业局渔船检验和监督管理职责划入区交通运输局，海洋管理职责整合至市自然资源和规划局洞头分局，加挂区海洋局牌子，不再保留区海洋与渔业局。洞头区海洋与渔业执法大队为区农业农村局所属承担行政职能全额拨款事业单位，机构规格为副科级；区海洋与渔业执法大队设下列内设综合科、执法一中队、执法二中队、执法三中队、执法四中队；全额拨款事业编制42名；区海洋与渔业执法大队党建、组织人事和后勤由区农业农村局机关统筹管理。

【“渔小二”审批改革获批国家试点】2019年7月，为进一步贯彻落实中央“放管服”改革精神，推行全国一体化在线服务和线上线下融合，实现“一个窗口”“一次办成”。“渔小二”审批改革获农业农村部渔船管理“一网通办”试点。“渔小二”自助办证系统，直接把自助终端设备投放到渔港渔村和渔业组织，渔民可在终端设备自助办理相关业务，审批时间从原来20天压缩到“即审即批”。解决渔民关心的政务网操作难、申请难、缴费难等三大问题，实现渔船办证“零次跑”。该系统融合中国渔政管理指挥系统，对接浙江政务网系统、浙江省共享数据库、财政“非税征管”系统、公安户籍系统、渔船检验系统、浙江电子签章系统等地方六大系统，实现数据全共享。渔民通过“人脸识别”“电子签字”等功能，解决浙江政务网上操作困难问题，通过“系统自动调取”把中国渔政管理指挥系统上相关渔船办证数据及渔民户籍信息，渔船检验信息自动推送浙江政务网，渔民无需提供相关纸质材料有电子材料，实现申请智能化。

【省级渔业转型发展先行区创成】2019年12月31日，浙江省农业农村厅公布第一批渔业转型发展先行区名单，全省5地入选，洞头区名列其中。近年来,洞头区为加强渔业资源保护,合理利用水域资源,推进渔业可持续发展,制定出台《洞头区现代渔业发展三年行动计划(2016—2018年)》(洞委办发〔2016〕57号)，加快推进海洋捕捞转型升级、全力培育新型养殖、优化发展加工流通、力推渔旅融合发展、加强基础设施建设。羊栖菜、紫菜产业发展瓶颈获重大突破,生态养殖形成较大品牌和规模效益,远洋捕捞实现零突破,创成省级渔业转型发展先行区,基本建成现代渔业发展体系。

【全省首个海上电商支付结算平台建成】为解决传统海上渔获物交易模式信息封闭、交易对象单一、支付结算不便等问题，2019年9月12日，洞头区依托“海上宽带”项目成果，建成浙江省首个渔获物电商平台——丰收海商通平台。该平台由海上电商与电子支付结算功能模块构成，分别由第三方公司、洞头农商行运营，渔船在平台注册签约后，可在平台上发布渔获物品种数量、交易海区、交易价格等信息，买方通过扫船体二维码或者直接在丰收海渔通平台上完成支付，全程交易平台不收取费用。截至年底，全区办理签约渔船21艘，张贴收款二维码渔船10艘。

（郭计超、林佳惠）

海洋渔业

【概况】2019年，洞头区渔业总产量16.6万吨，总产值14.22亿元，渔业经济增加值4.34亿元，占同期全区一产总产值95%以上。全区有渔业从业人员8932人，拥有渔用船只1345艘，其中:捕捞渔船543艘,总功率56421千瓦，养殖船757艘。作业类型包括拖网、张网、刺网、灯围和沿岸小作业等，作业海域主要集中在温台渔场和洞头近岸区域。全区海水养殖总面积5.05万亩、在养品种20多个，主要是浅海、滩涂、围塘养殖，其中紫菜、羊栖菜养殖面积约占海水养殖总面积90%。全年实现养殖产量2.82万吨，产值4.72亿元。其中：全区紫菜养殖面积3.07万亩，产值1.37亿元；羊栖菜养殖面积1.36万亩，产值1.5亿元；大黄鱼养殖面积900亩，产量600吨，产值6282万元。全区有大小水产品加工企业21家，其中渔农业龙头企业13家，包括上市企业1家，主要从事藻类加工和鱼类综合加工，水产品年加工能力1.68万吨。全区有休闲渔业运行主体18个，从业人员108人，休闲渔船36艘，共接待游客10.22万人，实现经营收入3273万元。

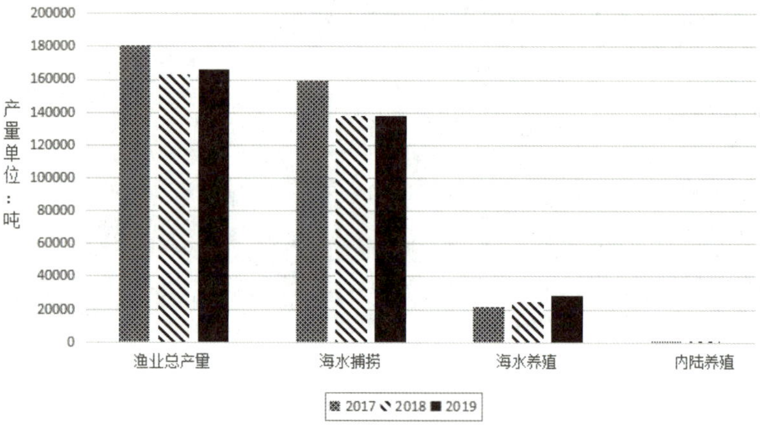

图5　2017—2019年洞头区水产品总量对比图

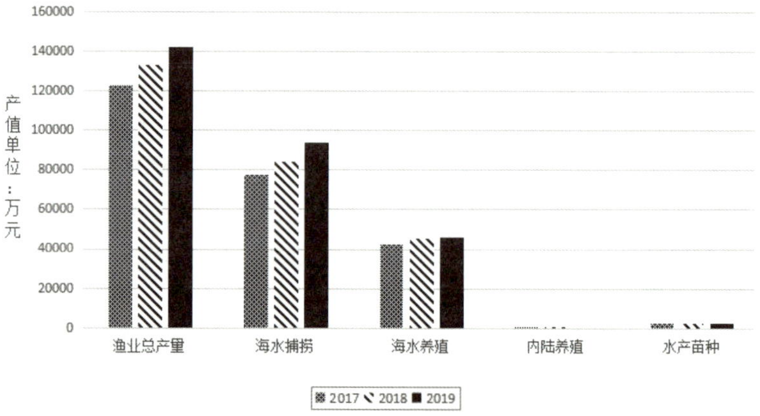

图6　2017—2019年洞头区渔业总产出对比图

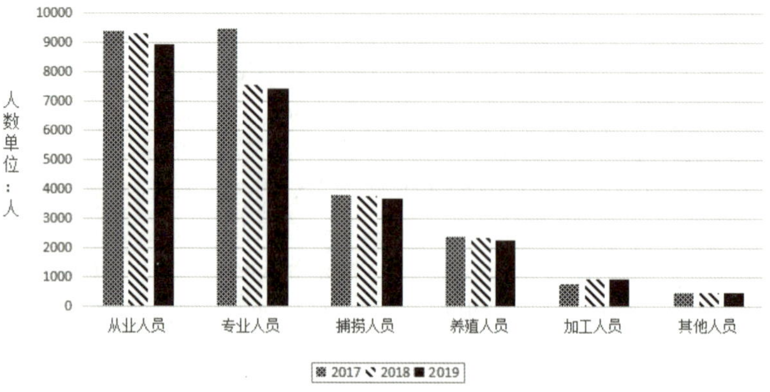

图7　2017—2019年洞头区渔业劳动力结构变动情况图

2018—2019年洞头区海洋捕捞产量结构情况表

表8 单位：吨

内容			2018年	2019年	同比趋势
海洋捕捞总产量	合计		138114.31	137787.8	0.24%↓
	鱼类	小计	130659.14	128950.7	1.3%↓
		海鳗	3080.17	3380.83	9.76%↑
		鳓鱼	866.8	1174.7	35.52%↑
		鳀鱼	19851.2	16543.8	16.66%↓
		远东拟沙丁鱼	4431	4129	6.82%↓
		鲱鱼	0	0	0
		石斑鱼	0	0	0
		鲷	48	53	10.42%↑
		蓝圆鲹	322	335	4.04%↑
		白姑鱼	189	191	1.06%↑
		黄姑鱼	258	261	1.16%↑
		鮸鱼	15	25	66.67%↑
		大黄鱼	0	84.9	↑
		小黄鱼	2092.13	2029.99	2.97%↓
		梅鱼	2254.8	3100.2	37.49%↑
		方头鱼	0	0	0
		带鱼	9440.15	11027.6	16.82%↑
		金线鱼	56	54	3.57%↓
		梭鱼	57	56	1.75%↓
		鲐鱼	7088.7	5278.86	25.53%↓
		鲳鱼	3730.8	4357.95	16.81%↑
		马面鱼	841.2	1388.85	65.1%↑
		马鲛鱼	4802.71	5891.32	22.67%↑
		鲻鱼	125	117	6.4%↓
		龙头鱼	5105.06	5994.9	17.43%↑
		金枪鱼	0	0	0
		竹筴鱼	0	0	0
	虾类	小计	1762.4	1371.82	22.16%↓
		毛虾	497	467.75	5.88%↓
		对虾	2	37	1750%↑
		鹰爪虾	90.5	80.4	11.16%↓
		虾姑	148.87	124.77	16.19%↓
	蟹类	小计	1205.9	1443.7	19.72%↑
		梭子蟹	900.55	873.9	2.96%↓
		青蟹	72.2	70	3.05%↓
	贝类		383.9	239	37.74%↓

续表8

内容			2018年	2019年	同比趋势
海洋捕捞总产量	头足类	小计	4064.21	5760.88	41.75%↑
		乌贼	1298.55	2142.08	64.96%↑
		鱿鱼	2601.78	2726.3	4.79%↑
		章鱼	127.7	186	45.65%↑
	其他		38.8	21.7	44.07%↓
海洋捕捞分作业产量	合计		138114.31	137787.8	0.24%↓
	拖网		108321.1	107266.58	0.97%↓
	围网		420	420	0
	刺网		8083.65	10810.13	33.73%↑
	张网		21106.86	19075.55	9.62%↓
	其他		182.7	215.54	17.97%↑

（区农业农村局提供）

海水养殖

【概况】2019年，洞头区海水养殖总面积50483亩，比上年增加516亩，同比增长1.03%。海水养殖总产量28202.33吨，增加3319.67吨，增长13.34%。其中，鱼类养殖面积1908亩，增加1062亩，增长125.53%，产量2639.61吨，减少496.64吨，下降15.83%；虾类养殖面积254亩，增加214亩，增长535%，产量230吨，增加29.25吨，增长14.57%；蟹类养殖产量15吨，减少29吨，下降65.9%；贝类养殖面积3000亩，减少820亩，下降21.47%，产量2920吨，减少182吨，下降5.87%；藻类养殖面积45318亩，增加400亩，增长0.89%。藻类养殖产量22036.72吨，增加3661.06吨，增长19.92%。

洞头区编制《洞头区养殖水域滩涂规划（2017—2030）》，规范养殖海区管理，累计发放养殖证48本，面积4.5万亩。在全市率先创成国家级渔业健康养殖示范县，新建省级健康养殖示范场3家，生态大黄鱼养殖已达221万尾，实现销售突破5000万元。霓屿紫菜现代产业园建设完成年度投资3.5亿元，与市供销社、星贝等6家单位签订入园意向协议。全年组织人员下乡渔业技术服务100余人次，发放“渔业资源增殖放流宣传资料”“坛紫菜养殖手册”及“水产养殖规范用药宣传资料暨三项记录”宣传资料300份，开展水产苗种产地检疫2次，水产养殖病害远程会诊4次。

【洞头区养殖水域滩涂规划（2017—2030）】为加强对行政区域内养殖水域滩涂管控，保证生态优先，进一步协调和规范行政区域内水产养殖业发展，加强对海洋资源和生态环境的保护。根据洞头区生态保护、自然资源、环境条件和开发利用的要求，2019年7月28日，洞头区印发《洞头区养殖水域滩涂规划（2017—2030）》（洞政办发〔2019〕31号），内容包含总则、养殖水域滩涂利用评、养殖水域滩涂功能区、保障措施和附则等五章18节。重点任务是推动水产养殖产业结构升级、推进渔业资源养护修复、加强生态环境保护；规划目标至 2030 年，对水产养殖业的供给侧结构性改革取得突破，生态养殖取得较大发展，实现空间规划布局合理，各类资源节约环境友好型养殖模式和技术全面推广普及，海洋生态环境稳中趋好，基本建成与资源环境相协调、监管能力相配套、发展水平相适应的绿色生态水产养殖产业格局。编制单位为浙江省海洋水产养殖研究所、洞头区海洋与渔业局。

【国家级渔业健康养殖示范区创成】2019年12月31日，农业农村部公布国家级渔业健康养殖示范县(第五批)名单，洞头区名列其中。2016年，洞头区启动国家级渔业健康养殖示范区创建，围绕“效益优化、创新驱动、绿色发展、改善民生”目标，成立创建工作领导小组，出台现代渔业发展三年行动计划，发放养殖证48本，发放面积约4.5万亩，发证率100%。累计投入渔业健康养殖相关项目资金2352万元。实行拍摄卫星遥感影像动态监管，整治违规养殖面积近1000亩，关闭关停不符合要求排放口和养殖场10个。开展海水鱼配合饲料示范推广网箱养殖3500口，整治三盘港传统网箱5762口，转型发展PVC休闲渔场。完成入河口31个、入海口规范整治116个。检测病害检测和初级水产品质量安全样品274个批次，合格率100%。完成无公害水产品认证16个，无公害产地面积超1.38万亩。创成国家级水产健康养殖示范场5家，紫菜、羊栖菜标准化养殖示范面积分别为1000亩和6125亩，占全区养殖面积14.25%。

【**省级水产健康养殖示范场创成3家**】为贯彻落实农业农村部等十部委《关于加快推进水产养殖业绿色发展的若干意见》、省委省政府《全面实施乡村振兴战略高水平推进农业农村现代化行动计划（2018—2022）》等精神，2019年9月12日，全省组织开展渔业健康养殖示范创建活动。水产健康养殖示范场创建，旨在解决存在养殖行为不够规范，养殖尾水直排、养殖产品市场竞争较弱等问题，提升和技术模式培训，支持其改造提升养殖生产、尾水处理等设施，改进养殖管理。12月，省农业农村厅公布第一批300家浙江省水产健康养殖示范场名单，温州市洞头霓岙山水产养殖专业合作社、温州市远鹏水产有限公司、温州佳海食品有限公司名列其中。

（郭计超）

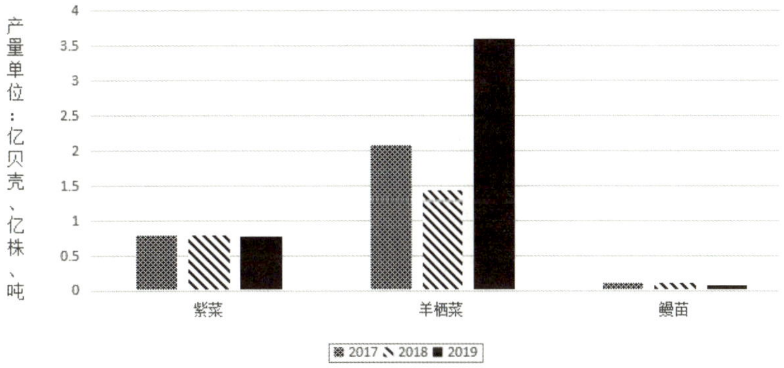

图8　2017—2019年洞头区苗种生产对比图

2018—2019年洞头区海水养殖面积产量结构情况表

表9

内容				2018年	2019年	同比趋势
海水养殖分品种产量、产值、面积	合计		吨	24882.66	28202.33	13.34%↑
			万元	46891.11	46107.49	1.67%↓
			亩	49967	50483	1.03%↑
	鱼类	小计	吨	3136.25	2639.61	15.84%↓
			万元	10303.16	10811.49	4.93%↑
			亩	846	1908	125.53%↑
		鲈鱼	吨	1098.7	582.84	46.95%↓
			万元	2016.2	976.2	51.58%↓
			亩	122	223	82.79%↑
		美国红鱼	吨	1101.53	1031.4	6.37%↓
			万元	2381.4	2162	9.21%↓
			亩	431	538	24.82%↑
		鲷鱼	吨	8.6	80.52	836.28%↑
			万元	74	193.88	162%↑
			亩	12	162	1250%↑
		大黄鱼	吨	726.42	600.89	17.28%↓
			万元	4919.36	6282.49	27.71%↑
			亩	192	900	368.75%↑
		鮸鱼	吨	155.98	218.6	40.15%↑
			万元	696.22	674.92	3.06%↓
			亩	89	85	4.49%↓

续表9

内容				2018年	2019年	同比趋势
海水养殖分品种产量、产值、面积	虾类	小计	吨	200.75	230	14.57%↑
			万元	627	1163.5	85.57%↑
			亩	40	254	535%↑
		南美白对虾	吨	198.75	160	19.5%↓
			万元	621	789.8	27.18%↑
			亩	38	108	184.21%↑
	蟹类	小计	吨	44	15	65.91%↓
			万元	494	205	58.5%↓
			亩	3	3	0
		梭子蟹	吨	3	12	300%↑
			万元	9	193	2044.4%↑
			亩	3	0	↓
		青蟹	吨	41	0	↓
			万元	485	0	↓
			亩	0	0	0
	贝类	小计	吨	3102	3281	5.77%↑
			万元	5357.5	4755	11.25%↓
			亩	3820	3000	21.47%↓
		泥蚶	吨	246	185	24.8%↓
			万元	784.5	654	16.63%↓
			亩	100	0	↓
		蛤类	吨	99	0	↓
			万元	203	0	↓
			亩	100	0	↓
		蛏子	吨	2667	3096	16.09%↑
			万元	4172	4101	1.7%↓
			亩	3580	3000	16.2%↓
	藻类	小计	吨	18375.66	22036.72	19.92%↑
			万元	29715.45	29172.46	1.83%↓
			亩	44918	45318	0.89%↑
		紫菜	吨	2494	2250	9.78%↓
			万元	15489	13704	11.52%↓
			亩	31925	30760	3.65%↓
		羊栖菜	吨	15817.7	19372.7	22.47%↑
			万元	14097.65	15025.52	6.58%↑
			亩	12788	13558	6.02%↑
		海带	吨	64	414	546.87%↑
			万元	128	442.95	246.05%↑
			亩	205	498	142.93%↑

续表9

内容				2018年	2019年	同比趋势
海水养殖分品种产量、产值、面积	其他类	小计	吨	24	0	↓
			万元	394	0	↓
			亩	340	0	↓
		海参	吨	24	0	↓
			万元	394	0	↓
			亩	340	0	↓
海水养殖分水域产量、产值、面积	海水养殖类型	小计	吨	24882.66	28202.33	13.34%↑
			万元	45654.11	45787.59	0.29%↑
			亩	49967	50483	1.03%↑
		海上养殖	吨	21560.91	24665.33	14.4%↑
			万元	40044.61	39961.96	0.21%↓
			亩	45844	47226	3.01%↑
		滩涂养殖	吨	2555	2920	14.29%↑
			万元	2640	3600	36.36%↑
			亩	3780	3000	20.63%↓
		其他	吨	766.75	617	19.53%↓
			万元	2969.5	2225.63	25.05%↓
			亩	343	257	25.07%↓
	海水主要养殖方式	小计	吨	24882.66	28202.33	13.34%↑
			万元	45651.11	45786.59	0.29%↑
			亩	49882	49833	0.1↓
		池塘	吨	766.75	617	19.53%↓
			万元	2966.5	2225.63	25.05%↓
			亩	343	257	25.07%↓
		普通网箱	吨	2981.25	2410.61	19.25%↓
			万元	7986.16	6728.49	15.75%↓
			口	4005	6290	57.05%↑
		深水网箱	吨	114	218	91.23%↑
			万元	2145	4060	89.28%↑
			立方米	157200	1834400	1066.9%↑
		筏式	吨	18375.66	22036.72	19.92%↑
			万元	29715.45	29172.47	1.83%↓
			亩	44918	45318	0.89%↑
		吊笼	吨	90	0	↓
			万元	198	0	↓
			亩	40	0	↓

续表9

内容				2018年	2019年	同比趋势
海水养殖分水域产量、产值、面积	海水主要养殖方式	底播	吨	2555	2920	14.29%↑
			万元	2640	3600	36.36%↑
			亩	3780	3000	20.63%↓

水产品流通加工

【概况】2019年年底，全区水产品加工企业21家，水产品加工能力16848吨/年，水产加工品总量12124吨。全区有水产冷库18座，冻结能力1580吨/日，冷藏能力5995吨/次，制冰能力555吨/日。全区通过省级无公害产地认定16家，无公害产品认定16个。研究制定加快推进羊栖菜产业发展工作，举办“中国羊栖菜节”和“两菜”美食推介等活动，推动羊栖菜入驻盒马鲜生、省机关扶贫消费门店等实体渠道，紫菜首次迈出国门进军印尼市场。

【《加快推进羊栖菜产业发展工作方案》印发】2019年8月12日，为更好地发挥羊栖菜产业在实施乡村振兴战略中独特优势和突出作用，提升全区农业发展质量、培育乡村发展新动能重要作用，区政府第24次常务会议研究通过《加快推进羊栖菜产业发展工作方案》，主要通过规范养殖海区的管理、完善基础配套设施、推进设施设备升级等夯实产业发展基础；加快产业技术创新和做好产品质量监管等强化产业科技支撑。并加大区域品牌宣传力度和规范区域品牌的使用。对产业延伸、经营服务机制创新等内容作具体说明。目标至2021年，羊栖菜优良品种得到全面应用，产业标准化体系基本健全；羊栖菜区域品牌进入全省最有影响力农产品品牌行列；羊栖菜产品进入省内外30家以上政府、学校、企业食堂和菜篮子市场，羊栖菜产值年均增长15%以上，成为主产区渔农民收入重要来源。

【洞头区鲜紫菜·羊栖菜旅游美食菜品推介活动】2019年11月1日，“声传百岛、力推两菜”——洞头区鲜紫菜·羊栖菜旅游美食菜品推介活动在洞头溢香国际大酒店举行。现场通过“两菜”美食产品介绍、制作、品尝体验交流等方式，让游客和市民深入了解洞头“两菜”。推介会现场，“两菜”龙头企业温州星贝海藻食品有限公司与温州永权贸易有限公司签订代理配送合同，并与温州市饭店餐饮烹饪行业协会、洞头区餐饮行业协会分别签订进入餐饮行业协议书。本地餐饮企业研发“紫菜鲈鱼汤”“江蟹紫菜羹”“紫菜黄鱼冻”“羊栖菜扣肉”“海大麦煎虾饼”等10余道“两菜”美食新菜品。举行厨艺大比拼活动，菜品“文武状元戏紫菜”获金奖。

【贝雕系列产品入选省特色旅游商品名单】2019年10月，浙江省文化和旅游厅发文公布2019年浙江省旅游商品评选及参加中国特色旅游商品大赛结果。其中，羊栖菜系列衍生品入选2019浙江省特色旅游商品名单。羊栖菜系列衍生品由洞头雅绿洗护用品工作室研制，代表性产品是羊栖菜手工皂，主要原料为羊栖菜、橄榄、薰衣草等，经17道工序手工制成，富含甘油、天然植物精粹，有护肤、保湿、抗辐射的功能。

（林进尊）

渔港工程建设

【概况】2019年，洞头区完成花园渔港建设，投资近1000万元用于改

2019年11月1日，洞头区鲜紫菜·羊栖菜旅游美食菜品推介活动举行

（区融媒体中心提供）

善渔港生态环境，实施中心渔港和东沙渔港山体修复覆绿、3D彩绘墙、灯塔改造、灯光亮化、渔港雕塑、广场铺装等建设。洞头东沙一级渔港建设项目通过竣工验收。浙南沿海最大人工沙滩对外开放。

【洞头区花园渔港工程完工】2019年5月，洞头区花园渔港工程完成建设。该工程于2018年6月开工建设，工程包含洞头中心渔港、东沙渔港的市政配套设施、山体修复覆绿、渔民生活文化墙、东沙渔港雕塑、捕鱼归来主题雕塑、花坛及广场铺装、礁石观光平台、3D彩绘墙、仿真绿雕、灯塔改造、灯光亮化、廊架、栏杆、绿化等景观提升内容，总投资988万元。工程责任单位是温州市洞头区农业农村局、施工单位是瑞安市万泽建筑工程有限公司、设计单位是浙江城市空间建筑规划设计院有限公司、监理单位是浙江富大工程监理有限公司。

【洞头东沙一级渔港建设项目通过竣工验收】2019年6月21日，洞头东沙一级渔港建设项目通过竣工验收。工程于2011年7月8日开工建设，至2014年12月10日工程完工。建成渔业码头90米，综合码头82米，港区护岸1567米，港区道路1680米，桥梁145.12米，开山造陆1616平方米，管理用房522.90平方米，道路照明路灯105盏及水电配套设施。2015年后分别经过质量评定会议，交工验收会议。建设单位是洞头中心渔港开发有限公司、代建单位是区城发公司、设计单位是北京大洋碧海渔业规划设计院、施工单位是上海三航奔腾建设工程有限公司、监理单位是温州港湾工程咨询监理有限公司。省农业农村厅、温州市农业局、温州交通工程质量监督局、区发改委、区财政局、区农业局、洞头中心渔港开发有限公司、北京大洋碧海渔业规划设计院、上海三航奔腾有限公司、温州港湾工程咨询监理有限公司等部门参加。会议成立竣工验收委员会，特邀渔港建设专家赵方铠、徐伟、吴一焕。专家认为洞头东沙一级渔港建设项目符合国家基本建设程序，主体工程建设满足设计标准，并完成相关批复建设内容，工程质量、环境保护、档案管理等已通过专项验收，工程试运行正常，具备竣工验收条件。竣工验收委员会通过竣工验收，正式交付使用。

（郭计超）

渔港综合管理

【概况】2019年，继续推行渔港设施管理物业化，开展渔港陆域、水域环境卫生保洁，做好渔港渔业生产秩序和渔港设施维护管理等工作。开展实施中心渔港等二级以上渔港废油回收工作，推进渔港和海洋环境提升。建成渔港动态信息管理系统，实现渔港内全局监控、进出入港口船只智能管理、停泊区域报警、船只黑名单管理、渔民网上办事查询、港区内水质监测、港区火灾预警技术等。

【洞头区渔港经济区发展规划编制】2019年，为促进海洋渔业持续健康发展，国家发改委、农业农村部于2018年联合印发《全国沿海渔港建设规划(2018—2025年)》，提出推动形成十大沿海渔港群、93个渔港经济区，洞头渔港经济区列入该建设规划。洞头区启动洞头区渔港经济区发展规划编制，落实“21世纪海上丝绸之路”战略支点布局重要举措，把发展海峡两岸蓝色产业带和温州海洋经济核心区作为重要支撑，推进海洋经济转型升级。推进渔港经济区建设，坚持绿色发展理念，强化引领作用，加快渔区基础设施建设，推进渔业高质量发展和渔船渔港综合管理改革，助推渔业增效渔民增收，全面实现乡村振兴。推进渔港经济区建设，打造“21世纪海上丝绸之路”，推进“一带一路”国家建设实施；做实做强做精现代渔业，加速产业集聚；激发渔区发展活力，增强渔区吸引力，提高渔业内生动力和发展能力，实现一、二、三产业联动，构建新时代渔区可持续发展机制。

【深化湾（滩）长制工作意见实施】2019年10月21日，为进一步推进湾（滩）长制工作，明确机构改革后各湾（滩）长制成员单位职责，区委办公室 区政府办公室制定《关于进一步深化湾（滩）长制工作的意见》（办字〔2019〕60号）该意见包含完善组织体系和责任分工，由区委书记担任区级湾（滩）总长，区长担任区级湾（滩）副总长，区级各相关领导分别担任各一类湾（滩）区级湾（滩）长，各街道（乡镇）领导担任乡镇级湾（滩）长；设立“湾（滩）长制”办公室，履行“管、治、保”三位一体职责，负责组织领导责任海湾、海滩的治理和保护工作。明确海洋垃圾整治清理，陆源污染排放管控，海洋岸线空间管理，海洋生态资源保护等工作任务。实施湾（滩）分类管理、分时管理、分段管理、分责管理。强化措施保障。并制定洞头区湾（滩）考核奖励评选办法，对全区68个湾（滩）及其湾滩长实行双月考核制度，每两个月评选出1个“最美湾滩”和“最脏湾滩”。

（叶华友、陈键军）

海洋渔业执法管理

【概况】2019年，洞头加大海洋环境保护，实施海上抢险救灾行动8

起，其中救助船只7艘，救助4人，救助总航时25小时，航程450海里。全年受理海渔事纠纷10起，调解成功10起，共办理渔业处罚案件96起，罚款84.75万元，移送公安机关办理的涉嫌非法捕捞水产品案件4起，没收违禁渔获物4481.65千克，查获“三无渔船”16艘，清理违规违禁网具2894顶（件）。

【洞头获评省渔场修复振兴目标责任考核优秀单位】2019年4月，浙江渔场修复振兴暨“一打三整治”协调小组通报“2018年度浙江渔场修复振兴暨‘一打三整治’目标责任考核优秀单位”名单，洞头名列其中。洞头区根据中央环保督察、国家海洋督查整改要求及省、市、工作部署，始终保持高压态势，遏制新大中型“三无”渔船新增，保持渔区社会稳定，上年取缔涉渔“三无”渔船17艘。向社会购买违禁网具清理护渔队服务，联合市执法支队、街道（乡镇），采取“海陆并进、联合执法、分片清理、全面取缔”方式，累计取清理没收违规网具5550件。检察机关建立构建行刑衔接机制，对禁渔期使用禁用工具案件移交刑事调查，实现渔业执法领域入刑标准案件移交司法机关调查处理，上年刑事移交7件。联合经信、市场监管部门开展市场、企业联合检查，联合公安部门开展灵霓大堤通道检查，联合经信、边防部门开展走私油船查处，形成对非法捕捞流通领域监管，对水产交易场所、重点饭店、水产冷库、鱼粉厂、养殖场等渔获物购销、加工厂点、车辆开展检查，堵住加工、流通等环节违规，查获违规运销案件5件。

【专项整治行动】2019年，洞头区围绕“护幼鱼、治渔具”重点，广泛宣传、严格执法，按照“全面、彻底、干净取缔”工作要求，向社会购买违禁网具清理护渔队服务，联合市执法支队、街道（乡镇），采取“海陆并进、联合执法、分片清理、全面取缔”方式，集中开展大规模“清网”行动6次，出动102人次，累计清理灵霓大堤沿岸、深门大桥沿线、大门大桥违规网具2249件。组建有护渔船4艘、渔民28人组成温州台州渔场产卵场保护区护渔队开展巡航检查，无人机监控监视10架次；近岸海域租用2艘海钓船配合日常的违禁网具清理和日常执法管理，完成定置张网、流刺网清理645顶（张）。

（林佳惠）

海洋管理

【概况】2019年，洞头区再次入围全国新一轮蓝色海湾整治行动，突出“破堤通海、生态海堤、十里湿地、退养还海”实施系列生态化修复工程。承办自然资源部“蓝色海湾”整治行动调研现场会、蓝色海湾·海洋经济院士论坛、2019年世界海洋日暨全国海洋宣传日浙江主场活动等系列活动，洞头蓝色海湾项目还作为典型，惊艳亮相中华人民共和国成立70周年大型成就展、中国海博会海洋经济成就展及央视《新闻联播》和央视一套《美丽中国》。

【洞头区养殖类“标准海”改革试行】为深入贯彻落实海域物权制度，推进资源要素市场化配置，创新体制机制，进一步协调和规范各类用海活动，提高海域使用效率，2019年12月31日，洞头区开展养殖类“标准海”改革，范围限于洞头海域（不包括瓯江口和灵昆）藻类养殖用海和大型深水网箱养殖用海。管理措施包含出让前应委托相关单位编制拟出让海域的海域使用论证报告、海域使用价格评估报告和出让方案等，“标准海”出让按照用海出让程序执行，项目业主应在“标准海”交付之日起两个月内动工建设，项目建成后，依项目业主单位申请，自然资源和规划局洞头分局组织相关部门对照承诺和标准，依法依规进行一次性联合验收，项目建成后转为投产初始运行期，投产初始运行期原则上为验收通过后两个标准年。“标准海”出让年限为4年，到期后首次续期年限5年。规定项目业主应承担相应违约责任。

【洞头再次入围“蓝湾整治”行动项目】2019年4月，洞头再次成功入围新一轮蓝色海湾整治行动项目，为全国唯一连续两次获得中央“蓝色海湾”整治项目奖励支持区(县)，获中央补助2.26亿元。项目主要实施海岸带、滨海湿地和海岛海域生态修复三大工程，重点突出“破堤通海、生态海堤、十里湿地、退养还海”。

【“蓝色海湾”整治行动调研活动】2019年5月23日，自然资源部调研组率蓝湾项目入选的十余个省、市代表30余位专家学者到洞头调研蓝色海湾整治项目。调研组一行先后到洞头区东屏街道东岙村、仙叠岩海洋生态廊道、凸垄底海洋生态村庄、南塘湾湿地公园等地，实地查看洞头区2016年“蓝色海湾”整治行动项目实施情况。召开座谈会，温州市与青岛市、威海市、日照市分别汇报2016年“蓝色海湾”整治行动项目实施成效和经验，并围绕“蓝色海湾”项目实施交流讨论可能遇到问题和困难及下一步工作打算。

（夏建伟）

经济管理

兴旺渔村 · 许爱花

“海霞精神”

爱岛尚武　励志奉献

经济管理

区域经济运行与发展

【概况】2019年，洞头区围绕高质量建设“海上花园”总目标，聚焦聚力高质量发展、竞争力提升、现代化建设，全力推动经济社会持续健康发展。实现地区生产总值107.84亿元，同比增长8.8%，增速居全市第三；城镇常住居民人均可支配收入49567元，农村常住居民人均可支配收入29962元，分别增长9.2%、10.4%；一般公共预算收入9.70亿元，增长18.7%；城镇登记失业率1.93%。区委常委会集中精力抓发展，全力推进国家海洋经济发展示范区建设，总体方案获省政府批复，获省海洋经济发展专项资金补助1亿元，启动区完成投资9.6亿元。引导民资参投海洋经济、生态建设，民间项目投资增速139%，社会资本投资占比62%，创历史新高。推进93个重点工程，完成投资37.7亿元。交通城建工业化、诚意健康产业园项目列入省重大产业项目库。实现29个“僵尸项目、蜗牛工程”全部清零，成功处置珑头湾、奥博休闲中心、国际大酒店等长期停滞项目，盘活沉睡土地146.67公顷。加快传统渔业转型提升，“两菜”入选市“瓯越鲜风”公用品牌，紫菜首次迈出国门进军印尼市场，“大黄鱼智能养殖”项目列入省重点研发计划，建成远洋捕捞渔船6艘。霓屿农村产业融合发展示范园成功列入省级农村产业融合发展示范园。加快发展临港产业，大小门临港产业区8平方千米纳入浙江自贸区温州联动创新区，温州LNG项目加快推进，集装箱突破26万标箱，完成港口货物吞吐量773万吨，海运总运力保持全市前列。状元岙港完成集装箱外贸内支线转移，新辟越南、泰国干线。落实“两个健康”100项责任清单，出台30条新政，举办首届民营企业家节。实施“惠企直通车”，为企业直接减负2.4亿元，兑现涉企政策资金1.6亿元。实施“万名干部进万企”行动，问题化解率93%。研究推进工业区提质增效攻坚行动，盘活低效用地246亩，激活闲置厂房2.7万平方米。成功招引数字经济落地项目1个，诚意药业被认定为省级上云标杆企业、省数字化车间/智能工厂，浙江立鹏被认定为市第七批建设行业企业技术中心，打破洞头区在市级以上无两化融合项目局面。建成首个企业云平台，新增上云企业126家，完成年度任务131%。新建5G基站19个，超额完成考核任务。旅游接待总人数890万人次，获评“全国文旅融合特色创新示范区”，东屏街道上榜省级旅游风情小镇。新增民宿101家，国际邮轮港累计接待游客2.75万人。房地产回暖升温，累计商品房销售面积9.43万平方米。

【海洋经济发展示范区建设】2019年，《温州海洋经济发展示范区建设总体方案》获省政府批复，洞头区围绕“民营经济参与海洋经济新模式、海岛生态文明建设示范”两大主要任务，制定《温州海洋经济发展示范区洞头实施计划》。争取上级补助资金9.1亿元，获批一般债、土储债、棚改专项债6亿元。加快建设温州液化天然气（LNG）项目、白龙屿生态海洋牧场、黄鱼岛生态智能渔城和霓屿紫菜现代园（田园综合体）。交通城建工业化基地项目入选省重大产业项目，获用地指标奖励55.848亩。诚意药业健康产业园获省级战略性海洋新兴产业项目认定。完成海上风电项目测风塔设计及设备购置，上报通

2019年洞头区国民经济和社会发展主要指标计划完成情况表

表10

指标名称		单位	2019年		
			计划数（%）	完成数	增长率（%）
约束性指标	1.单位地区生产总值综合能耗	吨标煤/万元	完成上级下达任务		
	2.主要污染物排放总量	—			
	其中：化学需氧量	%			
	二氧化硫	%			
	氨氮	%			
	氮氧化合物	%			
	3.城镇登记失业率	%	≤3	1.93	—
	4.城镇新增就业人数	人	1000	1405	—
预期性指标	1.地区生产总值	亿元	8	107.84	8.8
	其中：第一产业	亿元	2	5.86	-1.0
	第二产业	亿元	10	44.55	11.0
	工业增加值	亿元	12	26.02	19.5
	第三产业	亿元	7.5	57.44	8.4
	2.固定资产投资	%	20	-	-
	3.社会消费品零售总额	亿元	9.5	39.5	9.0
	4.一般公共预算收入	亿元	15	9.7	18.7
	5.城镇常住居民人均可支配收入	元	8.0	49567	9.2
	6.农村常住居民人均可支配收入	元	8.8	29962	10.4
	7.旅游接待人数	万人次	15以上	890	15.6
	8.研究与试验发展经费投入强度	%	1.4	-	-

说明：地区生产总值绝对值按现价计算，增幅按可比价计算；因统计口径及管理体制尚未理顺，财政、旅游指标暂时还未覆盖全区域，其他预期性指标均已覆盖全区

（区发改局提供）

航及施工审批材料和海洋环评报告。推进海洋文体旅产业融合，多元发展海洋体育活动和旅游节庆赛事，海洋旅游总收入保持月均增长约20%，国际邮轮港游客增长87.4%。同心旅游小镇入围省级特色小镇第五批创建名单。制定实施《社会资本参与海洋生态保护修复管理试行办法》，撬动民资5.6亿元。出台《洞头区海岛普惠金融创新试点实施方案》，完成企业“无还本续贷”14笔涉及7288万元，设立首期规模5亿元“台湾青年筑梦担保基金”。出台《温州市洞头区关于加快现代服务业高质量发展的若干政策意见》《关于扶持洞头区村庄总部经济发展的若干意见》，鼓励民营企业做大做强、扶持民营企业加大科技创新等优惠政策。举办温州洞头蓝色海湾·海洋经济院士论坛，《蓝色海湾指数评估技术指南》入选国家行业标准，蓝湾一期整治项目经验走向全国，被作为海岛生态文明建设典型样本。

【诚意药业海洋生物医药制造项目列入省重大产业项目】2019年12月，省发展改革委、省自然资源厅公布2019年浙江省重大产业项目(第二批)名单，诚意药业海洋生物医药制造(诚意药业健康产业园)项目成功列入。该项目是全区继温州交通城建工业化生产基地项目（第一批），第二个列入省重大产业项目。诚意药业海洋生物医药制造(诚意药业健康产业园)项目总用地122亩，总建筑面积约98000平方米，总投资46000万元。项目主要建设内容包括研发中心、制剂大楼、高架仓库1(连廊仓库)、高架仓库2、生产车间3座、原料仓库、中试车间、门卫、水泵房及配套设施等。耐火等级为二级，抗病毒车间、抗肿

瘤车间耐火等级为一级，结构设计采用钢筋砼框架结构，抗震设防烈度为6度，结构抗震等级四级(甲类车间结构抗震等级三级)。省重大产业项目(第二批)名单安排省重大产业项目76个，其中实施类58个、预选类18个。温州市安排12个。

【青山欢乐岛项目完成土地摘牌】2019年9月26日，浙江重山实业有限公司以3588万元价格竞得洞头区元觉街道青山岛A—01a地块。该项目总投资约20亿元，总用地约155亩，计划分三期开发，一期主要建设山海奇缘游乐设施、海螺集结号（旅游码头）、环岛电瓶车道、海洋牧场、浪漫心海岸一期及休闲服务配套；二期主要建设浪漫心海岸二期、丛林探险活动、海岛韵动体验等；三期主要建设青山塔、海上大玩家、国际游艇会等项目，青山欢乐岛旨在打造主题娱乐、品质休闲、海岛运动、旅居度假四位一体的海上乐园。

【洞头区首个获省重大产业项目用地计划奖励指标项目】2019年11月，浙江省自然资源厅下达省重大产业项目2019年度新增建设用地计划奖励指标(第二批)，洞头区温州交通城建工业化生产基地项目获新增建设用地计划指标55.848亩。该项目是区首个获省重大产业项目用地计划奖励指标项目。温州交通城建工业化生产基地项目选址于大门镇，总投资15.49亿元。总占地面积约352亩，该项目列入2019年第一批省重大产业项目重大产业示范项目，为装备制造类。项目由营盘基地块139.62亩和仁前途地块212.51亩组成，2个地块合计352.13亩。因未利用试点不在奖励范围内，扣减后本次获新增建设用地计划指标55.848亩。

【洞头同心旅游小镇入选省级特色小镇创建名单】2019年9月26日，全省重大项目暨特色小镇建设现场推进会上公布省级特色小镇第五批创建名单，洞头同心旅游小镇入选，实现特色小镇领域零突破。同心旅游小镇位于洞头本岛东南部，北至中普陀和东港渔村，南至半屏岛，东至珑头湾，西至纬三路。所处地理区位是洞头生态环境条件、自然景观风貌最佳最优地区，是国家级海洋公园建设核心区、国家级海洋经济示范区启动区。小镇依海岛地形特色而建，沿海岸线蜿蜒分布，总规划面积约3.98平方千米(不含水域)，其中核心区约1.37平方千米，储备建设用地97公顷，海岸线约21.5千米。按照特色小镇产城人文融合发展、特色产业功能分区要求，规划分成两岸旅游文化融合区、两岸青年创新创业区、两岸渔村文化体验区与两岸妈祖文化交流区四大片区。同心旅游小镇包含新建及续建项目25个，包含海峡云村金岙101、中普陀佛教旅游文化园、同心广场、珑头湾海洋旅游综合体等重点建设项目。截至年底，完成投资8.1亿元。

（俞漪）

固定资产投资

【概况】2019年，洞头区固定资产投资同比增长11.8%。全区重点建设项目共安排36个前期项目，93个在建项目，计划投资35亿元；41个项目涉及115个政策处理事项。温州交通城建工业化生产基地项目、诚意药业海洋生物制药项目列入省重大产业项目名单，实现零突破，获全市唯一省有效投资先进区。温州液化天然气（LNG）列入长三角一体化重大绿色能源项目库。青山欢乐岛成为全市唯一在浙商大会上签约大花园项目。

【民间资本投资】2019年，洞头区重点工程民间投资（不含房地产）13.86亿元，增速139%，主要涵盖交通、服务业、工业、公共设施等领域。社会资本投资占比达62%。

【洞头区获2018年全省扩大有效投资优秀单位】2019年3月，省发改委通报2018年全省扩大有效投资优秀单位名单，洞头区获省扩大有效投资县（市、区），全市仅洞头获奖，投资奖励1000万元。2018年度全省扩大有效投资优秀设区市4个，优秀县（市、区）12个。洞头区委、区政府认真贯彻落实省市有效投资各项决策部署，狠抓招商引资、重点建设、前期推进、政策处理、僵尸处置、投资纳统等“十张工作清单”攻坚行动，推动全区固定资产投资保持平稳较快增长，投资结构进一步优化。区发改局发挥项目谋划、招大引强、服务保障、统筹管理职能，会同相关部门、街道（乡镇）有效开展重点工程五大铁腕行动，重点建设投资超额完成年度计划；全力推进ppp项目建设7个，完成年度投资达11亿元；推进“僵尸项目”处置，激活或处置“僵尸项目”18个；“书记区长项目”落地开工率100%，全面完成市对区扩大有效投资任务。

（柯建喜、徐鑫鑫）

招商引资

【概况】2019年，洞头区围绕“实施三区战略，建设海上花园”目标，科学谋划、优化服务，紧盯重点产业，聚集部门合力，强力攻坚亿元以上产业项目，谋划入库亿元以上产业项目51个，总投资超750亿元，签约亿元以上重大产业项目8个（其中省市层面签约

“白鹭湾”海渔文化旅游度假区效果图　　（区发改局提供）

5个），意向投资约578.3亿元，投资总量为历年新高。百亿元产业项目推进4个，中信威尼斯小镇开展方案设计，大门LNG储运港口码头工程进入前期研究，海上风电项目测风塔下水。全年亿元以上产业项目开工落地17个，创历年新高。区委区政府主要领导外出招商推介15次，对接中交、中信、开金控股、北京燃气蓝天、远景、比亚迪等一批央企、500强、上市企业。全年招商引资到位内资17.8亿元，投资额历年最高，同比增长23.6%，完成年度任务数111.25%；招引世界500强企业和总部1家，新增总部税收回归额9860万元，完成年度任务数164%，完成率全市排名第4。

【青山欢乐岛项目签约】2019年11月13日，第五届世界浙商大会在杭州国际博览中心举行，洞头区青山欢乐岛项目代表温州市大花园项目在大会开幕式上签约。世界浙商大会签约项目坚持“质量为先、注重实效”原则，聚焦“四大建设”和长三角一体化发展战略，聚焦大湾区、大花园、大通道、大都市区标志性引领性工程项目，聚焦数字经济、生命健康、高端装备、文化旅游和能源环保等全区重点发展产业，且单体项目投资总额在2亿元以上。温州市上台签约项目共5个项目。青山欢乐岛项目投资方为湖南大通投资有限公司，总投资20亿元，总用地约643.2亩，其中海域部分541.2亩。该项目位于洞头区元觉街道青山岛，主要建设酒店、码头、人工沙滩、海洋牧场、温泉泥浆、观日台、海鸟风情区、戏水池等，以体验式旅游为主，休闲度假旅游为辅，成为浙南地区功能最全、项目最齐、规模最大综合性大型海上公园。

【大陆版魔法庄园项目落户洞头】2019年5月30日，温州魔法庄园实业公司以7000万元竞得洞头区霓屿街道石子岙村石子岙G地块，总面积88.464亩，主要建设康养服务公寓式客房、颐养度假院子式客房及康养中心、生活服务馆、咖啡馆、书吧、艺术中心等健康养生商业配套。该项目为洞头最大台资项目，总投资5亿元，计划三年内建成。项目以自然生态为基底，以海岛风情为氛围，以特色地域文化为底蕴，以蓝色康养产业为支撑，以台湾魔法庄园为蓝本，通过引进台湾主题乐园民俗管理团队，打造大陆版的魔法庄园IP品牌。

【“白鹭湾”海渔文化旅游度假区土地摘牌】2019年9月2日，温州沐泽源文化旅游发展有限公司以5050万元成功摘牌洞头区东屏街道半屏岛B-19地块。该项目以国家AAAA级旅游景区标准设计建设，总规划面积约484亩，分为“一轴、四区、六板块”，即海渔文化景观体验轴，入口集散区、海渔文化体验区、海娱游乐体验区、山墅·野奢度假区，入口印象版块、渔夫集市版块、渔俗体验版块、渔家美食版块、渔文化交流版块、山海渔宿版块等，计划在5年内完成建设。

【精灵海岸养生庄园项目投资协议签订】2019年2月13日，在全区三级干部会议上，洞头区人民政府与台湾裕文堂有限公司正式签订精灵海岸养生庄园项目投资协议。双方共同探索“绿水青山就是金山银山”理念海岛实践样板，打造田园综合体配合幸福养老新模式，面向全国市场推出高端健康养生示范项目。该项目选址洞头区霓屿街道石子岙村，总投资约4.5亿元。项目总用地规模约243亩，总建筑面积约7.65万平方米，主要建设“精灵海岸公寓式酒店”项目和“魔法生态庄园”项目。其中，魔法生态庄园建设内容包括魔法嬉戏园、魔法森林、候鸟生态草坪、精致花海、房车营地、森林婚礼区等乡村旅游设施。

（叶纯莹　李婷婷）

财政

【概况】2019年，洞头区财政总收入15.09亿元，同比增长20.7%。其中，一般公共预算收入9.7亿元，增长18.7%，占财政总收入64.3%；上划中央税种收入5.39亿元，增长24.6%。税收收入5.35亿元，下降13.3%，占一般公共预算收入55.1%。全年一般公共预算收入中，三大主体税种合计入库3.38亿元，下降5.3%。增值税入库24413万元，下降6.3%，减收原因主要是减税降费政策持续落实，增值税税率下调和大幅增加可抵扣进项税额带来减税效益持续释放；企业所得税入库7539万元，增长2.6%；个人所得税入库1891万元，下降18.6%。其他地方各税入库19619万元（扣除本期成品油价税改革城建税划出504万元），下降24.4%。其中资源税、契税分别入库4221万元、2447万元，分别下降57.3%、56.9%，减收原因主要是上年一次性因素入库拉高同期基数所致。城市维护建设税入库3174万元，增长20.8%；土地增值税、房产税别入库3493万元、1325万元，分别增长8.3%、17.8%；土地使用税入库1523万元，下降11.4%。全年组织非税收入11.58亿元，增长158.2%，其中纳入一般公共预算收入管理非税收入4.36亿元，增长117%，增收原因主要是加强矿业权出让金、历史遗留围填海罚没收入、国有资产有偿使用收入等的收缴管理，完成历年沉淀非税收入清理。全区一般公共预算支出32.74亿元，增长18.5%，完成全年预算108%。

【财政支出管理】2019年，洞头区民生支出26.14亿元，占一般公共预算支出79.8%，同比增长26.6%；与GDP相关八项支出25.81亿元，占一般公共预算支出78.8%，增长29.2%。全年教育支出3.96亿元，增长2%，洞头乐成寄宿中学投用，元觉义校校网调整建设启动，落实学前教育公办园、青少年“明眸皓齿”工程、小学生公益托管等工作；全年社会保障和就业支出3.16亿元，增长19.7%；卫生健康支出3.15亿元，增长20.5%。推进县域医共体建设，实现城乡医疗一体化资源共享，全区基层就诊率增长5%。统筹资金2.1亿元保障十大花园工程、一事一议村级公益项目、现代农业发展等建设。新增“花园村庄”工程22个，花园村庄覆盖率80%，建成乡村振兴示范带4条、创成省新时代美丽乡村达标村17个。启动惠企政策“直通车”，做好优惠政策宣传推广，全年兑现涉企优惠政策资金1.58亿元（不含油补），增长60.2%，创历年新高。落实小微企业普惠性减税、增值税大规模减税等减税降费政策，全年减税降费2.71亿元。落实新一轮产业扶持政策，配合做好作用不明显、低效无效政策清理废止，全年落实招商项目“一企一策”奖励资金5200万元。通过“税易贷”“税银贷”等方式为企业授信4499万元，办理“创业担保贷”1666万元，破解中小企业融资难问题。

【财政体制改革】2019年，区财政局推进预决算公开，在政务网上集中公开61个部门年度预算。加大历年结余资金统筹力度，收回区本级2018年结转结余资金6854万元。健全公款竞争性存放机制，探索区域外银行融资贷款与公款存放挂钩机制，全年公款存放7.30亿元。启动国库集中支付电子化改革工作，健全预算执行动态监控体系，累计纠正违规资金186笔537万元，纠正率100%。开展“上门服务至少一次”活动，累计集中培训10次，服务1116人次；服务部门157次、二级单位298次、企业60次，服务945人次。政务网10个事项实现网办率和材料电子化100%，部门间20项办事事项实现“最多跑一次”。

【投融资体制改革】2019年，区财政局通过做好政府投资项目资金来源分析，规范项目资金支出，加大国有企业平台转型，推行经营性项目市场化融资，加大筹融资力度。全年完成筹融资31.34亿元，政府投资项目支出29.86亿元。组织实施防范化解地方政府性债务风险专项行动，建立债务管理动态监测平台，实行债务数据月报制度，推进债务规范化管理。完成债务率降红转橙目标，探索国有行政闲置资产、提取政府基金等有效化债方式，全年化解隐性债务8亿元，完成化债年度任务的119%。

【财政监督管理】2019年，区财政局制定《洞头区落实全面实施预算绩效管理三年行动计划（2019—2021年）》《区级预算单位预算绩效管理工作考核办法》《预算绩效评价共性指标体系》，共报送绩效目标882个，涉及财政资金2.61亿元。完成绩效评价第三方中介入库工作，抽评复评102个项目涉及资金5321万元。全年完成支付采购预算1.60亿元，实际采购金额1.47亿元，节约资金1338万元，资金节约率8.4%。受理政府采购投诉、举报案件3起。完成“三算”（预、结、决算）审核项目532个，审定金额18.48亿元，节约资金8042万元，净核减率4.2%。开展“9+4+8”之违规发放津补贴专项整治行动，抽查核实7家行政单位及其46家相关下属事业单位，发现问题单位3家并督促整改落实。启动“一卡通”专项治理工作，梳理2017—2018年惠民惠农财政补贴资金项目37类，排摸“一卡通”总量30166张，摸底调查村居22个，走访户数132户。

（朱玲爱）

2019年洞头区一般公共预算本级收入执行情况表

表11　　单位：万元

项　目	累计执行情况				
	累计执行数	年初预算数	预算执行进度(%)	上年同期	同比增长(%)
一、一般公共预算本级收入(地方财政收入)	97,043	94,000	103.2	81,758	18.7
1.税收收入	53,462	70,600	75.7	61,678	−13.3
国内增值税(含改征增值税)	24,413	28,000	87.2	26,058	−6.3
其中：改征增值税	17,134	14,360	119.3	13,320	28.6
企业所得税40%	7,539	7,600	99.2	7,349	2.6
个人所得税40%	1,891	2,350	80.5	2,322	−18.6
城市维护建设税	3,174	2,717	116.8	2,627	20.8
其中：成品油价税改革城建税划出	−504	—	—	−120	320.0
耕契两税	3,980	8,815	45.2	5,762	−30.9
其他税收收入	12,465	21,118	59.0	17,560	−29.0
其中：资源税	4,221	12,500	33.8	9,891	−57.3
2.非税收入	43,581	23,400	186.2	20,080	117.0
专项收入	4,187	6,180	67.8	4,556	−8.1
其中：教育费附加收入	1,680	1,650	101.8	1,420	18.3
行政性收费收入	1,689	920	183.6	865	95.3
罚没收入	6,183	1,800	343.5	1,712	261.2
国有资本经营收入	—	—	—	37	−100.0
国有资源(资产)有偿使用收入	31,210	14,200	219.8	12,674	146.3
政府住房基金收入	261	300	87.0	236	10.6
其他收入	51	—	—	—	—
二、上划中央收入	53,892	59,925	89.9	43,249	24.6
企业所得税60%	11,308	11,400	99.2	11,024	2.6
个人所得税60%	2,837	3,525	80.5	3,483	−18.5
国内增值税	7,279	13,640	53.4	12,738	−42.9
改征增值税	17,134	14,360	119.3	13,320	28.6
国内消费税	15,334	17,000	90.2	2,684	471.3
三、财政总收入	150,935	153,925	98.1	125,007	20.7

说明：因营改增，上年同期营业税基数并入增值税　　（区财政局提供）

2019年洞头区一般公共预算本级支出执行情况表

表12　　单位：万元

项　目	累计执行情况				
	累计执行数	调整预算数	预算执行进度(%)	上年同期	同比增长(%)
一、一般公共预算本级支出	327,411	303,072	108.0	276,348	18.5
201一般公共服务支出	36,584	40,708	89.9	36,093	1.4

续表12

项　目	累计执行情况				
	累计执行数	调整预算数	预算执行进度(%)	上年同期	同比增长(%)
203国防支出	550	550	100.0	754	-27.1
204公共安全支出	15,892	15,961	99.6	21,166	-24.9
205教育支出	39,569	40,741	97.1	38,776	2.0
206科学技术支出	7,235	7,020	103.1	6,272	15.4
207文化旅游体育与传媒支出	6,329	5,472	115.7	6,899	-8.3
208社会保障和就业支出	31,622	28,860	109.6	26,415	19.7
210卫生健康支出	31,504	31,309	100.6	26,143	20.5
211节能环保支出	7,787	7,485	104.0	2,425	221.1
212城乡社区支出	87,932	60,763	144.7	42,566	106.6
213农林水利支出	28,632	24,052	119.0	31,272	-8.4
214交通运输支出	10,179	9,436	107.9	17,823	-42.9
215资源勘探信息等支出	2,395	7,514	31.9	2,785	-14.0
216商业服务业等支出	166	187	88.8	318	-47.8
217金融支出	105	—	—	—	—
220自然资源海洋气象等支出	4,163	3,264	127.5	3,977	4.7
221住房保障支出	4,891	4,947	98.9	4,618	5.9
222粮油物资储备支出	971	942	103.1	966	0.5
224灾害防治及应急管理支出	2,949	4,259	69.2	493	498.2
229其他支出	5	1,422	0.4	100	-95.0
232债务付息支出	7,914	8,180	96.7	6,432	23.0
233债务发行费用支出	37	—	—	55	-32.7

说明：1.根据2019年功能科目调整，相应调整上年同期基数；2.因洞一中体制改革，相应调减上年教育支出基数

（区财政局提供）

税务

【概况】2019年，洞头区税务各项收入17.65亿元，比上年增收9913万元，增长5.95%。其中税收收入110186万元，增长2876万元，增长2.68%；非税收入66306万元，增长7036万元，增长11.87%,其中社保费62028万元，增长6016万元，增长10.74%。

洞头区形成网上办税、手机移动办税、自助终端办税和实体办税厅办税“四位一体”办税方式，24小时办税不打烊服务新体系。区税务局巩固深化征管体制改革成果，落实重点企业“一企一服”行动，全区共减税降费2.19亿元，办理出口退税2540万元，11.6万人次享受到个税减税红利。推广电子税务局、浙江税务手机App、支付宝代开电子发票等线上办税新模式，实现“网上可办”全覆盖。截至年底实现税务事项“掌上办”100%，完成非现金集中征缴工作任务，实现以非现金集中征缴方式缴费100%；持续推广钉钉浙江税务征纳沟通平台，征纳沟通平台激活率157.33%，日活跃度106.53%，居全市税务系统第一。

【税收征管】2019年，全面落实欠税人报告制度，精准掌握欠税人生产经营、资金往来、债权债务、投资情况、欠税原因和清欠计划等情况。对往年顽固欠税及新增欠税开展滚动式催报催缴，采取停供税务发票、通报备案法定不批准出境人员等手段，督促纳税人依法缴纳税款，全年清理补缴新旧欠税837万元。全年依法对18户欠税纳税人法人进行法定不批准出境人员通报备案。区税务局联合6个街道（乡镇）成立相应税源共治（税收社会化征管）工作领导小组及其办公室，形成“全覆盖、无死角”社会

化征管网格。开展“拉网式”清查，全面清理各类异常情况，规范和整顿税收秩序。与海事部门、自然资源等部门数据比对1519条，联手管控车船税、资源税等小税种，确保不留死角。全年新增补缴入库耕地占用税、资源税等税收收入3761万元，提高地方税占比4%。紧盯“升规上限”目标任务，协同区经信局、各街道（乡镇）为“升规上限”培育项目提供培育库名单27户。走访区内已上限餐饮业纳税人12户和近规（限）纳税人27户。全年完成“升规上限”16户，完成市下达区“升规上限”任务。实施《住宿业税收征管实施方案》，清理住宿业税务登记信息，开展住宿业税源调查，分阶段采集住宿业纳税人涉税信息，全年实施定额调整管理个体纳税人144户，住宿业新增销售额4971.52万元，同比增长55.66%。联合法院建立协税护税机制，通过破产程序和执行程序入库税费及滞纳金超3000万元。

【减税降费工作】2019年，区税务局全面落实新个税法政策、小微企业普惠性减税政策、深化增值税改革政策，开展企业和扣缴单位减税降费专题培训，主动为重点税源企业提供上门辅导服务，确保各项税收优惠政策落实到位。与人民银行洞头支行达成合作意向，开辟绿色通道，加速退税退费工作，实现纳税人退税退费零跑路，退库成功率100%。全年共减税降费2.19亿元，其中小型微利企业各项减免税费合计3345万元，11.6万人次享受到个税减税红利；一般纳税人累计办理留抵退税5828万元，退税进度排名全市税务系统第一。

【税收服务】2019年，洞头区办理出口退税2540万元，比上年增长22.11%。出口退税进度从“受理”到“退税到账”压缩至3天。开启“智能+银行”服务新模式，在洞头区本岛及鹿西离岛增设自助办税服务点。完善纳税信用社会化应用，通过“税易贷”“税银贷”“银税贷”方式为企业授信6890万元，解决中小企业融资难题。

（麻锦涛）

2019年洞头区税收收入计划执行情况一览表

表13 单位：万元

项目	累计入库数	上年同期入库	累计同比增收额	累计同比增幅
税务部门组织的收入	176492	166580	9913	5.95%
一.税收收入合计	110186	107310	2876	2.68%
中央级	55428	44982	10446	23.22%
地方级	54759	62329	−7570	−12.14%
其中：不含免抵调库	107885	103110	4775	4.63%
其中：不含车购税	109513	106019	3494	3.30%
1.增值税	50735	53347	−2612	−4.90%
(1)免抵调库收入	0	4200	−4200	−100.00%
(2)不含免抵调库收入	50735	49147	1588	3.23%
(3)其中：营改增	35197	27190	8007	29.45%
2.消费税	15334	2684	12650	471.33%
3.企业所得税	18437	17939	498	2.78%
4.个人所得税	4728	5805	−1077	−18.55%
5.车辆购置税	673	1291	−618	−47.87%
6.营业税	308	173	135	78.03%
7.环保税	13	8	5	62.50%
8.契耕两税	3980	5761	−1781	−30.91%
(1)契税	2447	5683	−3236	−56.94%
(2)耕地占用税	1533	78	1455	1865.38%
9.其他各税	15978	20302	−4324	−21.30%

续表13

项目	累计入库数	上年同期入库	累计同比增收额	累计同比增幅
(1)资源税	4221	9892	-5671	-57.33%
(2)土地使用税	1524	1718	-194	-11.29%
(3)城建税	3678	2747	931	33.89%
(4)印花税	837	821	16	1.95%
(5)土地增值税	3493	3224	269	8.34%
(6)房产税	1325	1125	200	17.78%
(7)车船税	900	775	125	16.13%
二.非税收入合计	66306	59270	7036	11.87%
1 教育费附加	2183	1629	554	34.01%
2.地方教育附加	1454	1087	367	33.76%
3.文化事业建设费	23	42	-19	-45.24%
4.地方水利建设基金	0	4	-4	-100%
5.税务部门罚没收入	33	4	29	806.59%
6.残疾人就业保障金	585	489	96	19.63%
7.其他收入	0	4	-4	-100%
8.社保基金收入	62028	56012	6016	10.74%
(1)养老保险基金	38591	38376	215	0.56%
(2)失业保险基金	579	500	79	15.83%
(3)医疗保险基金	12782	8474	4308	50.84%
(4)工伤保险基金	400	762	-362	-47.45%
(5)生育保险基金	698	590	108	18.25%
(6)其他保险基金	8978	7310	1668	22.82%

（区税务局提供）

2019年洞头区申报纳税实缴入库30强企业名录

表14　　单位：万元

序号	纳税人名称	本年累计入库	上年同期	同比增长(%)
1	浙江立鹏建设有限公司	20279.16	9231	119.69
2	温州中石油燃料沥青有限责任公司	14063.51	5207.16	170.08
3	浙江诚意药业股份有限公司	6346.4	6867.2	-7.58
4	浙江卓信建筑有限公司	5157.28	4878	5.73
5	温州宇帆建筑劳务有限公司	3369.62	232.71	1347.99
6	浙江温州洞头农村商业银行股份有限公司	2899.26	3012.89	-3.77
7	温州市水利投资开发有限公司	2363.45	3154.71	-25.08
8	浙江永宏电气股份有限公司	2322.84	2357.46	-1.47
9	温州环岛酒店开发有限公司	2083.65	173.04	1104.14
10	温州华港石化码头有限公司	1912.49	12.15	15640.66

续表14

序号	纳税人名称	本年累计入库	上年同期	同比增长(%)
11	浙江亿新建筑劳务有限公司	1811.12	440.39	311.25
12	温州金源新材料科技有限公司	1711.14	1713.33	−0.13
13	浙江宏联建设有限公司	1535.78	1650.57	−6.95
14	浙江宏泰混凝土有限公司	1342.59	1035.24	29.69
15	国网浙江省电力有限公司温州市洞头区供电公司	1287.05	1274.05	1.02
16	温州市自然资源和规划局洞头分局	1274.91	0.8	159263.75
17	温州洞头国鸿置业有限公司	1215.04	0	100
18	温州市洞头广厦建设开发有限公司	1115.94	737.37	51.34
19	温州市烟草公司洞头分公司	1028.46	1172.22	−12.26
20	浙江迪特高强度螺栓有限公司	901.46	542.56	66.15
21	中海油温州能源销售服务有限公司	876.12	1800.37	−51.34
22	温州新岛城市建筑泥浆处置有限公司	833.52	939.34	−11.27
23	温州市洞头状元南片围涂建设开发有限责任公司	750.13	515.35	45.56
24	中国农业银行股份有限公司温州洞头支行	734.68	410.49	78.98
25	温州嘉丰建筑劳务有限公司	698.89	16.06	4251.74
26	温州金源置业投资有限公司	661.63	1019.65	−35.11
27	温州港城发展有限公司	594.03	5370.26	−88.94
28	温州德立建设工程有限公司	587.59	324.17	81.26
29	温州市洞头大工联房地产开发有限公司	554.8	53.52	936.62
30	温州豪大花岗岩集团有限公司	539.63	542.78	−0.58

说明：以上税收不包含个人所得税中的自然人个税　　（区税务局提供）

价格管理

【概况】2019年，洞头区价格变化总体形势有所上涨，涨幅在合理预期区间内。由于低收入家庭消费结构仍停留在以满足生存需要为主温饱型模式，个别商品价格（如下半年猪肉价格）上涨对低收入居民生活造成的影响较大，总体全区重要商品和服务价格保持平稳运行。区发改部门组织开展全区重要商品和服务价格监测，加强市场价格监测和公示力度，对市场农副食品、粮油、肉禽蛋菜、海产品、液化气、交通运输、旅游等商品和服务价格进行定期监测。出台洞头新城客运站—S1瓯江口站区间客运班线试运行票价和殡仪服务收费标准等收费政策。全年完成成本监审项目3个，出台收费项目文件3个。办理公安机关委托价格认定案件48件，认定标的额57万元。区市场监管部门开展涉企收费专项检查、双随机医疗机构价格专项检查、节日价格专项检查等系列市场价格执法行动，强化民生菜篮子、涉旅领域价格监管，查办利奇马台风期间猪肉未明码标价案件3件，约谈中大型旅游餐饮店12家，发放停车场文明收费倡议书21份，查办餐饮店未明码标价案件3件。全年查办未明码标价案件6件，罚没款共计0.37万元。

【政府定价项目】2019年洞头区区间客运班线线路为新城客运站—S1线瓯江口站，途经元觉站、霓屿站、瓯江口管委会,试运行票价为6元/人·次。为规范区殡仪服务收费行为，减轻群众丧葬负担，出台区殡仪服务收费标准。定价鹿西白龙屿地质公园的门票试运营价格为30元/人次等政府项目。

【成本监审】2019年。洞头区开展望海楼、半屏山景区门票成本监审及洞头区管道燃气供气等成本监审项目。同时引入第三方机构开展成本审核，协助开展成本监审成为常态。

【涉企乱收费行为治理】2019年8月起，区市场监管部门对照涉企收费政策，围绕行政审批中介服务费用、行业协会收费、各类保证金、转供电环节价格、小微企业收费政策落实情况、物流领域收费等方面开展价格领域“双随机，一公开”涉企收费专项检查。行动共出动执法人员112人，累计检查单位39家，发现存在问题单位2家，均责令改正。

（陈 凯 孙之静）

2019年洞头区车渡航线票价一览表

表15

项目	票价(元)				备 注
	元觉—大门	元觉—鹿西	大门—鹿西	鹿西—小门	
客渡	20	30	15	20	公交IC卡优惠30%
货物	8	8	8	8	每100千克
自行车	5	8	6	8	—
摩托车	10	15	13	—	二轮
小型拖拉机	70	105	88	—	—
三轮机动车	40	60	50	—	—
轿车	100	150	125	—	包括吉普车
客车	120	180	150	—	6-15座
客车	130	195	163	—	16-20座
客车	180	270	225	—	20座以上
货车	100	150	125	—	1吨以下（含）；1吨以上的每增加1吨增收50元，不足1吨按1吨计算
特种车辆	600	900	750	—	—

说明：票价优惠政策、行李携带和托运等事项按交通部《水路旅客运输规则》和《国内水路货物运输规则》有关规定执行

（区发改局提供）

海事管理

【概况】2019年，洞头海事处完办理船舶签证查验11910余艘次，保障大型船舶安全进出港485艘次，集装箱吞吐量80.25万标箱。组织海上险情处置7次，搜救遇险人员38名，人命救助成功率100%。全年开展现场巡航巡查573次,检查船舶725艘次，查处违章192件，实施行政强制7件，司法移送2件，行政扣留1人，行政处罚案件结案364件，同比上升21.33%，处罚金额200.43万元，上升32.4%。完成开渔节、冬泳邀请赛、海上民俗风情节和海上铁人三项等十余项大型水上活动安保工作。

2019年，洞头海事处党支部获浙江海事局先进基层党组织，在温州海事局年度目标考核中取得第一名。半屏海巡执法大队获市级青年文明号。

【洞头区小型休闲船艇管理标准出台】为规范洞头区小型休闲船艇发展，保障人员、船艇安全，引导洞头区海上休闲产业走上有序健康发展轨道。2019年5月，洞头区出台《洞头区小型休闲船艇管理标准》，纳入小型休闲船艇管理标准休闲船艇为：船长5米以上、12米以下，宽度1.5米以上，发动机马力50匹以上，船型为海船，材质为玻璃钢或铝合金、景区手扶式摩托艇、最大核载人数为9人的游艇。率先开启N对1多部门协同配合管理模式、实施对小型休闲船艇安全诚信积分管理、实行小型休闲船艇安全星级评定、准确定位小型休闲船艇服务中心安全服务职责。

【“海巡07602”列编】2019年7月11日，温州海事局自筹资金建造30米级海事巡逻船“海巡07602”船完成交接。该船总长33.2米，型宽6米，型深3.2米，总吨145，设

2019年7月11日，“海巡07602”列编　（洞头海事处提供）

计航速21.5节，由市财政出资，701设计所武汉船舶研究院设计，杭州钱航船舶修造有限公司承建，于2017年12月9日开工建造。该船交付洞头海事处管理使用，主要承担温州状元岙港区及洞头沿海水域的巡航执法、应急搜救任务。

【海事执法】2019年，洞头海事处开展“两船”“亮剑系列”和反走私“清港行动”等专项整治活动10余项。其间，1月，打击走私行为查获涉嫌逃逸走私油船4艘，并向公安部门移送涉嫌走私人员4人；10月至11月，“亮剑四号”行动开展连续96小时值守1次，24小时值守7次，查扣违章船舶27艘次，其中“两船”26艘次，累计处罚金额30余万元。洞头海事处推进国际邮轮常态化运营监管，联合清障“歌诗达大西洋号”邮轮4月、6月6次进出温州国际邮轮港50余次，做好邮轮领航护航工作。

（陈　东）

国土资源管理

【概况】2019年，洞头区制定《洞头区工业企业用地分割工作指导意见》。全年争取和创收各项资金超13亿元。其中蓝湾二期获中央和省市奖补助2.59亿元，土地出让金收入6.1亿元，矿产资源收入超3亿元，发行土储债2亿元。全年争取林地指标457.5亩，新增建设用地指标226.1亩,保障青山欢乐岛、诚意健康产业园、航空主题风情岛等项目用地用林需求。完成低效土地再开发334亩，完成率167%，全市排名第一。完成经营性用地做地储备279亩，完成率139.5%。激活奥博游艇俱乐部、名品广场等僵尸项目、蜗牛工程，激活率95%。启动“互联网+不动产抵押登记+金融服务”，不动产抵押登记服务延伸到金融机构前台，从“最多跑一次”延伸至“零跑腿”“不见面”办理。全年完成标准地出让4宗90亩，在全市率先实现工业用地100%按标准地出让。成功处置霓屿紫菜园、沙岙隧道等工程性石料。制定养殖项目“标准海”方案，明确固定资产投资强度、年亩均税收、带动就业人数等参考指标。全年办理各类不动产登记13383件，其中抵押登记2024宗，不动产登记证明8269份，不动产登记信息查询7036条。

2019年1月，根据洞头区机构改革部署，不再保留区国土资源局，职能划转新组建市自然资源和规划局洞头分局。8月30日起，洞头区大门镇、鹿西乡行政服务中心开始受理不动产登记业务，颁发全国统一制式不动产权证书和不动产登记证明，离岛群众不动产办理不出岛。

【洞头区工业企业用地分割工作指导意见】2019年11月20日，为盘活存量闲置土地，提高土地利用效率，解决出险企业发展难题和处置历史遗留问题需要，根据有关法律、法规及政策规定，区委改革办、市自然资源与规划局洞头分局、区经济商务和信息化局、区住房与城乡建设局联合制定《洞头区工业企业用地分割工作指导意见》（洞改办发〔2019〕23号），该制定意见分割适用对象为“用而未尽”、金融出险、存在历史遗留问题闲置及区政府研究同意分割等以上四类国有工业用地。分割条件是土地出让合同有约定的，按土地出让合同约定执行。土地出让合同未限制分割的，除按区政府“一企一策”研究外，企业申请国有出让工业用地宗地分割需增加7个条件。分割程序含资格认定、方案初审、申请受理、地价评估、上报批准、变更登记等。“用而未尽”国有出让工业用地认定标准和处置意见，按照温州市低效工业项目整治提升工作指导意见（温拓保〔2019〕1号）文件执行。该意见即日起施行。

【土地出让】2019年，市自然资源和规划局洞头分局推进年度土地出让工作，全年完成地块出让12宗564.86亩，包括大巴山白鹭湾项目、霓屿魔法庄园项目、青山岛项目、同心小镇等地块，推进区市“152”工程项目、重点工程建设、招商引资项目的落地，实现土地让金收入6.1亿元。全年完成标准地出让4宗90亩，在全市率先实现工业用地100%按标准地出让。

【要素保障】2019年，洞头区争取林地指标457.5亩，新增建设用地指标226.1亩,保障青山欢乐岛、诚意健康产业园、航空主题风情岛等项目用地用林需求。市下达区批而未供清理任务200亩，供而未用清理任务1500亩，工业用地（海）供应300亩，低效土地再开发200亩，经营性用地做地储备200亩，低效工业项目整治200亩，低效厂房整治提升5万平方米。完成批而未供清理234亩，完成率117%；完成供而未用清理1133亩，完成率75.5%；完成工业用地供应90亩，完成率30%；完成低效土地再开发334亩，完成率167%；完成经营性用地做地储备279亩，完成率139.5%；完成低效工业项目整治完成213.95亩，完成率106.9%；完成低效厂房整治提升6.0177万平方米，完成率为120.4%。

【洞头区首个矿山纳入全国绿色矿山名录库】2019年12月25日，浙江省洞头县元觉乡状元南片相思岙矿区普通建筑石料矿通过专家评审，正式被纳入全国绿色矿山名录库。为区首个纳入全国绿色矿山名录库矿山，也是全市第二个纳入全国绿色矿山名录库矿山。该矿区范围面积约150062平方米，矿区建筑石料资源储量为509.21万立方米，约合1285.9万吨，设计年产规模为230万吨石料。

【小北岙村矿采矿权挂牌出让】2019年11月7日，洞头区元觉街道小北岙村普通建筑用（花岗岩）矿采矿权在浙江省矿业权网上交易系统挂牌出让。经过近2个小时160轮的激烈竞价，最终舟山荣昕建材有限公司以3.5548亿元价格竞价成功。该矿区位于状元岙岛北侧海岸部位，规划生产规模为510万吨/年，出让期限为4年，开采矿种为建筑用花岗岩，设计产品规格分别为0—5毫米机制砂、5—15毫米瓜子片、15—25毫米寸子、25—31.5毫米石子，其中机制砂产品占总量53.1%，瓜子片占8.1%；洗沙后石粉量约为4.4%。

【洞头区海岛省级地质公园批复建设】2019年6月，省国土资源厅正式批复，同意建设“洞头区海岛省级地质公园”。该公园位于温州湾东部海域，由洞头和鹿西两个园区组成，总面积32.75平方千米，其中陆域11.06平方公里，海域21.69平方公里，主要地质遗迹分布区面积2.64平方公里（陆域）。公园拥有3类6亚类的地质遗迹点31处，以海蚀地貌景观最为突出，其中半屏山海蚀崖、仙叠岩姊妹海蚀沟、鹿西岛海蚀平台等地貌景观完整反映了典型的海蚀地貌演化序列。

【农村宅基地和住房权籍管理】2019年，洞头区根据省、市要求，全面开展农村宅基地、住房不动产权籍调查及确权登记发证工作。全年上报符合登记条件农房确权登记发证数为16624户，完成符合登记条件农户数85.09%，按浙政办发〔2017〕43号文件规定处罚补办登记发证数311户，完成省厅下发任务数363户85.67%。

【洞头区第三次全国国土调查完成】2019年6月6日，按照国家和省市部署要求，洞头区第三次全国国土调查数据通过省级核查上报国家；8月24日，全国第三次全国国土调查办公室下发洞头区第三次全国国土调查的核查结果：自动筛查结果为0、边界抽查结果为0、地类抽查结果为0，乡镇抽查差错率为1.05%、全图斑检查差错率为1.31%，共下发错误图斑1445个（其中需要补举证图斑1116个）。按照按省国土资源厅要求完成国家核查意见整改，并上报洞头区国家核查整改成果数据。

（夏建伟）

2019年洞头区地质灾害隐患点销号情况一览表

表16

街道（乡镇）	村居	隐患点名称	纬度	经度	核销理由
元觉街道	活水潭村	洞头区元觉街道活水潭村朱金林等屋后至郑元武房前滑坡	121° 07′ 27.7″	27° 53′ 13.1″	完成治理
鹿西乡	东白村	洞头区鹿西乡东白村吴尊平屋后滑坡	121° 13′ 41.7″	27° 59′ 43.9″	完成治理
鹿西乡	东白村	洞头区鹿西乡东白村金正叨屋后滑坡	121° 13′ 39.1″	27° 59′ 43.8″	完成治理

（市自然资源和规划局洞头分局提供）

能源监管

【概况】2019年，洞头区围绕能源“双控”目标任务，加大能源监管、节能监察、重点用能单位耗能监测和能源计量审查，全年组织开展新建企业节能审查2家和重点用能企业节能监察10家。淘汰落后产能的工业企业6家、中国第三阶段汽车排放标准及以下营运柴油货车9辆和小吨位、小功率渔船93艘，完成“低散乱”企业整治80家。

【节能审查监察】2019年，洞头区严格执行“双随机”工作制度，按照“掌上执法”工作要求，委托中国计量大学对全区4家工业企业和6家非工单位开展能源监测监察工作，其中对3家工业企业和2家非公单位实行节能监察，完成节能监察工作任务，组织审查小组对企业能源计量器具配置情况、检定/校准状态等开展现场检查。开展节能审查工作，对2家新建用能1000吨标煤以上企业组织开展节能审查。

【落后产能淘汰工作】2019年，洞头区开展淘汰落后产能和“低散乱”整治工作，全年全区共淘汰落后产能企业6家，任务完成率200%；改造提升、关停淘汰等方式，完成“低散乱”企业整治提升80家，任务完成率133%；推荐4家工业企业参与工业节能诊断服务，重点帮助企业发掘节能潜力，促进企业实施节能改造。建立健全老旧营运车辆全防全控监管制度，加大老旧柴油车替换力度，淘汰中国第三阶段汽车排放标准以下柴油营运货车9辆；加快传统燃油车向清洁能源车转变，全区完成清洁能源出租车更新改造68辆，其中更新改造新能源出租车51辆、“油改气”改造15辆。全区淘汰功率260千瓦以下渔船93艘。

（赵典天）

市场监督管理

【概况】2019年，洞头区出台《关于开展质量提升行动的实施方案》《贯彻落实“两个健康”加快民营经济高质量发展若干举措》。实现企业开办全流程“一件事”一日办结，推出新设企业印章政府买单，服务台商企业快速落户洞头108家，新增小微企业369家，制订发布“浙江制造”标准3项，创成“品字标”企业2家，制订发布“两菜一鱼”团体标准3个，鹿西大黄鱼获有机产品认证，“星贝”商标入选商标保护名录，商标和专利质押融资授信4839万元，万人有效发明专利同比增长40%。完成注册“兰小草”商标全部45类别。创成省级民生实事送药上山进岛服务点6个，建成省放心示范餐饮店35家、农村家宴放心厨房10家、名特优小作坊8家、建成省级放心消费示范街区6个。全年为107家企业免费检测7000余批次，指导诚意药业、中燃华电等企业闲置特种设备“转型”，为企业每年节省资金80万元。全区电子商务年投诉量同比下降40%，累计帮助企业解决各种问题48项。截至年底，全区有在册个体工商户7031户、餐饮服务单位878家。

出台党政领导干部食品安全责任清单，渔家乐获星级认定11家，实行餐饮行业积分管理和“红黑榜”，发布食品行业红黑榜4期，开展食品安全城市创建专项隐患排查1665家（次），整改各类隐患127个。开展保健食品、农村假冒伪劣食品专项整治，行政立案31件，移送公安刑事立案3件。食品安全群众满意率位居全省前列、全市第一。全区新建食品药品科普宣传站点19个，累计建有科普宣传基地1个、科普宣传站点38个。组织开展“食品安全宣传周”“你点我检进家庭”和食品安全“五进”等各类宣传活动25场次，举办食品安全“道德讲坛”、村居食品安全科普讲座6场。全年分发各类宣传资料2.5万份，张贴村居宣传海报400余张，实现行政村食品安全科普宣传全覆盖。

洞头区市场监管局微信公众号入围首届市场监管领域政务十佳新媒体称号。

【洞头区市场监督管理局（区知识产权局）挂牌】2019年1月23日，洞头区市场监督管理局（区知识产权局）挂牌成立。根据洞头区机构改革部署，区市场监督管理局（区工商行政管理局、食品药品监督管理局、质量技术监督局）、发展和改革局（区物价局）价格监督检查职责、科学技术局知识产权保护协调职责等整合，重新组建洞头区市场监督管理局，作为区政府工作部门，加挂区知识产权局牌子。不再保留区质量技术监督局、工商行政管理局、食品药品监督管理局、食品安全委员会办公室牌子。8月29日，洞头区市场监管综合行政执法队挂牌成立，洞头区市场监管综合行政执法队整合原工商、质监、食品、药品、物价、商标、专利、商务、盐业等多个领域执法职责，解决多头多层重复执法问题，实现“一个部门管市场”。

【洞头区重点餐饮环节食品安全责任险全覆盖】2019年，洞头区6个街道(乡镇)所辖93个村居集体聚餐单位参保率100%。全区11家校园食堂、9家民办幼儿园食堂、3家校园品牌超市均投保，食品安全责任险投保率100%。承接婚宴、满月酒、酒会等集体聚餐6家大型餐饮单位食品安全责任险参保率100%。全年通过政府出资、家校企联保、企业单独投保等方式，37家投保单位共投入保费6.32万元，保险金额6300万元。

【企业审批服务】2019年，洞头区企业开办实现再提速，“工商登记—公章刻制—银行开户—社保登记—申领发票”等五个环节被统一为1个完整闭环流程，一天内办理完成，开办过程从原先到5个单位跑7次、3个工作日，缩短为跑“一个窗口”1小时可领照、1天可营业，提交申请材料从原先23份精简至6份。推行新设企业首套印章政府买单服务。全面推行住所申报承诺制，申请人只需填写住所(经营场所)信息申报表，可免予权属证明和租赁协议等场所证明材料。

【“送药上山进岛便民服务点”创建】2019年，区市场监管局完成省政府民生实事“送药上山进岛便民服务点”创建任务，分别为鹿西扎不断村、北岙隔头村、霓屿长坑垅村、大门杨梅田村、大门观音礁村，其中鹿西扎不断村为全省首个送药进岛服务点，实现医保实时结算功能。全年送药上山进岛便民服务点下单184笔，总金额14525.95元，惠及群众3861人次，解决偏远地区老百姓“购药远、购药难”问题。

【首个省级商业秘密保护示范点通过验收】2019年12月19日，浙江省市场监督管理局通报2019年度全省商业秘密保护示范站（点），温州市东启汽车零部件制造有限公司名列其中，全市仅6家通过。温州市东启汽车零部件制造有限公司成立于1986年,是一家开发和生产汽车制动系统和冷却系统产品专业制造

2019年，洞头区实行企业开办一日结

公司。曾荣获“国家高新技术企业”“浙江省专利示范企业”等称号，产品销往南北美洲、欧洲等30多个国家和地区。拥有56项国家专利。商业秘密保护示范点创建有利于保护公司商业秘密核心知识产权。

【个体工商管理】2019年，洞头区办理各类工商登记注册、食品药品、质监审批事项4896件，平均办理天数1天，办结率100%；新增八大万亿产业小微企业95家，完成“个转企”22户，其中公司制企业20户，占比90.9%；办理网上企业注册登记700件；办理“一址多照”“一照多址”37家；营业执照、食品流通、餐饮服务许可等事项办理实现同步受理、同步发放证照。截至年底，全区有在册个体工商户7031户，同比增长2.33%；资金数额72441万元，增长4.99%。新设个体工商户户数总量和资金规模均有增长，全区新设个体工商户1031户，增长9.68%；资金数额10600万元，同比减少10.57%。全区有餐饮服务单位878家，其中小型餐饮服务单位729家，大中型餐饮服务单位95家，学校食堂12家，机关事业食堂11家，工地食堂15家，其他托幼机构食堂16家。

【企业年报信息公示】截至2019年6月30日，区市场监管局2018年度企业年度报告应申报2243户，已申报2121户户，自然年报率94.56%，工作年报率99.2%，证书使用率100%；个体工商户应申报数6111户，已申报5451户,自然年报率89.2%，工作年报率99.21%，电子申报率67.13%；农专社应申报数164户，已申报144户，自然年报率87.8%，工作年报率96.34%，证书使用率100%。

【“双随机、一公开”监管抽查】2019年，区市场监管局采取“X+4”模式通用检查事项，包括登记事项检查、工业产品生产许可资格检查、商标代理行为、公示信息检查（不定向），结合对市场主体其他检查事项一并实施；制定价格行为检查、产品质量监督抽查、食品安全检查等23个年度计划任务和7个临时任务，抽查对象355户，完成355户检查，查出问题90户；部门联合“双随机、一公开”监管工作，价格、药品、餐饮和烟花爆

竹等行业开展部门联合“双随机、一公开”4次，参与部门11个，检查对象20家。对区产品质量监督检验所、区疾控中心、区环境监测站和4家低压电器强制性认证产品生产企业开展“双随机”监督抽查，未存在违法违规行为。

【**市场主体出清**】2019年，区市场监管局对2016—2017年度未年报530家个体户、78家企业和38家连续两年未经营农专社开展催报工作，启动对463户吊销满三年未注销企业强制注销调查取证工作。完成个体户依职权注销496户、长期未经营企业68户和连续两年未经营农专社吊销37户，实施强制注销吊销满三年未注销企业403户；全区被列入经营异常名录市场主体620户，1家企业列入严重违法失信名单，提供虚假材料骗取登记被撤销公司登记企业21家。

【**小微企业管理**】2019年，洞头区新增小微企业361家，其中新增八大万亿产业小微企业95家；实现“个转企”22家，新转公司占90.9%；股份有限公司3家，进出口经营权备案企业19家，有出口实绩企业1户；淘汰落后企业6家，关停整治“低小散”企业80家；新认定科技型小微企业3家，完成率300%；发放创新券金额212万元，小微企业贷款余额20.16亿元，开放实验室服务批次235次；全区“银商合作·守信贷”已覆盖农商行等5家银行，累计为396家小微企业发放“守信贷”贷款5.73亿元。

【**商标品牌管理**】2019年，洞头区申请商标672件，核准182件，辖区累计商标数1744件，完成商标质押贷款2671万元，结案商标侵权案件10个，罚没款9.93万元。“星贝”商标入选温州市首批重点商标保护名录，东启汽车零部件制造有限公司创成全区首家“浙江省商品品牌示范企业”。

【**广告合同管理**】2019年，洞头区广告监测情况排名省、市并列第一，监测各类互联网广告、媒体广告及其他广告289条，查处广告案件2件，罚没款2100元。AAA级守合同重信用企业8家、AA级守合同重信用企业7家、A级守合同重信用企业7家；格式合同备案28件。

【**市场监管案件查处**】2019年，区市场监督管理局组织开展“亮剑2019”打击假冒伪劣综合执法行动、保健品百日执法等专项执法行动，严厉打击侵犯知识产权、虚假广告、商标违法及流通环节等各类违法行为。全年查处各类工商类案件77件，罚没款14.72万元，案值22.24万元。其中商标侵权案件9件，万元以上大要案7件，广告案件2件，保护消费者权益案件2件，无证经营案件5件，企业登记管理案件58件。开展价格违法案件查处，查处餐饮单位因未明码标价被罚款1000元。组织开展船舶用品经营户突击检查，查获假冒“长城”牌润滑油近百桶。全年查处各类食品案件31件，罚没款3.26万元。其中查处不合格食品案件8件，其中移送公安3件，比上年同期移送公安数上升300%。查处过期食品案件3件，从业人员无健康证明、餐具清洗消毒不彻底、生产经营场所“脏乱差”案件20件。立案查处药店不规范经营行为案件7件，罚没款3.14万元，停业整顿2家次。

【**洞头区行政执法监管平台建设**】2019年，洞头区推进“互联网+监管”，实现省统一行政执法监管平台“浙政钉·掌上执法”系统推广应用，7月1日始，全区系统24个部门管理员和执法人员等100多人次开展系统业务。全区开通执法人员202人；各执法部门通过执法平台制定双随机检查任务148个，其中联合开展双随机任务12个，各类检查9056户次；完成双随机事项覆盖率、任务完成率、双随机平台应用率、“至少用2次人员占比”均100%。

【**吊销未注销企业注销**】2019年3月11日，区市场监管局开展吊销未注销企业强制注销工作，启动对463家吊销未注销企业强制注销，通过电视、网站、微信公众号等新闻媒介发布清算公告，督促吊销未注销企业在六个月内，主动申请注销登记或办理清算组备案手续；同时发函给税务、人社、自然资源、法院等部门协查调查是否存在税务、劳资、不动产、诉讼纠纷等证据材料。

【**首张网络经营场所微店营业执照发放**】2019年1月1日始，《中华人民共和国电子商务法》实施，电子商务经营列入监管范围，电子商务经营者均需办理营业执照。1月14日，洞头北岙爱尚日用品网店徐女士在审批中心无差别受理窗口，提供网络地址及《个体工商户开业登记申请书》、经营者身份证明、电商平台出具店铺经营证明等信息，30分钟内办理获取全区首张以网络地址为场所微店营业执照。

【**首张新版营业执照颁发**】2019年3月1日，东屏陈先生办理“海风水电安装服务部”营业执照，为全区颁发的首份新版营业执照，标志着新版营业执照正式启用。新版营业执照通过二维码，实现与国家企业信用信息公示系统中企业信息精准联接，方便社会各界通过扫描二维码直接查询了解市场主体更多登记、备案、许可、监管信息。

【温州佳海食品有限公司获评省AAA级“守合同重信用”企业】2019年7月，省市场监管局公布2019年浙江省AAA级“守合同重信用”企业公示名单，温州佳海食品有限公司名列其中；浙江省“守合同重信用”企业公示，是市场监督管理机关依企业自愿申请，对符合公示条件企业，把其合同信用等信息向全社会予以公示的行政指导行为。至此，全区AAA级“守合同重信用”企业9家，分别是温州金源新材料科技有限公司、浙江恒博电气制造有限公司、浙江诚意药业股份有限公司、浙江迪特高强度螺栓有限公司、温州市东启汽车零部件制造有限公司、温州伟望塑业电气有限公司、浙江永宏电气有限公司、浙江方舟工程机械设备有限公司和温州佳海食品有限公司。

【温州市海力砂轮制造有限公司获评省“小微企业成长之星”】2019年11月，浙江省“小微企业三年成长计划”工作领导小组发布2019年浙江省小微企业“成长之星”认定结果，温州市海力砂轮制造有限公司榜上有名。浙江省小微企业“成长之星”评选综合参考近年来企业营业收入、净利润、税收、科研投入等指标成长性。海力砂轮制造有限公司凭借质量管理和技术创新及良好发展势头，多次参与国家、行业标准起草工作，先后获评浙江省科技型企业、全国磨料磨具标准化技术委员会委员单位等称号，企业经济稳步增长，营业收入、净利润、税收、净资产等指标均超过评选标准，其中2018年营业收入达1862万元，增长46.3%，超过评定标准26.3%。

【食品生产领域管理】2019年，洞头区新增食品生产企业3家、办理许可证变更申请1家。全区食品生产企业25家，小作坊备许可登记27家，建立名特优作坊2家。组织开展食品监督抽检81批次，不合格3批次，立案查处3件。全面落实食品生产企业风险等级评价制度和企业信用公示制度，开展食品生产企业主体责任自查报告和法定代表人履职报告；开展食品生产企业食品安全管理人员监督抽查考核覆盖率100%，合格率100%。组织监管人员、食品生产企业、小作坊业主培训3次，组织开展食品安全宣传活动8次。

【食品流通领域管理】2019年，组织开展非洲猪疫情和动物疫病防控工作，建立农贸市场经营户“一户一档”登记档案制度和索证索票台账登记制度,开展“五毛食品”、食用农产品、进口食品、食盐质量以及校园食品安全等涉及食品安全专项执法治理,完成流通领域食品定量抽样检测312批次，涉及食用农产品249批次，完成定性抽检24937批次，定量抽检不合格2批次，立案查处2件，处置率100%。

【药械化安全管理】2019年，洞头区围绕“药械化”质量安全监管，先后开展药品零售企业执业药师“挂证”行为暨处方药违规销售行为整治、中药饮片专项整治、无菌和植入性医疗器械专项检查等专项整治20余个。全区完成省民生实事在偏远地区建设送药上山进岛便民服务点建设5个，出台全市首个《关于仿制药质量和疗效一致性评价专项激励政策》；开展药品零售企业执业药师“挂证”暨处方药违规销售行为整治，出动检查人员211人次，检查药品零售企业68家次，提交自查报告21份，执业药师行为规范承诺书28份，集体约谈2次，针对性约谈3次，责令改正7家，立案查处4家，停业整顿2家。开展化妆品“百千万”美丽工程创建，全年完成示范街1条，示范商场1家，示范经营店6家；全年上报药品不良反应84例，上报医疗器械不良事件18例，完成药品抽检任务数35批次，药品快速检验20批次，完成省抽医疗器械5批次，化妆品15批次，快检20批次，药品抽检合格率97.14%。

【质量提升行动】2019年，洞头区出台《关于开展质量提升行动的实施方案》，推进“浙江制造”品牌培育，推广应用“浙江制造”管理标准、卓越绩效管理等先进管理方法，加大对企业创牌培育、质量提升、标准导入、认证实施培训辅导。新增卓越绩效企业2家，培训企业质量管理人员60余人次。制订发布“两菜一鱼”团体标准3个，鹿西大黄鱼获有机产品认证，新增区羊栖菜协会质量共治试点单位。新增“浙江制造”标准2项\市级标准化试点项目2个。建立完善“三强一制造”奖励体系，兑现奖励资金200万元，同比增长122.2%。浙江诚意药业股份有限公司获评2019年度温州市质量管理创新奖企业。浙江迪特高强度螺栓有限公司通过“浙江制造”认证，温州蓝天管件阀门有限公司等2家企业通过“自我声明”方式获“品字标”品牌授权。全区品牌企业和实施“浙江制造”标准企业销售占84.3%，居全市首位。

【标准化建设】2019年，洞头区鼓励引导企业参与标准制修订，发布实施《即食羊栖菜》《乘用车液压离合器主缸》等“浙江制造”标准2个，围绕洞头“两菜一鱼”等优势渔农产品，建立完善养殖标准体系。制订发布羊栖菜系列产品团体标准3个，修订《渔家乐餐饮服务规范与等级评定》地方标准规范1项。持续开展农业标准化试点工作，新增“美丽海岛乡村建设标准化试点”等市级标准化试点项目2个，完成“南美白对虾工厂化养殖”区级农业标准化试点项目验收，指导督促“大黄鱼生态养殖”省级标准化试点项目实施。

【计量工作】2019年，洞头区推广中国质量电子监督（e—CQS）强检平台注册使用，强化衡器、加油机、医疗卫生等计量器具强制检定管理。全年检定各类强制检定计量器具5455台件，其中农贸市场在用衡器259台、加油机91支、压力表1564只，血压计40只，流量计18只，出租车计价器96只，水表2500只、煤气表570只。推进计量“双随机、一公开”监管工作，完成定量包装商品净含量监督抽查2家，农贸市场在用计量器具监督检查5家，加油机计量专项监督检查1家，眼镜配置场所计量监督检查1家、产品能效标识监督抽查4家等年度抽查任务，立案查处集贸市场计量违法案件1起。

【产品质量监管】2019年，区市场监管局开展获证企业监督检查和日常巡查，全年巡查工业产品生产许可证企业4次，其他重点工业产品企业57次。开展重点工业产品和流通领域商品质量监督抽查，全年监督抽查工业产品生产许可证企业2家，电感式接近开关25家，混凝土砌块企业1家,涂料企业1家,监督抽查产品31批次,合格率100%；流通领域商品质量监督抽查58批次,其中12批次不合格，合格率79.3%。加强后处理，发放整改通知书3份，约谈和处罚7家不合格经营单位，罚没款0.135万元，没收违法所得0.038万元。开展食品相关产品及重点产品（11种）专项整治，全年出动执法人员17人次，产品质量监督抽查1家，2批次，开展现场检查2次，并责令其对存在的问题进行整改落实。

【特种设备安全监察】2019年末，洞头区（不含灵昆）注册登记特种设备1914台（件），其中在用锅炉27台、压力容器549台、起重机械172台、电梯592 台、场（厂）内专用机动车辆93台、压力管道工程85单元、大型游乐设施1台，停用登记395台。在用液化石油气瓶51223只，新增10504只，检验14895只，报废792只。全年出动检查人员713人次，开展全区各项特种设备安全大检查，排查治理大型游乐设施、自动扶梯和自动人行道安全隐患、危险化学品相关特种设备安全、涉氨制冷企业和“九大攻坚”等专项行动，检查单位285家次，发现隐患130处，发出安全监察指令书34份，隐患整改率100%。推行特种设备分类评价规范，评出A类93家，开展三项制度排查企业12家；组织开展特种设备“七进”、安全生产月、质量月活动等13次，发放资料6500余份，解答群众咨询8200多人次；开展电梯安全管理培训100余人次。

【液化石油气储罐泄漏事故应急演练】2019年11月13日，温州市液化石油气储罐泄漏事故应急演练活动在中海石油(中国)有限公司丽水作业公司36—1气田终端处理厂举行。演练活动模拟中海石油(中国)有限公司丽水作业公司36—1气田终端处理厂区液化石油气储罐可燃气体报警器发生报警，经现场巡检发现液化石油气储罐管线焊口泄漏，因泄露位置特殊、处理难度大，企业自下而上逐级汇报，迅速启动应急预案，实施应急救援。半小时内，企业应急演练处置组通过联动配合，完成设备报警、巡检、抢险、救护、隐患排除等事故应急处置全流程，最后排除“险情”，成功自救。

（陈青青）

2017—2019年洞头区农资市场主体消长情况表

表17

项目			内资企业			农专社	个体户
			总量	非私营企业	私营企业		
新设单位	设立注册户数	2017年	403	16	387	25	920
		2018年	492	39	453	21	940
		2019年	491	21	470	19	1031
		同比（%）	-0.21%	-46.15%	3.75%	-9.5%	9.68%
	新增注册资本（万元）	2017年	165613	11868	153745	5739	14829
		2018年	295605	103194	192411	3196	11853
		2019年	380428	65580	314848	4557	10600
		同比（%）	28.69%	-36.45%	63.63%	42.58%	-10.57%

续表17

项目			内资企业			农专社	个体户
			总量	非私营企业	私营企业		
注（吊）销单位	注销户数	2017年	129	8	121	16	469
		2018年	210	12	198	29	552
		2019年	605	159	446	28	952
		同比（%）	188.09%	1225%	125.25%	-3.45%	72.46%
累计总数	累计户数	2017年	2126	297	1829	219	6434
		2018年	2423	327	2096	213	6871
		2019年	2698	325	2373	172	7031
		同比（%）	11.35%	-0.61%	13.21%	-19.25%	2.33%
	累计注册资本（万元）	2017年	1236255	516197	720058	32157	61646
		2018年	1545044	620076	924968	28709	69001
		2019年	1957716	664055	1293661	22659	72441
		同比（%）	26.71%	7.09%	39.86%	-21.07%	4.99%

说明：表中数据含分支机构　　　　（区市场监管局提供）

2019年洞头区新设内资企业行业分布情况表

表18

行业类别	户数	同比增长率	注册资本（万元）	同比增长率
农、林、牧、渔业	11	10%	5638	73.80%
采矿业	0	-100%	0	-100.00%
制造业	39	-24%	51641	153.27%
电力、燃气及水的生产和供应业	1	-67%	1000	-96.77%
建筑业	76	41%	115003	79.60%
批发和零售业	116	-24%	47507	19.16%
交通运输、仓储和邮政业	19	111%	25890	159.94%
住宿和餐饮业	9	-18%	2675	-5.64%
信息传输、软件和信息技术服务业	23	-28%	4095	-79.13%
金融业	0	-100%	0	-100.00%
房地产业	15	0%	20183	215.90%
租赁和商务服务业	68	31%	38386	-20.88%
科学研究和技术服务业	47	18%	29249	28.98%
水利、环境和公共设施管理业	9	125%	8818	159.35%
居民服务、修理和其他服务业	15	-6%	12687	76.26%
教育	8	-11%	251	74.31%
卫生和社会工作	1		1000	
文化、体育和娱乐业	34	17%	16405	28.02%

（区市场监管局提供）

审计监管

【概况】2019年，洞头区审计局实施审计项目28个，查出管理不规范资金3.07亿元，违规资金4943.4万元；促进上缴财政1141.11万元，核减政府投资额1579.33万元，移送审计线索7条，获区领导批示审计专报和信息13篇。获市审计局优秀审计项目2个、表彰项目1个。及时反映东屿整村搬迁出现风险问题，促进区委、区政府对部分政策重新研究确认，对相关人员给予容错免责，及时督促纠正违规问题，收回违规补偿资金140万元；针对公共交通支出快速增长、票价设置和公交运行方案不合理，工程超概与超工期严重，决算办理停顿等问题，及时向区委、区政府提出调整优化和改进管理的建议；全年审计政府投资项目7.22亿元，占当年政府投资48%，承担34项历史遗留项目“百日攻坚”，核减工程造价2874万元。

连续14年获区全面从严治党主体责任考核优秀单位、获市审计局2019年度优秀单位称号。

【机构改革】2019年1月，根据洞头区机构改革部署，组建洞头区委审计委员会，作为洞头区委议事协调机构。区发改局重大项目稽查职责、区财政局的预算执行情况和其他财政收支情况监督检查职责及其他相关部门国有企业领导干部经济责任审计和区属国有企业监事会职责划入区审计局。局机关科室由原先6个科室调整为5个。5月，洞头区基建审计中心更名为洞头区投资审计服务中心，为洞头区审计局所属股级公益一类全额拨款事业单位，全额拨款事业编制7名。设立区洞头国有企业审计中心，为区审计局所属股级公益一类全额拨款事业单位，全额拨款事业编制4名。

【财政预算执行审计】2019年，区审计局采用“财政+专题”模式开展财政同级审工作，重点对代编预算管理、预算绩效评价等多个专题开展审计，反映代编预算管控不严、减税降费政策落实不到位等6大类17个问题。促进区财政部门出台《洞头区全面落实绩效管理三年行动计划（2019—2021年）》等制度4项，上缴应缴未缴国库资金、墙改基金等406.12万元。促进区不动产登记中心简化小微企业房屋登记费减免工作程序，并退回多征登记费10.75万元。首次采用大数据审计技术对全区184个预算单位执行全覆盖审计，突出反映部门预算安排不合理、项目预算执行率低、存量资金未盘活等普遍性问题15个。促进区财政部门对1.93亿元历年往来款进行全面清理，对101个长期沉淀的专项结余资金进行梳理并上缴财政108.92万元，区职教中心收回违规发放津贴8.22万元等。

【民生保障和公共服务审计】2019年，区审计局开展城乡环卫保洁资金审计，反映垃圾分类体系建设滞后、没有形成规模效应、保洁考核不严等问题，追回多支付的社保资金约110万元；延伸审计残疾人康复工作，反映康复服务体系不健全、康复服务机构运行难、社区康复站功能未发挥等残疾人保障政策落实不到位问题，促进区残联等部门出台政策2项,加强线上复核和补贴发放事后监管，完善“两项补贴”资金追回机制。针对养老服务体系建设滞后问题，向区委、区政府提交审计专报。

【领导干部经济责任审计】2019年，区审计局开展区原安监局、区原科技局、区人力社保局、区残联、东屏街道、霓屿街道等6家单位领导干部开展经济责任审计，存在重点工作未及时完成、服务项目管理不规范、资金使用绩效欠佳等履职不到位问题，区委组织部分别对区综合执法局和大门镇政府主要领导进行提醒谈话，区监察委将审计报告中涉及的问题，分类梳理并下发给各派驻纪检组调查核实。建立“巡察+审计”监督机制，全年召开巡察审计联席会议4次，开展问题会商23次，相互交换涉及24个单位的工作成果37项。

【项目推进和投资管理审计】2019年，区审计局继续对8个PPP项目开展跟踪审计，核减工程造价996万元，出具审计建议函96份，化解标底预算争议“老大难”问题。开展原洞头县便民中心工程结算审计，核减工程造价830万元。开展花园村庄建设资金专项审计，促进13个项目及时完工、31个项目完成竣工验收、34个项目完成工程结算，14个村建立管护机制，2家单位收回出借或多付工程款343万元。

【审计整改监督】2019年，区审计局依托区委审计委员会促进区委、区政府出台《审计整改责任追究实施细则》，建立审计整改联席会议制度、审计整改督办和考核工作机制。全年审计整改率和整改实效达到历史最好水平，其中：区委、区政府主要领导对审计整改工作批示3次，区政府专门召开审计整改联席会议，发出政务督办3期，促进问题整改53项，收回和上缴财政资金1141万元，建立完善制度13项，审计整改率96%。

（曾玲莉）

统计管理

【概况】2019年，根据洞头区机构改革部署，设立洞头区统计局。全区统计机构7个（北岙街道、大门镇单独设立统计机构），专兼职统计人员18人，配备村居兼职统计人员和辅助统计调查员103人。牵头制定首张高质量发展工作清单，常态化监测分析企业单位19个专业88张报表，10多个重点部门70多项指标数据，9个专项调查，7项核算，评估研判各行业发展态势和异常情况，全年以专报、信息、现场对接等形式及时预警、精准建议120余次，采纳率85%以上。全年走访部门、乡镇（街道）、村居60余次，企业150余次，重点项目和调查户

570余次，提供统计精准服务和指导意见320余条。围绕国际旅游岛建设，开展现场布点调查，结合利用智慧平台大数据，首次完成《洞头入境游客人次及需求调查报告》。建立海洋经济单位数据库，组织开展第四次经济普查，对全区2828家单位和935家抽样个体经营户开展缜密、科学、深入调查。全年对多个专业开展联动核查30件，核查面17%。全年90家单位通过达标复评，通过率98%；新创成5家，创成率100%。全年开展专业培训32场，参加人数超过1580人次。

【海洋经济统计试点运用】2019年，区统计局围绕海洋经济示范区创建目标，开展海洋经济统计制度创新试点成果运用，完成2018年度海洋经济增加值测算，建立海洋经济单位数据库，跟踪监测涉海企业（单位）1490余家，新建统计制度6项，完善算法3项，得到国家、省、市统计主管部门充分肯定。

【城乡一体化住户统计调查】2019年，洞头区启动新一轮（2018—2022年）城乡一体化住户调查样本户第二年。城乡居民人均可支配收支调查数据包括工资性收入、经营净收入、财产净收入、转移净收入等四大收入和食品烟酒、衣着、居住、生活用品及服务、交通通信、教育文化娱乐、医疗保健、其他用品和服务等八大生活消费支出。全年城镇常住居民人均可支配收入49567元，较上年增长9.2%，人均收入水平居全市第八，增速居全市第三。人均生活消费支出31459元，增长12.0%。全年农村常住居民人均可支配收入29962元，增长10.4%，人均收入水平居全市第六，增速居全市第三。人均生活消费支出22390元，增长11%。

【第四次全国经济普查】2019年，洞头区继续开展第四次全国经济普查。普查对象：辖区内从事第二产业和第三产业法人单位、产业活动单位和个体经营户。普查主要内容为单位名称、地址、联系电话、主要业务活动等单位基本属性信息，从业人员数和营业收入等相关经济指标。全年普查单位2776家，比第三次全国经济普查增加674家，增长30.4%。其中，法人单位2543家，增加755家，增长42.2%；普查个体经营户4975户，增加122户，增长2.3%。

【统计法治建设】2019年，洞头区结合经普抓好统计法治宣教工作，推进学法普法，增强依法统计意识，全年开展统计业务和法制宣传25场。设立区统计执法机构并充实执法人员力量、获取统计执法资格2人。严格执行统计“双随机”制度，全年完成统计稽查30件，立案4件，加大对统计违法行为的查处和曝光力度。

安全生产监督管理

【概况】2019年，全区未发生纳入统计各类安全生产事故，未发生较大及以上生产安全事故，事故起数、死亡人数同比双下降，无人员死亡。安全生产各项指标均控制在市政府下达考核指标进度范围内。

2019年1月，根据洞头区机构改革部署，原洞头区安全生产监督管理局职责整合至新组建洞头区应急管理局，不再保留区安全生产监督管理局。

【医企跨区域绿色通道模式建立】2019年6月，为防止贻误安全生产事故造成人员受伤救治最佳时机，最大限度地降低和减少人员伤亡，区应急管理局把乐清市人民医院确定为洞头区大小门岛危化(矿山)企业和重点工程项目特约医院(大小门岛到乐清市人民医院仅需半个小时车程)，签订《跨区域应急医疗救治绿色通道协议书》，开辟跨区域应急医疗救治绿色通道，优先满足大小门岛企业和重点工程项目受伤员工救治需要。

【危化品治理】2019年，洞头区完成危化品企业安全生产标准化创建，开展安全风险日志管理，全区危化品生产企业100%完成安全生产每日承诺，全市排名第一。全区危化品生产企业和加油站通过三级标准化建设、投保安全生产责任险均100%。推行企业“互助互查”隐患排查治理，组织区内富有安全生产管理经验管理员，实行本岛片和大门片危化品生产企业互助互查，全年查出各类隐患近50个。开展固体危废处置、危化品事故隐患整治、危化品运输、民爆物品和城镇燃气等领域专项监督检查行动。全年共出动执法人员248人次，检查生产经营单位153家次，查处危化品违法行为8起，行政罚款17.5万元，实现案件数和处罚数历史双重零突破，案件数、罚款数与企业数占比均为全市第一。全年危化品领域安全生产零事故。

【小型休闲船艇规范化管理】2019年，全区87艘小型休闲船艇完成纳规整治，配备救生衣、救生圈等救生设备，导航定位系统、通信设备，灭火设施，全员投保商业保险，船艇驾驶人员持证上岗。制定《洞头区小型休闲船艇管理标准》，创新多部门协同联动机制、安全诚信量化计分机制、民办非规划化协管机制等机制。出台《洞头区海钓功能性服务船舶纳规管理规定（试行）》，把登礁船、矶钓船等海钓功能性服务船舶纳入休闲船艇管理标准和管理体系，规范全区海上休闲船艇管理。全年未发生小型休闲船艇安全事故，得到市领导批示肯定。

【“1357”微型消防站模式创新】2019年，洞头区首创“1357”微型消防站模式，破解老城区消防初险处置难题，实现1分钟内住户自救，3分钟内编组联防互救，5分钟内社区志愿消防队到场救援，7分钟内消防救援大队到场扑救的微型消防站模式。采取网格化编组，邻近居民3—5户编为一个小网格，后街老城区编制大网格7个，小网格38个，每个小网格配备简易消防水泵1台、简易消防水喉3个、灭火器5个。编制消防应急处置预案和处置流程，定期开展消防宣传和应急演练，按照就近原则，利用居民周边水池、水井、自来水管，配置消防备用水源100余处，并在微型消防站示意图上标明。吸收消防志愿者、社区党员、民兵、在职干部和海霞妈妈等33人，组成社区志愿消防队伍，分应急救援队和应急辅助队，负责初期火灾扑救；辅助队以海霞妈妈为主，负责防火巡逻和后勤保障。全年消除火灾隐患211处，辖区未发生一起火灾险情和事故。

【安全行政审批服务】2019年，洞头区执法结果网上公开行政处罚26件、行政许可46件、其他执法44件，对19件一般程序行政处罚和46件行政许可事项进行法制审核。主动服务助推浙能LNG项目动工，促成矿山项目如期落地动工，并入选全省三服务典型案例。

（叶旦舟）

国有资产监督管理

【概况】2019年，全区国有企业34家（含参股大小门公司），其中：公共服务类企业7家、功能类企业21家、竞争类企业6家。全年区属企业年末资产总额263.7亿元，同比增长30.96%，增收原因主要是资产及项目划入、新增筹融资等；净资产75.2亿元，增长0.7%；年末负债总额 188.5亿元，增长48.7%；年末负债率71.5%，增长8.6%；累计实现营业收入2.8亿元，增长69.7%；全年实现利润总额3,649.4万元，扣除上年一次性因素后，增加4248万元。

2019年，全区行政事业单位机构数248个，其中：独立核算机构数180个。全区资产合计7.02亿元，下降58.3%，其中：行政单位资产3.52亿元，事业单位资产3.50亿元。

【国有企业监管】2019年，区国资办出台《关于加强区国有企业财务管理制度建设的通知》（洞财国资〔2019〕219号），推动国有企业年终财务决算及资产统计，规范国有企业监管体系，建立完善企业内部财务管理制度，严格控制各项支出。完成专项检查审计，委托中介机构对洞头城市发展有限公司和洞头旅游文化发展有限公司开展工资总额、薪酬管理、政府采购、重大事项等专项审计。规范国有企业资产管理和采购活动，推动国企采购入驻“政采云”平台，做好国有企业资产管理工作。

【国有企业改革】2019年，洞头区出台《印发〈关于进一步规范区级国企改革管理的意见〉的通知》（洞政办发〔2019〕39号），明确按照“资产属性和业务类型”分类确定企业改革方向，理顺归口母公司和归口行业主管部门管理职责，实现差异化管理。梳理国企管理职责和程序，完善国有资本监督监管体系。谋划国有经济结构布局优化调整，立足“2+1+1”区属国有企业格局，择机对所属30家企业优化整合重组。启动洞头旧城改造发展公司和洞头海霞文化旅游有限公司的清算工作，完成洞头食品有限公司注销工作；解决内部职工持股历史遗留问题，完成洞头区民爆器材专营有限公司收购内部职工持有洞头安泰危品运输有限公司股份工作。规范国有企业员工招聘与流动管理，深化区国有企业人事管理制度改革，规范区国有企业员工管理。

【行政事业性资产管理】2019年，洞头区进一步规范和加强区行政事业单位国有资产管理，明确各部门单位资产管理职责及权限，严格办公用房管理。按照“尊重历史、依法依规、积极稳妥”原则，逐步化解行政事业单位国有资产管理中存在历史遗留问题。规范和加强区行政事业单位国有资产管理。规范全区行政事业单位报废资产实行国有企业定点回收，明确定点回收资产范围，规范报废资产定点回收工作流程及相关工作要求。

【国有资产专项清理清查】为加强和规范全区行政事业单位固定资产管理，促进国有资产优化配置和有效利用，2019年10月8日—11月20日。区纪委联合区财政局开展全区行政事业单位国有资产管理情况专项清理清查。清理清查对象为区各级党政机关、事业单位和群团组织。清查内容为基本情况统计、固定资产清查、在建工程清查、无形资产清查。采取自查自纠和重点抽查相结合方式。分为自查整改、重点抽查、总结提升阶段等三个阶段。

（陈倩倩）

工　业

火热的渔市 · 吴黎明

“海霞精神”

爱岛尚武　励志奉献

工　业

概述

【概况】2019年，洞头区实现工业总产值104.41亿元，同比增长70.77%，其中规模以上工业产值51.9亿元，增长48.27%；规上工业增加值9.86亿元；规下工业产值7.3亿元，增长16.3%；工业用电量1.12亿千瓦时，增长16.2%。规模以上工业五大行业产值实现三升二降，其中建材工业、医药化工、机械汽配、电子电器、水产品加工产值分别增长93.65%、57.62%、16.98%、-3.12%、-33.75%。

制定《洞头区扶持村庄经济总部发展暂行规定》《洞头区深化“亩均论英雄”改革推进工业企业综合评价的实施意见》《洞头区加快培育工业企业、商贸业企业“升规上限”实施意见》《开展工业区提质增效百日攻坚 助力海洋经济高质量发展专项行动方案》《洞头区工业企业用地分割工作指导意见》。加快小门岛石化产业基地项目招引工作，推进霓屿紫菜产业园建设，机械汽配园竣工面积完成7.4万平方米，引导企业入园24家。企业入园完成任务率为480%。建筑总部、医药总部、物联总部和海创总部共计65家企业产生税收2.5亿元。完成5家企业上限。落实惠企政策兑现3607.71万元。开展拖欠民营企业中小企业账款排查清理工作，为189家企业发放社保费1365万元，排查、偿还欠款总额2096.968万元，偿还率100%。完善96871公共服务平台建设，入驻服务机构13家，开展专项服务活动10余场，培训企业人员400余人。推进“万名干部进万企”专项行动，助企服务员调研走访等渠道收集问题88个，问题化解率达100%，其中市“两区”建设大会集中交办问题10个。全年小升规企业4家，淘汰落后产能6家，完成“低散乱”企业改造提升80家。通过清洁生产创建现场审核验收企业5家。实施“亩均论英雄”企业综合评价，全区工业企业（除水、电等公益性企业）193家纳入评价，完成市对区亩均低效企业整治任务28家。推进工业区“百日攻坚”行动。出台《关于规范工业项目竣工延期受理操作程序的通知》等改革性文件。实施新企业入驻登记备案审查40件，规范园区厂房租赁登记7.3万平方米，招商优质企业11家，激活闲置厂房4.7万平方米。通过联合执法和旧工业区改造开发，岭背工业区20家企业实现整片搬迁和关停。诚意药业被认定为2019年省级上云标杆企业、市级上云标杆企业、市级“两化融合”示范企业及2019年浙江省数字化车间/智能工厂，浙江立鹏企业技术中心被认定为市第七批建设行业企业技术中心。建成首个企业云平台“洞头企业云管家”。全区新增上云企业135家，完成年度任务数140.6%。

【机构改革】2019年1月，根据机构改革方案，洞头区经济商务和信息化局兼挂洞头区科学技术局、洞头区人民政府金融工作办公室、洞头区民营经济健康发展促进局牌子，归口管理洞头区金融工作服务中心。相应调整内设科室，分别设办公室（行政审批科）、综合运行科、产业行业发展科、数字经济科、投资规划科、民营经济健康发展促进科、对外贸易经济合作科、商贸市场科、高新技术及产业化科、社会发展科技科、机关党委等11个科室。下辖区信息化管理服务中心、区科技发展促进中心、区电子商务服务中心等3个事业单位。

【洞头区加快培育工业企业、商贸业企业“升规上限”实施意见】2019年5月8日，为充分发挥升规、上限企业的示范引领和支撑带动作用，鼓励工业、商贸业主体做大做强，提升全区工业和商贸业发展水平，实现社会消费品零售总额、规上工业产值的持续稳定增长，2019年5月8日，区政府印发《洞头区加快培育工业企业、商贸业企业“升规上限”实施意见》（洞政办发〔2019〕19号），意见适用范围上规模以上工业企业年主营业务收入2000万元及以上、限额以上商贸企业的标准为、批发企业年主营业务收入2000万元及以上、零售企业年主营业务收入500万元及以上、住宿餐饮企业年主营业务收入200万元及以上。扶持政策包含工业企业升规奖励和商贸企业上限奖励（上限奖励、经营奖励、规模奖励、建账奖励）。意见规定打击非法。工作步骤包含摸底阶段、培育阶段和入统阶段。截至年底，培育培育工业企业4家、限上商贸业企业11家。

【助企扶工】2019年，洞头区建立企业“政策云”，引进优质服务机构入驻洞头中小企业公共服务平台20家，采取线上咨询线下上门服务相结合模式，主要做好企业检验检测需求、融资需求、招工需求、法律和管理咨询等方面。开通“96871”服务热线、微信公众号、服务网站、设立平台实体服务窗口四条服务渠道，实现全天候受理、全方位服务、全要素保障。联合市级部门、高校的师资力量，做好线上、线下企业人才培训软硬件建设。组织开展“万名干部进万企”专项行动，全年开展专项服务活动10场，其中政策解读、培训活动6场，培训企业人员331人。全年梳理惠企政策57条，制作惠企政策口袋书，联合经信和人社等部门开展“入企政策大宣传”活动，为企业提供信息咨询、人员培训、筹融资等精准服务。组织校企产研合作交流活动1场，2家企业参与温职院的产学研合作；银企信贷活动1场，洞头各大银行入园服务中小微企业。组织企业财税专题输出培训9期，培训企业财务人员51人次。印制300多本《工贸优惠政策》汇编，让企业用足用好优惠政策。全年兑现经信口优惠资金3607.71万元，惠及企业100余家。

【洞头区深化“亩均论英雄”改革推进工业企业综合评价实施意见】2019年7月4日，为进一步深化“亩均论英雄”改革，促进企业以最小的土地、能源、排污等资源消耗达到最佳经济效益和社会效益，根据《全面推进“亩均论英雄”改革2019年工作要点》（浙亩均〔2019〕1号）和《温州市人民政府关于深化“亩均论英雄”改革推进企业综合评价的实施意见》（温政发〔2018〕15号）文件精神，区政府印发《洞头区深化“亩均论英雄”改革推进工业企业综合评价的实施意见》（洞政发〔2019〕19号），该意见包含评价方法（评价范围、评价指标及权重、计算方法）、分类评价（A、B、C、D类）、特殊情形规定（加分、提档、定档和限档、降档和否决）、结果应用（规模以上工业企业和规模以下工业企业）和工作保障。实施意见自发布之日起施行，2018年7月25日发布《洞头区深化工业企业“亩均论英雄”改革实施办法（试行）》（洞政发〔2018〕14号）同时废止。经公示、纠错、联合审核等规定程序，评价出A、B、C、D四类企业共193家。其中，规上A类企业16家，规上B类企业2家，规上C类企业3家，规上D类企业2家；规下A类企业8家，规下B类企业44家，规下C类企业75家，规下D类企业43家。制定完善用电、用水、排污、用地供给、城镇土地使用税、奖评等六方面差别化政策，2019年10月起，执行差别化电价、水价加价政策。

【洞头区优化企业投资建设项目竣工验收指导意见试行】2019年12月31日，为进一步优化企业投资建设项目竣工验收工作，有效解决历史遗留问题，营造优良营商环境，依据建设工程法律法规及相关文件要求，区委改革办、区住建局、市自然资源和规划局洞头分局、区政务服务中心联合印发《洞头区优化企业投资建设项目竣工验收指导意见（试行）》（洞改办发〔2019〕29号），适用范围为全区新建、改建、扩建的企业投资项目(包括房屋建筑工程和市政基础设施非交通类工程)竣工验收及备案。主要内容包含落实竣工联合验收“一窗受理、并联审批”、实施档案验收靠前服务、推行工业类项目分栋竣工验收、探索历史遗留建设项目分类处置、缩短办理时限。总体目标是优化企业投资建设项目竣工验收办理流程，减少申报材料，压缩办理时限，提高竣工验收审批效率，加快推进项目落地，减轻企业负担，营造良好营商环境。区政务服务中心负责跟踪建设项目联合验收工作。意见即日起施行。

【“万名干部进万企”专项行动】2019年，为继续做好洞头区“万名干部进万企”专项行动相关工作，调整至自然资源与规划服务组、住房与城乡建设服务组、政法服务组、环境安监服务组、财税金融服务组、科技人才社保服务组、外贸进出口服务组、招商引资服务组、项目审批服务组、区市场监管服务组等“十大专业协调服务组”，结合全区产业特色，对制造企业、文创企业、涉旅企业、精品民宿等100家企业开展“五问五帮”为主要内容“一对一”助企服务活动。截至年底，通过助企服务员调研走访等渠道收集问88个，问题化解率达100%。其中，市“两区”建设大会集中交办问题10个，问题化解率达100%。

（杨伶俐　张文雅）

【温州鹏利标准件有限公司新建厂房开工建设】2019年3月，温州鹏利标准件有限公司新建厂房项目开工建设，投资8400万元，该项目位于洞头区北岙街道南塘工业区B—10地块，总建筑面积42474平方米，主要建设一栋宿舍楼、一栋办公大楼、五栋生产车间等。项目责任单位是温州鹏利标准件有限公司。

【新增市高成长型工业企业培优1家】2019年1月，温州市公布温州市高成长型工业培优企业名单，全市108家企业入选，浙江迪特高强度螺栓有限公司名列其中。该公司系国家高新技术企业，成立于1985年，注册资金1500万元，30年来专注于10.9级、12.9级高强度螺栓、螺母、垫圈的研发、生产、销售、服务；产品在低冷、高湿、强腐等恶劣环境下使用性能稳定，广泛应用于风电、桥梁、船舶、塔桅、石化、工程机械等行业。

【入选市制造业重点行业“亩均效益”领跑者企业名单1家】2019年12月，温州市公布2019年度温州市制造业重点行业“亩均效益”领跑者企业名单，浙江方舟工程机械设备有限公司名列其中。浙江方舟工程机械设备有限公司成立于1998年，是国家高新技术企业、浙江省AA级“守合同重信用”企业、温州市高成长型企业、温州市百佳诚信企业、洞头区十强企业等，全面通过ISO 9001：2008质量管理体系认证的现代化民营企业。该公司位于浙江省温州市海霞故乡洞头半岛，主要从事重型的工程机械设备和重型矿车设备的零部件研制与开发，进口设备零部件国产化生产制造。现有2000多种系列产品投放市场，广泛应用于各类主机生产设备配套和油田、固井等井下作业与各类矿山开采装备，以及水利水电工程矿用自卸车的工程机械传动装置。

【温州市制造业重点行业“亩均效益”领跑者企业名单】2019年12月，温州市公布2019年度温州市制造业重点行业“亩均效益”领跑者企业名单，浙江永宏电气股份有限公司名列其中。该公司主要从事船舶电气系统设备研发制造，着力于电力电子、自动化设备研究开发，现有专职研发人员52人，科研用房面积1500平方米，科研资产总额702万元，拥有专利13项，其中发明专利1项。公司保持每年4项以上的科技成果开发，以及20%年均销售收入增长率；近三年共投入1500多万元研发经费，开发“船舶变频交流电源系统试制”获浙江省科技进步奖三等奖和温州市科技进步奖一等奖。

【恒博电气制造企业技术研究开发中心通过市级认定】2019年，根据《温州市企业技术研究开发中心备案管理办法（试行）》（温市科管〔2018〕7号）精神，经企业申报，县级科技部门推进，市科技局审核，公布通过市级企业研发中心认定名单，浙江恒博电气制造有限公司恒博电气制造企业技术研究开发中心通过认定。

【诚意药业医药健康产业园项目建设】2019年，诚意药业医药健康产业园项目完成投资1.77亿元，该项目占地面积约122亩，总投资4.6亿元，主体工程包括1栋制剂大楼、1栋研发大楼、1座丙类原料仓库、2座高架仓库、3个甲类车间（抗病毒车间、中试车间和抗肿瘤车间），并配套其他辅助工程。

【新增市领军型工业企业培优名单2家】2019年1月，温州市政府公布领军型工业企业培优名单，全市103家企业入选，洞头浙江诚意药业有限公司和温州金源化工有限公司名列其中。洞头浙江诚意药业有限公司是洞头区首家主板上市企业，也是全省首家海洋生物医药上市企业。专业生产医药针剂、胶囊、原料药的股份制现代化综合制药企业，前身为铜山制药厂，成立于1966年，是一家有50多年历史“老字号”制药企业。先后获全国守合同重信用单位、国家高新技术企业、浙江省绿色企业等荣誉。公司旗下“丽珊”商标和“三康”商标先后被评为浙江省著名商标。温州金源新材料有限公司成立于1995年，是一家与港商合资创办的集研发、生产、销售为一体高新技术企业，主要研发生产高性能有机颜料及其他精细化工产品（现有“市级企业技术中心”），主要产品有喹吖啶酮类、蒽醌类、异吲哚啉酮类三大类25个牌号。

【诚意药业首次上榜中国医药工业百强】2019年8月，2018年中国医药工业百强系列榜单在2019全国药店周暨中国医药创新发展大会在山东济南揭晓。其中，2018年度中国化药企业百强榜单把化学药终端销售额占企业总收入51%以上医药企业按总收入排名，洞头浙江诚意药业股份有限公司上榜。“中国医药工业百强”榜单自2006年开始公布，为国内最受关注、最具权威的医药排行榜之一。是国内医药工业企业创新驱动力和专业推广力，共计260家企业上榜。诚意药业2018年实现营业收入5.46亿元，较上年增长60.1%，归属于上市公司股东净利润为9691.16万元，增长39.97%。

【浙江诚意药业有限公司获省云标杆企业】2019年11月，根据《关于组织申报浙江省第三批行业云应用示范平台、第三批上云标杆企业、第五批大数据应用示范企业的通知》要求，浙江省经济和信息化厅对各市推荐企业、平台进行审核，组织专家评审，确定浙江省第三批上云标杆企业92家，浙江诚意药业有限公司名列其中。

2019年洞头区工业企业分布情况一览表

表19

指标	工业单位数（个）	年产值（万元）	比上年±%
总　计	507	592756	40.41
一、按规模分组			
2000万以下	477	73100	1.95
2000—3000万	12	44403	12.39
3000—5000万	7	26163	126.15
5000万—1亿	4	29196	−15.67
1亿—5亿	5	129982	−14.56
5亿—100亿	2	289913	157.38
二、规模以上工业按登记注册类型分组			
国有工业	1	20855	10.95
有限责任公司	2	226269	97.99
私营工业	26	245127	96.01
港、澳、台商投资公司	1	27405	-6.16

说明：未含灵昆街道　　　　（区统计局提供）

2019年洞头区规模以上工业企业产值情况一览表

表20　　　　单位：万元

序号	单位名称	工业产值
1	温州小岛特细纤维材料有限公司	2694.4
2	浙江方舟工程机械设备有限公司	3804.4
3	温州市三峻轿车配件有限公司	4257.7
4	浙江宏泰混凝土有限公司	38116.7
5	温州佳海食品有限公司	3866.8
6	温州仕博电器科技有限公司	3941.5
7	浙江广和电器有限公司	2205.4
8	温州鹏利标准件有限公司	2011.8
9	温州华邦包装机械有限公司	2749.7
10	浙江伟望精密工业有限公司	2071.4

续表20

序号	单位名称	工业产值
11	温州市东启汽车零部件制造有限公司	7434.8
12	温州蓝天管件阀门有限公司	3641.5
13	温州明远新型建材有限公司	3032.0
14	浙江信立达机械科技有限公司	7840.5
15	浙江恒博电气制造有限公司	7593.1
16	浙江迪特高强度螺栓有限公司	10002.6
17	温州市瑞泰紧固件有限公司	2359.9
18	温州中石油燃料沥青有限责任公司	223636.4
19	浙江弘博新材料科技有限公司	41926.0
20	浙江固力混凝土有限公司	6327.1
21	浙江永宏电气股份有限公司	12529.3
22	温州金源新材料科技有限公司	27405.4
23	浙江诚意药业股份有限公司	—
24	国网浙江省电力有限公司温州市洞头区供电公司	20860.9
25	温州市水务发展有限公司	2632.6

（区经信局提供）

2019年洞头区街道（乡镇）工业总产值情况一览表

表21　　　　单位：万元

指标名称	2018年	2019年	同比±%
合计	310338	592756	91.0
其中：北岙街道	106683	168776	58.2
大门镇	156021	282952	81.36
东屏街道	25464	106508	318.27
元觉街道	17054	27123	59.04
霓屿街道	4120	6238	51.41
鹿西乡	996	1159	16.37

（区统计局提供）

2019年洞头区新增规模以上工业企业一览表

表22

序号	企业名称	所属地区
1	温州久一重工有限公司	北岙街道
2	温州东铭紧固件制造有限公司	北岙街道
3	温州市洞头昌荣花岗岩制造厂	大门镇
4	温州市荣和建材有限公司	元觉街道
5	浙江凯威碳材料有限公司	灵昆街道

2019年洞头区工业企业投资技改项目情况一览表

表23

企业名称	项目名称	技改投资（万元）
浙江诚意药业股份有限公司	诚意公司制剂大楼及研发大楼技术改造项目	8979
温州市东启汽车零部件制造有限公司	东启公司卡钳及液压助力器生产线技改项目	120
浙江迪特高强度螺栓有限公司	浙江迪特高强度螺栓有限公司生产线提升技改项目	180
温州中石油燃料沥青有限责任公司	废碱液处理项目	480
温州金源新材料科技有限公司	温州金源新材料科技有限公司锅炉改造项目	312
温州佳海食品有限公司	羊栖菜高质量等级标准提升自动化生产线技改项目	26
温州明远新型建材有限公司	年产20万吨预拌干混砂浆生产线技改项目	40
合计		10137

2019年洞头区规上以上工业企业五大行业产值情况一览表

表24

行业	产值（万元）	同比增长%	占规上工业产值（%）
五大行业小计	493922	51.59	95.05
其中：机械汽配	48761	16.98	9.38
电子电器	26269	−3.12	5.06
医药化工	361926	57.62	69.65
水产品加工	3867	−33.75	0.74
建材工业	53099	93.65	10.22

（区统计局提供）

主要行业

【概况】2019年，洞头区主要工业行业包含机械汽配、电子电器、医药化工、水产品加工、建材工业，全年产值49.39亿元，同比增长51.95%，其中机械汽配行业产值增长16.98%，电子电器行业产值增长3.12%，医药化工行业产值增长57.62%，水产品加工行业产值下降33.75%，建材工业产值增长93.65%。

【机械汽配行业】2019年，洞头区机械汽配行业规上企业实现总产值4.62亿元，同比增长5.6%。温州鹏利标准件有限公司新建厂房项目，投资4037万元；温州市东启汽车零部件制造有限公司和浙江伟望精密工业有限公司获浙江省“隐形冠军”培育企业认定。浙江迪特高强度螺栓有限公司列入温州市高成长型工业企业培优名单。温州海望机械制造有限公司和温州华邦包装机械有限公司新认定为浙江省科技型企业。浙江方舟工程机械设备有限公司列入2019年度温州市制造业重点行业“亩均效益”领跑者企业名单。

【电子电器行业】2019年，洞头区电子电器行业规上企业实现总产值2.63亿元，同比下降3.12%。规上电子信息制造业增加值0.22亿元，增长21.7%，增速全市第二。浙江永宏电气股份有限公司列入2019年度温州市制造业重点行业“亩均效益”领跑者企业名单。浙江广和电器有限公司、温州市洞头胜裕机电、温州洞头恒达冶金设备制造有限公司3家企业被认定为省高成长科技型企业。浙江恒博电气制造有限公司的恒博电气制造企业技术研究开发中心通过市级企业研发中心认定。

【医药化工行业】2019年，洞头区医药化工行业规上企业实现总产值36.19亿元，同比增长57.62%。浙江诚意药业有限公司列入温州市领军型工业企业培优名单，获省市级上云标杆企业、市级“两化融合”示范企业和省数字化车间。温州金源新材料科技有限公司认定为浙江省“隐形冠军”培育企业，列入温州市领军型工业企业培优名单。

【水产品加工行业】2019年，洞头区水产品加工行业规上企业实现总产值0.39亿元，同比下降33.75%。

2019年，温州佳海食品有限公司认定为浙江省“隐形冠军”培育企业。黄鱼岛公司与浙江大学合作“大黄鱼智能养殖”项目列入省重点研发计划。浙农海洋生物技术有限公司与浙江大学合作的羊栖菜植物营养液项目研发成功。举办“中国羊栖菜节”“两菜”美食推介等活动，推动羊栖菜成功入驻盒马鲜生、省机关扶贫消费门店等实体渠道，紫菜首次迈出国门进军印尼市场。

【建材行业】2019年，洞头区建材业规上企业实现总产值5.31亿元，同比增长93.65%。全年投资近3亿元，重点推进交通城建工业化项目和吨沥青混凝土搅拌站项目建设。浙江开程新材料有限公司负责实施年产100万吨沥青混凝土搅拌站项目。浙江瓯越交建科技股份有限公司负责实施交通城建工业化项目。

【临港工业】2019年，洞头区加快培育临港产业，大小门临港产业区8平方千米纳入浙江自贸区温州联动创新区，状元岙港新辟东南亚2条干线，集装箱吞吐量26万标箱，同比增长5.5倍。小门岛石化基地B组团招引落地年产4000吨精密电子装联用助焊剂项目、年产20万吨船用燃料油新建项目和年产6500吨有机硅项目，项目投资额分别为8600万元、9020万元和6500万元。

（张文雅）

工业园区管理

【概况】2019年，洞头区有小微园3个。其中，洞头区电子电器科技园位于南塘工业区B-07b地块，占地面积3.41公顷，总建筑面积5.75万平方米，入驻企业37家，全年工业产值约1.07亿元，创税约569万元；洞头区机械汽配产业园位于洞头区南塘工业区C—02地块，由18家企业联合投资建设，以机械汽配、机电及配套行业为主，用地面积6.02公顷，建筑面积7.39万平方米，2016年开工建设，2019年1月完成竣工验收，入驻企业24家，全年工业产值约0.74亿元，创税约265万元；霓屿紫菜现代产业园作为浙江省市县长“152”工程项目和市首个省级农业综合开发现代园，涉及霓屿全岛陆上面积约11.5平方千米，辐射霓屿岛北侧1.5千米范围内约3万亩浅海滩涂及海域，计划投资15亿元，截至2019年年底，争取省级资金2500万元，产业园工业地块一期10万平方米结顶，协议入驻企业6家，完成子项目工程建设12个。制定《洞头区杨文和南塘工业区厂房出租、转让管理实施意见（试行）》，诚意医药健康产业园等多个工业项目累计投资8.7亿元。总部经济引进福福商贸等总部项目，开展工业区百日攻坚行动。完成工业区竣工违约企业和僵尸项目整治22家，盘活低效用地16.4公顷。实施新企业入驻登记备案审查40件，规范园区厂房租赁登记7.3万平方米，招商优质企业11家，激活闲置厂房2.7万平方米。

【洞头区杨文和南塘工业区厂房出租、转让管理实施意见试行】2019年7月16日，为切实加强洞头区工业园区厂房出租、转让管理，提高工业土地产出效益，改善企业生产经营环境，促进产业转型升级。区经信局联合生态环境洞头分局、自然资源和规划洞头分局、区住建局、区应急管理局、区市场监管局、区综合执法局等六大部门，制定出台《洞头区杨文和南塘工业区厂房出租、转让管理实施意见(试行)》，建立厂房租赁信息发布平台，完成新企业入驻审查40件，引进优质企业11家（准上规企业10家），盘活闲置厂房4.7万平方米。

【洞头区工业区提质增效百日攻坚 助力海洋经济高质量发展专项行动】2019年7月22日—10月30日，为推进全区海洋产业经济高质量转型发展，加快处置园区低效工业项目，推广应用差别化亩均政策，不断提高园区亩均效益和发展水平，把杨文工业区和南塘工业区打造成为产城融合现代化海洋经济发展示范平台，区政府开展工业区提质增效百日攻坚、助力海洋经济

南塘工业区鸟瞰图 （区经信局提供）

高质量发展专项行动，内容包含处置一批竣工违约企业、激活一批工业“僵尸项目 蜗牛工程”、提升一批亩均低效工业企业、搬迁一批居民区“低散乱”企业、综合评价一批工业企业并推行差别化政策等。实施步骤分为攻坚小组建立、全面攻坚、总结提高等三个阶段。目标任务使杨文和南塘工业区海洋产业主导产业更明显，项目产出效益得到明显提升，工业园区管理更加规范，工业园区产业集聚效应更加显著。并制定洞头区工业区百日攻坚专项行动工作机制、组成人员名单、竣工违约企业重点整治清单和工业类“僵尸项目、蜗牛工程”处置清单及“亩均论英雄”整治工作清单、计划搬迁入园企业清单。截至年底，处置激活竣工违约企业21家，低效工业企业走出解决路径11家，带动园区工业投资5348万元；司法处置类项目明确处置方案并推进5家；园区新增企业超市、食堂和员工宿舍。岭背工业区20家全部搬迁腾空和关停。全区193家工业企业开展亩均评价，实施水电差别化政策。完成亩均整治企业18家。

【“455”服务企业长效机制建立】 2019年，洞头区以中小企业公共服务平台为基础，构建“455”服务企业长效机制，即开通服务热线、手机端、网站、实体服务窗口等4条服务渠道、实现政策帮享、困难帮解、培训帮优、招聘帮需、信息帮通5等大助企功能、建立完善限时办结销号、联席会议、专题协商、信息沟通、督办考核等5大工作机制，构建“455”，全年依托助企服务，收集企业问题88个，化解率100%；开展专项服务活动10场，其中政策解读、培训活动6场，培训企业人员331人。

【5家企业通过市级清洁生产审核验收】 2019年，洞头区通过温州市清洁生产审核验收5家，即洞头北岙益平木门加工厂、浙江伟望精密工业有限公司、洞头北岙力创家具厂、温州市环境发展有限公司（温州市综合材料生态处置中心）、温州鸿鹏汽配制造有限公司。

（郭国建 杨伶俐 林思敏 张文雅）

供电行业

【概况】 2019年，洞头区全社会用电量3.72亿千瓦时，同比增长10.95%，较温州市平均水平（4.20%）高6.75%。工业用电量为1.45亿千瓦时，增长17.29%，增幅位居全市第一，较温州市平均水平（2.9%）高14.4%。全年累计完成固定资产投资2400万元，全口径供电可靠率99.9317%，上升0.03%。线损率为3.51%，下降0.24%，实现全年供电安全生产无事故。推动高能耗、高污染项目向清洁能源、电能替代改造，完成电能替代项目19个，实现替代电量1040万千瓦时。推进科技园区、布袋岙新区架空线入地，敷设电缆6.55千米。完成中心渔港夜景照明工程，推进“全电景区”“全电民宿”建设，鹿西电动充电站进场施工。全区累计建成电动汽车充电站7座共38个充电桩，总容量达2894千瓦。

2019年，国网洞头供电公司获省电力有限公司抗击台风“利奇马”先进集体、市供电公司纪检监察先进单位。海霞供电所获2019年度温州市满意基层站所荣誉称号，鹿西供电服务站获中国最美供电所称号并连续18年被评为洞头区“群众满意基层站所”。

【电力供应】 2019年，洞头区第一产业用电量147.3万千瓦时，同比上升29.69%，占全社会用电比重0.4%，上升0.06%。其中渔业累计完成用电129.59万千瓦时，上升33.62%。第二产业用电量1.63亿千瓦时，上升14.07%，占全社会用电比重43.68%，上升1.19%。第三产业用电量9484.27万千瓦时，增长16.12%，占全社会用电

霞光大道公交快充站（国网洞头供电公司提供）

2018—2019年洞头区行业用电分类情况一览表

表25　　　　单位：万千瓦时

项目类别	本年累计用电量	上年累计用电量	同比增长(%)	占比（%）
全社会用电总计	37228.5889	33553.7268	10.95	100
A、全行业用电合计	25892.9915	22537.167	14.89	69.56
第一产业	147.2991	113.5786	29.69	0.4
第二产业	16261.4183	14255.5907	14.07	43.68
第三产业	9484.2741	8167.9977	16.12	25.48
B、城乡居民生活用电合计	11335.5974	11016.5598	2.9	30.45
城镇居民	6151.2346	5949.1952	3.4	16.52
乡村居民	5184.3628	5067.3646	2.31	13.93

（国网洞头供电公司）

比重25.48%，上升1.13%。城乡居民生活用电量1.13亿千瓦时，增长2.9%，占全社会用电比重为30.45%，下降2.38%。三类产业和居民生活用电对全社会用电增长的贡献率分别为0.92%、54.58%、35.82%和8.68%，总体变化符合洞头经济发展形势。

【配电网建设】2019年，洞头区印发《洞头电网建设三年攻坚行动计划》，完成配网“十三五”规划滚动修编及《洞头区配电网目标网架过渡方案分析研究》编制。完成35千伏大门变1号主变增容改造工程，启动2号主变增容项目。推进总投资达2.5亿元220千伏大门输变电工程建设，110千伏深水输变电工程开工，220千伏大门变35千伏线路送出一期工程完成施工图设计，二期送出工程确定路径方案。完成并转资1801万元共计15个配网建设项目，架设10千伏及以下线路19.98千米,改造、新增变电总容量3.68万千伏安。

【供电服务】2019年，区供电公司抗击强台风“利奇马”和第18号台风“米娜”累计投入1200余人次，出动315余车次，72小时内保障“零事故、零伤亡”，获省公司抗击台风“利奇马”先进集体。开展“防风险、保安全、迎大庆”活动，对学校、车站、码头和重要客户安全检查，制定重要时段安全保电工作方案，完成110千伏线路配合北口大桥项目施工停电期间保电工作，完成国庆70周年、蓝色海湾海洋经济院士论坛、铁人三项世界杯赛等重大节假日及活动期间保供电任务。开展“洞头电力服务‘两区’建设营商环境深化年”行动，推行业扩联合服务模式，10千伏高压用电办理大幅度压减至7个工作日，低压接入压减至3个工作日，实现供电营业厅“刷脸办”“零证办”“一证通办”。“零跑趟”服务青山岛旅游开发用电，完成诚意药业用电及霓屿紫菜园临时用电工程。免费代理27家企业参与大用户电力直接交易，降低企业用电成本164.14万元。落实一般工商业用电价格调整，在2018年下调10%基础上再下调10%，每千瓦时降低费用7.48分，累计减少企业用电成本568.78万元。配合价格主管部门取消除申请验表费、高可靠性供电费以外所有业务收费，降低用电成本322.56万元。完成小微园企业智慧电务接入13户。

（张方东）

供水行业

【概况】2019年，洞头水务发展公司供水服务基本覆盖洞头全区域，服务人口约10万人。除离岛乡镇（大门镇、鹿西乡）外，水源主要来自温州状元水厂成品水，进水单价为1.8元/立方米。洞头城南污水处理厂应急调节池改造及污水泵站提升工程完工，完成温州至洞头陆域引供水二期工程机会研究论证、洞头区南片供水设施保障和霓屿紫菜园市政供水配套设施建设项目可行性部门评审，推进供水保障工程项目及新城区一期三级管网修复工程。协助大门镇政府、鹿西乡政府开展抗旱调水工作，不定期检测其水司出厂水水质。

【供水安全稳定】2019年，总供水量663万吨，日供水约1.8万立方米，营业收入2899万元，突破上年同期水平，创历史最高点。通过加强供水泵站巡查，严把出厂水与管网水水质，增加各泵站水质检测频率，出厂水九项综合合格率100%，管网水七项合格率100%。配合物业小区，加强二次供水水质检测，完成“一户一表”安装902户。

【污水生产运行】2019年，全区污水处理总运行天数365天，污水处理量211万吨，运行负荷率72%，COD削减量246吨，合格率100%，氨氮削减量61吨，合格率100%。各项指标均突破上年同期水平，圆满完成年度省下达减排指标。

（林思茹）

大门海洋经济示范区

【概况】2012年3月。大门海洋经济示范区挂牌成立，功能定位为浙江海洋经济发展示范区先行区、温州对台经贸合作试验区。2015年4月，根据省、市关于瓯江口产业集聚区体制调整意见，成立瓯江口产业集聚区洞头大门岛分区管理委员会，实行“一套人员、三块牌子”运作模式。管理实行示范区、大小门岛投资开发有限公司、大门镇“三位一体”模式。

大小门岛是连接长三角经济区与海西经济区重要节点，东南距洞头区北岙镇15.5千米，南隔大门水道距元觉街道状元岙港区7.5千米，西临乐清黄华9.5千米、龙湾灵昆11.2千米，北向隔海距玉环楚门6.2千米。大小门岛岸线资源丰富，岸线总长59.13千米，其中深水岸线16.1千米，大门岛岸线长约42.18千米、小门岛岸线长约16.95千米；大小门岛拥有丰富浅海滩涂资源，10米等深线以内浅海面积约26.6万亩，其中潮间带滩涂面积约10.16万亩；大小门岛拥有丰富花岗岩资源，享有“花岗岩之乡”盛誉。花岗岩出露面积约21.6平方千米，占岛屿陆域面积75.5%，总储量逾21亿立方米,可开采资源量约3.2亿立方米。大小门岛具有良好港口岸线资源，大小门岛港区是温州港三大核心港区之一，为温州唯一可以建设20万吨级以上泊位港区。共布置各类生产性泊位38个，其中10万吨级以上泊位5个（大型LNG泊位2个，通用散货泊位3个），5万吨级19个。大小门岛功能定位为温州临港工业岛和港口物流岛，主要发展石化产业、港口物流业、现代服务业以及其他配套产业。分大门岛东作业区、小门岛作业区、大门西作业区、大门岛南片区。

2019年，大小门岛实现经济总收入100.6亿元（含中燃华电），同比增长2.68 %。其中第一产业收入0.93亿元；第二产业收入55.43亿元；第三产业收入44.24亿元。参与财政税收分成3187万元，增长43.22%。全年新增签约亿元产业项目3个，实现落地在建亿元产业项目5个，其中总投资90.36亿元的浙能LNG项目开山一标工程加快实施，年产100万吨沥青混凝土项目完成设备安装；华顺燃料油、力强科技、优瑞欣聚氨酯树脂等3个项目均完成供地，总投资14亿元温州交通城建工业化生产基地项目二期工程基本建成。全年在“3+12”平台中，亩均税收、规上工业全员劳动生产率、规上工业增加值等6项指标增速均突破100%，排名全市第一，其中规上工业增速在全市“六比竞赛”中连续三次获第一。大小门岛核心区入选为温州自贸区板块，实现到位资金6.08亿元，总量及任务完成率居全区第一。全年新引进企业19家，创税579万元，总部经济园企业突破40家，乡村总部经济回归行动超额完成，累计创税1.41亿元。产业带投资17.55亿元，位全区第一，沿线13个项目基本建成。公积金扩面工作全区第一，超额完成企业上云、上规、上限工作，整治“低散乱”企业15家。

【年产百万吨沥青混凝土搅拌站项目开工建设】2019年3月，年产100万吨沥青混凝土搅拌站项目正式开工建设。该项目位于洞头区大门镇小门岛石化基地，为区重点招商引资项目之一，总投资1.5亿余元，占地面积30余亩，建成后年产沥青商品混凝土100万吨以上，该项目由浙江开程新材料有限公司开发建设，选用中德合资西筑公司生产的先进沥青混凝土搅拌设备，符合国家环保节能标准。

【温州交通城建工业化生产基地投产】2019年5月5日，温州交通城建工业化生产基地产出首榀节段梁，标志温州交通城建工程构件实现工厂化投产。该段梁为温州瓯江北口大桥左幅桥梁量身定制，自重

2019年3月，年产100万吨沥青混凝土搅拌站项目正式开工建设（大门镇提供）

92.6吨，先后采用钢筋笼制作、模板安装、混凝土浇筑、模板拆除及养护等主要工序完成。温州交通城建工业化生产基地位于洞头区大门镇营盘基村，注册资本3亿元，仁前途厂区总投资约3.2亿元，占地约13.33公顷。生产区设置8条生产线，包括固定模台生产线1条、板类构件生产线1条、路面砖冲压生产线2条、盾构管片生产线1条，年产混凝土构件20万立方米。温州交通城建工业化生产基地项目隶属于浙江瓯越交建科技股份有限公司，由温州交投集团、温州城投集团与央企中交二航局等单位联合组建。基地位于洞头区大门海洋经济示范区，是国内规模最大交通城建工业化生产基地。

【温州交通城建工业化生产基地项目配套码头主体工程完工】2019年11月，温州交通城建工业化生产基地项目配套码头主体工程完工。该工程建设规模为1000吨级重件泊位。码头轨道梁总长415.938米，共52跨，跨度均为8米，其中1号栈桥198.314米，共25跨，2号栈桥217.624米，共27跨，栈桥净间距31米。码头工程为温州交通城建工业化生产基地配套项目。工程建设由浙江瓯越交建科技股份有限公司负责建设。

【丙烷脱氢制丙烯项目签约】2019年11月4日，洞头小门岛“丙烷脱氢制丙烯”项目在第十六届全国温州商会年会签约。该项目总投资约120亿元，位于大门镇小门岛石化产业区，规划总用地面积约885亩，属于化工制造业领域。项目建设内容主要包括350万吨/年LPG接收站、225万吨/年丙烷脱氢制丙烯、115万吨/年聚丙烯等。项目分两期建设，实行边建设边投产的滚动开发建设方式，一期工程计划两年内完工投产、三年建成投产，实现温州市百亿级单体制造业项目招引历史性突破。项目投资方为开金能源有限公司和北京燃气蓝天控股有限公司。

【大门大桥一期工程获“李春奖”】2019年12月，大门大桥一期工程获评2018—2019年度李春奖（公路交通优质工程奖）。大门大桥一期工程西起乐清翁垟，向东跨越温州湾海面，连接洞头大小门岛岛。工程线路全长10.14千米，按一级公路标准建设，其中海上特大桥长6155米，主桥为（135+316+135）米双塔双索面PC梁斜拉桥，桥宽32.2米，引桥为预应力砼箱梁，主通航孔航道等级为3000吨级海轮，为温州市首座特大型跨海大桥，集“通车、通水、通电、通讯”四大功能于一体综合性大桥。工程由温州大小门岛投资开发有限公司负责，浙江省交通规划研究院设计。工程Ⅰ标、Ⅱ标、Ⅲ标分别由中交第三航务工程局有限公司、中交第一公路工程局有限公司和中交第二航务工程局有限公司承建。广东虎门技术咨询有限公司监理。“李春奖”得名于隋朝设计建造赵州桥著名工匠李春，是交通运输部设立、国务院批准的国家公路建设最高质量奖，是中国公路建设者最高奖项，与“鲁班奖”“詹天佑奖”“茅以升奖”齐名。

（林轩锐）

信息化建设

【概况】2019年，洞头区数字经济发展综合评价指数为63.7，信息化发展指数为92.9，两化融合指数63.99。2019年，加快5G网络设施建设和信息基础网络的IPv6升级，全年共新建5G基站19个，改造145个。至此，洞头拥有2G基站308个，T3G基站78个，4G（TD-LTE）基站282个，装有5G设备的基站57个。

实施智慧政务项目二期、时空云平台、智慧综治等三大工程八个项目，建设资金1921余万元。智慧城市二期工程建成，开展“互联网+政务服务”“互联网+监管”专项督查。推广应用浙政钉、“云上洞头”APP。智慧城市联合指挥中心基本实现实体化运作。启用审批中心及街道（乡镇）办事窗口“刷脸办事”。实现数据共享事项270个，开通数据共享账号88个。钉钉日均活跃率稳定保持80%以上，开发“云上洞头”APP新功能，向群众提供个人信息查询、掌上办事、生活服务等9大类58项服务。全年受理并解决群众反映问题1924件，发布智慧城市管理巡查抄告单23期，督促整改问题132个,召开协调会7次，现场走访勘查33次，年按期办理率、答复率、满意率均100%。发布“12345”舆情数据分析报告12期、旅游大数据分析报告7期。全年收到各类信息化项目审核申请85个，合计资金4280余万元。其中，审核类项目34个3960余万元，备案类项目51个320余万元，全年节省财政资金345余万元。智慧综治工作得到中央政法委、省市区领导充分肯定，并在《浙江法制报》、市委内刊《温州信息》刊发。

【洞头区卫生健康信息化建设三年行动计划（2019—2021年）】2019年7月18日，为进一步促进洞头区域卫生健康信息化发展，提升卫生健康信息化整体水平，根据《浙江省全面推进县域医疗服务共同体建设的意见》（浙委办发〔2018〕67号）、《浙江省医共体信息化建设指南》、《温州市洞头区区域医疗服务共同体建设实施方案》（洞委办发〔2018〕69号）等文件精神，区政府印发《洞头区卫生健康信息化建设三年行动计划（2019—2021年）》（洞政办发〔2019〕38号），主要任务是完善卫生信息系统建设，确保数据安全性；构建区域互联互通体系，实现信息共享性；实施“最多跑一次”改革，提升群众获得感；拓建区域分级诊疗平台，促使服务均等化；建设医共体运行管理系统，实现管理智慧化；科学运用卫生健康大数据，探索医疗新模式。实施步骤分规划论证阶段、建设运用阶段、评估验收阶段。目标至2020年年底，打通与省、市卫生健康信息平台，实现全区医疗卫生机构信息网络安全互联；完成以全区电子健康档案、电子病历数据库、业务协同应用管理、智慧医疗服务等建设，实现公共卫生、计生服务、医疗服务、医疗保障、药品管理、综合管理六大业务应用支持。至2021年，洞头医共体信息化框架体系基本建立，基本建设与应用整体水平与业务开展能力相适应。

【企业信息化建设】2019年，洞头区数字经济核心产业增加值为2.0亿元，比上年同期增长21.7%，数字经济占GDP比重为2.2%。洞头首个适合小微企业发展需求“洞头企业云管家”平台建成，全年新增上云企业135家，上云企业数量累计487家。浙江诚意药业有限公司获得省市级上云标杆企业、市级“两化融合”示范企业及省数字化车间，浙江立鹏建设有限公司获温州市建设行业企业技术中心，打破全区在市级以上无两化融合项目局面。

【智慧政务项目二期项目建设】2019年，智慧政务项目二期建成，项目包含智慧交通项目二期、智慧审批项目二期、智慧旅游项目二期等三个子项目，建成智慧审批大厅、公交电子站牌、申请式过马路系统、旅游公共服务平台、景区智能停车场等智慧应用，投资622余万元。其中，智慧交通项目二期由浙江浙大网新图灵信息科技有限公司负责建设，智慧审批项目二期由中国联合网络通信有限公司温州市分公司负责建设，智慧旅游项目二期由杭州骥宇信息科技有限公司建设，监理单位是杭州众诚咨询监理有限公司。

【时空云平台建设】2019年，时空云平台建成，包含时空大数据应用平台、城市二三维数据项目二期两个项目，建成“时空大脑”平台，新增23.42平方千米城市二三维数据，推动地理信息资源广泛共享和充分应用，实现洞头区陆域三维建模基本覆盖，投资446余万元。其中，时空大数据应用平台由温州市勘察测绘研究院承建，城市二三维数据项目二期由北京瀚博林遥感测图信息工程研究院建设，监理单位杭州众诚咨询监理有限公司。

【智慧综治项目建设】2019年，智慧综治项目建成。项目包含视频一张网（标段一）、视频一张网（标段二）、智慧乡镇等三个项目，项目总投资853余万元。搭建七大行业视频汇聚平台，新增50套人脸、车牌视频设备，建成150路人脸抓拍系统。部署视频一张网教育分平台，安装海霞中学、实验中学视频监控点位100个。整合旅游、综治、城管、交通、环保等有关应用，实施智慧鹿西岛建设。其中，视频一张网（标段一）由中国电信股份有限公司温州分公司建设，视频一张网（标段二）由中国移动通信集团浙江有限公司温州分公司建设，智慧乡镇二期由中国电信股份有限公司温州分公司中标建设，监理单位杭州众诚咨询监理有限公司。

（刘玲玲 苏海鑫）

智慧城市建设。图为智慧交通站牌

交　通

一港网箱大养殖·陈钦煅

“海霞精神”

爱岛尚武　励志奉献

交　通

概述

【概况】2019年，洞头区研究洞头对外交通规划布局，211省道洞头段一期工可获批，324省道大门岛主线纳入省道规划。甬台温高速复线、市域铁路S1线灵昆段通车，美岙隧道全线贯通，鹿西综合交通码头完成主体建设。基本完成半屏慢道建设，推进沙岙隧道、沙岙码头及接线公路工程，实现大门全环岛、鹿西快速软连接。开通环岛旅游公交、夜间公交和S1线接驳客运班线，完成公交智能站牌试点建设，实现鹿西公交“全电岛”运营。开展“北麂—洞头”航线调研。全年完成社会交通投资10.64亿元，增长74.4%，其中，完成重点工程投资额3.41亿元，为年度计划112.8%。完成公路客运量为615万人，公路旅客周转量为9150万人千米；完成水运货运量2250.59万吨，同比增长37.99%；完成水路货运周转量222.82亿吨千米，增长17.76%；完成集装箱吞吐量26.07万标箱，增长552.25%。向上争取公路养护专项资金5000多万元，实施330国道灵昆段大中修8.6千米，完成洞头大桥、双朴隧道、鹿西隧道维修改造，改造提升四好农村路35千米，建成公路观景休息点5个，路域品质和路况水平显著提高，率全市之先创成美丽经济交通走廊省级示范县。投用公交电子站牌12个。推进“最多跑一次”向公共服务领域（元觉码头）延伸，通过增加购票支付方式、增设功能区等举措，提升渡口管理服务，成功入选省级“竞跑者”案例。

2019年，洞头区获评2019年度浙江省万里美丽经济交通走廊示范县，再获奖励资金800万元；洞头区连港环岛公路入选2018年省级精品示范道路。

【机构改革】2019年1月，根据洞头区机构改革方案部署，原区海洋与渔业局渔船检验和监督管理职责划入区交通运输局。9月，洞头区交通运输综合行政执法队挂牌成立，行使行政处罚权及相关行政检查、行政强制权，为区交通运输局直属机构，规格为副科级，属全额拨款事业单位。区交通运输综合行政执法队编制（全额拨款事业编制）30名，内设综合科、公路与运输执法一队、二队，港航执法队、大门交通执法队等四个科室。

【洞头区城乡水陆公交一体化改革实现全覆盖】2019年2月1日，继洞头本岛、大门岛城乡水陆公交一体化改革后，鹿西岛现有12辆农村客运车辆均完成公交化改造，原“乡村小巴”更名为“洞头公交”，实现道路客运2元一票制，刷卡享受7.5折优惠，客运班线刷卡优惠时段为每日6:00—18:00。全区公交班线班次增加30个班次，每天安排84个公交班次。洞头区城乡水陆公交一体化改革实现全覆盖。

【洞头区环岛旅游公交专线开通】2019年5月9日，洞头区环岛旅游公交专线运行启动仪式在洞头旅游集散中心举行。首批投用4辆仿古“铛铛车”，外观采用民国时代机车传统造型，融合海岛旅游特色文化元素，车厢设计充满上海滩复古电车元素，集“美貌”“情怀”“环保”“智能”于一身。洞头区环岛旅游公交为全省首条景区定制旅游观光公交专线，投资750万元，主要用于车辆购买、配套设施建设及年运营成本。该条专线采用环线对开模式，运行里程18千米，从洞头旅游集散中心始发，途经新人本超市、双垄村、大沙岙路口等12个停靠站点。运行时间首末班8:00—17:20，每隔40—60分钟发班，日发班25—29个班次。票价等同城区公交，投币2元，刷卡1.5元，支持移动支付。环岛旅游公交为洞头区2019年民生实事之一。

（杨瑶）

【夜间公交专线开通运营】2019年7月15日，洞头区首条夜间公交正式开通。“铛铛车”夜间公交专线沿途设置新城客运中心—九厅村—老干部活动中心—海霞广场—新城人本超市—人民医院—城关车站—区府广场—城中社区—民泰家电—社区矫正中心—经信局—疾控中心—育才花苑—埭口村—洞头第一中学—海天佳境—蓝港花苑等18个站点，涉及城区主要繁华路段、商业网点、居民区、医院等市民夜间活动区域。该线路运营时间为18：30—20：30，票价2元。

【洞头至S1线瓯江口区间客运班线开通】2019年9月28日,洞头至S1线瓯江口轨道交通区间客运班线开通，填补洞头至S 1线轨道交通空白。洞头至S1线瓯江口，沿途设置新城客运、元觉站、霓屿站、瓯江口管委会、S1线瓯江口站5个站点。运营时间为6点20分至16点20分，实行无人售票，票价为6元/人。

【洞头区获评省万里美丽经济交通走廊示范县】2019年12月，省交通运输厅公布2018年度全省万里美丽经济交通走廊示范县建议名单，全省6个县（市、区）通过验收，洞头区为温州市唯一获该称号县（市、区）。洞头全区公路总里程240.528千米，农村公路占81.3%，其中大型及以上跨海桥梁23座。建成330国道洞头段、洞头峡大桥、大门大桥、大门隧道、新垄隧道等重大内通外联交通工程。

（庄雅琳）

公路

【概况】2019年，洞头区有公路56条，总里程240.528千米。其中，高速公路1条，里程2.626千米；普通国道1条，里程42.284千米；农村公路54条，里程195.619千米。公路网密度为192.4224千米/百平方千米。全区所有街道（乡镇）及行政村实现通准四级以上等级公路。330国道年平均日交通量为1.6003万辆，拥挤密度为0.67。组织开展洞头国省道桥梁桥面铺装、伸缩缝、支座、桥墩、护栏等检测和公路养护。

【公路养护】2019年，区公路管理局完成洞头区美丽公路建设工程——四好农村公路创建工程施工任务、大门马观线二标段农村公路大中修11.6千米。投入约900万元完成洞头大桥维修加固工程及鹿东线至口筐公路鹿西隧道维修加固工程。全年修补路面坑洞2300多平方米，修复路肩约750平方米，修复、增设钢制波形护栏1200米，实现主干公路、通景公路精细化管养；建成公路服务站（点）5个。

（郑浩）

【公路沿线“三化”整治】2019年，区交通运输局完成公路边“三化”省市点位27个，其中省级点位3个，市级点位24个，自查自纠点位37个（包括第一季度市里对区考核点位），累计完成省级3个、市级20个、自查自纠点位37个问题点位整治。治污染点216处，清理路边非公路标志牌237块，清理违法堆放物2318平方米，拆除占道经营点211处，整治景区沿线流动摊贩176处。结合“花园村庄”“乡村振兴示范带”建设和小城镇环境综合整治等工作，整治提升五岛沿线、环岛沿线路段、环金线精品示范带等。投入1100万元建设花园公路，用于环岛公路、五岛公路等主干公路绿化美化、景观提升和雕塑小品增设，实施路线约16公里，新增、提升绿化面积28800平方米。

（黄晓曦）

【违法超限运输行为整治行动】2019年，区公路管理局建成大门大桥和灵昆大桥非现场执法系统，协同公安部门开展联合治超整治行动，全年出动执法人员720人次，检查车辆518辆；查处超限超载车辆24辆，卸载货物899.17吨；非现场执法案件27个，收取罚没款417850元；履带车上路车辆1辆，罚款500元；赔补偿案件22个，收取赔补偿费用33080元；移交交警27个。

（曾学政）

【甬台温高速复线灵昆至苍南段通车】2019年11月15日，甬台温高速复线灵昆至苍南段通车。甬台温高速复线灵昆至苍南段起自灵昆岛，接瓯江北口大桥，经瓯江口新区、龙湾区、浙南产业集聚区，跨越飞云江，经瑞安阁巷、平阳县，跨越鳌江至苍南县，终于瑞安阁巷，顺接甬台温复线瑞安至苍南段工程起点，设阁巷枢纽（预留）连接温州绕西南高速公路终点，路线全长约38.6千米，概算总投资约140.3亿元，采用双向六车道标准建设，小客车标志速度为120千米/小时，全线设灵昆、机场、金海湖、瑞安东互通立交4处。建设单位是浙江温州沈海高速公路有限公司，设计单位是浙江省交通规划设计研究院，监理单位是温州筑诚交通工程监理有限公司，承包单位是河北翼通路桥建设有限公司。

【大门美岙隧道贯通】2019年12月12日，大门岛美岙隧道贯通。美岙隧道起点位于大门镇沙岙村(南山坪)与上南台之间十五队北侧老路上，与大门海洋经济示范区公路提升工程三条岗至沙岙段顺接，终点于东寨楼村东侧，路线全长2.943千米，隧道净宽11米，净高5米，工程概算总投资16139.07万元。工程主管部门是区交通运输局、建设单位是浙江省基础建设投资集团股份有限公司、设计单位是温州市交通规划设计研究院、施工单位是杭州市交通工程集团有限公司、监理单位是河北华达公路工程咨询监理有限公司。

【连港环岛公路入选省级精品示范道路】2019年1月，省城乡环境整治工作领导小组“三改一拆”办公室、省住房和城乡建设厅、省交通运输厅联合开展2018年“省级精品示范道路（入城口）”评选活动结果揭晓，洞头区连港环岛公路成功入选2018年“省级精品示范道路(入城口)”。连港环岛公路起于三盘大桥，终点至白迭村，全长12.856千米，其中隧道6座，按国家二级公路建设标准建造，于2013年5月正式通车。为环洞头岛重要干道，连通三盘、东沙、中心三大渔港和杨文、南塘两大工业园区。

【洞头区公路应急指挥平台建成投用】2019年4月，洞头区公路应急指挥平台建成投用。该项目2018年9月开工建设，主要包括机房及指挥中心改造、网络安全优化、应急指挥系统建设、视频会议系统建设、公路治超执法处罚系统，建设资金200万元。平台具有公路路网运行监测监控、公路应急处置指挥、应急信息报告发布等功能，便于开展对公路路网运行、公路突发事件等信息采集，应急队伍、物资装备调度和部署，实现指令跟踪、执行反馈、过程监督、效果评估，增强公路网络信息化管控能力，提升公路应急处置能力，实现市、区两级公路应急系统信息共享、业务联动。

道路运输管理

【概况】2019年，洞头区公交客运线路28条，拥有客运车辆116辆3773座。新增环岛旅游公交专线、洞头至S1瓯江口站区间客运班线，夜间1路公交线路，城关车站至三盘下尾由城乡公交线路调整为7路公交线路。全区有城乡客运经营企业2家，中长途客运均实现快线经营模式，其中，跨市班线1条（洞头—杭州），营运客车1辆29座；跨区班线3条，洞头—温州（包含洞头至汽车南站、附一新医、龙湾机场、动车南站、温州茶山校区），洞头—乐清、大门—温州，营运客车20辆643座；城区公交线路9条，营运公交车32辆，核载人数1631人；城乡公交线路16条，营运客车65辆1470座。全区有出租车经营企业3家。出租车115辆460座（其中本岛100辆，大门10辆，鹿西5辆），出租车从业人员670人。拥有驾驶员培训学校2家，教练车50辆。全区拥有汽车维修企业29家，其中二类机动车维修企业8家，三类专项维修企业14家，摩托车维修业户7家。全年完成客运量、旅客客运周转量分别为615万人和9150万人千米；完成货运量268万吨，增长127.12%；货物周转量26645.423万吨千米，增长60.4%。春运期间投入客运车辆147辆4414座，其中:投入跨市地客运班线客车1辆29座位、跨区客运班线客车25辆706座位，跨区公交10辆250座，本岛城区、城乡公交车72辆2628座位，外岛片（大门、鹿西）短途班线客车24辆438座，灵昆至市区公交15辆363座位；出租轿车115辆460座。受新冠肺炎病毒影响，春运旅客运输量31.52万人次，客运周转量268.13万人次，同比下降51.03%和70.19%。

【城乡客运发展】2019年，洞头区推进城乡水陆客运公交一体化改革，制定并实施《关于印发洞头区水陆公共交通企业服务质量考核办法的通知》（洞交发〔2019〕65号），对全区从事水陆公共交通客运经营企业开展安全生产、经营行为、服务质量和履行社会责任等方面综合评价，通过采取公共交通企业服务质量与水陆公交运营亏损补助相结合，改进及提升企业服务质量。开通温州市首条环岛旅游公交专线，投用豪华观光型新能源公交车4辆。购置新能源农村版公交车12辆，率先尝试在鹿西岛实现公交“全电岛”运营模式。更新城乡公交车辆14辆车。1月31日，开通城关车站至三盘下尾7路公交线路；5月9日，开通环岛旅游公交专线；7月15日，开通夜间1路公交线路；9月28日，开通洞头至s1瓯江口站公交线路。全年新增新能源公交车16辆，更新农村客运车辆14辆，累计投入资金1100万元，改建港湾式公交站7个，累计投入资金35万元。大门沙岩客运站改造完成投用，投入资金50万元。全年水陆公交运营亏损补助2500万元，其中公交客运1700万元，水上客运800万元。

（高 源）

【**运输行业管理**】2019年，洞头区交通运输局印发实施《洞头区公共交通服务质量考核办法》，实施《洞头区巡游出租汽车星级评定办法（试行）》，推广清洁能源公交车及出租车，城区公交更新实现新能源车型占比100%，完成清洁能源出租车总量占比80%以上。联合开展道路货运车辆超限超载现场执法，约谈违法企业，组织各企业进行法律知识宣传和业务培训。实施汽车电子健康档案工作实行“黑名单”企业通报制，对全区7家二类维修企业进行管理，每月通报列为黑名单企业，并下发整改通知书，结果与企业年终信用考核挂钩，完成辖区内7家重点源头企业公示牌制作。落实专人每月通过管理系统对区两家驾校教练车抽查管理，对学时造假现象，通过确定证据移交稽查科查处。印发洞头区加快推进老旧营运柴油货车淘汰实施方案，开展老旧柴油货车淘汰工作。完成港湾式公交站重建7个，农村片区港湾式公交站广告经营委托第三方管理。洞头区巡游出租汽车行业创建洞头区“兰小草”爱心车队，开展中高考爱心接送、养老院慰问等公益活动。

【**洞头区巡游出租汽车星级评定办法试行**】为规范全区巡游出租汽车经营服务行为，建立完善巡游出租汽车行业诚信体系，提高巡游出租汽车服务质量水平，2019年7月1日始，洞头区巡游出租汽车星级评定办法试行，巡游出租汽车星级评定采取得分达标制，每季度动态评定管理。总分值为100分，85分（含）至89分（含）为三星级；90分（含）至94分（含）为四星级；95分（含）以上为五星级。星级评分记分标准包含车容车貌、规范服务、文明礼仪和安全经营等四方面考核评定。评定结果为三星级以上巡游出租汽车，统一在车顶灯上印制加星标识，反之为减星标识。办法规定驾驶员有见义勇为、拾金不昧、助人为乐等行为，给予加分奖励。每年评出四星级、五星级车辆给予3000元—5000元奖励，并通报表扬。截至年底，通过区大智慧平台和路面稽查检查出租车1200余辆，查获违规星级出租车278起，扣星级分586.5分，行政处罚70起。

【**洞头区道路交通安全综合治理六大行动**】为贯彻落实《关于开展温州市道路交通安全综合治理五大行动的通知》（温委办传〔2019〕25号）及全省“创文明交通、治秩序乱象”忠诚保大庆系列行动部署会议要求，集中整治道路交通安全隐患，维护全区道路交通安全形势平稳。2019年8月—12月，区委区政府决定开展道路交通安全综合治理六大行动，内容包含开展道安综治行动，严查主体责任落实；开展设施提升行动，严查重点道路隐患；开展源头监管行动，严查重点车辆风险；开展路面打击行动，严查重点违法行为；开展宣传教育行动，保障重点人群安全；开展督导检查行动，严查失职渎职行为。成立区推进道路交通安全综治治理行动领导小组，设立办公室和专项工作小组；建立定期研判、通报、点评机制。目标是全区道路交通事故全口径死亡人数同比前三年平均数下降20%以上，生产经营性道路交通事故死亡人数同比下降20%以上，确保较大道路事故得到有效遏制，确保不发生重特大道路交通事故，确保不发生造成重大恶劣影响道路交通安全案事件。摸排出不符合公路开口标准路口69个，实现整改100%，对未经审批开设路口、开口实现封闭100%；检查企业41家次，查处隐患1处；重点车辆卫星定位装置安装率、入网率和上线率均100%；检查车辆236辆，查处超限车辆50辆，卸载货物563.1吨，收缴罚款28.3250万元；

【**打击非法营运车辆专项整治行动**】2019年3月—6月，全交通运输局联合区公安分局、区综合执法据、区传媒中心等部门组织开展打击非法营运车辆、非法网约车专项整治行动，重点打击出租汽车客运市场各类非法营运行为。全年累计出动执法人员1350次，错时稽查12次，查处非法营运车辆12辆。

（林峥华）

水路运输管理

【**概况**】2019年，辖区新增普货企业2家，新增运力3.31万吨，现有水运企业19家，总运力62.62万吨，较上年新增11万吨，持续9年居全市第一，占全市总运力60%。全区有在册船舶150艘（其中普货船131艘，油船10艘，化学品船5艘，LNG船1艘，拖轮3艘），新增23艘，平均船舶吨位4016吨，增长3%。全年完成水路货运周转量1897228.01万吨千米，增长26.76%。

【**水路运输执法**】2019年，全交通运输局出动执法人员316人次，依法检查辖区港口水运企业110家次，排查隐患46项，全部完成整改。节假日和特殊天气时期水上交通安全检查渡口127人次。组织航道清障活动19次，共清理碍航养殖渔具46处，辖区通航水域安全畅通。

【“和联油13”轮上水】2019年4月15日，“和联油13”轮上水。该船舶长124.9米，宽17.4米，深8.8米，由芜湖远东船厂制造，运力为8800载货吨，专门从事国内沿海及长江中下游及珠江三角洲成品油运输。浙江和联船务有限公司成立于2016年3月，是一家从事船舶服务运输企业，公司于2004年12月通过交通部企业安全生产标准化达标认证（达标等级三级）。2017年1月建立安全管理体系（SMS）。取得DOC符合证明和船舶SMC证书。

港口

【概况】洞头拥有状元岙和大小门岛两大核心港区，港口生产性泊位13个（万吨级以上泊位4个），堆场总面积30.6万平方米，仓库总面积近万平方米。状元岙港区是温州港优先重点发展深水港区，以集装箱、散杂货运输为主，建成5万吨级化工码头1个， 5万吨级（兼靠10万吨级）集装箱（多用途）泊位3个，其中临时靠泊国际邮轮泊位1个；港区开通近洋（东南亚、台湾）集装箱航线2条。大小门港区重点发展以石油、化工品中转、储存和加工为主，兼顾大宗散货中转运输，临港工业和港口物流紧密结合，规划港口岸线14.6千米，规划各类生产性泊位38个，现有中燃华电公司 5万吨级、2000 吨级、5000 吨级和1000吨级油气码头各 1 座。

2019年，状元岙和大小门岛两大核心港区港口物流融合发展。港口货物吞吐量稳定增长，国际邮轮港进出港旅客人次增长明显。状元岙港区完成温沪、温甬集装箱外贸内支线转移，新开辟温州至越南海防、泰国曼谷两条干线。全区累计完成港口货物吞吐量618.95万吨，同比增长20.58%。完成港口集装箱吞吐量20.23万标箱，增长638.32%；全年温州国际邮轮港完成始发航次5个，中转港航次的邮轮运营任务1个，接待旅客27553人次。

【丽水36—1气田项目终端配套码头首迎货轮】2019年3月1日，“德锦6”号液化气体船靠泊丽水36—1气田项目终端配套码头。该船载有458吨二氧化碳，是该码头投入运营靠泊首艘货轮。丽水36—1气田项目终端配套码头规模为2000 吨级（结构按3000吨级设计），码头结构为高桩梁板结构，泊位长度120米，设计年吞吐量为33万吨，设计年通过能力45.8万吨，主要货种为二氧化碳。

【洞头辖区集装箱吞吐量创历史新高】2019年1月始，温州港集团集装箱内支线由金洋港区转移至状元岙港区。第一季度洞头辖区集装箱吞吐量完成33773标箱，同期增长472.7%,创历史新高。单月集装箱吞吐量同比分别增长196.7%、334.6%、1144.1%。

【洞头港航护航“歌诗达大西洋号”邮轮运营】2019年4月12日8时，全球最大邮轮公司嘉年华集团旗下“歌诗达大西洋号”邮轮靠泊温州状元岙国际邮轮港码头，出境旅客约2680人，15:00离泊，开启“温州—鹿儿岛—福冈—温州”5晚6天海上之旅。歌诗达大西洋号邮轮开启3个以温州为母港航次运营，是温州港历史上停靠最大吨位邮轮。是继“地中海抒情号”“钻石辉煌号”“歌诗达新浪漫号”邮轮后第四艘进港温州国际豪华邮轮。意大利歌诗达邮轮有限公司是欧洲邮轮公司，歌诗达邮轮2006年首次开启以中国为母港运营国际邮轮航线，为首家进驻中国国际邮轮公司。

【温州国际邮轮港项目正式通过竣工验收】2019年4月16日，温州国际邮轮港项目正式通过竣工验收。温州市港航局、温州市交通工程质量监督局、洞头区发改局、洞头区港航局、温州港集团等部门和项目参建单位参加竣工验收。竣工验收现场核查组认为，温州国际邮轮港项目工程质量评定为合格，2017年12月试运行后，总体运行情况良好，具备正式运营条件，同意通过竣工验收。项目建设单位是温州状元岙国际码头有限公司、设计单位是中交第三航务工程勘察设计院有限公司、施工单位是中交第四公路工程局有限公司、监理单位是上海东华建设管理有限公司。洞头区发改、环保、消防等部门做好立项、环评、消防等项目保障工作；边防、海事、港航等部门健全邮轮旅游安全保障与联动机制。交通港航作为项目主管部门指导企业对项竣工验收程序及竣工验收材料进行收集、整理、编制工作。

【温州状元岙港区至越南海防直达集装箱航线开通】2019年7月5日，东方海外（OOCL）集装箱轮FILIAT号靠泊温州状元岙港区，状元岙港区正式开通温州至越南海防直达航线，是温州港开通的第二条近洋直航国际航线，每月集装箱吞吐量约1000标箱。货船每周五挂靠温州港，航线沿途挂靠大阪、香港、越南海防、高雄等港口。

（张梦玉）

通信

【邮政】中国邮政集团公司温州市洞头区分公司管理职能归属中国

邮政集团公司温州市分公司，设立市场营销部和寄递事业部，下辖北岙、大门、鹿西、东屏4个邮政支局（所）、元觉、霓屿2个业务代办所。全区有邮路8条，农村邮路2条，邮路单程总长519千米，城市投递道段13条，农村投递线路6条，其中汽车投递道段4条，摩托车投递道段2条，电动自行车投递道段9条，电动三轮车投递道段4条。村邮站建设总计73个，其中一类站58个，三类信息化村邮站15个，共有村邮员86名，其中专职11名。全区从业人员55人，其中在岗职工30人，劳务工25人。洞头邮政寄递业务改革创新，完成区域邮路调整，原7条揽投段和6条普邮段“分立而治”整合成5条混投段、4条普邮段及3条揽投段。工作人员制定“浙江EMS”二维码工作牌，设立作战“指挥部”，客服人员负责工单处理、派揽调度、邮件跟踪查询、日常客户投诉处理等。开展“端午粽”“思乡月”等专项营销活动，主攻产业集群、生鲜特产、个人消费市场，结合农村快递和农村电商。

2019年，洞头区邮政分公司邮政业务收入446万元，同比下降14.81%；全区邮政业务总量1199.18万元（不含邮储银行部分），下降20.41%，其中：国内函件1.39万件，下降41.27 %；国内包裹快递35.41万件，下降31.54%；国际及港澳台包裹快递14件（不包含速递），增长7.69 %；机要件324 件，下降 5.81%；年末邮储日均余额1亿元（不含邮储银行部分），增长16.46 %；汇票967笔（不含邮储银行部分），增长14.17%；全年累计收订报纸194万份，下降 3.06 %，全年累计收订杂志5.49万份，下降18.94%，代理票务0.7万张。

（洪丽娟）

【电信】2019年，中国电信洞头分公司设综合部、市场部、网络部、政企部等4个部室和城关支局、北岙支局、大门支局、霓屿支局、灵昆支局等5个支局。公司有在岗职工123人。设有营业厅2家、营业服务网点15个。全区拥有固定电话1万户、移动手机用户2.13万户、宽带用户1.93万户。全年业务收入4363万元。全年投资1236.2万元，建设北岙街道中心区、灵昆街道中心区、三盘下尾、鹿西东旧、大门营盘基等小城镇改造、美丽村居涉及的电信线路“上改下”专项整治工作。管道建设管程20.5皮长千米，41孔千米。建设宏站32个；室分RRU72个；5G基站14个。全区共有在网基站（含室分）LTE261个、CDMA站（含室分）94个、5G基站15个。OLT新增PON端口72个，总量24台、端口数2072个。完成烟墩山对南鹿、对北鹿微波天线更换，换代升级南鹿方向微波设备。新城2台阿尔卡特设备退网和ipran设备增建。

（洪 军）

【移动】2019年，中国移动洞头分公司有综合部、市场部、网络部政企部四个部门和北岙、外岛两个区域，下辖新城、北岙、东屏、霓屿、大门、鹿西营业厅6家及移动代销点37家，公司现有在职员工56人。

全年实现年运营收入9000多万元。通话客户10多万户，移动通信客户区域份额超92%；移动宽带用户2.8万户，宽带市场份额逐年提升。全年投入通信工程建设3000多万元，网络规模持续上升，建设开通5G基站64个、4G逻辑站点157个，主城区5G覆盖率92.6%，4G物理站点300多个，逻辑基站数量618个（宏站、基站、室内分布），4G网络覆盖率99%，无线网络质量地区领先，实现家宽覆盖地址数8万多户，家宽光纤覆盖率99%。

投入500万元完成6个节点机房购置及改扩建、土建，城域网出口带宽达到80G，累计建设光交接箱226个，管道370千米，光缆总长2400千米；完成大竹峙岛、青山岛、南策岛、大瞿岛基础设施通信建设，延伸海域覆盖范围至40千米，完成元觉—大门—鹿西交通航线4G网络船舱覆盖。助推智慧洞头建设。为升级改造智慧城市项目（二期）智慧综治（2019年洞头区重点渔港及配套设施视频监控）项目、洞头区农业综合开发现代园、紫莱田园综合体项目远程监控设备与高音喇叭项目。提供洞头区公务用车服务中心车辆定位服务项目、企业上云、物联卡等服务。

（尤海燕）

【联通】2019年，中国联合网络通信有限公司洞头区分公司现由市场、建设、综合等部门组成，设立洞头区及瓯江口多家营业厅和社会渠道网点。全区联通移到用户6000户、宽带用户1000户。全年营业收入702万元。新建洞头本岛及瓯江口4G基站与室分35个，完成洞头本岛及瓯江口5G基站17个，总投资近1500万元；完成洞头全区域（含瓯江口新区）内传输主干管线及城域网建设200余万元；推进100G城域网出口带宽升级工作，推出千兆宽带试点小区，家庭宽带下行速率200M。洞头联通全面推广教育、旅游、公共服务、智慧城市等业务。自主研发沃当家管理平台、智慧党建、最多跑一次改革“瓯E办”终端。

（林泊含）

城乡建设

休渔时节・陈建辉

“海霞精神”

爱岛尚武　励志奉献

城乡建设

概述

【概况】2019年，洞头区制定出台《洞头区政府投资项目审批制度改革实施办法》《洞头区物业管理指导意见》《洞头区小区(住宅)物业管理百日攻坚行动方案》《洞头区房屋建筑和市政基础设施工程施工图审查提速指导意见(试行)》《洞头区优化建设工程施工许可审批指导意见(试行)》等政策文件。区住建局推进工程建设项目审批制度改革，制定出台洞头标准五项，开辟审批绿色通道，实施“多证合一”改革，解决温州东启公司、温州市锦达味业食品有限公司、浙江华剑机电制造有限公司等多家企业遗留难题。率全省之先探索制定《产权式酒店管理暂行办法》，开发建设浅水湾、霓屿田园综合体、青山岛酒店等12家产权式酒店项目。指导各街道（乡镇）持续推进小城镇环境综合整治工作，北岙街道、霓屿街道通过考核验收，鹿西获评省级突出贡献集体。指导下尾村、西浪村成功创成省级美丽宜居示范村。完成浙江省农村房屋信息管理系统录入工作，率全市之先完成低收入困难家庭危房和城乡危旧房改造工作；提前一年完成农村厕改工作。鹿西明珠花苑开工建设，环海西湖片区城中村改造货币安置项目协议签订，风门中心街和大门长沙一期安置房交付使用。新增优质建筑业企业8家。全年建筑总产值同比增长51%，首次突破百亿元大关；全行业税收增长25%，突破4亿元，占全区税收收入1/3以上。

全年办理质量安全监督手续34件；建设工程消防设计备案13件；建设工程消防设计审核16件；建设工程竣工消防备案26件；建设工程消防验收3件。全年办理行政处罚案件5件。检查在建工程370余次，发放《责令停止违法行为通知书》9份、《责令限期改正通知书》299份；立案查处5件，执行结案5件，处罚金额33.37万元。

【机构改革】2019年1月，根据洞头区机构改革方案部署，区住房和城乡规划建设局更名为区住房和城乡建设局，保留区人民防空办公室（区民防局）牌子。区住房和城乡建设局（区测绘与地理信息局）城乡规划、测绘管理职责划转至市自然资源和规划局洞头分局，人民防空监管及建设工程消防设计审查验收职责划入。内设办公室、政策法规科、行政审批科、住房管理科、建设管理科、人防保障科和机关党委。行政编制11名（含事业单位行政职能回归的统筹编制2名）。

【洞头区政府投资项目审批制度改革实施办法】2019年12月27日，为深化全区工程建设项目审批制度改革，优化营商环境，保证政府投资项目竣工验收实现“最多80天”审批时限。区工程建设项目审批制度改革试点工作领导小组办公室出台《温州市洞头区政府投资项目审批制度改革实施办法》(洞建审改办〔2019〕1号)，该办法包含主要目标、时间构成、优化审批流程、精简审批环节、保障机制等方面，规定压缩各阶段审批时间，试行施工图审自审清单制和承诺告知制，实现“多合一”办理；简化投资金额1000万元以下政府投资项目审批流程，合并工程建设许可和立项用地规划许可，同步办理选址意见书、项目立项、建设用地规划许可证，建设工程规划许可证，不再另行组织建筑设计方案审查。

【洞头区房屋建筑和市政基础设施工程施工图审查提速指导意试行】 2019年11月26日为优化全区营商环境，减轻企业负担，提升施工图审查效率，根据相关文件精神，区委改革办、区住建局印发《洞头区房屋建筑和市政基础设施工程施工图审查提速指导意见（试行）》（洞改办发〔2019〕25号），意见主要内容为实行施工图自审清单制、推行施工图分步审查、缩短审查时限。明确项目报送要求，加强自审项目抽查，强化项目整改落实，突出各方主体责任。目标是压缩施工图审查时间。意见即日起实施。

【洞头区优化建设工程施工许可审批指导意见试行】 2019年11月26日，为深化“放管服”改革、优化营商环境的重要举措。根据相关法规制度规定，区委改革办、区住建局印发《洞头区优化建设工程施工许可审批指导意见(试行)》（洞改办发〔2019〕25号），内容包含缩小工程监理范围、试行扩大项目负责人承接工程项目数量、推行告知承诺制、落实“减证便民”工作、实行施工许可证即办制。要求推行非强制监理工程建设项目自主管理和全面开展“双随机、一公开”监督检查。目标是合并、精简申报材料，缩短办理时间，减少企业成本，切实增强企业和群众获得感。意见即日起实施。

【城建档案数字化建设】 2019年，洞头城建档案库房面积200多平方米，馆内配有温湿度自动记录仪、去湿机、防磁柜、档案消毒柜、指纹机、电子监控设备等。投资300多万元，采购数字化硬件设备、数字化扫描。档案库房按《洞头区城建档案分类大纲》要求设有18个大类、102个属类，馆藏档案卷数3万多卷。区住建局城建档案管理中心开展库存档案数字化，提升馆藏档案数字化率。通过配备人员、统筹资金、集中管理，完成档案数字化3万卷，数字化率65%。针对项目大、档案量多、问题多等情况，定期走访企业项目部资料室，与资料员交流档案收集情况，现场解决问题，确保档案及时移交。全年走访企业32家45次、解决问题15个。

【洞头区建筑总部园培训基地启用】 2019年9月25日，洞头区建筑总部园培训基地启用，并举办2019年度首次培训会培训内容为《BIM技术在建设工程中应用》，邀请温州市吉鸿建筑信息科技有限公司总经理、高级工程师叶塞夫授课。内容涵盖建筑信息化模型（BIM）技术的含义、应用情况、扶持政策，并通对鹿城农商银行运用BIM技术案例对BIM技术推广运用解析等。全区各建筑业企业负责人、各在建工程项目负责人、区建筑协会相关人员等60余人参加培训。截至年底，开展住建行业专业培训10次，受培人员1000余人次，培训内容涵盖工程建设项目审批制度改革、消防设计审查验收、物业管理知识、BIM技术应用等领域等。

（陈　哲）

规划编制

【概况】 2019年，贯彻落实中共中央、国务院发布《关于建立国土空间规划体系并监督实施的若干意见》，配合开展温州市国土空间总体规划编制工作，协助开展大门镇、鹿西乡国土空间总体规划编制工作。全年组织开展城乡规划编制项目14个，其中批复实施9个。完成《温州·洞头旧城及拓展区城市设计暨控制性详细规划修编》《洞头区三盘岛A-04地块规划研究》《洞头区环岛路沿线低效地块规划研究》《温州市洞头区生态保护红线评估调整方案研究》《洞头旧城岭背工业区低效地块前期研究及策划方案》等成果。配合审查完成北岙街道大长坑村，大门镇岙底村、西浪村、豆岩村、仁前途村，元觉街道小北岙村、状元岙村村庄规划和村庄设计中间成果等。开展“资源环境承载能力及国土空间开发适宜性”评和“国土空间规划实施”评估工作。上报洞头“三调”、零米线调查等基础数据，开展“三调”基数转换工作。完成生态保护红线、永久基本农田、城镇开发边界等重要控制线评估调整初步方案。

【规划批复9个】 2019年，洞头区批复规划实施9个，即《洞头区旧城南北通道近期建设方案研究》《洞头区霓屿街道石子岙G地块控制性详细规划修改》《洞头区三盘E-02地块规划研究》《温州市洞头区海岛坡地开发强度研究》《洞头区健康产业园控制性详细规划》《洞头区青山岛及周边配套地块开发建设规划研究》《洞头区城南片A-24地块规划研究》《洞头区杨文工业区A12等地块规划研究》《洞头区城北污水处理厂地块控制性详细规划修改》等。

【温州市国土空间总体规划启动编制】 2019年，根据自然资源部和浙江省要求，温州先试先行开展国土空间规划相关工作，洞头纳入《温州市国土空间总体规划（2019—2035）》，由温州市自然资源和规划局统一牵头，委托上海同济规划院、浙大规划院、市规划院三家共同编制。洞头分局配合完成三调数据、零米线调查等数据上报工作和生态保护红线评估调整初步方案、洞头区基数转换工作；配合审查国土空间规划实施评估、双评价等中间成果。该规划作为机构改革新生事物，整合现行空间类规划，落实国省重大战略，谋划新时代国土空间开发保护格局，实现全空间覆盖、全要素管控。

【《温州·洞头旧城及拓展区城市设计暨控制性详细规划修编》完成】2019年，温州市自然资源和规划局洞头分局完成旧城控规报批成果。规划范围北起新城一期及自然山体，南至岭背西路及育才路，西接化工路，东至山体及农田，总用地面积为1.51平方千米。功能定位为滨海文化彰显、山地特色突出的风情海岛，人居环境优美、配套设施完善的居旅融合区。规划重点深入现状调查及历史文化特色挖掘，构筑彰显洞头山海文化特色的空间格局，完善地区配套设施优化环境提升片区生活品质，构筑适宜居旅融合发展道路交通体系，加强落实“四线”控制，开展城市设计彰显旧城山海文化形象，结合城市有机更新提出近期实施策略等。该规划为片区的建设发展提供规划控制与实施管理的依据。

【测绘与地理信息管理】2019年，市自然资源和规划局洞头分局联合开展全区地图市场检查，组织实施年度“8·29”测绘法宣传日活动。开展永久性测量标志保护管理工作，完成省级7个、市级3个点和区级10点永久测绘测量标志点巡查和维护。启动全区172平方千米1：2000数字航测成图生产及数据入库和7平方千米（霓屿片）1：500地形图测绘工作。推进测绘地理信息系统深度开发利用，建设“天地图·洞头”微信移动端，完成办事网点、公共交通、洞头民宿、避灾安置等专题地图编制10期。办理基础测绘成果使用申请116件，免费供图面积200多平方千米，为政府、企业和群众减轻1000多万元。

【《洞头区旧城南北通道近期建设方案研究》结题】2019年1月17日，《洞头区旧城南北通道近期建设方案研究》经区政府同意予以结题。该规划研究为进一步改善城区内部交通网，基于现状路网布局，以城南城北路、东屏大道为旧城轴线，在控制拆迁规模、打通旧城主要吸引点间联系的基础上，新增旧城内部、旧城与新城联系的南北通道。即打通城南至东屏连接通道，打通东屏大道断头路接至城南路，打通北岙至东屏连接通道，拟建北岙小区至新城连接通道。该规划研究提出近期打通城南至东屏连接通道、东屏大道城南路连接通道、东屏至北岙连接通道等三条通道，拟建北岙小区至新城连接通道近期不实施，远期新城二期及城南片开发完善，交通需求提升，东屏隧道交通量趋于饱和时适时启动项目建设。

【洞头入选《浙江省海岛大花园建设规划》】2019年8月，浙江省发展改革委、省文化和旅游厅、省林业局联合印发《浙江省海岛大花园建设规划》，规划范围为浙江行政管辖海域范围内全部海岛，以洞头区等6个海岛县(市、区)为重点。规划期限为2019年—2025年，远期展望至2035年。十大海岛公园建设培育对象规划洞头区海岛公园，范围为洞头列岛，主题是海上花园；培育海岛特色旅游产品规划洞头东海贝雕博物馆和洞头先锋女子民兵连纪念馆；五条海岛旅游精品线打造嵊泗-岱山-普陀—象山—临海和椒江—温岭—玉环—洞头两条“东海

洞头海上花园俯瞰图　　（叶凌志　摄）

巡礼”海岛游轮观光精品线；海岛运动旅游基地规划布局包含洞头海上帆船帆板运动基地和沙滩排球基地；红色旅游基地规划包含洞头海霞军旅文化园和海霞民兵小镇；以华东蓝色海洋观光度假游为主题，依托洞头岛、玉环岛等地连岛交通线和海上航线，串联西门岛、茅埏岛、大青山岛、玉环岛、大鹿岛、洞头列岛、南北麂列岛等海岛，打造“蓝海天堂”观光度假精品旅游线；打造舟山、沈家门、嵊泗、石浦、玉环、洞头等十大现代美丽渔港；加密完善舟山本岛、金塘岛、富翅岛、洞头列岛、象山半岛等对外通道布局， 形成海岛地区与长三角重要城市之间的便捷通道。加快甬舟铁路、杭绍台铁路温岭至玉环段建设，谋划舟山北向铁路通道、温州市域铁路S1线延伸至洞头、乐清湾铁路延伸至大小门岛港区等项目建设。推动发展状元岙、朱家尖、大麦屿、梅山岛等国际邮轮码头，拓展国际邮轮航线，开辟至国内沿海地区的游轮航线。推进海岛与上海、杭州、宁波、温州等地国际机场建立空陆海立体联运体系，谋划推进大小门港区海铁联运通道等工程。打造嵊泗、舟山本岛、岱山、环象山港、环石浦港、玉环、大陈、洞头等8条国家级标准的滨海环岛特色风景道。

（夏建伟）

建筑业

【概况】2019年，洞头区建筑业为新支柱产业，登记在册建筑业企业81家；施工总承包企业42家，其中一级资质施工总承包企业1家、二级施工总承包11家、三级施工总承包30家。截至年底，洞头区建筑总部园入驻企业17家（一级1家，二级6家，三级10家）。全年建筑业总产值为105.9亿元，同比增长55.1%。建筑业企业税收4亿元，增长10.5%，建筑业税收和产值创历史新高。

【洞头区民用建筑外墙保温工程施工管理指导意见试行】2019年7月2日，为加强全区民用建筑工程建设质量管理，消除外墙外保温层脱落的不利影响，根据市住建局《关于我市民用建筑外墙保温工程技术有关规定的通知》（温住建发〔2017〕82号）文件要求，区委改革办、区住建局、区发改局、区应急管理局联合印发《洞头区民用建筑外墙保温工程施工管理指导意见（试行）》（洞改办发〔2019〕15号），该意见包含处于图纸设计阶段新建建筑、已竣工建筑、未完成外保温施工在建建筑的技术要求和施工总承包单位、监理单位和建设工程质量监督管理机构的管理要求。意见即日起执行，试行两年。

【建筑业税收和产值创历史新高】2019年，洞头区建筑业总产值105.9亿元，同比增长55.1%。建筑业企业税收4亿元，增长10.5%，建筑业税收和产值创历史新高。其中，浙江立鹏建设有限公司全年总产值58.4亿元、纳税20279万元；浙江卓信建筑有限公司全年总产值14.8亿元、纳税5157万元；浙江宏联建筑有限公司全年总产值19.6亿元，纳税1536万元。

（陈秦皓）

【建筑业“无欠薪区”创建活动】2019年，根据洞头区印发《关于规范开展建筑工程劳务用工管理的通知》和《洞头区建设工程领域民工工资支付分账管理办法》，开展“无欠薪”业务培训会及《保障农民工工资支付条例》宣传工作。对全区所有在建工程项目进行双节（元旦、春节）专项大检查，检查在建工程项目42个。截至年底，全区建筑领域在建工程工人工资按月足额支付、实名制管理率、分账管理率、民工工资保证金管理制度落实率和告示牌落实率均落实到位。

（陈情琨）

【建筑工程质量监督】2019年，洞头区在建工程46个，其中住房建设工程40个，市政工程6个。总建筑面积1352277平方米。全年完成工程竣工验收35个，完成工程消防验收5个，备案26个，总建筑面积650904平方米。建设工程“两书一牌”制度落实率、区级标化工地创建率、住宅工程分户验收通过率、竣工验收一次性通过率均100%。组织开展建设工程领域安置房专项整治行动、混凝土氯离子含量专项检查行动、铁锤三号行动、建设工程安全月专项治理行动、建筑工地扬尘专项整治等各项专项检查和日常巡查。全年累计发放质量隐患限期整改单97份，安全隐患限期整改单160份，发放停工通知单13份。分别对10家施工单位和10家监理单位进行诚信扣分处理，立案查处四家施工单位。

（郑巴禄）

住房建设

【概况】2019年，制定《洞头区房屋建筑和市政基础设施工程施工图审查提速指导意见（试行）》，全年安置房项目开工2个，续建1个，竣工2个，交付3个，累计完成投资8701万元。鹿西明珠花苑棚改项目（88套）、元觉一期安置房（204套）项目开工建设；推进新城一期四片区02—01地块安置房（250套）建设；完成大门镇长沙和欣家园一期安置房（414套）、东屏街道蓝港花苑三期工程（100套）竣工并交付和北岙街道中心街拆迁安置房工程（160套）交付。完成环海西湖片区城中村改造任务，其中北岙街道海霞后寮自然村42户，东屏街道后垄自然村19户，元觉街道青山29户。征收面积6732.83平方米。

（曾晶蓉）

【鹿西“明珠花苑”(一期)工程项目开工建设】2019年2月，鹿西乡“明珠花苑”(一期)农房集聚工程项目开工建设。该农房集聚工程是一项民生工程，项目占地面积约0.72公顷，总建筑面积为1.1万平方米，计划建设4幢房屋88套，投资约3984.23万元。项目责任单位是洞头鹿西新农村建设发展有限公司，设计单位是洞头区规划建筑设计院，施工单位是温州正城建设有限公司，监理单位浙江浙坤工程管理有限公司。

【元觉一期安置房开工建设】2019年12月6日，元觉街道旧村搬迁安置房工程(元觉一期安置房)开工建设，工程位于状元南片05—07b—1地块，总建筑面积39336平方米，计容建筑面积30496平方米，住宅面积24476平方米，地下室面积9824.08平方米，安置套数204套，项目施工总工期36个月，总投资17317万元，其中：工程费用14531万元、工程建设其他费用1285万元、预备费475万元、利息1026万元。项目责任单位是温州市洞头城市发展有限公司、设计单位是浙江众生建筑设计有限公司、施工单位是福建开天建设有限公司、监理单位是浙江金誉工程咨询有限公司。

【大门镇长沙和欣家园一期安置房完工】2019年1月，大门镇长沙和欣家园一期（1标）安置房完工。占地面积61.5亩（含2标），建筑面积56029.6平方米，安置住房套数414套，投资17292.6万元。责任单位温州大小门岛投资开发有限公司，设计单位温州市联大建筑设计有限公司，施工单位湖南省第四工程有限公司，监理单位福建升恒建设集团有限公司。

【北岙街道中心街拆迁安置房交付使用】2019年2月，北岙街道中心街拆迁安置房交付使用。该工程占地面积约0.72公顷，总建筑面积2.186085万平方米，安置套数160套，投资约4445.49万元。项目责任单位是洞头区北岙街道办事处、设计单位是洞头县规划建筑设计院、施工单位是温州中工建设工程有限公司、浙江立鹏市政园林工程有限公司、监理单位是浙江金誉工程咨询有限公司。

【蓝港花苑农房集聚三期交付使用】2019年12月，东屏街道蓝港花苑农房集聚三期交付使用。工程概算总投资约4200万元，总用地面积9200平方米，总建筑面积16500平方米，其中1幢楼5056.8平方米,2幢楼6377.4平方米,3幢楼5056.8平方米。建设内容包括住宅100套，小区道路、绿化和其他配套工程，工期三年。工程建设单位为东屏新农村建设发展有限公司，设计单位为浙江鸿地建筑建设有限公司，施工单位为江西鸿邑建设工程有限公司，监理单位为浙江裕达工程管理股份有限公司。该工程是温州首个“小岛迁，大岛建”项目，主要解决东屏街道大瞿、南策两个孤岛村356户1100多名群众住房困难问题。项目2011年启动，分四期，其中一、二期工程282套住房已竣工，三期于2016年10月启动建设。

城区建设

【概况】2019年，洞头研究对外交通规划布局，211省道洞头段一期工可获批，324省道大门岛主线纳入省道规划。甬台温高速复线、市域铁路S1线灵昆段通车，美岙隧道全线贯通，鹿西综合交通码头主体建成。开通环岛旅游公交、夜间公交和S1线接驳客运班线，完成公交智能站牌试点建设，实现鹿西公交“全电岛”运营。创成美丽经济交通走廊省级示范县。新城二期住宅、商业、教育等功能加速完善，河道景观、同心公园等项目建成。全市“大建大美”专项工作项目洞头区26个，完成计划投资额14.84亿元，完成率为133%，新开工项目9个，完成率100%；建成数11个（含洞头区新城二期河道景观工程、洞头城市夜景照明工程、蓝色海湾半屏韭菜岙沙滩整治修复工程等3个供市民体验项目），完成率110%。全年新建污水管网1.5千米、雨水管网2千米，提标改造雨水管网2千米，雨污分流改造2千米，建设雨水收集系统10处；完成四个城镇生活小区“污水零直排”创建考核验收。开工建设城北污水处理厂、霓屿布袋岙污水处理厂。建成白迭村、双垅村、商贸城和公安技术用房周边地块等公共停车场4个，新增公共停车位129个，打通断头路一条，建成新城二期市政道路（海西路）1.1千米。

【洞头区新城二期河道景观工程建成】2019年5月，洞头区新城二期河道景观工程建成。该工程于2017年5月开工，总用地面积229.83亩，围涂总面积为2.84平方千米，河道总长度约4348米，主要建设内容包括绿化景观工程、滨海廊道工程等，项目总投资额10413万元。工程责任单位是洞头城市发展有限公司，设计单位是中船第九设计研究院工程有限公司，施工单位是杭州蓝天园林建设有限公司，监理单位是浙江南正项目管理咨询有限公司。

（陈情琨）

【洞头中心渔港夜景照明工程建成】2019年6月，洞头区中心渔港夜景照明工程完工。该工程于2018年9月开工建设，建设内容包括半屏大桥3D喷泉和基础灯光、洞头村照明提升以及半屏山轮廓线、渔港驳岸线、渔港区域礁石形态亮化、东岙照明灯光修复等，项目投资约4000万元。工程责任单位是区工务局、施工单位是浙江省机电设计研究院有限公司和江苏智运科技发展有限公司（联合体）、监理单位浙江南正项目管理咨询有限公司。

（谢琪）

村镇建设

【概况】2019年，洞头区实施乡村振兴战略，推进万村景区化和全域旅游工作，打造省部共建乡村振兴示范区，开展“生态、产业、旅游、文化、村居”五位一体花园村庄建设，全年建成花园村庄22个，投资3600万元。北岙渔韵三盘、大门临港绿动、元觉浪漫港湾、鹿西鸟渔花乡等4条乡村振兴示范带通过市级评审，累计投资8.98亿元。以全域通过小城镇（街道）环境综合整治为目标，完成北岙街道、霓屿街道创建任务。完成北岙街道下尾村和大门镇西浪村省级美丽宜居示范村创建任务，启动并提前完成北岙街道海霞村省级美丽宜居示范村建设工作，启动2020年省级美丽宜居示范村申报工作。助力海岛乡村振兴实施，完成农村公厕改造任务数35座。

【小城镇环境综合整治】2019年，洞头区小城镇（街道）环境综合整治继续以“一加强三整治”为主要内容，全域推进街道（乡镇）环境综合整治。开展“道乱占、车乱开、摊乱摆、房乱建、线乱拉”等专项整治行动，清理“僵尸车”64辆，查处机动车违停1856余起，整顿乱摆摊点1100余处，清理卫生死角5300余处，整治背街小巷乱堆放2400余处，整理闲置地120余处14000余平方米，清运垃圾杂物等6250余吨。巩固提升做好大门、东屏、元觉、鹿西等4个达标街道（乡镇）成果。完成纳入市对区考核北岙街道和霓屿街道32个整治项目，累计投资额27000余万元，通过市级考核验收，北岙街道入列市级整治创建样板街道。截至年底，全区6个街道（乡镇）全域通过小城镇（街道）环境综合整治创建任务。

（黄臻臻）

【省级美丽宜居示范村创建】2019年，洞头区启动北岙街道海霞村省级美丽宜居示范村建设，并提前完成建设任务,待省市考核验收。区住建局启动2020年省级美丽宜居示范村申报工作，北岙街道白迭村列为2020年省级美丽宜居示范村试点建设村庄。12月，北岙街道下尾村和大门镇西浪村通过省级美丽宜居示范村合格村庄创建考察验收。

（陈式谊）

【农村公厕建设】2019年，为落实习总书记“厕所革命”重要指示精神，坚持把农村公厕改造作为全区实施乡村振兴战略的重要载体，以推进全域农村公厕“便捷化、洁净化、环保化”为抓手，全面推进农村公厕新建、改造提升工作，形成布局合理、功能完善、设施齐全、管理规范的农村公厕服务体系。全年改造完成35座，投入资金约470.76万元，财政补助资金约281.53万元。涉及5个街道（乡镇）。

（陈情琨）

住房保障

【概况】2019年，洞头区试行物业管理暂行办法，明确各部门职能机制。组织开展小区(住宅)物业管理百日攻坚行动，完成消防隐患整改71处。完成浙江省农村房屋信息管理系统录入工作，全年城镇危旧房改造5幢。公租房补贴发放实现浙江政务网和浙里办APP网“一证通办”。全年收缴公租房租金76156.8元。

【洞头区物业管理暂行办法试行】2019年12月27日，为了规范物业管理活动，维护物业管理各方的合法权益，提升物业管理服务水平，营造良好的人居环境，促进和谐社区建设，根据相关法律、法规及有关规定，区委改革办、区住建局联合印发《洞头区物业管理暂行办法》（洞改办发〔2019〕28号），包含总则、职责分工、管理保障、红色物业及其他规定等五章21条内容。设立村居社区组织物业管理工作协调服务点，落实本区域物业管理工作；区住建局受理对物业管理活动投诉、举报，指导和监督街道办事处、乡镇人民政府调解处理物业管理纠纷，物业企业依法签订物业服务合同，建立应急维修备用金制度等。办法即日起试行，试行期两年。

【小区（住宅）物业管理百日攻坚行动】2019年8月—11月，为提升全区物业管理水平，有力促进物业服务能力，推动“两个文明”建设进物业小区，根据省市“平安护航中华人民共和国成立70周年大会战”攻坚行动和“不忘初心、牢记使命”主题教育专项整治工作推进会精神，洞头区开展100天住宅小区物业管理专项整治工作，整治内容包含违规使用易燃可燃材料装修装饰，防火分隔不到位，疏散通道不畅通，违规存放易燃易爆危险品，消防设施损坏停用，电动自行车违规停放充电，重点岗位人员责任不落实，日常管理机制不健全，宣传教育培训不深入等。通过建立机构、落实责任，普及培训、做好普查，盯牢隐患、综合治理，综合施策、分实责任，严格整改、明确奖惩等措施。分为宣传动员、全面整治、总结巩固等阶段。区住建局出动200余人次，巡检物业小区隐患点改造140余次，发现小区消防安全隐患点82处，涉及物业小区21个，物业公司7家。截至年底，隐患点全部完成治理。

【公租房管理】2019年，完成公租房新增76户，累计保障户数为134户（其中租赁补贴126户，实物配租8户），保障人数覆盖311人。发放公租房（中低收入）补贴户数为118户40.35万元。人才住房租赁补贴在保对象83人，其中69人为新就业大学本科生，11人为其他高层次人才（全日制硕士研究生、副高级职称），3人为全日制专科生。全年新增人才住房租赁补贴保障对象18人，截至年底，发放人才住房租赁补贴46.77万元，累计发放人才补贴139.86万元。公租房累计入住对象125户，其中低收入配租保障家庭9户，累计入住11户；人才公寓配租对象42人，累计入住116人。全年收缴公租房租金76156.8元。

【城乡危旧房整治】2019年，区住建局组织排查城乡危旧房，通过房屋安全鉴定，发现存有城镇危房5幢，农村D级危房5户，农村C级危房38户，其中城乡危旧房中拆除10户，维修加固38户，累计完成城乡危旧房治理改造48户，完成治理改造面积约8000平方米，完成年度任务100%。

（陈　哲）

【物业管理】2019年，洞头区出台《温州市洞头区物业管理暂行办法》，规范物业维修资金申报流程，全年办理住宅小区维修资金使用审批183件547.1万元；物业维修资金交存20笔606.39万元；物业小区保修金续交96.1452万元，完成金典时代、东和海景园保修期满8年退保，海湾二区、三区15%退保，共计155.943672万元。区住建局联合北岙街道指导杰诚锦园物业小区成立业主大会筹备组和金海湾家园、海悦城嘉园、望海山庄业委会换届选举。实现物业小区消防安全常态化管理，高层消防安全隐患整改情况纳入日常督查重点。开展物业领域“扫黑除恶”工作和物业管理知识宣传工作，累积印制物业政策法规3000余份，横幅30条，走访物业服务企业12家，物业小区33处。

（叶选益）

【白蚁防治】2019年，洞头区私人灭治261户，建筑面积48027平方。新建公建面积（含瓯江口新区）工程15个，施药总面积21.44万平方，加强白蚁防治宣传，白蚁药物购置费用4.5万元。

（曾晶蓉）

住房公积金管理

【概况】2019年，洞头住房公积金全年业务收入1934.01万元，同比增长9.24%；住房公积金业务支出1213.09万元，增长18.91%；实现增值收益720.92万元，减少3.90%。全年向区财政上缴廉租房建设资金101.93万元，办理各类公积金提取加发放贷款2.17亿元，住房消费额占归集额97.29%。截至年底，全区公积金缴存人数10282人，新增1381人。城镇住房公积金缴存人数覆盖率全市第一。

住房公积金纳入洞头区机关事业单位人员录用、流动、退休“一件事”办理。设立全市首个偏远海岛公积金贷款服务便民点，大门、鹿西本地购、建房缴存者可就近在农商银行网点申请公积金贷款，实现大门、鹿西公积金贷款“不离岛”。

2019年，公积金洞头分中心获评市级工人先锋号、市住房公积金系统标杆窗口。

【住房公积金扩面】2019年，住房公积金助推洞头健康旅游产业发展改革探索列入洞头区20项改革项目。4月，出台全市首个《住房公积金助推健康旅游产业改革实施方案》，开展民宿行业住房公积金扩面，鼓励民宿及涉旅企业从业人员建缴公积金335人，购房贷款占比26%。实现公积金业务“就近办”，联合区农商行建立住房公积金银行便民服务网点，可在各乡镇（街道）便民服务中心、农商行便民服务网点就近办理服务事项15项。全年新增缴存职工1328人，净增实缴职工759人。

【住房公积金归集】2019年，全区公积金归集总额22255万元，完成年度计划110.17%。职工月最低缴存额404元，最高缴存额4826元。11月，完成年度缴存基数调整，其中机关、事业单位总计4194人基数调整，由原来人均月缴存额2526元调整到3204元，人均增加678元，为历年增幅最大。完成3900万元增值收益资金存款（一年期）竞争性公开招投标。

【住房公积金提取】2019年，公积金洞头分中心办理各类公积金提取总额16817.68万元，与上年基本持平。其中购建房提取总额5554.23万元，占33.03%，还贷提取总额8089.96万元，占48.10%。全省首创、全市首推商贷还贷提取环节缩减，把公积金商业还贷提取业务整合成完整闭环流程，群众不需要再跑银行，到公积金窗口一次就能办结。

【住房公积金贷款】2019年，公金洞头分中心累计发放公积金贷款4876.90万元，年末贷款保持零逾期。年末贷款余额54924.65万元，占全区金融业个人住房贷款26.98%，位居全市第一。继续实施个人住房公积金贷款转商业贴息贷款政策，年末公转商贷款余额17718.24万元，占公积金贷款32.26%，位居全市第一。5月10日起，上调全区职工公积金贷款最低额度，单职工最低贷款额度从15万元调至20万元，双职工从20万元调至25万元。公积金贷款20个工作日内办结，公转商贷款承诺7个工作日办结。

（柯芳芳）

房地产管理

【概况】2019年，洞头区有资质房地产开发企业共11家，其中三级开发资质1家，暂定等级10家；房地产中介机构23家，从业人员43人。全区一手房存量1930套，建筑面积26万平方米。

【房地产交易】2019年，区住建局办理玉海景园、洞头霓屿紫菜现代园（田园综合体）、海悦城·钰园等项目商品房预售许可7件，总预售面积28.52万平方米。累计商品房合同备案登记1550件，备案面积10.95万平方米、商品房交易金额10.78亿元。交易量同比增长166%，备案面积增长40%，商品房交易金额增长70%；全年新建房商品房均价为9844.7元/平方米，上涨18.4%；累计完成二手房交易1020件，面积16.44万平方米，交易金额6.5亿元。交易量增长9.8%，交易面积下降2.6%，交易额增长18.3%。

【房地产市场秩序检查】2019年9月，为进一步净化本地区房地产市场环境，规范市场秩序，保护消费合法权益，促进房地产市场平稳健康发展，区住建局根据《住房和城乡建设部等六部委关于整治住房租赁中介机构乱象实施方案的通知》，开展中介机构乱象整治行动。检查发现个别中介机构未持证上岗、未进行租房合同备案、未及时更新租房信息等问题，检查人员指正并给予整改意见，要求及时整改到位。

（郑成钢）

城市管理

【概况】2019年，洞头区高分通过省级“无违建”县（区）复评。实现城市精细化管理和综合智慧化管理，完善农村污水运维、智慧路灯、停车诱导等系统，定期开展地理影像地图、高位监控和无人机巡查比对，依托防违控违综合管理信息平台，利用微信公众号查询建筑物信息，实现即时反馈交办，建立起技防为主、人防为辅的源头管控体系。健全市民跟踪监督机制，推广智慧百岛APP、“亮丑揭短”随手拍微信群。全区落点定位率、合法比对率、建筑登记率均100%，追责违建报送不实和管控不力的干部11名。统筹推进城镇低效用地再开发等行动，打造“小岛迁、大岛建”“农房聚、渔村建”“料场搬、新区建”“厂房改、景区建”“旧城疏、新城建”五种特色模式，推进拆改地块利用，拆后土地利用率95.9%，五岛公路、环岛公路创成省级精品示范道路。实行“一个窗口”集成服务和办理时限承诺制，确保工程建设项目行政审批“零超时”，从根源上杜绝未批先建现象。全年拆除违建1.5万平方米，实现新建违建即查即拆率100%。全年外运垃圾量近3万吨。获评2019年度市环卫工作突出集体。

【市政管网建设管理】2019年，洞头区推进南污水处理厂应急调节池改造及污水泵站提升工程、供水保障工程、新城区一期三级管网修复工程等市政管网提升工程。计划投资1030万元，建设城南污水处理厂应急调节池改造及污水泵站提升工程；完成供水保障工程和新城区一期三级管网修复工程完成图纸设计、招标文件讨论等前期工作。全年完成排查三级管网42千米，修复、清淤供排水管网19千米，城镇污水设施运行指标均符合省级标准。

【园林绿化管理】2019年，新增绿地12公顷、骑行绿道建设2千米，创成省市级园林式居住区（金海湾家园）1个，修剪公园绿地景观树木、行道树木4600余株、清理杂乱绿化带34.6万平方米、防治病虫害打药26.5万平方米；补植乔木161株、小灌木120平方米、时令草花830平方米、地被植物600平方米。“利奇马”台风期间，调集5支队伍98人参与园林绿化抢救，救灾机械工程车（吊车）、登高车、喷水车、清运车共计12台，电锯、切割机等工具35台，支架1230付，累计扶正加固倾倒、半倾倒树木1900余棵，树木倒伏修复率100%,挽回经济损失920万元。

【市政设施维护管理】2019年,区综合行政执法局结合智慧城管投诉平台，加大巡查力度，提高应急处置速度，及时消除城区主次干道、公园绿地、广场等处的市政设施安全隐患。完成市政桥梁检测11座及整改高中，累计排查市政道路1000余千米、修复改造破损路面4860平方米；更换交通标志牌73处、破损井盖98个；累计增设阻车桩208支，疏通雨水管道174处、改造提升人行通道3条、维修加固各类护栏2420米。

【路灯维护】2019年，区综合行政执法局巡查维修管护范围内路灯3958盏，道路亮灯率保持98%以上。全年累计解决群众照明求助问题117起，帮助社区迁移路灯37处，增加巷道路灯45处，修理庭院灯181盏，修复破损老化照明线路2180米，出动应急照明修理160次，重新漆装大桥路灯杆共156支。

【河道保洁管理】2019年，区综合行政执法局负责城区海滨河、埭口河、铜山河、长坑河、南塘河等11条河道保洁工作。完善河道保洁市场化运作管理机制，对保洁工作质量严格进行检查考评，检查采取明检、暗检相结合的方式，遵循在综合考核时间内进行公平公正、科学客观的评议扣分。结合当月暗检情况，扣分项及扣分数严格按照考核表要求清晰罗列。在做好日常巡查和考核工作的同时，该局积极与区农业农村局、环境保护、治水办等职能部门建立事权清晰、权责一致、规范高效的齐抓共管机制，有力确保河畅、水清、岸绿、景美的水生态环境。

【“最多跑一次”改革】2019年，区综合行政执法局落实“最多跑一次”改革向公共服务领域延伸，制定用水用气报装便利化行动方案，用水用气报装从5个环节减至3个环节，办理材料从7份减至1份，办理时限从15个工作日压缩至3个工作日。不动产过户“一站式”联动办理用水用气业务，设置企业用水营商服务专线，提供用水用气全程“预约上门”服务等多项举措。全年不动产过户“水电气”联动办理203件，用水用气“一证通办”覆盖率80%以上，“一次性”办结率100%。

【城乡环境治理】2019年，洞头区拓宽城区一体化保洁范围至142.4万平方米，调整全区所有村居保洁等级比例，提高二级保洁村居占比。更新环卫清运车辆、机扫车辆60余辆，每日2次道路机扫从19条增至48条，城区道路机械化清扫率提高至74.3%。完善数字智能化环卫管理模式，配置环卫巡查专职人员，加强日常巡查监管力度，严格考核管理、督查通报整改力度，15分钟内对脏乱差即查即清。每月牵头组织开展各街道（乡镇）保洁质量、人员到位情况、车辆运行情况监督考核，考核情况与奖金挂钩。建成劳动者（环卫）驿站5个，解决环卫工人、户外劳动者作业夏热冬寒，饮水难、无休息场所实际困难。改造提升城区公厕，补齐一批老旧公厕短板，完成城镇公厕改造提升6座，准二类及以上城区公厕占总数60%。公厕采取“定人、定标、定则”精细化管理机制，统一公厕管理公示牌、岗位职责和保洁流程图。

【城乡垃圾分类管理】2019年，洞头区《洞头区再生资源回收体系建设实施方案》，率全市之先建立生活垃圾分类系统，实现垃圾资源化、减量化、无害化处置。建成省市级高标准示范小区4个，完成厨余垃圾直运路线1条，实行重点商业街定时定点收运、重点区域撤桶并点、垃圾车“专车专运”，实现分类收集覆盖面87%，垃圾增长量降至0.59%。建成全市首个有害垃圾收集站，采用“定时定点”“流动兑换”“预约收集”相结合模式。减少主次干道和定时定点商业街等垃圾桶125组，向城区居民累计发放生活垃圾分类袋600万个。采用“智能化、积分制、红黑榜”模式，建立中转站分类收集准入制度，实行分类车辆“专车专运”22辆分类收运车辆（三轮车）进行备案登记。率全市之先建立首支垃圾分类督导员队伍，按照市民投放峰值时段，制定督导巡查时间表，以小区及背街小巷为网格、划分责任，通过桶前现场教，入户图片学，党员示范做等系列措施。开展机关单位和物业小区专项督查，发放整改通知单12张，查处物业公司混收混运2起。采取全覆盖、分层次、多样化“线上+线下”相结合立体宣传模式，联合职能部门开展“大手拉小手”“有害垃圾兑换”等“八进”宣传活动。利用垃圾分类诚信管理，有奖兑换、专线收运等形式创建垃圾分类示范小区6个，并配备智能设备。全年累计开展活动52次，发放宣传手册、宣传用品1万余份，覆盖学校20所，参与师生5000余人。

【公共自行车服务管理】2019年，区综合行政执法局常态化做好公共自行车标准化管理和温馨服务，全年维修、更换损坏零件200余次，定期开展站点清扫、车身清洗1.9万人次，客周转近万千米。设置温州医学院仁济学院滨海校区公共自行车站点，开展免押金公共自行车骑入“温医大”活动，服务大学生用户700余人。

（林思茹）

综合行政执法

【概况】2019年，洞头区依托区智慧城市，实现智慧城管“1+1+N”（全区一平台+一综合执法平台+N个职能系统）平台系统架构，建立全天候全时段处置机制，得到中央政法委领导肯定。建立“系统捕捉+路面巡查”执法管理模式，全年受理各类民情、投诉举报1071起。组织开展夏季夜间、道路扬尘污染、违法排水、护航中高考噪声污染、城镇燃气安全检查等重点执法行动。开展国卫复评、污水零直排创建、小城镇综合整治、工业园百日攻坚、中高考护航等专项执法行动，全年立案查处179起（除违停外），罚没款162万元。

【综合行政执法行政处罚事项划转】2019年10月24日起，为进一步创新和完善行政执法体制机制，推进基层政府治理体系和治理能力现代化，根据《中华人民共和国行政处罚法》《中华人民共和国行政强制法》等法律法规规定，经省人民政府批准，城乡规划管理方面法律、法规、规章规定的除违法建设行为以外行政处罚事项19项和风景名胜管理方面法律、法规、规章规定的全部行政处罚事项12项划转由区综合行政执法局行使。

【洞头区通过“无违建”区复评】2019年，洞头区深化无违建创建，以防违平台为载体，构建“天上巡、地上查、系统控”防控体系，落实长效管控措施，高分通过省“无违建”区复评。通过加入“大地图”“奥维互动”定位技术比对，提升违建认定和建筑信息准确率,全面提升33151一户（楼）一档；存量清零实现分类化，开展渔具房、小微企业专项整治行动，全年即查即拆新增违建26处，拆除违建1.59万平方米，完成率市定任务159%；整治“四边”区域力度，以问题点位销号和精品示范创建为抓手，整治问题点位64个，创成桥下空间利用精品项目1个。依法处置渔具房清理57宗，处置山海艺墅、三盘领海等违建19起。

【城市“五乱”专项治理】2019年，区综合行政执法局以数字城管为抓手，联合开展“五乱”专项治理，助力国家文明城市指数测评、食品安全区创建、重大活动安保等活动开展。重点整治农贸市场周边摆摊及街区出室经营乱象，探索推进占道经营“三划分”管理模式，序化管理临时疏导点及人行道违停现象。持续开展夏季夜间、道路扬尘污染、违法排水、护航中高考噪声污染、城镇燃气安全检查等重点执法行动。全年开展市容专项整治行动40余次，其中夜查15次，出动执法人员3000余人次，整治和巩固重点市容乱点10余处，主要街区无出室经营。

【“非现场”执法模式】2019年，区综合行政执法局推广和深化“非现场”执法模式，联合公安、住建、市监等部门，市场主体信息、视频监控信息共享互通，其中共享高清探头2200余个，管理触角从现场延伸到“智慧前端”。6月起，以“集中办案百日攻坚行动”为抓手，抽调各街道（乡镇）中队业务骨干组建办案专班，实行全员办案机制，以设卡巡检、科技取证、“第三人”取证、全过程记录及“非现场”送达等举措，发挥“以案促管”效应，有效治理城市“顽疾”，扩宽“非现场”执法模式深度和广度。全年办理“非现场”案件占案件总量32.4%，涵盖8大执法领域，其中机动车侵占绿地案实现零突破。

【燃气安全监管】2019年，洞头区新增燃气管线18千米、管道燃气用户608户。区综合行政执法局提高燃气信息化管理水平，实现全区瓶装燃气流转全过程信息化追溯管理。组织开展节假日、行业安全运行排查等专项整治，全年燃气突击排查26次，出动人员1260余人次、排查燃气用户1568户、燃气供应站点52次。实现充装出站比例381%，配送比例227%，入户安检比例100%。

【排水排污整治】2019年，洞头区新增农村生活污水设施30吨以上标准化运维10个。 区综合行政执法局以“污水零直排区”创建为载体，结合“五水共治”行动，推进“六小行业”排水排污整治工作，开展重点排水户许可证办理情况摸底排查，发放排水许可证128件，办理量同期增长3.6倍。

【道路扬尘污染执法行动】2019年，区综合行政执法局联合开展道路扬尘污染执法行动,部署开展“混凝土搅拌车扬尘污染专项整治行动”和“建筑工程运输车辆扬尘污染集中执法行动”，全年开展夜查、路查等执法行动20次，实现全区混凝土搅拌车防漏槽100%加装，立案处罚车轮带泥运行案6件、乱倒垃圾案11件、施工扬尘案3件，案件数相较去年同期增长3倍。

（林思茹）

商贸服务

渔村夕阳 · 陈建辉

“海霞精神”

爱岛尚武　励志奉献

商贸服务

概述

【概况】2019年，洞头区商贸流通逐渐形成“一个新兴商贸区、一个城市中心商圈、三个港口商贸基地、四个便民商贸中心”城乡格局。全区消费品市场呈良好发展态势，全年实现社会消费品零售总额36.49亿元，比上年增长9%。截至年底，洞头区纳入统计限上商贸企业56家，其中批发企业24家，零售7家，餐饮18家，住宿7家。全年限上批发业销售额为57亿元，主要批发企业有浙江中燃华电能源有限公司，全年销售总额37.2亿元，占全区限上批发业销售额38.7%（不含瓯江口则比重为85%）。

【消费品零售】2019年，全区消费品市场呈良好发展态势，全年实现社会消费品零售总额36.49亿元，比上年增长9%；全年完成批零住餐销售总额141.9亿元，增长25.66%。完成限上批发业销售额96亿元，增长35.62 %；限上零售业营业额2.54亿元，增长19.29%；限上住宿业营业额5484万元，增长15.07 %；限上餐饮业营业额6371万元，增长12.29%。

【商贸市场流通发展】2019年，洞头区出台《洞头区扶持村庄经济总部发展暂行规定》，完善总部经济建设体制，引进福福商贸等总部项目。维也纳酒店进入装潢施工。完成企业上限11家，拉动零售，住餐企业增长10%以上。

（李隆隆）

【电子商务】2019年，洞头区电子商务零售额5.2亿元，同比增长18%；80%以上规上工业企业通过第三方平台或建设独立平台开展电子商务应用；鑫朝电子商务产业园建成2万平方米，入驻企业16家，截至年底，洞头区在重点监测第三方电子商务平台各类活跃网络零售网店440家，相当于注册零售网店总数55.6%；电子商务解决直接就业岗位1210个；间接带动就业岗位3190个。洞头区活跃天猫网店30家，活跃网店占比96.8%。活跃天猫网店中旗舰店、专营店、专卖店分别为18家、11家、1家，旗舰店占比60%，跨境电商2家；洞头区有淘宝（企业店）、天猫、京东农产品网店3家。天猫优品、东京店等电商新零售业态10家。

【对外贸易】2019年，洞头区进出口总额（含一达通）实现14.3亿元，同比下降29.73%。其中，进口总额实现11.2亿元，增长-36.05%；出口总额（含一达通）实现3.1亿元，增长9.6%。按企业类型分，外贸企业自营出口额0.93亿元，增长27.4%；生产企业自营出口2.01亿元，增长37%；三资企业自营出口额0.56亿元，下降73.2%。洞头区主要外贸出口企业有温州市东启汽车零部件制造有限公司、浙江信立达机械科技有限公司、浙江诚意药业有限公司、温州佳海水产有限公司等老牌企业，分别出口5570万元、4870万元、3920万元、2480万元，占全区出口额54.3%；进口企业主要是浙江中燃华电能源有限公司，全年进口额11.1亿元，占全区进口99.1%。

全年新增内转外外贸运行监测企业3家及对外贸易经营者备案登记企业10家。申请到位省商务促进财政专项资金108万元。开展补助兑现申报资金120万元，涉及企业

50余家，完成兑现10多万元全年帮助企业协调解决生产经营和困难问题60件。

（吴建中）

【食盐专营】2019年，洞头区盐业公司共调入盐产品1663.1764吨；年底库存量411.0608吨，达到合理库存量；销售各类盐产品1663.9340吨，其中小包装碘盐销售106.034吨；销售收入165.91万元，其中非盐收入5.2万元；企业利润总额 -76.85万元。全区碘盐合格率、碘盐覆盖率和合格碘盐食用率分别达到100%、98%和100%。建立食盐零售配送客户资料175家，配送客户90家。配送零售客户小包装碘盐97.5252吨，占小包装碘盐总销售91.98%。5月15日，开展第26个“防治碘缺乏病日”活动宣传，消除碘缺乏危害。

（王 超）

【烟草专卖】2019年，洞头区烟草专卖局（分公司）销售卷烟5533.12箱，同比增长4.9%，增幅排名全市第二，毛利6753.92万元，增长9.21%，全年税利5862.21万元，增长6.36%；对洞头税款1091.55万元，缴纳省税务1195.94万元，对洞头地方财政贡献额1111.29万元（含转移收入）。聚焦灵昆市场区域发展趋势，引导无证户办证，灵昆持证量从不到120户增加至179户，占全区销量28.44%。累积发展现代终端178户，其中一星终端105户，二星终端55户，三星终端12户，合作终端6户，累积占比21.6%。实施全区店招整改，实现70户店招整改，累计终端识别系统改造面13.73%，建成香溢合作店6家。建设吸烟室3个，公共区域安装灭烟筒138个。

全年查获涉烟违法案件45起，其中真烟案件37起、5万元以上（5件以上）案件9起，查获涉案卷烟6119.59条，同比增长180%，总案值94.39万元，增长213%，全年市场综合净化率98.75%，实现假烟案件再突破，案值43万余元。联合公安部门协同打击，移送公安部门立案调查涉烟网络案件3起，均为二级国标网络案件。

（邱颖莹）

【医药销售】总部经济园占地48.8亩，入驻并运营企业主要为医药企业3家。浙江固德医药有限公司，位于洞头区北岙街道溢香路86号B幢和飘香路1号B幢1楼部分，建筑面积9555平方米，主要从事民营医院、诊所和药店OTC业务，设立一家集零售、药店连锁营销、B2C与O2O电商运营、物流等为一体综合性医药批发总部。2017年9月，取得省药监局下发的药品证书。2019年，销售额4099万元。温州通用医药有限公司（原浙江康隆医药有限公司）成立2016年，专业从事医药流通业务。公司经营中成药、化学药制剂、抗生素制剂等医药产品业务。2017年9月，取得省药监局下发的药品证书，2019年，销售5300万元。浙江德宁医药有限公司位于洞头区北岙街道飘香路A幢102室，总建筑面积3347.24平方米，注册资本1000万元，主要从事康宁集团所属各大医院及其他医疗机构、药店的业务。2019年10月，取得省药监局下发的药品证书。2019年，销售额28万元。

（李隆隆）

经济园总部鸟瞰图　　　　（区经信局提供）

2019年洞头区涉药单位一览表

表26

类别	单位名称	地址
药品生产企业	浙江诚意药业股份有限公司	洞头区化工路118号
批发企业、连锁总部	浙江康隆医药有限公司	洞头区北岙街道飘香路3号A幢401室
	浙江固德医药有限公司	洞头区北岙街道溢香路86号B幢202室
	浙江德宁医药有限公司	洞头区北岙街道飘香路3号A幢102室
	浙江温周药房有限公司	洞头区北岙街道溢香路86号B幢502室
处方药店	洞头联益医药零售有限公司	洞头区北岙街道健康巷17号
	洞头花旗药店	洞头区北岙街道中心街67号A8-10
	洞头一品堂药店	洞头区北岙街道望海路18号
	洞头同益药品零售有限公司	洞头区北岙街道连城大道12号
	洞头协和药品零售有限公司	洞头区大门镇沙岩街45号
	洞头康民药品零售有限公司	洞头区北岙街道中心街373-375号
	温州一正药房连锁有限公司洞头店	洞头区北岙街道中兴路38号一楼第1间
	温州一正药房连锁有限公司洞头城南店	洞头区北岙街道城南大道9号、11号
	温州一正药房连锁有限公司洞头城中店	洞头区北岙街道中心街168-4、168-6号
	温州一正药房连锁有限公司洞头北岙店	洞头区北岙街道烈士路31号
	温州市国好大药房连锁有限公司洞头店	洞头区北岙街道城南大道1号
	温州三德大药房医药连锁有限公司东屏店	洞头区东屏街道海滨路20号
	温州三德大药房医药连锁有限公司洞头平民药店	洞头区北岙街道中心街212号
处方药店	温州叶同仁医药连锁有限公司洞头店	洞头区北岙街道连城大道4、6-1号
	温州叶同仁医药连锁有限公司洞头二店	洞头区北岙街道腾飞路62号、霞晖大道194号
	浙江康盛堂大药房医药连锁有限公司洞头店	洞头区北岙街道连城大道12号
	浙江康盛堂大药房医药连锁有限公司大门店	洞头区大门镇沙岩街28号一楼
	温州一洲医药连锁有限公司洞头店	洞头区北岙街道中心街406、408、410号
	温州市布衣大药房连锁有限公司洞头大门店	洞头区大门镇富民街9号-4、9号-5
	洞头同致药品零售有限公司	洞头区霓屿街道海滨南路28号第一层
	洞头鹿西玉琴药店（普通合伙）	洞头区鹿西乡兴渔路12号
	温州百晓大药房连锁有限公司洞头北岙店	洞头区北岙街道烈士路101号
乙类非处方药店	洞头红十巷药店	洞头区北岙街道十字巷1号
	洞头一帆药店(普通合伙)	洞头区东屏街道仙岩路317弄11号
	洞头大门舒宁药店	洞头区大门镇富民街33号
	洞头海英药店	洞头区东屏街道城南路129号

（区市场监管局提供）

【拍卖典当业】2019年，洞头区有1家拍卖企业——洞头拍卖行有限公司，公司成立于1993年，注册资本100万元，是洞头区经信局下属的国有企业单位。主营业务涵盖拍卖的各个领域，业务范围涉及各级执法机关罚没物品、金融部门抵押物品、理赔物、无主物、闲置设备、破产企业资产、国有资产管理部门委托的动产不动产拍卖、商品估价鉴定咨询服务，国家法律、法规允许拍卖物品、财产权利等。全年组织各类拍卖活动4场次，总成交额 47.4万元，无营业税及附加费。

洞头区共有1家典当企业——洞头鑫隆典当有限责任公司，公司位于洞头区北岙街道复兴路101号、103号，注册资本500万元，主要经营动产质押、房地产（外省、自治区、直辖市房地产或者未取得商品房预售许可证在建工程除外）抵押典当业务、限额内绝当物品变卖、鉴定评估及咨询服务和商务部依法批准其他典当业务。全年企业典当业务总额50万元，发生典当业务1笔，年末资产总额509万元，年末典当余额487万元，当年息费收入1万元，无直接对外债务余额。

（李隆隆）

【市场管理与服务】2019年，洞头区有商品交易市场9家，其中农贸市场6家，消费品市场1家，生产资料市场2家，网上交易市场1家。全区四星级文明规范市场2家（北岙、新城农贸市场），三星级规范市场2家（大门、元觉农贸市场）。洞头区渔家乐餐饮服务质量等级评定办法制定，完善渔家乐地方标准和奖励政策，培育渔家乐餐饮星级服务单位11家，建成省放心示范餐饮店35家、农村家宴放心厨房10家和名特优小作坊8家。建成新城渔农产品批发交易市场和省级放心消费示范街区6个。新城农贸市场创成浙江省放心农贸市场。全区质检所出租车计价器检定装置通过省市场监管局授权考核投入运行，检定出租车计价器91台(件)。全年免费检测检定压力表、燃气表、水表等各类计量器具4959台件。全年出动检查人员2800余人次，开展联合执法35余次。全年完成“羊栖菜节”“妈祖节”等重要旅游活动保障12次，活动期间食品安全零事故。洞头区消费者权益保护委员会获评2018—2019年度全省消保委系统消费维权先进集体。

供销合作经济

【概况】截至2019年年底，全区农民专业合作社171家，其中省级示范性2家，市级示范性14家，区级示范性17家，全年新培育省、市级示范性各2家，区级示范性9家。联动工商行政管理部门开展“空壳社”清理，吊销28家，注销34家，规范改造13家。组建紫菜、羊栖菜、民宿产业农合联。全年合作社经营收入3.8亿元，同比增长20%，带动农户4062余户。

全年开展“农资下乡”系列活动8次300多吨60余万元，服务渔农民500余户，让利15万元。争取市供销社200万元建设农合联为农服务中心；省、市领导多次考察霓屿紫菜现代产业园并招引“老供销”入园；引进市农信担保公司设立洞头代办点。全市“老供销”超市拓宽南部县扶贫产品销售渠道。培育大门东川、霓屿蟹公寓等区级示范性合作社9家，申报省、市级示范性8家。举办“2019中国·洞头羊栖菜节”“两菜”专场美食推介等活动。联动区农商银行为合作社提供大额低息贷款，节约年成本近1.5万元；联合农行洞头支行推出“紫菜贷”“羊栖菜贷”，发放贷款1677万元，每年为养殖户节省开支5000余元。全年组织参展妈祖平安节、“两岸一家亲·小农好物”等大型活动展销会450余人次，销售额500多万元，平均每户参展商增收3000余元，带动农村闲置劳动力300余人。

（蔡冬辉）

2019年8月14日，洞头区“羊栖菜贷”启动仪式　（区供销社提供）

【“两菜”区域品牌推广】2019年，洞头区落实区人大代表《关于推进洞头“两菜”产加销，促进海岛乡村振兴的建议》重点建议办理。举办“2019中国·洞头羊栖菜节”、“两菜”专场美食推介等活动。羊栖菜成功入驻盒马鲜生、省政府机关食堂扶贫消费门店等实体渠道及市机关食堂、部分中小学校食堂。洞头紫菜首次迈出国门进军印度尼西亚市场。羊栖菜官网运行，“两菜”成为首批温州市“瓯越鲜风”公用品牌子品牌。星贝企业运用气调保鲜技术开发“两菜”生鲜产品，鲜羊栖菜从1元/公斤溢价到60元/公斤，鲜花水紫菜从10元/公斤溢价到60元/公斤。中央电视台《消费主张》《生财有道》等栏目组先后4次专题报道“两菜一鱼”。

【2019中国·洞头羊栖菜节暨渔家厨星大赛】2019年4月20日，2019中国·洞头羊栖菜节暨渔家厨星大赛在国际放生台举行，近千名市民和游客参见。活动主题是“寻找海的味道享受健康人生”，现场同步开展羊栖菜菜品厨星比赛和洞头渔家小吃厨星比赛。专家评审和大众评审评出金奖1名、银奖4名、铜奖6名。举行百桌宴，展示本土特色菜肴，为每一位观众和游客提供洞头全域景区免费游项目。现场举行签约仪式，洞头区供销合作社与浙江农都农业科技发展有限公司，温州星贝海藻食品有限公司与区教育局，温州星贝海藻食品有限公司与区机关事务管理中心分别签署战略合作协议。活动由区政府主办，承办单位：洞头区供销社、浙江农都农业科技发展有限公司、区传媒中心、区文广旅体局、东屏街道承办，区农业农村局、区文联、区妇联协办。

（朱淑贞）

粮食行业

【概况】2019年，洞头区完成储备粮早籼稻谷、区级储备成品粮、食用油、小麦。投入20余万元对仓储设施、设备等进行维修改造和提升。开展储备粮和储备食用植物油库存检查，库存粮油质量合格率、储存粮油品质宜存率、入库与储存期间质量检验建档率均100%，储备粮油全部达到“一符四无”标准要求。

【粮食产购销】2019年，洞头区保持与安徽、江西等地长期粮食产销合作关系，与安徽巢湖市农户签订3600亩粮食订单协议并建立稳定粮食购销关系，调入轮换补库稻谷1000余吨；开展省际间粮食产销对接活动，组织粮食企业参加江西上饶举办浙、赣两省五市粮食网上交易会。

【粮食应急预案演练】2019年，区发改局组织开展粮食应急预案粮食加工演练和培训。实行每周一报价格监测制度，在全区12个粮食应急监测点对5个主要品种粮食价格进行监测，及时掌握全区粮食市场价格变动情况。继续与12个粮食供应点签订粮食应急供应协议，落实保持应急成品粮储备。

（洪星）

餐饮住宿业

【概况】2019年，洞头区推进商旅融合，发展“互联网+旅游”，举办第12届中国洞头七夕民俗风情节，推出七夕印象、大门油菜花节等节庆活动，促进旅游市场平稳快速发展，带动住餐消费逐步回升。出台《洞头区培育“星光经济”实施方案》《洞头本岛海鲜美食街规划研究报告》《九厅小海鲜美食城改造方案》，形成九厅、东岙、小朴为支点“一核多点”环岛相伴格局。全年区住宿业营业额2.24亿元，同比增长12.5%，其中限上住宿营业额5484.7万元，增长15.07%；餐饮业营业额6.92亿元，增长13.4%，其中限上餐饮业营业额6371.8万元，增长12.29%。截至年底，全区有限上餐饮企业18家、限上住宿企业7家，主要住餐企业有温州市洞头沿港大酒店有限公司、温州市洞头溢香国际大酒店有限公司、温州中快餐饮服务有限公司等，全年营业额分别为3863万元、1408万元和652.6万元，占全区限上住餐总营业额50%。

（李隆隆）

【餐饮业管理】2019年，洞头区完成餐饮业省级及以上监督抽检8批次，不合格1批次，立案查处1件；完成市级监督抽检44批次，不合格1批次，立案查处1件；完成区本级监督抽检178批次，不合格31批次，涉案经营主体20户，立案查处20件。食品核查处置率100%，食品抽检结果信息公示率100%。全年完成羊栖菜节、中国·洞头妈祖节平安节、2019两岸一家亲·半屏山系列交流活动、温州长距离铁人三项世界杯赛、“一带一路”国家间群众体育交流比赛活动等各类大型活动保障15场，保障人数3万余人，实现活动期间食品安全零事故。

【农村家宴放心厨房建设】2019年，洞头区推进农村家宴放心厨房民生实事项目建设，完成小三盘村、海湾三区、大荆村、活水潭村等4个农村家宴服务中心建设，其中北岙街道小三盘村家宴放心厨房为全区首家按A级标准农村家宴放心厨房。

【消费者权益保护】2019年，区市场监督管理局出动执法人员400余人次，检查消费领域经营户1300余户次；举办消费维权主题讲座5期，分发消费维权宣传资料7000份；受理消费者各类举报投诉258件，办结率100%，挽回消费者损失经济27万余元。首次运用ODR在线纠纷调解平台调处复杂疑难案件。查处仿冒产品、虚标规格、餐饮明码标价等消费热点问题诉转案11件。约谈企业12次，完成建设放心消费单位、无理由退货单位各49家，放心餐饮12家，放心工厂31家，建成大门观音礁、东屏东岙顶放心消费示范区2个。

【洞头区新城渔农产品批发交易市场投用】2019年8月，洞头区新城渔农产品批发交易市场工程建成投用。该工程为洞头区北岙街道九厅，建设内容包含钢膜车棚宽15米长26米，面积为390平方米，工程费用29.5万元。工程责任单位是区市场监管局、设计单位是温州一正建设有限公司、施工单位是温州一正建设有限公司、监理单位是浙江南正项目管理咨询有限公司。

【省级放心农贸市场创建】2019年，洞头区新城农贸市场开展“省级放心农贸市场”创建，设置检测室、消控室、保洁室等，整体配置电动货梯、高清监控、LED显示屏等，配置市民卡智慧支付平台、新城农贸市场一卡通刷卡系统、无线网络覆盖和省农贸市场管理平台。达到省级放心农贸市场消费环境放心，食品安全放心，管理服务放心，诚信经营放心，价格计量放心等五个放心指标。11月，创成省级放心农贸市场，全市创成49家。

【洞头区首个农贸市场果蔬垃圾分类示范点】2019年11月，洞头区首个农贸市场果蔬垃圾分类示范点——新城农贸市场垃圾分类处置站运行，农贸市场垃圾运输量由原来约1000吨减少至100—150公斤。易腐垃圾就地减量处理试点，达到农贸市场垃圾分类，净菜上市，果蔬菜皮等垃圾就地减量处理，实现绿色环保农贸市场的目标。

【洞头区渔家乐餐饮服务质量等级评定办法】为全面规范洞头区渔家乐餐饮服务经营行为，提高渔家乐餐饮服务质量与管理水平，促进渔家乐餐饮服务健康有序发展，2019年7月3日，洞头区印发《洞头区渔家乐餐饮服务质量等级评定办法》（洞政办发〔2019〕34号），建立渔家乐餐饮服务质量等级评定委员会，经营场所依法取得食品经营许可证或食品生产经营登记证、营业执照，面积大于200平方米及消防行政许可，正式营业满6个月渔家乐餐饮服务经营单位可申报；按照“自评、申请、初审、终审、公示、公告”程序，评定小组组织实施，分现场评定、暗访评定、顾客反馈，总分为200分，达到130分、150分、180分，分别评定为三星级、四星级、五星级渔家乐餐饮服务质量等级。每年评定一次，等级牌匾有效期为3年，每年开展年审。截至年底，全区评定渔家乐餐饮服务质量星级单位11家。

（陈青青）

2019年洞头区农贸市场一览表

表27

序号	市场名称	地址	运营时间	建筑面积（平方米）	市场星级	是否放心市场
1	北岙农贸市场	洞头区烈士路58号	1992年1月10日	6907.3	四星级	放心市场
2	大门农贸市场	大门镇富民街2弄3号	2001年2月1日	1580	三星级	否
3	新城农贸市场	洞头区北岙街道新城区腾飞路海湾家园四号地块	2015年11月10日	6202	四星级	放心市场
4	元觉农贸市场	元觉街道小北岙行政村	2014年7月3日	965	三星级	否
5	鹿西农贸市场	洞头县鹿西村兴渔路12号	2004年6月2日	873	二星级	放心市场
6	东屏农贸市场	东屏中心街金源名邸地块	2016年10月1日	2296	二星级	放心市场

（区市场监管局提供）

旅 游

鱼跃鸟飞鱼娃共舞·杨金花

“海霞精神”

爱島尚武　励志奉献

旅　游

概述

【概况】2019年，洞头现有七大景区，分别是仙叠岩景区、半屏山景区、东沙景区、大门岛景区、鹿西岛景区、竹屿岛景区和大瞿岛景区，景点400多个。旅行社4家，即新境界旅游有限公司、大自然旅行社有限公司、华夏旅行社有限公司和温州交运集团国际旅游有限公司洞头旅游分社。全区海钓专业公司3家、钓具店11家，各类海钓船21艘。

洞头区围绕“旅游兴区”战略，致力打造“国际旅游岛”，突出文旅融合，推动景点旅游向全域旅游转型、国内旅游向国际旅游拓展、旅游大区向旅游强区迈进，提升区域影响力、产业竞争力。编制全域旅游产业发展规划，开展洞头区全域旅游产业发展和空间布局专项研究，明确文体旅品牌发展定位。开展文体旅品牌整体策划研究，出台文体旅产业融合发展两年行动计划及扶持政策。制定洞头海岛民宿地方标准，试行海岛民宿等级评定办法，编制民宿产业三年行动计划。完成国家级全域旅游示范区创建实施方案送审，提交半屏山省级海洋旅游度假区创建可研报告。全年接待游客890.37万人次，同比增长15.62%，实现旅游社会总收入40.11亿元，增长15.51%。景区门票收入2300.367万元，下降25.28%。洞头区创成首批省级全域旅游示范区，列入省十大海岛公园建设，入选“全省首批AAAA级景区城试点单位”，获评“文旅融合特色创新示范区”，望海楼获评省生态旅游示范区，创成省AAA级景区村、省AAA级旅游厕所各3个。

【洞头创成省级首批全域旅游示范区】2019年2月14日，省政府表彰省级全域旅游示范县（市、区），洞头区名列其中。按照“为游客打造一座城”理念，实施旅游兴区战略，统筹推进蓝色海湾整治、花园海岛建设等系列生态工程，构建“全域谋篇、全业融合、全时服务、全民参与”旅游发展新格局。完成全域旅游产业发展规划编制，出台全域旅游服务规范化、支持旅游业发展用地、人才引培“三百工程”等政策，建立“多规融合”机制，形成“一轴两核三片十二主题”全域旅游空间规划布局。成立旅游志愿者服务中心等民间组织，开展全域旅游“1+10”系列配套活动，举办精品民宿管家等各类培训班。全区涉旅从业人员1.1万人，占全区社会从业人员20%以上。企业家、乡贤等社会人士捐资景区村庄旅游配套设施建设1800万元。推进海霞红色小镇、海峡两岸同心小镇，建成全国规模最大的生态海洋牧场项目——鹿西白龙屿生态海洋牧场、海洋文化创意园、15千米“星光经济”环线。发展帆船、高空蹦极、海钓、瑜伽、国际铁人三项等产品和特色夜市、渔村酒吧、音乐夜市、望海楼夜游等项目。投用全省首个EPCO模式打造的花园厕所。推出“海峡两岸同心”、滩涂讨海、七夕祭拜、妈祖平安、“洞头八大巧”等本土文化旅游品牌和“书记区长邀你游洞头”活动。新能源旅游观光巴士营运，“诚意号”“华中号”2艘“水上巴士”下水，低空飞行停机坪投用6座。建成五岛沿线风光轴、环洞头岛连港蓝色海岸带等4条美丽乡村风景线。获评国家AAA级旅游景区2个、省AAA级景区村庄6个，入选浙江省首批休闲旅游示范村2个，获评“中国最美休闲度假胜地”，入选浙江十大海岛公园。同心旅游小镇入选省特色小镇创建名单，东屏街道上榜省级旅游风情小镇，望海楼入选省生态旅游区。全年接待海内外游客713.69万人次，旅游社会总收入66.26亿元，分别同比增长22.08%，25.9%。

【国家级全域旅游示范区创建】 2019年，洞头区围绕“海上花园”建设总目标，构建“全域谋篇、全业融合、全时服务、全民参与”旅游发展新格局，在省级全域旅游示范区基础上推进国家级全域旅游示范区创建。区领导带队到文化旅游部汇报洞头创建国家级全域旅游示范区相关工作。省文旅厅下发《关于开展首批国家全域旅游示范区验收认定初审工作的通知》，根据国家全域旅游示范区创建要求，洞头区按照2020年创成国家级全域旅游示范区目标倒排计划，统筹各单位建议意见，完成国家级全域旅游示范区创建实施方案编制。

【洞头入选省AAAA级景区城创建试点】 2019年6月，浙江省文化和旅游厅公布全省首批AAAA级景区城(镇)试点培育单位名单，温州市五地上榜，洞头区名列其中。洞头区依托七大景区400多个景点，秉持“全域景区化，旅游主业化”发展理念，坚持全城参与、主客共享，以资源与环境、设施与服务、产品与业态、管理与保障为提升重点,坚持“为游客打造一座城”，接待游客人数和旅游综合收入年均实现增长20%左右。通过突出“陆海、两岸及旅居”三方面联动，实施蓝湾整治，打造主题岛，结合金岙101等项目，打造两岸青年的筑梦家园；深化“旅游+”文章，推动村旅融合、文旅融合，丰富海上业态与产业内涵。11月，省AAAA级景区创建验收工作组到洞头检查验收创建工作，采取“察看现场、听取汇报、查阅台账、核实指标”方式，按照评定标准实地查看九亩丘海创园、同心公园、红色印迹馆等地，巡查城区城貌，走访渔韵三盘振兴示范区，观看洞头景区城创建汇报片并听取汇报，通过市级初评。

【洞头区文体旅产业融合发展两年行动计划】 2019年12月6日，为全面贯彻落实《国家“十三五”时期文化发展改革规划纲要》《浙江省文化产业发展“十三五”规划》《浙江省全域旅游发展规划（2018—2022年）》精神，抓住文体旅产业发展重要战略机遇期，推进“十三五”时期区域文体旅产业融合发展，洞头区制定《洞头区文体旅产业融合发展两年行动计划（2019年—2020年）》，主要任务包含文旅休闲产业培育工程、文化旅游精品打造工程、文化产业新业态扶持工程、海洋运动产业发展工程、文体旅企业培育工程、文体旅产业人才培养工程等。发展目标力争到2020年完成文体旅产业项目投资34亿元，产值35亿元，增加值16亿元，年均增长10%，占GDP比重13%，成为以旅游兴区为目标全域旅游示范区、文体旅融合试验区、海渔文创样板区。

【望海楼获评省生态旅游示范区】 2019年12月，省文化和旅游厅、省生态环境厅公布2019年浙江省生态旅游区单位名单，全省10个景区入选，洞头望海楼景区榜上有名。望海楼景区占地面积9.39公顷，主楼面积2700平方米，高35.4米，是洞头标志性建筑。景区现建有望海楼主楼、颜延之雕像、诗词碑廊、同辉亭、泓澄亭、心赏亭、白马古道等景观。主楼一至五层分别是帆锚相依、耕海牧渔、闽瓯风情、非遗奇葩、观景廊。望海楼景区以突出的历史文化特色入选2019年浙江省生态旅游区。

【洞头获评中国文旅融合特色创新示范区】 2019年11月30日，2019中国城市大会暨中国城市品牌评价发布（地级市）大会在北京召开，洞头区等10个城市被授予“文旅融合特色创新示范区”称号。洞头立足海岛民俗文化、海霞文化、海防文化、妈祖文化、两岸半屏山文化，蟹壳画、渔民画、贝雕等非遗手作体验、研学基地，开渔节等海洋节庆品牌，七夕、海霞、妈祖等文化旅游产品，海钓矶钓、海上运动、健步骑游等滨海文旅产业，进一步推动文化旅游业发展。2019中国城市大会由人民日报社、国家城市品牌评价项目领导小组指导，中国城市报社和人民日报文化传媒有限公司主办，中国标准化研究院、中国品牌杂志社提供技术支持。

【全域旅游产业发展规划通过区政府评审】 2019年12月，为有效推进洞头区旅游产业健康发展，及时补齐旅游短板，引导高质量发展，洞头区推进《全域旅游产业发展规划》编制，经多次征求意见和修改，《全域旅游产业发展规划》通过区政府评审。该规划围绕“东方明珠·海上花园”定位，在长三角大时空格局下全方位考察洞头全域旅游发展机遇，针对洞头区全域旅游发展短板，创新性地提出“2+2”发展思路。把旅游产业发展与全区产业转型、城乡统筹、文化特质挖掘、生态环境保护等方面密切关联，实现为“我们（原住民，新市民，游客）”共同造一座城。

旅游市场营销

【概况】2019年，洞头拓展旅游客源市场，举办“当伦敦遇上温州”中英艺术家写生展览、“李秀媛游洞头”、台湾媒体合作、海外媒体宣传推广等活动；组织参加第十五届海峡旅博会、“惬意温州”职工疗休养推介会等推介活动，将洞头的海岛风光和民俗风情近距离带给全国游客；举办浙江第六届哈雷骑士大会、“双屏双赢”半屏山主题晚会等活动，开展2019中国洞头文化和旅游主题形象宣传口号·形象标识（LOGO）全国创意征集大赛、洞头特色旅游商品大赛等形式创新宣传。

【旅游客源市场拓展】2019年，洞头区持续拓展旅游客源市场，开展“当伦敦遇上温州”写生展览活动，邀请十几名中英艺术家画家赴望海楼、东岙沙滩等景点进行创作写生，通过艺术窗口拓展海外客源市场；开通海外社交媒体洞头旅游官方账号，与Instagram平台上多个知名文旅信息平台合作，持续发布洞头旅游图文信息帖子，曝光量2200万人次；邀请中国台湾知名主持人李秀媛，开展“李秀媛游洞头”活动，通过节目访谈、网络直播、电台主持等多方式向台湾观众展现洞头风土民情，拓展台湾客源市场；与台湾旅报、旅奇、中广流行网电台合作，以专访、口播形式在太阳网新闻、yahoo旅游、Sina旅游等网络报道；针对上海、江苏游客推出景区门票优惠政策，拓展上海、江苏客源市场。

【线上及自媒体营销】2019年。洞头区联合楠溪江、雁荡山与马蜂窝签订联合投放温州自由行营销合作协议，开展游记撰写、自由行网络社区活动定制、官方攻略号定制、画报式专题定制等营销工作；与百度合作，推广洞头城市名片、开通并运营百家号。开展本系统内网站、微博、微信、抖音等新媒体平台运营维护工作，整体形象宣传工作。“洞头百岛旅游”全年发布推文374篇，其中原创文章131篇，多篇原创爆文累计阅读数过万，数篇原创文章被省市旅游平台多次转发，内容涵盖景区推荐、民宿推荐、美食推荐、文旅企业推荐、乡村振兴系列宣传、攻略线路推荐、节日专题、互动吸粉活动、系列赛事报道等。针对性开辟玩转百岛、智游百岛、旅游预订等多个微专栏，为游客提供旅游信息查询、智慧旅游服务和旅游预订服务。

【洞头特色旅游商品大赛】为继续挖掘洞头海岛文化，鼓励和扶持本地企业推陈出新，给游客带来更丰富、优质旅游商品，2019年9月19日—10月8日，洞头区举行2019洞头特色旅游商品大赛。征集对象为旅游食品类和旅游工艺品类。比赛征集作品50件，经专家讨论评选，最终评选洞头特色旅游商品8件，包括洞头东屏水族贝壳工作室的蟹壳画水晶球、温州至朴海陶文化有限公司的海陶茶碗、洞头区东海贝雕艺术博物馆的花梨木手串盒、温州市杨艺木雕有限公司的孤岛渔家、洞头嘉媛文化旅游发展有限公司的渔民画帆布包、洞头北岙雅绿洗护用品工作室的天然羊栖菜SPA香氛蜡烛、庶安永龄（温州）酿造科技有限公司的庶安鲜酿米酒礼盒和洞头区东海贝雕艺术博物馆的茶具三件套。羊栖菜系列衍生品和半屏山贝雕系列产品入选浙江省特色旅游商品大赛名单。

【温州疗休养主题产品推介活动】2019年4月1日晚，“惬意温州”职工疗休养主题产品推介活动在洞头举办。活动现场重点推介“邂逅养生岛”“徜徉山水间”“呼吸生态源”三条经典温州职工疗休养主题产品线路，期间洞头、泰顺、楠溪江等推荐歌曲表演《渔家姑娘在海边》、诗歌朗诵《楠溪之春》、泰顺木偶戏表演《十八相送》等节目，展示温州疗休养旅游目的地独有自然美景和民俗风情。区长林霞出席并分享洞头休闲旅游情况。会场外涉旅企业代表推进羊栖菜手工皂、洞头海陶、贝雕、渔民画丝巾等洞头旅游伴手礼。活动组织嘉宾、专家实地考察洞头望海楼、洞头先锋女子民兵连纪念馆、仙叠岩等景区。省产业系统工会、各地市总工会、地市产业、集团、企业工会负责人，及省内优秀疗休养组团社代表、温州疗休养基地和媒体记者等200人参加。

【洞头文化和旅游主题形象宣传口号·形象标识征集大赛】为进一步提升洞头旅游品牌知名度，树立品牌传播形象，塑造洞头旅游新概念、新形象，2019年5月31日至6月30日，洞头区面向全国征集洞头文化和旅游形象宣传口号和文旅形象标识（logo）。共征集LOGO设计作品142个、3048条宣传口号。通过作品初选、专家评选、公众投票、专家复审、评委会审定等，最后评定各入围奖10名（创意奖空缺）。

【浙江第六届哈雷骑士大会】2019年5月18日—19日，中国旅游日洞头主题活动暨第六届浙江哈雷骑士大会在洞头举办。浙江35个哈雷车队600余名骑士携爱车齐聚洞头国际放生台，沿环岛公路、五岛公路、洞头峡跨海大桥、状元大桥、花岗大桥、洞头大桥、三盘大桥五座桥梁环岛巡游23.9千米。浙江哈雷骑士大会是迄今为止华东地区规

2019年5月18日—19日，第六届浙江哈雷骑士大会在洞头举行办

（区文广体旅局提供）

模最大的哈雷机车聚会之一。活动期间，骑士们举办骑士篝火晚会、摇滚派对、车队巡游等活动。

（陈茂超）

红色旅游

【概况】2019年，洞头区依托“海霞”金名片，推进红色旅游发展，引导和培育海霞文化旅游产品，统筹全区红色旅游基础设施建设和项目开发经营，海霞元素充分融入城市建设。加快发展红色游、研学游，筹备女子民兵连建连60周年活动，建设海霞学院、海霞小镇、海霞基地，海霞军旅营地揭牌，洞头先锋女子民兵连纪念馆入选省级干部党性教育基地。“红色海霞拓展游”线路纳入十大精品线路在多个平台进行推广，过线上线下活动宣传海霞村、女子连等红色资源进和卡通形象U盘等海霞品牌伴手礼。

【洞头海霞民兵小镇入选全省首批金名片重点培育对象】2019年1月20日，省文化和旅游厅与宁波等10个设区市政府签订培育文旅金名片共建合作协议，启动培育金名片厅市合作共建机制正式。经遴选确定首批金名片重点培育对象共82个。纳入共建合作协议项目，着眼于能落地、抓得着、可操作，既彰显地域文化，又整合旅游资源，实现文旅有机融合。力争经过三年左右培育，成为在全国具有一定影响力浙江文旅金名片。洞头海霞民兵小镇入选。海霞民兵小镇是以北岙街道海霞村为核心，创新军旅融合发展模式，构建带动能力强、关联作用强、联动性能强可持续海霞红色旅游业态，打造海霞民兵小镇成国内首个以民兵为主题产业特色小镇。

【海霞品牌宣传推广】2019年，带头用区推出“红色海霞拓展游”，推广洞头先锋女子民兵连纪念馆、南炮台山国防教育基地、红色印迹馆经典红色景点，打响海霞品牌宣传；通过微信、彩铃、短信、微信、微博、自媒体等媒介推进海霞品牌宣传，建立海霞红色文化宣传阵地，红色讲解员暨行政导游培训。拍摄制作《民兵连长李海霞，到》《三代海霞祝福祖国》，广播剧《我是海霞》在央广播出，并获市“五个一工程奖”。

【电影《美丽海霞》签约】2019年6月15日上午，电影《美丽海霞(暂命名)》洞头区举行合作协议签约仪式。该剧本由国内资深电影编剧袁媛执笔，以洞头先锋女子民兵连为创作蓝本，深入挖掘三代“海霞人”在不同时代，用青春和热血谱写守卫海疆感人事迹，展现当代女性在现今社会中自我价值，以及洞头独特渔家风情。邀请《红海行动》部分主创团队参与制作。区委副书记、区长林霞出席签约仪式。

（陈茂超）

乡村旅游

【概况】2019年，洞头区编制民宿产业三年行动计划。创成省新时代美丽乡村达标村17个，东岙村获评中国美丽休闲乡村。建成乡村振兴示范带4条，回岛就业创业人员新增1500名。新增省级旅游度假区、省级旅游风情小镇各1个，创成A级景区村15个，其中省AAA级景区村。东屏街道半屏社区批浙江省美丽乡村美育村（社区）试点单位。推动“金岙台湾101”民宿、伴山民宿、海角民宿、白迭文化艺术村民宿、花岗民宿等社会投资项目开发，完成大北岙、东岙顶、隔头、观音礁等市级示范性民宿集聚村初验。开展民宿主人培训2期100人次，“民宿管家培训”项目获评2019年国家级“终身学习品牌项目”，成为全市唯一教育品牌项目入选。全年新增民宿101家床位732张，获评省银宿3家、市民宿集聚村3个、市精品民宿4家。全区有民宿经营户390家（其中民宿企业13家，个体工商户377家）、床位4099张，省级银宿4家、市级特色客栈16家、区级特色民宿3家、精品民宿6家。鹿西村获评2019年度温州市十大最美AAA级景区村庄。

【第三届洞头大门海岛文化旅游节】2019年3月23日，第三届洞头大门海岛文化旅游节暨大门岛赏花攀登游活动开幕，主题是“山脊瞰岛 花海大门”，开幕式300多人参加登大门山脊。整个活动时间为3月—11月，活动包括大门镇第二届职工山脊游步道赏花攀登毅行、大门镇首届“乡村振兴”羽毛球争霸赛、第六届全区全民运动会、大门镇第七届老年人运动会、“海霞研旅杯”洞头区第六届青年歌手大赛大门赛区选拔赛、庆祝中华人民共和国成立70周年快闪活动、“庆华诞 唱红歌 筑辉煌”大门镇全民唱红歌大赛、大门观音礁沙滩音乐美食节、温州市第三个“兰小草”大型广场活动、文化礼堂“我们的中国梦——文化进万家”村晚暨民间道德奖颁奖仪式等内容。

【洞头3个村创成省AAA级景区村】2019年9月2日，温州市文化广电旅游局和温州市农业农村局公布市2019年第一批浙江省AAA景区村评定结果公示，洞头区观音礁村、鹿西村、隔头村名列其中。观音礁村位于大门镇最东端，东北和鹿西岛隔海相望，北、东、南三面滨海，西连枫树坑，区域面积2.6218平方千米，辖区内有月亮湾沙滩。鹿西村位于鹿西岛西南侧，同状元岙岛、大门岛隔水相望，依山临海，东北与口筐村毗邻，南与山坪村接壤，东南与昌鱼礁村相邻，全村陆域面积约321公顷，为海岛旅游网红目的地。隔头村位于北岙镇的西南部，三面环山，一面临海，总面积约2.03平方千米，北面与东郊村交界，西面与白迭村为邻，西北面与九仙村相连，村内建筑均为虎皮房并保留古渔村历史风貌。

【市级示范性精品民宿及民宿集聚村】2019年12月，温州市农业农村局、温州市文化广电旅游局公布2019年度21个市级示范性精品民宿和8个市级示范性民宿集聚村，洞头区4个民宿和3个村榜上有名。其中，花田花地酒店管理有限公司(花田花地民宿)、聆海文化产业有限公司(聆海左舍)、白迭艺术村民宿管理有限公司(白迭艺术村)、北岙米宿等4个民宿获评2019年度温州市市级示范性精品民宿，东岙顶村、大北岙村、隔头村等3个村获评2019年度温州市级示范性民宿集聚村。

【君庭·澜上民宿】2019年7月，君庭·澜上民宿对外营业。该民宿位于洞头区北岙街道三盘渔港，毗邻多个沙滩、小洱海网红打卡地，三面临海，拥有9个房间的12个床位，是洞头唯一自带电梯的海景民宿。

【朴宿·拾光民宿】2019年7月，朴宿·拾光民宿对外营业。该民宿位于洞头区北岙街道三盘下尾村，环境清幽，拥有11个房间13个床位。民宿装修采用顶天立地的超大落地窗将阳光最大限度地引入室内，游客可沐浴阳光、享受自在时光，配备独家露天私人泳池。

【鸽尾花宿】2019年6月，鸽尾花宿对外营业。该民宿位于洞头区北岙街道鸽尾巷，依山傍海，拥有7个房间14个床位。该民宿打造适合二胎家庭居住民宿，有儿童上下铺小床，儿童双人床，儿童娱乐房，是全家住宿的最佳选择。

（林蓓蓓）

旅游行业管理

【概况】2019年，洞头区试行海岛民宿等级评定办法，组织开展文明旅游宣传活动，提升市民安全文明出行意识。加大旅游监督检查力度，规范旅游市场秩序。指导旅游企业开展消防安全演练活动，组织旅游企业参加全区职工消防安全技能大比武活动。利用国际消费者权益日、中国旅游日、安全生产月、中华人民共和国成立70周年等节点开展文明旅游宣传，派发普法宣传手册和宣传物品、展示宣传海报、设立咨询台等，全年开展各类广场宣传9场次，张贴海报500余张，发放宣传资料1000余册。组织青年旅游志愿者到大沙岙、仙叠岩、新城客运站等游客密集场所开展志愿服务、文明旅游宣传活动，设立通景公路沿线咨询点，提高旅游服务质量。联合开展导游大赛、红色讲解员等各类培训活动，全年累计培训430人次。

【旅游行业监管】2019年，区文广旅体局与各涉旅企事业单位签订安全生产责任书和消防工作责任书，落实旅游行业安全责任；节假日、旅游旺季等重要节点联合市场监管、消防、公安等部门开展旅游行业联合执法活动，不定期对各涉旅企业开展安全生产及扫黑除恶专项检查，重点对旅行社、星级酒店、景区、民宿等涉旅企事业单位安全台账、疏散通道、消防安全设施等检查；指导东方罗马假日酒店等旅游企业开展消防安全演练活动，组织各涉旅企业参加全区职工消防安全技能比武大赛，提升涉旅企业从业人员应急处置火灾事故等能力；依托省“12301”旅游服务咨询热线平台、旅游咨询投诉电话及市长区长专线转办意见等媒介认真受理旅游咨询及投诉事项，化解旅游纠纷，维护旅游消费者和旅游经营者的合法利益。

【从业人员培训】2019年，区文广旅体局组织开展民宿主人文化、民宿业主技能提升、洞头区国际化旅游休闲岛专题、海峡两岸同心小镇旅游知识、道路运输行业从业人员涉旅服务业务辅导培训等培训班，提升旅游从业人员服务意识及旅游接待水平，全年累计培训430人次。组织导游员参加全市旅行社从业人员培训班、中国历史文化名楼讲解员培训班、全市导游员（讲解员）培训班，举办洞头区导游大赛、2019年百名红色讲解员与行政导游培训等活动，并选派优秀导游员（讲解员）参加第六届“中国历史文化名楼杯”讲解员大赛、2019年温州市金牌导游大赛，区文广旅育局获优秀组织奖，江钢获“温州市金牌导游员”“温州市技术能手”“温州市青年岗位能手”“温州市职业技能带头人”等称号，陈庆获“温州市优秀导游”称号。

【海岛民宿等级评定办法试行】2019年11月28日，为进一步促全区全域旅游发展，推动民宿行业规范管理，通过开展等级民宿的评定工作，提升民宿服务品质，根据省市有关深化农家乐休闲旅游业发展文件精神，区政府印发《洞头区海岛民宿等级评定办法（试行）》（洞政办发〔2019〕55号），内容包含总则、评定办法、评定程序、监督管理和附则等五章19条。评定等级分为一星至五星级五个等级，硬件设施和服务项目按要求达标等，按规定评定程序申请。区民宿业务主管部门负责民宿等级评定及奖励，职能单位按职责开展相关监督管理工作和服务。办法即日起实施。

【红色讲解员与行政导游培训】2019年11月7日，区委宣传部和区文广旅体局联合举办洞头区红色讲解员暨行政导游培训。全区直机关各单位、各街道（乡镇）、2019年“寻找红色讲解员”决赛参赛选手、各旅行社相关人员及导游、滨海旅游人才近百人参加培训。培训班采取专题教学、示范讲解和实地训练相结合方式，邀请资深红色讲解和旅游专家授课，围绕红色资源优势与传承发展、讲解服务礼仪与规范、红色创新传播等内容专题讲座。

【洞头区导游大赛】2019年9月25日，洞头区文广旅体局局“2019年洞头区导游大赛暨温州市金牌导游大赛选拔赛”，通过精品线路讲解、知识问答、才艺表演等环节，经过角逐，江钢获一等奖，谢洁琼、陈庆、庄施施获二等奖，林芝、赵冬梅等8名选手获三等奖。授予洞头旅游文化发展有限公司、洞头区职教中心、精诚国旅洞头分公司大赛优秀组织奖。

（盛成）

旅游项目开发

【概况】2019年，洞头青山岛旅游度假区项目开工建设，南洋国际大酒店项目激活，白鹭湾海渔文化旅游度假区、同心广场项目地块出让，原名品广场项目地块拍卖，首艘远洋海钓船驶入洞头，夜游洞头启动。航空主题风情岛开发项目签订招商框架协议。

【洞头青山岛旅游度假区开工建设】2019年12月，洞头青山岛旅游度假区项目开工建设，该项目位于洞头区元觉街道青山岛，为浙江省152工程和温商回归工程，由湖南大通投资有限公司投资建设，总投资20亿元，总用地42.88公顷，其中海域部分36.08公顷，一期工程于2021年建成。项目托青山岛滩美、岛奇、山险、湾佳、厝古、鱼丰等旅游资源优势，主要建设酒店、码头、人工沙滩、海洋牧场、温泉泥浆、观日台、海鸟风情区、戏水池等，以体验式旅游为主，休闲度假旅游为辅，打造海上慢生活主题公园。

【浙南沿海最大人工沙滩对外开放】2019年8月，浙南沿海面积最大人工沙滩——半屏韭菜岙沙滩整治修复对外开放。该工程位于洞头区半屏岛北岸段，2016年启动沙

洞头青山岛旅游度假区效果图　　（区文广体旅局提供）

滩修复可行性研究论证，包括海岸地形断面测量、水文动力特征、波浪、潮流泥沙和海滩演变模拟计算研究等，国家海洋局第三海洋研究所、中交第三航务工程勘察设计院等设计单位综合专题研究和国内外修复经验，最终确定修复方案。工程于2018年8月开工，总投资概算4251.25万元。工程修复岸线663米，其中，沙滩岸线588米、卵石滩岸线75米，修复回填沙量11万立方米，卵石滩岸线修复回填石量1.12万立方米，形成滩肩（干滩）面积1.94万平方米、沙滩面积（大潮低潮线以上）5.86万平方米完整地貌海滩。工程建设单位是洞头旅游开发有限公司、监理单位是浙江港湾工程项目管理有限公司、施工单位是中国电建集团港航建设有限公司；设计单位是中交第三航务工程勘察设计院有限公司。

【航空主题风情岛开发项目签约】 2019年1月29日，航空主题风情岛项目成功签订项目框架协议。项目涉及北岙街道杨文工业区A—12a地块、大竹峙岛、小竹峙岛及岛屿周边部分海域，总投资约18亿元。主要建设内容包括房屋改造提升、艺术馆及配套项目建设、酒店（含产权式酒店）、游客中心、直升机候机楼等。该项目以海岛风情为主题，打造青年时尚、浪漫爱情、亲子休闲等多样化规划理念低空文旅项目。

【原名品广场项目地块拍卖】 2019年12月13日，经过3家企业68次竞拍，洞头区北岙街道霞晖大道299号地块成功拍卖，由温州茂富企业管理有限公司以3160万元竞得，地块面积11924.9平方米，用地性质为商业用地B1（兼容娱乐康体用地B3，兼容部分影剧院）。该地块原为名品广场僵尸项目，由区文广旅体局牵头跟踪服务多年激活。

【夜游洞头启动】 2019年6月28日晚，“乡情乡音·双屏双赢”夜游洞头启动仪式暨两岸半屏山主题晚会在洞头国际放生台举行，来自两岸嘉宾、游客、市民等参加。仪式包括同心夜市开游、亮丽工程启用、海上夜游开航。并举行两岸半屏山主题晚会，分为《乡情》《乡音》《乡愁》《乡恋》4个篇章，邀请两岸歌手同台献唱。活动现场向群众展示集“夜游、夜憩、夜赏、夜娱”于一体夜游洞头新星光经济，启动亮丽工程和望海楼、白马古道等串联，形成15千米夜游线路。

（柳蓓蕾）

旅游设施建设

【概况】 2019年，洞头区推进全域旅游示范区建设工程(国家级旅游度假区创建工程)一期建设，望海楼门窗修缮、3个花园厕所等工程竣工；蓝色海湾一期工程子项目生态廊道安全设施提升、仙叠岩栈道景观提升、蓝色海湾海洋文化微景观、半屏山生态廊道延伸段、国际放生台景观提升等工程通过竣工验收；启动望海楼内部展示提升工程设计施工一体化招标工作，完成项目前期设计。全年完成投资2531万元。

【生态廊道安全设施提升工程竣工验收】 2019年1月29日，生态廊道安全设施提升工程完成竣工验收。该工程于2018年9月18日开工建设，总投资概算998.8万元，建设内容为生态廊道上8个较大规模安全隐患点及32个较小规模安全隐患点治理，包括清坡、防雷接地、交通安全设施、防护网、锚杆安装、灌浆、喷射混凝土、顶棚防护、栈道修复等。工程由洞头旅游文化发展有限公司负责，温州尚信建设有限公司施工，温州市恒业建设监理有限公司监理。

【洞头蓝色海湾海洋文化微景观工程竣工】 2019年6月21日，洞头蓝色海湾海洋文化微景观工程完成竣工验收。项目于2018年10月开工建设，工程总投资概算256万元，建设内容为放生台、大沙岙沙滩、娘娘洞广场、东岙沙滩、红石滩、望海楼、南塘公园等摄影基地的景观改造工程及装饰小品。工程由洞头旅游文化发展有限公司负责，浙江红欣园林艺术有限公司设计并施工，浙江富大工程监理有限公司监理。

【花园厕所竣工】 2019年7月，仙叠岩游客中心、仙叠岩下景区、南炮台山段花园厕所竣工验收。花园厕所于2018年10月开工建设，总投资约190万元，主要建设内容为厕所土建部分、水电安装、门窗内部安装、景观及屋面绿化、工具房、母婴房等。工程由洞头旅游文化发展有限公司负责，浙江众诚建筑设计院设计，浙江长鹿环境科技有限公司负责建设，浙江福大工程监理有限公司监理。

【望海楼门窗及配套设施修复工程竣工验收】 2019年7月23日，望海楼门窗修缮工程完成竣工验收。该工程于2018年7月开工建设，2019年3月完工，总投资概算339.40万元，主要建设内容为望海楼门窗更换、楼梯扶手、外墙漆、白马古道栏杆及钟亭、心赏亭油漆修复等配套工程。工程由洞头旅游文化发展有限公司负责，温州华汇艺术装饰有限公司施工，浙江处州建设管理有限公司监理。

【仙叠岩栈道景观提升工程竣工验收】2019年8月22日，仙叠岩栈道景观提升工程完成竣工验收。该项目于2018年10月13日开工建设，总投资概算792.04万元，工程总提升面积5674平方米，其中铺装面积4530平方米，绿化面积1056平方米，栏杆提升长度2187米，建设内容为廊道铺装、栏杆改造、平台节点改造、景观雕塑、绿化提升、服务设施提升。工程由洞头旅游文化发展有限公司负责，中国美术学院风景建筑设计研究总院设计，浙江天地环境建设有限公司施工，浙江处州建设管理有限公司监理。

仙叠岩栈道　（区文广体旅局提供）

【国际放生台景观提升工程竣工验收】2019年11月12日，洞头国际放生台景观提升工程完成竣工验收工作。该项目于2018年9月开工建设，2019年4月完工，该工程总投资概算294.5万元，工程总用地面积14044平方米，其中绿化面积1865平方米，主要建设内容为广场铺装、传达室、栏杆彩画、宣传栏、暂养池、景墙、休闲小品等配套工程。工程由洞头旅游文化发展有限公司负责，中国美术学院风景建筑设计研究总院设计，浙江柳建建设有限公司施工，浙江处州建设管理有限公司监理。

【半屏山生态廊道延伸段工程完工】2019年11月，半屏山生态廊道延伸段工程完工。该项目于2018年11月3日开工建设，总投资概算1338.6万元，工程设计面积约4000平方米，主要建设内容有园路、休闲平台、景观小品、绿化、构筑物及配套设施。工程由洞头旅游文化发展有限公司负责，浙江棕源园林科技有限公司设计，浙江金銮建设有限公司施工，浙江华恒建设工程管理有限公司监理。

【望海楼内部展示提升工程完成EPC招标】2019年11月21日，洞头区望海楼内部展示提升工程完成设计、施工一体化招标工作，总投资约300万元，该项目改造面积约940平方米，主要包括主楼5层室内装饰、布展提升、设备安装等配套工程。工程由洞头旅游文化发展有限公司负责，承包单位为龙邦建设股份有限公司，监理单位为温州市卓运建设工程监理有限公司。

【洞头南洋国际大酒店项目激活】2019年3月，洞头南洋国际大酒店项目进场施工，该项目位于北岙街道新城区三期5号地块，总用地面积0.98公顷，总建筑面积51512.4平方米，地上建筑24层，总投资约5亿元，项目开发公司为洞头南洋国际大酒店有限公司。该项目原为停滞多年“僵尸”项目，由区文广旅体局牵头，联动区人民法院、区住建局等部门跟踪服务激活。

（谢琪）

【洞头先锋女子民兵连纪念馆扩建工程开工】2019年8月，洞头先锋女子民兵连纪念馆扩建工程开工建设。该项目占地面积约713.74平方米，建筑面积约2352.97平方米，其中新增用地面积183.17平方米，新增建筑面积1519.06平方米，工程结合数字媒体视听科技与互动技术手段，影像效果创意与视频系统设计，艺术装置创意与互动体验设计，展现当地文化与女子民兵红色文化主题脉络，总投资约2140万元。项目由洞头旅游文化发展有限公司实施，鸿强建设集团有限公司主体扩建施工，浙江视野环境艺术装饰工程有限公司二次装修布展设计施工，浙江南正项目管理咨询有限公司有限公司监理。

【半屏社区服务中心项目完工】2019年10月，半屏社区服务中心项目完工。该项目为旅游配套设施，兼顾商业功能布局和海淘村项目配套，选址洞头半屏岛小北岙自然村,占地面积约0.23公顷，总投资约400万元。项目由洞头旅游文化发展有限公司实施，温州中越园林建设有限公司设计施工，河南方阵工程监理有限公司监理。

（余潇潇）

金融业

螺贝春秋 · 王思恩

“海霞精神”

爱岛尚武　励志奉献

金融业

概述

【概况】2019年，洞头区银行机构本外币存款余额105.14亿元，较年初增长11.76%，本外币贷款余额113.82亿元，较年初增长34.86%，增速位居全市第一，其中短期贷款44.52亿元，增长11.7%；中长期贷款余额68.28亿元，增长53.7%；不良贷款余额0.74亿元，不良率0.63%，位居全市第二，低于全市平均水平0.31%。

制定出台《洞头区扶持村庄经济总部发展暂行规定》《洞头区海岛普惠金融创新试点实施方案》获省批复通过，落实企业上市帮扶机制和问题交办机制，实施“凤凰行动”计划，做好店小二服务。协调永宏电气公司发展问题，提请市、区两级协调会，永宏电气上市辅导备案材料获省证监局正式受理。新增股份制企业3家（温州市鑫铭消防设备股份有限公司、浙江码头哥食品股份有限公司、温州海洋科技股份有限公司）、上市中介签约1家（温州鹏利标准件有限公司），超额完成场外市场挂牌年度目标任务。组织拟上市企业参加各类上市培训，邀请券商、律师、会计师事务所对金源新材料、星仔岛等企业开展尽职调查，出具尽职报告，引导企业建立规范透明现代企业制度。

【机构改革】2019年1月，根据机构改革方案，原区金融办行政职能划归区经信局。设立区金融工作服务中心，为区政府直属公益一类全额拨款事业单位，机构规格正科级，归口区经信局（区政府金融办）管理，下设综合协调科、金融服务科2个科室，有全额拨款事业编制6名。5月，区金融工作服务中心、区科协与区经信局融合形成大党组，实行融合式管理。

【洞头区海岛普惠金融创新试点】2019年7月3日，为贯彻落实《国务院关于印发推进普惠金融发展规划（2016—2020年）的通知》（国发〔2015〕74号）和《浙江省深入推进普惠金融发展实施方案》（浙金管〔2018〕2号），引导金融机构及金融组织加大普惠金融供给，创新惠企惠农金融产品，提升金融服务实体经济和乡村振兴发展的能力和水平，区政府印发《洞头区海岛普惠金融创新试点实施方案》（洞政办发〔2019〕33号），开展企业贷款“无还本续贷”试点、固定资产产权二次抵押贷款、海岛振兴金融精准扶贫、开展“信用+”增信贷款、民宿经营权质押贷款、海岛村居金融信用治理、政银担合作机制等试点，设立“台湾青年筑梦担保基金”。实施步骤分筹备阶段、实施阶段和提升阶段。目标向上争取试点政策，推进洞头海岛普惠金融创新试点纳入2019年度温州金融改革试点工作；银行业存贷款总额200亿元以上，力争全年新增贷款增长率15%以上；力争企业银行贷款成本下降6%以上；民宿贷贷款1亿元以上；建立互惠互利的政银保合作机制，力争新增1家担保合作公司；金融自治村建设覆盖率30%以上。

【洞头区鼓励和支持金融业发展改革与创新促进地方经济发展业绩考核办法】2019年11月19日，为鼓励和支持洞头区域内金融机构积极参与普惠金融改革，增加信贷总量，服务实体经济，区政府制定《洞头区鼓励和支持金融业发展改革与创新促进地方经济发展业绩考核办法》（洞政办发〔2019〕58号），考绩对象为银行业金融机构（8家）、保险业金融机构（5家）、地方金融组织（2家）、中央驻地方金融管理机构（1家），工作绩效考核考核采用定量和定性相结合方式，增设加扣分项目，规定不同对象类型内容和分值。并规定三种情况一票否决权。区财政局每年安排50万元专项奖励资金用于金融业业绩考核奖励。该办法2019年1月1日起施行，试行期3年。

【金融体系创新】2019年，洞头区力争取海岛普惠金融创新试点工作，洞头海岛普惠金融创新试点首次纳入温州金改2.0版。出台《洞头区海岛普惠金融创新试点实施方案》，开展八大创新试点，设立“紫菜贷”和“羊栖菜贷”，全年发放“紫菜贷”136笔，金额1557万元，为养民节约年均融资成本47万元左右。创新发展“保险+”业务，联合浙江省渔业互保协会创新推出气象指数保险。创新推出海上电商交易平台，实现海上无现金交易，纳入系统拖网作业渔船138艘。推动银行积极深化普惠金融服务，省担保集团、农行温州分行五年内分别为洞头提供20亿元担保合作意向额度、100亿元专门授信和20亿元全域旅游专项金融支持。农行洞头支行发放与省担保集团市农行签约贷款17亿元，签约落地率17%。全区建立金融自治村51个，覆盖率62.2%。出台《洞头区不动产权顺位贷款抵押实施办法(试行)》，发放不动产顺位抵押贷款47笔2059万元，发放企业“无还本续贷”41笔14065万元，推出“信用+”贷款119笔2397万元。组织开展“行长进民企”大走访活动，走访企业100余家（次），建立首批15家优质企业“白名单”。联合市信保基金、温州银行共同发起设立规模5亿元“台胞青年创业筑梦担保基金”，用于解决台胞青年创业创新融资问题。

【金融风险防范】2019年，洞头区加强金融风险监测预警，依托浙江自主研发地方金融风险“天罗地网”监测系统和温州“金融大脑”平台，加强风险监测。开展金融机构风险专项排查，开展防范非法集资与网络金融诈骗大型宣传活动2场，金融风险防范知识宣传教育讲座10场，辐射5个街道（乡镇），惠及群众近3000人。组织网格员赴市参加金融风险预防与排查业务培训班1期。

【地方金融风险处置】2019年，洞头区深化政银企法联动机制，实施分类帮扶，出台《洞头区企业应急转贷专项资金管理办法》，全年使用应急转贷资金2笔，涉及资金740万元。聘请金融专家、资深律师担任调解员，受理和调处金融纠纷案例2起。

【省股交中心挂牌企业9家】2019年，洞头区省股交中心挂牌企业9家，即温州东铭紧固件制造有限公司、温州浙联紧固件有限公司、温州三盛标准件有限公司、温州鹏利标准件有限公司、浙江恒通电气制造有限公司、温州市洞头区恒博小额贷款股份有限公司、温州鸿海水产有限公司、温州市洞头胜裕机电有限公司、温州市星仔岛电子商务有限公司。

民营企业管理

【概况】2019年，洞头区制定《关于创建新时代“两个健康”先行区加快民营经济高质量发展实施意见》，推进“两个健康”创建。落实“两个健康”100项责任清单，出台30条新政，兑现政策资金4200万元，落实减税降费3000万元。举办首届民营企业家节。实施“惠企直通车”，为企业直接减负2.4亿元，兑现涉企政策资金1.6亿元。实施“万名干部进万企”行动，问题化解率达93%。研究推进工业区提质增效攻坚行动，盘活低效用地246亩，激活闲置厂房2.7万平方米。

【新时代“两个健康”先行区加快民营经济高质量发展实施意见】2019年6月10日，为促进非公有制经济健康发展和非公有制经济人士健康成长，根据温州市有关文件精神，区政府印发《关于创建新时代“两个健康”先行区加快民营经济高质量发展实施意见》（洞政办发〔2019〕25号），该实施意见主要举措包含抢抓战略机遇，全面提升民营经济高质量发展水平；谋划平台项目，助推民营企业做大做强；强化扶企助企，破解民营企业发展难题；做好开渠引源，激发大众创业万众创新热情；深化营商环境，夯实民营经济发展基础；注重义利并举，彰显洞头企业家精神等六大方面30条。主要目标是通过3到5年努力，质效提升、结构优化、动能转换、绿色发展、协调共享、风险防范等六大高质量发展指标总体水平明显提升，至2022年，民营经济占GDP比重85%，民营经济实缴税收占全区税收比重90%，民营经济营商环境便利度90%。通过10年左右的时间努力，实现洞头民营经济高质量发展。

【洞头区民营企业家列席区委区政府重要会议制度施行】2019年12月26日，为营造企业家创业创新发展良好环境，畅通企业家知情渠道，主动地投身洞头经济社会建设，区委、区政府出台《洞头区民营企业家列席区委区政府重要会议制度》，规定重要会议是指区三级干部大会、区委全会、区两会，区政府常务会议、区长办公会议、区长专题会议等。企业家邀请名单需经条线分管区领导审定，主要领导可直接决定邀请名单。会前提交单位应征求与政策关联性强的企业、行业和商会等负责人意见。列席企业家一般不发言,可请企业家提出意见建议并写入会议纪要。受邀企业家应严格遵守保密规定。制度即日起施行。

【洞头区优秀民营企业家评选活动】2019年9月—11月，洞头区组织开展优秀企业家评选活动。评选范围为洞头行政区域范围内工商部门登记注册的具有独立法人资格的企业主要领导人。具有弘扬洞商精神、经营业绩突出、模范履行社会责任、注重个人品德素养、在企业担任主要领导职务3年以上。通过申报、推荐、复核、公示、公布。最终浙江东一海洋集团有限公司董事长王加新、浙江立鹏建设有限公司董事长李柏瑞、浙江迪特高强度螺栓有限公司董事长邵云方、浙江中燃华电能源有限公司总经理张玉萍、温州丰源混凝土有限公司总经理张剑慧、浙江伟望精密工业有限公司总经理林威望、浙江方舟工程机械设备有限公司董事长郭华斌、浙江永宏电气股份有限公司董事长洪玮、温州金源新材料科技有限公司董事长黄日新、温州市洞头华中房地产开发有限公司董事会主席黄蓓蕾等10人获评洞头区优秀企业家。

【首届民营企业家节庆祝大会】2019年11月7日，洞头区首届民营企业家节庆祝大会暨优秀企业家表彰会议召开。会议表彰优秀民营企业家，杨森权、郭华斌、张剑慧等企业家代表发言，现场分享经验。区委书记王蛟虎出席并讲话，强调要以实打实举措切实解决好企业发展困难事、烦心事，全力打造安商亲商社会环境、惠商重商政策环境及爱商护商的营商环境，全力做好营商环境优化提升，全力保障企业安心做大做强。区领导叶国胜、汪慧平、吴志安等参加会议。市工商联党组成员、机关党委书记、总商会联合党委书记沈业之出席。

（倪肖乒）

银行

【概况】2019年年末，全区本外币存款余额105.14亿元，同比增长11.76%,本外币贷款余额113.82亿元，增长34.86%。全区金融机构处置化解不良贷款7706万元，不良贷款余额6746万元，不良贷款率0.60%。人行洞头支行按季实施宏观审慎评估（MPA），督促银行业机构加大对小微企业、政府重点项目和乡村振兴领域信贷支持，截至年底，小微企业贷款余额20.16亿元，政府重点项目贷款余额32.13亿元，全辖涉农贷款新增16.32亿元。国库核算业务43.03万笔，核算各级预算收入29.80亿元，各项支出42.76亿元。

（郑瑶）

【中国工商银行股份有限公司洞头支行】截至2019年年底，各项存款余额6.55亿元，较年初增加1.6亿元。其中储蓄存款余额2.97亿元，增加0.88亿元；对公存款余额3.58亿元，增加0.72亿元。各项贷款余额4.81亿元，减少1.72亿元。个人贷款余额4.65亿元，减少0.63亿元。公司贷款余额0.16亿元，减少1.1亿元，其中项目贷款减少1亿元。全年拨备前利润1869万元，同比增加328万元，中间业务收入577万元，增加302万元。不良贷款余额363万元，下降50万元；不良率0.75%，增加0.12%。4月，城中自助银行迁址至中心街113号。

（邵丹蕾）

【中国农业银行洞头支行】截至2019年年底，本外币存款余额25.54亿元，较年初新增2.19亿元，增量总量均四行第一，较工、建、中合计增量多1.76亿元，总量增量四行第一。其中对公存款余额14.69亿元，个人存款余额10.85亿元。各项贷款余额43.37亿元，市场份额38.1%，新增18.08亿元，增量四行份额98.58%，市场份额56.65%，跃居同业第一。9月，存贷规模首次突破70亿元。全年实现拨备前利润9216万元，账面净利润4816万元。全区设9家24小时自助设备服务点，设备22台。11月5日，农行瓯江口支行开业。新增农户贷款5958万元（不含灵昆惠农服务点），贷款余额1.28亿元，惠及农户1155户。全年不良贷款余额1935万元（含卡透），较年初增加144万元，其中法人贷款保持“零”不良，不良率0.45%，下降0.26个百分点，不良率连续3年下降。

（彭德群）

【中国银行洞头支行】截至2019年年底，本外币存款时点余额36178万元，较年初减少7748万元。其中，公司存款余额19851万元，减少12475万元；个人存款余额16327万元，新增4727万元。本外币贷款（含信用卡透支）时点余额40866万元，新增5792万元。其中，公司贷款新增1187万元，增幅10%；个人贷款时点余额较年初新增4630万元，增幅22%。

（汪远洋）

【中国建设银行洞头支行】截至2019年年底，本外币存款余额6.65亿元,较年初减少0.41亿元,总量四行(工行、农行、中行、建行)，市场份额占比15.69%，其中个人存款2.38亿元,对公存款4.27亿元。各项贷款余额6.96亿元,。增加1.42亿元，市场份额占比11.75%,中间业务收入761万元,。增加80万元,市场份额占比24.94%。2个区重点项目贷款授信金额7.24亿元,投放1.2亿元。78个自然村全部覆盖裕农通。

（倪献琴）

【中国邮储银行洞头支行】截至2019年年底，各项存款余额5.21亿元，较上年增加4500万元，增长9.45%；各项贷款余额7.45亿元，与上年持平。与洞头区退役军人事务局签订拥军优抚合作协议，全年发放退役军人服务卡1210张。手机银行新增1755户，新增手机快捷支付1784户。全年发放家庭农场贷款9笔，金额290万元，结余8笔，余额255万元；发放涉农企业贷款1笔，金额100万元，结余1笔，余额100万元；结余合作社贷款1笔，余额200万元；发放信用村镇建设小额贷款89笔，金额1036.6万元，结余89笔，余额1036.6万元；光伏发电设备小额贷款，结余49笔，余额242.14万元；美丽乡村贷款结余67笔，余额691.7万元；农房抵押贷款结余64笔，余额1068.88万元；发放创业担保贷21笔，金额371万元，结余21笔，余额371万元。发放一手小企业法人按揭贷款17笔，金额14279万元。投放公贷项目1.15亿元。

（杨阳）

【温州银行洞头支行】截至2019年底，资产总额43000万元。其中对公存款16745.75万元，储蓄26254.55万元，储蓄比年初新增9164.32万元。各项贷款余额49073万元，新增18941万元。利润总额有所上升。全年利润总额1355万元，新增398万元。为洞头新城开发总公司政府类项目办理以贷还贷15700万元；洞头旅游文化发展有限公司流动资金贷款2亿元；洞头城市发展有限公司办理三年期融资性保函15800万元。为化解洞头水利到期3.6亿元项目贷款，给予两年期无还本续贷。全年发放创业担保贷款合计1100万元，信保贷款5495万元。放开南京、重庆、天津、武汉、成都、苏州等异地抵押物授信。对商品住宅抵押率从原有70%提升至80%，贷款利率下降至基准。新增中国人民财产保险股份有限公司小额贷款保证保险业务。与温州市信保基金、区台办签订三方协议，对在洞头区创业台湾青年给予信贷支持。

（杨倩倩）

【洞头农商银行】截至2019年底，各项存款余额46.54亿元，比年初增加8.2亿元，增长率21.4%，市场占比44.93%，较年初上升3%；其中日均存款 43.86亿元，新增10.92亿元，增长33.15%。各项贷款余额35.12亿元，增加6.08亿元，增长20.94%，市场占比30.86%。全年存贷款日均增长16.5亿元，创历史新高；存贷款规模率先全区突破80亿元，继续领跑洞头区银行业。不良贷款余额3415.08万元，增加574.29万元，不良率0.97%，下降0.01%。拨备覆盖率300.35%，下降45.04%，拨贷比2.92%，下降0.46%，资本充足率15.43%。截至2019年年末，发放涉农贷款23.18亿元，增加2.81亿元，增速13.79%。下调小微企业贷款利率，推出“惠企通”“守信贷”等业务，推广专利贷、商标贷、海域使用权贷等企业“隐形”资产抵（质）押贷款。截至2019年年末，发放小微企业贷款余额9.48亿元，新增2.47亿元，增长35.34%。全区布放ATM机56台，智能付POS机429台，设立助农服务取款点44个，改造升级30家丰收驿站。丰收互联客户比年初增加8048户，“一码通”客户数2510户，交易额12.38亿元。新增ETC车辆5254辆10349户，市场占比64.36%。承接城乡居民医保缴费批扣业务，签约客户总数近7万人。全区31家医药机构（含乡镇卫生院、村级医务室和药店）全部实现多渠道收费结算。2019年年末，社保市民卡突破10万张，市场份额76.45%。

（唐疆疆）

【洞头富民村镇银行】截至2019年年底，各项贷款余额71191万元，比年初增加10736万元；贷款户数4305户，增加298户；存款余额52300万元，增加5388万元；不良贷款余额345万元，不良率为0.48%；总收入6255.39万元、账面利润1568.5万元、净利润1167.22万元；拨备覆盖率536.89%、资本充足率14.24%。

（洪力）

【农村信用体系建设】2019年，人行洞头支行巩固和完善霓屿农村信用体系建设金融综合服务试点工作。累计录入浙江省农户信用信息15720户，占“有经营农户数”100%。开展洞头区第十批信用街道（乡镇）、信用村（居）和信用户评定工作，新评定出信用村2个，信用户150户，通过复评信用村3个，信用乡镇2个。开展征信知识进老年活动中心、征信助力小微

2019年洞头金融机构人民币存贷款情况表

表28　　单位：万元

单位＼项目	存款		贷款	
	余额	比年初增减	余额	比年初增减
中国工商银行股份有限公司洞头支行	64948.17	15604.78	48116.97	−17242.90
中国农业银行股份有限公司温州洞头支行	255383.17	21887.97	433646.28	180809.44
中国银行股份有限公司洞头县支行	36176.15	−7751.07	40866.96	5696.96
中国建设银行股份有限公司洞头支行	66497.09	−4137.02	69572.30	14154.28
中国邮政储蓄银行股份有限公司洞头支行	52177.17	4990.24	74534.38	20290.14
温州银行股份有限公司洞头支行	43000.61	3544.19	49073.28	18941.15
浙江温州洞头农村商业银行	465405.00	82050.00	351224.00	60815.00
浙江洞头富民村镇银行	52300.08	5387.75	71191.53	10735.54

（人行洞头支行提供）

民营企业、征信进行政服务中心、二代信用报告解读进村居等系列宣传活动。创建洞头首个征信服务示范点——洞头富民村镇银行海霞支行，布设全区第三台征信查询机。

【**支付结算环境优化**】2019年，人行洞头支行推进电子支付示范村创建，对辖区5家行政村居完成电子支付示范村改建。创新推进移动支付“智慧+”应用，拓宽智慧金融渠道，创新海上支付新领域，指导洞头农商行研发省首个应用卫星信号进行海上支付金融产品。全面铺开智慧医疗工程，对全区1家医院、6个乡镇卫生所以及30余个村居卫生站实现智慧结算全覆盖，全年发生交易笔数14.17万笔，金额3466.95万元。全面升级改造辖区智慧农贸市场，叠加智慧云喇叭和支持云闪付扫码付款，发生交易111.35万笔，交易金额23612.16万元。

【**反洗钱监管和人民币反假**】2019年，人行洞头支行深化反洗钱工作监管，开展扫黑除恶专项斗争动员大会，督促金融机构及时上报可疑涉黑涉恶的洗钱信息。全年上报重点可疑报告6例。保障新版人民币发行，开展2019版第五套新版人民币防伪知识培训，构建“站台联动、智慧联动、商超联动”三联动反假币宣传机制，“六统一”举措争创先进服务示范区。

【**落实“最多跑一次”改革**】2019年，人行洞头支行优化企业开户服务，落实“放管服”改革，全面开展取消企业银行账户许可工作，督促各银行机构完善配套制度，对所有新开户企业宣传实现全覆盖，全年辖区共完成新开企业账户1320户，通过率100%。提高征信查询便利化水平，实现“一站式”便民服务，加大征信自助查询机布设力度，全辖三台查询机均开通个人征信报告查询二维码支付功能。优化企业信贷环节，提高信贷获得效率，引导辖内金融机构提前做好授信审批和价值评估等工作，使企业信贷获得最快只需一个工作日即可完成，在剔除企业客户因素和抵押登记部门因素，洞头企业申请贷款基本上在三个工作日以内办结。

【**普惠金融服务**】2019年，人行洞头支行扎实开展乡村振兴战略金融服务工作，落实《洞头区海岛普惠金融创新试点实施方案》，引导金融机构推进“民宿贷”、二次抵押贷款业务，创业担保贷款以及“无还本续贷”等试点工作，全年辖内“民宿贷”余额4414万元、二次抵押贷款650万元、创业担保贷款1881万元、“无还本续贷”5550万元。持续推进“两权”抵押业务，全年辖内农房贷款余额1.07亿元、海域使用权贷款余额4645万元。全年涉农贷款新增16.32亿元，同比增长42.64%,其中农户贷款新增5.40亿元，增长15.92%，全辖创新产品信贷余额13.79亿元，增长56.25%。

（郑　瑶）

【**小额贷款公司**】洞头区诚意小额贷款股份有限公司成立于2010年7月，注册资本8000万元，放贷规模6200.3万元。主要服务对象为渔农业和水产加工企业。2019年，累计发放贷款金额11238.7万元，实现税金127.8万元，实现利润102.75万元。洞头区恒博小额股份有限公司成立于2013年7月，注册资本1亿元，以洞头海洋经济发展，支持中小企业、“三农”经济发展为重点金融企业。2018年，公司共为洞头区域内的小微企业、渔农户、水产养殖户、渔农业加工户、其他个体工商户发放贷款,279户，期末贷款余额8286.49万元，全年营业收入908.62万元，实现税收179.14万元，净利润289.94万元。

（陈文静 王慧颖）

保险

【中国人民财产保险公司洞头支公司】2019年，实现保费收入5309.18万元，同比增长35.15%。其中车辆保费收入3666.25万元，财产险保费收入210万元，意外健康险保费收入750.58万元，责任险保费收入336.9万元，船舶货运险保费收入161.57万元，信用保证保险保费收入134.45万元，农业保险保费收入49.42万元。洞头人保财险公司发展民生保险，连续4承保区民政局民生综合保险，年保费5万元；残疾人意外险连续两年成功续保，年收取保费18.85万元；公路综合险保费收入39万元；开展“保险+精准扶贫”模式低收入农户扶贫救助保险费收入40万；统保全区机关事业单位工作人员交通工具意外险保费收入15万元。洞头区自然灾害公众责任险连续5年成功续保，收入保费26万元；医疗责任险连续6年全区统保；中标全区风景旅游责任险统保业务，收取保费10万元。全区游艇共99艘，船上人员责任险中标，保费19.51万元；开启保险+服务+科技模式，承保全区各行业安全责任险39家，收入保费17万元；全年承保油菜花3648亩，林木74150亩，温郁金60亩，农房55935户，共风险保障7.12亿元。承保洞头区1家养殖场2100头生猪养殖保险，保费收入5.4万元。

全年受理案件3385件，赔款支出3089.35万元，其中车辆赔款支出2056.6万元，财产险赔款支出107.3万元，意外险赔款支出209.8万元，责任险赔款支出79.3万元，农险赔款支出10.9万元，船货险赔款支出41.7万元，信用保证险赔款支出63万元，大病医疗赔款支出520.75万元。未决赔款71笔，未决金额556.63万元。

（叶明浩）

【中国人寿保险公司洞头支公司】2019年，实现保费6163.28万元，比上年增加1174.36万元，增长23.54%。全年理赔给付支出443.87万元，增加213.38万元，增长92.57%。全年各类给付金额776.61万元，减少153.73万元，下降16.52%。全年给付各类生存金、满期金、保单红利等领取金额合计531.17万元。为全区6个街道（乡镇）村干部开展意外伤害、医疗保险及补充养老保险业务，推广渔工补充保险；开展农村小额意外保险、女性安康等涉农险种；全年学生发生赔案384件，保险理赔金额35万元。

（林征宇）

【中国人寿财产保险公司洞头支公司】2019年，保费收入1775万元，较上年同比增长18.4%，增量保费275万元，其中车险保费收入1580万元，非车保费收入195万元，当地市场份额占比18.4%。全年理赔非车险案件10件，结案12件，结赔款39万元，未决案件0件，结案率100%，非车险满期赔付率0.65%。车险报案2067件，结案件1808件，结赔款合计110万元，未决案件125件，结案率93.53%，车险满期赔付率71.09%。全险种合计赔款114万元。与上年相比，车险结案率提高1.73%，车险满期赔付率低4.13%。非车险结案率提高8.7%，非车险满期赔付率下降28.48%。承包全区中小学校及幼儿园提供监护人责任险、养老机构责任险、企业食品安全责任险和出租人责任险,承保洞头区浙江诚意药业股份有限公司企业财产综合保险。

（钱立军）

【中国太平洋财产保险公司洞头支公司】2019年，保费收入2395.40万元，同比上浮42.09%。其中车险保费1689.69万元，非车保费收入705.71万元；全年赔款支出849.80万元，同比下降3%，赔付率35.04%。全险种保遇占洞头区保险行业第二位。

（陈文漱）

【中华联合财产保险洞头支公司】2019年，完成保费1069.99万元，增长1.07%，增长额68.13万元，同比增长6.8%。其中车险保费收入837.61万元，增长16.38%；非车险保费收入232.38万元，增长18.69%。意健险保费收入26.82万元，减少10.6%。全年报案件数1509件（其中有效报案件数895件，已决案件874件），已决 553.95万元，未决件70件，未决金额795.64万元，简单赔付率49.28%，下降12.96%。

（杨 扬）

环境保护

繁忙的渔村 · 陈姝樾

“海霞精神”

爱岛尚武　励志奉献

环境保护

概述

【概况】2019年，洞头区坚持生态立区，始终践行“两山”理念，做好保护修复提升三篇文章，以生态美带动产业美、生活美，推进全域振兴、均衡振兴，走蓝色崛起、绿色发展之路，获央视《新闻联播》《美丽中国》报道。严格落实中央、省级环保督察整改意见，实施蓝色海湾工程，两轮获中央补助5.26亿元，亮相中华人民共和国成立70周年成就展，成为全国生态修复样板。率全国之先开展蓝碳试点，蓝湾指数获国家行业标准立项，举办“海洋经济·蓝色海湾”院士论坛和全国现场会。实施十大花园工程，花园村庄覆盖率80%。提升城乡人居环境，通过省“无违建区”复评，完成北岙、东屏、霓屿等街道“污水零直排”创建，海滨河入选省级美丽河湖，首捧治水“大禹鼎”。洞头纳入省十大海岛公园建设，入选省级山水林田湖海生态保护修复试点，蝉联美丽浙江建设工作考核优秀单位。创成省新时代美丽乡村达标村17个，东岙村获评中国美丽休闲乡村。全年PM2.5平均浓度为22微克/立方米，生态环境公众满意度保持全市第一、全省前列。

【温州市生态环境局洞头分局成立】2019年1月，根据洞头区机构改革部署，区环境保护局职责，区发展和改革局应对气候变化、减排职责，区国土资源局监督防止地下水污染职责，区农林水利局编制水功能区划、排污口设置管理、本区域（流域）水环境保护、监督指导农业面源污染治理职责，区海洋与渔业局海洋环境保护职责等整合，组建市生态环境局洞头分局，作为市生态环境局派出机构。不再保留区环境保护局。11月，洞头区生态环境保护综合行政执法队成立。

【获评全省首批清新空气示范区】2019年3月13日，省美丽浙江建设领导小组大气污染防治办公室通报省级清新空气示范区名单，洞头区名列其中。洞头区贯彻落实国家、省、市决策部署，建立健全大气污染防治体制，实施能源结构调整，优化产业结构，全面开展工业污染、机动车、扬尘防治等工作，大气质量逐年提升。2015—2019年，全区PM2.5浓度分别为30微克/立方米、29微克/立方米、27微克/立方米、24微克/立方米、22微克/立方米，持续保持下降趋势。2018年，PM2.5年均值25微克/立方米，同比下降7.4%，环境空气质量优良率为92.7%，其中一级(优)150天，占全年总天数42.3%；二级(良)179天，占全年总天数50.4%，全年没有重污染天气。

【洞头首捧治水“大禹鼎”】2019年5月13日，全省高质量建设美丽浙江暨高水平推进五水共治大会上公布2018年度“五水共治”(河长制)工作和美丽浙江建设工作考核结果，洞头区获2018年度“五水共治”（河长制）工作优秀县（区）“大禹鼎”。洞头区贯彻落实全国生态环境保护大会精神，深入践行“两山”重要理念，坚决打好污染防治攻坚战，高水平推进美丽洞头和生态文明建设。入选全国“两山”实践创新基地。集中式饮用水源地水质达标率均100%，全区彻底剿灭劣V类水与黑臭水体，地表水水质、区域声环境年均值均达到功能区要求。生态环境公众满意度继续保持全省前列、全市领先。全面完成“花园洞头”十大工程，获批建设省级地质公园，建成红树林生态湿地公园。整治入海排污口116个，修复沙滩6.9万平方米，放流鱼苗1.8亿尾（粒）。

【洞头第九届生态文化月活动】2019年6月1日，洞头举办第九届“生态文化月”启动仪式暨“蓝天保卫战，我是行动者”“6·5”世界环境日主题宣传活动，全区市民代表、环保志愿者、学生代表、媒体和美丽办成员单位代表等300余人参加。活动现场，唱响《让中国更美丽》，举行民间护河队授旗，抽取“2510绿色出行”活动年度大奖，志愿者宣读倡议书，开展“保卫碧海蓝天，我们在行动”环保体验闯关活动。区领导侯合海、蔡国华、朱学进、郭杭锋出席活动。

【浙江省生态环境公益巡演】2019年8月30日，洞头举办生态满意度和五水共治满意度提升攻坚大会暨“绿水青山就是金山银山”浙江省生态环境公益巡回演出活动。全区各街道（乡镇）、相关单位、志愿者团体、村民等300余人参加活动。活动通报美丽洞头建设及生态满意度和五水共治满意度情况，表演歌伴舞《幸福赞歌》、歌曲《五水共治万家福》、魔术《花开富贵》及歌舞《党旗更鲜艳》等群众喜闻乐见形式宣传环保主题，展示环境保护工作成效，提升群众参与美丽浙江建设、“五水共治”工作热情。区政府副区长朱学进、省生态环境厅宣教中心许佐民等参加。

（叶碎增）

2019年8月30日，浙江省生态环境公益巡回演出活动　（区融媒体中心提供）

2019年洞头区环境空气污染物平均浓度值及优良率一览表

表29

项目／月份	二氧化硫（微克/立方米）	二氧化氮（微克/立方米）	PM10（微克/立方米）	一氧化碳（CO）第95百分位数（毫克/立方米）	臭氧(O_3)最大8小时滑动平均第90百分位数（微克/立方米）	PM2.5（微克/立方米）	空气质量优良率（%）
1月	5	27	48	1.0	104	37	96.8
2月	5	16	36	1.0	94	25	96.3
3月	5	24	49	0.9	119	27	100
4月	5	21	37	0.7	135	19	96.7
5月	5	16	45	0.7	139	21	93.5
6月	5	12	26	0.6	121	15	96.7
7月	5	8	26	0.5	109	13	100
8月	6	7	31	0.7	143	16	96.8
9月	7	9	32	0.7	162	17	85.7
10月	8	13	47	0.9	147	23	93.3

续表29

项目 月份	二氧化硫(微克/立方米)	二氧化氮(微克/立方米)	PM10(微克/立方米)	一氧化碳(CO)第95百分位数(毫克/立方米)	臭氧(O_3)最大8小时滑动平均第90百分位数(微克/立方米)	PM2.5(微克/立方米)	空气质量优良率(%)
11月	9	21	51	0.8	138	22	96.7
12月	10	32	53	1.1	115	27	100
均值	6	17	40	0.9	137	22	96.0
GB3095—2012二级标准年平均限值	60	40	70	—	—	35	—

生态环境建设

【概况】2019年，洞头实施《生态文明建设规划》，对照国家生态文明示范区建设创建指标，制定《洞头区“绿水青山就是金山银山”实践创新基地建设三年行动方案（2019—2021年）》《洞头区山水林田湖草生态保护修复试点工作方案》，编制洞头区国家生态文明建设示范区创建技术报告，全面评估国家生态文明建设示范区创建指标完成情况。制定《2019年度洞头区美丽温州建设（生态文明示范创建行动）评价办法》，推进自然资源资产负债表编制、自然资源资产离任审计及生态环境损害责任追究等制度创新。全面落实街道（乡镇）生态环境质量报告制度和街道（乡镇）生态责任制满意度测评，继续实施“美丽温州”提升工程，北岙街道“岩海隔头”通过验收，大门镇“东浪听海”项目初显成效。开展蓝色海湾科普体验馆、东海贝雕艺术博物馆等市级生态文明教育示范基地。累计创成国家级绿色学校1所，省级绿色学校9所，市级绿色学校11所，省级生态文明教育示范基地1所，市级生态文明教育示范基地5所。获2018年度美丽浙江建设工作考核优秀单位。

【全国“绿水青山就是金山银山”实践创新基地建设】2019年，洞头区推进全国“绿水青山就是金山银山”实践创新基地建设，制定出台《温州市洞头区“绿水青山就是金山银山”实践创新基地建设三年行动方案（2019—2021年）》，召开全区“两山”实践创新基地暨“美丽洞头”建设推进会，印发《2019年度“美丽洞头”建设工作任务书》，与街道（乡镇）签订年度“美丽洞头”建设工作责任书，推进“两山”实践创新基地建设工作清单与责任落实，打造“碧海蓝天也是金山银山”“绿水青山就是金山银山”实践海岛样板。

【生态环境损害赔偿制度改革】2019年，洞头区贯彻落实《温州市生态环境损害赔偿制度改革实施方案》（温委办发〔2019〕35号）文件精神，成立洞头区生态环境损害赔偿制度改革领导小组及办公室，持续推动生态环境损害赔偿制度改革工作，建立对生态环境损害索赔行为监督机制，对本区域内赔偿权利人及其指定的相关部门或机构负责人、工作人员在索赔工作中存在滥用职权、玩忽职守、徇私舞弊等，依纪依法追究责任；涉嫌犯罪，移送有关机关。利用电视、广播、报纸、网络等媒体，加强生态环境损害赔偿有关法规制度的宣传。邀请专家和利益相关公民、法人、其他组织参加生态环境修复或赔偿磋商工作。依法公开生态环境损害调查、鉴定评估、赔偿、诉讼裁判文书、生态环境修复效果报告等信息。

【洞头入选省级山水林田湖草生态保护修复试点】2019年3月，《浙江省财政厅浙江省生态环境厅浙江省自然资源厅关于下达2019年省级山水林田湖草生态保护修复试点资金的通知》确定，洞头区等10个县（市、区）入选省级山水林田湖草生态保护修复试点，获4年试点补助资金8000万元。制定《洞头区山水林田湖草生态保护修复试点实施方案》，通过省财政厅、省生态环境厅、省自然资源厅专家评审组现场联合评审。坚持保护环境和转型升级并行，深入实施“生态立区、旅游兴区、海洋强区”战略，突出

"海、岛、湾、城、村"特色，深化美丽海洋建设，强化生态保护提升，打造蓝湾整治全国样板，提高生态宜居品质。深化海洋生态保护修复，开展"山水林田湖草+"行动，通过海陆联动、海陆同治，围绕海岸线整治修复、水生态环境提升等行动，同步治理山坡、水域、森林、耕地及海洋等多方面生态环境，实现海岛生态系统整体性修复，力争打造海洋修复样板和模式。截至年底，实施试点建设项目14个，完成总投资1.92亿元。

【生态文明宣传教育】2019年，洞头区组织清明节文明祭扫和"世界水日""中国水周""烟头不落地，洞头更美丽"主题实践、节能周、低碳日等系列生态环保宣传教育活动。开办洞头"清美生态"大讲坛，面向企业开展环保普法宣讲与政策法规解读，公开环境信息，洞头新闻每天播报环境空气质量，制作生态环境月报表，定期向社会发布全区生态环境质量，开展环境公众开放日活动，集中开放北岙空气质量自动监测站、长坑交接断面水质自动监测站、城南污水处理厂、温州市综合材料生态处置中心等环境设施场所。1月，央视《新闻联播》以《浙江：优化生态环境打造"海上花园"》为题，报道洞头"海上花园"建设；6月，制作《让中国更美丽》MV入选生态环境部微信公众号展播作品；9月，洞头蓝色海湾整治项目整治成效亮相北京展览馆中华人民共和国成立70周年成就展；11月，洞头作为全国生态养海、精心护海、绿色用海成功典范在央视综合频道《美丽中国》第一集（清水绿岸）中播出。

（应凌锋）

环境质量

【概况】2019年，洞头区PM2.5平均浓度为22微克/立方米，较2018年改善8.3%；空气质量优良率96.0%；市控地表水断面水质达到Ⅱ类水质要求，交接断面水质达到Ⅱ类水质要求，县级以上集中式饮用水源地水质达标率100%；城市区域昼间环境噪声总体水平等级为二级（较好），昼间道路交通噪声

2018—2019年跨行政区域交界断面水质统计结果及年际比较表

表30　　　　单位：毫克/升

项目 年度	高锰酸盐指数	氨氮	总磷	功能要求类别	水质类别
2019年	2.4	0.08	0.012	Ⅱ	Ⅱ
2018年	2.4	0.10	0.014	Ⅱ	Ⅱ

（市生态环境局洞头分局提供）

2018—2019年市控地表水水质统计结果及年际比较表

表31

监测站位	功能要求类别	2019年水质类别	2018年水质类别
长坑水库	Ⅱ	Ⅱ	Ⅱ
龙潭坑水库	Ⅱ	Ⅱ	Ⅱ

（市生态环境局洞头分局提供）

2018—2019年洞头区街道（乡镇）水库水质统计表

表32

监测站位	2019年水质类别	2018年水质类别	功能区水质要求
枫树坑水库	III	III	Ⅱ
前坑寮水库	III	III	V
元觉水库	Ⅱ	III	III
石子岙水库	III	IV	IV
南山水库	Ⅱ	III	Ⅱ

2018—2019年酸雨监测结果及年际比较表

表33

年度	样品数	酸雨率	降水pH值	
	个	%	均值	波动范围
2019年	112	74.1	4.78	3.75—6.65
2018年	106	81.1	4.63	3.56—7.31

2018—2019年洞头区域环境噪声统计表及年际比较表

表34

区域名称	2019年Leq（dB）	2018年Leq（dB）
北岙街道（昼间）	53.2	52.9
区域名称	2018年Leq（dB）	2017年Leq（dB）
北岙街道（昼间）	52.9	52.8
北岙街道（夜间）	43.3	—

强度等级为一级（好），2类、4类声功能区达到国家标准。

【饮用水源质量】2019年，洞头区县级以上饮用水源地长坑水库监测结果表明，长坑水库水质达到《地表水环境质量标准》（GB3838—2002）Ⅱ类水标准，全年县级饮用水源地水质达标率100%。

【跨行政区域河流交接断面】2019年，洞头区跨行政区域河流交接考核断面设在长坑水库。根据《浙江省跨行政区域河流交接断面水质保护管理考核办法》，监测项目为pH、水温、溶解氧、高锰酸盐指数、氨氮、总磷、化学需氧量，考核指标为高锰酸盐指数、氨氮、总磷。全年长坑交接断面水质类别为Ⅱ类，考核结果为优秀。

【市控地表水断面】2019年，长坑水库、龙潭坑水库为洞头区市控地表水监测站位。市控地表水水质每月开展一次监测，监测项目为《地表水环境质量标准》（GB3838—2002）基本项目24项、水源地补充项目5项及透明度、叶绿素a，共31项。监测结果表明，长坑水库、龙潭坑水库水质综合评价为《地表水环境质量标准》（GB3838—2002）II类，达到功能区要求。

【环境空气质量】2019年，按《环境空气质量标准》（GB3095—2012）评价，洞头区空气质量自动监测站有效监测天数353天，空气质量优良率为96%，其中一级（优）有164天，占总天数46.5%；二级（良）175天，占总天数49.6%；三级（轻度污染）有14天，占总天数4%。全年洞头区环境空气质量级别非优良的天数14天，其中11天首要污染物为臭氧(O_3)，2天首要污染物为PM2.5，1天首要污染物为PM10。洞头区空气质量首要污染物为臭氧，臭氧(O_3)日最大8小时平均第90百分位数浓度为137微克/立方米，同比上年上升1.5%。

【酸雨】2019年，洞头区酸雨监测点位于北岙街道县前路53号，监测项目为pH、电导率、降雨量及S4O_2-、NO_3-、F—、Ca_2+、NH_4+、Cl—、K+、Na+、Mg_2+。全年采集降水样品112个，降水pH值范围为3.75—6.65，pH均值为4.78，酸雨率为74.1%，与上年相比酸雨率下降7.0%。洞头区属中酸雨区。

【声环境质量】2019年，洞头区昼间城市区域噪声平均等效声级为53.2dB，评价结果为二级（较好）；昼间城市道路交通噪声路长加权平均等效声级为65.6dB，评价结果为一级（好）；2类、4类声功能区达到国家标准。

（周世陆）

2018—2019年洞头区城市道路交通噪声（等效声级）统计及年际比较表

表35

测点编码	道路名称	测点位置	路段长（米）	路面宽（米）	2019年昼间Leq（dB）	2018年昼间Leq（dB）
1	中心街	洞头区环保局	1246	11	65.5	64.8
2	连城大道	天天乐药房斜对面	800	20	65.1	65.5
3	新城大道	佳信平价超市	1825	20	63.3	64.7
4	海滨大道	海滨大道48号	1120	24	67.6	66.2
5	岭背东路	岭北东路32号	940	9	66.1	66.1
6	车站路	车站路14号	718	9	68.7	70.2
平均	—	—	—	—	65.6	65.9

2018—2019年洞头区噪声功能区监测结果及年际比较表

表36

单位：dB(A)

测点名称	标准适用区	国家标准		2019年		2018年	
		Ld	Ln	Ld	Ln	Ld	Ln
警池巷20弄6号	2类标准区	60	50	48.1	39.7	43.9	36.5
中心街260号	4类标准区	70	55	52.1	47.9	53.0	46.2

环境管理

【概况】2019年，洞头区制定《洞头区生态环保基础设施提升三年行动计划（2019—2021年）》，完成年度设施建设任务指标13项。开展《洞头区海岛生态环境综合管控及功能布局优化研究》课题调研。建立健全农村人居环境长效管理机制，实施排污权核定及交易，全年完成排污总量核定项目8个。落实排污许可制度改革，全年核定和发放排污许可证9个。引入环保管家管理模式，建立企业环保信用等级管理，推进环评审批改革，截至年底，完成补办360家。完成辖区内465家工业源、101个集中式治理设施、84个行政村和8个加油站普查。

【洞头区生态环保基础设施提升三年行动计划】为全面贯彻落实《温州市高标准打好污染防治攻坚战 高质量推进生态文明示范创建行动》，加快推进中央环保督察问题整改，高质量补齐全区生态环保基础设施建设短板，2019年10月16日，洞头区美丽洞头建设领导小组办公室印发《温州市洞头区生态环保基础设施提升三年行动计划（2019—2021年）》（美丽洞头办〔2019〕8号），重点任务是高质量建设一批生态环保基础设施建设项目，其中污水管网建设提升1个，“污水零直排区”创建项目1个，污水处理设施建设提升项目4个，工业废气治理项目1个，一般工业固废、危险废物处置设施建设项目2个，生态环境监测监控能力提升项目7个，节能减排项目4个，合计重点项目20个。项目总投资46134.8万元，其中区级财政6945万元，企业自筹39369.8元。目标至2020年，基本实现建成区污水全收集、全处理和全达标；实现工业废气全面达标排放，废气污染物排放明显减少；危险废物利用处置无害化率100%，城镇生活垃圾分类覆盖面80%以上，资源利用率95%以上。至2021年，全面建成乡镇片区空气环境质量自动监测点位，重点工业园区按要求建成VOCs在线监控，土壤环境监测网络逐渐完善。

【洞头区花园村庄人居环境长效管理】为建立健全农村人居环境长效管理机制，巩固花园村庄建设成效，加快推进海上花园建设，2019年8月16日起，洞头区实施花园村庄人居环境长效管理办法，包括村庄道路、河道、农户房前屋后和公共场所保洁，农村生活垃圾治理、农村公厕管理、农村生活污水治理、公共绿化养护，公共设施保护维修、建设和管护机制等内容。以各行政村为实施单位，村支部书记为第一责任人，所在街道（乡镇）负责指导、督查，承担管理责任。鼓励群团组织、社会力量等参与村庄清洁、养护、管理行动。支持各村探索村庄公共部分实现党员、村民代表园丁岗位责任制，完善农户“门前三包”管理制度。鼓励乡贤组织、企业公司、在外洞商、志愿队伍、机关企事业单位等及个人以投资、捐资、认养等方式，参与花园村庄人居环境长效管理工作。

【审批制度改革】2019年，洞头区深化审批制度改革，制定《洞头区入海排污口设置方案》，允许瓯江口四类区、状元岙北四类区（海洋功能区划为洞头西保留区除外）、大小门岛四类区、东沙渔港四类区（除洞头国家级海洋公园——连港蓝色海岸带适度利用区外）、黄岙四类区和三盘港四类区设置入海排污口，解决全区部分非污染项目落地难及鹿西乡整岛无排污口可设等难题。落实温州市工业企业环保行政许可规范管理改革工作，全区环评审批改革完成率为78%，居全市前列。开展环评审批代办服务，实施办件结果上门送达。全年办理环评审批(备案）138件，其中环评审批28件，登记表备案110件；完成洞头区健康产业园规划环评审查并出具环保意见、洞头区大门沙岙综合交通码头工程等3个项目入海排污口设置备案初审和两个海洋环评生态补偿项目验收。引进温州金源新材料公司（企业端）和大门镇临港产业基地（园区类）项目 “环保管家” 签约推广。

【排污权核定及交易】2019年，洞头区实施排污权核定及交易，全年完成排污总量核定项目8个，具体核定指标包括COD 1.16吨、氨氮0.027吨、二氧化硫0.053吨、氮氧化物3.274吨；全年完成排污权交易项目3个，交易总量为COD 0.03吨、氨氮0.003吨、二氧化硫0.66吨、氮氧化物5.754吨(其中含2018年核定项目2个)，收取排污权使用费21.5842万元。完成“十二五”“十三五”期间政府储备量核算工作，截至年底，全区储备余量结余COD 144.89吨、氨氮3.428吨、二氧化硫807.05吨、氮氧化物9.99吨。

【排污许可证管理】2019年，洞头区落实排污许可制度改革，做好排污许可证核发和管理，全面排查纳入《固定污染源排污许可分类管理名录》排污许可证核发16个行业大类中23个细分行业小类。全年核定和发放排污许可证9个，其中重点管理1个、简化管理3个、登记管理5个。其中家具制造业2个；汽车零部件制造3个；生态保护和环境治理业2个、钢压延工业1个、食品调味剂制造业1个，核发完成率100%。

【企业信用等级管理】2019年，洞头区建立重点企业每年信用等级结果（绿牌、蓝牌、黄牌）与专项治理资金补助（原则按照30%、20%、10%）比例挂钩分配制度，引导全区重点企业规范环境行为。全年纳入全市信用等级参评企业11家，获评诚信企业（绿牌企业）3家、环保良好企业（蓝牌企业）8家、环保警示企业（黄牌企业）1家。全年补助污染治理项目环保专项资金44.12万元。

【“污水零直排区”建设】2019年，洞头区制定《洞头区“污水零直排区”建设实施方案》，推进“污水零直排区”建设，协调26个项目建设资金落实、建立技术组指导业务，全年投入资金2800多万元，推进杨文片、南塘片、新城片、工业区、新城农贸市场、环西花苑、望海小区污水零直排建设，开展六小行业整治及验收，改造新城一期住宅小区三级管网和住宅小区创建验收。北岙街道、东屏街道、霓屿街道完成创建验收；大门完成管网排查。全年污水排查点位4386个，发现并修复问题点位1663个；疏通、修复、新建管网100多千米，完成整治单元372个。

【污染治理】2019年，制定洞头区蓝天保护行动实施方案及年度计划，出台《洞头区重污染天气应急预案》，建立洞头区重污染天气应对机制；完成《2018年温室气体排放清单报告》，初步核定全区温室气体排放总量27.27万吨二氧化碳当量；开展工业废气治理专项行动，启动燃气锅炉低氮改造、工业炉窑提升整治和建成区生物质锅炉超低排放；启动柴油货车污染防治专项行动，每月联合交警和运管部门开展柴油车路检路查及入户检查；划定禁止使用高排放非道机械区域，开展非道机械摸底调查和编码登记；开展扬尘治理专项行动，建立健全扬尘防治综合机制,推进扬尘在线监控能力建设。治理整顿辖区涉气“散乱污”企业5家，指导服务涉及整治企业18家。实施小微水体整治，落实甲山河、豆岩排洪沟、后垅排洪沟等水环境清淤治理；实施治水督查竞赛，开展河道自查、专项督查、区县交叉等检查13次，发现问题187个，下发整改督办单45件，问题整改率100%。

【固体废物管理】2019年，温州市生态环境局洞头分局深入推进土壤污染防治工作，全面推进重点工业企业污染场地排查，完成28家重点工业企业场地基础信息调查，并确定企业高、中、低关注度等级。全面打响清废攻坚战，开展危险废物排查、整治、验收工作，全区6家危险废物产生与1家危险废物处置企业规范化管理工作全部通过危险废物规范化管理省市级督查，规范化管理提升达标率100%。规范企业固废贮存、转运、利用，实现固废减量化、无害化和资源化。全年产生一般工业固废2461.53吨，综合利用量2461.53吨；产生危废量3331.07吨，处置量3495.01吨（包括上一年度余留的库存量）。

（杨海潮）

环境执法

【概况】2019年，洞头区紧盯中央环保督察整改落实，强化污染防治攻坚治理监督，扎实推进全区生态环境保护。重点从目标落实、基础设施建设、行业整治等五个方面情况。对照省生态环保督察梳理涉及全区7个方面问题，全面完成督察问题和交办信访件整改落实。组织开展“蓝天保卫”“散乱污”“绿色护考”“环境安全大检查”系列环保专项执法检查，查处重污染企业污染物恶意偷排、漏排和超标排放等环境违法行为，规范涉废企业的危险废物贮存处置，强化饮用水源保护区巡查，及时掌握饮用水源动态。全年开展专项行动6次，受理环境信访投诉件61件，同比下降6.2%，信访处置率达100%。

【环境督察问题监管】2019年，洞头区完成浙江省生态环保督察，浙江省生态环境保护督察进驻温州和下沉洞头督察反馈问题涉及内容7项，制定整治方案，启动整治；开展省督信访交办件办理工作，涉及交办件5件（其中重点件2件）均按照流程及时办理反馈。根据第二轮中央生态环境保护督察时间安排和省督情况，提前开展问题梳理，全面排摸全区中央环保督察风险隐患点，梳理涉及环境基础设施建设、企业污染治理、矿山整治修复、海洋环境保护等方面内容待整改问题11个，逐条提出解决措施和完成期限。

【环保执法】2019年，洞头区开展“蓝天保卫”“散乱污”“绿色护考”“环境安全大检查”等重点涉水、涉气污染企环保专项执法，打击重污染企业污染物恶意偷排、漏排和超标排放等环境违法行为。全年开展专项行动6次，检查企业259家次，出动人员815人次，整改问题35个。实施“双随机”抽查与污染源监督性监测，推进移动执法系统使用，强化现场录入，现场留痕、坚持逢查必录，杜绝人情执法、随意执法。全年完成双随机抽查企业99家次，录入现场监察记录表225份，出动执法数195次，出动人员399人次。

【行政处罚】2019年，全区环境违法行为立案处罚企业4家次，查封扣押1家次，责令停产3家次，移送公安1件，行政拘留1人，处罚金额74.5万元。

（邱蔡慧颖）

海洋生态环境保护

【概况】2019年，洞头区开展《洞头区羊栖菜产排污系数研究》《跨区域海洋生态补偿机制研究》等课题调研。制定《洞头区入海排污口设置方案》《洞头区入海排污口整治方案》。全面推行湾滩长制，推进陆海污染综合防治。完成中央环保督查116个入海排污口规范整治，实施国家海洋督查58个入海排污口调查核实。建立港区船舶污染监管机制，推行“五联单”“一票制”船舶废油回收全过程追溯管理。新一轮蓝色海湾整治项目获中央补助2.26亿元。蓝色海湾整治一期工程累计投资4.1亿元，完成中心渔港、东沙渔港港区疏浚157万立方米，修复韭菜岙、东岙沙滩修复面积7.7万平方，建设海岛生态廊道全长17.8公里。开展海洋牧场人工鱼礁建设，完成3万空方礁体制作及紫菜海藻场和羊栖菜海藻床建设，全年累计放流海洋生物1.32亿尾（粒），滨海湿地红树林种植90亩。洞头作为全国生态养海、精心护海、绿色用海的海洋保护成功典范在央视综合频道《美丽中国》第一集（清水绿岸）播出，蓝色海湾整治项目整治成效亮相中华人民共和国成立70周年成就展。

【洞头蓝色海湾整治项目亮相全国成就展】2019年9月23日，“伟大历程辉煌成就——庆祝中华人民共和国成立70周年大型成就展”在北京举行，洞头区蓝色海湾整治东岙沙滩修复作为全国海洋生态修复典型在第三部分“改革开放”篇章展出。蓝色海湾整治一期项目包括海洋环境综合治理、沙滩整治修复和生态廊道建设三大工程，总投资4.76亿元。项目获财政部中央海岛和海域保护资金补助3亿元。其中东岙沙滩修复工程于2017年1月启动，7月修复完工，修复岸线长度135米，修复沙滩面积1.84万平方米。洞头蓝色海湾整治项目作为全国海洋生态整治修复主要典型样本，相继被央视《焦点访谈》《新闻联播》专题报道。

【全面深化湾（滩）长制工作】2019年，洞头制定《关于进一步深化湾（滩）长制工作的意见》，全区68个湾滩实施“分类、分时、分段、分责”管理，区委书记任湾滩总长，15位区领导分别挂钩一类湾滩担任区级湾滩长，健全“区级湾长+乡镇街道级湾长+村级湾长+协管员”湾滩长制“3+1”组织体系，建立湾滩长制日常管理考核和“最美与最脏”湾滩评选机制，双月评选一个最美湾滩和一个最脏湾滩并向全社会公布。全年河长巡河平均率为98.64%，问题整改率100%，排名位居全市前列，累计获月度“河长之星”河长17人。

【港区污染监管】2019年，洞头建立“渔船所有人+废油回收点+废油回收公司+废油处置单位+监管部门”港区船舶污染监管机制，建设规范化废油回收站3个，废油回收点4个，废油（垃圾）回收船7艘，把废油回收纳入渔港物业化建设重要服务内容，为全区600余艘海洋渔船、20个三级以下渔港提供免费渔港船舶废油回收服务，实现洞头渔港船舶废油回收全覆盖，推行“五联单”“一票制”船舶废油回收全过程追溯管理，收集废油70吨。

【近岸海域水质监测】2019年，根据海洋生态环境监测结果表明，洞头近岸海域水质与上年相比有所下降。8月，第一、二类海水水质总面积为453.4平方千米，占比17.4%，较上年同期同比减少74.8%，劣于第四类海水水质海域面积52.6平方千米，占监测海域面积的2.0%，较上年减少3.3%。10月，第一、二类海水水质总面积为540.7千米，占比20.7%，较上年减少26.1%，劣于第四类海水水质海域面积1314.2平方千米，占监测海域面积50.41%，较上年增加12.7%，超标指标主要为无机氮和活性磷酸盐。5个环境功能区的海水水质5月好于10月，其中5月水质达标率60%，超标指标为无机氮；10月水质均为劣四类，均不满足环境功能区的水质要求，超标指标为无机氮和活性磷酸盐。洞头城南污水处理厂排污口全年7次监测中，所有指标全部达标排放，对海洋环境基本未造成危害，与上年相比，排放悬浮物、氨氮有所增加。直排海污染源邻近海域不符合第三类和第四类海洋水质标准，8月和10月水质均为劣四类，不符合水质要求指标为无机氮和活性磷酸盐；沉积物质量符合海洋功能区沉积物质量要求，达国家一类标准；生物体内污染物残留量均为第二类海洋生物质量标准。状元岙自然海滩海面漂浮垃圾和海滩垃圾以聚苯乙烯泡沫塑料类、塑料类和木制品为主，较上年增多。全年洞头海域发现赤潮2起，发生时间为4月—6月，主要分布在洞头南园屿、北猫屿附近海域。赤潮优势种主要是赤潮异弯藻、东海原甲藻，其中赤潮异弯藻为有害赤潮生物。

（应凌锋）

教　育

放生 · 叶爱珠

“海霞精神”

爱岛尚武　励志奉献

教　育

概述

【概况】2019年，洞头区机构改革组建区委教育工作领导小组，作为区委议事协调机构。区委教育工作领导小组秘书组设在区教育局。制定出台《洞头区学前教育集团化办园实施方案》《洞头区中小学中层及以上干部年度工作综合目标考核办法（试行）》，完成首次校长职级考核及首次职级晋档工作。引进洞头第一所民办中学——洞头区乐成寄宿中学。洞头辖区有48所学校，其中大学1所（温州医科大学仁济学院滨海校区）、瓯江口产业集聚区温州市属技师学院1所（温州技师学院）、瓯江口产业集聚区市直学校2所（温州护士学校、温州外国语学校）、普通高中1所（上归市直属）、职业高中1所、完全中学1所（洞头区乐成寄宿中学）、初中6所（含九年一贯制学校2所）、小学9所、幼儿园26所，区教育局直属管理辖区学校43所。全区在校生17291人，其中高中2722人，初中3497人，小学7162人，幼儿园3910人。全年教育经费支出5.17亿元，其中公共财政教育支出4.71亿元。全年资助贫困学生710人次，累计资助金额80.08万元。其中政府资助贫困学生626人次，资助金额54.38万元，社会资助贫困学生84人次，资助金额25.7万元。洞头“明德百岛学子梦想基金”奖励品学兼优学生53人，金额22.5万元。

2019年，洞头区通过“浙江省区域推进语言文字规范化区”评估验收，创成省级示范学习型城市，获全市唯一省对市县区政府教育履职考核“优秀单位”，“零跑审批”被省教育厅列为教育系统最多跑一次改革试点区。蔡柔美获浙江省首届“优秀督学”称号。东屏小学许东方、实验中学赵志胜、霓屿义校马海伟等3位教师援疆支教，城关一小余定辉、海霞中学方海平等2位教师援川支教，实验中学陈春妹教师赴意大利支教。

2019年1月17日，洞头区教育局迁址洞头区北岙街道人民路11号办公。

【国家级义务教育优质均衡发展区创建】2019年9月9日，为贯彻落实《教育部关于印发〈县域义务教育优质均衡发展督导评估办法〉的通知》（教督〔2017〕6号）、《国务院教育督导委员会办公室关于申请认定义务教育优质均衡发展县（市、区）有关工作的通知》（国教督办函〔2017〕42号）等文件精神，推进“国家级义务教育优质均衡发展区”创建，洞头区制定《温州市洞头区创建国家级义务教育优质均衡发展区工作方案》，主要措施包含政府主导形成工作合力、优化调整校网布局规划、继续加大问题破解力度、深入开展师资统筹配置、强化政府财政保障力度、彰显党建引领作用、提升校园文化品位、健全公平教育体系、提高装备信息化水平、完善学校管理机制、深化课程教学改革、规范学校办学，优化教育环境等。成立领导小组和工作专班，组织专班人员与专职督学。实施步骤分为准备阶段、实施阶段、迎接评估阶段等。目标为整合教育资源，优化教师队伍，推进课程改革，提升教育综合实力，缩小校际差距，实现优质均衡发展与特色内涵办学并举，力争年内创成全国义务教育优质均衡发展区。

【洞头区学前教育集团化办园】2019年5月，为充分发挥优质学前教育资源辐射引领作用，实现理念、资源、方法、成果、品牌共享，洞头区印发《洞头区学前教育集团化办园实施方案》，组建两个“紧密型”学前教育集团，即教育幼儿园教育集团（由教育幼儿园总园和霓屿幼儿园组成）和教育第二幼儿园教育集团（由教育二幼总园和元觉幼儿园组成），实行集团总园长负责制，集团总园负责制定幼儿园发展规划、各类规章制度和考核方案；对幼儿园建设、人员调配、园务管理、保育教育、安全与卫生保健等进行具体部署；对重要活动、重大教科研项目进行统筹安排。实现以老带新、以强带弱、共同发展，整体提升洞头区幼儿园教育质量和办学水平，满足人民群众对优质学前教育需求。

【适龄儿童“明眸皓齿”工程建设】2019年，洞头区完成学校教室灯光改造88个，采购可调式课桌椅2063套、视力普查仪器17套等设施；联合区卫健局排查全区校园视觉环境，完成2次16所中小学（幼儿园）学生视力免费检查覆盖100%，建立个人近视防控数据档案，具体情况反馈至学生及家长。全区540名适龄儿童接受免费窝沟封闭操作。

【洞头义务教育标准化学校再创100%】2019年2月13日，浙江省教育厅公布2018年第二批义务教育标准化学校名单，霓屿义务教育学校通过省义务教育标准化学校达标验收。2016年，洞头区率全市之先义务教育标准化学校创建率100%，2018年，因校网调整，原霓南义务教育学校、霓北中学和钱江电视希望小学三校合并成实施九年一贯制义务教育学校——洞头区霓屿义务教育学校。至此，洞头区义务教育标准化学校创建率再次100%。

【洞头区教育大会暨第35个教师节庆祝大会召开】2019年9月9日，洞头区教育大会暨第35个教师节庆祝大会在洞头区实验小学召开，主题是“庆祝新中国七十华诞，弘扬新时代尊师风尚”。大会表彰曾毛灵、陈小吾、曾海华、唐静亚、金银翠、颜丽函、杨秀艳、吴圣伟、余巨丹、童燕翔等10位洞头区第二届最美教师，张于胜、吕良栋、李良善、侯仙琴、谢玉宇、陈昆武、张骏、蔡建隆等市级各类先进个人。区委书记王蛟虎出席并讲话，区委副书记、区长林霞主持会议。区领导叶国胜、汪慧平、吴志安、叶锦丽等出席会议。

【政府教育履职考核获评优秀单位】2019年，洞头区政府与瓯海区政府、龙湾区政府代表温州市参加浙江省政府首批“省对市县区政府教育履职考核”评价，接受省人民政府教育督导委员会办公室对洞头区政府2018年度履行教育职责进行网络评价和实地督查。区教育局牵头按照31条评价“实施细则”，通过网络平台，接受线上评估；11月，省教育厅评估组一行9人到洞头实地评估政府教育履职考核。通过随机抽查不同类别学校（高中、初中、小学、幼儿园、社区学校）8所，随机查访部门5所，随机访谈43人，核查相关文件资料、数据。确认洞头区为省对市县区政府教育履职考核“优秀单位”。

【洞头6人获“瓯越情”教育基金表彰】2019年1月17日，温州市人民教育基金会、温州市温商慈善基金会、浙江千训爱心慈善基金会、杭州市温商慈善基金会共同设立“瓯越情”教育基金，并召开首次颁奖大会，洞头有6名教师获奖，其中实验小学颜丽函获评优秀校长，大门镇中心小学林彩虹获评优秀乡村教师，海霞中学张于胜、实验中学陈小吾、灵昆一小张灿华、城关小学张华华等4名教师获评优秀教师。

2019年11月，省教育厅评估组到洞头实地评估政府教育履职考核。图为在第三幼儿园非遗小作坊观摩
（区教育局提供）

学前教育

【概况】2019年，洞头区制定出台《洞头区普惠性民办幼儿园认定和管理办法》（洞教基〔2019〕105号）、《关于修订洞头区民办学前教育专项资金使用管理暂行办法的通知》（洞财办〔2019〕282号）。全区拥有幼儿园26所，其中公办8所、民办18所，街道（乡镇）公办幼儿园实现全覆盖。幼儿园班级数147个，其中公办园53个、民办园94个，公办园在园幼儿覆盖面为40%。全区入园幼儿数3910人，入园率 98.5 %。教职工578 人，其中专任教师324人，持证教师324人，持证率100 %。全年创建省二级幼儿园2所，即洞头区灵昆幼儿园和洞头区育才幼儿园；全区学前教育一级幼儿园2所（教育幼儿园、教育第二幼儿园），二级园8所（教育第三幼儿园、鹿西幼儿园、大门幼儿园、灵昆幼儿园、太阳岛幼儿园、育才幼儿园、灵昆中心幼儿园、灵昆永兴幼儿园），优质园覆盖面为62.79%。全区幼儿园均为等级幼儿园，等级幼儿园覆盖面100%。认定第四轮普惠性民办幼儿园3所（灵昆爱儿幼儿园、灵昆春苗幼儿园、灵昆苗苗幼儿园），普惠性幼儿园总数26所，其中，普惠性民办幼儿园18所、公办园8所，普惠园比例为100%。民办幼儿园灵昆中心幼儿园、灵昆永兴幼儿园、太阳岛幼儿园被评定为民办学校办学水平四星级幼儿园，育才幼儿园、城关中心幼儿园、快乐幼儿园被评定为民办学校办学水平三星级幼儿园。学前教育先进街道（乡镇）创建率85.7%。

【洞头区普惠性民办幼儿园认定和管理办法修订】2019年11月5日，为构建以普惠性幼儿园为主体学前教育公共服务体系，促进全区学前教育快速发展，推进省级教育现代化区创建，根据有关文件精神，洞头区修订《洞头区普惠性民办幼儿园认定和管理暂行办法》，标准普惠性民办幼儿园界定包含资质要求、资产管理、办园行为、财务管理、收费合理等基本条件，通过自愿申报、组织认定、公示公告、签订协议、授牌公布程等序。采用政府购买服务形式，补助经认定普惠性民办幼儿园生均经费等。奖励支持普惠园建设、用地、租金减免、党建、等级创建和办学水平星级评定等政策。加强师资培训，开展结对帮扶，支持贫困儿童、特殊儿童入园和教师实行人事代理。建立年度综合评价、资产和财务管理、过程性监管、自愿退出等机制。废止洞政办发〔2015〕142号。

【洞头区民办学前教育专项资金使用管理暂行办法修订】2019年12月25日，为进一步优化学前教育资源配置，引导和支持民办幼儿园提供普惠性服务，构建覆盖面广、质量有保证学前教育公共服务体系，根据有关文件精神，区教育局、区财政局联合修订《洞头区民办学前教育专项资金使用管理暂行办法》，办法规定区财政统筹省市专项补助，实行专项管理。专项资金补助对象为在本区取得办学许可证，学年发展性评价考核合格且财务规范民办学前教育机构。按一定标准，最多补助当年或累计投入1200万元（含）以上，按投入总额35%予以补助。建立政府购买服务的生均经费补助制度。贫困儿童、特殊儿童入园减免保教费，民办学前教育机构购买校车按照裸车价格35%补助，校车补助标准不超10万元。

【学前教育主题课程改革】2019年，区教育局通过现场调研、名师指导、推进展示等多项措施深化洞头区学前教育课程改革，促进学前教育规范优质发展。确定教育幼儿园、灵昆幼儿园、城关中心幼儿园为区首批课程改革样本幼儿园，推进教育幼儿园《小海豚课程》、教育第二幼儿园《乐hui课程》、教育第三幼儿园《玩美课程》实施。全区8所幼儿园课程改革方案通过认定及备案公布。教育幼儿园《海豚湾课程》荣获温州市幼儿园“园本化课程”优秀方案评比一等奖；教育第二幼儿园《“绘·乐”整合教育园本培训课程》被评为浙江省中小学（幼儿园）校本研修百项精品项目，《乐绘世界 梦想花开—“乐hui”课程》荣获温州市幼儿园“园本化课程”优秀方案评比二等奖。教育第三幼儿园荣获市温州幼儿园“园本化课程”优秀方案评比三等奖、洞头区第二批教师专业发展校本培训精品项目（课程）评选二等奖。

【幼儿园发展性评价考核】2019年，区教育局按照《2018学年洞头区中小学（幼儿园）学校发展性评估方案》文件精神，对25所幼儿园开展发展性评价考核。教育第二幼儿园、教育幼儿园、太阳岛幼儿园、灵昆永兴幼儿园、城关中心幼儿园被评为优秀等级；教育第三幼儿园、快乐幼儿园、灵昆中心幼儿园、霓屿朵朵幼儿园、双兴幼儿园被评为良好等级；霓屿幼儿园、大门幼儿园、元觉幼儿园、鹿西幼儿园、东屏中心幼儿园、创智幼儿园、智多星幼儿园、育才幼儿园、童星梦幼儿园、沙塘幼儿园、春苗幼儿园、大门二幼、苗苗幼儿园、乐岛幼儿园、爱儿幼儿园被评为合格等级。

2019年洞头区幼儿入园分布情况表

表37

地区别	幼儿园数	在园幼儿数	其中：公办幼儿园	
			班级数	幼儿数（人）
北岙街道	7	1660	26	876
灵昆街道	10	1256	6	163
东屏街道	3	394	6	199
大门镇	2	306	6	166
元觉街道	1	56	3	56
霓屿街道	2	185	3	46
鹿西乡	1	53	3	53
合计	26	3910	53	1559

（区教育局提供）

2019年各幼儿园情况一览表

表38

序号	幼儿园名称	地址	性质	等级	园长
1	洞头区教育幼儿园	北岙新城区城南大道136号	公办	省一级	侯仙琴
2	洞头区教育第二幼儿园	北岙镇赴学路23号	公办	省一级	潘丽君
3	洞头区教育第三幼儿园	东屏街道惠民村长寿巷42弄22号	公办	省二级	许晓晖
4	洞头区元觉幼儿园	元觉街道状中巷44号	公办	省三级	徐薇
5	洞头区霓屿幼儿园	霓屿乡曙光路88号	公办	省三级	王瑶
6	洞头区鹿西幼儿园	鹿西乡海景街158号	公办	省二级	李艳君
7	洞头区大门幼儿园	大门镇勤奋路8号	公办	省二级	曾盈盈
8	洞头区灵昆幼儿园	灵昆街道瓯绣大道4099号	公办	省二级	童燕翔
9	洞头区城关中心幼儿园	北岙镇县东巷6弄29号	民办	省三级	张爱兰
10	洞头区太阳岛幼儿园	新城区广场路3号	民办	省二级	陈维罗
11	洞头区双兴幼儿园	北岙繁荣街2弄18号	民办	省三级	张素芬
12	洞头区育才幼儿园	北岙镇中心街570弄10号	民办	省二级	蔡慧锋
13	洞头区智多星幼儿园	北岙镇健康巷17号	民办	省三级	李金凤
14	洞头区快乐幼儿园	东屏镇府前路8号	民办	省三级	董艳玲
15	洞头区东屏中心幼儿园	东屏镇前坑寮村	民办	省三级	吴冬花
16	大门镇第二幼儿园	大门镇大溪巷10号	民办	省三级	林海琴
17	霓屿朵朵幼儿园	霓北布袋岙村一期安置房	民办	省三级	柯丽苗
18	灵昆中心幼儿园	灵昆街道繁灵街	民办	省二级	王小云
19	灵昆永兴幼儿园	灵昆街道叶先村	民办	省二级	陈芙芸
20	灵昆春苗幼儿园	灵昆镇双昆村	民办	省三级	范海晓
21	灵昆爱儿幼儿园	灵昆北路137号	民办	省三级	单素丽

续表38

序号	幼儿园名称	地址	性质	等级	园长
22	灵昆创智幼儿园	灵昆街道兴灵路	民办	省三级	黄蓉蓉
23	灵昆童星梦幼儿园	灵昆街道上岩头路	民办	省三级	黄小薇
24	灵昆沙塘幼儿园	灵昆街道沙塘街	民办	省三级	蔡淑微
25	灵昆苗苗幼儿园	灵昆街道兴灵路2号	民办	省三级	吴圣芬
26	灵昆乐岛幼儿园	灵昆街道海思村	民办	省三级	高凌云

（区教育局提供）

义务教育

【概况】2019年，全区小学11 所（含九年一贯制学校小学学段2所），小学班级 201个，在校学生7162人（含女生3392人），其中新居民子女1388人，特殊儿童37人。小学适龄学生入学率、巩固率、新居民子女入学率均100%，特殊儿童入学率100%。小学新生班级32个，新生招生1190人；小学毕业班级 35个，小学毕业生1262人，升学率100 %。初中7所（含九年一贯制学校初中学段2 所、洞头区乐成寄宿中学初中段1所），班级93个，在校学生3497人（含女生1616人），其中新居民子女503人，特殊儿童30人。初中适龄学生入学率、年巩固率、新居民子女入学率、三残儿童入学率均100%；初中新生班级数33个，新生招生1241人。初中毕业班级28个，毕业生1117人，初中毕业生升入高中阶段学校1104人，初中升学率98.83%，普职招生比例51.5：48.5。

小学段课后托管服务实施，“互联网+义务教育”同步课堂研讨会暨“浙江教研在线”启动仪式在洞头区实验小学举行，洞头区城关小学一节《沙滩上的一次美丽劳作》寒假劳动体验课程在中国教育报刊登。东屏小学老师庄微微参加市优质课比赛荣获市一等奖第二名成绩。

【义务教育办学水平等级评估】2019年1月11日，温州市教育局发文确认洞头区海霞中学为温州市新常规样板校，洞头区霓屿义务教育学校、洞头区元觉义务教育学校为温州市新常规达标校。截至年底，全区15所学校完成温州市义务教育办学水平等级评估。其中，城关小学、实验中学、海霞中学、城关一小、大门镇中心小学、灵昆第一小学为市义务教育办学水平一级学校；灵南小学、城关二小、洞二中、鹿西小学、元觉义务教育学校、灵昆中学为市义务教育办学水平二级学校；实验小学、东屏镇小、霓屿义务教育学校为市义务教育办学水平三级学校。

【“互联网+义务教育”同步课堂研讨】2019年4月19日，“互联网+义务教育”同步课堂研讨会暨“浙江教研在线”启动仪式在洞头区实验小学举行。该活动是第十届长三角基础教育课程与教学改革论坛主题活动内容之一，也是洞头区民生实事工程“城乡携手同步课堂建设”试点工作最新展示。活动依托中国教研网技术平台，以“浙江教研在线”为载体，向全国全程网络直播，实现浙江先行一步有效推进课堂教学教研方式变革，为“互联网+义务教育”同步课堂推进积累丰富经验，也为整个长三角地区教育教学教研水平提升提供重要借鉴。教育部基础教育课程教材发展中心教学处副处长韩江萍、上海市

2019年4月19日，浙江省“互联网+义务教育”同步课堂研讨会暨“浙江教研在线”启动仪式在洞头区实验小学举行（区教育局提供）

教育委员会教学研究室主任徐淀芳、江苏省中小学教研室副主任叶兵、浙江省教育厅教研室主任任学宝、温州市教育局副局长王剑波、洞头区政府副区长叶锦丽、中国教研网总监曹士勇、总编吴新杰、执行总编朱立祥等出席，浙江省教研室副主任柯孔标主持会议。

【小学段课后托管服务实施】 2019年4月29日，区教育局联合区发改局、区财政局、区人力社保局印发《关于做好小学课后托管服务工作实施意见》（洞教基〔2019〕44号），服务对象为全区小学放学后家长接送有困难、托管有需求学生。学生自愿参加托管服务，按“家长申请、班级初审、学校核准、统筹安排”程序进行。托管服务依据实际人数组班。托管服务以学生自主活动为主，主要是组织学生在校园内开展自主阅读、课后作业、体育锻炼、社团活动等。服务时间原则上为下午放学后至机关、企事业单位下班时间，每天约两个小时。健全托管服务制度，落实托管责任制度、安全制度、财务制度等。全区有刚性需求小学课后托管服务，除大门、鹿西外，全区9所小学开展课后托管服务，托管学生数2407人，托管小学生占9所学校总人数38%，参与托管服务教职工人数为398人，占84.1%。

【名著阅读教学探讨】 2019年2月22日，全市初中语文研训员灵昆中学共同探讨名著阅读教学。灵昆中学老师高炳洁带领孩子们认识《一只带“刺”的猫》，用“猜读”激趣阅读策略，让学生讨论交流文中讽刺手法运用。把课堂主动权交给学生，鼓励学生对文本进行个性化解读，提升名著阅读有效性。学校副校长陈晓玲以《做一位幸福的摆渡人》为题，与大家分享其名著阅读方面实践与思考。以“趣味”“韵味”“情味”为切入点，设计出与之相对应导读课、研读课及交流课三种不同名著阅读课型。

【灵昆一小“飞扬”健美操队在省锦标赛成绩显著】 2019年6月1日—2日，浙江省健美操锦标赛在温州医科大学茶山校区举行，全省各地46支代表队731名运动员参赛。洞头区灵昆第一小学“飞扬”健美操队19位运动员参加锦标赛8个项目角逐。经激烈比拼，获比赛小学组技巧啦啦操项目冠军、竞技混双第二名和第三名，小学甲组花球啦啦操季军，竞技男单第四名、第六名、第七名等优异成绩。指导老师为廖丽飞 高贞贞。比赛由浙江省健美（操）协会主办，温州医科大学、温州市体育局、温州市体育总会和浙江国美青少年体育俱乐部承办。

2019年6月1日—2日，灵昆一小“飞扬”健美操队在全省锦标赛获小学组技巧啦啦操冠军（区教育局提供）

2019年洞头区义务教育基本情况表

表39

地区/别	小学				初中				入学率%		年巩固率%		升学率%	
	当年毕业		当年招生		当年毕业		当年招生							
	班级数	人数	班级数	人数	班级数	人数	班级数	人数	小学	初中	小学	初中	小学	初中
合计	33	1257	32	1190	28	1117	33	1241	100%	100%	100%	100%	100%	100%
北岙街道	13	519	15	626	7	309	12	479	100%	100%	100%	100%	100%	100%
灵昆街道	6	245	7	280	4	170	5	197	100%	100%	100%	100%	100%	100%
东屏街道	4	180	3	100	8	333	7	293	100%	100%	100%	100%	100%	100%
大门镇	3	112	3	87	4	156	4	134	100%	100%	100%	100%	100%	100%

续表39

地区/别	小学				初中				入学率%		年巩固率%		升学率%	
	当年毕业		当年招生		当年毕业		当年招生							
	班级数	人数	班级数	人数	班级数	人数	班级数	人数	小学	初中	小学	初中	小学	初中
元觉街道	2	51	1	16	2	51	2	43	100%	100%	100%	100%	100%	100%
霓屿街道	3	95	2	59	3	98	3	95	100%	100%	100%	100%	100%	100%
鹿西乡	2	55	1	22	0	0	0	0	100%	100%	100%	100%	100%	100%

（区教育局提供）

高中教育

【概况】2019年，洞头区普通高中1所（洞头区第一中学），属省二级普通高中特色示范学校。全区普通高中27个班级，在校学生 1115人（其中女生580人）。普通高中新生班级数 9个，招收新生366人；普通高中毕业班10个，毕业生426人，毕业率 100%；普通高中学考（含高一学业考试）平均成绩合格率 99.15%，超全市总平均成绩。报考普通高校总人数 426人，与上年424人基本持平。普通高校录取总人数 426人，其中，一段上线30人、二段170人、三段226人、艺术类上线 16人，高考总录取率100%。新增中学高级职称1人，中级职称2人。学生参加各类竞赛，男子篮球队获省中学生篮球联赛二等奖，获市乒乓球联赛男女团体第八名、市中小学生健身大赛二等奖。学生体质健康测试成绩在市直属学校中排名第17（共38所）。普通高中教师论文评比国家级5篇、省级获奖2篇、市级2篇；教学评比省级获奖1项，市一等奖5项；学生学科竞赛获省级奖3项，市级奖106项，艺术体育类比赛市级奖36项。

【洞头一中执行市本级工资政策】2019年1月1日始，洞头一中按上划市本级管理体制运行，2019年—2021年为三年过渡期。按照部署，从2019年1月始，学校统一执行市本级工资政策，并从2020年1月1日起转入市本级工资统发系统发放。截至年底，已按市本级标准核定2019年度工资收入，并对全体教师2019年度工资奖金进行清算发放。基础性和奖励性绩效工资分配比例统一调整为70%和30%。学校第九届“教代会”第三次会议后，通过新奖励性绩效工资分配实施方案。调整目标考核奖分配办法，加大业绩考核权重，三年内业绩考核权重要达到50%以上，其中7545元按月由学校直接发放。学校原有政府人才补贴和延时补贴继续由区财政支出，过渡期后再协商决定。

【特色选修课程】2019年，在温州市教育局持续推进普通高中特色选修课程构建的基础上。洞一中现有《洞头魅力：走进海洋生物》《校园民谣吉他》等省精品课程3个，《百岛洞头地理》《洞头特色定向拓展》《海洋生物藻类》《宋之韵》《 百岛守望 》等市级精品课程26个，位居全市同类学校前列。

【洞头一中获高中教育质量优秀奖】2019年，洞头一中创造高考成绩新高：本科率近40%，比2018年提高6%；上线率100%，比2018年提高8%；一段上线人数突破30人，上线人数较2018年翻一番，创重点上线人数历史新高；最高分662分，超出浙江省普通高校招生普通类第一段分数线67分。因高考质量提升显著，学校获“2019年温州市高中教育质量优秀奖”。

中等职业教育

【概况】2019年，洞头区职业技术教育中心有班级29个，在校生969人（职高831人、技校138人），其中女生403人。2019年高三毕业班级9个，毕业生292人，其中，电子电工专业86人，学前教育专业62人，旅游服务与管理专业35人，计算机专业39人，电子商务专业58人。2019年高一招生11个班级，在校生401人，其中，电气运行与控制专业45人，电子技术应用专业89人，学前教育专业58人，旅游服务与管理专业38人，计算机专业62人，电子商务专业85人，工艺美术专业31人。高职单招单考报名68人（含社会考生1人），其中，计算机专业38人，电子电工专业20人，艺术类专业8人。专科上线66人，高职单招单考录取率98.5%。学校将三创教育和技能大赛成果融入校本教材，先后开发9本校本教材，其中，2本普职融通精品教材市级获奖，1本教材入选省普高网络课程平台，5本自选课教材突出海岛特色或传统文化传承，2本教材在省级评比获奖。

2019年，历届生陈盈盈评为浙江省优秀毕业生典型。区职业技术教育中心与温州长江汽车电子有限公司共建“长江电子教学车间”获评温州市“校企合作共同体”，通过市德育示范校创建评估；学生参加市职业技能专项过关考核，一次性通过率97.5%，参加区级以上职业能力大赛，获奖76人次，其中参加省级电脑制作比赛获二、三等奖各1个，获市一、二等奖各1个、三等奖7个，获区一、二、三等奖分别为10个、22个、33个。

【职教中心技能高考成绩喜人】 2019年12月，浙江省技能高考成绩揭晓，洞头区职业技术教育中心计算机、电子电工、工艺美术专业平均分、最高分、高分段人数占比均创历史新高。计算机专业参考平均分129.8分(总分150分)，较上年平均分提升2.4分，高分段人数占比超57%，最高分142分；电子电工专业参考平均分137.5分(总分150分)，较上年平均分提升8.9分，高分段人数占比超82%，最高分149分；工艺美术专业参考平均分252分(总分300分)，较上年首次参考此专业平均分提升45.3分，高分段人数占比超54%，最高分285分。

【现代学徒制试点】 2019年，洞头区职业教育中心深化产教融合、校企合作，完善校企合作育人机制，与洞头金海岸开元度假酒店合作共建，开展现代学徒制试点；与区教育幼儿园、教育二幼、教育三幼签订学前教育专业“现代学徒制”试点协议。签约双方携手对学前教育专业学生进行为期三年学徒制培养，开展幼儿园教师职业岗位教育。与温州长江汽车电子有限公司共建“长江电子教学车间”获评温州市“校企合作共同体”。

【职业教育专业设置优化调整】 2019年，洞头区职业教育中心成立由行业企业专家和本校骨干教师组成专业建设委员会，开展广泛调研，制定实施规划，按照教育与产业、学校与企业、专业设置与职业岗位相对接的原则做好专业优化调整，重点建设电子电气、电子商务、旅游服务与管理等专业，纳入浙江省中职学校重点扶持专业建设计划，全年累计投入73.53万元用于专业建设。学校与浙江东方职业技术学院的酒店管理、电气运行与控制，浙江工贸职业技术学院电子技术应用等3个“中高职一体化”合作办学。

【洞头职教中心获评市“智能+”实训基地】 2019年11月20日，温州市教育局公布2019年度温州市中职教育示范性“智能+”建设项目名单，洞头职教中心电子电工实训基地获评温州市“智能+”实训基地。洞头职教中心申报项目为“智能+电子电工实训基地”，从专业基础、产业发展需求、硬件条件、实训基地建设、“7S”实训管理、技能模块化课程安排及考核、现代学徒制实施等多个方面建设。该基地设有智能化通用实训基地、制版焊接生产车间、电子产品研发中心、维修电工综合实训室、单片机及PLC实训基地、镗床(铣床)机床排故实训室等。

【2学生首获中等职业教育国家奖学金】 2019年12月，教育部、人力资源社会保障部2019年中等职业教育国家奖学金评审工作结束，洞头职业教育中心黄诗妍、刘晓芸获国家奖学金。该奖学金评选严格按照教育部、人力资源社会保障部、财政部印发《中等职业教育国家奖学金评审暂行办法》，重点围绕中职学生在校学习成绩、道德风尚、专业技能、社会实践、创新能力、综合素质等指标择优推荐、评选。通过学生申请，层层评审，最终黄诗妍、刘晓芸两位同学上榜。中等职业教育国家奖学金：是国家首次设立，面向中职学生设立国家级最高荣誉奖项，每年评审一次，用于奖励中等职业学校(含技工学校)全日制在校生中特别优秀学生。全年奖励2万名学生，奖励标准为每位学生每年6000元，颁发国家统一印制荣誉证书，记入学生学籍档案。

高等教育

【概况】 2019年，温州医科大学仁济学院下设学部13个、本科专业25个，班级254个，在校普通本科生7025名，现有教职工共570 人，其中专任教师391 人，行政人员47人，教辅人员32 人，工勤人员100人，外聘教师98人。滨海校区在校生数共3144人，男生1201人，女生1943人，其中2019级1657人；少数民族134人；班级111个，其中2019级55个；校区拥有实验室9个，启用教室75个，寝室数量840个，床位3360个，最大可容纳学生3500人。

【廉政教育实践基地成立】 2019年6月28日，温州医科大学仁济学院“廉政教育实践基地”授牌仪式在洞头区大门镇举行。大门镇兰小草道德馆挂上温州医科大学仁济学院“廉政教育实践基地”铜牌，标志着校地共育共同推进大学生廉政教育实践启动，学校定期带全科医学生来进行始业教育和毕业生廉洁从业教育。温州医科大学师生一行在兰小草道德馆展厅接受现场实践教育，参观学习兰小草道德馆。

【新生急救知识技能大赛】 2019年5月12日，为宣扬红十字“人道、博爱、奉献”精神，增强同学们急救意识，提高急救能力，仁济学院新生急救知识技能大赛在滨海校区大会堂举行，共有6个参赛组共48名同学参加比赛。现场比赛分为理论竞赛、包扎技术考核和急救课堂三部分。急救课堂情景剧表演，为观众讲解在6种突发意外情况下急救措施。最终，第二组同学讲解在触电情况下急救原则和基本步骤获一等奖。由洞头区红十字会和仁济学院团委联合主办、春晖青年志愿者服务中心承办。

【温州医科大学仁济学院建院20周年庆祝大会】2019年10月27日，温州医科大学仁济学院建院20周年庆祝大会在滨海校区会堂举行。会前，学院通过20周年院庆宣传片，展示温州医科大学仁济学院自1999年建院来20年发展历程、办学成果，展示学院老领导、各地校友会及兄弟院校祝福和贺词。温州医科大学校长李校堃、院长黄陈平、塔吉克斯坦中方矿业集团董事长王前、校友代表杨上文致辞。浙江工业大学之江学院党委书记郑雅萍代表兄弟院校、洞头区委书记王蛟虎代表洞头区委、区政府向仁济学院表示祝贺。会后举行“廿载风华 仁济弦歌”庆祝建院20周年文艺会演。校党委委员、统战部部长张华杰，洞头区政府副区长叶锦丽，温州广电集团全媒体新闻中心副总监陈亦全，兄弟院校代表出席大会。学院退休老干部代表，校友代表，各界嘉宾以及学院在校师生等1000余人参加。学院党委书记章成斌主持会议。

【暑期实践团获全国百强暑期实践团队称号】2019年12月，由中国青年报社联合全国近千所高校开展的2019第五届“寻找全国大学生百强暑期实践团队”活动落下帷幕。经过高校推荐、团队自荐、展示投票、技术筛查、专家评审等环节，温州医科大学仁济学院“全科仁心·筑梦海岛”暑期社会实践服务团获2019年中国青年网全国百强暑期实践团队称号。该社会实践队聚焦慢性病优化管理与全科融合，以医路医家、医言医行、医心医意三个板块打造“海岛+全科特色”。关注居民健康，生理、心理、社会环境健康三联动，从以治病为中心转变为以人民健康为中心。特色义诊防治慢性病、全科入户随访、传播五水共治理念，完善慢性病预防措施应有实践。全科随访涵盖14个村，进村入户75户，建立居民健康档案300余份。

成人教育

【概况】2019年，洞头电大成人专科、本科毕业生共62人，其中，2019年春季专科毕业18人（行政管理13人，学前教育5人），秋季本科毕业44人（行政管理10人，学前教育17人、园林技术17人）。全年洞头区电大专科、本科招生共62人，其中春季行政管理专科招生12人，秋季行政管理招生31人（专科12人、本科19人），全年秋季学前教育招生19人（专科5人、本科14人）。全年洞头社区学院（洞头电大）成人高中毕业生154人，秋季成人双证制高中招生145人（洞头片区74人、灵昆片区71人）。全区录入学分银行平台系统学习成果数（按人次计）25534人次，录入比例占本地常住人口数24.7%超省均10.7%。

2019年，元觉成人文化技术学校创成省级现代化成校；大门朝阳社区分校、灵昆沙唐社区分校均创成市二级社区分校；上新社区分校、霓屿社区学校、东屏社区学校均获市老年学习苑称号。开展区级“百姓学习之星”评比活动，评选区“百姓学习之星”7名，其中获评市“百姓学习之星”1人。学生参加市2019年“亲子阅读.书香家庭”网上读书月活动，获市优秀读后感二等奖2篇。参加各级各类社区教育课题、课程、论文等评选活动，其中获省市社区教育立项课题4个、市社区教育实验项目1个、市社区教育特色课程2个。

【洞头区推进社区教育进农村文化礼堂三年行动计划】2019年8月，区委宣传部、教育局印发实施《关于印发洞头区推进社区教育进农村文化礼堂三年行动计划实施方案（2019—2021年）的通知》（洞教基〔2019〕85号）。主要任务是新型职业农民培训进文化礼堂、青少年校外教育进文化礼堂、老年教育进文化礼堂、家庭教育进文化礼堂，分三个阶段实施，目标至2021年，社区教育进农村文化礼堂活动覆盖全区100%农村文化礼堂；社区（村居）文化礼堂“一村一学习品牌”和社区（成人）学校“一校一特色课程”形成特色，农村文化礼堂服务能力不断增强。截至年底，全区48个文化礼堂实施社区教育活动，针对新型职业农民培训14807人次、青少年校外教育4640人次、老年教育活动5077人次、家庭教育活动5795人次，社区教育进入农村文化礼堂活动比例92.3%。

【社区教育科研评比】2019年，洞头区组织开展各级各类社区教育课题、课程、论文、案例等评选活动。其中教育局陈松财的《区域推进“农村文化礼堂+青少年校外教育”服务体系的构建与实践》入选省市重点课题，社区学院林必文的《基于区域背景下挖掘老年教育特色项目的实践与研究》、职教中心叶英儿的《网络时代图书馆与终身教育融合发展的实践与研究》、鹿西小学虞乐琴的《鹿栖“三头”文化课程开发与青少年校外教育融合的实践研究》等入选市一般课题；鹿西社区学校陈庆杰的《海岛“鹿栖三头”乡村文化融入社区教育的实践与研究》入选市级实验项目；城关一小林晶的《创意衍纸》、城关小学林素珠的《学竺气象》入选市级社区教育优秀特色课程；董舒芳、余娟娟、庄明川等老师参赛，其中获市社区教育优秀论文2篇、优秀案例2个，市终身教育专题论文6篇，区级社区教育论文6篇。

【**成人非学历培训**】2019年，社区学院（洞头电大）、社区学校（成人学校）开展成人月嫂培训、初级茶艺师培训、会计培训、烹饪培训、渔业船员等考证培训，针对老年人开展渔民画、安全防护培训，针对青少年学生开展“春泥学堂”学业辅导，针对劳动力开展民宿管家、计算机实操、电子商务、电子装接、农业种植等实用技术培训，全年开展成人非学历培训24409人次，其中新型职业农民培训2423人次，农民工培训3162人次，企业职工培训765人次，其他培训18059人次。

【**社区教育品牌项目创建**】2019年，全市开展社区教育品牌项目创建，洞头区“陈松财导师工作室”获温州市第二批社区教育导师工作室，“红色印迹馆”获2019年温州市民终身学习体验基地。东屏街道成人文化技术学校《民俗管家培训》获评省级成教品牌项目、省级终身学习品牌项目和国家级终身学习品牌项目。

【**民宿管家培训项目获评国家级终身学习品牌项目**】2019年10月，东屏街道选送的民宿管家培训项目获评2019年国家级终身学习品牌项目，成为全市唯一一个教育品牌项目入选，全省7个项目获评。东屏街道把全民终身学习与民宿产业发展需求相结合，实施“民宿管家培训”，开展产业文化学习活动，开设民宿论坛，进行帮扶服务，帮助民宿业主破解民宿遇到产业转型、服务提升等问题，加快渔村民宿向精品、特色民宿发展，助力乡村产业振兴，打造终身学习品牌“东屏样板”。截至10月底，开设管家课堂28期，开展各类行业文化培训38场，参与群众达1800余人次。

【**“百姓学习之星”评选**】2019年，洞头区开展“百姓学习之星”评选活动，北岙街道杨阳、郭晓莉、陈钦旋、颜海虹，元觉街道李文龙，霓屿街道叶雪芬，鹿西乡倪祥林等7人获评区“百姓学习之星”，其中杨阳（非凡教育培训学校）获评“百姓学习之星”。

特殊教育

【**概况**】2019年，洞头区持证适龄残疾儿童少年160人，其中，视力残疾1人、听力言语残疾22人、智力残疾88人、肢体残疾35人、精神残疾8人、多重残疾6人；3—5周岁12人、6—14周岁103人、15—17周岁45人，分别比上年增1人、减6人、增8人；学前教育入学率、义务教育入学率均100%、高中教育入学率88.9%。按省特教二期工程要求，新建完成洞头区霓屿义校资源教室1个，全区建成或在建资源教室10个，各街道（乡镇）资源教室覆盖率100%。

【**资源教室建设**】2019年，洞头区按省特教二期提升计划要求，制定学校资源教室建设规划表，新建洞头区霓屿义校资源教室，全区建成或在建资源教室10个，各街道（乡镇）资源教室覆盖率100%。多数学校创设感统训练、学业补救、心理辅导、手工操作等功能区角，配置必需蒙氏教具、心理沙盘、感统器材、绘本教材、特教书籍等，基本运作资源团队、课程辅导、器材使用登记三张表，实验中学、城关一小、霓屿义校、海霞中学、大门镇小等学校结合办学特色，整合校内外资源，致力形成资源教室“一校一品”、特殊儿童“一生一案”工作特色。海霞中学、城关一小资源教室获区级示范性资源教室认定，灵昆一小资源教室迎接市级示范性资源教室评估。

【**特殊教育业务培训**】2019年，洞头区组织资源教师、特教干部23人次参加省、市特殊教育业务培训；组织资源教师、随班就读班主任130余人次参加全区“资源教师联盟教研日”四次研训活动；组织中小学资源教师、随班就读班主任54人到杭州参加资源教师研修班培训；组织承办温州市融合教育推进研讨现场会，全市120余名县（市、区）特教工作者通过专题讲座、课堂展示、校园参观、研讨沙龙、领导部署等研讨。

【**特殊儿童入学监管**】2019学年，洞头区以义务教育为重点，注重向两头延伸，完成省、市部门监测160名持证适龄特殊儿童调查了解、失学劝返、入学安置、学籍补录等工作，实现学前教育入学率100%、义务教育入学率100%、高中教育入学率88.9%，三个学段入学率均高于省市目标值，且比上年分别高9.8%、3.6%、5.1%，三个学段入学总比例达96.5%，比上年高4.6%。2019学年，全区21所中小学、幼儿园开展随班就读或送教上门工作，入学安置特殊儿童91人，其中小学37人、初中30人、学前6人、高中18人。

【融合教育研讨】2019年12月5日—6日，温州市融合教育专题研讨会在洞头举行。活动安排开幕仪式、二个专题报告、三个观点报告、三节课堂展示、交流反馈、参观资源教室等重要环节内容。全市各县（市、区）特殊教育教研员及特殊教育负责人、普通学校校长或分管教学领导、资源教师等120余人参加。会议由温州市教育教学研究院主办，洞头区教师发展中心承办，温州市特殊教育学校、洞头区霓屿义务教育学校共同协办。

【洞头区助残日主题活动】2019年5月中旬，区教育局联合区残联在新城区隆重举行29个全国助残日主题教育活动，主题是“阳光共享、童心共融”。区教育、残联、民政、团委、妇联、文明办等部门负责人为特殊儿童分发交通补助费和节日礼物，为特殊教育优秀学校或教师颁发荣誉证书。全区50余名特殊儿童及其助学伙伴、陪同家长、带队教师约180人参与助残日活动。同时，举办趣味运动会，参与“动感科技·海洋科普”“感恩母爱·亲子午餐”“携手同行·游园活动”等主题活动。

民办教育

【概况】2019年，全区民办中学1所，民办幼儿园 18 所，民办教育培训机构14所。民办幼儿园在园幼儿1935人，占全区在园幼儿总数49.48%；民办幼儿园教职工 338人，专任教师183人，持有教师资格证183名，持证率100%；大专以上学历教师176 名，学历合格率100%。18所民办园被认定为普惠性民办幼儿园。

【民办教育机构年检】2019年，洞头区民办学校通过年检18所。其中太阳岛幼儿园、灵昆永兴幼儿园、城关中心幼儿园为优秀单位；快乐幼儿园、灵昆中心幼儿园、霓屿朵朵幼儿园、双兴幼儿园为良好单位；东屏中心幼儿园、创智幼儿园、智多星幼儿园、育才幼儿园、童星梦幼儿园、沙塘幼儿园、春苗幼儿园、大门二幼、苗苗幼儿园、乐岛幼儿园、爱儿幼儿园为合格单位。小新星英语培训学校、弘德培训中心、晓雯音乐学校、滨海果园培训学校、红泥巴培训学校、非凡教育培训学校有限公司、精英少儿口才培训学校、西米鹿艺术培训有限公司、楚文培训学校有限公司、趣学堂培训学校有限公司、睿博培训学校、睿扬教育培训学校有限公司、益其乐教育培训学校为洞头区2019年校外培训机构“白名单”单位。

【校外托管机构监管】2019年1月15日，洞头区教育局联合瓯江口社会事务管理局、市场监督管理局瓯江口分局、综合行政执法局瓯江口大队、区公安分局、区公安消防分局、灵昆街道办事处等部门对灵昆街道校外托管机构开展联合执法检查行动，查处学海课后托管服务部、新启航课后托管服务部、马老师课后托管服务中心等三家校外托管机构超范围经营问题。

【民办幼儿园办学水平星级评定】2019年10月，根据《关于印发温州市民办学校办学水平星级评定办法的通知》（温政教督〔2018〕10号）、《温州市民办学校办学水平星级评定标准的通知》（温政教督〔2019〕3号）文件精神，区教育局组织人员对全区申报民办幼儿园办学水平星级评定幼儿园10所，经公示，评定灵昆街道中心幼儿园、太阳岛幼儿园、灵昆永兴幼儿园为四星级幼儿园；城关中心幼儿园、东屏快乐幼儿园、育才幼儿园为三星级幼儿园。

【洞头区乐成寄宿中学揭牌】2019年9月8日，洞头区乐成寄宿中学揭牌暨2019级新生开学典礼。该校是洞头区第一所民办全日制寄宿普通完全中学，隶属于洞头区教育局管理。租赁洞头区新海霞中学，项目总用地面积65329平方米，总建筑面积42039.41平方米，协议租赁期限为15年。2018年2月，洞头区政府与温州知临教育集团签订合作办学协议，引进洞头区乐成寄宿中学。学校秋季招生16个班，其中初中6个班、高中10个班；学生793人，其中初中249人、高中444人。

教育设施

【概况】2019年，洞头区推进元觉义务教育学校迁建、东屏小学改扩建等8个教育重点项目建设进度，建成投用洞头区乐成寄宿中学新校区（一期）、灵昆幼儿园、灵昆中学改扩建项目等，完成年度投资1.1亿元。投入1748万元，完成学校小型基建项目50个。投资500万元，完成城关小学教学楼加固二期工程；投资190万元，完成实验小学和城关二小塑胶运动场改造。灵昆中学改扩建工程竣工投用；海霞中学迁建二期工程主体结顶，墙体砌体和粉刷施工；霓屿中心幼儿园完成装饰装修工程，景观附属工程施工；元觉义校迁建工程和元觉幼儿园完成桩基施工；东屏中心小学综合楼完成主体工程，景观附属工程施工。全区中小学校建有普通实验室62个，其中实验室数量37个，全年经费投入总计24.14万元，占当年教育技术装备资产总投入（含图书）2.15%；全区16所中小学有15所建有创新实验室，建有率93.75%，创新实验室有19个，全年新增或改进普通实验室4个，经费投入84.65万元，占当年教育技术装备资产总投入（含图书）7.57%；功能教室217个，其中功能室数量193个，全年新增或改进普通实验室10个，经费投入366.76万，占当年教育技术装备资产总投入（含图书）32.8%，全区16所中小学建有录播（微格）教室11所，建有率68.75%；图书馆（室）68个，全年经费投入总计174.19万元，占教育技术装备资产总投入（含图书）15.57%；功能教室、创新实验室数量316个，全区每百名学生拥有功能教室、创新实验室数量2.8个。全区16所普通中小学教学仪器配备均达到浙江省一类标准。全年创成墨香校园、智慧校园、创客基地、特色教学空间等21个。

【**教育技术装备建设**】2019年，洞头区教育技术装备资产总投入（含图书）1118.12万元，其中小学535.54万元，初中389.36万元，高中193.22万；生均投入教育技术装备资金989.57元，其中小学747.75元，初中1113.43元，高中3019.01元。截至年底，全区中小学累计教育技术装备资产（含图书）6769.6万元，生均拥有教育技术装备资产5991.33元。全年现代信息技术设备装备建设经费投464.23万元，占当年教育技术装备资产总投入（含图书）41.52%。

【**教育信息化建设**】2019年，洞头区所有中小学计算机教室配有率保持在100%，有计算机3494台，有效生机比为4.49，其中移动学习终端826台，全年新增计算机数469台，教职工计算机师机比为0.79；全区有多媒体572套，其中交互型多媒体数240套，其中新增多媒体36套，普通教室配有多媒体设备占有率100%上。无线网络覆盖主要教学区实现率100%,均已千兆接入省教育计算机网。

【**霓屿中心幼儿园新建工程完工**】2019年12月，霓屿中心幼儿园新建工程完工。该工程位于霓屿布袋岙C—03地块，办学规模12个班，占地面积5660平方米，主体建筑为三层框架结构，建筑面积4717平方米，建成后可以容纳师生412人。拥有艺体室、医务室、美术室、科技馆、生活体验馆、室内活动场地、标准化厨房等，其中学生教室(内含卫生间、起居室、活动室)净面积158平方。工程责任单位是区工务局，设计单位是浙江中维建筑工程设计有限公司，施工单位是温州建设集团有限公司，监理单位是温州华厦建设监理有限公司。

招生考试

【**概况**】2019年，洞头区考试评价中心组织考试13次，参加考生3800余人次。其中，全国英语等级考试1次，参考学生94人；浙江省高校招生职业技能考试1次，参加考生100人；浙江省高校招生职业技能理论考试1次，参考学生59人；高校招生（单独）考试，参考考生70人，其中职高参考67人，社会考生3人（被高校录取69人，其中职高考生67人，社会考生2人；高职扩招报名8人，录取7人）；初中学业水平考试英语听力口语模拟、正式考试，设6个考点，参考学生1138人；初中学业水平体育考试6场，参考学生1119人；初中学业水平考试，设4个考点（海霞中学、实验中学、灵昆中学、洞头二中），有1141名学生参加考试。

2019年，洞头区普通高中高考上划为市教育局直接管理，普通高中学业水平考试和高校招生选考科目考试、普通高校招生考试工作由温州市教育考试院负责组织实施管理，洞头区教育考试评价中心负责协助考试试卷运输、保密及应急指挥中心人员的落实等工作。

师资队伍

【**概况**】2019年,全区教职工1039人，专任教师961人，其中公办幼儿园教师58人，小学教师519人，初中教师310人，职高教师74人；其中中级职称531人，占55.25%；高级职称183人，占19.04%；研究生学历15人，本科学历786人，大专学历157人。幼儿专任教师学历合格率、专科及以上学历均100%；小学专任教师学历合格率100%，专科及以上学历99%；初中专任教师学历合格率100%，本科及以上学历94.2%；职高专任教师学历合格率97.3%。全年招录新教师71人，其中研究生4人；高级教师18人，一级教师31人，二级教师11人。

启动“卓越教师”培养计划，实施乡村教师定向培养模式，定向培养全科教师4名。召开“基于国际视野下的课程建设”主题校长论坛，分批次邀请海外游学归来校长作教育交流，全年共安排7名校长、教师赴英国、芬兰、澳大利亚、加拿大、新加坡等国家考察学习，1名教师到意大利支教。实验小学、大门镇小、教育三幼在温州市第四批教师专业发展校本培训精品项目（课程）评选获奖；教师擦剂市第五批教师专业发展培训自主选课或指令性精品项目（课程）

评选获奖3人、市第六批教师专业发展培训自主选课或指令性精品项目（课程）立项2人。获省教师专业发展培训优秀研究课题成果一等奖1人，省教育科研项目立项1人。获市心理辅导活动课团队赛课（初中组）评选二等奖4人、市中小学（幼儿园）心理辅导优秀个案、活动课设计方案评比获奖2人。获市第七届中小学班会优质课二、三等奖各1人。

【乡村教师定向培养模式实施】 2019年，洞头区实施乡村教师定向培养模式，充实鹿西、大门本地籍教师力量，稳定乡村教师师资队伍，参照免费师范生培养模式，设定12年服务年限，为大门和鹿西定向培养教师4名，其中鹿西小学全科教师3名，定向培养高校为浙江海洋大学；洞头二中紧缺学科教师1名，定向培养高校为杭州师范大学。

【温州市第七届中小学班主任基本功大赛】 2019年5月18日—19日，温州市第七届中小学班主任基本功大赛在洞头实验小学举行。全市各县市区72名一线班主任参加，大赛内容分笔试和面试两部分，笔试环节考查班主任对应知应会相关知识掌握程度，关注设计主题班会活动方案能力。面试主要包括教育故事演讲、教育情景模拟和评委提问等三个环节。决赛分小学组、初中组、普高组三个组别，各设一等奖4名、二等奖6名、三等奖10名。经过角逐，洞头三名参赛选手均取得佳绩。其中，洞头区实验小学黄艳萍老师获小学组一等奖第一名，洞头区霓屿义校潘素静老师获初中组一等奖，洞头区灵昆中学金茹老师获初中组二等奖。该赛由市教育局主办、区教育局承办、洞头区实验小学协办。

【洞头区德育干部培训班】 2019年7月15日—19日，区教育局组织德育干部及骨干班主任到绍兴参加德育主题培训活动，71人参加。培训内容涵盖专家讲座、学校经验介绍、互相交流探讨从理论高度、实践做法等。杭州天杭教育集团校长邱曙光讲授《规·范·养·成——学校德育的常规工作和主要目的》，斯怡安老师讲授《我以我心育他心》，金银翠老师以《相信是一种力量——我的班主任成长之路》为题讲述自己班主任基本功参赛历程。元培中学校长周菊芳举办德育专题讲座。组织参观绍兴市文理学院附属小学，召开“心有德育，向美而行——暨庆祝建国70周年洞头德育培训班主题班会”。

【洞头区第二届校长论坛】 2019年3月29日，洞头区第二届校长论坛举行，主题为“基于国际视野下的课程建设”。论坛邀请到英国学习考察洞头一中校长、到澳大利亚交流考察洞头二中校长、到新加坡学习交流实验中学校长，为大家分享学习心得体会。区教师发展中心主任作洞头区学校课程建设现状分析，提出未来洞头区域课程发展新方向。区教育局分管负责人对三位校长报告作点评。

【洞头区第二批名师工作室讲坛】 2019年3月29日，洞头区第二批名师工作室讲坛暨名师工作室团队建设培训会举行。会议总结上年度名师工作室开展情况，表彰中期考核优秀工作室12个和优秀学员12人。四位优秀名师工作室主持人分别从名校长团队、中学名师团队、小学名师团队和班主任团队四个角度分享名师工作室开展经验。邀请浙江省特级教师兰衍局老师作《基于课程开发的团队实践与研修——以小学数学学科为例》主旨讲座，传授如何进行名师工作室团队建设、如何打造团队交流空间、如何开展研修之路进行举例说明，给名师工作室建设提供了参考建议。12月，第二批名师工作室结业。

教学教研

【概况】 2019年，洞头区组织开展义务教育课程改革和课堂变革，参与区课程建设课题、教学类课题等课堂变革项目学校95%，参与市课堂变革项目与评比学校9所。全年开展校长任职资格培训3期，参加45人。区名师工作室开展各项研修活动累计268场次。全面实施教师专业发展培训制度，全区教师年人均完成培训101.71学分；教师参加90学分以上培训项目，符合分层分类要求匹配率88.65%；教师自主选课实际参训率98.99%。推进学校教学新常规创建工作，初中市级新常规达标校100%（包括样板校）；小学市级新常规达标校81%（包括示范校）。组织开展新常规单元命题比赛、单元整体设计评比、微课评比、教师解题比赛、学科教师优质课评比、优秀教研组评比、学科命题研讨等活动。海霞中学语文组获省、市优秀教研组，实验中学英语组获市级初中优秀教研组；实验小学语文组、实验小学音乐组、灵昆一小数学组、霓屿义校信息组等获市级小学优秀教研组。

【课题研究评比】 2019年，洞头区课题结题送审参评198项，区级获奖119项，其中一等奖19项、二等奖41项、三等奖59项；送市参评结题课题20项，市级获奖14项，其中一等奖2项、二等奖7项、三等奖5项。德育案例评比参评案例110篇，区级获奖66篇，其中一等奖11

篇、二等22篇、三等33篇；推市德育案例5篇，市级获奖3篇，其中一等奖1篇、二等奖1篇、三等奖1篇。市第二轮课改全区全部通过评审项目10个，其中获市级一等奖1项、二等奖1项、三等奖3项。

【温州市综合各学科教研活动在洞头举行】2019年5月14日，温州市综合各学科“百场万人、携手行动”活动走进霓屿义务教育学校。市教研院、区综合各学科教研员及义务教育阶段综合各学科全体教师200余人参加活动。活动分综合才艺展示和教学观摩两个环节。教学观摩环节观摩音乐、美术、体育与健康、信息技术、综合实践和地方课程五门学科。活动采取课堂教学展示、专家点评、专题讲座、经验分享等形式，贴近一线教师教学实际，为洞头教师学习先进教学理念创造机会。

【全区初中教学教研大视导活动】2019年4月28日—5月12日，洞头区组织开展初中教学教研大视导活动。区教师发展中心五大考试学科教研员以随堂听课、巡课等形式，通过自然状态下课堂教学，及学生访谈、教师座谈交流等，检测教育教学质量和学业成效。召集初三学科教师，客观分析学业检测数据，指出问题，提出解决办法和对策。按照《洞头区初中教学新常规达标校样板校建设实施方案》，涉及语文、数学、英语、科学、社政、音乐、体育、美术及信息等学科，聚焦教师备课、上课、改作、辅导、评价等方面，既听学校汇报创建情况，又查看台账，并推门听课。重点关注教师课堂常规落实、规范程度、师生互动情况，及教师课堂管理能力，检测授课教师现场教学成效，并评析、探讨和反馈。

【中小学教学新常规复评】2019年，洞头区组织参加市级新常规复评2次，其中初中阶段市级新常规复评实验中学获市级样板校，洞头二中、灵昆中学获市级达标校。小学阶段迎接市级新常规复评城关小学获市级示范校，东屏小学、灵昆一小、霓屿义校（小学部）获市级达标校。

2019年洞头区教师教育教学课题、论文获奖一览表（市级二等奖以上）

表40

序号	作者	题目名称	成果出处	获奖等第（发表）	获奖（发表）时间	作者单位
1	吴立足	问学课堂：基于“学习共同体”的学习型课堂的实践研究	温州市教育教学研究院	市课题（课堂变革）一等奖	2019年12月	洞头区霓屿义务教育学校
2	吴立足	错题管理:基于“学生自主学习能力”的培养模式研究	温州市教育教学研究院	市课题一等奖	2019年11月	洞头区霓屿义务教育学校
3	陈献娟	学习进阶：指向学力素养的小学英语单元综合实践活动的新样态研究	温州市教育教学研究院	市课题一等奖	2019年11月	洞头区实验小学
4	余爱娣	小组助力：为自主管理领航	温州市教育教学研究院	市论文一等奖	2019年5月	洞头区实验小学
5	叶燕燕	小格子 大智慧——“方格图”学具在小学数学教学中的应用	温州市教育教学研究院	市论文一等奖	2019年5月	洞头区实验小学
6	曾燕辉	整合拓展：基于星文化背景下学校课程的创生	温州市教育教学研究院	市论文一等奖	2019年5月	洞头区实验小学
7	童慧慧	拨评价语之雾，扬接纳言之帆	温州市教育教学研究院	市论文一等奖	2019年5月	洞头区霓屿义务学校
8	金银翠	巧用三大反转，助推家校共育	温州市教育教学研究院	市论文一等奖	2019年5月	洞头区霓屿义务学校
9	杨燕燕	“家”文化：两步·两制·两特·两环——小学高年段班集体建设的实践与思考	温州市教育教学研究院	市论文一等奖	2019年5月	洞头区霓屿义务学校
10	沈千淇	“三位一体”评价：让教育发现每一个孩子	温州市教育教学研究院	市论文一等奖	2019年5月	洞头区霓屿义务学校

续表40

序号	作者	题目名称	成果出处	获奖等第（发表）	获奖（发表）时间	作者单位
11	蔡海鸥	微课：高段习作教学的新路径	温州市教育教学研究院	市论文一等奖	2019年5月	洞头区实验小学
12	吴立足	“错题管理”三部曲：“一教·二学·三评”——初中科学自主学习能力培养的实践与反思	温州市教育教学研究院	市论文一等奖	2019年5月	洞头区霓屿义务学校
13	庄永兵	读好三本书 织好一张网	温州市教育教学研究院	市论文一等奖	2019年5月	洞头区鹿西中心小学
14	陈晓玲	初中语文名著阅读教学不同课型下的任务单设计与应用	温州市教育教学研究院	市课题二等奖	2019年11月	洞头区灵昆中学
15	林学兰	Scratch 趣味编程课程：基于计算思维培养的小学信息技术课程架构与实施	温州市教育教学研究院	市课题二等奖	2019年11月	洞头区城关小学
16	郑影	基于核心素养的高中信息技术支架式教学设计研究	温州市教育教学研究院	市课题二等奖	2019年11月	洞头区第一中学
17	叶小芳	三线相融：“精准研判学情”的新策略研究	温州市教育教学研究院	市课题二等奖	2019年11月	洞头区实验小学
18	陈玮萍	渔已、以鱼——海岛幼儿“渔趣”游戏活动的实践研究	温州市教育教学研究院	市课题二等奖	2019年11月	洞头区教育第二幼儿园
19	杨细珠	Scratch+：成就趣味“创学堂”——例谈基于创客思维的小学信息技术课堂教学模式重组的研究	温州市教育教学研究院	市课题二等奖	2019年11月	洞头区东屏小学
20	叶燕燕	“儿童哲学+”：学校星梦德育课程的架构和实施	温州市教育教学研究院	市课题二等奖	2019年11月	洞头区实验小学
21	许保华	绕在课堂中的“常春藤”	温州市教育教学研究院	市论文二等奖	2019年5月	洞头区城关第一小学
22	唐雪琴	问诊教学　对接教师专业软实力	温州市教育教学研究院	市论文二等奖	2019年5月	洞头区实验小学
23	王光伟	“四格”路径：基于区域教研组教师校本研修之路	温州市教育教学研究院	市论文二等奖	2019年5月	洞头区教师发展中心
24	吴冬冬	乐学、乐问、乐行——例谈信息技术与道德·法治课堂的高效结合	温州市教育教学研究院	市论文二等奖	2019年5月	洞头区元觉义务学校
25	王静新 蔡海鸥	让课外阅读“增值”起来——谈课外阅读评价的有效策略	温州市教育教学研究院	市论文二等奖	2019年5月	洞头区实验小学
26	柯冬琳	重构内容：让音乐课堂智慧转身	温州市教育教学研究院	市论文二等奖	2019年5月	洞头区实验小学
27	陈政	海岛本土媒材在美术教学中的开发和应用研究	温州市教育教学研究院	市论文二等奖	2019年5月	洞头区实验中学
28	汪秀雷	借“微”力 寻拓径 建模式	温州市教育教学研究院	市论文二等奖	2019年5月	洞头区实验小学
29	林建程	开发语文“助学单”，提升中职生职业胜任力	温州市教育教学研究院	市论文二等奖	2019年5月	洞头区职教中心
30	郑梦瑶	倡导知行融合 实施体验教学	温州市教育教学研究院	市论文二等奖	2019年5月	洞头区职教中心

续表40

序号	作者	题目名称	成果出处	获奖等第（发表）	获奖（发表）时间	作者单位
31	胡玉辉	基于综合思维的地理非选择题的分析与解题策略	温州市教育教学研究院	市论文二等奖	2019年5月	洞头区第一中学
32	褚淑贞	窥隙入范 尽占风光——初中语文学科素养能力培养探微	温州市教育教学研究院	市论文二等奖	2019年5月	洞头区海霞中学
33	周健	协调课堂三力 推动素养落地——析《活出生命的精彩》一课	温州市教育教学研究院	市论文二等奖	2019年5月	洞头区第二中学
34	韩淑萍	“识字加油站”：破解儿童立场的“识字难”	温州市教育教学研究院	市论文二等奖	2019年5月	洞头区实验小学
35	吴维斌	关键活动：践行“学为中心”课堂的有效方式	温州市教育教学研究院	市论文二等奖	2019年5月	洞头区灵昆第一小学
36	张津津	让儿童的道德情感自然生长	温州市教育教学研究院	市论文二等奖	2019年5月	洞头区实验小学

（区教育局提供）

校园文化

【概况】2019年，洞头区美丽校园创成率、文化特色项目培育率均100%；认定精品社团7个，累计精品社团112个；组织开展班主任讲智慧故事、家长讲育儿故事、德育干部讲管理故事、校园讲文化故事、“兰小草”大爱故事等校园文化故事系列活动，形成有内涵、有品位、有故事、可传承洞头德育文化；先后开展“童梦丹心 红霞礼赞”庆“六一”活动、第三届讲海霞故事比赛、“亲情家书赞母亲”征文活动、“我爱您，祖国”主题演讲活动、“向国旗敬礼活动”等庆祝中华人民共和国成立70周年活动；洞头区职教中心创成温州市第五批德育示范学校；大门镇中心小学创成温州市第二批“墨香校园”。

【师生体艺比赛成果】2019年，洞头区师生获参加各级各类比赛获评奖项1398项。体育竞技方面获市级以上金牌12枚、银牌12枚，其中灵昆一小代表队参加2019年省市健美操锦标赛荣获“技巧啦啦操”项目冠军；艺术比赛方面获表演类比赛一二等奖8个，比上年提高14.2%，其中霓屿义务教育学校小合唱《站起来》获省二等奖；作品类比赛中城关小学叶子摄影《天路》获省一等奖；科技方面实验小学获全国“七巧科技”总决赛一等奖，参加市级科技创新大赛获二等奖4个、三等奖7个。

【温州市第六届中小学生航模锦标赛在洞头举行】2019年12月14日—15日，温州市第六届中小学生航模锦标赛在洞头区霓屿义务教育学校举行。比赛分航空、航天、航海、车辆模型等10个项目。全市各中小学18支代表队，182名运动员参加。洞头区共获奖16项，其中第一名4项。比赛由温州市体育局、温州市教育局主办，温州市海陆空模型运动协会、温州体育运动学校科技体育创客园、洞头区科学技术协会和洞头区霓屿义务教育学校联合承办。霓屿义校开展航模运动有21年，逐步发展为学校特色，学生参加全国、省、市科技竞赛活动屡屡获奖，每年均有获省市一、二、三等奖40多人次。学校多次获评省、市优秀组织奖，被授予洞头区科技项目特色学校、洞头区青少年航模创客基地学校、温州市科普教育特色学校、温州市航空特色学校。

【洞头区中小学艺术节】2019年3月23日，洞头区中小学艺术节比赛举行，全区16所中小学516名学生参加比赛，以“民族魂·中国梦——阳光下成长”为大主题，设置“青春”“多彩校园·拥抱春天”“阳光下成长”“追逐梦想”等小主题。全区评选出绘画、书法、剪纸、设计、篆刻、摄影、立体造型、器乐、舞蹈、声乐等12类获奖作品(节目)499个。其中，绘画类63个，书法类62个，剪纸类63个，设计类63个，篆刻类28个，摄影类34个，立体造型类41个，器乐38个，舞蹈26个，声乐45个，朗诵22个，戏剧14个。设置一等奖作品（节目）指导师相应获优秀指导师奖。活动由区教育局、区文广旅体局联合主办。

（许洋络）

科学技术

端午粽子香·林满慧

“海霞精神”

爱岛尚武　励志奉献

科学技术

概述

【概况】2019年，洞头区实现高新技术产业增加值4.75亿元，同比增长12.9%，增速居全市第三；高新技术产业投资同比增长40.2%，居全市第五。创成省高成长科技型中小企业3家、省科技型企业6家、市级企业研发中心1家。2家企业通过高新技术企业重新认定，创成市级产业创新服务综合体1家和省级农业创新平台“星创天地”1家。国家级高新技术企业占规上企业比重居全市第一、全省前列，科技进步变化综合评价位次跃升至全省第22位、全市第4位；规上企业科技活动覆盖率86.5%，居全省第一；研发机构设置率46%，居全省第四。区本级财政科技投入7235万元，占本级财政预算支出2.4%。争取上级科技经费支持125万元。引进各类人才768名，新增高技能人才215名，其中博士3人、硕士37人。

2019年，温州久一重工有限公司、浙江方舟工程机械设备有限公司2家企业通过国家级高新技术企业重新认定。恒博电气制造企业研发中心被认定为温州市企业研发中心。

【科技创新主体培育】2019年，洞头区创成省科技型中小企业6家、省高成长科技型中小企业3家和市级企业研发中心1家，2家企业通过国家级高新技术企业重新认定专家评审。全区拥有11家高新技术企业，省高成长科技型企业9家和省科技型中小企业59家，其中国家级高新技术企业数占规上工业企业比重居全市第一、全省前列。

【省高成长科技型企业新增3家】2019年，温州洞头恒达冶金设备制造有限公司、温州市洞头胜裕机电有限公司、浙江广和电器有限公司被认定为浙江省高成长科技型中小企业。

【浙江省科技型企业新增6家】2019年，瓯波电气有限公司、温州海望机械制造有限公司、温州华邦包装机械有限公司、温州市洞头华强电器机械厂、温州特美仕电气有限公司、温州煜博电气有限公司被认定为浙江省科技型中小企业。

科技研究成果

【概况】2019年，黄鱼岛海洋渔业有限公司与浙江大学合作“大黄鱼智能生态渔城研发及应用示范”项目列入2019年度省重点研发计划项目，获省级财政科技经费支持300多万元。羊栖菜植物营养液研发获突破，开拓洞头羊栖菜产业发展新的空间，累计生产3200多吨，销售850多吨。鲜制羊栖菜、鲜制紫菜产品的研究开发项目取得阶段性成效。

2019年洞头区省级新产品试制项目一览表

表41

序号	项目名称	申报单位
1	车用吸能式三角转向传动轴	温州鸿鹏汽配制造有限公司
2	汽车多连杆独立悬架控制臂	温州鸿鹏汽配制造有限公司
3	自补性汽车转向从动臂	温州鸿鹏汽配制造有限公司

续表41

序号	项目名称	申报单位
4	FZ重型汽车转向阀	浙江方舟工程机械设备有限公司
5	38按摩电机	温州仕博电器科技有限公司
6	超声波电动牙刷电机	温州仕博电器科技有限公司
7	油泵电机	温州仕博电器科技有限公司
8	ECU下壳体	浙江伟望精密工业有限公司
9	新型止回阀	温州蓝天管件阀门有限公司
10	高性能散热器	温州蓝天管件阀门有限公司
11	数控设备液压夹具改装	温州蓝天管件阀门有限公司
12	控制器盒体组件	浙江伟望精密工业有限公司

（区经信局提供）

科技服务平台

【**概况**】2019年，洞头区围绕海岛发展和产业导向，强化科技创新和人才支撑，深化院士专家工作站合作，提升“蓝色海湾”研发平台能级，与中国科学院南海海洋研究所、青岛海大能源公司等科研院所和企业，共建洞头海洋科技产业平台项目等院企技术合作平台4个。新建杭州电子科技大学洞头科技园区工作联络站，推动院企合作，全年获科技专项经费支持680万元，解决技术难题21项。

【**科技创新平台创建实现突破**】2019年，洞头区以区海洋与渔业发展研究中心和省海洋水产养殖研究所为综合体建设依托单位，深化与中科院南海海洋研究所等近20家高校科研院所的产学研合作，组织申报洞头区海洋生态产业创新服务综合体列入市级产业创新服务综合体创建名单。 省级农业创新平台“九亩丘星创天地”列入省级星创天地名单。

【**科技助企服务**】2019年，洞头区借助“大院名校”洞头分院技术优势，深入开展“院企结对”和“科技惠农专家行”活动，为企业和渔农民提供精准科技服务。推进科技特派员工作，完成市派第九批科技特派员项目验收3项；向上争取到省派科技特派员团队2个团队（2020—2024年），市派科技特派员3个（分别入驻北岙街道、大门镇和鹿西乡）；建立专家基层工作站，通过技术嫁接等形式，推动霓屿“蟹公寓”等海岛特色种养项目科技化、效益化，助力乡村产业发展。鼓励诚意药业“飞地”引才，成立上海研发中心。

【**科技创新合作**】2019年，洞头区发挥国家大院名校温州联合研究院洞头分院创新服务平台技术支撑作用，推动科技合作“实地落锤”，全年签约技术合作交易项目12项，交易额1.77亿元，增速41.8%。全年开展产学研对接、技术培训和指导等活动7次，组织专家走访60人次，帮助企业和渔农民解决技术难题，受益渔农民达150人。

【**众创空间**】2019年，洞头区推进众创空间建设，促进大众创业、万众创新，区省级众创空间——联鑫众创空间新增入驻企业9家，毕业企业5家，创成省科技型中小企业3家，入驻企业23家。

【**产业创新服务综合体创建**】2019年8月，温州市产业创新服务综合体领导小组办公室公布2019年度温州市产业创新服务综合体名单,洞头区海洋生态产业创新服务综合体通过专家现场考察、项目答辩评审，列入市级产业创新服务综合体创建名单。洞头区海洋生态产业创新服务综合体创建工作由区经信（科技）局牵头，以洞头区海洋与渔业发展研究中心和浙江省海洋水产养殖研究所为综合体建设依托单位，通过科技引领、人才集聚、机制创新，重点构建技术创新体系、政产学研协同创新体系、科技金融服务体系和产业创新生态体系等7大体系建设，深化与中科院南海海洋研究所、浙江大学等近20家高校科研院所产学研合作，推动全区海洋生态养殖加工业和海洋生态健康产业转型升级，争取打造立足洞头、辐射温州乃至全省的海洋生态产业创新服务综合体，为海洋经济高质量发展提供强有力的科技支撑。打造产业创新服务综合体是浙江省委、省政府为补齐科技创新短板作出重大决策，是全力推动全省科技创新的重大制度创新。

【**九亩丘海洋文化星创天地列入省级备案名单**】2019年10月，根据《浙江省人民政府办公厅关于深入推行科技特派员制度的实施意见》和《浙江省科学技术厅关于建设星创天地的实施意见》精神，浙江省科技厅在各市推荐和组织专家开展实地考察基础上，研究审核确定40家单位列入2020年省级星创天地备案名单，洞头区九亩丘海洋文化星创天地列入省级农业创新平台

“星创天地”备案名单。九亩丘海洋文化星创天地是集文化产业研发、办公、展示、交易及配套服务等为一体多元化新型文化产业园区，以创意理念为吸引点，融合旅游新景点、展示交流、文化创作、人才培育及创意项目孵化、配套服务、休闲活动六大功能文化创意园区。形成展览展示区、创意工作区、文化交流区三大区域，运营洞头渔农业民俗文化展示中心、综艺演出展览展示中心项目。

（黄林芝、戴志浩）

知识产权

【概况】2019年，洞头区申请专利266件，其中发明36件、实用新型86件、外观设计141件；授权专利237件，其中发明33件、实用新型77件、外观设计127件。

【首件PCT国际专利申请成功受理】2019年12月，温州市东启汽车零部件制造有限公司提交“一种高密封集成式电控回油制动主缸总成”发明专利申请，成功拿到洞头区首张PCT国际专利受理通知书。PCT是专利领域最重要一项国际合作条约，根据PCT提交国际专利申请，申请人可以同时在全世界153个成员国对其发明专利进行保护，具有简化申请手续，节约申请费用，获得检索评价，享受更长优先权时间等优势。区市场监管局走访调研相关潜质企业，主动指导帮扶，给予专项资金补助，邀请资深专利代理师为专利申请把脉，共同制定申请方案。

【知识产权质押授信】2019年9月5日，洞头区举办知识产权“三助三红”“三服务”系列活动，邀请温州知名代理机构与全区企业对接座谈，洞头农商银行现场为企业知识产权质押授信。活动现场，洞头农商银行向企业家们推介该行知识产权质押融资业务，承诺未来3年内提供1亿元知识产权质押融资授信额度，现场为温州市东启汽车零部件制造有限公司专利权质押授信500万元和温州星贝海藻食品有限公司商标权质押授信300万元。

（陈青青）

2019年洞头区申请专利获得授权基本情况表

表42

序号	专利号	专利名称	专利权人	专利类型
1	201710938814.3	一种接近开关安装底座及其保护壳	温州市洞头新博机电有限公司	发明
2	201610782180.2	一种管材直径及表面凹凸检测仪	洞头默克蒂森工业自动化有限公司	发明
3	201711024289.0	一种接近开关安装保护壳	温州市洞头新博机电有限公司	发明
4	201711027413.9	一种接近开关接线保护壳	温州市洞头新博机电有限公司	发明
5	201610078647.5	一种新型生物质燃料颗粒成型机	庄德恩	发明
6	201711020541.0	一种定时电容器	温州市洞头立德电子有限公司	发明
7	201710856628.5	一种鱼糜漂洗设备	浙江承恩食品有限公司	发明
8	201711406252.4	铠装移开式交流金属开关柜用断路器手车	瓯波电气有限公司	发明
9	201711403530.0	铠装移开式交流金属开关柜用减震断路器手车	瓯波电气有限公司	发明
10	201711026603.9	一种抗腐蚀功能的电子变压器	温州市洞头立德电子有限公司	发明
11	201710866094.4	一种圆管带式输送带纠偏装置及纠偏方法	温州亿通自动化设备有限公司	发明
12	201710159561.X	羊栖菜烘干设备	温州市远鹏水产有限公司	发明
13	201711027412.4	一种电力变压器	温州亿通自动化设备有限公司	发明
14	201711192444.X	一种人工挖孔灌注桩及其施工方法	浙江宏联建设有限公司	发明
15	201711024265.5	一种新型电力变压器	温州亿通自动化设备有限公司	发明
16	201710374858.8	一种富马酸氯马斯汀的制备方法	浙江诚意药业股份有限公司	发明
17	201711027425.1	一种油缸用的接近开关	温州米田机电科技有限公司	发明
18	201810070234.1	一种装配式墙体及其施工方法	浙江立鹏建设有限公司	发明

续表42

序号	专利号	专利名称	专利权人	专利类型
19	201711405037.2	铠装移开式交流金属开关柜用耐压手车	瓯波电气有限公司	发明
20	201710919432.6	面板式安装控制器	温州启宏智能科技有限公司	发明
21	201610955142.2	一种核糖结晶残液中废弃物α－四乙酰核糖的利用方法	浙江诚意药业股份有限公司	发明
22	201610132877.5	一种能够提高羊栖菜附苗率的培养基布条结构及组分	温州市洞头区水产科学技术研究所	发明
23	201610661294.1	渔用纲索专用绳材及其制备工艺和用于拖网上空纲的应用	浙江东一海洋集团有限公司	发明
24	201710868495.3	导轨安装式接地刀控制器	温州启宏智能科技有限公司	发明
25	201711195299.0	基坑支护	浙江宏联建设有限公司	发明
26	201810070244.5	深层地基的处理方法及该方法形成的地基加固设备	浙江立鹏建设有限公司	发明
27	201710940657.X	一种控制器	温州启宏智能科技有限公司	发明
28	201710556679.6	一种人工养殖羊栖菜的方法	温州市洞头区水产科学技术研究所	发明
29	201810070242.6	一种市政排水井转接装置	浙江立鹏建设有限公司	发明
30	201810068877.2	一种市政雨水储蓄装置	浙江立鹏建设有限公司	发明
31	201810069699.5	一种现浇混凝土空心楼盖的抗浮结构及其施工方法	浙江立鹏建设有限公司	发明
32	201810070233.7	一种房建移动墙体	浙江立鹏建设有限公司	发明
33	201910004161.0	一种高压开关	浙江恒博电气制造有限公司	发明
34	201821081887.1	一种换向阀	浙江方舟工程机械设备有限公司	实用新型
35	201821058687.4	一种无刷电机	福一电气有限公司	实用新型
36	201821073152.4	一种中性点漂移保护装置	国网浙江省电力有限公司温州市洞头区供电公司	实用新型
37	201820796990.8	市政排水管线坑槽支护结构	温州集程建设有限公司	实用新型
38	201820799380.3	市政施工用管线支架	温州集程建设有限公司	实用新型
39	201820798271.X	一种便于安装的装饰护栏	温州集程建设有限公司	实用新型
40	201820795671.5	一种玻璃幕墙安装用移动装置	温州集程建设有限公司	实用新型
41	201820798242.3	一种玻璃幕墙自动开启装置	温州集程建设有限公司	实用新型
42	201820798245.7	一种房建混凝土浇筑工作台	温州集程建设有限公司	实用新型
43	201820798273.9	一种房建剪力墙施工钢筋卡具	温州集程建设有限公司	实用新型
44	201820798952.6	一种节能型可调节喷灌装置	温州集程建设有限公司	实用新型
45	201820796983.8	一种镜面装饰板的安装结构	温州集程建设有限公司	实用新型
46	201821127791.4	一种袜机吸风嘴	张尧林	实用新型
47	201820799037.9	一种园林景观木栈道	温州集程建设有限公司	实用新型
48	201821297884.1	一种转速传感器	温州煜博电气有限公司	实用新型
49	201820086415.9	多功能智能学习书桌	温州嘉冠智能科技有限公司	实用新型
50	201821252651.X	防混阀	温州康诺泵阀科技有限公司	实用新型

续表42

序号	专利号	专利名称	专利权人	专利类型
51	201821079728.8	一种单体阀	浙江方舟工程机械设备有限公司	实用新型
52	201820725882.1	一种副口梭子过线架	张尧林	实用新型
53	201821081869.3	一种制动泵总成	浙江方舟工程机械设备有限公司	实用新型
54	201821082003.4	一种制动多路阀	浙江方舟工程机械设备有限公司	实用新型
55	201821077131.X	用于真空助力器的快插式控制阀总成	温州市东启汽车零部件制造有限公司	实用新型
56	201821077102.3	助力器总成合装铆点深度测量仪	温州市东启汽车零部件制造有限公司	实用新型
57	201821670960.9	接近开关距离检测器	温州煜博电气有限公司	实用新型
58	201821396934.1	一种分体式蝶阀	温州康诺泵阀科技有限公司	实用新型
59	201821796915.8	一种光幕传感器	温州宝力鑫自动化技术有限公司	实用新型
60	201821328821.8	一种具有多种指示灯的磁栅传感器	黄庆峰	实用新型
61	201721427259.X	一种自灸贴	温州市洞头区乡村文化建设促进会	实用新型
62	201821670972.1	耐高压接近开关	温州煜博电气有限公司	实用新型
63	201721742944.1	一次性带光源侧边开口阴道扩张器	李梁相	实用新型
64	201821906064.8	一种海水围网养殖智能反馈及复位系统	黄鱼岛海洋渔业有限公司	实用新型
65	201721713117.X	一种可滑移折叠三角板	林家鸿	实用新型
66	201821478100.5	一种用于钻机上锁定钻头的定心器	浙江方舟工程机械设备有限公司	实用新型
67	201821670963.2	转速传感器	温州煜博电气有限公司	实用新型
68	201821670957.7	电磁给油器	温州煜博电气有限公司	实用新型
69	201822015529.7	一种安全光幕	温州日迪龙智能科技有限公司	实用新型
70	201721621240.9	一种带有矫正坐姿功能的座椅	刘恭诚	实用新型
71	201721897565.X	一种装饰杯	南琼琼	实用新型
72	201821869389.3	一种水杯	南琼琼	实用新型
73	201721715013.2	一种智慧学习笔	温州嘉冠智能科技有限公司	实用新型
74	201821932685.3	幕墙装饰条连接结构	浙江大华幕墙装饰有限公司	实用新型
75	201822016772.0	一种带流量调节的防冲球阀	温州蓝天管件阀门有限公司	实用新型
76	201920259040.6	耐高压转速传感器	温州煜博电气有限公司	实用新型
77	201821216322.X	一种半圆柱拉链牙	陈庆中	实用新型
78	201822016489.8	一种法兰组件	温州蓝天管件阀门有限公司	实用新型
79	201822017447.6	一种高压金属密封多用阀	温州蓝天管件阀门有限公司	实用新型
80	201822017808.7	一种管道组件	温州蓝天管件阀门有限公司	实用新型
81	201822016033.1	一种料浆球阀	温州蓝天管件阀门有限公司	实用新型
82	201822098860.X	一种双调隙带驻车机构制动钳	温州市东启汽车零部件制造有限公司	实用新型
83	201821904281.3	一种水上围网养殖装置	黄鱼岛海洋渔业有限公司	实用新型
84	201822017344.X	一种新型蝶阀	温州蓝天管件阀门有限公司	实用新型
85	201920061015.7	一种便于维护的生物制药过滤设备	张高桥	实用新型
86	201920039332.9	一种快速顶尖夹紧机构	温州市东启汽车零部件制造有限公司	实用新型
87	201920266426.X	一种砂轮机的固定圈推料装置	温州市海力砂轮制造有限公司	实用新型

续表42

序号	专利号	专利名称	专利权人	专利类型
88	201920266884.3	一种砂轮机的网格进料装置	温州市海力砂轮制造有限公司	实用新型
89	201920147525.6	一种砂轮制造机的自动进料装置	温州市海力砂轮制造有限公司	实用新型
90	201920146647.3	一种砂轮制造机的自动上铭牌装置	温州市海力砂轮制造有限公司	实用新型
91	201920293519.1	一种便于接线的开关插座	张赟超	实用新型
92	201822052856.X	一种便于携带的数码产品收纳装置	郭廷祥	实用新型
93	201920266428.9	一种带上油装置的砂轮机	温州市海力砂轮制造有限公司	实用新型
94	201822016373.4	一种防爆胶轮车系统总成	温州蓝天管件阀门有限公司	实用新型
95	201821982158.3	一种粉尘处理设备	庄德恩	实用新型
96	201920146650.5	一种砂轮箱体的吊车装置	温州市海力砂轮制造有限公司	实用新型
97	201920266872.0	一种砂轮自动包装装置	温州市海力砂轮制造有限公司	实用新型
98	201920065128.4	一种用于海上浮网养殖的网箱组合体	黄鱼岛海洋渔业有限公司	实用新型
99	201920742960.3	一种智能开关安装结构	陈海杰	实用新型
100	201920042319.9	真空助力器模拟铆合通用夹具	温州市东启汽车零部件制造有限公司	实用新型
101	201920041996.9	助力器总成合装旋铆设备	温州市东启汽车零部件制造有限公司	实用新型
102	201920449708.3	飞灰熔结窑炉	温州市宏特新型墙材有限公司	实用新型
103	201920770161.7	空气阻尼电磁铁	洪恭火	实用新型
104	201920319842.1	拉链插销的注塑成型机	郑海益	实用新型
105	201920870375.1	一种USB防脱铁片自动组装设备	郑晓霞	实用新型
106	201921000541.9	一种低噪音电磁铁	温州吉旺电子科技有限公司	实用新型
107	201920600535.0	一种管道弯头	浙江绿钢管件有限公司	实用新型
108	201920267457.7	一种砂轮上油擦片的自动浸油装置	温州市海力砂轮制造有限公司	实用新型
109	201920146952.2	一种砂轮制造机的自动上网装置	温州市海力砂轮制造有限公司	实用新型
110	201920600635.3	用于滑动式制动钳的导向销双定位减噪装置	温州市东启汽车零部件制造有限公司	实用新型
111	201830553237.1	槽型光电传感器	温州索能自动化系统有限公司	外观设计
112	201830452649.6	传感器外壳	温州宝力鑫自动化技术有限公司	外观设计
113	201830327471.2	吊灯（18605-8）	庄文彬	外观设计
114	201830341737.9	吊灯（PUS6660)	庄克凯	外观设计
115	201830340536.7	吊灯（PUS6666）	庄克凯	外观设计
116	201830340534.8	吊灯（PUS6671）	庄克凯	外观设计
117	201830340532.9	吊灯（PUS6693)	庄克凯	外观设计
118	201830360485.4	开关NP2	叶建生	外观设计
119	201830417834.1	流水台（迪拜DB24）	苏德榜	外观设计
120	201830417692.9	流水台（摩登MD23）	苏德榜	外观设计
121	201830417686.3	展示架（迪拜DB15、DB16、DB19）	苏德榜	外观设计
122	201830417770.5	展示架（迪拜中岛DB03）	苏德榜	外观设计
123	201830417775.8	展示架（摩登上挂MD14）	苏德榜	外观设计
124	201830417774.3	展示架（摩登双层中岛MD05）	苏德榜	外观设计

续表42

序号	专利号	专利名称	专利权人	专利类型
125	201830395676.4	LED光源（JSGX2835）	张高庭	外观设计
126	201830217444.X	奶瓶挂袋（婴儿推车）	方海游	外观设计
127	201830553853.7	吸顶灯（5625）	柯文韩	外观设计
128	201830263397.2	杯垫组合（二）	温州洞头东海贝雕工艺品有限公司	外观设计
129	201830264425.2	杯垫组合（一）	温州洞头东海贝雕工艺品有限公司	外观设计
130	201830620146.5	红外线罗拉卷布检监器	温州索能自动化系统有限公司	外观设计
131	201830630147.8	红外线罗拉卷布检监器探头	温州索能自动化系统有限公司	外观设计
132	201830264431.8	摆件	温州洞头东海贝雕工艺品有限公司	外观设计
133	201830370947.0	磁栅传感器	黄庆峰	外观设计
134	201830628362.4	吊灯（9461）	陈荣艺	外观设计
135	201830632167.9	吊灯（9462）	陈荣艺	外观设计
136	201830631687.8	吊灯（9463）	陈荣艺	外观设计
137	201830632161.1	吊灯（9465）	陈荣艺	外观设计
138	201830628816.8	吊灯灯臂（9464）	陈荣艺	外观设计
139	201830529365.2	固态继电器外壳（4）	叶尊福	外观设计
140	201830355094.3	挂钩（38）	林新成	外观设计
141	201830355139.7	挂钩（62）	林新成	外观设计
142	201830643502.5	时光杯	南琼琼	外观设计
143	201830355067.6	衣钩（1139）	林新成	外观设计
144	201830628815.3	吊灯（9460）	陈荣艺	外观设计
145	201830370719.3	读数头	黄庆峰	外观设计
146	201930040224.9	后座（V1二开单控）	张赟超	外观设计
147	201930040221.5	后座（V1三开单控）	张赟超	外观设计
148	201930040253.5	后座（V1三开双控）	张赟超	外观设计
149	201930040236.1	后座（V1一开双控）	张赟超	外观设计
150	201930040016.9	后座（V2五孔）	张赟超	外观设计
151	201930040237.6	后座（V2一开五孔单控）	张赟超	外观设计
152	201830756853.7	角码（月牙）	苏德榜	外观设计
153	201830377528.X	衣钩底座（055）	林新成	外观设计
154	201830417768.8	展示架（迪拜中岛DBO2）	苏德榜	外观设计
155	201830734528.0	指纹锁（ZJ001）	陈碎清	外观设计
156	201930076069.6	后座（M一开单孔）	张赟超	外观设计
157	201930040020.5	后座（V1二开双控）	张赟超	外观设计
158	201930040209.4	后座（V1七孔）	张赟超	外观设计
159	201930040038.5	后座（V1三孔16A）	张赟超	外观设计
160	201930040017.3	后座（V1五孔）	张赟超	外观设计
161	201930040043.6	后座（V1一开单控）	张赟超	外观设计

续表42

序号	专利号	专利名称	专利权人	专利类型
162	201930040025.8	后座（V1一开五孔单控）	张赟超	外观设计
163	201930040018.8	后座（V1一开五孔双控）	张赟超	外观设计
164	201930040210.7	后座（V2二开双控）	张赟超	外观设计
165	201930040049.3	后座（V2三开单控）	张赟超	外观设计
166	201930040053.X	后座（V2三开双控）	张赟超	外观设计
167	201930040042.1	后座（V2三孔16A）	张赟超	外观设计
168	201930040238.0	后座（V2一开单控）	张赟超	外观设计
169	201930040045.5	后座（V2一开双控）	张赟超	外观设计
170	201930040206.0	后座（V3五孔）	张赟超	外观设计
171	201930138329.8	理发器理发刀头（gt-01）	胡建锋	外观设计
172	201830716716.0	杯（叮咚）	南琼琼	外观设计
173	201830716712.2	杯（希雅）	南琼琼	外观设计
174	201830522502.X	吊灯（18601-8）	庄文彬	外观设计
175	201930116927.5	吊灯（9467）	陈荣艺	外观设计
176	201930116933.0	吊灯（9468）	陈荣艺	外观设计
177	201930117344.4	吊灯（9469）	陈荣艺	外观设计
178	201930116931.1	吊灯（9470）	陈荣艺	外观设计
179	201930117329.X	吊灯（9471）	陈荣艺	外观设计
180	201930116922.2	吊灯（9472）	陈荣艺	外观设计
181	201930116909.7	吊灯（9473）	陈荣艺	外观设计
182	201930116899.7	吊灯（9475）	陈荣艺	外观设计
183	201930116897.8	吊灯（9476）	陈荣艺	外观设计
184	201830628814.9	吊灯灯臂（9463）	陈荣艺	外观设计
185	201930069451.4	吊灯灯臂（ZH001）	陈荣艺	外观设计
186	201930069859.1	吊灯灯臂（ZH002）	陈荣艺	外观设计
187	201930069543.2	吊灯灯臂（ZH003）	陈荣艺	外观设计
188	201930069450.X	吊灯灯臂（ZH004）	陈荣艺	外观设计
189	201930069846.4	吊灯灯臂（ZH005）	陈荣艺	外观设计
190	201930069542.8	吊灯灯臂（ZH006）	陈荣艺	外观设计
191	201930069541.3	吊灯灯臂（ZH007）	陈荣艺	外观设计
192	201930040023.9	后座（V2二开单控）	张赟超	外观设计
193	201930068564.2	医用扩张器	李梁相	外观设计
194	201930076070.9	插座（M五孔）	张赟超	外观设计
195	201930233013.7	灯饰配件（7126）	李立琴	外观设计
196	201930142168.X	灯头（19319）	庄文彬	外观设计
197	201930131576.5	吊灯（19301）	庄文彬	外观设计
198	201930131763.3	吊灯（19302）	庄文彬	外观设计

续表42

序号	专利号	专利名称	专利权人	专利类型
199	201930134860.8	吊灯（19305）	庄文彬	外观设计
200	201930138254.3	吊灯（19309）	庄文彬	外观设计
201	201930128128.X	吊灯（19313）	庄文彬	外观设计
202	201930138249.2	吊灯（19316）	庄文彬	外观设计
203	201930130104.8	吊灯（6697）	庄克凯	外观设计
204	201930129588.4	吊灯（6701）	庄克凯	外观设计
205	201930129589.9	吊灯（6702）	庄克凯	外观设计
206	201930130108.6	吊灯（6705）	庄克凯	外观设计
207	201930130111.8	吊灯（6706）	庄克凯	外观设计
208	201830632155.6	吊灯（9466）	陈荣艺	外观设计
209	201930103318.6	拉链插销注塑机	郑海益	外观设计
210	201930138999.X	理发器刻字刀头（gt-01）	胡建锋	外观设计
211	201930132505.7	理发器主机（GK-700）	胡建锋	外观设计
212	201930128122.2	吸顶灯（18902）	庄文彬	外观设计
213	201930187655.8	穿线板	张尧林	外观设计
214	201930135272.6	吊灯（19306）	庄文彬	外观设计
215	201930129601.6	吊灯（9002）	庄克凯	外观设计
216	201930129602.0	吊灯（9003）	庄克凯	外观设计
217	201930132527.3	理发器主机（gt-01）	胡建锋	外观设计
218	201930132511.2	理发器主机（gt-02）	胡建锋	外观设计
219	201930139020.0	剃须刀（BD-02）	胡建锋	外观设计
220	201930187666.6	吸风嘴	张尧林	外观设计
221	201930337847.2	灯臂（金钱贝）	陈荣艺	外观设计
222	201930337839.8	吊灯（9478）	陈荣艺	外观设计
223	201930243152.8	吊灯(A001)	庄克凯	外观设计
224	201930243151.3	吊灯(A002)	庄克凯	外观设计
225	201930242076.9	吊灯(A005)	庄克凯	外观设计
226	201930242067.X	吊灯（A006)	庄克凯	外观设计
227	201930255776.1	多功能大功率桌面模块化气炉	张文广	外观设计
228	201930233256.0	客流计数器	温州亿通自动化设备有限公司	外观设计
229	201930226847.5	包装袋	叶美玲	外观设计
230	201930406201.5	吊灯（19605）	庄文彬	外观设计
231	201930353018.3	挂钩（67）	林新成	外观设计
232	201930352754.7	挂钩（B915）	林新成	外观设计
233	201930132533.9	理发器主机（GK-800）	胡建锋	外观设计
234	201930132538.1	理发器主机（ht-08）	胡建锋	外观设计
235	201930405002.2	吸顶灯（19604-5）	庄文彬	外观设计

续表42

序号	专利号	专利名称	专利权人	专利类型
236	201930332945.7	鞋底	温州戴亦鞋业有限公司	外观设计
237	201930187654.3	针刀	张尧林	外观设计

（区市场监管局提供）

洞头区海霞学院

【概况】2019年12月，洞头区海霞学院成立，坐落于全国军民共建文化示范村——海霞村。是区委直属公益一类事业单位，机构规格正科级。归口区委宣传部领导。

学院以浙江省委党校、温州市委党校、温州大学等师资力量为依托，利用洞头先锋女子民兵连纪念馆、海霞军事主题公园、海霞营地、海霞青年营、汪月霞旧居、民兵小镇等海岛红色教学资源，采用军事训练、访谈教学、影视教学、体验教学、情景教学等教学模式，让参训学员体验连队生活，感受海霞文化。

【海霞学院机构获批复】2019年8月13日，根据温州市委机构编纂委员会《关于调整洞头区部分科级机构的批复》（温市编〔2019〕68号），同意组建洞头区海霞学院，规格相当于正科级。

【海霞学院“三定”设置】2019年12月19日，区委办印发《洞头区海霞学院职能配置、内设机构和人员编制规定》通知，明确称区海霞学院为区委直属公益一类事业单位，机构规格正科级。主要职责是贯彻执行区委有关海霞文化发展工作指示精神。收集、整理、保管、修复有关区海霞文化资料，组织开展海霞文化理论研究和宣传推广工作，弘扬海霞文化精神，提升海霞文化知名度。拓展海霞文化市场经济价值。负责洞头先锋女子民兵连纪念馆等日常管理工作。区人武部的协作，发挥区国防爱国主义教育基地功能，开展理想信念和红色文化等内容的培训教育与传承。组织开展红色教育学院院际合作和业务交流。内设机构3个，事业编制10名。

（叶秋帆）

社科工作

【概况】2019年，洞头区社科联有社科团体成员单位54个，涵盖运动类、理论研究、产业发展等社团协会。全区有市级社科基地5家，即洞头东海贝雕艺术博物馆、蓝港文化礼堂、洞头区红色印迹馆等；省级社科基地2家，即洞头先锋女子民兵连纪念馆、望海楼，类型包括历史古迹、纪念馆、博物馆和文化礼堂。制定社科项目资金管理办法，规范洞头区社科专项资金使用管理。召开常务理事会会议，选举通过产生专职副主席1名、兼职副主席3名、挂职副主席1名和秘书长1名。组织开展社科普及周系列活动、培根铸魂进校园活动、社科论文征集评选活动、“百岛智汇”——人文社科沙龙活动。

【社科论文征集评选活动】2019年4月，洞头区社科联联合区委政研室，围绕全区经济建设中迫切需要解决的理论和现实问题，征集调研文章64篇；联合区委宣传部开展“浙江精神与新使命”专题征集，结合洞头实际征集调研文章32篇，邀请专家评选，向省市推送优秀文稿，优秀文稿汇集成册，编印社会科学内刊。在2019年温州市优秀社科论文评选中，获二等奖2篇，三等奖3篇。

【社科普及周系列活动】2019年5月，洞头区百姓文博馆启动，洞头区社科联联合区委宣传部、区文广旅体局推出首展“讨海人——洞头渔民老物件专题展”，展出渔民生产生活用具40多件。8月，推出“海纳百川—洞头海陶专题特展”展览，展出来自至朴海陶文化有限公司50余套166件海陶制品。5月18日，联合区图书馆、文保所，结合博物馆日，开展“海洋动物知识挑战赛”；6月28日，在鹿西中心小学举办“我和我的祖国”青少年绘画展示活动，100名学生参与活动；7月5日，在东海贝雕博物馆举办“寻找贝壳王”活动，通过线上实时转播，展现非遗技艺，在线人数3万余人次；7月至9月，连续开展七期“知史爱国爱乡”知识竞赛，参与人数近千人次；7月始，开展“庆祝中华人民共和国成立70周年优秀国产新片展映”活动，完成238场播放量。

【“百岛智汇”——人文社科主题沙龙活动】2019年，洞头区社科联举办“百岛智汇”——人文社科沙龙2期。其中，6月20日，举办首期“百岛智汇”——人文社科沙龙，以“洞头乡村旅游前景和困境”为谈论交流主题，围绕打造民宿实训基地、完善景区景点配套设施、发展夜游项目等交流意见。9月25日，联合区文明指导中心开展第二期“百岛智汇”——人文社科沙龙活动，以“民间文化及习俗的扬弃”为主题，邀请区人大、区政协、区统战部、区民政局、北岙街道、东屏街道等及宗教人士代表参加主题讨论。探讨如何在洞头发展建设过程中，发扬优秀民俗文化等问题。

【社科项目资金管理办法】2019年11月，区社科联与区财政局联合制定《洞头区哲学社会科学专项资金管理办法》，明确专项资金用于社科类课题研究、宣传普及、学术活动、基地建设、人才培养、省级优秀成果奖励等使用范围及专项资金补助标准。

（钏筱晗）

气象科技

【概况】2019年，洞头区建有国家基本气象站1个，区域气象自动站27个，风廓线雷达1部，清新空气系统1套，船舶站1个，农田小气候站1个，雪深站3个，称重雨量站1个，能见度监测站14个，闪电定位仪1套，辐射仪1套，共计各类气象观测站52个。实现监测产品10分钟更新，所有街道（乡镇）和重点区域全覆盖。升级改造海洋气象站3个，新建瓯江口新区气象监测站3个，完成区暴雨精细化监测预警工程建设任务，升级改造 2个站点，开发洞头气象预警决策服务平台，建成突发事件预警信息发布业务平台。全年开展人工增雨作业2次。

【洞头区气象灾害预警信号发布与传播规定】2019年12月25日，为规范全区气象灾害预警信号发布与传播工作，增强全民防灾减灾意识，提高气象灾害预警信息使用效率，有效防御和减轻气象灾害，保护人民生命财产安全，

洞头区气象灾害防御重点单位一览表

表43

序号	单位名称	认证时间
1	洞头区新城客运中心	2013年
2	洞头区人民医院洞头	2013年
3	洞头区第一中学	2013年
4	浙江中油华电能源有限公司	2013年
5	洞头区北岙街道西山头村	2013年
6	洞头区城关车站	2014年
7	洞头区市民中心	2014年
8	洞头区海霞中学	2014年
9	洞头区望海楼	2014年
10	洞头区新城商厦	2014年
11	洞头区实验中学	2015年
12	洞头区实验小学	2015年
13	温州金源化工有限公司	2015年
14	浙江诚意药业股份有限公司	2015年
15	温州状元岙国际码头有限公司	2015年
16	浙江温州洞头石油分公司	2016年
17	浙江洞头北岙加油站	2016年
18	浙江洞头深门加油站	2016年
19	洞头区新城加油站有限公司	2016年
20	浙江洞头岙仔供应站	2016年
21	温州市洞头民爆器材专营有限公司	2017年
22	丽水36-1气田终端处理厂	2017年
23	温州市东启汽车零部件制造有限公司	2017年
24	浙江温州洞头石油分公司(加油点)	2017年
25	洞头风力发电站	2017年
26	洞头区教育幼儿园	2018年
27	洞头区教育第二幼儿园	2018年
28	洞头区教育第三幼儿园	2018年
29	洞头区东屏中心小学	2018年
30	洞头区大沙岙景区	2018年

（区气象局提供）

根据省、市有关规定，区政府印发《洞头区气象灾害预警信号发布与传播规定》（洞政办发〔2019〕62号），包含气象灾害预警信号的定义、种类及等级划分，气象灾害预警信号发布与传播的职责划分，气象灾害预警信号发布与传播的行为规范及其他事项。规定自2020年1月25日起实行。

【公共气象服务】2019年，区气象局开展国际邮轮常态化服务，发布《国际邮轮进出港气象保障服务》21期，完成大门东川长桑果开摘节、妈祖节、第六届浙江哈雷骑士大会、两岸一家亲·半屏山系列活动、2019年温州长距离铁人三项世界杯、蓝色海湾·海洋经济院士论坛以及温州金盾—19演习等20余项气象保障服务，制作发布专题服务材料157期。

【气象科研】2019年，区气象局牵头组建温州市海洋气象监测预报创新团队。《洞头大风气候特征分析及预报方法研究》项目通过评审验收，岛际交通及沿海海上旅游气象服务平台获软件著作权，编写《洞头海钓气象指数初步研究》可行性研究报告，《超强台风“利奇马”引发温州暴雨增幅成因分析》参加四省联防学术交流，获评优秀论文。

【气象现代化建设】2019年，区气象局升级改造海洋气象站3个，新建瓯江口新区气象监测站3个，完成“洞头区暴雨精细化监测预警工程建设”2019年任务，升级改造站点 2个，完成突发事件预警信息发布业务平台建设和新业务大楼基础装修和业务平台建设。

（李苗苗）

防灾减灾

【概况】2019年，洞头区发挥“基层治理四平台”和全科网格管理作用，畅通气象灾害预警信息传播“最后一公里”，提升全区气象灾害防御水平，基层气象防灾减灾纳入全科网格化管理，提升防灾减灾救灾能力，19处避灾场所纳入省级民生管理系统。与区应急管理局签订加强联动合作协议，气象安全工作纳入安全生产目标管理考核内容；完成东屏东港社区国家级综合减灾示范社区和北岙街道大长坑村省级综合减灾示范社区创建工作。

【基层气象防灾减灾全科网格管理】2019年11月13日，为进一步发挥“基层治理四平台”和全科网格管理作用，提升全区公共气象服务和气象灾害防御水平，根据《洞头区全面加强全科网格建设的实施意见（试行）》精神，区政法委、区气象局联合印发《关于基层气象防灾减灾纳入全科网格管理的通知》（洞政法委〔2019〕39号），明确各街道（乡镇）、各相关部门把基层气象防灾减灾工作纳入基层网格职责，网格气象防灾减灾的信息采集、宣传教育等相关职责统一由网格员协助承担，实现气象灾害早发现、早预警、早处置。健全完善网格员日常管理、网格巡查、信息上报等工作制度，落实基层气象防灾减灾相关工作，依托基层治理综合信息平台，构建与全科网格管理、“基层治理四平台”衔接配合联动工作机制。推进气象防灾减灾组织体系、信息系统、突发事件预警信息发布等各项工作与全科网格管理体系融合发展。

【防灾减灾科普宣传活动】2019年，区气象局建成惠民村文化礼堂和后坑村文化礼堂开展农村文化礼堂气象科普点，植入海岛气象谚语、气象灾害预警信号、气象灾害防御措施知识和独立气象科普文化展区，推进气象灾害防御、应急避险等气象科普向农村延伸。联合城关二小举办“2019年世界气象日主题科普宣传进校园”“科技强国 气象万千”气象科技周研学旅行等活动；协同区科协完成2019年全国科普日活动。5月12日，区住建局(人防办)开展以“提高灾害防治能力，构筑生命安全防线”为主题防灾减灾宣传活动，通过展板设置、分发宣传手册、社区开设讲堂等形式。发放宣传资料1000余份，接受群众咨询100余件，发送手机短信6万余条和住建局微信公众号等宣传。区应急管理局召开基层防汛暨防灾减灾业务培训会。

【东港社区获全国综合减灾示范社区命名】2019年12月，国家减灾委员会、应急管理部、中国气象局、中国地震局公布2019年度全国综合减灾示范社区名单，洞头区东屏街道东港社区等976个社区入选。东港社区成立社区综合减灾工作组织领导机构，制定社区综合减灾规章制度，建立社区综合减灾工作机制，定期对综合减灾工作开展自评自查，针对存在问题和不足，落实改进措施。定期开展社区灾害风险排查，制定社区应急预案，开展社区应急演练和宣传教育培训。结合全国防灾减灾日、科普日、消防日、国际减灾日、世界气象日等，集中开展防灾减灾宣传教育活动。避灾安置点可容纳约100人，准备各类洗漱用品、床上用品、简易床、应急灯等避灾物品，设有母婴室，图书馆、运动场、科普室、百姓书屋、科普教室等对外开放场所。

（李苗苗）

2019年度温州市洞头区避灾安置场所一览表

表44

序号	级别	场所名称	场所地址
1	区级	洞头区避灾安置中心（市民文体活动中心）	洞头区市民文体活动中心
2	区级	洞头区避灾安置中心（区人民剧院）	北岙街道新城大道273号
3	区级	洞头区避灾安置中心（洞头区财政局）	北岙街道腾飞路79号
4	区级	洞头区避灾安置中心（洞头区第一中学）	洞头区第一中学
5	区级	洞头区避灾安置中心（海霞学院）	原职教中心
6	乡镇级	北岙街道避灾安置中心（北岙街道办事处）	北岙街道新城大道
7	乡镇级	北岙街道避灾安置中心（区城关小学）	洞头区城关小学（顶寮路42号）
8	乡镇级	灵昆街道避灾安置中心（灵昆一小）	灵昆街道叶先村
9	乡镇级	灵昆街道避灾安置中心（灵南小学）	灵昆街道上岩头村
10	乡镇级	大门镇避灾安置中心（大门镇中心敬老院）	大门镇沙岩后巷40号
11	乡镇级	大门镇避灾安置中心（洞头区第二中学）	大门镇振兴西路1号
12	乡镇级	大门镇避灾安置中心（大门镇中心小学）	大门镇教育路24号
13	乡镇级	东屏街道避灾安置中心（洞头区实验中学）	育才东路1号
14	乡镇级	东屏街道避灾安置中心（东屏街道办事处）	东屏街道府前路51号
15	乡镇级	元觉街道避灾安置中心（活水潭村村部）	元觉街道活水潭村村部
16	乡镇级	元觉街道避灾安置中心（元觉街道文化礼堂）	元觉街道文化礼堂
17	乡镇级	霓屿街道避灾安置中心（霓屿街道办事处）	霓屿街道滨海北路2号
18	乡镇级	霓屿街道避灾安置中心（霓屿街道霓南义校）	霓屿街道霓兴路63号
19	乡镇级	霓屿街道避灾安置中心（钱江电视希望小学）	霓屿街道霓中路158号
20	乡镇级	鹿西乡避灾安置中心（乡政府办公楼）	鹿西乡新办公楼
21	村级	北岙街道城南社区避灾安置点	北岙街道中心街380号
22	村级	北岙街道小长坑村避灾安置点	北岙街道小长坑村村部
23	村级	北岙街道东郊村避灾安置点	北岙街道人民西路79弄29号
24	村级	北岙街道九斤村避灾安置点	北岙街道燕山路458号
25	村级	北岙街道柴岙村避灾安置点	北岙街道城北路1095弄7号
26	村级	北岙街道鸽尾礁村避灾安置点	北岙街道原鸽尾礁小学
27	村级	北岙街道大王殿村避灾安置点	北岙街道新港东路158号
28	村级	北岙街道大岙村避灾安置点	北岙街道大岙村村部
29	村级	北岙街道银海社区避灾安置点	银海社区办公楼
30	村级	北岙街道海霞村避灾安置点	海霞村村部
31	村级	北岙街道大长坑安置点	长坑中路52号
32	村级	北岙街道双垅村避灾安置点	双垅路169号
33	村级	北岙街道小三盘村避灾安置点	人民路130
34	村级	北岙街道擂网岙村避灾安置点	擂网岙村村部
35	村级	灵昆街道双昆村避灾安置点	灵昆街道双昆村老年活动中心
36	村级	灵昆街道上岩头村避灾安置点	上岩头村村部
37	村级	大门镇枫树坑村避灾安置点	大门镇枫树路4号
38	村级	大门镇东浪村避灾安置点	大门镇东浪路50号
39	村级	大门镇西浪村避灾安置点	大门镇西浪路22号
40	村级	大门镇岙面村避灾安置点	岙面村居家养老服务照料中心
41	村级	大门镇岙底村避灾安置点	大门镇岙底村村部
42	村级	大门镇乌仙头村避灾安置点	大门镇乌仙头村村部
43	村级	大门镇黄岙社区避灾安置点	大门镇甲山致富路2号
44	村级	大门镇大溪居避灾安置点	大门镇城门路6号

续表44

序号	级别	场所名称	场所地址
45	村级	大门镇长沙村避灾安置点	大门镇振兴西路93号
46	村级	大门镇豆岩村避灾安置点	大门镇海安路1号
47	村级	大门镇潭头避灾安置点	潭头服务中心三楼
48	村级	大门镇仁前途村避灾安置点	大门镇前途路40弄1号
49	村级	大门镇寨楼村避灾安置点	寨楼村居家养老服务照料中心
50	村级	大门镇小门村避灾安置点	大门镇常青16弄4号
51	村级	大门镇大荆村避灾安置点	大荆村居家养老服务照料中心
52	村级	大门镇营盘基村避灾安置点	大门镇金明巷6号
53	村级	大门镇小荆村避灾安置点	大门镇小荆村小荆路28号
54	村级	大门镇朝阳居避灾安置点	大门镇朝阳街10弄18号
55	村级	大门镇观音礁村避灾安置点	大门镇振兴东路1012号
56	村级	大门镇沙岙村避灾安置点	大门镇沙岙村村部
57	村级	东屏街道寮顶村避灾安置点	东屏街道城东路149号
58	村级	东屏街道金岙村避灾安置点	东屏街道金埕路59号
59	村级	东屏街道大北岙村避灾安置点	东屏街道屏山路212号
60	村级	东屏街道东岙顶村避灾安置点	东屏街道仙岩路397号
61	村级	东屏街道后坑村避灾安置点	东屏街道中龙路61号
62	村级	东屏街道后寮村避灾安置点	东屏街道城东路68号
63	村级	东屏街道中仑村避灾安置点	东屏街道中仑巷18号
64	村级	东屏街道岙仔村避灾安置点	岙仔办公楼
65	村级	东屏街道蓝港社区避灾安置点	东屏街道蓝港花苑D区1幢101室
66	村级	东屏街道东港社区避灾安置点	东屏街道仙岩路127弄36号
67	村级	东屏街道东岙村避灾安置点	东屏街道东岙路140-144号
68	村级	东屏街道垅头村、惠民村避灾安置点	东屏街道仙岩路127弄36号
69	村级	东屏街道松柏园村、大北岙村避灾安置点	半屏社区南屏路5号
70	村级	元觉街道深门村避灾安置点	元觉街道状元西路102号
71	村级	元觉街道小北岙村避灾安置点	元觉街道小北岙村委
72	村级	元觉街道状元村避灾安置点	元觉街道状元街168号
73	村级	元觉街道沙角村避灾安置点	元觉街道沙角新街20弄
74	村级	元觉街道沙岗村避灾安置点	元觉街道兴岙路20号
75	村级	霓屿街道正岙村避灾安置点	霓屿街道霓兴路21号
76	村级	霓屿街道郎等村避灾安置点	霓屿街道景山路58号
77	村级	霓屿街道上社村避灾安置点	霓屿街道龙川路33号
78	村级	霓屿街道下社村避灾安置点	霓屿街道龙兴路 1 号
79	村级	霓屿街道桐岙村避灾安置点	霓屿街道上虹路18号
80	村级	霓屿街道石子岙村避灾安置点	霓屿街道霓东路37号
81	乡镇	温州市洞头区霓屿义务教育学校	洞头区霓屿街道布袋岙新区
82	村级	霓屿街道长坑垅村避灾安置点	霓屿街道长宁路288弄100号
83	村级	霓屿街道下郎村避灾安置点	霓屿街道上郎路1号
84	村级	鹿西乡东臼村避灾安置点	鹿西乡兴明路88号
85	村级	鹿西乡扎不断村避灾安置点	鹿西乡东红路73弄71号
86	村级	鹿西乡山坪村避灾安置点	鹿西乡山坪路123号
87	村级	鹿西乡鲳鱼礁村避灾安置点	鹿西乡兴华路53号
88	村级	鹿西乡口筐村避灾安置点	鹿西乡富兴街1号

（区应急管理局提供）

文　化

沙滩渔韵味浓 · 陈晨

“海霞精神”

爱岛尚武　励志奉献

文 化

概述

【概况】2019年，洞头区开展文体旅品牌整体策划研究，出台文体旅产业融合发展两年行动计划及扶持政策。通过省文旅厅对洞头区省公共文化服务重点县建设和基本公共文化服务标准认定两项工作督查验收，完成国家公共文化服务体系示范区中期督查评估。发展贝雕、古船木、渔民画等特色文化产业，获评“文旅融合特色创新示范区”。举办妈祖平安节、七夕民俗风情节等文旅节庆活动，开展文旅主题形象全国创意征集大赛等文旅宣传活动。创作《魅力洞头》《乡韵寮顶》《比海更深》《味儿·道》《我从海上花园来》等文艺精品，原创小品《生命的奇迹》获温州市第五届戏剧小品大赛表演第一名，摄影作品《美好生活》入选浙江省第六届群星视觉艺术大展，5幅渔民画作品入选“壮丽70年·阔步新时代”全国农民画创作展。成立文化市场综合行政执法队，全年出动检查318次。

【国家公共文化服务体系示范区中期督查评估】2019年，洞头区推进公共文化服务体系建设，通过国家公共文化服务体系示范区创建中期评估工作。自2017年12月，温州市获评国家公共文化服务体系示范区创建，洞头区成立推进国家公共文化服务体系示范区创建工作领导小组，制定出台《洞头区推进国家公共文化服务体系示范区创建实施方案》，召开示范区创建动员大会，部署示范区创建任务。全区财政计划投入约2亿元新建或改建公共文化服务重大项目15个，累计完成投资约1.7亿元。制定《洞头区推进国家公共文化服务体系示范区创建宣传方案》，通过广播、电视、报纸《今日洞头》及洞头新闻网等新闻媒体，报道洞头推进国家公共文化服务体系示范区创建重大活动和动态进展。主要交通干道、城区街道、文化场所和旅游景区悬挂横幅和LED电子屏等设施上投放公益广告。开展网上知识竞答，拍摄编制发放创建宣传片、宣传资料、宣传品及宣传桌牌。提升区市民活动中心红色印迹馆，基本完成区文化馆迁建工程，建成东屏城市书房、文化驿站，南炮台山百姓书屋、大门百姓书屋、鹿西百姓书屋，提升薄弱重点乡镇1个和重点村8个。村级文体活动场地实现全覆盖。举办庆祝中华人民共和国成立70周年和人民政协成立70周年千人歌咏会、市民文化节、中秋诗会、温州市第五届戏剧小品大赛、“文化和自然遗产日”等大型系列活动，开展文化活动50余场、阅读活动100余场、送书下乡1万余册、送电影下乡1224场、送戏下乡50余场、文化公益培训活动80余期，服务群众10余万人次。推进建设中普陀佛教文化园。建成九亩丘海创园，扶持文创企业开发贝雕、海陶、古船木、渔民画等一批海岛特色文化创意产品。不断探索公共文化创新项目，规范乡村艺术团建设，提高海岛文化创作水平。

【省公共文化服务标准化和重点县建设】2019年6月26日—27日，省文旅厅专家检查组对洞头区基本公共文化服务标准化和重点县两年提升计划进行实地认定，专家组成员为嘉兴职业技术学院纺织与艺术设计学院院长顾金孚、杭州市下城区文化和广电旅游体育局副局长叶钧、杭州市余杭区文化和广电旅游

2019年6月26日，省文旅厅专家检查组对洞头区基本公共文化服务标准化和重点县两年提升计划进行实地认定（金如龙　摄）

体育局副局长戴园丽、浙江省广电局规划发展处唐建兵、浙江省文化和旅游厅公共服务处善挺栋。通过听取汇报、查看台账、实地察看、审核指标等方式，认定洞头区达到《浙江省基本公共文化服务标准要求》，完成两年提升计划建设任务，通过重点县考核验收。截至2019年6月，洞头区省定49项指标完成率由70%增至100%，文化馆建筑面积由2070平方米增至5600平方米，全区文化礼堂覆盖率由32%增至59%，全区公共文化设施面积增加1.7倍，基层文化设施面积增加1.3倍，“五个百分百”建设全面完成。人均占有公共图书馆藏书3.1册、人均年新增公共图书馆藏书0.36册、人均公共体育设施面积3平方米以上等指标均排在全省前列。两年提升计划安排重大项目14个，建成投用10个，重点项目完工个数、投资完成率等指标均居全省前三。提升重点乡镇1个和重点村8个任务。

【文化阵地建设】2019年，洞头区推进群众文体设施建设，新增省文化示范村1个、市优秀非遗传承基地2家、文化礼堂10家，“渔文化”农村技艺普及新模式入选市公共文化创新项目。百姓文博馆启用，东屏城市书房、文化驿站，鹿西、大门、南炮台山百姓书屋等城市文化客厅开放。

【“渔文化”农村技艺普及新模式启动】2019年11月，洞头区启动“渔文化”农村技艺普及新模式。该模式被列为2019温州市公共文化创新项目，让农民当文化派驻员，让农民教农民，让农民真正参与到文化活动，成为文化话语者、传播者、引领者，以破解公共文化均等化难题。确定农民派驻员12名，到大长坑文化礼堂、海湾三区等场所开展“渔文化”农村技艺普及，指导普及渔民画。2010—2018年，洞头渔民画共获金奖11个，银奖14个，铜奖12个，优秀奖51个，入选奖102个。

【洞头区艺术类培训机构公益大联盟成立】7月5日，洞头区艺术类培训机构公益大联盟成立，成员包含温州市洞头好童星文化艺术有限公司，温州市洞头培艺舞蹈艺术学校，温州市洞头区晓雯音乐学校和温州市洞头精英少儿口才培训学校等。公益大联盟是温州市创建第四批国家公共文化服务体系示范区工作创新品牌项目，是社会力量参与公共文化服务新探索，整合全区培训机构资源，通过活动联搞、培训联做、平台联建、品牌联创等方式，开展高层次、多门类、全方位艺术公益培训。

2019年洞头区文化活动（展演）获奖情况表

表45

作者	作品	文化活动（展演）名称	获奖、展演及入选情况
梁文正、赵文荣 张斌、郑丽	《魅力洞头》	温州市第八届音乐新作演唱大赛暨旅游歌曲演唱大赛	特别展演奖、表演铜奖
叶家铖	《Besame Mucho》	温州市第十七届群众声乐大赛	流行组银奖
郑　丽	《梅兰芳》	温州市第十七届群众声乐大赛	民族组铜奖
洪星星、张杨杨	《我从海上花园来》	2019年浙江省群众广场舞大赛	入围奖

续表45

作者	作品	文化活动（展演）名称	获奖、展演及入选情况
洪星星、张杨杨	《魅力洞头》	温州市首届职工排舞大赛	金奖
黄意涵、洪星星 张杨杨	《比海更深》	2019温州市群众舞蹈大赛	创作铜奖，表演铜奖
胡嘉窈、洪星星 张杨杨	《味儿·道》	2019温州市群众舞蹈大赛	创作铜奖，表演铜奖
王子震、洪星星 张海军	《生命的奇迹》	浙江省三十届戏剧小品邀请赛	银奖
王子震、张杨杨 张海军	《生命的奇迹》	2019年温州市第五届戏剧小品大赛	创作金奖，表演金奖
陈建忠	《往日的渔粉厂》	映物·味象——2019浙江省油画作品展	入选
黄昭勇	《海的欢歌》	温州市第八届美术作品展	入选
姚必国	《夏》	温州市第八届美术作品展	入选
罗纯香	《海港鳗香》	温州市第八届美术作品展	入选
杨金花	《花园渔村》	温州市第八届美术作品展	入选
张孚千	《黄鱼丰收》	温州市第八届美术作品展	入选
詹海萍	《迎头鬃，接新福》	温州市第八届美术作品展	入选
姚胜荣	《潮涨潮落》	温州市第八届美术作品展	入选
曾晓鸣	《沧海桑田》	温州市第八届美术作品展	入选
金如龙	《美好生活》	浙江省第六届群星视觉艺术综合大展	入选
金如龙	《农民画家艺术梦》	2019浙江省基本公共文化服务建设摄影作品征集活动	二等奖
潘支边	《洞头妈祖平安节》	2019浙江省基本公共文化服务建设摄影作品征集活动	优秀奖

（区文广旅体局提供）

文化交流活动

【概况】2019年，洞头区举办温州市第五届戏剧小品大赛、“百城联动，歌唱祖国”2019第二届“追梦之声”浙江省青少年声乐大赛洞头区选拔赛、“海霞研旅杯”浙江省第五届群众声乐大赛洞头选拔赛等。组织“乡音乡情·双屏双赢”夜游洞头启动仪式暨两岸半屏山主题晚会、两岸同心妈祖文化沙龙等活动，开展洞头—苍南文化走亲渔民画精品展、“人在画中，城在海中·诗画洞头，魅力洞头”洞头-鹿城文化走亲文艺演出、“海上花园 诗画洞头”洞头-龙湾优秀摄影作品展、洞头·鹿城、龙湾“血脉传承·筑梦前行”洞头先锋女子民兵连专题展等5场文化走亲活动，迎接鹿城、瓯海、平湖、龙湾—洞头文化走亲活动4场。

【两岸同心妈祖文化沙龙活动】2019年4月27日，两岸同心妈祖文化沙龙在洞头区金海岸开元度假村举行，来自中国台湾妈祖文化信众、温州大学人文学院的研究生及苍南妈祖文化交流协会、洞头妈祖文化交流协会、洞头妈祖文化传承人和信众等60余人参加活动。洞头区人莆田市政协原文史委主任、现《中华妈祖》编委会副主任翁卫平先生，中国梦促进会会长骆宏宾先生，温州大学人文学院教授林亦修先生，洞头县志主编杨志林先生，分别介绍就妈祖文化在世界各地、中国台湾地区及洞头等地传承弘扬情况，如何促进文旅融合及两岸民俗文化交流提出建议。中华妈祖文化交流协会和洞头妈祖文化交流协会互赠礼物。

【海峡两岸半屏山主题晚会】2019年6月28日晚，“乡音乡情·双屏双赢”夜游洞头启动仪式暨两岸半屏山主题晚会在洞头国际放生台举行。两岸以歌会友，用至朴乡音诉说乡情，一解乡愁，寄托乡恋。《迎客歌》拉开序幕，《童年》《外婆的澎湖湾》《爱拼才会赢》《半屏山》等旋律把两岸人民的心紧紧维系在一起，同时欣赏诗歌朗诵、民俗表演、舞蹈表演、特技等表演。新党主席、新中华儿女学会荣誉理事长郁慕明等200名中国台湾同胞参加音乐盛典，共赏海景海韵，共叙乡音乡情，共惠双屏双赢。

【温州市第五届戏剧小品大赛在洞头举行】2019年10月22日，温州市第五届戏剧小品大赛在洞头仁济学院举行。全市各县市区16支队伍参加比赛，先后展示《奋斗》《舴艋舟》《生命的奇迹》《梦想“ding”一下》《老冯》《轻度深爱》《拆迁新时代》《归来》《家》《鞋》《铁窗泪》《悬崖勒马》《你是什么垃圾》《父愁者联盟》《钓鱼》《找到了》等16个节目。洞头区文化馆选送小品《生命的奇迹》获大赛表演第一名。比赛由市委宣传部、市文化广电旅游局、市文学艺术界联合会主办，市文化馆、洞头区委宣传部、区文广旅体局承办，洞头区文化馆执行。

【洞头·鹿城文化走亲】2019年11月6日，“人在画中，城在海中·诗画洞头，魅力洞头”——洞头·鹿城文化走亲文艺演出在鹿城区丰门街道红港码头举行。活动表演舞蹈《盛世欢歌》、独唱《江山

2019年10月22日，温州市第五届戏剧小品大赛在洞头举行　（金如龙　摄）

无限》、新疆舞《忠诚的心》、歌伴舞《唱给海听》及魔术、杂技《太空漫步》、歌伴舞《中国进入新时代》等11个节目。活动由洞头区文广旅体局、鹿城区文广旅体局主办，洞头区文化馆、鹿城区文化馆、鹿城区丰门街道文化馆分馆承办。

（金如龙　陈伟灵）

群众文化

【概况】2019年，洞头区举办洞头区庆祝中华人民共和国成立70周年和人民政协成立70周年千人歌咏会、洞头第十届妈祖平安节民俗演出、2019中国·洞头七夕民俗风情节等大中型文化活动50余场。开展阅读活动100余场、文化公益培训活动80余期，服务群众10余万人次。组织开展春季、夏季、秋季和公益大联盟免费公益培训，共设声乐、舞蹈、器乐、摄影、美术等门类46个培训班，参与培训人数1300多人次。加工创作歌曲《魅力洞头》《乡韵寮顶》和舞蹈《比海更深》《味儿·道》《我从海上花园来》，原创小品《生命的奇迹》获温州市第五届戏剧小品大赛表演金奖和创作金奖。创作视觉艺术作品100余件，5幅渔民画作品入选“壮丽70年·阔步新时代”全国农民画创作展，陈钦煅《富裕之路》获银奖，林彬《满载而归》、叶爱珠《一带一路领航船》、詹海萍《滩涂运动会》和张孚千《双肩挑出致富路》入选展演。叶爱珠《生态放流》入选2019南京六合·全国农民画作品展。摄影作品《美好生活》入选浙江省第六届群星视觉艺术大展。开展6场送春联下乡活动，送出春联1000多副，免费拍全家福并送出纸质照片800多张。组织2019迎新春渔民画作品巡回展、“清风徐来·廉洁花开”书法作品展、洞头区第二届美术摄影联展等免费展览14场。

【文化服务群众】2019年，洞头区建立以“文化部门牵头、基层为主体、第三方作补充”三位一体管理模式，通过政府向社会力量购买公共文化服务方式，启动“文化派驻员”项目，招聘文化派驻员4名，派驻街道（乡镇）文化派驻员，指导辖区基层开展各类文化活动，组建艺术培训及乡村艺术团，协助社会力量建设管理文化驿站做好文

化活动。全年组织送书下乡13417册，送文体活动下乡201场，开展文艺作品免费展览12场，送出春联1000多幅，开设免费公益培训班45场，举办文艺驿站活动36期，开展街道（乡镇）网格化点单辅导30余次，提供免费指导培训服务700多人次。

【2019洞头区乡村艺术团巡演】 2019年8月15日，2019洞头区乡村艺术团巡演首场北岙金秋乡村艺术分团专场演出在国际放生台上演。首场演出排舞《迎客歌》、女声独唱《和谐圆舞曲》、民俗舞蹈《担红圆》、越剧联唱等12个节目。截至年底，洞头20支乡村艺术团在全区7个街道(乡镇)相继开展巡演活动12场。洞头区乡村艺术团是温州市创建国家公共文化服务体系示范区公共文化服务品牌创新项目，发挥基层群众主力军作用，让社会力量参与公共文化服务中，提升基层公共文化服务效能。

【5幅作品入选全国农民画创作展】 2019年9月，“壮丽70年·阔步新时代”全国农民画创作展在江西万安举行，全国27个省、市、自治区229个单位及个人选送作品参赛，洞头区选送31幅优秀渔民画作品参赛，其中，5幅作品获奖，陈钦煅《富裕之路》获银奖，林彬《满载而归》、叶爱珠《一带一路领航船》、詹海萍《滩涂运动会》和张孚千《双肩挑出致富路》优秀入选。活动由中国民间文艺家协会、江西省文学艺术界联合会联合主办。

【庆祝中华人民共和国成立70周年千人歌咏会】 2019年9月20日晚，洞头区庆祝中华人民共和国成立70周年和人民政协成立70周年千人歌咏会暨第二届市民文化节活动在洞头国际放生台举行。歌咏会包含序曲《我和我的祖国》，第一篇章“红色记忆”（《七律·长征》《保卫黄河》《没有共产党就没有新中国》），第二篇章“激情岁月”（《我的祖国》《咱们工人有力量》《打靶归来》《我们走在大路上》），第三篇章“春潮涌动”（《在希望的田野上》《春天的故事》《祖国不会忘记》《爱我中华》），第四篇章“美好生活”（《同心圆梦》《迎客歌》《渔家姑娘在海边》《飞阅海上花园》），第五篇章“盛世欢歌”（《今天是你的生日》《不忘初心》《中国进入新时代》），尾声《歌唱祖国》。区四套班子领导、区直部门单位代表、各街道（乡镇）代表千余人参加，其中参与歌咏演员510人。活动主题是“放歌伟大时代，建功海上花园”，活动指导单位是市委宣传部，由洞头区委、区政府主办，区委宣传部、区文广旅体局承办，区文化馆执行。

2019年9月20日，洞头区庆祝中华人民共和国成立70周年和人民政协成立70周年千人歌咏会暨第二届市民文化节活动 （金如龙 摄）

【文化产业】 2019年，洞头区出台《文体旅产业融合发展两年行动计划》及扶持政策，推进贝雕主题公园、“白鹭湾”海渔文化旅游度假区等项目建设。开发同心文化夜市、非遗研学等产品。扶持文化企业，开发贝雕、木雕、海陶、渔民画、贝壳画等系列伴手礼，参加国务院新闻办中华人民共和国成立70周年新闻发布会(浙江)、义乌文交会、温州创博会、第二届长三角国际文化产业博览会、深圳文博会、世界园艺博览会、上海航海博物馆非遗展、年味非遗等活动。贝雕作品《螺钿漆器笔盒套装城市系列》获首批浙江省优秀非遗旅游商品。半屏山贝雕系列产品入选2019浙江省特色旅游商品名单。温州至朴海陶有限公司参加2019温州文博会，获优秀展示奖，作品《海陶花入》获文化创意金奖。郑大志《夏木垂阴》、王帆《花梨木嵌螺钿四方茶托》分获第14届中国义乌文化产品交易博览会工艺美术银奖、铜奖，王卫东《五伦图》获浙江省非遗物质文化遗产传统工艺品及相关衍生品设计大赛提名奖。

文学艺术

【概况】 2019年年底，洞头区文联有所属文艺协会11家，即作家协会、书法工作者协会、摄影家协会、美术工作者协会、音乐工作者协会、舞蹈家协会、民间文艺工作者协会、诗歌协会、诗词协会、戏曲家协会、朗诵协会。全区有各级会员256人，其中国家级会员15名，省级会员61名，市级会员180名。

2019年，编辑《百岛》刊物4期。举办“中国诗歌之岛”之海岸线青年诗会、首届国际海洋诗歌节、海峡两岸诗会、百名诗人看海岛等系列活动，召开沙滩朗诵会、海洋诗歌对话会、海岸线诗歌沙龙、海岛采风活动等系列子活动。推出“海岸线诗歌”公众号网刊优秀诗歌近60期。举行2019年“‘小众’全国文学名家洞头采风行”暨第四届“洞头海上花园”小众散文诗歌奖颁奖会。陈灿渊入选故宫讲师团成员，王静新入选浙江省第七批“新荷计划人才库”，施立松参选温州市高层次人才特支计划，叶凌志等一批骨干会员入选洞头区海岛振兴特色人才库。鲁奖获得者陆春祥与作协秘书长陈海舟进行名师“一对一结对”签约指导。

【文艺创作】2019年，洞头区所属文艺协会在国家级刊物获展演比赛获奖作品17件、省级66件、市级71件。施立松、戴婉贞、林秀莲等在《人民日报》《新民晚报》《散文》《浙江散文》等报刊上发表30余篇，余退、王静新、沙漠等在《诗刊》《扬子江》《江南诗》等刊物上发表诗歌，海岸线诗群作品在《浙江作家》《江南诗》《华星诗谈》上发表专辑，叶申仕、谢健健等在全国范围内诗歌赛中获奖。文艺少年陈峤出版小说《光影奇缘》，实验小学陈弘烨作品《霜刃未尝试》入围2019浙江少年文学新星丛书。

【文艺活动】2019年，区文联围绕庆祝中华人民共和国成立70周年主线，举办“我邀明月颂华诞”2019洞头区“花开海上”大型中秋咏诵会、“不忘初心 牢记使命”洞头区首届视觉艺术展；与区总工会联合主办“祖国好·劳动美”摄影比赛，从272幅参赛作品评出优秀作品30幅；联合区委组织部、区委宣传部举办“华彩70年”庆祝中华人民共和国成立70周年征文活动，收到作品100多份，评选获奖17人；举办温州市第十九届少儿文艺大赛，全区400多名学生参加洞头赛区比赛，167位学员获市级奖，其中5人获小金鹿奖，16人获小银鹿奖；举行“不忘初心 牢记使命”戏曲专场演出暨洞头剧团成立50周年纪念活动；开展“诗画洞头海上花园”“油画名家画洞头”活动；邀请省文联组织文艺小分队走进洞头开展“扎根生活沃土 服务基层群众”文艺志愿服务活动；联合总工会开展“书香飘百岛 建功新时代”温州市洞头区职工读书分享会系列活动，邀请鲁迅文学奖获得者、省作协副主席陆春祥讲座，200多名劳模和职工代表参加；邀请鲁奖获得者裘山山到“中国·洞头国际作家之家”开展“文艺名家讲坛”散文专题讲座；邀请书法名家陈明之讲述《书法临摹与创作》。

【首届国际海洋诗歌节】2019年6月25日—27日，中国诗歌之岛·首届国际海洋诗歌节在洞头举行。活动包含沙滩朗诵会、海洋诗歌对话会、海岸线诗歌沙龙、海岛采风活动等系列子活动，来自德国、亚美尼亚、中国台湾、香港及内地知名诗人王家新、西渡、沃尔夫冈·顾彬、张桃州、罗伯特·察杜梁、秀实、龙青、颜艾琳、楚狂、黑侠等参加。首创“驻岛诗人”文艺概念，邀请国内和国际顶级诗人西渡、王家新、沃尔夫冈·顾彬入驻洞头，定期到洞头采风创作、诗歌交流，举办诗歌讲座、结对辅导。活动由省作家协会指导，市文联、区委宣传部、《江南诗》诗刊主办，区文联、东屏街道承办。

2019年6月25日—27日，中国诗歌之岛·首届国际海洋诗歌节在洞头举行
（区文广旅体局提供）

【"花开海上"大型咏诵会】2019年9月12日晚，"我邀明月颂华诞"2019洞头区"花开海上"大型咏诵会在东屏街道半屏社区韭菜岙沙滩举行。王丽、王振辉、王兵、许溟嵘、北方等朗诵名家和洞头区文艺工作者共同参加表演。围绕"我邀明月颂华诞"和"人月两圆花开海上"两大主题，结合群体朗诵、情景朗诵、越剧表演唱和歌舞等形式，分为四个精彩篇章。活动由区委宣传部、《江南诗》诗刊、区农业农村局、市生态环境局洞头分局、区妇联、区文联、区融媒体中心和东屏街道等主办。

2019年9月12日，洞头区"花开海上"大型中秋咏诵会　（区文联提供）

【洞头区首届视觉艺术展】2019年9月30日—10月7日，洞头区政协联合温州市文联、洞头区纪委（监委）、洞头区宣传部、洞头区总工会、洞头区文联等单位举办温州市百名美术家"为人民抒写"采风写生作品巡回展暨"不忘初心、牢记使命"洞头区首届视觉艺术展在洞头"台胞之家"举行。共展出艺术精品251幅，其中，美术作品105件，书法作品55件，摄影作品91件。举行"华彩70年"征文大赛、"劳动美"摄影比赛颁奖仪式和"洞头区同心艺术展览基地"揭牌仪式。区领导汪慧平、梅山标、叶锦丽、张释忠等出席开展仪式。

【海霞文艺志愿服务】2019年，区文联完善海霞文艺志愿服务体系建设，推动"文艺志愿服务一团两中心"暨"文联百村"文艺志愿服务团服务乡村。区作家协会、区书法协会、区美术协会、区摄影家协会组织开展文艺志愿美丽乡村洞头采风行、"到人民中去—文艺志愿服务走进乡村"等系列活动，开展"春福六送"等书春活动20余场，送出2000幅春联，服务乡村振兴。成立"区文艺志愿服务导师团"，入驻温州医科大学仁济学院，区名师和文艺骨干对接大学生社团，10余名导师定期为大学生社团提供舞蹈、礼仪、小品、朗诵、合唱等公益辅导。升级"海霞小作家班"公益服务模式，固定时间、地点，由区文联安排中国作协、省作协等作家骨干力量排班授课，全年授课60多场，上课学员近3000人，增设"海霞小作家班霓屿课堂"。

【文艺名家讲坛】2019年，区文联以文艺名家讲坛为载体，为文艺骨干、青年人才搭平台，开展文学、摄影、书法等专题讲座，书法名家陈明之讲述《书法临摹与创作》、文学名家袭山山、陆春祥等为洞头区文艺爱好者作题为《如何写好散文》《建立适合自己的阅读坐标》等文学专题讲座。

（施立松）

2019年洞头区部分文艺作品发表及获奖情况表

表46

艺术门类	作品名称	作者（获奖者）	发表或获奖情况	主办单位
文学	五十八载师友缘	邱国鹰	《籀园芳馨·温州图书馆百年馆庆文集》	温州图书馆
	桥故事	施立松	浙江作家	浙江省作家协会
	争说西施曾醉此	施立松	浙江作家	浙江省作家协会
	秋光三题	施立松	山西文学	山西省作家协会
	我的初中求学生活	施立松	中学生时代	济南出版社

续表46

艺术门类	作品名称	作者（获奖者）	发表或获奖情况	主办单位
文学	《出走的猫》等8首	曹高宇	《扬子江诗刊》	江苏省作家协会
	菜摊旁	曹高宇	《诗刊》	中国作家协会
	《实习护士》等4首	曹高宇	《江南诗》	浙江省作家协会
	灯塔	曹高宇	《江南诗》	浙江省作家协会
	《沙滩上的圆圈》等11首	曹高宇等11人	《浙江作家》	浙江省作家协会
	《四川，晚安》	刘秀丽	《浙江作家》	浙江省作家协会
	《月亮》《植物》	刘秀丽	《人民文学》	《人民文学》
	透过万千碎片的夕阳光芒不减	谢健健	江南诗	浙江省作家协会
	九月	谢健健	浙江诗人	浙江省文联
	在开封，开封一座贡院	谢健健	第六届诗兴开封国际诗歌大赛优秀奖	中华诗词学会
	那个建了清白堂的人	谢健健	第一届清白泉杯全国清廉诗歌散文大赛	浙江省作家协会
	水国、落日七章	谢健健	第十一届风则江青年文学奖一等奖、三等奖	绍兴市作家协会
	《诗意在蓝土地上荡漾》	王静新	《浙江作家》	浙江省作家协会
	《龙头鱼时刻》	王静新	《浙江作家》	浙江省作家协会
	《捕捉那独特的时刻》	王静新	《江南诗》	浙江省作家协会
书画	书法作品	甘世宽	浙江省公安系统第七届“东海卫士书画展（书法）”优秀奖	浙江省公安厅、省文联
	书法作品	甘世宽	庆祝中华人民共和国成立70周年全省公安系统（书法）优秀奖	浙江省公安厅、省文联
	国画	甘世宽	庆祝中华人民共和国成立70周年全省公安系统（国画）三等奖	浙江省公安厅、省文联
	书法作品	李伯庆	“江山多娇”——庆祝中华人民共和国成立70周年·浙江书法篆刻刻字系列大展入展奖	浙江省书法家协会
	硬笔作品	张元丰	第2届醉翁亭奖全国硬笔书法大赛	中国硬笔书法协会 滁州文联
	硬笔作品	张元丰	纪念五四运动100周年全国硬笔书法小品展	中国硬笔书法协会
	硬笔作品	张元丰	首届宝安杯全国书法大赛	中国硬笔书法协会 宝安区文联
	毛笔作品	张元丰	浙江书法奖沙孟海奖第十届全浙书法篆刻大展	浙江省书法家协会
	毛笔作品	张元丰	浙江省第5届温泉杯书法大赛	浙江省书法家协会
	毛笔作品	张元丰	浙江省文化礼堂书画大赛	浙江省文联
	毛笔作品	张元丰	第六届中国廉政文化书法展	中国文联 中国行为法学廉政研究会

续表46

艺术门类	作品名称	作者（获奖者）	发表或获奖情况	主办单位
摄影	精益求精	娄梦瑶（学生）	2019丝路国家青少年摄影竞赛（全国）浙江分赛区摄影比赛2019年8月	浙江省文化馆
	天　路	郑叶子（学生）	2019年12月浙江省中小学艺术节摄影比赛一等奖	浙江省教育厅、浙江省文化和旅游厅、浙江省财政厅、共青团浙江省委、浙江广播电视集团
	组照–醉美海岸线	张锦显	首届“传奇温州”国际摄影大展	中国摄影报
	组照–百岛星空	叶凌志	首届“传奇温州”国际摄影大展	中国摄影报
	春天里的望海楼	叶凌志	首届“传奇温州”国际摄影大展	中国摄影报
	无题	叶凌志	《今日浙江》杂志社	《今日浙江》杂志社
	《铁人三项赛》	曾志芬	首届“传奇温州”国际摄影大展	中国摄影报
	醉美大罗山	杨小雷	中国首届“传奇温州”国际摄影大展	中国摄影报社
	《美好生活》	金如龙	浙江省第六届群星视觉展	浙江省文化和旅游厅
	《农民画家艺术梦》	金如龙	2019浙江省基本公共文化服务建设摄影作品征集活动	浙江省文化馆
	《洞头妈祖平安节》	潘支边	2019浙江省基本公共文化服务建设摄影作品征集活动，10月	浙江省文化馆
美术	《大海的馈赠》	黄昭勇	“乡村振兴·美丽路桥”浙江省美术作品展	浙江省美术家协会
	西塘风景写生一	黄昭勇	“诗画浙江·美丽善城”2019浙江省群文美术写生创作系列活动作品展	浙江省文化馆
	西塘风景写生二	黄昭勇	“诗画浙江·美丽善城”2019浙江省群文美术写生创作系列活动作品展	浙江省文化馆
	《往日的渔粉厂》	陈建忠	映物·味象——2019浙江省油画作品展	浙江省美术家协会
	《生态放流》	叶爱珠	“见证新时代 同绘中国梦”2019南京六合·全国农民画作品展	江苏省民间文艺家协会、南京市美术家协会
	《一带一路领航船》	叶爱珠	“壮丽70年·阔步新时代”全国农民画创作展	中国民间文艺家协会、江西省文学艺术界联合会
	《满载而归》	林彬	“壮丽70年·阔步新时代”全国农民画创作展	中国民间文艺家协会、江西省文学艺术界联合会
	《富裕之路》	陈钦煅	“壮丽70年·阔步新时代”全国农民画创作展	中国民间文艺家协会、江西省文学艺术界联合会
	《双肩挑出致富路》	张孚千	“壮丽70年·阔步新时代”全国农民画创作展	中国民间文艺家协会、江西省文学艺术界联合会
	《滩涂运动会》	詹海萍	“壮丽70年·阔步新时代”全国农民画创作展	中国民间文艺家协会、江西省文学艺术界联合会

续表46

艺术门类	作品名称	作者（获奖者）	发表或获奖情况	主办单位
美术	《渔业大丰收》	罗纯香	2019浙江省现代民间绘画（农民画）邀请展	浙江省美术家协会 浙江省文化馆
	《奔上小康》	陈钦煅	2019浙江省现代民间绘画（农民画）邀请展	浙江省美术家协会 浙江省文化馆
	《美丽渔村》	吴秀云	2019浙江省现代民间绘画（农民画）邀请展	浙江省美术家协会 浙江省文化馆
	《欢乐渔村》	叶爱珠	2019浙江省现代民间绘画（农民画）邀请展	浙江省美术家协会 浙江省文化馆
	《渔村文化礼堂》	杨金花	2019浙江省现代民间绘画（农民画）邀请展	浙江省美术家协会 浙江省文化馆
	《风调雨顺迎火鼎》	詹海萍	2019浙江省现代民间绘画（农民画）邀请展	浙江省美术家协会 浙江省文化馆
	《鳗鱼飘香》	林彬	2019浙江省现代民间绘画（农民画）邀请展	浙江省美术家协会 浙江省文化馆
	《休渔》	林美君	2019浙江省现代民间绘画（农民画）邀请展	浙江省美术家协会 浙江省文化馆
	《欢乐渔家》	王洁灵	2019浙江省现代民间绘画（农民画）邀请展	浙江省美术家协会 浙江省文化馆
	《休渔补网忙》	陈建辉	2019浙江省现代民间绘画（农民画）邀请展	浙江省美术家协会 浙江省文化馆
	《花开白露》	吴黎明	2019浙江省现代民间绘画（农民画）邀请展	浙江省美术家协会 浙江省文化馆
	《海女的传说》	万安春	2019浙江省现代民间绘画（农民画）邀请展	浙江省美术家协会 浙江省文化馆

（区文联提供）

文化遗产

【概况】2019年，洞头区政府与各街道（乡镇）签订文保单位安全管理目标责任书，落实文物属地管理责任。构建文保单位安全检查网络，全年开展文保单位巡查326家次，巡查三普登录点200余处次，开展消防培训演练进文保单位及民办博物馆12场。完善传承基地、体验基地、传承人、带薪学徒考核内容方法，开展非遗传承基地、非遗体验基地、带薪学徒评估，开展慰问传承人活动，并给予相应补助奖励。出版《洞头渔商》，开展七夕项目记录拍摄工作，配合省非遗中心拍摄国家非物质文化遗产代表项目妈祖祭典项目记录拍摄。举办“文化和自然遗产日”系列活动，做优妈祖平安节、七夕成人节等民俗文化品牌。东沙妈祖宫、小朴马灯获评市级优秀非遗传承基地。组织举办渔民画展、中华人民共和国成立70周年主题活动非遗签体验活动等非遗进校园、非遗进驿站、非遗进民宿、进礼堂及春节、元宵、清明、端午等传统文化活动30多次。郑根霖灯彩作品《横公鱼》获浙江省民间文艺映山红灯彩大赛优秀作品奖。《富裕之路》获全国农民画创作展“银奖”并获收藏。

【洞头区传统民居保护利用三年行动计划】为充分挖掘传统民居的社会价值和历史价值，更好地保护和利用好全区传统民居，让传统民居在乡村振兴中发挥文物单位作用，2019年9月10日，区政府印发《洞头区传统民居保护利用三年行动计划（2019—2021年）》（洞政办发〔2019〕46号），实施对象为第三次全国文物普查信息登录点中传统民居，包括8处文保单位级别传统民居及68处一般不可移动文物级别传统民居等。实施方式分保护模式、利用模式。主要任务是开启传统民居情况摸底调研、实施民房疏导、建立传统民居维保体系、编制保护利用方案、启动传统民居利用试点工作、推广保护利用工作等。目标至2021年，完成全区80%文保单位级别传统民居修缮及维护保养施工，每个街道（乡镇）各完成1处以上传统民居活化利用工程建设。截至年底，启动呑内叶宅等四处文保单位修缮工程及传统民居消防安全整改工程；提升全区传统民居消防灭火器工程。

【2处文保点入选市红色古迹保护展示教育基地】2019年12月，温州市公布第二批市级红色古迹保护展示教育基地名单，洞头区级文保单位烈士陵园及汪月霞旧居入选。洞头烈士陵园位于北岙街道烈士路61号。建有甬道、纪念碑、纪念塔、墓园，两旁对称建有凉亭。墓园为“品”字形，共3层，安放130多位烈士忠骨。1983年5月，为洞头文物保护单位，1998年3月入选温州市爱国主义教育基地。汪月霞旧居位于洞头区北岙街道海霞村城北路1452弄16号，建于1970年。旧居坐西南朝东北，单体二层楼石木结构建筑，面积约150余平方米。为海霞文化礼堂及党员教育活动基地，定期开展海霞讲堂。

【百姓文博馆启用】2019年5月18日，洞头区首家百姓文博馆启用，位于图书馆一楼大厅，面积150平方米，为全区文博资源展示窗口。全年推出“讨海人——洞头渔民老物件专题展”“背着房子去旅行——贝壳专题展”“海纳百川——洞头海陶专题特展”等精品展览3期，参观1000多人次；开展博物馆进校园活动2期，参加500多人次。

【洞头区“文化和自然遗产日”系列活动】2019年 6月7日，“海岛记忆·多彩非遗”2019年洞头区“文化和自然遗产日”系列活动启动仪式暨《百岛渔商》首发式举行。公布洞头区第五批非物质文化遗产代表性项目名录、第一批洞头区非物质文化遗产体验基地、第三批洞头区非物质文化遗产传承基地、洞头区第二批非物质文化遗产项目代表性传承人名单并授牌。为区档案局、温州医科大学仁济大学图书馆、区图书馆，各街道（乡镇）文化礼堂，洞一中、职高、海霞中学、实验中学等单位赠书。展示洞头区国家级非遗项目海洋动物故事《鲨鱼的誓言》《龙头鱼的身体为啥软绵绵》等故事。举行“海岛记忆 粽叶飘香”——端午非遗集市活动，“洞头俚语俗语”挑战。非遗传承人现场展示贝雕、蟹壳画、鱼灯、鸡母粿儿、端午炒豆、端午香囊等非遗技艺。活动历时两个月。

【洞头贝雕亮相温格两地非遗文化展】2019年8月5日—7日，“遇见非遗—温格两地非遗文化展”在青海格尔木展览馆举行，主题“格尔木遇见温州、展现跨越千里的非遗文化魅力”。温州市和青海省格尔木市非遗传承人用精湛的手工艺为高原群众带来非遗文化大餐。洞头非遗东海贝雕摆盘系列、首饰盒系列、商务礼品系列、生活用品系列、砗磲系列件、摆件、手串手链手镯、海螺创意系列在展台展出。

【陈灿渊被聘为故宫研究院客座研究员】2019年10月，洞头东海贝雕艺术博物馆在湖北荆州召开漆器传承发展联盟成立大会获聘为中国文物学会漆器珐琅器专业委员会常务理事单位。馆长陈灿渊获聘为故宫研究院明清宫廷制作技艺研究所客座研究员证书，聘期2019年3月至2022年3月，为本届故宫研究院最年轻客座研究员。故宫研究院下属10余个专业，每个专业研究机构每年只发展5名成员。陈灿渊，男，1980年出生，为中国文物学会会员、中国漆器专业委员会理事、中国民间文艺家协会会员等。2009年始，公司承担“洞头县贝雕工艺传承与创新的探略”文化科技项目，获评浙江省非物质文化遗产生产性保护基地。创立洞头贝雕研发中心，获国家设计专利280多项。

（卓桂枝　张　莹）

2019年洞头区历史建筑名录一览表

表47

序号	名称	类别	类型	年代	复查/新发现	地址及位置
1	九斤水桶擂码头	近现代、重要史迹及代表性建筑	交通道路设施	1964年	复查	洞头区北岙街道九斤村燕子山西北角山脚
2	大长坑水库	近现代、重要史迹及代表性建筑	水利设施及附属物	20世纪60年代	复查	洞头区北岙街道长坑村大长坑自然村

续表47

序号	名 称	类别	类 型	年代	复查/新发现	地址及位置
3	小文岙水井	古建筑	池塘井泉	清	新发现	洞头区北岙街道九仙村小文岙自然村海口神庙后山脚
4	小文岙拱桥	古建筑	桥涵码头	清	新发现	洞头区北岙街道九仙村小文岙自然村海口神庙后山脚
5	仙岩西路水井	近现代、重要史迹及代表性建筑	水利设施及附属物	民国	复查	洞头区东屏街道东岙村姚宅屋后
6	南山坪水井	近现代、重要史迹及代表性建筑	水利设施及附属物	20世纪60年代	复查	洞头区大门镇沙岙村南山坪自然村王家件宅东北角
7	活水潭水井	古建筑	池塘井泉	清	复查	洞头区元觉街道活水潭村半岭自然村
8	山坪水井	近现代、重要史迹及代表性建筑	水利设施及附属物	1953年	复查	洞头区鹿西乡山坪村

（区文广旅体局提供）

洞头区非物质文化遗产传承基地一览表

表48

序号	申报地	项目名称	传承基地名称	批次
1	洞头区	七夕成人节	洞头区东屏街道东岙村	市第二批
2	洞头区	贝雕、鱼灯	洞头区东屏小学	市第二批
3	洞头区	妈祖祭典	洞头区北岙街道东沙村	市第二批
4	洞头区	鱼灯舞	洞头区北岙街道大岙村	市第三批
5	洞头区	鱼灯舞	洞头区东屏街道垅头村	市第三批
6	洞头区	陈十四娘娘信俗	洞头区霓屿街道布袋岙村	市第三批
7	洞头区	中仑舞龙	洞头区东屏街道中仑村	市第三批
8	洞头区	妈祖祭典	洞头区元觉街道沙角村	市第三批
9	洞头区	小朴马灯	洞头区北岙街道小朴村	市第三批
10	洞头区	鸟灯舞	洞头区鹿西乡鹿西小学	市第四批
11	洞头区	海洋动物故事	洞头区实验小学	区第一批
12	洞头区	妈祖信俗	洞头区大门镇岙底村	区第一批
13	洞头区	海洋动物故事	洞头区图书馆	区第三批
14	洞头区	贝壳舞	洞头区文化馆	区第三批
15	洞头区	吹打乐—龙头龙尾	洞头区文化馆	区第三批
16	东屏街道	迎头鬃	中仑村村史馆	区第三批
17	北岙街道	道教音乐	大龙岭太阴宫	区第三批
18	大门镇	番薯烧酿制技艺	番薯烧酿制基地	区第三批

（区文广旅体局提供）

洞头区非物质文化遗产体验基地一览表

表49

序号	申报地	项目名称	体验基地名称	批次
1	洞头区	贝雕	洞头区东海贝雕艺术博物馆	市第一批
2	洞头区	鱼灯制作	洞头区市民活动中心	区第一批
3	洞头区	海鲜药膳	洞头区溢香国际大酒店	区第一批
4	洞头区	贝壳画	月半湾渔家文化艺术村	区第一批
5	洞头区	海陶	温州至朴海陶文化有限公司	区第一批
6	洞头区	船模	洞头区元觉街道乡愁馆	区第一批
7	洞头区	木雕	洞头区杨艺木雕有限公司	区第一批
8	洞头区	七夕成人节	洞头区东岙村	区第一批

（区文广旅体局提供）

洞头区非物质文化遗产项目代表性传承人一览表

表50

序号	姓名	性别	项目名称	申报地区或单位	类别	级别
1	许根才	男	海洋动物故事	洞头区	民间文学	国家级
2	吴江	男	妈祖信俗（妈祖祭典）	洞头区	民俗	国家级
3	叶永福	男	贝雕	洞头区	传统美术	省级
4	许楚义	男	海洋动物故事	洞头区	民间文学	省级
5	陈春龙	男	贝雕	洞头区	传统美术	省级
6	黄振励	男	七夕成人节	洞头区	民俗	省级
7	许江北	男	道教音乐（洞头海岛道教音乐）	洞头区	传统音乐	省级
8	施书宝	男	吹打（洞头龙头龙尾）	洞头区	传统音乐	省级
9	郑大志	男	贝雕	洞头区	传统手工技艺	市级
10	叶园华	女	贝壳舞	洞头区	传统舞蹈	市级
11	郭温林	男	妈祖信俗	洞头区	民俗	市级
12	林洪存	男	洞头海岛道教音乐	洞头区	传统音乐	市级
13	柯位福	男	东岙普度节	洞头区	民俗	市级
14	邱爱绒	女	洞头海岛歌谣	洞头区	民间文学	市级
15	颜怡旦	男	小朴马灯舞	洞头区	传统舞蹈	市级
16	洪娟妹	女	迎火鼎	洞头区	民俗	市级
17	叶素英	女	菜油姜	洞头区	传统手工技艺	市级
18	陈增卷	男	鱼灯	洞头区	传统手工技艺	市级
19	林孝宝	男	陈十四娘娘信俗	洞头区	民俗	市级
20	叶宋顺	男	妈祖祭典	洞头区	民俗	市级
21	叶元拢	男	船模	洞头区	传统手工技艺	市级
22	张星文	男	马灯舞（小朴马灯舞）	洞头区	传统舞蹈	市级
23	王卫东	男	贝雕	洞头区	传统美术	市级

续表50

序号	姓名	性别	项目名称	申报地区或单位	类别	级别
24	吕诸彬	男	木渔船制造技艺	洞头区	传统技艺	市级
25	黄冬央	女	番薯类小吃制作技艺	洞头区	传统技艺	市级
26	张高取	男	泥艋制作技艺	洞头区	传统技艺	市级
27	陈钦琪	男	中仑舞龙习俗	洞头区	民俗	市级
28	陈素贞	女	冬至鸡母狗馃习俗	洞头区	民俗	市级
29	林丽丽	女	脚擂鼓	洞头区	传统音乐	市级
30	张强	男	木雕	洞头区	传统美术	市级
31	陈学平	男	鹿西乌灯	洞头区	传统技艺	区级
32	黄朝暖	男	鸡母狗馃制作	洞头区	传统技艺	区级
33	王银存	男	番薯烧酿制技艺	洞头区	传统技艺	区级
34	柯育萍	男	铜人药典	洞头区	传统医药	区级
35	全祥才	男	迎头鬃	洞头区	民俗	区级
36	洪求伟	男	七夕成人节	洞头区	民俗	区级
37	叶元丰	男	贝雕	北岙街道	传统美术	区级
38	方国防	男	海陶	北岙街道	传统美术	区级
39	陈钦煅	男	渔民画	北岙街道	传统美术	区级
40	郑根霖	男	鱼灯	北岙街道	传统技艺	区级
41	曾英娟	女	番薯粉加工	东屏街道	传统技艺	区级
42	杨松苗	男	木雕	霓屿街道	传统技艺	区级
43	叶明稳	男	中仑黄龙	东屏街道	民俗	区级

（区文广旅体局提供）

洞头区非物质文化遗产项目名录一览表

表51

序号	项目名称	类别	申报地（单位）	入选时间	级别与批次
1	海洋动物故事	民间文学	洞头区	2011年5月	国家级第三批
2	妈祖祭典（洞头妈祖祭典）	民俗	洞头区	2011年5月	国家级第三批（扩展项目）
3	吹打（洞头龙头龙尾）	民间音乐	洞头区	2007年6月	省级第二批
4	贝壳舞	民间舞蹈	洞头区	2007年6月	省级第二批
5	贝雕	民间美术	洞头区	2007年6月	省级第二批
6	道教音乐（洞头海岛道教音乐）	传统音乐	洞头区	2009年6月	省级第三批
7	七夕成人节	民俗	洞头区	2009年6月	省级第三批
8	东岙普度节	民俗	洞头区	2009年6月	省级第三批
9	陈十四信俗	民俗	洞头区	2009年6月	省级第三批
10	妈祖信俗	民俗	洞头区	2009年6月	省级第三批
11	洞头海岛气象谚语	民间文学	洞头区	2012年7月	省级第四批

续表51

序号	项目名称	类别	申报地（单位）	入选时间	级别与批次
12	鱼灯舞（洞头鱼灯）	传统舞蹈	洞头区	2012年7月	省级第四批
13	迎头鬃	民俗	洞头区	2012年7月	省级第四批
14	洞头海岛歌谣	民间文学	洞头区	2008年12月	市级第二批
15	洞头脚擂鼓	传统音乐	洞头区	2008年12月	市级第二批
16	鱼生腌制技艺	传统技艺	洞头区	2008年12月	市级第二批
17	海鲜药膳	传统医药	洞头区	2008年12月	市级第二批
18	迎头鬃	民俗	洞头区	2008年12月	市级第二批
19	东岙普度节	民俗	洞头区	2008年12月	市级第二批
20	正月初九拜天公	民俗	洞头区	2008年12月	市级第二批
21	鹿西乌灯舞	传统舞蹈	洞头区	2009年6月	市级第三批
22	陈元光信俗	民俗	洞头区	2009年6月	市级第三批
23	马灯舞（小朴马灯舞）	传统舞蹈	洞头区	2009年6月	市级第三批（扩展项目）
24	温州小吃（墨鱼饼）	传统技艺	洞头区	2009年6月	市级第三批（扩展项目）
25	冬至鸡母狗粿习俗	民俗	洞头区	2010年6月	市级第四批
26	做祭	民俗	洞头区	2010年6月	市级第四批
27	船模制作技艺	传统技艺	洞头区	2010年6月	市级第四批
28	菜油姜传统加工技艺	传统技艺	洞头区	2011年12月	市级第五批
29	网具编制技艺	传统技艺	洞头区	2011年12月	市级第五批
30	杨府爷信俗	民俗	洞头区	2011年12月	市级第五批
31	海岛做红圆红龟习俗	民俗	洞头区	2011年12月	市级第五批
32	温州（洞头）婚嫁习俗	民俗	洞头区	2012年12月	市级第六批
33	温州（洞头）生养习俗	民俗	洞头区	2012年12月	市级第六批
34	中仑舞龙习俗	民俗	洞头区	2012年12月	市级第六批
35	洞头俚语	民间文学	洞头区	2014年1月	市级第七批
36	洞头传统钓业	传统技艺	洞头区	2014年1月	市级第七批
37	鱼卤油酿制技艺	传统技艺	洞头区	2014年1月	市级第七批
38	张网打桩技艺	传统技艺	洞头区	2014年1月	市级第七批
39	迎火鼎	民俗	洞头区	2014年1月	市级第七批
40	番薯类小吃制作技艺	传统技艺	洞头区	2014年11月	市级第八批
41	海蜇加工技艺	传统技艺	洞头区	2014年11月	市级第八批
42	木渔船制造技艺	传统技艺	洞头区	2014年11月	市级第八批
43	泥艋制作技艺	传统技艺	洞头区	2014年11月	市级第八批
44	三盘虾皮生产技艺	传统技艺	洞头区	2014年11月	市级第八批
45	船眼睛习俗	民俗	洞头区	2014年11月	市级第八批
46	上梁习俗	民俗	洞头区	2014年11月	市级第八批

续表51

序号	项目名称	类别	申报地（单位）	入选时间	级别与批次
47	迎阁	民俗	洞头区	2014年11月	市级第八批
48	海蜇舞	传统舞蹈	洞头区	2015年12月	市级第九批
49	海岛过年习俗	民俗	洞头区	2015年12月	市级第九批
50	海岛丧葬习俗	民俗	洞头区	2015年12月	市级第九批
51	海岛水灯习俗	民俗	洞头区	2015年12月	市级第九批
52	作敬	民俗	洞头区	2015年12月	市级第九批
53	请谱	民俗	洞头区	2016年11月	市级第十批
54	六月六习俗	民俗	洞头区	2016年11月	市级第十批
55	海岛祝寿礼俗	民俗	洞头区	2016年11月	市级第十批

（区文广旅体局提供）

文化设施

【概况】2019年，洞头区提升区市民活动中心红色印迹馆，推进区文化馆迁建工程，建成东屏城市书房、文化驿站，南炮台山百姓书屋、大门百姓书屋、鹿西百姓书屋，完成薄弱重点乡镇（元觉街道）1个和重点村（北岙街道鸽尾礁村、灵昆街道九村村、东屏街道东岙村、寮顶回族村、大门镇仁前途村、元觉街道沙角村、霓屿街道正岙村、鹿西乡东臼村）8个提升工作。截至年底，全区有文化馆1个、图书馆1个、街道（乡镇）综合文化站7个、社区文体服务中心18个、文化礼堂56家、农家书屋60家、城市书房4家、百姓书屋9家、文化驿站4家，村级文体活动场地实现全覆盖。

【洞头区市民活动中心】2019年，洞头区市民活动中心接待市民26000余人次。“玩具图书馆”“红色印迹馆”为主要开放场所。全年常规培训1019人次。举办大型活动7场，包含第七届“花灯春语元宵汇”活动、第六届“少儿绘画现场大赛”、“大手牵小手最炫传统风”儿童节主题活动、第七届“童心共赏千秋月”中秋节主题活动、“童祝华诞 欢畅游园”庆祝祖国70周年主题游园活动、2020年洞头区市民活动中心举办“不忘初心 牢记使命”主题教育庆元旦迎新年元旦活动。参加人数达3500多人次。举办“流动少年宫”走进洞头双兴幼儿园、霓南幼儿园、东屏幼儿园活动，为240对亲子创造学习和活动平台。举办“童游天下”暑期夏令营港珠澳研学之旅、“童游天下”暑期夏令营厦门研学之旅，60名孩子参加。

全年开展文化驿站活动64场，参加人数2400多人次。活动采用连锁运行机制，推出各种文化艺术分享、体验活动。中心文化驿站“当脸谱遇上海”水族贝壳画体验活动入选温州文化驿站“年度十佳”，“小贝壳上大世界”贝雕体验活动在2019年文化驿站优秀案例评比中入选地方文化传播奖。获评温州市第五届少儿创意现场绘画现场大赛、温州市第十三届青少年素描现场赛优秀组织奖。吴寒老师、苏友钱老师获评全市妇儿中心优秀指导师。

【红色印迹馆】2019年，洞头区红色印迹馆内部改造提升，展馆以“人民对美好生活的向往就是我们的奋斗目标”为主线，从“英雄碧血”“渔乡巨变”“半岛梦圆”“海上花园”等四部分记录洞头经历的巨大变化。全区“不忘初心 牢记使命”主题教育期间，展馆每月10日全天开放，接待省、市、区各单位开展党员固定日活动爱国教育场所。全年接待各省市区机关、事业、乡镇街道、企业、学校团体、其他团体、个体人数11000人次。

（甘莹莹）

【洞头剧院】洞头剧院位于洞头区霞晖大道273号。洞头剧院底层有观众厅（1000个座位）、面积为1000平方米；前厅兼休息厅，面积为240平方米；舞台符合剧院丙级标准，面积为360平方米，宽14.8米，进深13.5米，台口高度6.9米；主台后面为化妆室、排练室均按丙级标准设计，面积300平方米，侧楼一楼设有小型会议室2个及配套用房，面积201平方米。二楼有一200座中型会议室面积800平方米。全年承接区“两会”、区级各部门会议和培训等31场，举办“百岛讲坛”8场，举办第三届公益春晚、工会文艺演出、现代越剧《风乍起》和海霞中学艺术节公益性演出4场。

【洞头文化馆】洞头区文化馆为区全额事业单位，老馆位于北岙街道文化街12弄1号，场馆面积2070平方米，为国家二级馆，馆内常设音乐、舞蹈、器乐、摄影、美术等公益服务项目。2019年，洞头区文化馆发挥文化主阵地作用，完成洞头区公益大联盟（第一期）招募工作，引导洞头区乡村艺术团开展文艺演出、公益培训等活动，启动“渔文化”农村技艺普及新模式创新项目，探索洞头区文化馆总分馆建设体系，协助完成浙江省公共文化重点县创建工作和温州创建国家公共文化服务体系示范区相关工作。全年创作文艺精品107件，获国家级优秀奖6个，省、市赛事获3金3银6铜。全年对外免费开放文化场馆功能室，开展排练活动1000多场次，参与2万余人次；组织举办文艺演出43场，免费展览13场，公益培训46期，专题讲座14次，文化走亲7次，开展网格化点单辅导30余次，惠及群众6万余人次，为各街道（乡镇）、社区、学校、基层单位、业余文艺队伍提供免费公共文化服务；组织举办、承办、执行承办温州市第五届戏剧小品大赛、洞头区庆祝中华人民共和国成立70周年和人民政协成立70周年千人歌咏会、洞头第十届妈祖平安节民俗演出、2019中国·洞头七夕民俗风情节、“百城联动,歌唱祖国”2019第二届“追梦之声”浙江省青少年声乐大赛洞头区选拔赛、“海霞研旅杯”浙江省第五届群众声乐大赛洞头选拔赛等大型文化活动。

（金如龙）

【洞头图书馆】2019年，区图书馆馆藏图书总量370460册（含报刊合订本），新增馆藏55614册。订购报刊杂志141种。文献借阅173715册，还回159328册次；读者借阅30920人次，还回35904人次。全年接待到馆读者378379人次，开展望海楼讲坛讲座11场，展览16场。全区图书馆有效读者16682个。全年送书下乡16525册次。新增图书流通点9个。区图书馆继续与区职业技术教育中心、区第一中学、温州医科大学仁济学院等合作，开展圆桌绘本、科学玩家、电脑培训、文明使者小海豚志愿者活动、趣味读书会、乐驹学堂等活动。志愿者人数129人。区图书馆获市委宣传部、市文化广电旅游局颁发2019“书香温州”全民阅读节“我最喜爱的童书”阅读推广活动突出贡献奖。开展“书香洞头”全民阅读节，举办各类大小活动208场，参加28485多人次。活动包括阅读推广宣传、书香满城活动、阅读风采比赛、图书惠民活动四大板块23项子活动。书香满城活动包括世界读书日举办“图书馆阅读之夜”活动、“读书人不老”老年人阅读服务、书香进百姓书屋、全家共读一本书、望海楼讲坛“你点单，我送课”等活动。阅读风采比赛包括“阅读马拉松”挑战赛、“我爱记诗词”、绘本故事比赛、绘本好声音等阅读风采比赛。图书惠民服务包括图书馆进校园（企业）、百家书集、让图书跑起来、预约办证、读者荐购等。

【城市书房】2019年，洞头区新增城市书房建成并对外开放2家。7月，位于灵昆街道新灵锦园A2幢一楼灵昆新灵景园城市书房对外开放，面积198平方米，藏书1万多册，其中成人图书4000多册，少儿类图书近5000多册。11月，位于中仓村居家养老服务照料中心对面东屏城市书房对外开放，面积260平方米，藏书8000多册，涵盖各个种类。截至年底，全区有城市书房4家。城市书房24实行小时运行，可为读者提供全天候、全自助办证、借阅、续借、还书等服务。

【百姓书屋】2019年，洞头区建成百姓书屋3家，分别是鹿西百姓书屋、大门百姓书屋、南炮台山百姓书屋。百姓书屋为读者提供全

鹿西百姓书屋 （区文广旅体局提供）

自助办证、借阅、续借、还书等服务。截至年底，全区有百姓书屋9家。

（叶晶晶）

【图书发行】2019年，洞头区新华书店共发行图书（片）510327册（张），比上年增加8.54 %。其中，发行哲学社会科学类图书9386册，下降49.64%；文化教育类244385册，增加8.95%；文学艺术类1485 册，增加7.14%；自然科学技术类2557册，增长501.64%；少儿读物类4249册，下降21.67%；学生课本224536册，增加13.12%；其他出版物21127册，下降1.62%。总销售额484.66万元，增加17.79%；人均从区新华书店购书31.29元。

（朱海帆）

【报刊发行】2019年，《温州日报》洞头发行站全年报纸订阅数2583份，其中《温州日报》订阅数1699份、《温州都市报》884份；全年报纸发行量147.59万份，其中《温州日报》发行76.5万份、《温州都市报》发行71.09万份。全年报刊收入87.36万元，其中《温州日报》报刊收入61.07万元，《温州都市报》报刊收入26.29万元。

（刘淑凤）

文化礼堂

【概况】2019年，洞头区新建文化礼堂10家，累计建成56家，实现常住500人以上行政村居全覆盖，行政村居覆盖率70%以上，位居全市前列。探索“文化礼堂+”模式，加强文化礼堂星级培育，全年开展“星期天善行日”“鹿曦周末公益课堂”“善行银行”等系列惠民服务活动3000余场，惠及群众15000余人次。承办温州市文化礼堂工作现场会，展示洞头“文化礼堂+”培育模式。

【文化礼堂建设】2019年，区委宣传部牵头召开文化礼堂建设工作任务推进会，分批次下达三年新建36家文化礼堂建设任务。组织自然资源局、财政局等相关部门联合协调新建文化礼堂项目立项、资金补助、项目审批等问题，解决筹建礼堂遇到建设场地欠缺难度堵点20个。成立由区委宣传部、街道乡镇宣传委员、资深文化礼堂总干事等组成10人专家指导小组，加强文化礼堂建设过程指导。实施文化礼堂建设过程“日周月”过三关报送制，反馈新建进度8次，督促整改落实及时整改。整合利用各方资源，推进文化礼堂建设工作。出台文化礼堂建设扶持政策，安排文化礼堂建设和运行管理专项资金260万元。通过乡贤茶话会、新年座谈会等形式，发动企业和乡贤支持，整合利用各方资源，募捐文化礼堂建设资金200万元。

【文化礼堂管理】2019年，洞头区组织开展文化礼堂业务学习会2期，开展季度工作会议4次，组织各街道（乡镇）宣传委员、宣传干事、文化礼堂总干事到瓯海区、永嘉县参观学习文化礼堂建设管理先进做法。组织优秀文化礼堂管理员7人参加省、市文化礼堂管理员培训班4期。发挥五星级、四星级文化礼堂示范作用，开展文化走亲、文化结亲等活动30余场。依托村史馆、乡贤榜展示乡贤功德、乡贤事迹、乡贤文物，加大对乡贤人物宣传活动；利用春节、中秋等重要节日召开乡贤恳谈会，诚邀乡贤回乡创业。出台全区首份涵盖辖区内所有文化礼堂的乡贤理事会章程，明确乡贤理事会性质、宗旨、运行规则、活动范围等内容，引导乡贤们参与礼堂建设。

【文化礼堂活动】2019年，洞头区优化和开展“星期天善行日”活动760余场，增设健康养生讲座和义诊推拿保健；针对妇女文化需要，推出“私人订制”花卉养护、绘画教学、瑜伽健身等新项目。针对留守儿童照看难题，开办公益课堂和“四点半学堂”，结合“新青年下乡”活动，邀请在温高校大学生免费为留守儿童开展课业辅导、兴趣培养、心理咨询、亲情陪护。结合“鹿曦周末公益课堂”，开展“周六欢乐日”活动，融入乡闻课堂、红歌传唱、乡村大擂台等活动载体；开展“健康进礼堂”活动，在20家文化礼堂设置“健康角”，覆盖率35%。开展系列健康服务50余次。春节期间，联合区司法局、区文旅局等6家单位开展以送法律咨询、送春联、送健康义诊、送书籍、送全家福、送返乡车票、送爱心物资等为主要内容“春福六送”活动，送出春联2000余副，全家福照片1000余张，返乡车票140张，各类慰问用品10万余元，受众5000余人。

【文化礼堂培育】2019年，洞头区挖掘最美元素，以文化礼堂为主阵地，组织开展最美家庭、最美婆婆、最美邻里等“最美”系列评选50余场，开展“洞头精神”主题巡讲活动68场，宣传最美洞头人、道德模范、各类先进典型。组织理论微宣团在文化礼堂开展“互动式”宣讲、“文艺式” 宣讲、“菜单式”宣讲等宣讲300余场。组织开展元宵猜灯谜、端午包粽子、中秋吃月饼等民俗活动和春节迎新、重阳敬老、儿童开蒙等礼仪活动100余场；打造“开渔迎头鬃”“妈祖平安礼”“七夕成人礼”等富有海岛特色地方礼仪。把农村文化礼堂作为基层群众“移风易俗”主阵地，传播“喜事新办，丧事简办”的思想观念；添置设备、减免场租，把婚宴、喜宴搬进文化礼堂。截至目前，文化礼堂承办新婚礼仪20余场，为群众节省婚庆开支30余万元。

（黄成翔）

新闻出版管理

【概况】2019年，根据洞头区机构改革部署，原区文体局新闻出版、电影管理和“扫黄打非”等职能划转至区委宣传部。推进行政审批制度优化，开展权利事项清单认领、梳理和优化工作，实现最多跑一次和即办件、网办件。开展审批环节自查整改工作，全年完成印刷企业7家、出版物经营单位11家、电影放映单位3家的年审、换证工作；完成审批事项5件。持续抓好“护苗”“清源”“净网”“固边”“秋风”五大专项行动，组织开展校园周边、宗教场所、景点景区等重点区域专项整治工作，全年查处案件2起。

【扫黄打非工作】2019年，洞头区召开“扫黄打非”工作推进会，推进“扫黄打非”基层站点规范化标准化建设，完成覆盖率80%工作目标。调整“扫黄打非”工作领导小组成员单位工作职责，发挥领导小组办公室沟通协调作用，持续抓好“护苗”“清源”“净网”“固边”“秋风”五大专项行动，组织开展政治性非法出版物查堵、网络文化环境监管、校园周边环境、宗教场所出版物、物流、寄递行业等重点区域专项整治工作。成立文化市场综合行政执法队，整合文化、文物、出版、广播电视、电影等领域行政执法。完成重要时段节点文化市场安全巡查，检查覆盖全区所有歌舞娱乐场所、旅行社、星级饭店等文化市场经营场所。全年出动检查318次，检查486家次，出动858人次，办理行政处罚案件6起，罚款1万余元。开展文化市场综合执法宣传9场次，张贴海报500余份，发放宣传资料1000余册。组织广电、影院安全检查，落实相关制度，督促整改隐患和薄弱环节。

【版权登记】2019年，洞头区挖掘本地特色版权资源，通过与区摄影协会、区美术协会、区作家协会及贝雕、海陶等特色文化企业对接，挖掘特色版权资源，特别是具有洞头海岛特色渔民画版权登记，促成一批渔民画文创产品开发和销售。全年上报作品103件，其中完成初审98件，发证39件。

【农村数字电影放映】2019年，洞头区优化农村放映点，把学校、企业、军营、住宅小区、外来务工人员集聚地、文化礼堂等纳入农村电影服务范围，开展红色电影展映进农村、进小区、进企业、进学校、进军营“五进”活动。抗击台风“利奇马”和“米娜”期间，把红色电影放映送进避灾安置点，受到群众好评。全年完成放映任务1224场。

（黄成翔）

广播电视

【概况】2019年，洞头电视台设置洞头新闻、蓝海岸、蓝色风、蓝土地、观点致胜、新时代物语等栏目，广播推出《百姓茶坊》40期，中央电视台《新闻联播》《生财有道》《消费主张》《致富经》等栏目多次报道洞头，获中央人民广播电台优秀新闻类节目一等奖，直击台风“利奇马”入选全省最佳蓝媒直播。全年电视直播37场，点击率超500万人次。

【特色直播】2019年，区融媒体中心突破直播方式，首次实现跨地区异地直播北京商会换届，长距离多点移动直播“温州金盾—19”人民防空实战化演习、浙江省第六届哈雷骑士大会、鹿西欢乐跑。完成区“两会”、洞头院士论坛暨蓝色海湾·海洋产业发展峰会、两岸一家亲·半屏山系列交流活动暨“双屏论坛”、2019年温州长距离铁人三项世界杯暨铁人三项多项运动世界杯赛、海疆杯篮球赛、WBA中国区金腰带争霸赛等直播37场，点击率超500万人次。

【浙江乡村振兴带头人“金牛奖”巡回投票活动】2019年12月4日，2019年浙江乡村振兴带头人“金牛奖”巡回投票活动走进洞头。东屏街道300多名群众，为乡村振兴带头人——东岙村党支部书记林振平投票。巡回投票活动设置舞蹈《祝福祖国》、群舞《江南之恋》、闽南歌曲《民歌串烧》、男生独唱《便衣警察》《爵士串烧》等节目。浙江乡村振兴带头人“金牛奖”评选活动是由浙江广播电视集团联合省委、省政府等部门和市、县广播电视台共同举办，活动以“表彰带头人、动员全社会、聚力乡村振兴”为主旨，展示浙江乡村振兴带头人创业创新精神。巡回投票活动从11月开始，在所有候选人所在地巡回举行，从20名候选人中，最终评选出10位最优秀带头人。林振平从全省110名候选人中脱颖而出，成功入围“金牛奖”提名名单。

2019年洞头广播人民电台节目（FM100.9兆赫）时间表

表52

时间	周一至周日	
05：55—06：00	开始曲、节目预告	
06：00—07：00	浙江之声	
07：00—07：10	洞头新闻（周一至周六）；一周要闻（周日）	
07：10—07：40	蓝色港湾（周一、周二、周四、周五）；百姓茶坊（周三）	蓝精灵（周六至周日）
07：40—12：00	浙江之声	
12：00—12：10	洞头新闻（周一至周六）；一周要闻（周日）	
12：10—12：40	蓝色港湾（周一、周二、周四、周五）；百姓茶坊（周三）	蓝精灵（周六至周日）
12：40—15：00	浙江之声	
15：00—16：00	马路欢乐派★（周一至周五）	浙江之声（周六至周日）
16：10—16：10	洞头新闻（周一至周六）；一周要闻（周日）	
16：10—16：40	蓝色港湾（周一、周二、周四、周五）；百姓茶坊（周三）	蓝精灵（周六至周日）
16：40—16：45	广告、音乐	
16：45—17：30	浙江之声	
17：30—18：00	蓝色港湾★（周一、周二、周四、周五）；百姓茶坊★（周三）	蓝精灵★（周六至周日）
18：00—18：10	洞头新闻★（周一至周六）；一周要闻（周日）	
18：10—19：10	浙江之声	
19：10—19：15	广告、音乐	
19：15—21：00	浙江之声	
21：00—21：10	洞头新闻（周一至周六）；一周要闻（周日）	
21：10—21：15	广告、音乐	
21：15—24：00	浙江之声	
	全天播音结束	

（区融媒体中心提供）

新闻传媒

【概况】2019年，洞头区聚焦改革创新、“两山”实践、乡村振兴、民生保障等区里中心工作，坚持内容为王、新媒体首发，传统媒介焕发新活力，全年制播新闻8600多篇，日均发布约23条；构建“中央省市区”四级通联机制，外宣用稿2500多条；《洞头传媒》微信编发1600多条，《洞头新闻》文艺副刊《半屏山》推出52期。先后获省外宣新闻协作三等奖、浙江日报“先进报道组”。《无人小岛成“万鸟天堂”》《你好，小岛》《追寻新时代海霞精神》等新闻被新华社、人民网、央广网、中新网、凤凰网、学习强国、浙江卫视、腾讯、网易、爱奇艺以及多个海外平台刊播，累计点击量超1500万人次。融媒体中心更名挂牌，投资1000多万元，建设区级融媒体中心项目建设和设备更新。协同破解华数历史遗留问题，落实“三助三红”，为诚意药业、紫菜产业园、黄鱼岛、白龙屿、星贝等企业宣传造势；宣传推动民宿海鲜节、两菜美食、妈祖节、星光夜市等活动。采制完成教育发展纪实、百岛国土、蓝湾整治、公共文化创建、双屏论坛、国庆快闪等56个重大专题片。

【洞头区融媒体中心挂牌】2019年3月8日，洞头区融媒体中心机构挂牌。现有办公室、总编室、产业发展部、新闻采访部、文字编辑部、播音制作部、电视节目部、平面媒体部、网络新媒体部、技术保障部等科室，编制61人。7月31日，区编委办发文确定洞头区传媒中心更名为洞头区融媒体中心（挂广播电视台牌子）。

【洞头区级融媒体中心项目建设】2019年，洞头区投资1000多万元，建设区级融媒体中心项目建设，包含“融媒体”中央厨房架设、县级融媒体中心指挥调度中心、电视及广播演播室、制作机房等专用设备及大楼硬件设施投入等。

【特色栏目】2019年，区融媒体中心围绕中华人民共和国成立70周年、“不忘初心、牢记使命”主题教育、作风建设等重点工作，开设《辉煌七十年、洞头新变化》《不忘初心、牢记使命》《明纪律正作风铸铁军》《争当领跑者》等专栏227个；完成“六比”竞赛专题采制。拍摄区委书记、基层党员干部“谈初心话使命”《主播带你看党建》《档案带你看百岛巨变》《清廉洞头》等节目。

（苏萍萍）

2019年洞头区融媒体中心获奖作品一览表

表53

序号	获奖作品	单位（个人）	奖项名称	获奖等第	授奖单位
1	《跨越洞头的山和大海，五条精品线路玩出专属感！》	郭显武 苏萍萍	2018年度浙江省县市区域报好新闻奖新媒体界面设计奖	三等奖	浙江省记协县市区域报工作委员会
2	《天堂之镜 春雾洞头》	郭显武 苏萍萍	2018年度温州广播电视政府奖新媒体类短视（音）频	二等奖	温州市文化广电旅游局
3	《天堂之镜 春雾洞头》	郭显武 苏萍萍	2018年度浙江省县市区域报好新闻奖新媒体短视（音）	三等奖	浙江省记协县市区域报工作委员会
4	《从洞头海岛出发，点亮蜀地万家灯火——专访80后洞头在外企业家陈樑》	丁静 郑翀翀	2018年度浙江省县市区域报好新闻奖	一等奖	浙江省记协县市区域报工作委员会
5	移风易俗除陋习 文明新风进乡村	丁静	2018年度浙江省县市区域报好新闻奖	三等奖	浙江省记协县市区域报工作委员会
6	企业投资项目开工前审批最短44天 洞头是如何做到的?	陈素祯 叶艳明	2018年度浙江省县市区域报好新闻奖	三等奖	浙江省记协县市区域报工作委员会
7	创优环境最民生 碧海蓝天是幸福	陈素祯	2018年度浙江省县市区域报好新闻奖	二等奖	浙江省记协县市区域报工作委员会
8	新时代科技工作者风采展	方馨 陈素祯 蔡奕群 张丹丹 洪越风	2018年度浙江省县市区域报好新闻奖	二等奖	浙江省记协县市区域报工作委员会
9	听民声 聚民智 解难题 问政洞头——洞头区党政一把手访谈	丁静 陈莉莉 郭芬芬	新闻专题	三等奖	温州新闻网 温州市记协网络工委
10	难忘的中国之声：改革开放四十年	庄海文	中央人民广播电台年度优秀节目评选新闻类大型节目	一等奖	中央人民广播电台
11	年度外宣报送	广播节目部	省级外宣新闻协作	三等奖	浙江广播电视集团
12	黄鱼为什么穿金袍	王河 庄海文 郑建军	广播录音市级政府奖	三等奖	温州市文化广电旅游局
13	洞头“人工沙滩”战胜“玛利亚”	罗丽丽 庄海文 柯瑜 金向春	广播长消息市级政府奖	三等奖	温州市文化广电旅游局

续表53

序号	获奖作品	单位（个人）	奖项名称	获奖等第	授奖单位
14	小河哥哥讲故事	王河 庄海文 金向春	广播文艺专栏市级政府奖	三等奖	温州市文化广电旅游局
15	洞头海洋故事少儿广播剧	王河 庄海文 金向春	广播儿童剧市级政府奖	三等奖	温州市文化广电旅游局
16	洞头“人工沙滩”战胜“玛利亚”	罗丽丽 庄海文 柯瑜 金向春	广播长消息市级协会奖	三等奖	温州市新闻工作者协会
17	爱当“河长”的城管队长谢炳遵	王河 罗丽丽 庄海文 李艳艳	广播长消息市级五水共治建设美丽浙南水乡全媒体好新闻	三等奖	中共温州市委宣传部
18	《从洞头海岛出发，点亮蜀地万家灯火——专访80后洞头在外企业家陈樑》	郑翀翀	2018年度浙江省县市区域报好新闻奖	一等奖	浙江省记协县市区域报工作委员会
19	《一群“不务正业”的厨师——说说洞头溢香应急救援队的故事》	郑翀翀	温州市新闻界第六届“好记者好故事”演讲比赛	二等奖	温州市新闻工作者协会
20	《洞头：百岛美如画》	方荣巩 郑益群 苏友凡 陈超凡 郑鑫	浙江省县市区域好新闻奖	一等奖	浙江省记协
21	广播长消息《渔民的“当家人”彭福义》	庄海文 王河 林莹莹 叶明天	2018年度中央人民广播电台优秀节目评选新闻类大型节目	一等奖	中央人民广播电台
22	《千禧宝宝：去洞头上大学的第一天》	张倩 庄缘 朱莉君 韩栋 张莉	2018年度浙江省县市区域报好新闻奖	三等奖	浙江省记协县市区域报工作委员会

（区融媒体中心提供）

数字电视

【概况】2019年，洞头华数广电网络有限公司设有综合管理部、财务管理部、市场营销部、客户服务部、技术运维部、乡镇协调部及大门、鹿西、元觉、霓屿广电站。先后中标洞头区大数据管理中心运维服务外包项目65万元和洞头区教育网络安全及管理运维服务项目50万元、教育系统骨干网络一体化建设项目46万元，区融媒体中心平台建设项目（一期）930万元。承接区融媒体中心建设项目。完成雪亮工程、智慧综治监控工程、网改三期（本岛标段）工程和光明大厦、皇家花苑、九厅联建、东海华庭、风门嘉园、中仑联建等多个楼盘接入工作，配合做好三线整治工作。完成中华人民共和国成立70周年、乌镇互联网大会、“一带一路”高峰论坛、全国“两会”等安全播出保障工作。全年实现经营收入1400万元，无发生安全播出重大责任事故。

【人员安置】2019年，根据《温州市洞头区人民政府办公室关于印发〈洞头华数历史遗留问题人员安置方案〉的通知》（洞政办发〔2019〕60号）文件精神，完成洞头华数历史遗留问题人员安置，组织选派借用5人，个人申请流动1人，组织统一安排五年内，安置在区融媒体中心7人、原广播电视台整合前隶属街道（乡镇）广电站，回归安置到原隶属的街道（乡镇）8人，统一调配安置到区内相关单位11人。

【服务保障】2019年，洞头华数广电网络有限公司客服部呼叫中心接到故障记录电话12274通，派单处理11868通，在线处理297通，咨询电话10571通，查询电话1660通，数字电视安装回访1863通，故障回访2868通，机顶盒安装2375户，宽带安装370户，互动电视安装505户，维修工单11958单。

（陈秀兴）

卫生　体育

迎头鬃·吴秀云

“海霞精神”

爱岛尚武　励志奉献

卫生 体育

卫生

【概况】2019年，洞头区有医疗卫生机构91家，其中区级医疗卫生机构有区人民医院、区疾病预防控制中心、区妇幼保健计划生育服务中心等3家，街道（乡镇）医疗卫生机构有社区卫生服务中心5家，中心镇卫生院1家，卫生院1家，村级医疗卫生机构有社区卫生服务站17家、村卫生室27家，门诊部4家，诊所24家，医务室6家，形成20分钟医疗卫生服务圈。区中医院与大门镇中心卫生院合署，区120急救中心挂靠在区人民医院，大门120急救站挂靠在大门镇中心卫生院。全区有各类卫生从业人员820人，其中卫生技术人员705人［含初、中、高级人数和编外人数，街道（乡镇）卫生服务机构卫技人员321人，执业助理以上医师323人，注册护士243人，其他卫生技术人员144人］。具有中级职称 160人，高级职称78人（其中正高19人，副高59人）。

洞头区推进医共体改革，资源整合，获批全省唯一医共体模式下“两慢病”基层首诊改革试点和全国县域医共体背景下慢性病患者全程健康管理试点，全国医共体试点现场会在洞头召开并作改革经验交流。建设健康洞头、区域医疗康养示范区，统筹推进建设项目10个，完成康养项目投资16.53亿元，完成率193.55%。推进基本公卫服务提质增效，创成全国慢病防控示范区，登革热防控全市唯一零病例。落实优生两免等重大公卫项目，连续14年孕产妇零死亡，全市唯一实现连续十年以上孕产妇零死亡。全年办理公共卫生许可等审批服务事项500多件。联办事项比省定目标多出125%，申请材料缩减近80%，实现基层医疗卫生机构医疗费用智慧结算全覆盖。

【机构改革】2019年1月19日，根据洞头区机构改革部署，区卫生和计划生育局、区深化医药卫生体制改革领导小组办公室职责，及区民政局承担区老龄工作委员会办公室职责，区安全生产监督管理局职业安全健康监督管理职责等整合，组建区卫生健康局，为区政府工作部门。保留区老龄工作委员会，日常工作由区卫生健康局承担。不再保留区卫生和计划生育局、区深化医药卫生体制改革领导小组办公室。内设办公室、医政医管与基层卫生科、疾病防控与健康管理科（挂卫生应急办公室牌子）、政策法规与宣传科（挂行政审批科牌子）、人口监测与家庭发展科和机关党委。行政编制12名（含事业单位行政职能回归的统筹编制1名）。

【医共体医疗费用管理】2019年，率全市之先执行温州市公立医院首轮医疗服务价格调整方案，探索院长年薪制改革，开展处方点评制度，加强对辅助用药、抗菌药监管，强化耗材整治，建立与药占比、耗材相适应绩效考核机制，处理药占比和材料费占比过高以及医疗费用增长过快等问题。率全市之先推行签约差异化医保报销制度，基层签约对象医保报销比例在原有基础上提高5%。试行医疗卫生服务共同体医疗保险总额预算改革，以医共体作为医保基金整体预算单位开展医保协议管理。

【医疗卫生服务能力建设】2019年，区卫健局按照医疗卫生服务能力提升三年行动计划要求，建立全区医务人员继续教育和学习培训专项补助基金，开展乡村两级临床和医技岗位人员脱岗轮训。完善“温州医科大学全科医学学院教学基地”建设，提升基层医务人员业务素养和岗位技能。推行家门口专家坐诊制度，区级专家开展“传帮带”。执行优秀医务人员退休返聘制度，兑现基层医疗机构差额人员公务员医疗补助政策，增加医务人员待遇。全区医务工作者派遣用工和返聘人员人均待遇按现普通劳务派遣人员待遇标准上浮30%。大门、鹿西外岛医务人员，年均分别比本岛片区医务人员多5000元、1万元。

【全国县域医共体背景下慢性病管理试点项目现场会】2019年12月27日，全国县域医共体背景下慢性病管理试点项目现场会在洞头举行。浙江洞头、江苏大丰、山东崂山等六个项目试点地区就县域医共体背景下慢性病管理工作开展工作经验交流。与会专家就各地经验开展点评和讨论。洞头区完善顶层设计、探索防治模式、强化运行保障，推进健康服务关口前移，让群众在基层首诊中得实惠，合力打造基层首诊先行区。截至11月，全区基层门诊人次同比增加5%，家庭医生签约人数增加24.5%。其中元觉街道重点人群高血压和糖尿病签约分别为474人和219人，较三年同期分别增长49.57%和55.25%。与会人员走访元觉街道社区卫生服务中心、洞头区人民医院等地，实地察看“两慢病”基层首诊流程再造、信息化建设及洞头医共体改革情况。区委副书记吴志安、副区长叶锦丽参加会议。

【无偿献血】2019年，洞头区开展两轮无偿献血活动，应完成区域无偿献血人次805人次，实际完成区域无偿献血人次1295人次，完成率160.87%；应完成区域无偿献血总量244升，实际完成区域无偿献血总量373升，完成率152.87%，实现临床用血100%源于无偿献血。

（吴慧玲）

2019年洞头区卫生医疗机构（单位）情况表

表54

序号	卫生机构	床位数	编制内人数	编制外人数	执业医师人数	助理医师人数	门诊人数	占地面积（平方米）	建筑面积（平方米）
1	区人民医院	312	347	50	118	4	372614	17201	27020
2	区疾病预防控制中心	0	24	3	9	0	0	1224	1757
3	区妇幼保健计划生育服务中心	0	22	2	9	4	1033	941	1808
4	北岙街道社区卫生服务中心	0	28	16	12	9	108088	270	1506
5	灵昆街道社区卫生服务中心	0	31	13	16	2	76770	674	2067
6	大门镇中心卫生院	12	45	10	20	7	43487	3666.69	3537.33
7	东屏街道社区卫生服务中心	0	22	12	5	7	79590	441	1051.17
8	元觉街道社区卫生服务中心	0	15	4	5	4	25361	1400	1210
9	霓屿街道社区卫生服务中心	0	17	7	8	3	16235	1333	932
10	鹿西乡卫生院	14	18	5	8	3	58191	978	812

说明：编制外人数只统计劳务派遣、未入编委培生。执业医师、助理医师人数统计范围包括社区中心、卫生站、卫生室等

（区卫健局提供）

卫生改革

【概况】2019年，洞头区医共体成立，实现卫健、编办、医保、发改、财政、人社、市场监管等部门职权整合。实行“行政管理、医疗业务、后勤服务、信息系统”统一运作。洞头区获批全省唯一医共体模式下“两慢病”基层首诊改革试点和全国县域医共体背景下慢性病患者全程健康管理试点，医共体建设经验在全省县域医共体建设工作推进会上作典型发言。出台“两慢病”分级诊疗实施方案、基线资料收集方案，探索“两慢病”基层首诊改革。深化“最多跑一次”改革，联办事项比省定目标多出125%，申请材料缩减近80%。

【医共体改革】2019年2月2日，召开洞头推进医共体改革再动员会暨医共体授牌仪式，区医共体正式授牌。洞头区率先出台深化医共体改

革实施方案，专门形成区政府常务会议纪要，推行行政、人事、薪酬、资源、能力等十项机制改革，成立医共体管理委员会。聚焦省定任务55项，制定三张权责清单，出台医共体章程，理清议事规则，形成层级清晰、权责明确、管理有序改革机制。落实医共体党委领导下院长负责制。完善区域心电、影像、信息、中药配送、医疗固废、消毒供应等六大中心，推行统一中药配送，为外岛群众配送中药800余人次。新增医共体编制56个，新增编制90%用于医共体成员单位。基层医疗机构差额人员享受公务员医疗补助政策。落实基层医疗机构政策性亏损一次消赤政策。10月21日，洞头区医共体建设经验在全省县域医共体建设工作推进会上作典型发言。

【洞头区获“两慢病”基层首诊改革省级试点】2019年10月23日，省卫健委下发《关于确定县域医共体模式下高血压、糖尿病“两慢病”基层首诊改革试点的通知》（浙卫办基层〔2019〕1号），确定洞头区为全省唯一试点。11月5日，国家卫健委卫生发展研究中心调研洞头，肯定洞头区两慢病基层首诊试点工作。11月19日，洞头区卫健局在全国卫生健康行政部门紧密型县城医共体会议上，代表浙江做典型经验交流。12月12日，国家卫生健康委基层司下发《关于开展县域医共体背景下慢性病管理试点工作的通知》，确定洞头区为全国医共体背景下慢性病患者全程健康管理试点区（浙江省唯一入选）。12月27日，全国医共体背景下慢性病患者全程健康管理试点现场启动会在洞头召开，洞头作典型发言。洞头区围绕“两慢病”基层首诊改革试点，出台“两慢病”分级诊疗实施方案、基线调查方案、分级管理方案等文件，牵头医院专科医生定期坐诊，开展6场820余人次人员培训，完成基线调查和家庭签约566人，搭建“三师管理”服务团队等工作，完成硬件改造、实现流程再造、优化信息化运行等服务流程提升。全面实行14种慢性病连续处方政策，城乡居民慢病基层门诊报销比例从50%提高到60%。

【医疗卫生领域“最多跑一次”改革】2019年，区卫健局根据深化“放管服”“最多跑一次”改革要求，实行公共场所卫生许可告知承诺制，全年窗口和网上申请受理办理1505件。推进“最多跑一次”让企业少跑腿，主动入企走访。按照服务供给与民众需求相匹配要求，把医疗卫生领域“最多跑一次”延伸到基层医疗卫生机构。继续推出医疗卫生领域“最多跑一次”改革十大举措，提供检查诊间预约及检查分时段预约，开通结果推送提醒服务，各类体检、检验、检查报告扫码云端读取。健全区域急救网络体系，实现区“120”急救信息系统并入市“120”急救中心统一指挥运行。实施基层医疗卫生机构按规定病种慢性病长处方项目，普及基层医疗卫生机构智慧结算，所有基层医疗卫生机构提供自助血压测量、政策咨询等便民惠民服务。实现不同医疗卫生机构之间医疗卫生信息互联共享。市区乡村四级实现电子病历和诊疗信息互联共享。

【诊所“一件事”改革】2019年，区卫健局推行诊所“一件事”，优化审批流程，实行医疗机构（诊所）设置审批与执业登记“两证合一”，开办诊所不再核发《设置医疗机构批准书》，仅在执业登记时发放医疗机构执业许可证，实现诊所全流程“一件事”5个工作日办结。相关部门能够提前掌握诊所申办相关信息，提前介入指导服务，发证前期工作提前到公示期间完成。把“群众跑”变为“数据跑”和“部门跑”，缩短办事时间。

（吴慧玲）

健康洞头建设

【概况】2019年，健康洞头建设围绕“共建共享、全民健康”战略主题，通过完善健康洞头建设管理机制，实施月报制度、例会制度、督查通报制度等管理手段，改善健康环境、优化健康服务、提高健康素养、完善健康保障、发展健康产业、弘扬健康文化等六大领域13项具体行动取得实效。健康浙江建设群众满意度和知晓率通过第三方调查排名全省第二和第八，获“两慢病基层首诊改革试点”“国家慢性病综合防控示范区”“国家级渔业健康养殖示范县”全省生活垃圾分类工作优秀单位等称号，健康浙江考核自评为优秀。

【健康环境建设】2019年，洞头以“绿水青山就是金山银山”理念为引领，启动厕所、污水、垃圾、庭院“四大革命”，农村饮用水达标人口覆盖率100%，农村卫生户厕普及率99.9%。创成健康乡镇1家，生态环境公众满意度全市第一。完善区级“下派上挂”制度，实现“家门口”就诊和“互动式”转诊。完成村卫生计生室（站）标准化建设21家，构建20分钟医疗卫生服务圈。完成医疗服务领域“最多跑一次”二十项举措。完善智能监管平台功能模块建设，推进按病种结算，谋划实施按病种收费付费。率全市之先在区内所有定点协议管理药店，全面推行电子医保卡实时刷卡结算，区人民医院开通电子医保健康卡和刷脸结算功能。建成五家送药上山进岛便民服务点。创成省级食品安全示范区，食品安全风险监测设备配置达到省定参考品目87.8%，全年辖区每千人口年食品安全风险监测样品数样本1.56件/千人。上年人均期望寿命80.65岁。全年新增养老机构床位269张，灵昆街道、霓屿街道和鹿西乡完成兼具日间照料与全托服务功能居家养老中心投用。残疾人精准康复服务率78.97%。社会体育公共服务不断完善，人均体育面积3.88平方米，体育指导员每千人为3.8人，履职上岗率45%。中小学校按要求开齐开足体育和健康课程，组织开展中小学阳光体育活动。创成健康社区、健康单位、健康学校、健康食堂、健康餐厅（酒店）等各2家，健康一条街1个。

【健康教育】2019年，洞头区通过健康教育进社区、学校、医院、文化礼堂、企业、机关等活动，提高群众健康素养水平，健康素养进文化礼堂活动覆盖率为32.7%。全区居民健康素养水平为24.1%，较上年增加6.1%。开展全民应急救护培训，普及8268人次，应急救护培训普及率5.34%。组织开展全省青少年沙滩排球赛、第六届区运动会、海疆杯篮球赛等各类全民健身活动50余场。健康素养进文化礼堂活动覆盖率为32.7%。实施健康体重、减糖行动等项目，举办健康生活方式指导员培训。开展“3·24”世界结核病防治日、“4·25”全国儿童预防接种日、“5·31”世界无烟日、“12·1”世界艾滋病日等大型主题卫生宣传日活动10场，健康素养巡讲251场，惠及群众1.1万余人。制作下发宣传资料，包括三折页、画报等18种12.6万余份。北岙街道社区卫生服务中心创成市级健康促进医院，区城关二小创成市级健康促进学校（银牌）。

【区域医疗康养示范区建设】2019年，洞头区围绕“产、学、研、养”四大领域聚焦生命科学岛建设，推进区域医疗康养示范区发展。推进与温州医科大学仁济学院校地合作，争取医疗技术帮扶和智力支持；通过诚意药业健康产业园及洞头特色“两菜一鱼”产业发展，带动海洋生物医药产业持续研发。全年投资2.4亿元建设诚意药业医药健康产业园；构建“康养+旅游”“康养+运动”“康养+养老”产业体系，韵动海湾生命健康小镇、青山欢乐岛、白鹭湾海渔文化园、精灵海岸度假庄园、温州社会福利院等一批康养项目落地。全年完成医疗康养重点建设项目累计投资17.62亿元，完成年度考核投资任务占比193%。

（吴慧玲）

【爱国卫生运动】2019年，洞头区落实城区街道卫生城市巩固工作和健康温州暗访督查，督办完成市级督查发现问题5批次。按照《国家卫生城市暗访评价体系》，开展分组分片包干督查，累计督办问题100余个。每月第二周星期五为“全民环境卫生日”，6个街道（乡镇）动员组织党员干部等力量1万余人次，清理卫生死角3000余处。完成城区病媒消杀招投标和第三方监测工作，指导6个街道（乡镇）做好病媒消杀招投标工作。组织动员各街道（乡镇）开展“六清”和病媒生物防制工作，累计清理孳生地3000余处，病媒消杀面积超10万平方米。

全年新创建省级卫生村4个，市级卫生村3个，截至年底，创成省级卫生村47个、市级卫生村17个，率全市之先实现市级以上卫生村全覆盖（东屿村搬迁村不纳入统计）。指导鹿西乡创建国家级卫生乡镇，7月，通过省级技术评估并推荐到全国爱卫会确认命名，填补洞头区无国家级卫生乡镇空白。开展健康乡镇、健康村建设，全年培育健康家庭300户、健康单位3家，健康村3个、健康乡镇1个。鹿西岛和半屏岛试点无蚊（鼠）岛创建，把“灭蚊苍、美环境”工作纳入村规民约和村居绩效，开展倒容器、清垃圾等防治“六步法”综合施策，鹿西乡添置太阳能灭蚊灯35盏，清理垃圾死角2000余处，布雷图指数逐月下降。东屏街道累计在民宿、农家乐等重要点位布置防鼠设施200余套，并通过海报、广播、健康宣传等载体对五小行业业主等群体开展立体式宣讲，借助主题党日、红色星期天等载体，累计整治乱点200余个、垃圾20余吨，开展秋季统一灭鼠行动，投放饵剂1400公斤。

（范国良）

疾病预防控制

【概况】2019年，区疾控中心落实疫苗管理和预防接种规范化服务、台风灾后防疫、登革热防控等工作。全年慢病监测报告糖尿病发病数664例，肿瘤发病数447例，冠心病急性事件发病数54例，脑卒中发病数320例。全年报告死亡个案984例，死亡率6.17‰，死因不明比例1.78%。协助洞头区“两慢病”基层首诊分级诊疗试点工作，指导“无蚊岛”“无鼠村”工作，出台《2020—2022年度“自由呼吸--贫困肺结核病人”经济补助项目实施方案》。创成国家慢性病综合防控示范区，获温州市文明单位称号、洞头区巾帼建功集体、温州市卫生应急演练一等奖及温州市病媒生物防制职业技能竞赛团体二等奖。参加省市疾控盲样考核、能力验证8次，微生物均优秀，理化均为满意。

【传染病管理】2019年，洞头区发生甲乙丙类传染病17种1598例，总发病率为1574.38/10万，发病数与上年相比上升6.32%，主要为流行性感冒增多。其中甲乙类传染病12种301例，发病率为296.55/10万；丙类传染病5种1297例，发病率为1277.83/10万。登记管理肺结核病人37例，较上同期下降33.92%。全年7个街道（乡镇）纳入鼠类、蚊虫、蟑螂、蝇类等4类病媒监测，合计分类监测点28个。大门镇纳入省级疟疾病媒监测点，5月起，共监测12次，在甲山村捕获中华按蚊1只。修订完善《温州市洞头区疫苗流通与管理制度》，完成全区5轮疫苗管理及预防接种规范化服务自查与指导；举办全区托幼机构、小学保健医生查验接种培训及3次预防接种人员培训会，开展新SaaS系统试点工作，东屏街道社区卫生服务中心作为省级试点，完成基础建设架设及人员培训。全年计划免疫单苗接种率均5%以上。

【聚集性传染病疫情处理】2019年11月，洞头区报告突发公共卫生事件（均属未定级事件）2起。其中鼻病毒引起聚集性普通感冒疫情波及351人，累计患病31人；聚集性其他感染性腹泻事件波及学校11个班级462人，其中学生27名，教师患病1名，经判定为EAEC引起聚集性其他感染性腹泻事件。无重症无死亡病例。

【疾病防控】2019年6月起，区疾控中心开展登革热疫情形势、区布雷图指数监测情况和其他潜在风险分析评估，增加布雷图指数监测范围与频次，监测范围从全区4个监测点扩展到全区7个乡镇（街道），监测频次从每月2次调整到每月8次，全面掌握全区59个村居、36所学校布雷图指数情况。动员街道（参照）、村居开展环境整治，指导居民“翻盆倒灌”清积水。深入景区、学校、托幼机构等重点场所，消灭蚊虫孳生地。全年出动人员108人次，使用消杀药物55千克，消杀面积10.8万平方米。组织开展登革热防控培训10场，参训339人次。开展登革热疫情桌面推演，规范设置发热门诊，配置隔离病房，加强对发热病例流行病学问诊和登革热NS1、PCR检测，实现全市唯一零病例。8月，参与“利奇马”台风灾后防疫工作，重点对避灾安置点、垃圾收集点、城区部分景区、中小学校开展环境消杀、布雷图指数监测，全区30余个村居开展肠道传染病预防宣传、井水（末梢水）应急检测。

【国家慢性病综合防控示范区创建】2019年3月，洞头区申报国家慢性病综合防控示范区，落实创建指标体系，研究慢性病综合防控相关公共政策，制定合理膳食、体育活动、媒体宣传等相关制度。推进城乡居民健康宣传设施建设，开展慢性病防控知识宣传，引导广大群众养成良好健康生活习惯。组织开展健康单位、健康社区、健康学校、健康食堂和餐厅创建，完成全区4个街道慢性病社区诊断调查问卷1424份，形成调查报告。通过国家慢性病综合防控示范区考核验收。

【居民健康服务】2019年，洞头区常住人口10.35万人，创建居民电子健康档案8.91万份，动态记录电子健康档案6.76万份；高血压发现并建档1.17万人，管理1.05万人，规范管理7503人，规范管理率71.50%，血压控制率63.96%；糖尿病发现并建档4661人，管理3528人，规范管理2686人，规范管理率76.13%，血糖控制率60.91%。录入浙江省重性精神病人信息管理系统内六大类病人数585人，检出率5.65‰，管理582人，规范管理514人，服药563人，稳定537人，管理率99.49%，规范管理率87.86%，服药率96.24%，稳定率91.79%。

【食品安全风险监测】2019年，食品安全风险监测采样覆盖全区7个街道（乡镇），样本数量1.0件/千人水平以上。采集食品开展风险监测158份，其中省级监测34份，自主监测124份。自主监测中，检出含铝添加剂1份，超标率10%；检出二氧化硫1份，超标率10%；检出副溶血性弧菌17份，未检出毒力基因，无微生物评价标准。上报食源性疾病病例267例，采样262例，采样率98.13%，检测出副溶阳性病例20例、沙门氏阳性病例3例，阳性率为8.78%。

【生活饮用水监测】2019年，区疾控中心监测全区主要出厂水和末梢水，采集65份水样，监测指标34项，检测合格60份，总合格率为92.31%。不合格指标主要是浑浊度、pH值及菌落总数。

【地方病监测】2019年，全区采集并检测盐样315份，其中合格碘盐247份，不合格碘盐23份，非碘盐45份。全区碘盐覆盖率为86.35%，碘盐合格率为90.81%（要求>90%），合格碘盐食用率为78.41%。合格碘盐食用率最高是元觉街道，为88.89%，最低是北岙街道、东屏街道，为69.84%。抽检全区8—10岁学生210人，发现甲状腺肿大者3名。全区无新发地方性克汀病病人，儿童甲状腺肿大率1.4 %，儿童尿碘中位数125.1微克/升，孕妇尿碘中位数107.0微克/

升，孕妇合格碘盐食用率90.48%，合格碘盐覆盖率86.35%，达到碘缺乏病消除标准。

【职业病危害监测】2019年9月，启动洞头区用人单位工作场所职业病危害因素检测检验项目，完成全区30家用人单位职业病防治基本情况调查、现场检测及调查信息、检测结果的网络报告，开展用人单位企业主管与负责人职业病防治培训。

【公共场所监测】2019年，区疾控中心抽取全区公共场所商务宾馆3家、理发店3家，收集、调查公共场所基本情况、日常卫生管理状况、从业人员个人基本情况、卫生知识知晓情况、采取防护措施以及健康状况等信息。7月和9月，重点检测室内空气中甲醛、氨、苯、甲苯、二甲苯和公共用品用具中菌落总数等指标。商务宾馆室内空气监测甲醛、苯、甲苯、二甲苯检出极低，室内空气中一氧化碳、二氧化碳、可吸入颗粒物均在正常范围；公共场所公共用品用具监测中，按照GB37488—2019公共场所卫生指标及限值要求，茶具、杯具菌落总数超出正常范围（梅雨季节原因），毛巾、床单监测结果符合要求。

（唐欢非）

妇幼保健

【概况】2019年，洞头区实现连续14年孕产妇零死亡。妇幼保健各项指标除“妇女剖宫产率”外，其余均能达到省市要求。全年二孩出生635人。选派参加省市各项专业培训、学习50余人次。举办基层妇幼人员妇幼保健业务培训会、更年期健康知识培训班、“新家庭计划”师资培训班以及单位内部学术讲座等30余场。完善单位内部科室设置、职能划分和科室人事调整标准化建设工作,修订规章制度18个。为计划怀孕妇女推送APP，注册率为98.31%。开展“三月春 健康行”系列女性健康宣传、儿童健康宣传服务月、肿瘤防治周、爱眼周、母乳喂养周等较大型宣传活动18次、讲座10余场，分发宣传资料1.3万份。

【婚前医学检查和优生检测】2019年，区疾控中心按照“免费婚前医学检查”和“国家免费孕前优生健康检查”工作要求，定期开展业务学习和自查整改。全年婚检人数503人，婚检率为90.79%；国免优生检测人数532人，覆盖率83.13%。具有高风险因素140人，依据检测结果给予电话随访和医学指导，早孕随访1045人次，妊娠结局随访22人次。国免优生省级质控全优。

【孕产妇管理】2019年，区疾控中心根据《温州市孕产妇和0—6岁儿童健康分级管理服务实施方案》要求，洞头区加强对社区督导与培训，落实妇保人员、医疗机构、街道计生机构三方联动，及早发现早孕人员，督促建册等，提高早孕建册率，建立符合本地实际、运转协调的孕产妇分级管理体系。全年产妇总数为1002人，活产数1016人，早孕建卡率98.30%；产后访视992人，访视率97.64%；系统管理970人，系统管理率95.47%。共筛出高危产妇735人，高危筛查率73.35%；实行全程跟踪管理，管理率100%。住院分娩活产数1016人，住院分娩率100%；围产儿死亡3例，围产儿死亡2.95‰。危重孕产妇10例，抢救成功率100%。各项指标均达到要求。

【儿童保健管理】2019年，洞头区活产数为1016人，5岁以下儿童死亡6人，死亡率为5.91‰，婴儿死亡3人，死亡率为2.95‰，新生儿死亡1人,死亡率为0.98‰；3岁以下儿童3612人，系统管理3487人，3岁以下儿童系统管理率为96.54%；7岁以下儿童8070人，保健管理7848人，7岁以下儿童保健覆盖率为97.25%。成功抢救新生儿窒息4例。全年参加健康体检托幼机构工作人员363人，合格人数363人。全区托幼机构在园儿童体检数5941人，体检率100%，其中中度营养不良60人，占1.35%；中度生长发育迟缓63人，占1.06%；龋齿人数1267人，患病率20.19%；视力低下人数61人，视力低下率0.82%；贫血人数118人，患病率2.18%，中重度贫血1人，患病率0.02%；眼保健人数7300人,覆盖率90.46%。全年区人民医院新生儿疾病筛查活产数467人，新生儿遗传代谢疾病筛查数468人，筛查率为100.2%；不合格血片1例，退片率0.2%；可疑患儿46例均按要求召回复查，确诊2例。听力筛查466人，筛查率为99.78%；新生儿初筛未通过30人，未通过率为6.44%，初筛未通过召回30人，召回率100%，复筛未通过12人，未通过率为2.58%，复筛未通过召回11人，召回率91.67%，无听力异常确诊人数。

【妇女健康服务】2019年，区疾控中心完成城乡“两癌”宫颈癌检查人数4678例，乳腺癌检查人数4739例，发现宫颈癌检查低级别病变（原CIN1)33人，高级别病变15人。乳腺B超查3级1521人，4级33人。2019年，确诊宫颈癌4例，乳腺癌3例，均接受治疗。户籍早孕艾梅乙检测率83.60%；发现孕期梅毒3例，均按规范上报。住院分娩产妇孕期接受艾梅乙检测466人，检测率100%，未发现HIV阳性病例孕产妇；发现梅毒感染孕产妇数1例，规范治疗1例；乙肝表面抗原阳性产妇所生活产数39例，乙肝免疫球蛋白注射率100%。补助在洞头区医疗保健机构内分娩乙肝感染孕产妇其所生的婴儿18例，补助金额2160元，补助艾梅乙筛查501人，补助金额13973元，未发现艾滋病患者。为育龄妇女提供门诊咨询646人次，放环45人,取环107人。开展推广应用“互联网+免费避孕药具”发放服务项目，制作完成免费避孕药具发放服务网络微平台和“指尖药具”发放服务网点，实现育龄人群可以在家“点点手机，领取避孕药具”服务功能。设置各社区卫生服务中心和婚前医学检查点免费叶酸发放点8个，联合村责任医生和联络员及时掌握待孕妇女情况，农村适龄妇女新增叶酸服用人数1201人。

【特色门诊服务】2019年，区疾控中心继续实行保健与临床相结合，提升妇幼特色门诊服务能力。全年对适龄儿童开展窝沟封闭项目筛查1242人，儿童口腔氟化泡沫保健1418人，产后盆底康复250人次，小儿推拿82人，儿童ASQ筛查55人。

（许建真）

2019年洞头区妇幼卫生主要指标完成情况表

表55

内　容	计划指标数	完成情况
孕产妇死亡率	＜10/10万	无孕产妇死亡，达标
婴儿死亡率	＜6.5‰	2.95‰
5岁以下儿童死亡率	＜8.5‰	5.91‰
孕产妇系统管理率	≥95%	95.47%
产前筛查率	≥85%	94.21%
产妇住院分娩率	≥99%	100%
高危孕妇住院分娩率	≥100%	100%
降低妇女剖宫产率	＜36%	41.63%
3岁以下儿童系管率	≥99%	96.54%
新生儿遗传代谢病筛查率	≥99%	100.2%
新生儿听力筛查率	≥95%	99.79%
5岁以下儿童Hb检测率	≥85%	97.46%
6个月婴儿母乳喂养率	≥90%	91.23%
孕产妇艾滋病、梅毒和乙肝早期检测率	＞80%	83.60%
农村妇女增补叶酸服用率	100%	100%
城乡“两癌”检查	任务4500例	宫颈癌4678 乳腺癌4739
婚前医学检查率	≥90%	90.79%
免费孕前优生检查率	≥80%	83.13%
母子健康手册APP注册率	≥90%	98.31%
新生儿先心筛查	省指标数10例 市指标数20例	20例
ASQ筛查	60%	64%
适龄儿童窝沟封闭		1961

（区疾控中心提供）

卫生执法监督

【概况】2019年，出动卫生监督人员1399人次，检查各类公共场所、医疗卫生机构、学校、集中式供水等单位1230户次,抽取完成国家级、省级双随机任务162家,完成国家和省级任务311家。全年查处各类违法案件51件（其中一般程序案件29件，简易程序案件22件），罚没款43000元。无各类投诉举报案件，无突发性公共卫生事件发生。

【医疗卫生机构安全监管】2019年，区卫生监督所出动卫生执法人员318人次，立案查处6起。开展登革热防控等传染病防治监督检查、医疗废弃物分类处置管理监督检查等行动，结合双随机检查医疗机构274家次，出动343人次。

【环境卫生安全监管】2019年，区卫生监督所开展春节等节假日节前、中高考期间等重要节假日专项执法检查，开展台风“利奇马”灾后重点卫生监督，开展国卫复评“四小行业”、夏季重点公共场所等卫生执法监督专项检查。开展公共场所顾客用品用具检测专项行动，检测30家，不合格9家，立案查处9家。完成公共场所完成游泳场所水质检测5家次，采取样品103份，合格97份，不合格1家，立案1家。举办公共场所卫生管理员培训班2期。

【学校卫生安全监管】2019年，区卫生监督所开展托幼机构、校外培训机构教室（教学场所）采光和照明进行“双随机”抽检工作；实施“明眸皓齿”工程，开展全区中小学校教室采光和照明检测工作，检查辖区内学校16所，其中14所学校达到国家强制性标准范围之内，对2家未能达到标准提出整改要求；开展学校直饮机饮用水卫生专项工作，抽取中小学、大学直饮机水样样品21份，合格率100%。

【饮用水安全与餐饮具消毒企业监管】2019年，区卫生监督所开展市政供水管网末销水10个监测点监测，出厂水全年1个监测点2次监测，二次供水10个监测点全年监测。抽取管网末梢水、二次供水等样品30份，合格率100%。建立餐饮具集中消毒企业基础档案，实行“每月一检查，三月一抽检”监管制度。抽检餐饮具样品30件，合格30件，合格率100%。

【职业病防治监管】2019年，区卫生监督所开展尘毒危害专项执法工作检查企业31家，立案查处6家；开展法制宣传进社区、进企业活动，发放各类职业病法律法规宣传手册、宣传材料200余份。

（张欢欢）

卫生应急

【概况】2019年，洞头区巩固省级卫生应急工作示范区、市级卫生应急规范化医院成果，完善卫生应急体系建设，落实卫生应急机制建设、物资储备、人员培训、应急演练和事件处置等各项卫生应急工作。全区有卫生应急队伍4支，包括医疗救治应急队、疾病控制应急队、卫生监督应急队、心理干预应急队各1支。全年组织参与应急演练12次，处置突发公共卫生应急事件2起，开展专题风险评估7次（流感2次、水痘1次、登革热4次），为全国空手道锦标系列赛（洞头站）、2019温州市长距离“铁人三项”世界杯赛等区大型综合活动提供卫生应急保障5次，获市级“发热伴血小板减少综合征”应急演练第一名、全市病媒职业技能竞赛集体二等奖。组织全系统开展登革热应急处置桌面推演及现场演示。区人民医院（区医共体）组织卫生应急知识和技能培训4次，内容包括院前急救培训和登革热知识培训、心电监护、除颤仪规范使用等；组织全院开展群体伤联合应急救援演练；联合区人武部开展海上民兵心肺复苏及创伤急救培训。

（郑海敏）

医疗服务

【概况】2019年，洞头区人民医院实际开放床位312张，门诊诊疗人次364112人次，同比增长9.91%，出院9427人次,增长4.81%，平均住院日8.33天。全年招聘专业技术人员21名，晋升副高8人，晋升正高1人。

洞头区推进区中医院（大门镇中心卫生院）、霓屿社区卫生服务中心、鹿西乡卫生院等项目建设。建设健康管理服务基地1个，服务点3个，脑卒中中心建设获批建。推广微创外科和腔镜手术，开展胸痛、卒中、溶栓、创伤、腔镜、骨科微创各类手术400多例。成立全专联合门诊、老年医学科，增加血透诊疗班次。推进医共体资源共享服务，高效运行区消毒供应共享中心、区影像共享中心、区心电共享中心，远程医疗开展，实行医共体内临床科室垂直化管理。推出“优质服务月”活动，建立门诊“一站式”患者服务中心。继续深化与温医附二院帮扶协作，强化重症监护病房、血透、内镜、全科等重点学科打造，新开展超声引导下甲状腺细针穿刺术项目，及血透后动脉瘤切除血管移植及动静脉内瘘成形术、床旁纤支镜检查技术、

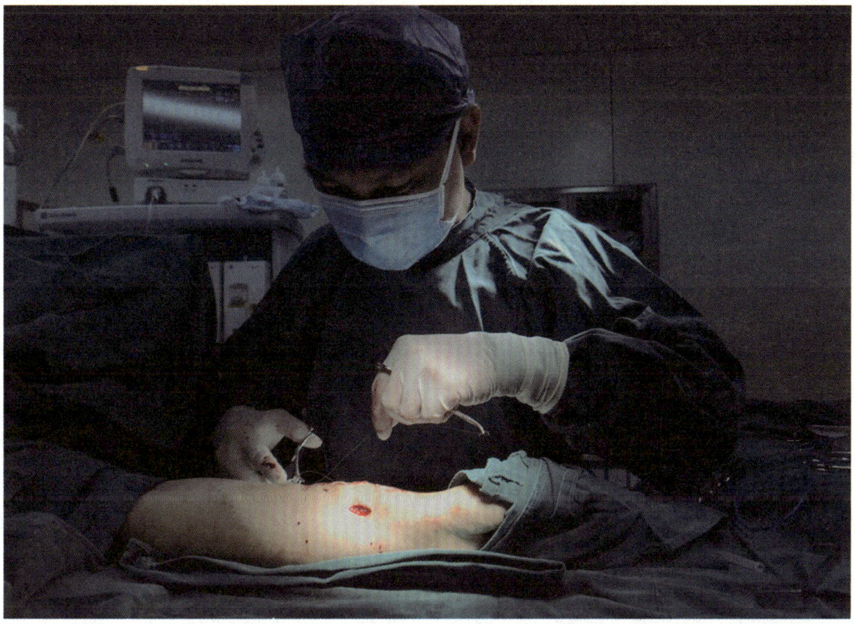

2019年，区人民医院新开展血透后动脉瘤切除血管移植及动静脉内瘘成形术
（区卫生健康局提供）

经输尿管镜钬激光碎石取石术、无痛支气管镜检查等新技术。区人民医院获评国家级消化道癌早诊早治“优质项目单位”，创成省癌痛规范化治疗病房，“双下沉两提升”工作获评省厅优秀等级。

【洞头区医共体挂牌成立】2019年2月1日，中共温州市洞头区人民医院（区医共体管理服务中心）委员会成立，下设10个支部。2月2日，洞头区医共体挂牌，组建成立以区人民医院为牵头单位，全区街道社区卫生服务中心(乡镇卫生院)为成员单位共同体，成立区医共体管理服务中心，管理服务中心与区人民医院一套班子两块牌子运行，街道社区卫生服务中心（乡镇卫生院）作为区医共体成员单位，增挂牌子。洞头区为温州首个挂牌实质运作县（市、区）。

【医疗优质服务工程】2019年，区人民医院推出“优质服务月”活动，通过社会医疗服务环节找茬、加强服务环节管理等系列举措，强化职工优质服务理念培育。找茬收集各类问题近40条，并逐一整改，特别是针对化验检查结果慢、B超预约难、特药使用不便等问题，通过流程再造、绿色采购等举措从根本上解决问题，提升群众满意度。建立门诊“一站式”患者服务中心，在门诊大厅、住院大厅一楼设置共享轮椅以方便群众就诊，开展志愿者服务，由党员、团员、仁济学院学生在门诊大厅提供志愿者服务。常态化开展兰小草志愿者服务队下乡活动，开展出院患者入户随访活动，全年完成260余人次出院患者随访，开展进社区进敬老院开展各类义诊活动50余次。

【智慧诊疗建设】2019年，区人民医院推进“最多跑一次”改革工作，完成“最多跑一次”改革重点工作任务20项，完成两卡融合，推行医后付、刷脸就医、“云胶片”等智慧就诊，完善出生一件事、预约诊疗、门诊及病房智慧结算、出入院流程、智慧药房等建设。实现基层医疗卫生机构医疗费用智慧结算全覆盖，电子发票使用率、发票自助打印率全市领先。

（陈丽丽）

2019年洞头区医学科研成果一览表

表56

序号	作者	科研文章	刊物	发表时间	作者单位
1	蔡后富	洞头区特定人群碘营养水平调查分析	中国卫生检验杂志	2019年8月	洞头区疾控中心
2	张静静	神经内科护理对脑卒中康复护理的临床分析	养生保健指南	2019年6月	洞头区人民医院
3	第一作者：苏友渺，第二作者：林英华	小针刀松解Frohse弓治疗骨间后神经卡压综合征的临床观察	中国现代医学杂志	2019年12月29日	第一作者：浙江中医药大学，第二作者：洞头区人民医院

（区卫健局提供）

群众体育

【概况】2019年，洞头区出台《文体旅产业融合发展两年行动计划(2019—2020)》扶持政策，建成浙南最大人工沙滩——半屏韭菜岙沙滩整治修复工程，干滩总面积2万平方米，引进沙滩乐园项目，重点开发沙排、沙雕、海上摩托艇等项目，完成帆船帆板项目立项，引进奥浦帆板俱乐部，开展青少年帆板培训、游客帆船体验等项目。推进韵动海湾健康小镇土地挂牌。洞头鹿西山坪露营复评浙江省运动休闲旅游优秀项目（2020—2022）、徒步（洞头区临海悬崖栈道仙岩段）获评温州市运动休闲旅游优秀项目（2020—2022）。全区体育面积402504平方米,人均体育面积3.72平方米（按最新常住人口10.82万人计算），超市人均2.3平方米考核要求。全年发放室外体育器材240件。全区训适龄运动员820名，洞头籍运动员参加各级赛事获国家级金牌4枚、银牌1枚，省级比赛金牌3枚、银牌1枚、铜牌5枚；市级比赛金牌16枚、银牌23枚、铜牌33枚，向市级输送运动员3名。

洞头区借助温州全国首个社会力量办体育改革试点和创建国家运动健康城市契机，创新社会力量办体育机制，推动体旅融合开展，全力推进全民健身活动。举办横渡半屏海峡冬泳邀请赛、海疆杯篮球赛、第二届百岛健行大会、五人制足球联赛、全国俱乐部海钓（路亚）邀请赛、2019年“一带一路”国家间群众体育交流赛、首届海岛振兴欢乐跑等一批群体赛事活动。组队参加省、市群体赛事，洞头区文体中心健身气功站点代表温州市参赛，获2019年浙江省健身气功站点联赛（东部赛区）团体总分一等奖，其中集体健身气功第一名，个人项目八段锦第一名。

【体育设施建设】2019年，洞头区实施省市区“十大民生实事”，利用“三改一拆”后低效地、闲置地、公园绿地等建成5千米以上登山健身步道1条（元觉街道烟墩山）、中心村体育休闲公园1个（鹿西乡鹿西村）、社区多功能运动场2个（霓屿街道布袋岙村、同兴村）、省小康村提升工程2个（北岙街道鸽尾礁村、大门镇豆岩村）、标准篮球场4个（北岙街道鸽尾礁村、大门镇豆岩村、东屏街道东港社区、元觉街道深门村）。完成第七次全国体育场地普查，与温州医科大学滨海校区签订合作备忘录，实行体育设施场地共享。

【洞头首家一类“百姓健身房”投用】2019年3月29日，洞头首家一类“百姓健身房”通过验收投用，位于区文体中心一楼，建筑面积约为300平方米，设有跑步机、椭圆机、立式健身车、动感单车、陆地划船器等专业健身器材30余台，器械均按照商用级别来配置。健身房对全区市民免费开放，开放时间为每天14:00—22:00（法定节假日除外）。截至年底，参与健身市民超18000人次。

2019年洞头区体育（健身设施）建设项目一览表

表57

序号	项目名称	具体建设地址	建设单位
1	新建或提升篮球场	北岙街道鸽尾礁村	北岙街道
2	新建或提升篮球场	大门镇豆岩村	大门镇
3	新建或提升篮球场	东屏街道东港社区	东屏街道
4	新建或提升篮球场	元觉街道深门村	元觉街道
5	新增或更新健身苑点	北岙街道城中社区	北岙街道
6	新增或更新健身苑点	北岙街道打水鞍社区	北岙街道
7	新增或更新健身苑点	北岙街道鸽尾礁村	北岙街道
8	新增或更新健身苑点	北岙街道双垅村	北岙街道
9	新增或更新健身苑点	灵昆街道叶先村	灵昆街道
10	新增或更新健身苑点	灵昆街道周宅村	灵昆街道
11	新增或更新健身苑点	大门镇仁前途村	大门镇
12	新增或更新健身苑点	大门镇朝阳社区	大门镇
13	新增或更新健身苑点	东屏街道惠民村	东屏街道

续表57

序号	项目名称	具体建设地址	建设单位
14	新增或更新健身苑点	元觉街道活水潭村	元觉街道
15	新增或更新健身苑点	元觉街道沙岗村	元觉街道
16	新增或更新健身苑点	霓屿街道布袋岙村	霓屿街道
17	新增或更新健身苑点	霓屿街道石子岙村	霓屿街道
18	新增或更新健身苑点	鹿西乡口筐村	鹿西乡
19	新增或更新健身苑点	鹿西乡东臼村	鹿西乡
20	市级登山健身步道（每条5公里以上）	元觉街道烟墩山	元觉街道
21	省社区多功能运动场建设	霓屿街道布袋岙村	霓屿街道
22	省社区多功能运动场建设	霓屿街道同兴村	霓屿街道
23	省中心村体育休闲公园	鹿西乡鹿西村	鹿西乡
24	省小康体育村升级工程建设	北岙街道鸽尾礁村	北岙街道
25	省小康体育村升级工程建设	大门镇豆岩村	大门镇

（区文广旅体局提供）

【体育社团】2019年，洞头区新增中国象棋、帆板2家体育单项协会，全区单项体育社团（含体育总会）29个，会员两万余人。参与全市健身站点评选，获三星健身站点7个、四星健身站点2个、五星健身站点1个。协会开设三级社会体育指导员（工间操领操员）培训班，新增三级社会体育指导员80人。参加国家体育锻炼标准测试人数204人，测试合格率100%。

【首届“一带一路”国家间群众体育交流比赛】2019年10月19日，首届“一带一路”国家间群众体育交流比赛（沙滩足球赛）在洞头东岙沙滩举办，“一带一路”沿线10个国家群众体育爱好者约150人参加，其中国外选手约80人。沙滩足球友谊赛捷克队获最佳球队，四支球队运动员获赠纪念品。比赛有国家体育总局、国际业余体育理事会、洞头区政府主办单位。

【第12届中国·洞头横渡半屏海峡冬泳邀请赛】2019年1月1日，中国·洞头横渡半屏海峡冬泳邀请赛在洞头区国际放生台举办，全国300多名冬泳爱好者参加，中国·洞头横渡半屏海峡冬泳邀请赛自2008年开始已连续举办十二届。本次冬泳邀请赛选手年龄最小18岁，最大66岁。邀请赛由洞头区政府、市体育局主办，区文体局、区旅委、东屏街道办事处承办、市冬泳协会、区体育总会协办，区冬泳协会执行。

【第4届温州市全国俱乐部海钓·路亚邀请赛】2019年5月17日—18日，第四届温州市“慈善”杯全国俱乐部海钓·路亚邀请赛在洞头举行，全国24支俱乐部72人参加比赛。竞赛项目设对象鱼（鲈鱼）团体总重量赛；对象鱼（鲈鱼）个人总重量赛。此次比赛的所有鱼获均以拍卖形式当场拍卖，共获5888元拍卖款全部捐献给洞头

2019年1月1日，第十二届中国·洞头横渡半屏海峡冬泳邀请赛

（区卫生健康局提供）

慈善总会。比赛由区文广旅体局主办，温州市钓鱼协会承办。

【第35届“海疆杯”篮球赛】2019年12月7日—12日，洞头区第35届“海疆杯”篮球赛举行。杭州商会队、教育·宏泰队、多美好警企队、东屏好厝边队、海豹俱乐部、永旭建设队、启星体育队和洞一中学生队等8支队伍参加比赛。总决赛采取3局2胜制，东屏好厝边代表队以66：59战胜多美好警企共建代表队，以2：1总比分夺得第35届“海疆杯”篮球赛冠军；永旭建设代表队获季军。比赛由区文广旅体局、区工会主办，区体育总会、区篮球协会承办。

（颜孙琼）

竞技体育

【概况】2019年，洞头区举办全国空手道锦标赛（第三站）、全国围棋甲级联赛、首届乒乓球国际邀请赛、2019年温州长距离铁人三项世界杯暨铁人三项多项运动世界杯赛、2019年浙江省青少年沙滩排球锦标赛等赛事活动。

【中国·洞头首届“海上花园杯”乒乓球国际邀请赛】2019年1月26日—27日，洞头举办中国·洞头首届“海上花园杯”乒乓球国际邀请赛，省内外及国际联队近百名运动员参加比赛，比赛分为甲、乙两组，其中甲组国外运动员为全国联赛甲D水平，国内运动员为全国联赛甲A、甲B水平。乙组国外运动员为全国联赛乙A、乙B水平，国内运动员以体育爱好者为主。甲组瓯海乒协代表队以3：1逆转战胜洞头乒协代表队夺冠，洞头乒协代表队获亚军，瑞安乒协代表队获季军。乙组比赛仙岩乒协代表队获冠军，瑞安乒协代表队和乐清乒协代表队分别获亚军和季军。比赛由区委、区政府主办，区委宣传部、区农业农村局、区文广旅体局、区传媒中心、洞头华中地产开发有限公司、温州市宇航服饰有限公司、洞头区诚意小额贷款股份有限公司协办，浙江宇帆体育文化发展有限公司、区乒乓球协会执行。

【洞头区第六届运动会】2019年4月—11月，洞头区举办第六届运动会，分为成年部和青少年部。其中，成年部分为街道(乡镇)组和系统组，全区各街道(乡镇)、各系统组成代表团1500人参加；青少年部分为高中组、初中组和小学组，由各学校组队2000人参加。运动会竞赛项目中，成年部设立田径、篮球、中国象棋、围棋、乒乓球、羽毛球、足球、广播体操等8项；青少年部包括田径、篮球、羽毛球、乒乓球、阳光体育、足球和游泳等7项比赛。最终，成年部教育系统、区直机关、政法系统、卫健系统、经信系统分获前五名；街道（乡镇）组灵昆街道、霓屿街道、大门镇、北岙街道、元觉街道、东屏街道、鹿西乡分获前七名。洞头一中、职教中心分获青少年组高中组团体总分第一、二名，海霞中学、洞头二中、实验中学、灵昆中学、霓屿义校、元觉义校分获初中组团体总分前六名，实验小学、东屏小学、城关小学、灵昆一小、大门镇小、灵南小学、城关一小、霓屿义校分获小学组团体总分前八名。运动会由区政府主办，区文广旅体局、区教育局承办。

【2019年全国空手道锦标系列赛】2019年7月28日—30日，2019年全国空手道锦标系列赛（第三站）在温州医科大学仁济学院滨海校区体育馆举行，全国各省、直辖市、自治区及香港特别行政区28支代表队500多人参加比赛。比赛项目分为型与组手，组手项目又分为男子个人组手五个级别、女子个人组手五个级别、男子团体组手、女子团体组手等；型项目分为男子个人型、女子个人型、男子团体型、女子团体型。最终决出12个个人和4个团体奖项16块金牌，另设优秀裁判员奖和道德风尚代表队若干名。其中浙江队获两块金牌、一块银牌、五块铜牌。比赛由中国空手道协会主办，温州市体育局、洞头区政府承办。

【全国象棋男子甲级联赛洞头主场】2019年7月18日—19日，2019“诚意药业杯”全国象棋男子甲级联赛（洞头主场）洞头区大长

2019年11月25日，洞头区第六届运动会开幕式（区文广旅体局提供）

坑文化礼堂举办，为洞头首次举办全国象棋男子甲级联赛，浙江丰源队对决杭州棋协队。最终浙江丰源队以5：3胜战胜杭州棋协队。比赛由中国象棋协会主办、北京中体明星体育文化传播有限公司承办、北京酷享体育文化传播有限公司协办。

【2019年浙江省青少年沙滩排球锦标赛】2019年8月3日—5日，2019年浙江省青少年沙滩排球锦标赛在洞头半屏社区北菜岙沙滩举行，全省10支代表队144名运动员参加。比赛设男子甲乙组和女子甲乙组，分两阶段进行，第一阶段采用抽签分组单循环赛，决出各小组名次，第二阶段视具体情况采取循环赛或交叉赛。赛制方面采用国际排联沙滩排球最新规则，实行三局二胜制、每球得分制。最终绍兴二队、绍兴一队、杭州队分获男子甲组第一、二、三名，金华队、温州一队、温州二队分获女子甲组第一、二、三名；绍兴一队、金华二队、嘉兴一队分获男子乙组第一、二、三名，杭州一队、舟山一队、绍兴一队分获女子乙组第一、二、三名。温州代表队和绍兴代表队获体育道德风尚奖。比赛由省体育局主办，市体育局、区政府承办，区文广旅体育、区教育局、东屏街道办事处协办，温州诚美文化发展有限公司执行。

【2019年温州长距离铁人三项世界杯赛】2019年9月7日—8日，2019年温州长距离铁人三项世界杯赛在洞头举办，波兰、加拿大、俄罗斯、丹麦、罗马尼亚、新加坡等20个国家和地区572人参加比赛。比赛设置世界杯赛和地方赛事。其中世界杯赛设长距离铁人三项(总距离102千米，即游泳2千米+自行车80千米+跑步20千米)和骑跑两项(总距离40千米，即跑步5千米+自行车30千米+跑步5千米)；地方赛事设水陆两项体验赛(总距离3.3千米，即游泳0.3千米+跑步3千米)和半程奥林匹克距离(总距离25.75千米，即游泳0.75千米+自行车20千米+跑步5千米)。最终，斯洛文尼亚的选手Kovacic Jaroslav和来自波兰选手Ewa Bugdol分获男子长距离优秀组和女子长距离优秀组冠军。中国铁人黄素国以1小时24分56秒成绩夺得男子半程36—45岁组第一名，中国女铁人蔡冰惠夺得女子半程21—35岁组第一名，中国女铁人施敏夺得女子半程46—60岁组第一名。市政府副市长娄绍光、中国铁人三项运动协会秘书长陈笑然、中国铁人三项运动协会常务副秘书长秦建秋省体育竞赛中心主任陶自力、市体育局局长张志宏、国际铁人三项联盟亚洲区顾问埃里克，及洞头区领导林霞、叶国胜、汪慧平等出席开幕式。比赛是由国际铁人三项联盟（ITU）授权，国家体育总局批准，中国铁人三项运动协会、浙江省体育局、温州市政府主办，市体育局、区政府、法国国际体育赛事咨询公司承办，区文广旅体局、市铁人三项运动协会协办，龙元建设集团股份有限公司、广城建设集团有限公司、浙江京瓯建设管理有限公司、温州市环岛酒店开发有限公司赞助，农行洞头区支行支持，千鲲（北京）体育管理有限公司执行。

【浙江省拳击俱乐部冠军联赛】2019年12月21日—29日，浙江省拳击俱乐部冠军联赛在洞头区文体中心精彩开赛，全省25支99名运动员参加比赛。比赛分为男子成人组、男子儿童组、男子青少年组、女子成人组、女子儿童组、女子青少年组等组别。比赛由浙江省拳击协会，洞头区禅武文化促进会主办，浙江瀛洲岛体育发展有限公司承办，浙江体育总会、洞头区委统战部、洞头区文化和广电旅游体育局作为指导单位，厦门寅领食品有限公司独家赞助。

【WBA中国区金腰带争霸赛在洞头举行】2019年12月22日，WBA中国区职业拳击争霸赛在洞头区文体中心举行。比赛由1场10回合、2场6回合、3场4回合，共举行6场比赛。其中，男子组每回合3分钟，女子组每回合2分钟。第六场10回合比赛河南拳手刘传友挑战浙江WBA中国羽量级金腰带卫冕者李佳佳。最终，李佳佳成功卫冕WBA中国羽量级金腰带。比赛由WBA(世界拳击协会)中国机构、浙江省拳击协会主办，浙江瀛洲岛体育发展有限公司承办。

【2019年浙江省青少年拳击冠军赛】2019年12月21日—29日，浙江省青少年拳击冠军赛在区文体中心举行，以“习武尚德强体魄·健康快乐游洞头”为主题。全省14支代表队199名运动员参加比赛，分通过1/4决赛、半决赛和决赛，角逐男子甲乙丙组、女子甲乙组共五个组别39个级别冠亚季军。其中温州队以9枚金牌位列金牌榜第一，金华队获得8块金牌紧随其后，台州队以5块金牌排名第三，绍兴队和宁波队均以四块金牌并列第四。主办单位是浙江省体育局，指导单位是浙江省拳击协会，承办单位是温州市体育局、洞头区政府，协办单位区文广旅体局、温州市拳击协会，执行单位是浙江瀛洲岛体育发展有限公司，由厦门寅领食品有限公司独家赞助。

（颜孙琼）

2019年洞头区籍运动员参加体育竞赛成绩一览表

表58

序号	姓名	竞赛名称	参赛项目	名次
1	陈雨浓	全国皮划艇静水U系列总决赛	专业男子组（u17）500米单人划艇	第一名
2	陈雨浓	全国皮划艇静水U系列总决赛	专业混合组（u17）500米双人划艇	第一名
3	陈雨浓	全国皮划艇静水U系列总决赛	专业混合组（u17）1000米双人划艇	第一名
4	朱旭锦	2019年全国体育传统项目学校田径联赛	女子乙组400米栏	第一名
5	陈雨浓	全国皮划艇静水U系列总决赛	专业男子组（u17）1000米单人划艇	第二名
6	柯林卡	2019年浙江省青少年（儿童）乒乓球锦标赛	A组混合双打	第一名
7	方芝颖	2019年浙江省青少年空手道锦标赛	女子乙组团体组手	第一名
8	朱旭锦	2019年浙江省第五届青少年学生阳光体育运动会	高中组女子400米栏	第一名
9	陈玲娜	2019年浙江省第五届青少年学生阳光体育运动会	高中组女子跳远	第二名
10	柯林卡	2019年浙江省中小学生乒乓球冠军赛	高中组男子单打	第三名
11	柯林卡	2019年浙江省青少年（儿童）乒乓球锦标赛	A组男子双打	第三名
12	柯林卡	2019年浙江省青少年（儿童）乒乓球锦标赛	A组男子单打	第三名
13	晏子依	2019年浙江省青少年空手道锦标赛	女子乙组团体组手	第三名
14	陈慧浩	2019年浙江省第五届青少年学生阳光体育运动会	高中组男子跳远	第三名
15	朱旭锦	2019年温州市少年儿童田径分龄赛	17–18岁组女子400米栏	第一名
16	陈锦程	2019年温州市少年儿童田径分龄赛	11岁组男子跳远主项	第一名
17	陈柏予	2019年温州市少年儿童田径分龄赛	10岁组男子垒球主项	第一名
18	陈忠豪	2019年温州市少年儿童田径分龄赛	12岁组男子三项全能	第一名
19	陈书仰	2019年温州市少年儿童武术散打锦标赛	男子甲组56公斤级	第一名
20	周　福	2019年温州市少年儿童武术散打锦标赛	男子丙组60+公斤级	第一名
21	胡航鸣 汪秀棚 赵晨翔	2019年“胜丰杯”温州市少年儿童空手道锦标赛	男子丙组团体型	第一名
22	陈书豪	2019年“汉腾杯”温州市少年儿童跆拳道锦标赛	男子甲组68KG	第一名
23	翁志安	2019年“京红杯”温州市少年儿童举重锦标赛	男子乙组81KG	第一名
24	方紫芮 纪紫彤 柯晓佳	2019年温州市青少年学生阳光体育运动会健美操比赛	小学低年级三人操	第一名
25	城关小学	2019年温州市青少年学生阳光体育运动会啦啦操比赛	小学低年龄组技巧啦啦操1级	第一名
26	林思帆	2019年温州市青少年学生阳光体育运动会健美操比赛	小学高年级男子组单人操	第一名
27	陈雨粟 林诗语	2019年温州市青少年学生阳光体育运动会健美操比赛	小学组混合双人操	第一名
28	吴承函	2019年温州市中小学生武术套路锦标赛	女子小学甲组规定南棍	第一名
29	张佑彤	2019年温州市中小学生武术套路锦标赛	女子小学乙组规定南拳	第一名
30	陈玲娜	2019年温州市青少年学生阳光体育运动会	直属高中组女子三级跳远	第一名

（区文广旅体局提供）

居民生活

织出丰收网 · 詹海萍

“海霞精神”

爱島尚武　励志奉献

人力资源管理

【概况】2019年，洞头区事业单位面向社会公开招聘事业单位工作人员53人；“三年百名”中高层次人才引进新增聘用35人，累计（含政府雇员）47人。全年累计技能培训2611人次，完成目标174%；失业人员再就业313人，新增就业1405人，完成141%。城镇登记失业率为1.93%，低于全市控制线2.8%。全年各项社会保险基金收入54731万元，与上年同比增加1510万元，增长3%；支出57499万元（其中划转失业保险基金用于职业技能提升行动资金1200万元），与上年同比，增加支出8201万元，增长17%；本年结余赤字-2768万元，滚存结余72947万元。率先完成全区社保医保信息系统市级应用集中工作。区人力社保局获温州创业创新博览会最佳人气奖和优秀组织奖。

全区有机关事业单位编外用工892人。全年接收高校毕业生人事档案665个。通过“内培”“远输”等形式为企业开展人才公益培训，全年联合中小企业公共服务平台开展入园入企培训活动6场，培训331人，财税专题输出培训9期，培训51人次。全年事业单位面向社会公开招聘事业单位工作人员53人；“三年百名”中高层次人才引进新增聘用35人。

2019年，洞头人才发展有限公司的综合业务、劳务派遣、劳务外包均进入浙江省人力资源服务机构百强企业，通过浙江省人力资源服务业信用等级五星级企业复评，获评温州市技能人才自主评价引领企业。

（张菁宸）

【人才人事管理】2019年，洞头区制定《洞头区海岛振兴特色人才培育实施方案》《洞头区“三年百名”中高层次人才试岗期退出管理实施细则》，培育红领人才14人、现代渔农业人才23人、临港产业人才33人、滨海旅游人才16人、海岛文化人才14人、乡村双创人才14人、乡村贤达人才10人。区人力社保局组织60家次企业赴昆明、西安、武汉等11地开展大型人才招聘会13期，提供岗位需求120多个近450人，达成意向260多人，引进70多人。组织开展机关事业单位编外用工考试18期（其中公安系统招聘15期），招聘143人。设置教育、卫生系统赴高校招聘应届毕业生“绿色通道”，招聘高校毕业生20人；实施教育卫生“单招单考”，招聘教师、医技人员72人。配合区委组织部选调硕士生1名，配合退役军人事务局安置转业士官2人。完成108个单位机构改革后岗位设置方案审批，审批事业单位岗位设置变动67件次，涉及人员岗位变动215人次；完成事业单位人员流动审批 26人次，其中调出本区17人，区外调入9人。开展入企政策解读5期，兑现“才聚百岛·智汇洞头”人才奖励44.76万元，发放政府工作津贴250余万元，发放教育人才专项奖励、本地特色人才工作资助132.6万元。全年兑现115名高校毕业生求职路费补贴5.32万元。发动2家企事业单位申报见习基地，接收离校未就业高校毕业生就业见习11名，兑现就业见习补贴3.05万元。接收高校毕业生人事档案665个。

【专业技术人员培养】2019年，洞头区推荐参与省市中、高级职称评审43人，完成初级专业技术职格评审及确认166人。完成教育系统一级教师评审工作，参评47人，通过31人。协助区医共体完成县及以下卫生高级专业技术职务任职资格自主评聘工作，参评14人，通过12人（正高1人，副高11人）。推进专技人才继续教育工作，全年组织专业技术人员参加公需科目培训和考试1708名。

【“三年百名”招才计划实施】2019年，洞头区继续规模化引进“三年百名”中高层次人才，创新为政府引才理念，紧盯重点领域人才需求，面向全国抢人才，全年“三年百名”中高层次人才引进新增聘用35人，其中硕士27人，本科8人，引进中国台湾青年1名。截至年底，累计人才引进（含政府雇员）47人，博士1人、硕士36人、本科10人，“三年百名”招聘任务累计完成74%。

【编外用工管理】2019年，区人力社保局制定《洞头区机关事业单位编外用工退出岗位实施细则》《洞头区机关事业单位编外用工招考操作细则（试行）》组织开展编外用工综合改革，开打厘清部门职责、优化招考方式、健全退出等机制。全年招考次数、人均招考费用分别下降50%和61%；全日制本科（或中级职称）占比从38.9%提高到56.4%，提高17.5%。开展机关事业单位编外用工考试18期（其中公安系统招聘15期），招聘143人。截至年底，全区有机关事业单位编外用工892人。

（张素朋、王丹）

2019年洞头区各类专业技术人员统计情况表

表59 单位：人

序号	类别	合计	高级	中级	初级
1	工程技术人员	437	45	184	219
2	农业技术人员	34	2	15	17
3	科学技术人员	2	0	2	0
4	卫生技术人员	598	68	174	356
5	教育人员	1234	275	577	382
6	经济人员	155	19	100	36
7	会计人员	93	2	23	68
8	统计人员	16	1	7	8
9	律师公证人员	6	0	0	6
10	播音人员	11	0	1	10
11	艺术人员	19	2	5	12
12	图书档案、文博人员	33	4	8	21
13	新闻、出版人员	37	1	17	19
14	体育人员	7	0	5	2
15	其他人员（政工）	19	0	15	4
总计		2712	419	1133	1160

（区人力社保局提供）

2019年洞头区引入高层次和紧缺人才专项补助名录

表60

序号	姓名	性别	单位（个人）	项目	奖励金额（元）	奖励（补助）期限
1	林立东	男	洞头区水产科学技术研究所	领军人才引培工程专项人才奖励	160000	2018年度
2	陈灿渊	男	洞头东海贝雕工艺品有限公司	领军人才引培工程专项人才奖励	100000	2018年度

续表60

序号	姓名	性别	单位（个人）	项目	奖励金额（元）	奖励（补助）期限
3	戴海东	男	洞头区人民医院	领军人才引培工程专项人才奖励	20000	2018年度
4	南爱珍	女	洞头区人民医院	领军人才引培工程专项人才奖励	20000	2018年度
5	洪丽君	女	洞头区疾病预防控制中心	领军人才引培工程专项人才奖励	20000	2018年度
6	蔡后富	男	洞头区疾病预防控制中心	领军人才引培工程专项人才奖励	20000	2018年度
7	孔冰蕾	女	浙江立鹏建设有限公司	企业人才生活（就业）补贴	8400	2018年5月—12月
8	侯程程	女	浙江立鹏建设有限公司	企业人才生活（就业）补贴	3600	2018年9月—12月
9	周立强	男	浙江立鹏建设有限公司	企业人才生活（就业）补贴	13500	2018年4月—12月
10	楼一鸣	男	浙江立鹏建设有限公司	企业人才生活（就业）补贴	7200	2018年4月—12月
11	吴晓克	男	浙江立鹏建设有限公司	企业人才生活（就业）补贴	10400	2017年12月—12月
12	陈奔奔	男	浙江立鹏建设有限公司	企业人才生活（就业）补贴	11200	2017年11月—12月
13	金　勇	男	浙江瓯越交建科技股份有限公司	企业人才生活（就业）补贴	4000	2018年8月—12月
14	殷鹏辉	男	浙江瓯越交建科技股份有限公司	企业人才生活（就业）补贴	15000	2018年3月—12月
15	陈学燕	女	浙江瓯越交建科技股份有限公司	企业人才生活（就业）补贴	7500	2018年8月—12月
16	吴鹏展	男	洞头城市发展有限公司	企业人才生活（就业）补贴	4500	2018年10月—12月
17	彭　俊	男	洞头城市发展有限公司	企业人才生活（就业）补贴	3200	2018年9月—12月
18	金惠杰	男	洞头旅游文化发展有限公司	企业人才生活（就业）补贴	3200	2018年9月—12月
19	林　坚	男	洞头旅游文化发展有限公司	企业人才生活（就业）补贴	2400	2018年9月—11月
20	林　慧	男	洞头沿岗大酒店有限公司	蓝领人才振兴工程专项补助	1000元（其中个人400元）	一次性
21	陈世良	男	洞头沿岗大酒店有限公司	蓝领人才振兴工程专项补助	1000元（其中个人400元）	一次性
22			浙江立鹏建设有限公司	企业引才补助	10000	一次性
23	颜丽函	女	洞头实验小学	教育人才专项补助	160000	2019年
24	郭海群	男	洞头一中	教育人才专项补助	16000	2019年
25	陈玉琴	女	洞头城关小学	教育人才专项补助	16000	2019年

续表60

序号	姓名	性别	单位（个人）	项目	奖励金额（元）	奖励（补助）期限
26	王光伟	男	洞头教师发展中心	教育人才专项补助	16000	2019年
27	杨燕燕	女	洞头霓屿义务教育学校	教育人才专项补助	16000	2019年
28	陈玉娟	女	洞头实验中学	教育人才专项补助	16000	2019年
29	余爱娣	女	洞头城关小学	教育人才专项补助	16000	2019年
30	朱杨华	女	洞头城关小学	教育人才专项补助	16000	2019年
31	侯仙琴	女	洞头教育幼儿园	教育人才专项补助	16000	2019年
32	杨　业	男	洞头实验小学	教育人才专项补助	16000	2019年
33	郭妍妍	女	洞头一中	教育人才专项补助	16000	2019年
34	吕淑萍	女	洞头教师发展中心	教育人才专项补助	16000	2019年
35	吕良栋	男	海霞中学	教育人才专项补助	20000	2019年
36	江锦萍	女	实验中学	教育人才专项补助	20000	2019年
37	罗　欣	女	洞头一中	教育人才专项补助	180000	2019年
38	陈一平	男	洞头一中	教育人才专项补助	150000	2019年

（区人力社保局提供）

就业创业

【概况】2019年，全区城镇新增就业1405人，完成市级下达目标141%；城镇登记失业率为1.93%，低于全市控制水平(2.8%)；发放创业贷1666万元，完成市级下达目标333%，增长79%；技能培训2611人次，完成市级下达目标174%，同比增长91%。举办大型专场招聘会2场，其中赴区外招聘2场，提供就业岗位2440个，成功上岗（或实习）300余人。开发公益性岗位69个，安置就业困难人员上岗60人。收集和发布企业用工需求信息869

2019年1月25日，区人力社保局到南部县参加劳务协作招聘会

（区人力社保局提供）

条、求职信息183条。

实施就业创业培训计划，开展技能培训2611人，实现就业884人。开展失业保险援企稳岗“护航行动”，发放稳岗补贴84.86万元，惠及职工3175人。组织东海贝雕、蟹公寓等企业参展创博会，省委常委、温州市委书记陈伟俊，洞头区委副书记、区长林霞等点赞洞头馆。洞头馆获最佳人气奖，区人力社保局获2019浙江·温州创业创新博览会优秀组织奖。2019年8月2日，洞头区就业创业管理服务中心揭牌

【洞头区人力资源和社会保障局获温州创业创新博览会优秀组织奖】 2019年11月15日—17日，2019浙江·温州创业创新博览会在温州国际会展中心举行。洞头馆参展主题为“品味洞头、悠享生活”，展馆展出环保创新青蟹养殖工艺与贝雕等现代海洋特色文创产品，把洞头海洋产品创新与现代文化旅游相结合。馆内主要分为环保青蟹养殖工艺展示区、贝雕工艺品展示区、渔民画工艺品展示区、海洋文创品体验区、伴手礼展示区、洞头特色美食品尝区。创博会上累计销售额13.5万元，同比提升350%，达成意向交易额500万余元。特色美食墨鱼羹累计送出3000多碗，达成购买意向10万余元。洞头馆获最佳人气奖，区人力社保局获优秀组织奖。

【用工平台搭建】 2019年，洞头区累计为68家企业免费推介岗位2440个，成功上岗（实习）300余人。搭建求职招聘平台，创新“线上+线下”招聘模式，打造线下招聘为基础，线上周期滚动招聘为常态模式。举办大型招聘会2场，吸引高校毕业生、退役军人进场交流119人。搭建校企战略合作平台，组团参加校企合作洽谈，3家企业与10家技能院校达成合作意向，其中沿港大酒店成功引入实习生56名，创历史新高。搭建公益性岗位平台，因地制宜开发公益性岗位69个，覆盖全区村居，安置就业困难人员上岗60人，增幅253%，创历史新高。

【鹿西黄鱼宴特色烹饪培训】 2019年8月19日，区人力社保局、区农业农村局在鹿西岛联合举办鹿西黄鱼宴特色烹饪培训。采取理论学习与实际操作相结合的培训方法，通过讲授“黄鱼宴”的烹饪基本理论、10道黄鱼特色菜制作技艺、刀工勺工基本技能等内容，加强学员基础知识理解，并以实践动手操作为主，培训黄鱼宴蒸、炒、炖、卤特色技艺。培训为期5天，鹿西乡从事民宿经营管理、酒店、大排档等餐饮服务41名学员参加培训。

【洞头区数控车工中级工培训】 2019年9月18日，区人力社保局在杨文工业区举办数控车工中级工技能培训班。创新实施“企业组团、校企合作、业余教学、送教入企”职业技能培训模式，围绕车床基本操作、数控程序编辑等内容，立足企业生产实际，以理论夜学和休息日实操方式克服学员工学矛盾，培训为期一个半月，浙江迪特高强度螺栓有限公司、温州市东启汽车零部件制造有限公司和浙江方舟工程机械设备有限公司等3家公司42名学员参训。

（甘莹莹）

劳动者权益维护

【概况】 2019年，洞头区通过省政府“无欠薪”区创建考核验收。区劳动保障监察大队组织开展清理整顿人力资源市场秩序专项执法行动、“根治欠薪”夏季行动、“根治欠薪”冬季攻坚行动等专项检查，重点做好政府投资项目、交通运输、农林水利等工程建设领域及国有企业根治欠薪工作，全年检查用人单位1529家，向企业下发《劳动保障监察询问通知书》24份、《劳动保障监察限期改正指令书》5份，受理处理投诉举报件及110社会应急联动指令交办件40件，其中投诉举报件受理处理较上年下降47%；劳动保障监察行政处罚（处理）1起，为1036名劳动者（农民工）追发工资1657万元。

2019年9月18日，洞头区举办数控车工中级工技能培训

（区人力社保局提供）

区劳动人事争议仲裁院通过完善预防调解处理、裁审衔接、案件合议、基层调解等制度，优化案件受理、立案、庭审、调解、裁决和送达等操作流程。组织仲裁员学习培训、现场观摩、经验交流等方式，提升仲裁员业务综合处理能力。全年受理处理劳动人事争议案件81起，涉及仲裁标的297.05万元，其中案前调解49起，立案26起，庭前调解31起，裁决1起，调解结案率98.77%。

【洞头区创成省级首批“无欠薪”区】2019年11月25日，浙江省根治欠薪工作领导小组办公室通报2018—2019年度“无欠薪”建设考核结果，洞头区通过考核验收，创成省级“无欠薪”区。洞头区自启动省级“无欠薪”区创建后，通过报纸、横幅、微信、短信、户外电子屏等载体宣传。围绕各在建工程有关制度落实，特别是用工实名管理、人工费用和其他工程款分账管理、银行代发、施工现场维权项目信息、按月足额支付工资、农民工工资保证金等问题。通过事前、事中和事后全方位建章立制，构建“上下贯通、有机衔接、环环相扣”工作链，全年受理欠薪案件17起，为1036名劳动者追发工资1657万元，其中事件数、金额较上年度分别下降32%、34.25%。联合住建、工务局等部门在域多次开展专题培训，加强“无欠薪”工作落实培训指导。建立督办制度，采取挂牌督办、限时办理、结案销号，保障劳动者及时拿到工资报酬。12月25日，列为温州“无欠薪”建设示范区。

【人力资源市场专项执法】2019年，洞头区出动检查人员51人次，检查用人单位118户，其中职业中介机构4户，劳务派遣用人单位5家，其他用人单位109户，涉及劳动者2370人，督促和指导用人单位与职工依法签订劳动合同340多份。

【“根治欠薪”行动】2019年，洞头区组织开展“根治欠薪”行动。其中“根治欠薪”夏季行动，实施“三查两清零”，与各部门开展联合检查6次，出动50余人次，检查用人单位142家，检查在建工程19个，涉及政府投资工程项目10个，涉及人数4610人，其中农民工214人。未发现拖欠农民工工资及违反工时、休息休假规定和违反防暑降温管理等违法违规行为。开展“根治欠薪”冬季攻坚行动，全区出动检查人员212人次，检查用人单位106家，其中在建工程项目30个，政府投资项目22个；共涉及人数1882人，其中农民工1339人；全区未发现欠薪立案案件和极端讨薪事件，政府投资项目、国企项目、交通、水利等工程建设项目未发生“一票否决”事项。

（周必杰、王秉宇）

民政事务管理

【概况】2019年，洞头区全国首创社会救助尽职免责办法，入选民政部2019年度社会救助领域十佳创新实践案例。全年发放低保金1374.1万元。特困人员基本生活费标准达1175元/月、散居孤儿生活费标准达1315元/月。募集各类善款善物折合723万元，慈善救助支出442.63万元。率全市之先完成村（社区）规模优化调整，创成省级农村引领型社区和完善型社区各1个。实现“智慧村社通”覆盖率100%，全面修订村（居）村规民约（居民公约）。完成全区169家社会组织党建指导员派驻，建立社会组织实体党支部19家。全年通过社工专业考试62人，新聘持证社工20名。建成投用区殡仪服务中心，改造完成私坟生态化示范点建设3处，建成节地生态葬法示范墓园5座，温州市社会福利养老院（洞头项目）完成桩基施工,洞头亦家康养中心基本建成,南霓湾养老服务中心项目开展设计。建成街道（乡镇）示范型居家养老服务中心5家、四星级养老服务机构5家、三星级养老服务机构16家,免费发放一键通服务终端2000余台。承接养老服务中心省级康养体系建设试点。出台《洞头区地名管理实施办法（试行）》，完成洞头乐清行政区域界线联合检查，评审确定地名列入洞头区第三批地名文化遗产保护名录2处。扫描完成全区所有历史婚姻档案，实现结婚生育户口“一件事”联办，全年办理结婚登记747对，离婚登记412对，办证准确率和登记合格率均100%。

是年，区民政局获2019年度全省“民政工作考核先进县（市、区）”称号，民政工作获市级考核优秀单位。

【洞头区丧葬礼俗活动整治】为深入推进移风易俗工作，全面革除丧葬活动陈规陋俗，根据国务院《殡葬管理条例》和《浙江省殡葬管理条例》以及中央、省、市移风易俗相关规定，2019年12月9日，洞头区殡葬改革领导小组制定《关于进一步规范整治全区丧葬礼俗活动的实施意见》（洞殡改〔2019〕2号），实行丧事活动严格执行殡仪活动“八个严禁”▲。规定2019年12月31日零时起北岙街道、东屏街道所辖村居（社区）丧事活动统一集中到区殡仪服务中心办理。实行报告公示制度、事前告知制度、联动巡查制度、违规处置制度、督查通报制度。元觉街道、霓屿街道所辖村居（社区）2020年7月1日零时起实行。灵昆街道、大门镇、鹿西乡丧事活动根据实际，自行设置守灵中心，引导群众丧事集中办理。

▲“八严禁”：严禁违规治丧、严禁超期办丧、严禁丧事扰民、严禁大操大办、严禁违规使用车辆、严禁封建迷信活动、严禁违规墓葬、严禁违规经营。

【洞头区殡仪服务中心建成投用】 2019年12月31日，洞头区殡仪服务中心正式投用。该工程位于北岙街道东郊村尾坑自然村，2016年7月1日开工建设，概算总投资 5558.3万元，总用地面积24160.2平方米，总建筑面积9854.73平方米，其中地上建筑面积8578.04平方米，地下室1276.69平方米，为三层庭院式建筑,设计殡仪服务能力2000人次/年。工程建设单位为洞头区工务局、设计单位为杭州中瀚建筑设计有限公司、施工单位为温州建都建筑装饰有限公司、监理单位浙江南正项目管理咨询有限公司。

【温州市社会福利养老院（洞头项目）桩基动工】 2019年9月17日，温州市社会福利养老院（洞头项目）动工，开始设计试桩。该项目位于洞头区霓屿街道布袋岙片区C—17地块，是洞头撤县设区后市级公共服务设施第一个落户洞头项目，是洞头区域内规模最大养老服务设施项目。项目占地面积1.38万平方米（约合20.67亩），建筑面积约1.38万平方米，总投资8992万元，设计床位300张，为全市首家集指导、实训、医养融合为一体多功能示范护理型养老机构。项目工期818天。工程建设单位为温州市社会福利养老院、代建单位为温州市城乡建设投资有限公司、勘察单位为温州工程勘察院有限公司、监理单位为温州华夏建设监理有限公司。

【婚姻登记管理】 2019年，区民政局完成全区历史婚姻档扫描案，实现结婚生育户口“一件事”联办，全年办理结婚登记747对，离婚登记412对，办证准确率和登记合格率均100%。区妇联与基层妇联联动，全面排查婚姻家庭矛盾纠纷700余起，开具家庭暴力告诫书26起，为受暴妇女提供法援6起，开具人身保护令4起。

【殡葬管理服务】 2019年，洞头区出台《关于进一步规范整治全区丧葬礼俗活动的实施意见》，实行丧事活动严格执行殡仪活动“八个严禁”。建成投用区殡仪服务中心，实行丧事集中办理。改造完成北岙东郊村、大门小荆村、鹿西鹿西村私坟生态化示范点建设3处，建成北岙、东屏、大门、元觉、霓屿等地节地生态葬法示范墓园5座。实现“私坟禁新”治理率、“四边区域”治理率、骨灰流向跟踪率均100%。

温州市社会福利养老院（洞头项目）效果图　　（区民政局提供）

【洞头区地名管理实施办法试行】 为加强地名管理，实现地名规范化、标准化，方便人民群众生产生活，适应经济社会发展的需要，根据《国务院地名管理条例》《浙江省地名管理办法》《温州市地名管理办法》等规定，2019年2月18日，区政府印发《洞头区地名管理实施办法（试行）》（洞政办发〔2019〕9号），包含总则、职责分工、地名命名标准、地名命名和更名及销名程序、标准地名的使用、监督和附则等六章20条内容。自2019年4月1日起施行。

【地名管理】 2019年，洞头区出台《洞头区地名管理实施办法（试行）》，完成洞头乐清行政区域界线联合检查，联合4部门出台《洞头区第三批地名文化遗产保护名录》，评审确定胜利岙、虎头屿国际灯塔等地名列入保护名录。完成《浙江省地名词典（上卷）》（洞头篇）编撰。推出洞头地名微电影《洞头地名之半屏山》。全年提供地名相关地名事项服务800余例。

社会救助

【概况】 2019年，洞头区新增低保、低边对象128户261人，取消低保、低边对象439户912人。全区在册低保对象1114户1730人，低保边缘对象1093人，全年发放低保金1374.1万元。全区特困人员78人，全年累计发放特困供养生活补助金107.9万元。开展低保专项治理，全年支出临时救助资金57.25万元，救助153户373人。支出“救急难”资金13.13万元，救助11名救急难对象。全国首创社会救助尽职免责办法，入选民政部2019年度社会救助领域十佳创新实践案例。

【特困人员供养】2019年，全区共有特困人员78人，特困人员供养标准为每人每月1775元，全年累计发放特困供养生活补助金107.9万元。其中，分散供养生活补助59.3万元，集中供养生活补助48.59万元。

【流浪乞讨人员救助】2019年，洞头区累计接待和劝导各类流浪乞讨救助人员151人次，实现流浪乞讨人员站外零滞留，帮助流浪救助对象寻获亲人3名。累计支付医疗费用40余万元,收治精神异常流浪对象6名。

【社会救助尽职免责办法获全国社会救助领域十佳创新实践案例】2019年10月29日，区民政局联合区纪委监委出台《温州市洞头区社会救助尽职免责办法（试行）》（洞纪〔2019〕96号），办法明确10种具体适用情形和7种不予免责情形，把主观上尽职尽责、客观上因难以预见等因素造成工作失误与不作为、不担当行为区分开来。相关做法得到省民政厅批示，作为浙江省唯一入选民政部2019年度社会救助领域十大创新实践案例。

2019年洞头区特困对象分布情况表

表61

序号	街道（乡镇）	集中供养	自愿散养
1	北岙街道	13	13
2	灵昆街道	2	2
3	大门镇	9	2
4	东屏街道	3	19
5	元觉街道	3	1
6	霓屿街道	1	4
7	鹿西乡	0	6
合计		31	47

（区民政局提供）

社会福利

【概况】2019年，洞头区建成街道（乡镇）示范型居家养老服务中心5家，实现街道（乡镇）全覆盖。探索“康复处方”模式，开展养老服务中心省级康养体系建设试点，开展康复护理服务600余人次。推进50家养老服务机构开展医养结合服务，村级居家养老服务照料中心实现社会化运营32家，完成困难家庭适老化环境改造30户，建成2家50张床位以上养老机构微型消防站。建成四星级养老服务机构5家，三星级养老服务机构16家。组织开展养老护理（老年照料）专项技能培训339人次，免费发放一键通服务终端2000余台。累计建成老年食堂38家，助餐、配送餐服务村居覆盖率56.5%，受益老人900余人。组织养老服务机构参与星级评定工作。完成养老服务机构参与星级评定13家。

【省级康养体系建设试点创建】2019年，洞头区启动元觉街道养老服务中心开展康养试点工作，通过开辟康复护理功能区域、添置康复护理设备，组建专职康复护理小组，以双向服务、医养结合、有效培训等途径为老年人提供贴心服务。试点期间，累计完成上门需求调查及ADL评估1439份，制定康复处方（个案）30份，开展康复护理宣教活动5次，群体康复护理服务10次，个案康复护理服务500人次，上门康复护理服务100人次。老年食堂助餐服务覆盖46个村居，居家养老服务照料中心医养合作50家，居家养老上门服务老人795人，均完成全年任务。居家养老服务机构实行社会化运营23家。

【街道（乡镇）示范型居家养老服务中心实现全覆盖】2019年，洞头区累计投入建设资金1019万元，下达补助资金560万元，建成街道（乡镇）示范型居家养老服务中心5家，分别是北岙街道养老服务中心、灵昆街道养老服务中心、东屏街道养老服务中心、霓屿街道养老服务中心、鹿西乡养老服务中心，提前三年实现街道（乡镇）全覆盖。

【养老服务设施建设】2019年，洞头区推进示范型养老服务中心建设。灵昆街道养老服务中心建成投用，霓屿街道、鹿西乡养老服务中心完成工程建设并与社会化运营团队签订试运行合同，北岙街道、东屏街道养老服务中心开展内部装修。引导社会力量投资养老事业，霓屿街道钱江电视希望小学校舍改建养老项目（洞头亦家康养中心）完成工商注册，设计床位216张。配合市民政局推进温州社会福利养老院（洞头项目）推进建设，完成总投资金额1200万元。

【儿童福利保障】2019年，全区留守儿童533人、困境儿童32人、孤儿9人。社会散居孤儿生活费标准从1213元/月提高到1315元/月，全年发放生活补助13.743万元。开展贫困家庭重病和残疾儿童集中养育康复“添翼计划”，组织9名符合条件对象开展集中筛选，确定特殊儿童2名参加“添翼计划”康复活动。走访慰问15名困难家庭儿童，发放慰问金3万元。

2019年洞头区居家养老服务照料中心一览表

表62

序号	乡镇（街道）	城乡社区照料中心名称	建成时间
1	北岙街道	北岙街道城南社区居家养老服务照料中心	2016年
2	北岙街道	北岙街道大长坑村居家养老服务照料中心	2016年
3	北岙街道	北岙街道大王殿村居家养老服务照料中心	2018年
4	北岙街道	北岙街道东沙村居家养老服务照料中心	2016年
5	北岙街道	北岙街道隔头村居家养老服务照料中心	2015年
6	北岙街道	北岙街道九仙村居家养老服务照料中心	2016年
7	北岙街道	北岙街道打水鞍社区居家养老照料中心	2012年
8	北岙街道	北岙街道三盘社区居家养老服务照料中心	2017年
9	北岙街道	北岙街道小长坑居家养老服务照料中心	2018年
10	北岙街道	北岙街道小朴村居家养老服务照料中心	2015年
11	北岙街道	北岙街道小三盘村居家养老服务照料中心	2016年
12	北岙街道	北岙街道新城社区居家养老照料中心	2013年
13	大门镇	大门镇岙底村居家养老服务照料中心	2015年
14	大门镇	大门镇岙面村居家养老服务照料中心	2017年
15	大门镇	大门镇朝阳社区居家养老服务照料中心	2016年
16	大门镇	大门镇大荆村居家养老服务照料中心	2016年
17	大门镇	大门镇大溪居家养老服务照料中心	2017年
18	大门镇	大门镇甲山村居家养老服务照料中心	2017年
19	大门镇	大门镇仁前途村居家养老服务照料中心	2017年
20	大门镇	大门镇潭头村居家养老服务照料中心	2015年
21	大门镇	大门镇乌仙头村居家养老服务照料中心	2017年
22	大门镇	大门镇小荆村居家养老服务照料中心	2016年
23	大门镇	大门镇寨楼村居家养老服务照料中心	2017年

续表62

序号	乡镇（街道）	城乡社区照料中心名称	建成时间
24	东屏街道	东屏街道岙仔村居家养老服务照料中心	2016年
25	东屏街道	东屏街道大瞿南策村居家养老服务照料中心	2016年
26	东屏街道	东屏街道洞头村居家养老服务照料中心	2015年
27	东屏街道	东屏街道后垅村居家养老服务照料中心	2017年
28	东屏街道	东屏街道寮顶村居家养老服务照料中心	2016年
29	东屏街道	东屏街道外埕头村居家养老服务照料中心	2016年
30	东屏街道	东屏街道中仑村居家养老服务照料中心	2017年
31	灵昆街道	灵昆街道海思村居家养老服务照料中心	2016年
32	灵昆街道	灵昆街道灵北社区居家养老服务照料中心	2014年
33	灵昆街道	灵昆街道灵东社区居家养老服务照料中心	2014年
34	灵昆街道	灵昆街道沙塘村居家养老服务照料中心	2014年
35	灵昆街道	灵昆街道灵西社区居家养老服务照料中心	2014年
36	鹿西乡	鹿西乡东臼村居家养老服务照料中心	2017年
37	鹿西乡	鹿西乡鹿西村居家养老服务照料中心	2016年
38	鹿西乡	鹿西乡山坪村居家养老服务照料中心	2015年
39	鹿西乡	鹿西乡扎不断村居家养老服务照料中心	2015年
40	霓屿街道	霓屿街道长坑垄村居家养老服务照料中心	2016年
41	霓屿街道	霓屿街道郎等村居家养老服务照料中心	2016年
42	霓屿街道	霓屿街道布袋岙村居家养老照料中心	2012年
43	霓屿街道	霓屿街道上社村居家养老服务照料中心	2016年
44	霓屿街道	霓屿街道石子岙村居家养老服务照料中心	2016年
45	霓屿街道	霓屿街道同兴村居家养老服务照料中心	2016年
46	霓屿街道	霓屿街道下郎村居家养老服务照料中心	2017年
47	霓屿街道	霓屿街道下社村居家养老服务照料中心	2016年
48	霓屿街道	霓屿街道正岙村居家养老服务照料中心	2015年
49	元觉街道	元觉街道花岗村居家养老服务照料中心	2017年
50	元觉街道	元觉街道活水潭村居家养老服务照料中心	2016年
51	元觉街道	元觉街道小北岙村居家养老服务照料中心	2016年
52	北岙街道	北岙街道鸽尾礁村居家养老服务照料中心	2018年
53	北岙街道	北岙街道东郊村居家养老服务照料中心	2018年
54	灵昆街道	灵昆街道灵南社区居家养老服务照料中心	2018年
55	灵昆街道	灵昆街道北段村居家养老服务照料中心	2018年
56	鹿西乡	鹿西乡口筐村居家养老服务照料中心	2018年
57	东屏街道	东屏街道垅头村居家养老服务照料中心	2018年

（区民政局提供）

基层社会管理

【概况】截至2019年年底，洞头区依法登记社会组织275家。其中：社会团体143家，民非（民办非企业单位）131家，基金会1家。成立登记社会团体30家，变更30家，注销6家。组织开展2019年度社团、民非单位年检工作，年检率100%。开展社会组织党建引领，完成全区169家社会组织党建指导员派驻，建立社会组织实体党支部19家。制定社会组织重点培育发展名单，指导扶持海霞妈妈平安志愿者服务协会、溢香救援服务中心等社会组织规范发展，重点打造海岛特色的民间应急救援组织——溢香救援服务中心参与“安全港湾”公益项目。引导社会组织参与“利奇马”台风灾后重建工作9家，出动志愿者579人，转移群众602人，免费发放物资8.6万元。新增社会组织列入承接政府职能转移和购买服务资质目录6家，投入20万元扶持未成年人心理健康、社区“爱心超市”、大病救助帮扶、和谐社区创建、平安社区外墙排查等公益创投项目发展9个，实现社会组织“双随机”实地检查率100 %。建立健全社会组织异常名录和严重违法失信名单，强化社会组织信用管理，移除注销社会组织负面名单3家。全年新聘持证社工30名，通过社工专业考试62人，其中助理社会工作师通过53人，社会工作师通过9人。截至年底，全区有持证社工236人，其中国家级社会工作师48人、国家级助理社会工作师188人。

【基层区划组织】2019年，洞头区行政区划代码为330305。辖街道5个、镇1个、乡1个，含城市社区16个，未改制居2个，行政村74个。率全市之先完成村（社区）规模优化调整，调减行政村19个，增加城市社区8个，新村1个。推进基层组织增效减负，创成省级农村引领型社区和完善型社区各1个。试点开展阳光村务一掌通——村级小微权力监管平台建设，启用并实现全区村（社）“智慧村社通”平台全覆盖，完成全区村（居）村规民约（居民公约）修订工作，牵头完成“两岸一家亲·社区治理行”交流分享会。

北岙街道辖岭背社区、上新社区、城中社区、新城社区、银海社区、打水鞍社区、城南社区、三盘社区、风门社区、九厅社区、小朴社区、大长坑村、小长坑村、柴岙村、海霞村、鸽尾礁村、大王殿村、东沙村、双垅村、小三盘村、大朴村、东郊村、九仙村、隔头村、白迭村。

灵昆街道辖王相村、叶先村、海思村、沙塘村、双昆村、上岩头村、周宅村、北段村、九村村。

大门镇辖朝阳社区、甲山社区、长沙社区、美岙村、寨楼村、豆岩村、杨梅田村、仁前途村、营盘基村、小门村、东屿村、乌仙头村、大荆村、小荆村、岙底村、岙面村、潭头村、西浪村、东浪村、石浦村、沙枫港村、观音礁村、大溪居、兰湖洞居。

东屏街道辖蓝港社区、半屏社区、中仑村、后坑村、东岙村、东岙顶村、垅头村、惠民村、后寮村、寮顶村、岙仔村。

元觉街道辖花岗村、沙角村、活水潭村、沙岗村、深门村、状元村、小北岙村。

霓屿街道辖布袋岙村、石子岙村、同兴村、桐岙村、上社村、下社村、下郎村、朗等村、正岙村、长坑垄村。

鹿西乡辖鹿西村、口筐村、东臼村、昌鱼礁村、山坪村、扎不断村。

（叶升策）

【新居民管理服务】截至2019年年底，洞头区在册流动人口15082人，其中男性10863人，女性4219人，新登记24909人，注销12785人；在册出租房2961间，全年累计新登记340间。

2019年，区公安分局强化流动人口服务管理，制定出台《关于异地务工人员子女义务教育阶段在洞头区就读入学的实施意见》，在全区范围内实行“居住积分入学”，激发流动人口办证积极性,提升居住证“含金量”和办证及时率。强化“乡情警务”模式，发挥警务室在联系群众、服务群众、发动群众作用。全年为辖区新来流动人口办理居住证3505张,电子居住证申领数784个，电子居住登记凭证申领数3317个，打击重点高危人员6名，高危人口列管率1.51%。

（白国栋）

退役军人事务管理

【概况】2019年1月，根据洞头区机构改革部署，区民政局退役军人优抚安置职责，区人力资源和社会保障局军官转业安置职责等整合，组建区退役军人事务局，为区政府工作部门。2019年，洞头区完成区退役军人服务中心、7个街道（乡镇）和92个村居服务站建设，举办全省首次服务站工作人员业务培训；完成退役军人信息采集录入。举办2019年首场退役军人专场招聘会，全年提供公安特警、驾驶员等岗位。联合溢香国际大酒店成立洞头退役军人就业实训基地；走访慰问困难退役军人、重点优抚对象270余人，组织重点优抚对象座谈会和体检、康养等工作。全区范围内行政审批事项实现“一证办理”，缩减材料50%以上，缩减时间60%以上推进符合政府安排工作退役军人保险接续工作，受理审核率100%，位居全市首位；化解历史遗留问题。开展洞头“最美退役军人”评选和入户表彰工作举行清明烈士祭奠和“9·30”烈士纪念日敬献花篮活动；组织退役军人代表重走“解放洞头之路”；开展春节、“八一”建军节期间驻岛部队、退役军人慰问活动；举办庆“八一”文艺晚会、军民趣味运动会等活动。陈盈盈获评“全国模范退役军人”“浙江省优秀退役军人”称号，东屏街道获“浙江省爱国拥军模范单位”称号。

【**双拥工作**】2019年，洞头区退役军人事务局配合温州市创成“省级双拥模范城”，组织开展为驻岛部队办实事活动，完成厨房改造、篮球场改造等项目；开展“情暖退役军人行”活动，实现困难退役军人、重点优抚对象及其他退役军人军属走访慰问全覆盖；开展洞头“最美退役军人”评选和入户表彰工作，其中陈盈盈获“全国模范退役军人”称号；开展烈士纪念褒扬工作，举办清明烈士公祭和“9·30”烈士纪念日活动；组织发动退役军人志愿者队伍，配合街道（乡镇）开展平安巡逻、抗台救灾等工作；开展“双拥月”系列活动，举办重点优抚对象、残疾退役军人座谈会、庆“八一”文艺晚会、军民趣味运动会等活动。完成全区退役军人信息采集工作，建立退役军人信息档案，截至年底，全区完成退役军人光荣牌上门悬挂任务，光荣牌悬挂率100%。深化“最多跑一次”改革，72项退役人办事事项全部实现“掌上办、网上办”。全年走访服务3408人次。

【**优抚安置**】2019年，区退役军人事务局完成随军家属4名、转业军官干部1名和转业士官3名安置任务；开展重点优抚对象体检、康养工作74名；与邮储银行洞头支行合作推出“退役军人服务卡”，为退役军人提供创业担保贷等金融优惠服务；举办2019年首场退役军人专场招聘会，邀请10家本地企业为退役军人提供近100个就业岗位；举办退役士兵返乡“五个一”系列欢迎活动和退役士兵座谈会，组织退役士兵参观家乡成就展，与长运公司签订合作协议，为退役士兵提供职业技术培训服务，联系企业为返乡士兵安排就业岗位；成立温州市关爱退役军人协会洞头工作站。

【**洞头区“最美退役军人”评选活动**】2019年4月，为深入学习贯彻总书记习近平关于退役军人工作重要指示精神，加强思想政治引领，讲好退役军人故事，展现退役军人风采，推动在全社会形成尊崇军人、争当先进意识和行动自觉，区委宣传部、区人武部、区退役军人事务局联合开展“最美退役军人”评选活动，经广泛发动、择优遴选、综合评审、集中公示，最终洞头水产公司离休干部王清获评洞头区“最美退役军人”荣誉奖，洞头先锋女子民兵连陈盈盈、温州市快乐之本社工服务中心林加帅、洞头区关爱帮扶志愿队林玉杯、洞头区北岙街道三盘社区居民委员会朱元标、洞头区灵昆街道王相村村委会姚慧斌、温州添尚电子信息技术有限公司杨建立、洞头区爱加壹社工服务中心李文龙、洞头区百货责任有限公司退休职工王进招、霓屿派出所黄文达、温州市图盛供电服务有限公司洞头分公司欧婵娴等10人获评“最美退役军人”。

【**退役军人专场招聘会**】2019年6月6日，洞头区退役军人事务局举办2019年首场退役军人专场招聘会，招聘会设置退役军人招聘专岗100个，岗位类型包括管理类、销售类、技术类等类别，月薪从

2019年6月6日，举办2019年洞头首场退役军人专场招聘会

（区退役军人事务局提供）

3000元到12000元不等。参加招聘退役军人65人，达成就业意向35人。

社会保障

【概况】截至2019年年底，洞头区各项社会保险基金（包括养老、医疗、工伤、生育、失业）收入54731万元，与上年同比，增加1510万元，增长3%；支出57499万元（其中划转失业保险基金用于职业技能提升行动资金1200万元），与上年同比，增加支出8201万元，增长17%；本年结余赤字2768万元，滚存结余72947万元。其中养老保险总收入53679万元，支出53996万元，本年结余赤字317万元，累计滚存结余67770万元；工伤保险基金总收入429万元，支出477万元，本年结余赤字48万元，累计结余2132万元；失业保险基金总收入623万元，支出3026万元（其中划转失业保险基金用于职业技能提升行动资金1200万元），本年结余赤字2403万元，累计结余3045万元。

全年机关事业养老保险参保5839人，其中退休1441人；企业养老保险参保35227人，其中退休10548人；城乡居民养老保险参保40253人，其中领取待遇16434人；被征地(退渔)渔农民基本生活保障覆盖至6个街道（乡镇）86个村，参保人数8257人，其中领取待遇4892人。工伤保险参保33243人，其中建筑施工企业15552人。失业保险参保11938人。

2019年，洞头区持续推进社保全民参保扩面工作，截至年底，全区（含灵昆）基本养老保险参保12.03万人，参保率为98.07%，完成省市下达98%参保目标任务。全面推进社保卡和电子社保卡申领推广工作，实现应发尽发，应领尽领。作为首个市级应用集中试点区（县），2019年7月1日，率全市之先完成社保信息系统市级应用集中任务，市级业务系统经办业务上线。

【市医疗保障局洞头分局成立】2019年1月，根据洞头区机构改革部署，区人力资源和社会保障局城镇职工和城镇居民基本医疗保险、生育保险、新型农村合作医疗职责，区发展和改革局（区物价局）药品和医疗服务价格管理职责，区民政局医疗救助职责及相关部门药械集中采购和监督管理有关职责整合，组建市医疗保障局洞头分局，作为市医疗保障局派出机构，为正科级单位。3月，根据《温州市医疗保障局洞头分局职能配置、内设机构和人员编制规定》，设立办公室（挂政策法规科牌子）、综合业务科、基金监管科（挂智慧医保科牌子）和机关党支部。行政编制7名（含事业单位行政职能回归的统筹编制2名）。

【社保系统市级应用】2019年，洞头区根据《关于印发温州市人力社保信息化市级集中实施方案的通知》（温人社办发〔2017〕14号）要求，试点推行应用市级集中工作，经过业务规范整理、市级应用集中技术规范制定、洞头区业务流程再造、信息系统升级改造、数据整合迁移、系统功能测试、组织操作培训、协调联系、系统试运行、系统切换上线等流程，2019年7月1日，洞头区以独立统筹区方式实现市级集中，上线经办业务，实现“一网通办，同城通办”。

【机关企事业城乡退休人员待遇调整】2019年，根据省人力资源和社会保障厅、省财政厅《关于2019年调整退休人员基本养老金的通知》要求，洞头区同步调整机关事业单位和企业退休人员基本养老金。惠及全区退休人员11418人，机关事业人均月增资274.78元，企业人均月增资128.43元，2019年1月1日起执行。7月24日，机关事业退休人员所增加基本养老金发放到位；7月31日，企业退休人员8月正常养老金与增资部分发放到位。2019年1月起，全区城乡居民退休人员基础养老金标准由每人每月190元调整为每人每月215元，区社保中心发放80—89周岁城乡居民退休人员高龄补贴每人每月50元，区民政部门发放90周岁以上高龄补贴，惠及全区城乡居民退休人员1.6万人，全区符合条件城乡居民基本养老保险覆盖率98%。

【审批服务】2019年，洞头区推进“一件事”联办，率先启动退休“一件事”联办，通过“一窗”受理、“一张表单”联办、“一个平台”流转，实现涉及18个部门25个事项 “退休一件事”从“跑多次”“跑多处”到“跑一次”。推行智慧人社工作，利用“互联网+人社服务”。落实灵活就业人员参保登记全程“掌上办”，让办事群众在家就能办理参保登记，实现参保人员“跑零次”服务；推介电子社保卡服务功能，方便群众办事。

【医疗保险服务管理】2019年，区医保局联合财政、卫健局制定《洞头区医疗卫生服务共同体医疗保险总额结算支付方式改革实施意见（试行）》《洞头区基本医疗保险医疗费用总额预算实施细则（试行）》等一系列医保支付方式改革。结合“高血压糖尿病基层首诊分诊制度”及城乡慢病管理办法，制定适合本区域医保支付机制，14种常见病纳入城乡居民门诊规定病种范围，把基层门诊慢性病医疗报销比例从现行50%统一提高到60%，放宽配药时限至12周，实行慢性病连续处方制度，推出两家连锁药店慢性病药品第三方配送服务。22项医保业务下放至13个基层网点。构建医疗救助一站式结算流程，确保全区特困供养、低保、低边等五类人员参保率和医疗救助率100%落实。联动民政部门实现数据精准报送，定期全面开展系统数据倒查，累计梳理数据5671人，主动提醒22人次，贫困人口医疗救助395人、医疗救助242.82万元。全年共稽核外伤553人次，查处违规记录45人次，首次对4家违规定点药店做出暂停协议处理，追回资金78.2万元。

【电子社保卡应用上线】2019年8月，洞头区上线温州电子社保卡应用。市民看病无需携带实体社保·市民卡，可通过手机出示温州市民卡APP或支付宝APP上电子社保卡（电子健康医疗卡）二维码，完成就医流程并实现支付。截至年底，电子社保卡签领2.36万张，签领率17.28%。

【全市首家刷脸购药医保结算定点药店】2019年12月19日，一正药房人本店刷脸购药成功试运行，为全市首家支持刷脸购药医保结算的定点药店。全程不用医保卡，利用人脸生物特征识别技术对参保人员进行核验，系统自动识别患者身份、最近诊断情况、开什么药、是否存在药物过敏等，有效规避串换、冒名、空刷、人卡不符等医保违规行为发生。市民通过支付宝、温州市民卡APP申领电子社保卡，根据要求把脸对准扫描框内，人脸扫描完毕，系统确认是本人，自动完成医保结算。

（魏飞星 叶明磊）

民族宗教工作

【概况】2019年，洞头区有宗教场所84处（不含灵昆街道），其中佛教场所11处，基督教场所16处，道教场所57处，登记备案宗教教职人员63名。实行区四套班子领导全部挂钩联系宗教活动场所及宗教界代表人士，所有宗教活动场所全部配备三人驻堂小组及村居网格员，实现"五进场所"全覆盖，完成宗教活动场所视联网电源改造工作，实现全区宗教活动场所财务100%上线。推进平安宗教场所创建、宗教领域"四治"专项治理、宗教领域行政执法等重点工作，持续组织宗教界人士开展政策法规学习，强化民间信仰事务管理。指导举办洞头区第九届放生节、第十届中国·洞头妈祖平安节及禅武文化节，协助推进佛教文化园建设。帮助寮顶民族村推进少数民族特色村寨建设等各项工作。

【洞头区宗教及民间信仰活动场所专项规划编制】为贯彻落实市委市政府关于加强全市宗教与民间信仰活动场所合理规划布局指示精神，有序推动洞头区宗教活动场所及民间信仰活动场所整合与合理布局，2019年，洞头区民族宗教事务局委托上海申都设计集团有限公司完成《洞头区宗教及民间信仰活动场所专项规划(2018—2035)》编制工作。规划范围为洞头区行政辖区范围（不含灵昆），规划对象为依法登记的佛教、道教、基督教三大教寺观教堂和其他固定处所（不包括附属点）及民间信仰活动场所。提出通过现状保留、场所内改建新建、扩建迁建等规划措施，"总量适当、分类引导、分级控制、合理布局"的总体策略，逐步实现"整合减量·传承提升·和谐共融"的总体目标。

【寮顶村入选浙江省少数民族十佳特色村寨培育名录】2019年4月，浙江省公布第二批省少数民族十佳特色村寨示范培育名录，东屏街道寮顶民族村等10个村入选。评选初期全省各地共评选出民族村30个，经各地区组织互观互评精选出20个民族村。3月，省民宗委组织专家组实地考察各地村集体和村民收入、村庄规划和建设、文化传承和弘扬、特色产业融合等方面情况，推选出入围第二批浙江省少数民族十佳特色村寨培育名录民族村。东屏街道寮顶村打造海岛民族花园村庄样板，围绕村居环境、产业发展等方面不断探索，美丽经济显现。成立乡贤理事会，以乡贤榜样带动村民共建乡村；开展最美家庭、最美邻里等活动，提升村民自觉维护村居环境意识。组织开展"寻根旅程"，启动少数民族乐器馆、服饰馆等展馆筹建工作，建成少数民族共赢之路、少数民族特色风情墙等少数民族文创阵地，启动五十六个民族精品民宿建设工程，探索把基础农业与旅游业紧密结合，带动特色文化产业、生态观光业等绿色产业发展。先后获评省民族团结进步小康村、省森林村庄、省卫生村、温州市十大最美村庄等荣誉。

【百岛讲坛宗教工作专题】2019年6月20日，洞头百岛讲坛邀请市委统战部副部长、市民族宗教事务局局长金国平做"2019年宗教形势与工作"专题讲座，主题是"深刻领会宗教政策法规，推进宗教中国化进程"。金国平从宗教定义、特性和发展切入，分析当今世界和中国宗教工作基本情况，阐述宗教工作重要性，高度概括中国宗教工作基本方针和相关法律法规主要内容，就如何推进宗教中国化进程提出意见建议。区四套班子领导、区人武部政委；区法院院长、区检察院检察长、各乡镇（街道）及区直有关单位领导干部、区政协委员代表、区企业家代表等150多人参加。

【**洞头区第九届放生节**】2019年11月6日，以“养海护生，感恩海洋”为主题的洞头区第九届放生节成功举行，社会各界及群众一同将45万尾优质鱼苗放流入海。市民宗局副局长马建新，区领导刘素婷、林海珊、叶锦丽、张释忠等出席活动。活动由市民政局和区统战部、区农业农村局指导，市佛教协会主办，区佛教协会、中普陀寺承办。

【**中普陀寺三坛大戒法会**】2019年11月15日—12月15日（农历十月十九日至十一月廿日），中普陀寺举办传授三坛大戒法会，法会由浙江省佛教协会主办，洞头区中普陀寺承办，近300名戒子圆满得戒。

【**第四届禅武文化节**】2019年12月21日—28日，洞头区第四届禅武文化节举行。包含举办浙江省拳击俱乐部冠军联赛、WBA中国区金腰带争霸赛及禅武研讨会、书画展等活动。活动由浙江省拳击协会、洞头区禅武文化促进会主办，浙江瀛洲岛体育发展有些公司承办，浙江省体育总会、洞头区委统战部、洞头区文化和广电旅游局为指导单位。

【**民族团结进步工作**】2019年，洞头区开展民族团结宣传教育，全年创建城市民族“六进”和“四微”平台各8处，全面排摸辖区内外来流动少数民族群众情况，做好各类少数民族群众帮扶工作。全年审核高考少数民族考生加分5人，审核高考少数民族考生优先录取20人，走访慰问少数民族群众100余人。

【**寮顶回族村建设**】2019年，区民宗局指导寮顶民族村开展少数民族特色村寨建设，建成村口特色标志物及民族特色民俗博物馆，寮顶军事坑道文化园基本建成，截至年底，建成民族精品民宿5家。寮顶村入选第二批“浙江省少数民族十佳特色村寨培育名录”和浙江“千村万寨展新颜”展示活动。

（欧阳红杏 方 芳）

老龄工作

【**概况**】2019年年底，洞头区共有60周岁以上老年人2.96万人，占户籍总人口19%，其中80周岁以上高龄老人4395余人。全区有居家养老服务照料中心72家，村（社）覆盖率78.3%，实现社会化运营32家。全年开展康复护理服务600余人次。开展养老护理（老年照料）专项技能培训339人次，免费发放一键通服务终端2000余台。累计建成老年食堂38家，助餐、配送餐服务村居覆盖率56.5%，受益老人900余人。全年省级财政安排养老服务体系建设专项资金224.8万元，市级财政安排养老服务产业政策补助资金320.03万元，累计向上争取各类资金2000余万元。实施老年人协会规范化管理，村居为养老服务中心设置率100%。举办老年人运动会、“老年健康宣传周”、“敬老月”等活动。全年老年电大招收近1900名学员，占老年人数6.5%。组织参加全市举行地掷球、柔力球、可乐球、健身秧歌、乒乓球、象棋、门球和兜球等比赛。

【**百岁老人**】2019年，洞头区100周岁以上老年人5人，其中北岙街道2人，为吕雪和吕秀妹，均100岁；灵昆街道2人，为曹宪坤，104岁；郑翠香，100岁；大门镇1人，为南阿花，100岁。

【**老龄服务**】2019年，洞头区为户籍60周岁以上老年人购买意外伤害保险，全年支出保费40万元，获意外伤害赔偿老人165人，累计赔付92万元。为65周岁以上老年人提供免费体检，并建立健康档案。组织11144名65周岁以上老年人免费体检，建立健康档案。

【**洞头区第34届老年人运动会**】2019年10月17日，区卫健局、区文旅局、区老龄办联合区老年人协会、区老年人体育协会等举办洞头区第34届老年人运动会，街道（乡镇）230余名老年人参加，运动会设置门球、地掷球、兜球3个集体项目和飞镖、打算盘等个人项目。

（林春芬）

关心下一代工作

【**概况**】2019年，根据洞头区机构改革部署，洞头区关工委办更名为洞头区关工委，列为群团机构，挂区老干部服务中心、区老年大学牌子，归口区委组织部管理。联合区政研室等共建洞头特色智库人才队伍，推选区人大机关退休干部支部等10个集体和个人入库。连续五年开展“我为洞头发展献一策”活动。全区离退休干部党支部25家，创成市级“五好”星级支部7家，申请创建6家。区关工委联合区委宣传部、区教育局开展“辉煌70年·我心中的祖国”主题宣讲活动。全年为196位贫困学生发放助学金25.37万元。

区关工委获温州市“墨香单

位”称号,洞头先锋女子民兵连纪念馆被命名为首批“温州市关心下一代教育基地”。

【“五老”品牌建设】2019年，区关工委组织开展“辉煌70年·我心中的祖国”主题宣讲活动，推出“70周年专题”“革命传统”“法制教育”等4个大类14个课题“五老”讲师团课题菜单，为区内外学生、社区服刑人员、机关干部等开展宣讲31场，受众2000余人。推出“五老护苗”在行动载体，开展“辉煌70年老少携游助成长”结对游学、“节俭养德 热爱劳动”莱子包制作等主题教育活动8场。发动各级五老助力假日学校，为青少年教授渔民画、书法、剪纸等传统技艺167场次。为196人发放助学金25.37万元。举办“五老助学大学圆梦”资助见面会，发动东屏街道关工委、关爱帮扶志愿队、大门镇老干部支部等团队，精准结对困境青少年72对。

【“老少携游”活动】2019年，区关工委开展“老少携游”活动的第五年。通过政府购买服务形式，委托洞头嘉媛文化旅游发展有限公司开展“辉煌70年·老少携游助成长”——五老结对游学活动，活动邀请“五老”和他们精准结对孩子参加，“老少”组合20对。活动以大合唱《我和我的祖国》为开场，设置沙滩趣味运动会、海陶体验、感想交流等环节，通过“老少”互动，传承红色基因，增进结对“老少”情感。

【庆祝中华人民共和国成立70周年系列活动】2019年，区关工委举办“老少共贺新中国70周年”文艺演出，走进北岙街道大长坑村文化礼堂，共演出少儿舞蹈《蒲公英的远行》、器乐合奏《百岛欢歌》、表演唱《红歌串烧》等“老少”节目12个。举办“老少共绘中华人民共和国成立70周年”书画展，共展出老干部书画作品52幅，学生作品24幅。联合区图书馆开展“老少共视新中国70周年”祖孙甜蜜庆中秋文化活动，50对祖孙参加做月饼活动。

（甘淑谊）

残疾人事业

【概况】2019年年底，洞头区有持证残疾人3956名，其中肢体残疾人1914人、言语残疾90人、听力残疾483人、视力残疾284人、多重残疾194人、精神残疾505人、智力残疾486人。全年新增办证人数380人，死亡注销135人。全区残疾人享受基本养老和基本医疗保险缴费补贴覆盖率 100%；残疾人意外身故商业保险目标人群覆盖率100%；残疾人大病医疗特殊救助132人，救助资金55.35万元；有康复需求残疾人1694人，康复服务率100%；推进辅助器具配备微改革，发放辅具78件，辅具适配率100%；开展残疾人康复体育进家庭项目，赠送残疾人家庭体育器材与服务50户，实施无障碍改造残疾人家41户；226名残疾人享受每月150元城镇职工养老保险补贴44.63万元；154名残疾学生及贫困残疾人家庭子女享受助学补助40.5万元，6名残疾大学生享受免学费、住宿费6.52万元；全区280户一户多残残疾人家庭发放补助资金30.84万元。接受区委第三巡察组对区残联党组巡察，反馈巡察意见6个，全部整改到位。新制定制度2项，书面检查2人、教育提醒4人，追回多补资金3.53万元。

2019年，北岙街道打水鞍社区获浙江省残疾人工作委员会第二批“浙江省无障碍社区”命名；褚海燕获2019年温州市残疾人职业技能大赛刺绣项目第一名，柯爱秋和叶丽华分别获棒针编织项目第二名和第三名；庄海省和庄建艳分获第二届“最美温州人——最美残疾人”“最美残疾人”和“最美残疾人”提名奖；郑忠霆获温州市残联“奋进新时代，奉献在残联”主题演讲比赛第一名。

【重度残疾人护理补贴标准调整】2019年，区残联联合区财政、区民政出台《关于调整重度残疾人护理补贴标准的通知》（洞财社〔2019〕101号），把听力、言语重度残疾人和视力二级残疾人纳入重度残疾人护理补贴享受对象。全年311人听力、言语重度残疾人和视力二级残疾人享受重度残疾人护理补贴。全年新增重度残疾人护理补贴506人，困难残疾人生活补贴150人，享受重度残疾人护理补贴和困难残疾人生活补贴3301人，发放两项补贴资金846.49万元。

【助残服务领域改革】2019年，洞头区出台《洞头区助残服务领域“最多跑一次”改革“1+X+2”实施方案》，改革举措获人民日报等中央媒体点赞，得到区委书记、区长批示。全年新增残疾鉴定点5个，实现“岛岛有鉴定点、周周有鉴定日”；推出以个人承诺代替公示，强化事后监管，残疾证办理时限由原来33个工作日压缩至1个工作日。打破“一项惠残政策一申请”局限，33项惠残政策申请表集成《残疾人惠残政策通用申请表》，申请材料由原111项减至26项，其中19项政策实现“零材料”申报；运用数据共享信息核查，取消村居和街道（乡镇）审核、公示等环节，涉及跨部门15个事项纳入“一并办”服务事项清单，实现“1证+33事”“一表申请”，同步受理、捆绑审核、一并审批。

【第29次全国助残日】2019年5月19日，是第二十九次全国助残日。5月，区残联开展“群心向党”系列活动、“自强不息·精彩人生”系列活动、“爱心接力”系列活动等三大系列23场次活动。组织残疾人开展“群心向党”演讲比赛、“与爱同行·助力海上花园”活动，组织洞头区福利企业全体残疾员工开展环保等志愿服务、助残宣传，参观“海上花园”活动和福利企业残疾职工联谊活动；举办“主题党日”助残活动，联合开展党员“三服务”，即上门鉴定服务、入户送辅助器具服务、助残“微心愿”服务；举办“同心共建·阳光家园”活动和残疾人事迹宣讲“进礼堂”活动及“感恩母爱·呵护童心”特殊儿童亲子活动等。

【残疾人之家建设】2019年，区残联出台《“残疾人之家”规范化建设补助暂行办法》，建成集康复服务、生活照料、技能培训、文体活动、劳动就业等为一体“残疾人之家” 7个，安置精神、智力和重度残疾人92人，率全市之先实现街道（乡镇）全覆盖。累计开展康复服务460人次、文体活动50余场次，配送来料加工产品560余万件，实现产值8.6万元。

【文化助残“五个一”工程】2019年，洞头区实施送文化助残“五个一”活动，倡导残疾人读一本书、看一份报刊、游一次公园、看一次展览、参加一次文化活动；举办特奥日趣味运动会，选送优秀残疾人运动员到省、市集训，组团参加温州市残疾人旱地冰壶比赛，获听力组三等奖言语组二等奖；庆祝中华人民共和国成立70周年暨“新时代·共芬芳”温州市第十届残疾人文化艺术周特殊艺术进基层北岙街道大长坑文化礼堂巡演。全年举办特殊艺术进文化礼堂活动6场次。

【东西部扶贫帮扶】2019年2月21日，洞头区残联与四川省南部县残联在区政府第一会议签订《东西部扶贫协议》。洞头区帮扶投入南部县贫困残疾人扶贫资金约500万元，其中：财政资金180万元，社会捐赠215.29万元，产业项目分红用于助残104.24万元，区四川省68个结对县助残资金最多；安排贫困残疾人康复、教育、就业等领域扶残助残扶贫重点项目6个，惠及贫困人口2746户。投入帮扶资金60万元，免费无障碍改造重度肢体残疾人家庭7个乡镇100户。筹集社会捐款10.8万元，资助54余名残疾人或残疾人子女成功圆梦大学；为南部县198个重点贫困村设立850个公益性岗位，每人每月发放400元；投入30万元，开办三期贫困残疾人就业技能培训班，培训残疾人150余名。

【“慈善助残 阳光暖居”公益助残活动】2019年，区残联利用残疾人专项调查契机，征集500余户困难残疾人家庭微心愿。1月8日—14日，区残联联合区慈善总会开展“慈善助残 阳光暖居”公益助残活动，购置总价值9万元电冰箱、电视机、洗衣机、电暖风、电磁炉、电饭煲、棉被等生活必需品送到残疾人家中。

（陈时秒）

慈善工作

【概况】2019年，洞头区慈善总会募集善款748.81万元，各类救助支出463.17万元，受众3461人次。全年临时救助困难家庭139户，支出26.17万元；开展慈善助学活动，帮助完成大学生学业44名，支出22万元；举办2019年迎新春慈善宴，为280户困难家庭送去慈善年货大礼包；开展助医、春节大病慰问活动，救助尿毒症、白血病、癌症患者支出28.8万元；重阳节期间慰问特困老人80人次，支出6.4万元；走访慰问现役、退役军人家属8户；用于全区11个村“老年爱心食堂”日常运营支出32万元；支持洞头区东西部扶贫对口地区四川省南部县扶贫捐赠50万元。洞头区慈善总会第一次会员大会第二次会议召开，举行第四季“慈善助残 阳光暖居”活动，支出3万元。开展“爱心卡车暖百岛”系列活动，为226名空巢老人、贫困户、困难残疾人送上夏日避暑物品清凉礼包，爱心物资3.14万元。全区有慈善义工队伍6支700余人。

【洞头区慈善总会大门分会成立】2019年11月18日，洞头区慈善总会大门分会成立，为区慈善总会第四个街道（乡镇）分会。现场收到58份认捐单，筹集善款302.5万元。主要用于大门本地医疗卫生、教育教学、居家养老服务等方面。

【慈善一日捐】2019年3月1日至4月10日，洞头区开展2019年“慈善一日捐”活动，已连续开展16年。全区各级党政机关、驻岛部队、各民主党派，企事业单位、社会团体的广大干部职工和社会各界人士自愿捐赠一日收入，企业单位捐赠一日利润，党政机关、事业单位、社会团体及其他机构可捐赠部分节约经费。鼓励在外洞商、海外侨胞参加“慈善一日捐”活动。全年“慈善一日捐”善款金额117.42万元。

【冠名基金】2019年8月28日，舟山企业和海建设科技集团有限公司在洞头区慈善总会成立冠名基金“海基金”。该基金总计200万元，分四年实施。首期为洞头区37位学生发放18.5万元“慈善大学生助学”助学金和元觉街道小北岙村3户因病返贫困难群众慰问金。12月，“海基金”为“暖心亭”爱心早餐支出5万元，用于搭建固定帐篷和日常运营。截至年底，区慈善总会冠名基金8只，全年冠名基金捐赠收入75.6万元。

（陈 珑）

红十字事业

【概况】2019年，洞头区有街道（乡镇）红十字会7个，学校基层红十字会17个，医疗系统基层红十字会11个，社区、企业、两新组织等其他基层红十字会4个。注册红十字志愿者83个。制定《洞头区红十字会改革实施方案》，召开理事会和会员代表大会，选举产生新一届理事会和第一届监事会。开展应急救护培训53期8757人，完成市下达目标任务150.2%。完成造血干细胞血样采集14例，造血干细胞捐献1例，实现洞头区造血干细胞捐献零突破。全年开展志愿服务活动11次，参与志愿者156人次，志愿服务时长838时，发放宣传品4000多份，受益8000多人次。

【洞头区红十字会改革实施】2019年12月23日，洞头区制定《洞头区红十字会改革实施方案》，包含五大方面20项改革措施，旨在把各级红十字会建设成为理想信念坚定、联系群众密切、作风扎实过硬、组织体系健全、运行机制科学、更加公开透明、更具社会引领力、更具组织亲和力红十字会组织。

【洞头区红十字会第三次会员代表大会】2019年6月17日，洞头区红十字会第三次会员代表大会在区政务服务中心召开。大会听取、审议并通过《洞头区红十字会第二届理事会工作报告》；选举产生第三届理事会和常务理事、会长、常务副会长、副会长。选举产生第一届监事会和监事长。聘请区委书记王蛟虎，区委副书记、区长林霞担任洞头区红十字会名誉会长。区有关部门、群众团体、各区县红十字会负责人、红十字会员代表110余人参加会议。市红十字会书记陈晓甜和区领导林海珊、张释忠等出席会议。

【红十字人道救助】2019年洞头区红十字会持续开展“博爱送万家”和“情暖洞头”品牌人道救助活动，提供突遭变故、陷入困境等困难家庭日常紧急救助，元旦春节期间进村入户看望重症患者和困难家庭。全年人道救助覆盖7个街道（乡镇），发放款物近21万元，惠及161人。

【应急救护培训】2019年，区红十字会举办温州医科大仁济学院“新生杯”急救知识技能大赛，开展应急救护“六进”活动。全年开展应急救护培训53期，培训人数8757人，完成市下达目标任务150.2%。其中，应急救护普及人数8268人，年度普及率5.34%，累计普及率16.09%，完成“健康浙江”应急救护普及任务。启动健康素养进农村文化礼堂活动三年行动计划，全年完成应急救护进文化礼堂20家，覆盖率30%，培训954人次。

【红十字博爱宣传服务周活动】2019年5月8日，洞头区举行纪念72个世界红十字日“5·8”博爱周宣传启动仪式，活动主题是“爱心相伴‘救’在身边”。组织开展红十字礼赞、表彰2018年度红十字先进集体和先进个人、授牌基层红十字会、红十字爱心药箱和救护手册捐赠等活动。区领导张孚标、叶锦丽、张释忠出席启动仪式。

【洞头首例造血干细胞捐献者】2019年4月3日，洞头区红十字会造血干细胞志愿捐献者赵伟锋成功捐献288毫升造血干细胞混悬液，为洞头区首例造血干细胞捐献者、温州市第49例、浙江省第467例、全国第8180例造血干细胞捐献者。为洞头首例、温州市第3例涉外造血干细胞捐献者。

（蔡淑娟）

计生服务

【概况】2019年，洞头区出生人口1307人（包括往年出生72人），计划生育率97.02 %，户籍出生人口性别比104.81 ，国统出生人口性别比102.04 ，生孕信息监测到位率91.48%，全员人口数据库主要信息字段完整率、准确率为97.63%，免费孕前优生健康检查覆盖率83.13%。制定《关于进一步加强计生协基层组织规范化建设和能力提升项目的通知》，开展新时期计生协务实工作及组织规范化建设培训13场，培训597人次。新建企业计生协1家。借助“三八维权周”“兰小草精神”“大卫生、大健康、大平安”建设等载体，开展各类宣传服务活动142场，发放宣传资料和宣传品16825份，宣传人数17003人次。开展圆梦微心愿活动，为23户计生困难家庭送去价值6900元物资；完善计生家庭社会保障体系，与中国人寿洞头支公司联合召开计划生育安康保险工作会议，4000人参加安康保险，金额37万元；完成计划生育困难家庭幸福促进行动项目，帮扶计划生育困难家庭148户，补助金额41.5万元；开展情系百姓送暖心活动，慰问计生困难户、失独家庭、“三留守”126次，375人次23.93万元，健康咨询、义诊服务300人次，为失独家庭第三代孩子送上爱心助成长读书卡4份1200元；开展计生特殊家庭集体交流活动3次，上门服务63次，心理健康服务22次；维护计生家庭合法权益，接受计生群众来询来访60余次，处理因计划外生育取消计生优惠政策3起，收回城镇保补助金1.8万元。

【人口计生优质服务】2019年，洞头区继续推行“免费避孕药具+互联网+物流派送”项目，提高避孕药具服务可及性。落实优生两免、助您好孕等服务项目，全年优生检测532人、免费发放复合营养素166盒、报销高风险孕妇产前诊断扶助服务32人、手术并发症对象49人次。完成公共场所母婴设施规范化建设10处，其中，新增公共场所母婴室3处。

【计生利导政策兑现】2019年，洞头区按照“老人老办法、新人新办法”原则，落实好奖扶、特扶、城乡保、城镇保等计生利导政策，全年兑现资金2620余万元、惠及9096人。其中，奖特扶719人补助233.6万元，城乡保2561人补助41.6万元，城镇保5730人补助2329万元，计生公益金15人补助15.05万元，春节慰问71人发放5.55万元。

【流动人口计生管理服务】2019年，洞头区开展流动人口计生协会示范点创建，创成流动人口计生协会示范点1家。全年开展集中流动人口计划生育服务管理4次，出动961人次，车辆39辆次，查出外来人口38833人次，其中育龄妇女15377人次，查验流动人口婚育证明3470人次，检查企业845家次,出租房屋3609户次，工地7家次 。

【出生“一件事”集成办理】2019年，洞头区实现出生“一件事”集成办理，通过部门资源整合、服务流程优化、办事模式转换，把户籍登记、城乡医保参保登记、生育保险待遇申领、社保市民卡申领等9项出生事项集成办理，实现1日办结，灵活证件送达方式，让办事群众真正不用跑，实现“零跑次”；全年办理出生“一件事”214件。

（吴慧玲）

城乡居民生活

【概况】2019年，洞头城乡居民收入稳步增长。全年城镇常住居民人均可支配收入49567元，较上年增长9.2%，人均收入水平居全市第八，增速居全市第三；人均生活消费支出31459元，同比增长12.0%。全年农村常住居民人均可支配收入29962元，较上年增长10.4%，人均收入水平居全市第六，增速居全市第三；人均生活消费支出22390元，同比增长11.0%。

【城镇常住居民生活】2019年，洞头区城镇常住居民人均可支配收入增长，主要是机关事业单位及企业员工薪酬稳步增长，各行业工资收入水平提高，全年城镇居民家庭人均工资性收入27322元，占总收入55.1%，增长9.9%。经营净收入5253元，增长较快，增长7.9%，主要是洞头乡村旅游持续火爆，洞头游客量大增，住宿、餐饮、旅游相关产业等经营效益可观，旅游性收入增长较快，带动其他经营性收入较快增长。财产净收入和转移净收入增速平稳，分别增长7.5%和9%，财产净收入增速较往年偏慢，主要是市场需求不足，居民服务性收入增长不快；房价平稳，房租未有明显提价，及全区居民理财产品不多。全年城镇居民人均生活消费支出31459元，同比增长12.0%，八大类消费支出均有不同程度增长。从增速来看，教育文化娱乐和医疗保健等支出增长较快，其他支出平稳增长。从消费结构来看，食品消费支出仍然占据最大份额。物价相对比较稳定，支出增幅相对趋缓，人均食品消费支出10908元，增长12.4%，占总消费支出34.7%，恩格尔系数趋势平稳，全区城镇居民生活质量总体较好，消费呈多样性发展，衣着、医疗保健、交通通信等消费支出均有增加。

【农村常住居民生活】2019年，洞头区农村常住居民人均可支配收入主要特点：经营净收入较快增长，是农村居民收入的主要来源。农村居民人均经营净收入14069元，占总收入的47.0%，较上年净增加1287元，增长9.5%。经营性收入稳步增长主要得益于洞头区渔业增收、特别是紫菜、羊栖菜增产增收和洞头乡村旅游持续火爆，洞头游客量大增，民宿、渔家乐等经营效益可观，旅游性收入同比增长较快，收入增长明显。工资性收入保持平稳增长态势。全年农村居民家庭人均工资性收入10216元，占总收入的34.1%，同比增长11.9%。主要得益于企业薪酬和民工工资逐年增长。转移净收入增长较快，财产净收入平稳增收。洞头区农村居民人均非经营净收入5677元，占总收入的18.9%，较上年净增457元，增长8.8%。转移净收入增长，主要是洞头区贯彻落实中央收入分配制度，普遍提高农村养老金标准。财产性收入主要依赖于利息收入和房屋出租。

从各类支出的增速来看，八大类消费支出均有不同程度增长。在收入增长以及改善生活质量意愿的双重推动下，农村居民人均生活消费支出22390元，同比增长11.0%，其中生活用品及服务、教育文化娱乐和居住等支出增长较快。从支出构成来看，食品消费支出仍然占据最大份额。人均食品消费支出8177元，同比增长11.0%，主要是因为食品类消费支出为刚性支出，占总消费支出的36.5%。交通通信、文教娱乐、医疗保健等发展性和享受性消费支出有所增加，所占比重稳步提高，洞头区农村居民消费支出逐步向服务性消费支出分流。

截至年末，城镇居民人均居住面积67.0平方米，农村居民人均居住面积70.0平方米。每百户城镇居民家庭家用汽车拥有量38.0辆，每百户农村居民家庭家用汽车拥有量29.0辆。

（余克新）

志愿服务

【概况】2019年年底，洞头区注册志愿者24165人，较上年新增335人，志愿者队伍72支（其中注册61支），全年组织开展乡村振兴、全域旅游、新青年下乡、平安宣传、大型赛会、关爱重点青少年、看望孤寡老人、垃圾分类、治水护水等志愿活动640场，参与志愿服务88698人次，服务时长20063小时。

【志愿服务活动】2019年1月13日，洞头先锋女子民兵连志愿者协助微动力志愿者在打水鞍文化礼堂、区府对面、新城客运站、小三盘文化礼堂等地举办腊八节志愿服务活动；2月21日—25日，洞头区微动力志愿服务队开展“两会”志愿服务活动，完成会场引导、材料分发等；3月30日，洞头区阳光义工协会联合东屏街道寮顶村开展“公益环保行”为主题的环境卫生整治活动，20多人参加寮顶村卫生清理整治；5月10日，团区委组织微动力志愿服务队、洞头区阳光义工协会和百岛志愿者协会30余人参加“捡烟头 促文明”活动；6月3日，红色邮递员、兰小草志愿者们在元觉文化礼堂开展“粽情端午”包粽子活动；6月5日，微动力志愿者在打水鞍社区文化礼堂开展“粽叶飘香邻里和浓浓端午社区情”端午特别活动；6月7日—9日和6月15日—16日，团区委联合顺风车、微动力、好厝边志愿服务队开展助力中高考志愿服务活动；6月10日，快乐小屋的亲子家庭们和志愿者们举行亲子包粽子、打蛋袋活动；9月，洞头区礼让斑马线志愿者在区府门口、半岛路口、金田路口、海逸路口等4个人流、车辆密集斑马线路口，开展文明礼让斑马线志愿服务活动；10月7日，洞头区微动力志愿服务队、好厝边志愿服务队、百岛志愿者协会和户外运动协会以“九九重阳节，浓浓敬老情”为主题开展节日慰问、爱心表演、送上暖心粥等志愿服务活动；11月24日，洞头区队长学校少先队员们开展《希望工程劝募理论和实践》课程，希望工程劝募实践活动；12月5日，团区委联合区委宣传部、区文明指导中心、区卫健局、温州医科大学仁济学院在洞头区新城广场举行温州市第三个“兰小草”爱心宣传日暨洞头区国际志愿者日主题活动，300余名志愿者代表参加活动；12月22日，洞头各志愿者为环卫工人、孤寡老人等开展情暖冬至送汤圆活动。

【假日志愿服务】2019年5月1日—5月4日，温州医科大学仁济学院滨海校区32名青年志愿者加入半屏山景区、望海楼景区、大沙岙景区、仙叠岩景区及南塘集散中心，开展游客引导、咨询服务、检票售票、景点介绍、客运信息等志愿服务。微动力志愿者和洞头职教中心学生志愿者在新城客运站幸福志愿者站为游客介绍旅游景点，帮游客搬运大件行李，维护新城站周边秩序、爱心茶水、班车咨询、餐饮推荐等。7月1日，洞头区举行以“不忘初心跟党走·振兴海岛显担当”为主题“红七月·服务月”活动，23支机关党员志愿服务队为市民提供咨询、便民、宣传等志愿服务，解答和宣传民建房、医保政策、消费维权、反诈骗、职工普法等知识，提供免费量血压、测血糖、理发等志愿服务。10月1日—10月7日，温州医科大学仁济学院志愿者在洞头各大景区，对游客进行引导、检票售票、景点介绍，指挥交通秩序，进行景区保洁等志愿服务。

【新青年下乡大学生暑期社会实践】2019年7月，新青年下乡暑期实践队赴洞头各街道乡镇开展暑期社会实践活动。打工筹资、团歌练习、义诊培训考核、出征视频的拍摄和剪辑等等，实践队以本岛各街道（乡镇）为中心开展为期12天暑期实践活动，内容包括以全科同行为重点的慢性病宣讲、冬病夏治中医养生讲座、五水共治、妇幼保健、关爱自闭儿童，老党员红色分享会以及关注医疗政策改革与环境变迁等。

【志愿者异地应急救援】2019年8月11日，洞头溢香应急志愿救援队一行20人带着后勤保障餐车、冲锋舟等救援设备到临海，支援当地救援工作，送出现场制作盒饭760份，营救被困群众80余人。8月12日，微动力志愿服务队抵达岩坦镇屿北村，帮助永嘉县进行灾后工作，清理街巷、公共场所，帮助当地孤寡老人、残障人士处理家庭和个人卫生。

（陈巧慧）

人　物

渔婆·许银娣

“海霞精神”

爱島尚武　励志奉献

人　物

全国模范退役军人

【陈盈盈】陈盈盈，女，汉族，1984年10月出生，中共党员，洞头先锋女子民兵连连长。她听着“海霞”故事长大，从小有个从军梦。20世纪50、60年代，为保卫家乡，洞头渔家姑娘们与守岛部队一起巡海滩、固海防，铸就一段传奇故事。她们的动人事迹被翻拍成电影《海霞》，影响了几代人。2001年，中专毕业后，恰逢洞头先锋女子民兵连招募新兵，她第一时间报名入连，立志成为一名“海霞”。后被推荐入伍，成为省军区第一批报务女兵。在省军区，多次被评为“优秀学员”“优秀士兵”。2004年，退伍后本可以留在杭州安稳工作，却因为一通电话回到海岛。重回“海霞”生活时，她才21岁。当许多同龄女孩在享受青春时，她却没日没夜地挥刀弄枪。2011年，原南京军区举办“郭兴福”比武，洞头先锋女子民兵连作为全国唯一一支女民兵队伍参赛。彼时刚刚做完甲状腺手术一周，带女兵在营地和男兵们一起训练。最后，女子连脱颖而出，把“海霞精神”传向全国。2012年，陈盈盈被委以重任，担任新一届连长，她“海霞”生活更加忙碌。每天要带队练兵，休息时间无法保证，连怀孕期间也没放松过。担任连长7年间，她带领连队走出训练场，开展社会服务，为“海霞精神”赋予新使命。节假日，她们主动承担起交通疏导、治安巡逻的任务；平日里，她们走进校园、养老院、孤儿院进行爱心帮扶；海岛一旦发生险情，她们第一时间担起抗台抢险、应急救援等重任……随着海岛旅游业日益发展，姑娘们还主动考取导游证、船员证、驾驶证等，投身海岛建设。她先后荣获“全国民兵工作先进个人”“全国三八红旗手”等称号。2019年6月，获评全国模范退役军人。

第六届浙江省道德模范

【王珏】男，1970年3月—2017年10月，温州洞头人，自1990年开始先后在大门镇甲山村、岙面村的乡村诊所从医。2017年10月20日，王珏同志因病医治无效，不幸去世。从医28年来，他凭着一份执着的仁爱之心，忠诚履行着最基层医务人员的神圣职责，以实际行动诠释着一位海岛普通乡村医生医者仁心的高尚品德。2002年11月以来，他化名“农民的儿子兰小草”，每年捐赠2万元“星雨心愿”善款，新华社、央视、光明日报、浙江日报等数十家媒体联手追寻“兰小草”，对其进行持续多年的报道。但他一直从未露面，直至身故，其真实身份才被社会知晓。他始终恪守尊老爱幼、扶贫助弱的传统美德。除连续15年每年以“兰小草”名义捐赠2万元外，定期到大门镇中心敬老院去献爱心，为孤寡老人开展义诊。每年端午节、中秋节，他都会给敬老院老人们送粽子、月饼等应节食品，除夕夜，他又会为老人们摆上一桌分岁酒，送上慰问金。公益、养老、济困、修桥、铺路，为汶川地震、玉树地震灾区捐款……王珏从未缺席。他始终遵循医者仁心、扶危济困的职业道德。作为一名乡村医生，一直以“为群众健康，愿做一辈子村医”的朴素情怀，奋战在农村卫生工作第一线，无私、无怨、无悔地奉献着青春年华。他坚持不懈地学习中医理论知识，以精湛的医术获得海岛百姓的赞誉。他视病人如亲人，经常深夜出诊却毫无怨言。他对待孤寡病人和贫困患者时，常常将药费放到药包里悄悄还给患者。他是新时代乡村医生的优秀代表，是弘扬中华优秀传统美德的典范，是践行社会主义核心价值观的楷模。新华社、央视新闻、新华网、人民网、央广新闻、光明网、中国新闻网、新民网、中国青年网、中国经济网、中国网、环球网、凤凰网等全国各级媒体近400余家对他的事迹进行报道，在全社会引起广泛赞誉和强烈反响。王珏先后被评为“感动温州十大人物”“温州改革开放三十年十大慈善人物”“偶像的力量——2014腾讯·大浙网十大年度人物”等荣誉称号，先后被追授为“感动中国2017年度十大人物”“2017寻找最美医生特别致敬奖”“最美浙江人·浙江骄傲”“最美温州人”“温州道德模范特别奖”“最美洞头人暨道德模范”“中华慈善楷模”等荣誉。2019年9月，“兰小草”王珏获评浙江省道德模范（助人为乐模范）称号。

第八届浙江孝贤

【林杰】男，2003年3月出生，洞头区霓屿街道人。6岁时，妈妈因意外落下残疾，生活不能自理。他便开始日复一日地照顾妈妈生活起居，穿衣、刷牙、洗脸、烧饭、喂饭、按摩，还一趟一趟地清理大小便。对母亲无微不至的照顾，感染着身边每一个人，也感动着每一个人。没过几年，爸爸患肝癌去世，他肩上担子更重了。他承担家里所有家务，经常安慰妈妈，陪妈妈聊天。虽然有时候也会觉得累，但从来不觉得苦，更没有一句怨言。和母亲在一起，觉得很幸福。曾获授予感动温州十大人物、孝老爱亲道德模范、最美少年称号。2019年9月，获评浙江省第八届浙江孝贤。

第五届最美洞头人

【成贞心】女，1946年1月出生，洞头区人民医院退休医生。作为资历深厚的老医生，她多次谢绝温州医疗单位聘请，她说自己要坚持走在公益的道路上。2015年，她为白血病人叶金花发起《不让英雄流血又流泪》的微信朋友圈，在洞头掀起一个为白血病人献爱心大潮，半个月内筹集救助款50万元，帮助叶金花渡过难关。2016年，她又为鸽尾礁村病人汪秀江在轻松筹平台上发起筹款，共筹资5万元手术费。她还帮助残疾人叶杨、陈式峰、吕巧丽康复手术筹款，自己捐款几千元。由她发起的关爱帮扶志愿队，从2013年5人发展到现在110人。几年来，共筹集关爱基金505972元，筹集社会资金1159600元，用338895元关爱基金帮助399人次，为洞头助困事业做出很大贡献。2016年获评温州市助残先进称号。

【林永弟】男，1980年1月出生，温州洞头人。2018年7月3日，犯罪嫌疑人陈某在洞头区大门镇潭头路48号门口持刀从村民林某的身后猛刺林某，正在一旁的邻居林永弟见其突发情况，不惧个人安危，立即上前，用自己双手死死紧握行凶者陈某持刀那只手，成功夺下行凶水果刀，并继续对陈某进行控制，直至大门派出所出警民警到达现场。他作为普通公民，能在危及关头，挺身而出，无惧无畏，坚决果断制止犯罪行为，成功避免犯罪嫌疑人陈某对被害者林某造成更大伤害，在很大程度上挽留林某生命。他也因此受到洞头区政府嘉奖。

【林忠民】男，汉族，1971年10月出生，中共党员，东屏街道浙洞渔1451–52渔船船长，曾获省渔业互保协会常务理事、省渔区十佳平安老大、市劳动模范、市十大优秀农村青年、市农村青年星火带头人等荣誉。2015年4月28日，林忠民参加在北京人民大会堂举行的2015年庆祝“五一”国际劳动节暨全国劳动模范和先进工作者大会，获2015年度“全国劳动模范”称号。2018年,入选浙江省第三批“千名好党员”。1995年，他积极响应“渔业兴县”号召，购买当地第一对钢质渔轮。1995年—2010年期间，先后3次更新改造渔船，2012年,积极瞄准捕捞渔船发展方向，投入资金1500万元，新造全县马力最大的一对拖网渔船，示范带动全县渔业转型升级。累计投入资金2亿多元，更新改造32艘钢质渔船。积极示范勇开拓。发挥名老大号召力，带头遵守渔业规定，开展一船多业和生产网具改革，带队开展南部新渔场开发，组建全市首家捕捞专业合作社，走上信息共享、渔货共销的组织化道路，直接带动渔船20多艘、一线渔民150多人，全年对船产值500多万元，渔船航次生产和生产效益居全县同类作业前列。发挥作用报社会。始终坚持帮助周围渔民走上富裕之路，当别人生产需要帮助时，毫不保留地提供生产信息，帮助联系相关业务，使渔民兄弟生产尽早出效益。同时提倡编组生产，为应对海上安全生产突发事情，带头组建渔业海上义务救助队，多次放弃海上生产开展海上事故抢险救助，挽回渔民兄弟的生命财产安全。积极动员周围职工参加政策性渔业互助保险，目前在册船只职工保险率100%。还积极为村里事务出谋划策，配合开展村级公益事业，为村经济发展和社会稳定发挥一名共产党员作用。

【吕萍萍】女，1967年12月出生，中共党员，温州洞头人，国网洞头供电公司元觉供电所所长，也是温州供电公司唯一一位女所长。她默默坚守基层28年,完成辖区内新增配变40台容量19080千伏安、改造增容配变16台容量6300千伏安、2条10千伏供电线路12.71千米、0.4千伏线路9.6千米，倾力二个精品台区的建设，轮换电能表一万多只。作为电力海霞女子服务队指导员，她带领这群“新海霞”累计开展各类志愿服务500多次。她不计较个人得失，用坚持和执着诠释着工匠精神，被海岛百姓亲切地称为“贴心所长”。她带领的元觉供电所先后荣获全国电力行业用户落单服务明星单位、“中国最美供电所”、浙江省青年文明号等称号。

【彭福义】男，1968年3月出生，中共党员，洞头区鹿西乡人民政府渔农办主任。22年来，他一心扑在渔业工作上，服务当地渔民。1997年，他用三个大麻袋装上全乡3192个各类证书前往杭州，主动帮助渔民，为捕捞许可证到期的114对渔船进行换证。“最多跑一次”改革开始后，他有了新角色——渔家“跑小二”，一星期至少2次坐船来回本岛与鹿西乡，帮转产转业渔民跑腿办证，解决渔民办事之忧，还去洞头本岛帮140多名退渔渔民代办基本养老参保前期工作。他的事迹传到媒体人耳中，浙江卫视特意前来为他拍摄视频，传播树立生动助人代办小二形象，展现鹿西乡“最多跑一次”改革的优质服务。

【溢香救援服务中心】2017年7月成立，是一支由热心于公益慈善事业的志愿者发起的民间救援力量，现有正式队员35名，以中共党员、共青团员为主。其中退役士兵10人，溢香国际大酒店员工20人，医院组织5人主要从事户外遇险救援、城市应急救援、水上救援、森林救援、公益慈善等。2018年，救援服务中心共摘取马蜂窝685个，捕蛇265条，救助流浪犬类35起，海上救援15次，救援人数11人，寻找走失老人孩子10余次、扑救小型火灾3次，成为当地人安全守护者。2017年7月，溢香救援队在抗击“6・25”特大洪水中被兰溪市人民政府评选为最美救援队，荣获2017年洞头区政府专职队比武竞赛总分第一名，2018年被评为浙江119消防奖先进集体和温州“最美志愿者”集体、温州好人。

【赵伟锋】男，1981年9月出生，籍贯河南，家住洞头北岙街道新城社区。2010年，他主动加入中华骨髓库,成为一名光荣的造血干细胞捐献志愿者。2018年，当他得知自己与国外一名血液病患者初配成功时,毫不犹豫地答应了,并积极配合高分辨配型及体检工作。2019年4月3日，经过近4个小时采集，他成功捐献288毫升造血干细胞，成为洞头区首例、温州市第49例、浙江省第467例、全国第8180例造血干细胞捐献者。他为血液病患者播下生命火种，用爱和热血谱写一曲《生命之歌》，用实际行动诠释“人道　博爱　奉献”红十字精神。

【郑美英】女，1957年10月出生，东屏街道中仑村村民。她始终保持者渔家姑娘勤劳、朴实的精神。她在照顾自己年迈多病的老母亲的同时，还坚持16年为孤寡老人季金叶揽下一切家务事，大到看病买药，小到洗衣扫地，像一个亲生女儿似的无怨无悔照顾着她。大家对她的印象是个乐于助人的好邻居，以诚待人，不计小节，在家里她是个好婆婆，对下一辈从不摆脸色、摆高姿态，细心照料家庭，她用这份热情诠释渔家姑娘的善良与质朴。

【郑原子】男，1962年4月出生，温州市洞头区国家税务局政策法规科科员。1983年参加工作，是税政线上的业务领头雁和纳税人口中的“郑老师”，他工作积劳成疾，视力骤降，左眼视力只有正常人的10%，但毅然坚守在税收岗位上，以高出常人几倍的艰辛和代价，在平凡的工作岗位上做出了不平凡的工作业绩。曾获温州市局嘉奖、三等功等荣誉，2016年，获评全市唯一一个省“最美国税人”称号，并荣获省局三等功荣誉。

【朱友才】男，1953年11月出生，洞头区大门镇兰湖洞居村民。他和妻子在当地经营着一家理发店，作为一名理发师，他用无声的比画诠释了世间朴实真挚的情感，用诚信的品质，吸引着四面八方顾客。理发店经营三十几年来，他始终将“诚信”二字记在心里，不断回馈社会。随着物价不断上涨，他理发也才只收3元，对老年人还实行半价收费，对家庭困难的人免费理发。几十年来，夫妻俩义务为群众理发3万多人次。他总说：“做人比做事更重要，以和为贵，广结善缘，才能有人气。”逢年过节，老朱都会到敬老院看望老人，为他们理发。一些老人临终前，指名道姓要他过去理发，他都不顾农村人讲的“晦气”，过去为老人免费理发，了却他们的“遗愿”。问起理发这几十年有何感想？老朱说：“诚信经营，助人为乐，人乐我乐。”朱友才家庭曾荣获浙江省文明家庭、浙江省最美家庭、温州市最美家庭等称号。

在外洞头人

【洞头人在上海】洞头上海商会成立于2008年5月27日，是洞头最早成立在外异地商会，共有注册会员220人，洞头人在上海创业发展近万人，商会会员遍及全市制造业、航运业、金融业、纺织业、餐饮服务业等各个领域。2013年，成立中共洞头区上海商会委员会，对在沪洞籍党员统一管理。2019年5月16日—18日，商会组织党员企业家赴江西井冈山革命根据开展为期三天的党员学习教育活动，参观井冈山革命博物馆、黄洋界战役旧址及南昌八一纪念馆，重温入党誓词，追溯红色记忆，激励党员牢记革命历史、珍惜幸福生活，接受党性教育和精神洗礼。6月中旬，商会组织理事会、监事会成员及部分会员单位一行30余人到名誉会长上海飞洲集团董事长郑生华创办的湖州莫干山金茂天籁之梦度假酒店考察并召开第四届第八次会长办公会议。7月，商会通过上海浙江商会邀请码获取中国第二届国际进博会观展申请码，及时服务会员企业报名办证观展。10月底，区招商服务中心南建东主任一行到上海招商对接、走访商会，探讨招商工作方法和鼓励商会企业回乡投资事宜。12月，商会组织会员企业家到鹿西岛实地考察项目，探讨和对接渔业养殖、绿色能源、休闲旅游、健康养生等产业。

2019年12月15日，洞头上海商会五届一次会员大会（换届大会）在上海东郊宾馆举行，温州市驻沪联络处主任郑海洁、洞头区委王蛟虎书记等领导参加会议。会议听取关于洞头上海商会四届理事会工作报告、监事会报告，表彰对商会特别贡献奖企业和优秀共产党员。全年为洞头区慈善总会、大门镇贫困户等捐助22万元。

【洞头人在杭州】杭州市洞头商会成立于2010年8月，于2012年8月正式注册为社团法人。现有会员（单位）180余家，洞头籍在杭创业者约万余人。行业涉及电器电力、机械制造、建筑装饰、服饰贸易、文化创意、法律财务、咨询服务等多个领域。曾获“杭州市2015年度优秀异地商会”称号。2019年，商会完善制度建设，走访近90%会员企业，召开6次理事会和会长办公会议。组织开展“三八”节丽人行插花活动。建立浙江美福宝妇儿医院和杭州江城骨科医院平台，开展会员免费体检活动。4月11日，浙江农信丰收驿站省级旗舰店“温州月”洞头专场活动在杭开幕，围绕“海上花园 丰收浓情”主题，宣传和推广洞头旅游，展示农商银行服务“海岛振兴”战略、践行“普惠金融”、助力“最多跑一次”改革等方面成果。省农信联社党委委员、副主任陈博恺，区政府副区长叶锦丽、省农信联社温州办事处副主任郑锋、会长叶明等参加。

商会会员参加 “走进名企 智会大咖”系列活动，分享新湖集团管理层介绍成功经验及对未来经济形势的解读与判断。参加杭州市工商联组织系统信息员宣传员创新创业课堂、乡村建设新标杆、新形势下社团组织建设等系列培训。参观高桥蚂蚁创客小镇入驻教育企业，感受教育创客小镇生态阵地建设。走进龙游党群建设示范村,体验美丽乡村建设。联合杭州数家异地商会组织会员企业到安徽蒙城、祸阳考察对接招商引资项目，先后考察中国亳州中药材市场、蒙城食品产业园、金沙河集团安徽粮食加工基地、天静宫街道鲁山村等项目现场，对接洽谈有关投资事宜。组织参加服装城、初心空间、张珍记等会员企业开业典礼，开展《中国篆刻与文化》《台海形势和对台工作》《金融工具的利用率》《南郊现场法制教育》等培训及报告会，参与异地商会联合篮球友谊赛和洞头海疆杯篮球赛。累计为洞头区慈善总会、洞头一中贫困学生、“海疆杯”篮球赛、孤寡老人贫困户和社区等捐助善款约50余万元。3月13日，商会会长叶明应当选杭州市工商联执委杭州市工商联（总商会）十三届五次执委（理事）。

【洞头人在乐清】2013年1月22日，乐清市洞头商会成立。共有注册会员单位186家，产业涉及电器制造、电子、建筑、服装、广告、互联网等行业。据初步统计，在乐清创业发展的洞头籍人士有近2万人，其中经商、办企业有5000多人。乐清市洞头商会曾获“中国社会组织评估等级AAAA”、乐清市五好商会、温州市优秀社会组织、乐清市统一战线先进基层组织、乐清市“百企联百村·合力治污水”专项行动鼓励奖等，并被授予“温州洞头·乐清商会”通讯站。2019年，乐清市洞头商会参与各类捐款10余次，捐款30余万元。参与柳市多家商协会共同举办“剿灭劣五类水 共建美丽柳市”活动。联合其他基层商协会，到日本开展为期六天参观考察学习活动。商会党支部组织党员到平阳开展红色之旅，游览抗日干部学校旧址。走进柳市敬老院献爱心，为红景天老人公寓老人送去大米、油和水果等物品。经常性开展企业走访活动。

【洞头人在贵州】贵州省浙江洞头商会成立于2015年6月，有会员76人，洞头人在贵州发展创业近1000

人，产业涉及房地产投资、电力设备、建筑工程、投资贸易、旅游、酒店、装饰、金融、水产等行业。商会曾获省工商联扶贫与社会服务部颁发“助教扶贫”荣誉。2019年，贵州省浙江洞头商会到贞丰县开展助教扶贫活动，走访慰问8户贫困家庭，实施项目扶贫、助教扶贫，商会成员开展“一对一”目标帮扶。

【洞头人在北京】2015年9月，北京洞头企业商会成立，有会员208人。产业涉及幕墙、电器、水产品、灯饰等行业。洞头人在北京创业发展近500人。北京洞头企业商会党支部两次获先进基层党组织。黄志波、曾文权、郭其木、张甦曾获京温商党工委授予“优秀共产党员”称号。郭其木曾获北京市丰台区“优秀共产党员”。2019年，北京商会举行换届选举大会暨第二届一次会员大会，选举产生第二届商会领导班子。与洞头农商银行、洞头富民银行、农业银行洞头支行、中国银行洞头支行等银行开展共建结对，各银行到北京商会为会员办理信贷38人次，信贷资金总额千万余元。组织开展北京世界园艺博览会参观活动；商会党支部组织党员及入党积极分子开展“不忘初心、牢记使命”主题教育实践党日活动，参观北京中华人民共和国成立70周年成就展活动。

【洞头人在银川】银川浙江洞头商会成立于2017年11月17日，现有注册会员67人。会员产业主要涉及资产运营管理、教育、房地产开发、工业制造、机械机电、信息技、筑装修、工程设计、五金建材、家用电器、灯饰用品、化工、家居、商贸用品等。2019年，商会召开第三届第一次理事会议，通过成立银川浙江洞头商会“功能型党支部”决定。与银川市多家企业联合开展为期三个月“第二期职工公益课堂”，内容涵盖企业管理、传统文学、艺术文化等，累计授课一百余节，参与学员500余名。银川浙江洞头商会吴星国会长牵头创办宁夏石嘴山市“温州海鲜城”。宁夏石嘴山市领导，到商会参观并对接石嘴山市招商引资工作。

【洞头人在成都】四川温州洞头商会成立于2017年12月30日，有会员86人，有会员企业40多家。产业涉及投资、环保、科技、能源、电力、保险、餐饮等行业。2019年，四川温州洞头商会举行第三次年会，会员增至100多人。洞头农商银行、洞头富民银行联合为洞头籍在川莘莘学子设立四川温州洞头商会奖学金等。举办“学习兰小草”观影活动。开展重阳节慰问老人活动，捐款6.5万余元，慰问洞头小门山老人；开展四川南充南部县精准扶贫活动，为大门镇扶贫结对大王镇捐款3万元；四川温州洞头商会为洞头贫困户捐款2万元。

【洞头人在西安】2018年12月17日，西安市洞头商会成立。现有会员225人，商会会员遍及建筑、制造、加工、餐饮服务等行业。洞头人在西安创业发展近1200多人。2019年，西安市洞头商会召开第一届二次会议。到大门镇兰胡洞敬老院老人慰问特困户20多名，到富平县张桥镇盐田村探望留守儿童，并捐款捐物，走访慰问蓝田县陈家沟村五保户，开展扶贫工作并捐助机械施工费1万元。组织党员及商会班子成员到西安市烈士陵园纪念馆开展“不忘初心、牢记使命”主题教育活动。

洞头区组织机构及负责人名录

■中共洞头区第一届委员会

书　记　王蛟虎
副书记　林　霞（女）
　　　　吴志安
常　委　叶海峰
　　　　朱大志
　　　　刘素婷（女）
　　　　梅山标
　　　　陈　峰（4月免）
　　　　林伟宏（挂职，8月免）
　　　　侯合海
　　　　邵建乐（6月任）
　　　　陈细团（11月任）

■洞头区第十四届人大常委会

主　任　叶国胜
副主任　林海珊（女）　叶明理
　　　　张孚标　蔡国华
党组书记　叶国胜

■洞头区人民政府

区　长　林　霞（女）
常务副区长　叶海峰
副区长　林伟宏（挂职，8月免）
　　　　叶锦丽（女）　赵均宙
　　　　邱瑞琳（3月免）
　　　　张方任　戴　冕
　　　　朱学进（4月任）
　　　　叶万福（挂职，4月任）
党组书记　林　霞（女）
党组副书记　叶海峰

■政协第八届洞头区委员会

主　席　王文胜（2月免）
　　　　汪慧平（2月任）
副主席　张释忠　叶明久
　　　　郭杭峰
　　　　陈赛玉（女，4月免）
秘书长　叶国进（1月免）
　　　　曹其忠（2月任）
党组书记　王文胜（1月免）
　　　　　汪慧平（1月任）

■中共洞头区纪律检查委员会

书　记　梅山标
常务副书记　徐志光
副书记　张　杰（3月免）
常　委　童王平　郭陆军

■洞头区监察委员会

代主任　梅山标（1月—2月）
主　任　梅山标（2月任）
副主任　徐志光
　　　　张　杰（3月免）
委　员　郭陆军
　　　　金海娇（女）

区纪委区监委机关

办公室主任　黄相华
干部室主任　郭仕堆
宣传教育室主任
　　　　周秋艳（女）
信访室（申诉复查室）
主　任　吴志文
党风政风监督室主任
　　　　林学星
案件监督管理室主任
　　　　王祖杰
第一纪检监察室
主　任　蔡宏伟（12月任）
第二纪检监察室
主　任　王光珊（9月任）
第三纪检监察室
主　任　陈阳熹

区纪委区监委派驻机构

派驻第一纪检监察组
组　长　高浩程
副组长　郑元军
　　　　周志勇（4月任）
派驻第二纪检监察组
组　长　陈声为
副组长　金献平（4月—12月）
　　　　吕　靖
　　　　陈立曼（12月任）
派驻第三纪检监察组
组　长　张道乐（1月免）
　　　　张忠强（4月任）
副组长　黄海碧
派驻第四纪检监察组
组　长　朱小才
副组长　张剑辉
派驻第五纪检监察组
组　长　陈后银
副组长　陈松飞（4月任）
派驻第六纪检监察组
组　长　陈后品（4月免）
派驻第七纪检监察组
组　长　张海文（4月免）
派驻第八纪检监察组
组　长　陈松飞（4月免）
驻区人民法院纪检监察组
组　长　叶美征（4月免）
　　　　宋　浩（4月任）
驻区人民检察院纪检监察组
组　长　叶明鹏（12月免）
驻公安洞头分局纪检监察组
组　长　陈后群
区直机关纪工委
书　记　金献平（4月免）

■区委工作部门

区委办公室［2019年1月机构改革，挂区档案局、区委机要局（区密码管理局）、区保密委员会办公室（区国家保密局）牌子］

主　任　赵海山
副主任　郑祥飞（1月任）
　　　　吴励光
　　　　林忠星
　　　　朱岳奇（1月任）
　　　　王大标（1月任）
　　　　陈宣陆（1月免）
　　　　邱亚顿（1月免）
政研室主任　赵海山（1月免）
改革办专职
副主任　陈宣陆（1月免）
考核办（2019年1月机构改革，撤销）
主　任　郑祥飞（1月免）
副主任　朱岳奇（1月免）
保密委专职副主任、
保密办主任　王大标（1月免）
保密委专职
副主任　郑祥飞（兼，1月任）
国家保密局
局　长　王大标（兼，1月免）
国家安全委办公室专职
副主任　虞献兵（1月—4月）

区委机要局（区密码管理局）

局　长　赵　婧（女，1月免）

档案局（2019年1月机构改革，撤销区档案局党组）

局　长　郑元永（1月免）
　　　　邱亚顿（兼，9月任）
副局长　郑元良（1月免）
　　　　叶海燕（女，1月免）
　　　　杨　静（女，1月免）
党组书记　郑元永（1月免）

区委组织部（2019年1月机构改革，挂区公务员局牌子；不再保留区直属机关工作委员会，挂区委直属机关工作委员会牌子；区委老干部局的职责划入区委组织部，保留区委老干部局牌子；挂区委新经济与新社会组织工作委员会牌子）

部　长　吴志安（7月免）
　　　　邵建乐（7月任）
常务副部长
　　　　甘海选（女）
副部长　杨小军　彭增炜
　　　　曾华鸿（9月任）
　　　　陈后安（兼）
　　　　甘寒冬（兼）
　　　　林　敏（女，兼，1月免）
人才办主任　曾华鸿（1月免）
人才办专职
副主任　曾华鸿（1月—9月）
　　　　杨祝琦（女，9月任）
区党建服务中心主任
　　　　纪建波（12月任）

区委新经济与新社会组织工作委员会

书　记　杨小军
副书记　彭增炜

区委直属机关工作委员会
书　记　金威华（1月免）
副书记　曾健康（1月免）
　　　　金献平（4月免）
纪工委书记　金献平（4月免）

区委老干部局
局　长　林　敏（女，1月免）
　　　　甘海选（兼，女，5月任）
副局长　陈秋菊（兼，女，1月免）

区委宣传部（2019年1月涉及机构改革，挂区新闻出版局、区精神文明建设指导委员会办公室、区政府新闻办公室、区互联网信息办公室牌子）
部　长　侯合海
常务副部长　吴玉华
副部长　高海龙
　　　　洪　震（1月免）
　　　　吕海棠（女，9月任）

外宣办（政府新闻办、网信办）
主　任　高海龙（1月免）

政府新闻办
主　任　高海龙（1月任）

区精神文明建设指导委员会办公室（2019年1月机构改革，更名）
主　任　黄根忠（1月免）
副主任　施国强（1月免）
　　　　张艳玉（女，1月免）

区精神文明建设指导指导中心（2019年1月机构改革，更名）
主　任　陈坤能（1月任）
副主任　施国强（1月任）
　　　　张艳玉（女，1月任）

洞头区委统战部（2019年1月机构改革，挂区民族宗教事务局、区政府侨务办公室牌子）
部　长　刘素婷（女）
常务副部长　陈青委（1月免）
　　　　叶先锋（1月任）
副部长　许生然（9月免）
　　　　彭德金
　　　　王正瑛（女，挂职，2月任）
　　　　潘国波（兼，1月免）
　　　　张立志（1月任）
民宗局局长　陈青委（1月免）
　　　　叶先锋（兼，1月任）
副局长　陈其钦（1月免）
外侨办主任　陈青委（1月免）
副主任　蔡旭华（1月免）
侨联主席　陈青委（1月免）
副主席　蔡旭华（1月免）
民族宗教执法队
队　长　甘　泽（4月免）

区委政法委员会（2019年1月机构改革，不再设立区社会治安综合治理委员会及其办公室、区委维护社会稳定工作领导小组及其办公室）
书　记　王文胜（1月免）
　　　　吴志安（1月任）
副书记　叶海峰　赵均宙
　　　　刘东升
　　　　王仁建（1月免）
　　　　陈声伟（1月免）
　　　　倪小龙（4月任）
　　　　王昌海（9月任）
委　员　周方前　林焕勇（4月免）
　　　　王昌海（9月免）
　　　　陈凤燕（女，4月任）
维稳办主任　刘东升（1月免）
副主任　王昌海（1月免）
综治办主任　陈声伟（1月免）
副主任　林焕勇（1月免）
防范办主任　王仁建（1月免）
政治处主任　陈凤燕（女，4月任）

区委政研室（2019年1月机构改革，新组建，挂区最多跑一次改革办公室牌子）
主　任　陈宣陆（1月任）
副主任　叶海燕（女，1月任）
　　　　虞献兵（4月任）
　　　　朱曾奎（挂职，2月任）

区委机构编制委员会办公室
主　任　甘寒冬
副主任　周志勇（1月免）
　　　　曾健康（1月任）
　　　　陈来霞（女，4月任）

区委台湾工作办公室（2019年1月机构改革，挂区政府台湾事务办公室牌子，原区政府台湾事务办公室更名为区台商台胞服务中心）
主　任　张海山
副主任　林焕勇（4月任）
区台商台胞服务中心
主　任　郑　冰（女，1月任）

区委巡察办
主　任　童王平
副主任　郑振华

巡察组
第一巡察组
组　长　柯友疆（12月免）
副组长　方跃周（4月免）
　　　　陈后品（4月任）
副科长级巡察
专　员　郑　华（4月任）
第二巡察组
组　长　唐建业
副组长　柯受营
副科长级巡察
专　员　叶海婵（女，4月任）
第三巡察组
组　长　苏　盛（4月任）
副组长　苏　盛（—4月）
　　　　汪秀琪（1月任）
副科长级巡察
专　员　李明设（4月任）

区委区府信访局（2019年1月机构改革，为区委工作机关）
党组书记　林忠星（1月免）
局　长　林忠星
副局长　李明营
　　　　李军民
信访督查专员　林　立（9月任）

区委渔农办（区农林水利局）（2019年1月机构改革，不再保留区委区政府渔农村工作办公室、区农林水利局）

党组书记、主任（局长）
梁祥赞（1月免）
党组副书记、副主任（副局长）
庄明贵（1月免）
副主任（副局长）
方跃罴（1月免）
张孚专（1月免）
王　政（1月免）
总工程师　叶艳芳（女，1月免）
畜牧局局长　陈兵宽（1月免）

区档案馆（区史志研究室）〔2019年1月机构改革，区档案馆与区委党史研究室（区地方志研究室）合署办公〕

馆长（主任）　邱亚顿（1月任）
副馆长　郑元良（1月任）
副主任　曾焕定（1月任）
副馆长　杨　静（女，1月任）
副主任　戴婉贞（女，1月任）

区委史志办公室

副主任　曾焕定（1月免）

区档案馆

馆　长　郑元永（1月免）
副馆长　郑元良（1月免）
叶海燕（女，1月免）
杨　静（女，1月免）

区关心下一代工作委员会(5月，更名)

关工委办
主　任　林　敏（女，兼，1月免）
关工委常务
副主任　彭增炜（12月任）
关工委办专职
副主任　陈秋菊（女，1月免）
关工委专职
副主任　陈秋菊（女，1月—12月）
吕焕伟（12月任）

区融媒体中心（区广播电视台）〔7月，区传媒中心（区广播电视台）更名为区融媒体中心（挂广播电视台牌子），12月，建立区融媒体中心党组〕

党组书记、主任（台长）
方荣巩（12月任）
党组成员、副主任（副台长）
郑巨峰（12月任）
郭建春（12月任）
林　磊（12月任）
党组成员、电视节目中心主任
郑益群（12月任）

区海霞学院（12月，机构成立，建立区海霞学院党组）

党组书记　方荣巩（12月任）
院　长　倪建锋（12月任）
副院长　陈盈盈（女，12月任）
林建华（12月任）

■区人大常委会工作部门

区人大常委会机关党组
书　记　郑铲非（12月免）
陈春飞（12月任）
副书记　金威华（3月任）
党组成员　倪日新（1月免）
陈胜宝（1月免）
方君旺（12月免）
陈后平（1月免）
黄根忠（3月任）
陈青委（3月任）
郑建林（12月任）
区第十四届人民代表大会法制内务司法委员会
主　任　张孚标
副主任委员　倪日新（1月免）
卓桂荣（1月免）
黄根忠（2月任）
王仁建（2月任）
区第十四届人民代表大会财政经济委员会
主　任　叶明理
副主任委员　陈后平（1月免）
曾海端（1月免）
陈青委（2月任）
吴兹敏（2月任）
办公室主任　郑铲非
副主任　许　环（女）
郑育丹（女）
法制内务司法工作委员会
主　任　倪日新（1月免）
黄根忠（1月任）
副主任　韩辉辉
监察和法制司法工作委员会（2019年7月，更名）
主　任　黄根忠（9月任）
副主任　韩辉辉（9月任）
财政经济工作委员会
主　任　张于斌
教科文卫体工作委员会
主　任　张瑞静（女）
代表工作委员会
主　任　陈胜宝（1月免）
金威华（1月任）
代表与选举任免工作委员会（2019年7月，更名）
主　任　金威华（9月任）
城建环保工作委员会
主　任　方君旺
农资工作委员会
主　任　戴华姆
预算工作委员会
主　任　陈后平（1月免）
陈青委（1月任）
社会建设工作委员会
主　任　郑建林（9月任）

■区政府工作部门

区政府办公室（2019年1月机构改革，不再保留区政府外事侨务办公室，挂区政府外事办公室、区大数据发展管理局牌子）

党组书记、主　任　郭显玉
党组副书记、副主任
许生星（1月免）
副主任　张　杰（3月任）
柯繁荣（12月免）
蔡志文
林声俊（1月任）

柯受志（9月任）
朱红波（女）
张茂海（9月免）
柯　敏（挂职，2月免）
倪建锋（兼，1月免）
陈坤杯（兼，1月免）
法制办主任　郭显玉（1月免）
副主任　叶明铁（1月免）
应急办主任　李成丰（1月免）

区政府外事办公室
主　任　郭显玉（兼，4月任）
副主任　林声俊（兼，9月任）

区大数据发展管理局
局　长　郭显玉（兼，4月任）
区大数据管理中心主任　陈一诚

区发展和改革局（2019年1月机构改革，不再保留区粮食局和区物价局牌子，挂区粮食和物资储备局牌子，建立区发展和改革局党组）
党组书记、局长　庄峥嵘（1月任）
党组副书记
倪建锋（兼，1月—12月）
党组成员、副局长
林永志（1月任）
林海志（1月任）
张孚专（1月任）

区粮食和物资储备局
局　长　庄峥嵘（兼，4月任）
副局长　林永志（兼，9月任）

区发展和改革局（统计局、粮食局）［2019年1月机构改革，撤销区发展和改革局（统计局、粮食局）党组］
党组书记、局长　庄峥嵘（1月免）
党组成员、副局长
林永志（1月免）
林海志（1月免）
林声俊（1月免）
总统计师　张孚庆（1月免）
重点办主任　林海志（兼，1月免）

区经济商务和信息化局（2019年1月机构改革，保留区科学技术局、区政府金融工作办公室牌子，挂区民营经济健康发展促进局牌子，建立区经济商务和信息化局党组）
党组书记、局长　南海滨（1月任）
党组副书记、副局长
陈青翩（1月任）
党组成员、副局长
宋　浩（1月—4月）
江卫兵（1月任）
陆益辉（1月任，南部县挂职）
王青青（4月任）
党组成员　陈坤杯（兼，1月任）

区科技局（2019年1月机构改革，保留区科学技术局牌子）
局　长　南海滨（兼，4月任）
副局长　江卫兵（兼，9月任）

区政府金融工作办公室（2019年1月机构改革，保留区政府金融工作办公室牌子）
主　任　南海滨（4月任）

区民营经济健康发展促进局（2019年1月机构改革，挂区民营经济健康发展促进局牌子）
局　长　南海滨（兼，4月任）
副局长　陈青翩（兼，9月任）

区经济商务和信息化局（2019年1月机构改革，职能整合，撤销区经济商务和信息化局委员会）
党委书记、局长　张立志（1月免）
党委副书记　陈青翩（1月免）
党委委员　宋　浩（1月免）
陆益辉（1月免）

区科技局［2019年1月机构改革，划入区经济商务和信息化局，撤销区科学技术局（科协）党组］
党组书记、局长　曹其忠（1月免）
党组成员、副局长
曾国军（1月免）
江卫兵（1月免）

区教育局
党委书记、局长　陈永胜
党委委员、副局长
郭建忠
季晓瀚（女，1月免）
叶元暖（1月任）
陈晓莉（女，1月任）
党委委员、洞头一中校长
王邦泽
党委委员、教师发展中心主任
杨朝生（12月免）

区人民政府教育督导室（2019年1月机构改革，不再保留）
主　任　叶锦丽（兼，女，1月免）
常务副主任　陈永胜（兼，1月免）
专职副主任　林德荣（1月免）

市公安局洞头分局
党委书记、局长　赵均宙
政委、党委副书记
朱彬彬（女）
常务副局长、党委副书记
张剑亮
副局长　刘　吉（11月免）
庄志剑　庄志丹
邵旭聪（挂职）
政治处主任　张志勤
机关党委专职副书记
陈海轮（8月任）
刑事侦查大队（特侦大队）大队
倪小龙（4月免）

区民政局
党组书记、局长
纪玉华（女）
党组成员、副局长
董希勇（1月免）
陈志锋（1月任）
副局长　梁友谊（4月免）
沈加亮（4月任）
党组成员、社工办副主任
郑忠霆（1月免）

区司法局（2019年1月机构改革，新组建，保留区行政复议局牌子，不再保留区政府法制办公室）

党组书记、局长　周方前
副局长　陈亚环（女，12月免）
　　叶明铁（1月任）
　　庄海东（1月免）
　　陈斌斌（4月任）

区行政复议局

局　长　周方前（4月兼任）
副局长　叶明铁（9月兼任）

区财政局（2019年1月机构改革，挂区政府国有资产监督管理办公室牌子，建立区财政局党组）

党组书记、局长　黄建敏（1月任）
党组成员、副局长
　　朱海斌（1月任）
　　彭晓东（1月任）
党组成员、国资办副主任
　　汪秀琪（1月免）
副局长　邱蔡芬芬（女，1月任）
党组成员　张海文（1月任）
　　陈友华（1月—4月）
　　朱建宇（12月任）
总会计师　彭晓东（1月免）
财政监督局局长
　　陈友华（4月免）

区国资办

主　任　黄建敏（兼，4月任）
副主任　邱蔡芬芬
　　（兼，女，9月任）

区财政局（国资办）[2019年1月机构改革，撤销区财政局（国资办）党组]

党组书记、局长、国资办主任
　　黄建敏（1月免）
党组副书记、副局长
　　南海滨（1月免）
党组成员、副局长
　　朱海斌（1月任）
党组成员、国资办副主任
　　汪秀琪（1月免）
总会计师　彭晓东（1月免）
预算执行局局长
　　邱蔡芬芬（女，1月免）

区人力资源和社会保障局

党组书记、局长　陈后安
副局长　张海勇
　　叶元暖（1月免）
　　曾国军（1月任）
　　庄海东（1月任）

区住房和城乡规划建设局[2019年1月机构改革，更名，保留区人民防空办公室（区民防局）牌子，建立住房和城乡建设局党组]

党组书记、局长　郑元永（1月任）
党组副书记、副局长　朱文杰
副局长　庄瑞兴
　　黄进兴（1月—4月）
　　洪正金（9月任）

区人防办（民防局）

主　任（局长）
　　郑元永（兼，9月任）
副主任（副局长）
　　庄瑞兴（兼，9月任）

区住房和城乡规划建设局（2019年1月机构改革，撤销区住房和城乡规划建设局党组）

党组书记、局长　吕建伟（1月免）
党组副书记、副局长
　　朱文杰（1月免）
党组成员、副局长
　　庄瑞兴（1月免）
　　黄进兴（1月免）
总工程师　陶世成（1月免）

区交通运输局（12月，港航管理局更名为港航管理中心，公路管理局与道路运输管理局合并为公路与运输管理中心；8月，成立交通运输综合行政执法队）

党组书记、局长　柯位宪
党组副书记、副局长
　　苏宇咏
副局长　谢　铭
　　林小敏（12月任）
总工程师　林小敏（12月免）
港航管理局局长
　　林赞峰（12月免）
公路管理局局长
　　李光林（12月免）
道路运输管理局局长
　　杨正辉（12月免）

区公路与运输管理中心

主　任　李光林（12月任）

区交通运输综合行政执法队

队　长　杨正辉（12月任）

区港航管理中心

主　任　苏央央（12月任）

洞头区农业农村局（2019年1月机构改革，新组建，不再保留区委区政府渔农村工作办公室、区农林水利局，加挂区渔业局、区水利局牌子，建立区农业农村局党组）

党组书记、局长
　　梁祥赞（1月任）
党组副书记、副局长
　　庄明贵（1月任）
党组成员、副局长
　　方跃累（1月任）
　　张孚洪（1月任）
　　王　政（1月任）
总工程师　叶艳芳（女，1月任）
党组成员、畜牧局局长
　　陈兵宽（1月任）
党组成员
　　李昌达（1月—12月）
　　颜厥果（1月任）
　　陈国伟（1月任）

区渔业局

局　长　梁祥赞（4月任）
副局长　庄明贵（兼，9月任）

区水利局
局 长 梁祥赞（兼，4月任）

区海洋与渔业发展研究中心（12月，建立区海洋与渔业发展研究中心党组）
副主任 朱晶晶（女，4月任）
郭志涛（1月—9月）
王仁属（12月任）
党组成员 王仁属（12月任）
李昌达（12月任）
朱晶晶（女，12月任）

洞头区文化和广电旅游体育局［2019年1月机构改革，新组建，不再保留区文化广电新闻出版局（区体育局），挂区文物局牌子，建立区文化和广电旅游体育局党组］
党组书记 林海轮（1月—12月）
局 长 郑雪园（女，1月任）
党组副书记、副局长
倪瑞瑜（1月任）
党组成员、副局长
林振权（1月免）
林慷慨 郭练武（12月免）
陈晓莉（女，1月—12月）
旅发中心主任 金均民
旅发中心副主任
钱飞琴（女，4月任）

区文物局
局 长 郑雪园
（兼，女，4月任）
副局长 陈晓莉
（兼，女，4月—12月）

区文化广电新闻出版局（区体育局）［2019年1月机构改革，不再保留区文化广电新闻出版局（区体育局），撤销区文化广电新闻出版局（体育局）党组］
局 长 郑雪园（女，1月免）
党组副书记、副局长
倪瑞瑜（1月免）
副局长 林振权（1月免）
陈晓莉（女，1月免）

区风景与旅游发展委员会（2019年1月机构改革整合，撤销区风景与旅游发展委委员会）
党委书记 林海轮（1月免）
主 任 陈赛玉（1月免）
副局长 林慷慨（1月免）
金均民（1月免）
郭练武（1月免）

区卫生健康局（2019年1月机构改革，新组建，不再保留区卫生和计划生育局、区深化医药卫生体制改革领导小组办公室，保留区老龄工作委员会，建立区卫生健康局委员会）
党委书记 林 敏（女，1月任）
局 长 陈后春（1月任）
副书记、副局长
林振权（1月—9月）
副书记（专职）
林振权（9月—12月）
叶 成（12月任）
党委委员、副局长
叶 成（12月免）
周国伟（9月任）
计划生育协会
常务副会长 陈后春
党委委员、计划生育协会
专职副会长 郭海祝
党委委员、区人民医院院长
陈海友（1月—2月）
党委委员、区人民医院（区医共体管理服务中心）书记
陈海友（2月任）

区卫生和计划生育局（2019年1月机构改革，不再保留区卫生和计划生育局，撤销区卫生和计划生育局委员会）
党委书记 王 锡（1月免）
局 长 陈后春（1月免）
副局长 郭坤碟（1月免）
叶 成（1月免）
计生协会专职副会长
郭海祝（1月免）

区退役军人事务局（2019年1月机构改革，新组建，建立区退役军人事务局党组）
党组书记、局长 陈旭阳（1月任）
党组成员、副局长 董希勇（1月任）

区应急管理局（2019年1月机构改革，新组建，建立区退役军人事务局党组）
局党组书记、局长
陈继海（1月—12月）
柯繁荣（12月任）
局党组成员、副局长
郭建新（1月任）
郑晓华（1月—9月）
李成丰（1月任）
总工程师 陈海雄（9月任）

区安全生产监督管理局（2019年1月机构改革，不再保留区安全生产监督管理局，撤销区安全生产监督管理局党组）
党组书记、局长 陈继海（1月免）
副局长 郑晓华（1月免）
郭建新（1月免）

区审计局
党组书记、局长
许战胜（1月免）
吕建伟（1月任）
副局长、党组成员
朱顺义 洪剑胜
总审计师 陈声进

区市场监督管理局（2019年1月机构改革，不再保留区工商行政管理局、区质量技术监督局、区食品药品监督管理局、区食品安全委员会办公室牌子，保留区食品安全委员会，挂区知识产权局牌子）
局党组书记、局长 方均坦
副局长 张向阳（1月免）

江　济　许晓斐（女）
黄昕岗
总工程师　黄志强

区知识产权局
局　长　方均坦（兼，4月任）
副局长　江　济（兼，9月任）

区统计局（2019年1月机构改革，新组建，建立区统计局党组）
党组书记、局长
许生星（1月任）
党组成员、副局长
陈友华（4月任）

区综合行政执法局
党组书记、局长　颜厥苗
党组成员、副局长
柯立军　陈礼遵
杨空军
副局长　张亚勤（女）

市自然资源和规划局洞头分局（2019年1月机构改革，新组建，挂区海洋局牌子，建立市自然资源和规划局洞头分局委员会）
党委书记、局长　林观海（1月任）
副局长　张海环（1月任）
刘　君（1月任）
董　良（1月任）
纪委书记　唐海滨（1月任）
不动产登记服务中心主任
邱　珮（1月任）
总工程师　陶世成（1月任）
土地储备中心主任
张孚强（1月任）

区国土资源局（2019年1月机构改革，不再保留区国土资源局，撤销区国土资源局委员会）
党委书记、局长
林观海（1月免）
副局长 刘 君（1月免）
董　良（1月免）
纪委书记 唐海滨（1月免）
不动产登记服务中心主任
邱　珮（1月免）
土地储备中心主任
张孚强（1月免）

区海洋与渔业局（2019年1月机构改革，不再保留区海洋与渔业局，撤销区海洋与渔业局委员会）
副局长、党委副书记
邱东平（1月免）
副局长　张孚洪（1月免）
陈志锋（1月免）
张海环（1月免）

市生态环境洞头分局（2019年1月机构改革，新组建，建立市生态环境局洞头分局党组）
党组书记、局长
朱志飞（女，1月任）
副书记、副局长
邱东平（1月任）
党组成员、副局长
王祖妙（1月任）
林加锋（1月任）

区环境保护局（2019年1月机构改革，不再保留区环境保护局，撤销区环境保护局党组）
党组书记、局长
朱志飞（女，1月免）
副局长　林加锋（1月免）
王祖妙（1月免）

医疗保障局洞头分局（2019年1月机构改革，新组建，建立市医疗保障局洞头分局党组）
党组书记、局长　洪宁群（1月任）
副局长　赵　婧（女，1月任）
党组成员　张熔熔（女，1月任）

区传媒中心（区广播电视台）（机构更名，12月，撤销区传媒中心党组）
党组书记、主任（台长）
方荣巩（12免）
党组成员、副主任（副台长）
郑巨峰（12月免）
杨祝琦（女，9月免）
郭建春（12月免）

区机关事务服务中心（2019年1月机构改革，更名，建立区机关事务管理中心党组）
党组书记、主任　许小萍（1月任）
副主任　彭胜强（1月任）
侯文琼（女，1月任）

区机关事务管理局（2019年1月机构改革，更名，撤销区机关事务管理局党组）
党组书记、局长
洪宁群（1月免）
副局长　许小萍（女，1月免）
彭胜强（1月免）
侯文琼（女，1月免）

区投资促进中心（2019年1月机构改革，新组建，建立区投资促进服务中心党组）
党组书记、主任　南建东（1月任）
党组成员、副主任
王建财（1月任）
江晓燕（女，1月任）

区行政审批管理办公室（公共资源办）2019年1月机构改革，更名，撤销区行政审批管理办公室（公共资源交易管理委员会办公室）党组
党组书记　叶海峰（兼，1月免）
党组副书记、主任
南建东（1月免）
副主任　黄海卫（1月免）
吕海棠（女，1月免）
公共资源交易中心主任
陈色伍（1月免）

区政务服务中心（2019年1月机构改革，更名，4月，建立党组）
党组书记　陈孔湖（4月任）
主　任　陈孔湖（1月任）

副主任　吕海棠（女，1月—9月）
　　　　陈色伍（1月任）
　　　　陈松涛（12月任）

区重点项目建设服务中心（2019年1月机构改革，新组建）

主　任　倪建锋（1月—12月）
副主任　林忠荣（1月任）
　　　　祁　连（1月任）
　　　　沈永伟（12月任）
总工程师　洪正金（1月—9月）

区工务局（2019年1月机构改革，撤销区工务局党组）

党组书记、局长　倪建峰（1月免）
副局长　叶文海（1月免）
　　　　林忠荣（1月免）
　　　　祁　莲（1月免）
总工程师　洪正金（1月免）

区供销合作社

主　任、党组书记
　　　　陈坤能（1月免）
　　　　王　锡（1月任）
副主任　邓伦斌
　　　　周国伟（9月免）
　　　　郑晓华（9月任）

区金融工作服务中心（2019年1月机构改革，更名）

主　任　陈坤杯（1月任）
副主任　周建顺（1月任）
　　　　叶文海（1月任）

区金融工作办公室（2019年1月机构改革，更名）

主　任　陈坤杯（1月免）
副主任　周建顺（1月免）
　　　　江晓燕（女，1月免）

瓯江口产业集聚区大门岛分区（大门海洋经济示范区）管委会

党委书记、主任（副县长级）
　　　　李　毅
党委副书记、副主任
　　　　叶先锋（1月免）
　　　　苏友山（1月任）
副主任　叶先锋（1月免）
　　　　陈献明
　　　　朱明炬（1月任）
纪委书记　林阿华
总工程师　陈清勤

瓯飞办公室（2019年1月机构改革，撤销）

主　任　颜贤权（1月免）
副主任　王建财（1月免）
　　　　郭志涛（1月免）
总工程师　戴婉贞（女，1月免）

区城市发展有限公司（7月，成立党委）

党委书记　彭进贵（7月任）
党委副书记　吴鹏展（7月任）
党委副书记　彭　俊（7月任)
董事长兼总经理　彭进贵
副董事长兼副总经理　吴鹏展
副总经理　王志敏（5月任）
副总经理　彭　俊（11月免）

区旅游发展有限公司

董事长、总经理、党委书记
　　　　张佳玲（女）
副董事长、副总经理、党委副书记
　　　　林　坚　金惠杰

■政协洞头区委工作部门

办公室主任　叶国进（1月免）
　　　　曹其忠（1月任）
副主任　王振宇
提案委员会主任　蔡柔雄
经济委员会（原经济建设委员会更名）主任　陈信敏（1月免）
　　　　潘国波（1月任）
农业和农村委员会主任
　　　　郭程亮（1月免）
　　　　梁友谊（2月任）
城乡建设和资源环境委员会（人口资源环境委员会更名）主任
　　　　林建斌
科技教育卫生体育和文化文史学习委员会（科教文卫体和文史委员会更名）主任　郑元阳
社会法制和港澳台侨委员会主任
　　　　郑灵巧
委员工作委员会主任
　　　　颜厥明（1月免）
　　　　林秀莲（女，1月任）
区政协委员会机关党组书记
　　　　叶国进（1月免）
　　　　曹其忠（1月任）
党组成员　蔡柔雄（12月免）
　　　　陈信敏（1月免）
　　　　潘国波（1月—12月）
　　　　郑元阳（12月免）
　　　　郑灵巧
　　　　林建斌（12月任）
　　　　林秀莲（女，12月任）

■区人民法院

院长、党组书记　李德通
常务副院长、党组副书记
　　　　吴兴国
副院长　黄明华（7月免）
　　　　叶定光　林　涛（7月任）
政治部主任　应建国（7月免）
　　　　朱　江（7月任）
审委会专职委员
　　　　池进峰　倪海平
执行局局长　吴志法
大门法庭庭长
　　　　朱　江（7月免）
　　　　郭灵燕（女，7月任）

■区人民检察院

检察长、党组书记　胡　刚
常务副检察长、副书记
　　　　陈志前
副检察长、党组成员
　　　　朱建忠
　　　　应建国（7月任）
检委会专职委员、党组成员
　　　　刘荣胜
政治部主任、党组成员
　　　　刘友山

检委会专职委员
林　涛（7月免）
张辉星（7月任）
大门检察室主任　郭　杰

■垂直机构

区税务局

党组书记、局长　邓　勇
党委委员、副局长
黄日民　曾国雄　王国栋
林志祥　唐东敏
副局长　陈　德（5月免）
党委委员、纪检组长
余德强（5月免）
陈　德（5月任）

市住房公积金管理中心洞头分中心

副主任　林进国

洞头海事处

处　长　黄文达
副处长　吴海峰　刘世藩

区盐务管理局

局　长　徐宝存

国网洞头区供电公司

总经理、党委副书记
陈培毅（3月免）
王　亮（3月任）
党委书记、副总经理
孙一心（1月免）
林晓宇（1月任）
副总经理、党委委员
林加阳
林世溪（3月免）
钱志刚（1月免）
张炜靓（3月任）
党委副书记、工会主席、纪委书记
钱志刚（1月任）

区气象局

局　长、党组书记　章立浩
副局长、纪检组长　张天河
副局长　李怀川

区烟草专卖局（分公司）

党组书记、局长（经理）
吴大祝
副局长、纪检组组长
曹醒初
副经理　郑昌伦（2月任）

中国电信洞头分公司

党委书记、总经理
滕剑闯（8月免）
黄文皓（8月任）
副总经理、纪委书记
曾焕华
副总经理　肖仁杰

中国邮政集团公司温州市洞头区分公司

总经理　陈素娟（女）

中国移动洞头分公司

总经理　戴永高

中国联通洞头区分公司

副经理　潘海波
（主持工作，4月免）
曾善光
（主持工作，4月任）

中国铁塔洞头分公司

办事处主任　王　乐

洞头华数公司

董事长、总经理
倪　颖

中国人民银行洞头支行

行　长、党组书记　夏剑武
副行长　黄招勇
倪建克（3月免）
包建锋（3月任）
纪检组组长　黄招勇

中国农业银行洞头支行

行　长　丁　干
副行长　郭邵滨
柯受总
纪委书记　胡宗南
行长助理　项若珏（2月任）

中国建设银行洞头支行

行　长　张来敬（2月任）
副行长　张来敬（主持工作，—2月）
邵子乐（11月免）
李家骏（12月任）

中国工商银行洞头支行

副行长　徐振铃（主持工作）
行长助理　邵康辉

中国银行股份有限公司洞头支行

行　长　项小青（8月任）
副行长　吴敏捷（11月免）
项小青（—8月）
邵志泉（11月任）
李　群（5月免）

洞头农村商业银行

理事长　陈剑林
行　长　曾华越
副行长　朱建松
杨德钧
监事长　施世来

中国邮政储蓄银行洞头支行

行　长　谢宇红（女）

洞头富民村镇银行

董事长　胡旭虹
行　长　王加耀
副行长　柯受国
温作旺

温州银行洞头支行

行　长　李喆琦
副行长　池进水

中国人民财产保险股份有限公司洞头支公司

经　理　张丽彬（女）
经理助理　曾晨明（12月免）

中国人寿保险股份有限公司
洞头支公司
总经理　叶建忠

中国人寿财产保险有限公司
洞头支公司
经　理　颜素贞（女）

中国太平洋财产保险公司
洞头支公司
总经理　林海燕（女）
副总经理　张孚俊

中华联合财产保险股份有限公司
洞头支公司
经　理　陈海燕（女）

■军事机构

区人民武装部
部　长、党委副书记
陈　峰（7月免）
陈细团（7月任）
政委、党委书记
朱　涛（3月免）
王迎锋（7月任）
副部长　陈　刚

温州边防检查站洞头分站
政　委　李平平
副站长　吴昌柱

区消防救援大队
大队长　李　靖
教导员　袁隆胜

武警温州支队洞头中队
中队长　康祥辉
政治指导员　施佳杰

■社会团体

区总工会
党组书记、主席　洪文才
党组成员、副主席
林郁峰（9月免）
陈秋菊（12月任）

共青团洞头区委员会
党组书记、书记
何掌霞（9月免）
曾中扬（12月任）
副书记　曾中扬（—12月）
杨燕辉（女）
胡衢龙（挂职，10月免）
陈振东（挂职，12月任）

区妇女联合会
主　席、党组书记
林秀莲（女，1月免）
季晓瀚（女，1月任）
副主席、党组成员
陈冬梅（女）
李素勤（女，挂职，10月免）

区科学技术协会
主　席　郑建林
副主席　张孚庆（1月任）

区侨联（2019年1月机构改革，为独立正科级单位）
主　席　许生然（9月任）
副主席　陈其钦（1月任）

区文学艺术界联合会
主　席　苏　娅（女）
副主席　曹高宇（1月任）

区残疾人联合会
党组书记、理事长、副主席
吴兹敏（1月免）
叶生杰（1月任）
党组成员、副理事长
郑忠霆（1月任）

区工业商业联合会（总商会）
常务副主席、常务副会长、党组书记
潘国波（1月免）
张立志（1月任）

区红十字会
常务副会长
陈后春（兼，1月免）
洪　震（2月任）

区社会科学联合会
主　席　陈坤沈
副主席　叶　晓（5月任）

■街道 乡镇

北岙街道
党工委书记　许生坚
副书记　蒋岩云
彭世伟
陈培鹏（挂职）
黄鹏林
柯　敏（下派，2月任）
委　员　苏友曦　郭温胜
吕辉敦　蔡鹏程（女）
林加群　林　凌
温正局
陈　雅（4月任）
杨森权（兼）
纪工委书记、派出监察办主任
苏友曦
人大工委主任　颜厥炎
副主任　曾国建　应　钧
办事处主任　蒋岩云（9月免）
张茂海（9月任）
常务副主任　郭温胜
副主任　黄胜贤　陈坤明
蔡一帆（4月任）
袁　娜（女，下派，9月任）
人武部部长　林　凌

灵昆街道
党工委书记　戴显强
副书记　陈精益（9月免）
曹一帆（9月任）
林宣志
委　员　黄祥崇　张爱淑（女）
曹朝晖　翁彩敏（女）
王光强
纪工委书记、派出监察办主任
张爱淑（女）
人大工委主任　刘君可
人大工委副主任　黄建海
办事处主任　陈精益（9月免）

曹一帆（9月任）
常务副主任　黄祥崇
副主任　翁彩敏（女）
陈运林　石耀辉
人武部部长　曹朝晖
办事处主任助理
李妍丽（女，7月挂职期满）
何星强（挂职，1月免）

大门镇

党委书记　李　毅
副书记　叶先锋（1月免）
苏友山（1月任）
陈春飞
李　凯（挂职）
委　员　王　政（1月免）
林阿华　王志敏
朱明炬
陈丽芬（女，5月免）
童艳艳（女）
纪委书记、派出监察办主任
林阿华
党委委员　唐奎蛟（9月任）
叶方胜　甘　泽
杨建华（5月任）
人大主席　陈建海
副主席　王邦敏
唐奎蛟（8月免）
镇　长　叶先锋（1月免）
苏友山（1月任）
常务副镇长
王　政（1月免）
唐奎蛟（9月任）
副镇长　胡　麟　林　浙
陈伟明（2月任）
人武部部长　朱明炬

东屏街道

党工委书记　褚志攀
副书记　朱显妙
姚榆业（挂职，12月免）
罗　明
杨　军（挂职，9月任）
委　员　王仁属（12月免）
王静静（女）　郭加兵
金霞霞（女，12月任）
陈志成（9月任）
纪工委书记、派出监察办主任
邵进宝
人大工委主任　周必东
人大工委副主任
陈后勤（9月任）
办事处主任　罗　明
常务副主任　叶礼健
副主任　方雅靓（女）
陈群挺　王　瑜
人武部部长　柯朝旭

元觉街道

党工委书记　詹景伟
副书记　陈旭阳（1月免）
陈声伟（1月任）
张忠强（4月免）
吴维玲（女，挂职）
何掌霞（女，4月任）
委　员　沈莎丽（女）
陈成乔　庄瑞鹏
叶忠静（4月任）
纪工委书记、派出监察办主任
李孚权
人大工委主任　石耀光
人大工委副主任
杨建国（9月任）
办事处主任　陈旭阳（1月免）
陈声伟（1月任）
常务副主任　柯受志（9月免）
副主任　陈爱花（女，4月免）
林　海　蔡文斌
杨建国（9月任）
陈　义（12月任）
叶艳明（女，12月任）
人武部部长　陈　义（12月免）
周正茂（12月任）

霓屿街道

党工委书记　郭海辉
副书记　陈志华
吴琼瑜（挂职）
王友谊
委　员　詹育代
翁玲玲（女）
王华阳
纪工委书记、派出监察办主任
方秀菊（女）
人大工委主任
苏友山（1月免）
郭坤碟（1月任）
副主任　陈立曼
办事处主任　陈志华
常务副主任　张奇峰
副主任　张　光
郭志涛（9月任）
胡晓克
人武部部长　林高环

鹿西乡

党委书记　苏剑群
副书记　陈孔湖（1月免）
叶生杰（1月免）
蔡鹏程（女，2月任）
陈丽芬（女，4月任）
委　员　林芬赟（女，12月免）
许荣华（10月任）
杨建国（10月免）
许宸毓（7月任）
纪委书记、派出监察办主任
南　海（4月免）
郭建国（4月任）
人大主席　颜贤权（2月任）
乡　长　陈孔湖（2月免）
蔡鹏程（女，2月任）
常务副乡长　沈加亮（4月免）
南　海（4月任）
副乡长　方智森
许荣华（10月免）
孔繁隆（10月任）
人武部部长　颜孙空

（年鉴编辑部）

街道　乡镇

大美村庄美如画 · 陈海英

“海霞精神”

爱岛尚武　励志奉献

街道　乡镇

北岙街道

【概况】北岙街道为洞头区中心城区，是全区政治、经济、文化中心。位于洞头区本岛西北部（包括三盘岛），东临东海，西与霓屿街道隔海相望，南与东屏街道接壤，西北部经洞头峡大桥、洞头大桥与元觉乡相连，距温州市区约68千米。全街道陆域面积26.76 平方千米，其中城区面积7.5平方千米。2011年5月镇改街道。2019年辖岭背、上新、城中、新城、银海、打水鞍、城南、三盘、风门、九厅、小朴11个城市社区，街道户籍人口4.88万人。全年实现经济总收入58.83亿元，同比增长10.31%。城乡居民人均可支配收入分别增长9.2%和10.4%。全年完成固定投资11.6亿元、招商引资3.33亿元。

2019年，街道实现工业总产值12.35亿元，增长 15.31%，其中规上工业企业产值6.6亿元，增长22.6%。辖区内企业总数1662家，实体型企业897家，工商注册企业数1685家，规上企业10多家，电子科技园入园企业37家。全年完成岭背工业区企业搬迁工作21家，整治亩均重点低效企业17家，规范园区厂房租赁5.2万平方米，激活闲置厂房2.7万平方米，激活温州久一重工有限公司南塘地块、长坑海藻化工厂等僵尸项目3个，招引锐力电气等成长型企业9家，白迭村庄经济总部园入驻企业12家。拥有渔业生产船只405艘，海水养殖总面积为7418亩，传统网箱5762口。全年渔业总产量41770吨，增长12.28%，渔业总产值34486.22万元，增长29.38%。街道海运总运力上升到10.8万吨，货运周转量增速44%。引导养民规范化养殖，退养传统网箱养1496口。

全年完成区重点工程建设项目8项，政策处理事项37项，新增西山头沙滩修复、凸垄底卵石滩修复、杨文工业区污水治理、南塘工业区污水治理等重点工程项目7个，完成海霞学院、兴龙航空等重点工程政策处理任务。远洋海钓、奥浦帆船帆板等项目落户北岙，隔头“观海别院”、下尾房车基地等项目建成投用，推进隔头“伴·精选”“月半湾”等项目建设，脚桶石等整村开发项目签订意向协议。全街道有景区村15个，其中白迭、下尾、隔头、海霞村获评省级AAA级景区村，有市级特色民宿7家，各类精品民宿65家，床位623个，全年新增民宿27家，床位249张。

全街道村级集体经济总收入和经营性收入分别为3755.90万元和2310.36万元，分别增长35.3%和71.6%，总收入超百万村11个，其中300万村4个、500万村2个。投入13.95亿元打造以“海西湖畔·渔韵三盘”为主题三盘振兴示范带，建成下尾联建房项目、编人岙沙滩修复等工程，建成海蜇文化长廊、大岙村史馆、神鱼灯展览厅等文化阵地。创成擂网岙、大长坑、白迭等省新时代美丽乡村达标村10个，海霞村创成省美丽宜居示范村，建成打水鞍、擂网岙、柴岙、九厅等花园村庄4个，花园村庄覆盖率92.7%。小城镇综合环境整治通过市级验收，建成口袋绿地10余个，创成花园庭院280户,污水零直排通过省级验收，改造农村公厕19座，实现垃圾分类行政村全覆盖。持续推进危旧房整治，构建新增违建即查即拆机制，处置新增违建25起，完成处理鸿丰水产加工厂和海霞渔村大酒店等2处拆除，全年累计拆除违章建筑9200平方米，完成年度拆违任务160%，通过省级无违建区复评，获市级城乡危旧房治理突出贡献集体。

举办妈祖平安节、民宿海鲜节、亲子活动周等系列活动，打造“寻访绿境、相约古村”“海霞红”爱国主义教育等精品旅游路线2条。建成老虎山全面从严治党主题公园一期工程和阜埠岙等6个文化礼堂，大长坑文化礼堂承办全国象棋男子甲级联赛。完成新一轮村规民约和居民公约修订，制定出台《党员干部带头移风易俗实施细则》，全面落实殡改新“八不准”，引导群众开展集中拜天公习俗活动，完成辖区内民间迷信隐患点整治202处。完成大长坑、双垅、大王殿和小三盘4个省级及东郊村1个市级规范化避灾安置场所创建工作。提升九仙等村级居家养老爱心食堂3家，新增小三盘爱心食堂1家，普惠老年群众1000多人。实施“大学生回归”计划，为52名返乡大学生创业提供场地、资金等支持，培育擂网岙民宿一条街等青年创业项目12个。

全年完成西山头村、大岙村、阜埠岙村、擂网岙村、下尾村5个村撤村建居和风门村、九厅村、小朴村3个村撤村改居，三盘整岛村改社区融合发展模式获市级肯定。打造“海霞红基金”“海霞红讲堂”等一批党建品牌，海湾三区“海霞红管家”模式成为全市党员参与社会治理实践样板。推进社会治理七大攻坚行动，在全区先行先试“四个平台”联合执法、部门定期联动执法及全科网格2.0版考核机制。探索“四治融合”有效路径，试点建立司法、行政和人民调解互融共促社会矛盾纠纷化解机制，开展信访代跑服务，完成信访事项120余件。成立三盘乡贤理事会，实现乡贤理事会村社全覆盖。溢香应急救援队等社会组织成为全省金名片，全年化解各类矛盾纠纷348起，涉及金额1116万元。

全年设置92个活动载体，深入开展“明纪律、正作风、铸铁军”和“不忘初心、牢记使命”主题教育，推行全区最为严格全员竞聘，选拔优秀年轻干部，建立健全“庸懒散慢”干部惩戒机制，退出中层岗位干部10名，解聘干部3名。全面实施街村两级重点工作正负清单加减分考核机制和干部全程积分管理办法，村社考核细则由原来18页纸大幅减至2页纸。常态化推行围绕重点领域和薄弱环节“微”巡察模式，开展九大系列最美北岙人评选，编印《先进人物事迹红色读本》，加强村社后备干部队伍建设，8名乡贤进村社两委班子，大学生村社务助理员实现全覆盖，全年党纪处理7人，效能问责41人次。

【村规模优化调整】2019年4月15日，北岙街道完成村规模优化调整，规模优化调整涉及行政村8个，撤销大岙村、阜埠岙村、西山头村、下尾村 、擂网岙村建制，合并设立三盘社区，撤销风门村、小朴村、九厅村设立风门社区、小朴社区、九厅社区。

【洞头区首个EPC砂质岸线修复工程竣工】2019年8月30日，洞头首个EPC砂质岸线修复工程——蓝色海湾洞头南岸段生态廊道凸垄底、沙岙砂质岸线修复工程竣工。该工程位于洞头岛西南侧、北岙街道隔头村海岸。建设内容为沙滩整治修复，凸垅底、沙岙岸线整治修复。沙岙段沙滩修复修复约150米沙滩岸线，形成沙滩总面积约1.4万平方米，凸垄段卵石滩修复约256米卵石海滩岸线，形成卵石海滩总面积约1.3万平方米,拦沙堤1条，工程概算总投资约1500万元。工程建设单位为北岙街道办事处，勘察单位为中交第三航务工程勘察设计院有限公司，设计单位为中交第三航务工程勘察设计院有限公司，施工单位为中交第三航务工程勘察设计院有限公司，监理单位为浙江港湾工程项目管理有限公司。

【北岙街道“污水零直排”（一期）开工】2019年9月，新城一期“污水零直排”工程（一期）开工。该工程包含修复雨水管2969米、污水管3638米，立管改造8140米等，投入资金约890万元，其中南塘工业区“污水零直排”工程投入资金约192万元，修复雨水管

2019年9月，北岙街道污水治理工程一期开工　　（吕国平　摄）

2104米，新建污水管道223米，杨文工业区“污水零直排”投资约132万元，修复雨水管895米。新建污水管道1464米。出资单位为温州市洞头水利发展有限公司，工程建设单位为北岙街道办事处，设计单位为浙江天然城建设计有限公司，施工单位为温州市正龙市政建设有限公司（新城一期）、浙江至诚建设有限公司（杨文）、浙江宏邑建设有限公司（南塘），监理单位为浙江首信工程项目管理有限公司（新城一期）、温州雄邦项目管理有限公司（杨文）、华地恒工程咨询有限公司（南塘）。

【渔韵三盘乡村振兴示范带通过市级创建】2019年12月，渔韵三盘乡村振兴示范通过市级创建。该示范带以“海西湖畔·渔韵三盘”为主题，涵盖三盘岛全域，涉及擂网岙、西山头、大岙、阜埠岙、下尾等5个片区，沿线全长4.3千米，陆域面积1.9平方千米，涉及项目34个，其中涉村集体经济发展项目7个，产业发展项目15个，环境治理类项目8个，民生实事类项目4个，总投资13.95亿元，其中社会投资13.58亿元。截至年底，建成擂网岙花园村庄、媥人岙沙滩修复和下尾联建房等项目9个，完成投资2.49亿元。

【最美北岙人评选活动】2019年9月，北岙街道结合“不忘初心、牢记使命”主题教育活动，开展“最美北岙人”评选活动，通过宣传发动、组织推荐、审核初评、评审联评等方式，评选“最美北岙人”45名，分别授予“最美村（居）干部”“最美党员”“最美巾帼”“最美公益人”“最美乡贤”“最美夕阳红”“最美劳动者”“最美企业家”“最美退役军人”称号，汇编北岙街道“不忘初心 牢记使命”主题教育先进人物事迹红色读本。

（颜晶晶）

灵昆街道

【概况】灵昆街道位于温州湾口中部瓯江口内，东临东海，经330国道与霓屿街道相接，西与鹿城区七都街道一水相依，北与乐清市磐石街道、黄华街道隔江相望，南经灵昆大桥与瑶溪街道相连、经南口大桥与温州龙湾国际机场相接，系瓯江径流和海流动力共同塑造的产物，形成岛域约有一千余年历史，自古以来为温州海口之门户、交通之咽喉、军事之要塞。随着温州大都市战略的深入推进，瓯江口、洞头区“双驱”发展的叠加深化，成为瓯江口产业集聚区开发建设的主阵地、洞头区对外的第一门户。街道总面积51.3平方千米；下辖9个行政村。2019年年末，辖区户籍人口2.33万人，外来流动人口2.18万人。全街道实现规上企业总产值50.57亿元，同比增长118.87%；农业总产值 1.22亿元。全街道完成固定资产投资88.44亿元，增速10.2%，其中工业性投资28.67亿元。

2019年，甬台温高速复线灵昆段、市域铁路S1线灵昆段通车。攻坚清零市域铁路S1线配套、S2线主线、G228项目，清零率98.8%。提前完成昆九路、瓯锦大道等9个项目1368.7亩征借地政策处理。组件报批市域铁路S2配套等9个项目478.5亩，报批率100%。推进浅滩二期非法养殖涉及99户养殖户14535亩土地整治工作。通过基本无违建街道创建市级验收，处置重点区域、重点类型违法建筑9.15万平方米，完成率152.47%。破解沙塘58户6栋危房遗留问题，完成159处遗留危旧房情况梳理。完成新增C、D级危旧房解危工作12处和7座D、E级危桥解危。

完成村庄规划区级报批工作7个村。投资3.9亿元，按照“一带三区、四核多点”产业空间规划，打造“岛韵庭院·康美灵昆”乡村振兴示范带，重点建设项目示范点5个。各村集体经济年经营性收入均突破40万元大关，8个村集体经济年收入超百万元。与市对接解决粮食收购问题300多亩。完成上岩头村和海思村标准农田暨高标准基本农田建设261.7亩。落实土地确权回头看，增签暂缓户合同37份，完成土地仲裁9户。推进美丽乡村、乡村休闲旅游与新型城镇化建设，开展“1+X”全域环境整治

灵昆街道“陌上田园水韵岛居”　（灵昆街道提供）

百日攻坚行动，建成九珑湖度假酒店、度假庄园等配套，创建“美丽庭院”1148户，拆除严重违规占用农田“大棚房”7处。协办瓯江口第二届“樱花节”灵昆专场、首届垂钓节，协助省散文学会及“壮丽70年，奋斗新时代”市老干部美丽乡村摄影作品展选材。

组织开展房前屋后垃圾整治专项行动，清理垃圾1146吨。总投资近1亿元，开展灵昆东路等四条重点路段环境综合整治EPC工程，完成立面改造8.8万平方米，道路改造4.5万平方米，绿化整治1万平方米和61条道路线路规整57.87千米。拆除露天旱厕49个。完成海思村、周宅村、北段村“污水零直排区”建设。新建周宅村及相关村三个片区截污纳管36.7千米。安装河道增氧泵156个，完成5座水闸保养，清淤河道5000立方米和24处1500余米坍塌驳坎修复工程及“利奇马”台风灾后整治、修复工程。启动盟建陡闸内河、祥浦河项目整治。数字城管处置3214件，整治“创卫点”249处，清理“乱占道”问题149处，处置流浪狗245只，新建9个停车场。登革热、动植物疫情得到防控，喷洒蚊蝇消杀药物1995余公斤，消杀30余处红火蚁巢穴，铲除一枝黄花疫病35亩土地。创成垃圾分类工作示范单位18家，新建分类垃圾屋15座，219个商户垃圾分类100%覆盖。

全年发放各类补助、救助款约724万元。新灵景园24小时城市书房、养老服务中心对外开放，建成退役军人服务站。灵昆首家公办幼儿园开园，首届社区学校成人高中班开班。创成温州市语言文字规范化和学前教育先进街道。沙塘社区学校获评市二级。成立“同心助困”帮扶基金。举办第三届全民运动会，建设田园步道3条，新增村级健身设施场地4处。完成灵昆企业、个体户普查654家，获省第四次经济普查先进集体。全年受理劳资纠纷调解53起，为189名农民工追回欠款110万元。开通专线中巴灵昆上客点。武术协会创成市四星级健身示范点。

落实“信访代跑”制度，化解周宅村、王相村等信访积案5起，办理信访件269起；受理调解纠纷147起。检查出租房、合用场所583家，检查企业370家，发现安全隐患356处，安装智慧烟感报警器2432个。建立村级微型消防站9个，修编村级防汛防台形势图9个，建成“三室合一”治安指挥室。实行全科网格差异化考核，月均采集1500余件信息。成立77省道混凝土和码头装卸行业安全生产互助管理联盟，开展危险物品“一体化”监管改革，查封并转移一个涉嫌非法储存“黑危化品”窝点，查获危险化学品约15吨。

街道制定出台《灵昆街道小额建设工程发包管理规定》，梳理制定《村级工作权力清单十五条》，开展“不忘初心、牢记使命”主题教育形成调研成果12篇，解决各类民生问题51件。“瓯江红”党群服务中心投用，开展各类主题活动45场。叶先村新建居民中心投入使用，推进周宅村新建、上岩头改扩建居民中心建设。海思村文化礼堂创成市四星级。全年灵昆街道村级“亮晒比拼”活动3次。大学学历适龄青年入伍3名。实现宗教活动场所100%“无明火”，换届产生灵昆归国华侨联合会第三届委员会，完成侨情调查1314人。全年查处违纪案件2件，处理党员2名，受理办结群众来访件7件。

【市域铁路S1线灵昆段通车】2019年9月28日，温州市域铁路S1线永中、机场、灵昆、瓯江口、瓯华、双瓯大道6个车站开通。温州市域铁路S1线一期工程线路全长约53.5千米，运行速度120千米/小时，总投资186.0683亿元，主要承担都市区范围内东西向组团间快速交通联系，其中市域铁路S1线一期工程灵昆段全长1.69千米，工程投资约3.26亿元。工作建设单位是温州市铁路与轨道交通投资集团有限公司，施工单位是中铁隧道局集团有限公司，监理是西安铁一院和浙江中铁科联合体，检测单位是温州信达交通工程试验检测有限公司。

【灵昆首家公办幼儿园开园】2019年8月26日，灵昆幼儿园开园举行揭牌开园。该园位于瓯绣大道4099号(新灵景园小区内)，是瓯江口区域内首家公办幼儿园，基建和装修总投资额4800余万元，占地5278.04平方米，设计规模为九个班，设有多功能厅、音乐室、美工室、阅览室、烘焙室等功能室。工程建设单位是温州港城发展有限公司，设计单位主体工程是温州设计集团公司、装修工程是浙江云艺装饰有限公司，施工单位主体工程是中国十二冶集团有限公司、装修工程是温州迈斯有限公司，监理单位是浙江五洲工程项目管理有限公司。

【环境综合整治EPC工程建设】2019年3月，灵昆街道小城镇环境综合整治工作首次采取项目总承包方式，以“陌上田园、水韵岛居”为主题，投资8000万元开展重点路段环境综合整治EPC工程建设，主要涵盖灵昆东、南、西、北四条主要道路，改造提升道路约4.53万平方米、绿化约1.03万平方米、人行道铺装约2.93平方米、空调外机罩522个、统一店招约5914平方米、涂刷及清洗外立面约8.76平方米、强弱电“上改下”3.9千米及四条道路约5720米线路整治。工程建设

2019年3月，灵昆街道重点路段环境综合整治工程建设 （灵昆街道提供）

单位是灵昆街道办事处，设计单位是温州设计集团有限公司，施工单位是浙江原野建设有限公司，监理单位是鹿城建设工程监理有限公司。

【首个“瓯江红”党群服务中心投用】2019年7月10日，瓯江红灵昆街道党群服务中心举行揭牌暨“红七月·服务月”活动启动仪式。按照“场所集中、功能集成、人员集约、开放共享”原则和“六有五区四化一广场”基本框架要求，投入200万元建设党群服务中心，6月建成。该中心总占地面积1450平方米，设置室内党建功能区、室内文体功能区和室外公共功能区三大板块。开设城市书房、居家养老中心等功能区块，采取政府购买服务形式，引入专业社工组织驻场运行管理，为周边居民群众提供学习交流、文体娱乐服务。建设单位是灵昆街道办事处，设计单位、施工单位是浙江万川装饰工程设计有限公司，监理单位是浙江宏正项目管理有限责任公司。

【全域环境整治百日攻坚】2019年7月18日，以“全域整洁”为总目标，以深化各类环境整治为重点，集中街道全员力量，纵深实施“一提、一扩、两创、六治”十大专项行动，集中一百天时间，围绕街道全域沿路、沿河、沿屋环境“脏乱差”和需要整治提升区域，街道以中心片区（西至灵昆北路、东至兴灵路、南至灵昆东路、北至棋坊路）及主要道路（灵昆北路、灵昆南路、灵昆西路、灵昆东路、昆祥路、繁灵街、九村路、S1线通站道路）两侧为重点环境综合整治；村居抓好各村重点区域、重要节点、主要道路两侧和房前屋后环境综合整治。累计出动街道、村人员3285人次，安排垃圾清运车辆670余次，清运垃圾2990吨，喷洒投放灭杀蚊虫药物1380公斤，清理消杀生活区面积8平方千米。

【村级“亮晒比拼”活动】2019年，街道组织开展村级“亮晒比拼”活动。其中4月，实施“亮计划”活动，各村提供项目申请书及进度计划安排，对申报主题亮出项目情况、作出承诺。6月，实施“晒进度”活动，晒出项目实施进度、成效；11月，实施“晒成绩”活动，晒出项目成绩，兑现承诺。街道9个村申报项目18个，亮晒比拼总分数计入村级年度目标考核总分，占比为30%。

【第三届全民运动会】2019年6月下旬至8月上旬，灵昆街道举行第三届全民运动会，赛事项目以群众性体育项目为主，设置中国象棋、乒乓球、篮球、广播体操以及趣味运动等9个项目，街道机关、各村、各企事业单位、各站所、非公企业等千余人参加。

【第四次经济普查荣获省级成绩突出集体】2019年12月，浙江省人民政府第四次经济普查领导小组印发《关于通报表扬浙江省第四次经济普查省级成绩突出的集体与个人的决定》（浙经普组〔2019〕1号），灵昆街道获浙江省第四次经济普查省级成绩突出集体。街道自第四次经济普查工作以来，以村为基础，以路为界，划分9个普查区域17个普查小区，配强配好街道普查“两员”（指导员、普查员），挑选20名人员参与经济普查工作，严格按照《全国经济普查条例》，准确填报登记，做到不漏报、不乱报、不虚报、应入尽入、应统尽统。街道清查企业单位数540家，个体经营户1114家，核实数275家。正式登记企业单位数464家，经营户104家。

（林佰露）

东屏街道

【概况】东屏街道位于洞头村本岛东南部，面朝东海，紧邻城区。由4个住人岛、88个无居民岛组成，陆地面积14.47平方千米。辖9个行政村及2个社区（蓝港社区和半屏社区）。户籍人口2.23万人，常住人口1.87万人。2019年，街道实现社会经济总产值19.2亿元，同比增长8.05%；农村常住居民人均可支配收入24768元，增长9.12%。

街道完成固定资产投资6.1亿元，完成重点工程政策处理16大项43小项，白鹭湾海渔文化项目完成土地招拍挂并进场施工，半屏新渔村改造项目启动透水式平台建设，街道污水零直排工程通过竣工验收。海峡云村金岙101项目主体结构改造石头房30幢，超额完成年度建设任务。持续推进“小岛迁、大岛建”工程，蓝港三期工程基本建成和房屋置换。推进蓝湾整治和乡村振兴示范带项目建设，浙南沿海最大人工沙滩——韭菜岙沙滩正式对外开放，韭菜岙村旅融合项目完成主体建设。省新时代美丽乡村达标村创成，通过市美丽乡村标杆街道创建考核认定，培训转产转业渔农民185人，完成培训率123%。东岙村省级第三批历史文化重点村落保护利用省级检查验收评定为优良。完成海峡两岸同心风情小镇创建验收工作。

全年淘汰低效渔船5艘，更新建造300千瓦以上安全系数高拖网渔船3艘。半屏山后养殖海区投放太阳能深水固定航标灯6座，东沙港防波堤外侧投放太阳能深水固定航标灯7座，清理“占用航道”违规养殖设施2户、面积6.8公顷。推行渔业安全生产社会化服务工作，街道采取政府购买服务方式运作，辖区内登记在册捕捞渔船纳入亚轮渔业有限公司进行全程管理与服务，培育东岙米巷、洞头网红巷、成人季七夕旅游精品线路等旅游新业态，各村集体经济总收入2591.55万元。

全年救助五保户75户（75人），低保边缘户103户（244人），低保户190户（396人）。完成产业就业和折股量化扶贫30人年度工作任务。开展道德模范、最美人物等评选活动，“七夕成人礼”“新春祈福礼”“我们的村晚”等系列活动150余场，送书下乡累计500册，送戏、送展览讲座、送培训等文化活动累计46场。打造蓝港、东港、中仑文化礼堂“春泥计划”示范基地，推出“国学体验营”“瀛洲书画院”“公益奥数班”等“春泥计划”活动品牌。惠民居家养老中心建成，残疾人之家创成三星残疾人之家。举办第十二届中国·洞头七夕民俗风情节、中国·洞头羊栖菜节、浙江省第六届哈雷骑士大会、协办2019年温州长距离铁人三项世界杯赛、浙江省青少年沙滩排球锦标赛等活动。建成中仑城市书房、完善东港社区体育场。开发东岙七夕古巷、同心花园驿站，开设东岙小酒馆、星光帐篷等星光经济小业态。开发花园村庄孤岛探险游、童玩研学游等线路。

全年完成信访“最多跑一次”代跑333件、全程代跑4件、海上代跑7件。成立“三员”队伍，吸纳社会贤达和知名人士32名。全年调处矛盾纠纷562起，案件录入率100%。组织开展四个平台联合执法30余起，采集办结信息5467条。建成东岙村1个市级善治村、蓝港社区、半屏社区等4个区级善治村，创成寮顶村、东岙顶村、蓝港社区等3个村居省级民主法治示范村（社区）。建立后寮村新居民管理委员会，组建新居民工会，实现外来人口“以外管外”新模式。完成后寮村安心公寓30间出租房改造，打造全区第一座安全管理标准化样板楼栋。推出“五小二十大岗”机制引导党员志愿者、民宿餐饮业主认领“跑小二”“督小二”等五类身份和平安巡防、诚信经营督导等十大岗位，组织民宿安全大排查142家次，发现隐患89处，整改89处，整改率100%。整治小微企业安全生产排查生产经营单位72家，引导关闭8家、停产整改3家、限期整改30家。开展“移风易俗”排查整治行动，排查活动场所94处，梳理并整治21处。开展电动车（农用车）整治行动，登记备案电动三轮车346辆和行业电动车13辆，行政处罚52起，扣押超标准电动三轮车26辆。

推进“红色阵地覆盖”，打造民宿党建红色示范点，整合蓝港“好厝边”红色驿站各类红色志愿服务。全年转出党员22人，接收党员15人，新发展预备党员7名，预备党员按期转正5名。开展“百千万读书班”12场，“周三夜学”10场，“初心课堂”6场。深化“三制一联”工作机制，开展基层组织“质检”12场，下发整改清单28份，整改问题230余个。开展以基层安全治理、环境卫生整治、振兴村集体经济为主题“一月一主题·赛马比拼”活动8场。开展“红色星期天”活动150余场，服务群众3000余人次。新组建“两新”党组织4个，撤销因企业解散组织生活开展不正常两新党组织1个。开展“不忘初心、牢记使命”主题教育，推进乡村振兴工作，完成村（社）规模优化调整和后进基层党组织整转验收工作。

东屏街道获评浙江省拥军模范单位、浙江省第三批省级旅游风情小镇，东岙村获评“中国美丽休闲乡村”，东岙村和洞头村获评“2019年度浙江省级休闲旅游示范村”，东港社区获评“全国综合减灾示范社区”，寮顶村和半屏社区大北岙村获评“浙江省AA级景区村”，东岙村获评“省级高质量就业社区（村）”。

【洞头同心旅游小镇建设】2019年9月，洞头同心旅游小镇入围浙江省特色小镇第五批创建名单。总规划面积约3.98平方千米(不含水域)，其中核心区约1.37平方千米，储备建设用地97公顷，海岸线约21.5千米。按照特色小镇产城人文融合发展、特色产业功能分区的要求，规划分成两岸旅游文化融合区、两岸青年创新创业区、两岸渔村文化体验区与两岸妈祖文化交流区四大片区。包含新建及续建项目25个，截至年底，开工建设项目14个，包括洞头区半屏山文旅融合园建设项目、诚意药业、蓝色海湾生态示范项目、海洋生态廊道整治修复工程等建设项目，完成投资8.1亿元。基本建成半屏岛韭菜岙小镇客厅。

【生态环境建设】2019年，东屏街道建成后坑村花园村庄，岙仔、后寮村2个花园村庄村收尾阶段。落实河长制，辖区河道实现常态化巡查、保洁。实施后寮山塘白蚁整治工程，消除山塘大坝安全隐患。推进“一村万树”建设，完成金岙村、外埕头村2个“一村万树”市级推进村创建。开展珍贵树种花草进村、进社区、进庭院行动，整治主要道路沿线、河沟边、村庄内闲杂地块4000多平方米。建立“美丽村约园丁制”，引导村民自觉参与村级环境卫生建设和花园村庄后续养护260户490个创建项目，组织开展园丁区环境卫生整治、绿化美化活动35场，整治环境卫生疤点137处。惠民、垅头和后寮3个农村生活污水提标改造工程和东岙—五村联合农村生活污水管网完工通过验收。维护改造东岙顶村、寮顶村、大北岙村等农污治理终端设施。东岙村入选中国美丽休闲乡村名单。东岙村和洞头村获“2019年度浙江省级休闲旅游示范村”称号，寮顶村和半屏社区大北岙村获“浙江省AA级景区村”称号。

【旅游产业发展扶持奖励办法】2019年12月4日，为加快东屏街道旅游业发展，促进东屏旅游企业、旅游项目进一步发展壮大，结合东屏旅游业实际，制定《东屏街道旅游产业发展扶持奖励办法》（洞东屏工委〔2019〕85号）。办法采取项目补贴、专项奖励等方式对辖区内符合条件旅游企业和项目进行扶持和奖励，由街道财政安排专项资金。截至年底，奖励金额6万元。

【第12届中国·洞头七夕民俗风情节】2019年8月7日，农历中国七夕节，第12届中国·洞头七夕民俗风情节活动举行，活动以“追梦前行，我和祖国共成长”为主题。活动包含“古韵浓郁·感恩百岛”主题活动，开展状元踩街巡游、传说人物七仙女互动；“七夕福宴·祈福百岛”主题活动，举行七夕成人礼大型祭拜仪式，16岁孩童诵《弟子规》，集体祈福（长者为孩童系铜钱），16岁少年成人集体宣誓，家长代表朗读《给孩子成年的一封信》，焚七星亭等祈福祭拜仪式，东屏各村文化礼堂组织16虚岁少年，集中举行成人礼仪式，举行七夕感恩福宴；“同心筑梦·璀璨百岛”主题活动，举行“追梦前行·我和祖国共成长”七夕民俗风情晚会、沙滩踏浪，“洞”听七夕；“伴山观海·畅享百岛”主题活动，渔港风情，漫步七夕，心语心愿，祈愿七夕，探访东屏，感受七夕。1000多名群众和游客参加。活动由区政府主办，东屏街道工作委员会、东屏街道办事处承办，区委宣传部、区文广旅体局、区传媒中心（广播电视台）、洞头旅游文化发展有限公司协办，浙江交通旅游传媒有限公司执行。

（叶振宏）

元觉街道

【概况】元觉街道地处洞头列岛中部，离洞头主城区8千米，距温州市区40多千米，南凭元觉大桥、洞头峡大桥与北岙新城区相连，西跨深门大桥与霓屿相接，北隔黄大峡航道与大门岛隔海相望。全街道由状元岛、花岗岛和青山岛3个主要岛屿组成，陆地面积7.84平方千米，辖7个行政村，户籍人口11031人。2019年，街道实现工业总产值2.15亿元，其中规上企业总产值1.76亿元，建筑业总产值3.04亿

2019年8月7日，第12届中国·洞头七夕民俗风情节活动。图为举行成人仪式

（区融媒体提供）

2019年3月8日—9日，元觉街道花岗渔村登上美国纽约时代广场纳斯达克大屏
（元觉街道提供）

元，完成固定资产投资6.55亿元，招商引资到位资金3.91亿元。

浙江省“152”工程青山欢乐岛项目签约落地。状元岙深水港累计实现港口货物吞吐量567.73万吨，其中集装箱吞吐量26.52万标箱，同比增长558.02%。引进温州市巨星特种玻璃有限公司、浙江华油海运有限公司等企业5家。完成温州万大利建材贸易有限公司水泥装卸运输项目、浙江和联船务有限公司8600成品油船等辖区内4个固定投资项目，推进青山欢乐岛、彩虹湾植物迷乐园、状元南片垦区回填工程等八大省、市、区重点工程政策处理任务17项。温州国际邮轮港开启常态化运营，截至年底，全年邮轮运行7个航班，接待出入境旅客29604人次。

乡村振兴示范带完成投资1.28亿元，完成率229%。推进“环境革命”“垃圾革命”“厕所革命”，获评全区唯一省美丽浙江魅力示范点，获省美丽乡村示范乡镇称号。完成违建拆违任务量150%，试点垃圾分类亮相制、回收固定制等“四制法”，街道卫生环境排名位居全区前列，获评市美丽乡村标杆街道荣誉。农村公厕改造、危旧房解危均高标准完成。推进“最脏厕所”“三改一拆”“四边三化”“五水共治”等专项整治，河长履职工作持续排名全区前列，1名镇级河长和1名村级河长分别获评年度河长之星。花园村庄实现全域覆盖，“花岗渔村”登上美国纽约时代广场，沙岗村获评全区第一个全国乡村治理示范村，花岗、沙角、沙岗、小北岙等4个村获评省首批“善治示范村”，活水潭村、沙岗村、小北岙村获区“五四竞赛”一等奖。

建成海洋体育公园二期、森林公园健身步道、深门村篮球场。举办第十届中国·洞头妈祖平安节、第四届古村旗袍秀、“我们的村晚”、中美青少年民间文化交流夏令营和老年人趣味运动会等群众性文体活动80余场。开展各类好人好故事等宣讲80余场，创成温州市未成年思想道德建设优秀阵地。举办舞蹈、合唱、排舞等文化公益培训课程6期。元觉沙角叶元拢船模登上新华社海外版。创成AA景区村2个、市级精品民宿1家、省级银宿1家。完成语言文字规范化街道创建。元觉街道获评温州市文化礼堂建设示范街道称号，元觉文化礼堂获浙江省五星级文化礼堂称号。推行“社团驻堂制”运行模式，社会组织（爱加壹社工服务中心）常驻文化礼堂，推出“守护星公益课堂”“暖阳共享”等服务品牌公益课程60课时，服务活动43场。常态化开展“兰小草”精神宣讲和“红色星期天”“星期天善行日”等系列活动80余场，惠及群众3000余人，获得群众一致点赞。

创新推出驻村工作“一刻钟”工作法获中新网报道。主题教育收集、梳理民生小事89件，办结率100%。完成省级康养试点建设任务和省级民生实事建设任务，街道养老服务中心和残疾人庇护中心运行，开展康养服务试点，为11名精神智力残疾人提供就业岗位。完成街道大病救助基金、金源扶贫养殖项目等七个民生实事项目，成立“兰小草”大病救助基金，筹集善款80多万元，全年救助贫困大病对象14个，发放金额8.5万元。全年发放各类扶贫资金118.97万元，惠及困难群众544人。开展保安员、保洁员等技能培训，受训人数121人，培训完成率161%，新增公益性岗位6个，新增就业人数108人，完成率103%。开展排查整治522户次，整治安全隐患61处，办理食品案件3件，创成放心消费示范单位8家。

全年开展共建活动6场，组织慰问困难群众225个。优化调整街道“一三五”应急处置体系，推进“天罗地网”建设，推进“4+1”人民调解工作模式，全年处置各类矛盾纠纷78件，处置率达100%，化解两起群众反映较大的信访积案。完成信访代跑服务站建设工作。实行分领域分区域包干制度，全年发现各类隐患221条，整改完成率100%。引入彩虹湾植物迷乐园、金源水产养殖等富民项目，街道各村总收入619万元，增长55%，村集体经营性收入489万元，增长173%，小北岙村经营性收入269万元，为元觉街道首个突破经营性收入超百万村，元觉街道村集体经营性收入增速全市排名第二。

2019年，花岗村庄恭安、庄恭顺两兄弟被评为温州好人和洞头区“见义勇为”称号。

【浪漫港湾乡村振兴示范带工程】2019年11月，元觉街道浪漫港湾乡村振兴示范带工程开工建设。工程包含园路铺装、种植绿化以及环境整治改造、景观雕塑小品、墙体和地面彩绘以及节点景观亮化等，工程概算200万元，工期60天。工程责任单位是元觉街道办事处，工程施工单位是温州市伟业装饰有限公司，工程设计单位是温州设计集团有限公司，工程监理单位是浙江首信工程管理有限公司。

【花园村庄建设工程】2019年12月。元觉街道花园村庄建设工程完工。工程于7月开工建设，主要涉及沙角村、活水潭村以及小北岙村等村，建设内容包含园路铺砖、外立面改造、挡墙、院墙、景墙、花坛小品、廊架、园林绿化等，工程总体概算约660万元，工期90天。工程责任单位是分别是元觉街道沙角村、活水潭村、小北岙村股份经济合作社，工程施工单位是分别是福建南剑发展有限公司、浙江百通路桥工程有限公司和浙江后花园园林工程有限公司，工程设计单位是浙江天然城建设计有限公司、杭州华茗设计集团有限公司和浙江恒欣建筑设计有限公司，工程监理单位是浙江万基工程管理有限公司。

【综合环境整治工程】2019年1月，元觉街道综合环境整治工程完工。工程于2018年9月开工建设，包含道路整治、屋面外立面整治、垃圾站翻新、截水沟、苗木种植等，工程概算560万元（其中状元村弱电线路改造工程160万元），工期70天。工程责任单位是元觉街道，工程施工单位是福建宁大建设工程有限公司，工程设计单位是浙江众生建筑设计有限公司，工程监理单位是乐清市建设监理有限公司。

【元觉街道海洋体育公园二期工程对外开放】2019年8月，元觉街道海洋体育公园二期对外开放，为洞头区最大海洋体育公园。该公园面积8625.48平方米，拥有篮球场、羽毛球场、乒乓球桌、儿童游乐场、塑胶跑道、绿化种植、运动健身器材等设施。工程概算200万元，工程责任单位是元觉街道，工程施工单位是温州亿达建设有限公司，工程设计单位是浙江绿建建筑设计有限公司，工程监理单位是浙江南正项目管理咨询有限公司。

【获评市文化礼堂建设工作示范街道】2019年6月，市委宣传部公布2018年度温州市文化礼堂建设工作示范街道名单，元觉街道榜上有名，为全区唯一获奖街道。该街道继元觉文化礼堂获上年度省级五星级文化礼堂后又一荣誉。元觉街道探索文化礼堂发展新模式，把文化礼堂建设与美丽乡村建设、文体活动中心建设合起来，建设集学教型、礼仪型、娱乐型于一体文化礼堂。健全文化礼堂管理制度，以文化礼堂星级创建为抓手，推行礼堂理事会管理制，监事会监管制，建立“社团+社工”管理模式，吸引“爱加壹”志愿服务队入驻元觉文化礼堂，参与到农村文化礼堂日常运行管理。围绕理论宣讲、群众文化、志愿服务、德育教育等主题开展活动，弘扬优秀传统文化和文明乡风。

【花岗村两村民获“温州好人”称号】2019年5月，温州好人榜公布，元觉街道花岗村渔民庄恭顺、庄恭安兄弟入选。庄恭顺，男，1963年1月出生，庄恭安，男，1965年8月出生，群众，籍贯温州洞头，洞头区元觉街道花岗村渔民。2018年12月25日，庄恭顺和庄恭安驾驶渔船出海捕捞。大约6点钟，听到对讲机里传来呼救声音。庄恭顺兄弟放下手中活驶向事发地十八个半海域。经半小时搜救，成功营救三名落海者上船。

（叶林林）

霓屿街道

【概况】霓屿街道位于温州瓯江口外，洞头区西侧，东至深门大桥与元觉街道接壤，南濒大海，西至灵霓海堤与灵昆相连，北隔瓯江口水道，陆岛连通。1952年10月，南北两屿分别建政为东岙乡、霓屿乡；1956年初，东岙乡和霓屿乡合并为霓屿公社；1986年10月，经浙江省民政厅批准从霓屿公社析出霓北、霓南两乡；2001年11月，经浙江省民政厅批准，霓北、霓南两乡合并为霓屿乡；2011年5月，经浙江省民政厅批准撤乡改设街道，改称霓屿街道。具有丰富滩涂资源和海水资源，地形多山，山尖为全区第二高峰，海拔332米。全街道辖区包括附近7个无人岛和23个礁，陆域面积约11.5千米，街道所在地距离县城约15千米，街道办事处所在地为布袋岙村。1998年，被浙江省人民政府命名为“浙江省紫菜之乡”。全街道辖10个行政村32个自然村。2019年，街道户籍4712户，总人口14639人。街道辖党支部18个，党员387名。

全年街道完成固定资产投资2亿元，招商引资到位资金2.8亿元，税收1220万元。推进石子岙魔

健康养生岛–精灵海岸效果图　　（霓屿街道提供）

法庄园施工、紫菜育苗中心和初级加工厂、下社合脚岙育苗基地、烘干厂等建设，布袋岙亦家康养项目进入装修，正岙居家养老服务中心基本完工，温州市社会福利院（洞头部分）开工建设。蟹公寓、家禽新型高效养殖取得新突破，新增蟹公寓等养殖场2家，建成金源规模化水产苗种基地项目。投入600万元，打造山尖海洋生态游步道2条；投入940万元，开展网寮鼻矿山边坡治理工程；投入750万元，推动造红树林生态湿地公园和滑泥公园建设。完成洞头精灵海岸养生庄园、330国道沿线（霓屿段）环境综合整治工程等政策处理工作11项，发放政策处理资金约40万元。召开协调会5次，化解历史遗留问题3个。

全年新增低保户6户13人，开展临时救助、春节慰问、大病救助、助学、拥军优抚500余人，救助款67万元。投入7.5万元，规范化建设避灾安置场所3个。新增爱心食堂1家。开发公益性岗位7个，劳动就业培训8次350人。全街道参加城乡居民基本医疗保险14659人，参保率99.54%，超额完成考核任务。新建文化礼堂1家，依托文化礼堂、百姓书屋、“假日公益学校”等文化阵地，组织开展各类宣教活动100余场次，结合传统节日，开展各种节庆文化活动40余场次。组织开展庆祝中华人民共和国成立70周年文艺会演、建党98周年红色家书文艺演出等活动。结合“星期天善行日”“星期日活动”“善行银行”载体，组织开展新青年下乡、四千结对、手工培训班、技能比赛、插花艺术培训、爱心义诊、春泥计划等活动50余场次。

按照“即接即办、即接转办、即接联办”三类标准，梳理高频办理事项26项。实行AB岗轮岗制度和预约办理、上门办理。培育无差别窗口人员2名，受理民政、残联、劳动保障、医疗保险、计生等业务。推广“跑小二”制度，指定干部3名、村脱产干部2名帮助群众代办等，实现“零距离”“不用跑”服务。建成全区首个村级乡贤馆，选聘海岛振兴兴村导师10名，组建“霓好”志愿者服务队，推出“霓有话说”百姓议事2期，吸收建议60个，解决民生问题60个，参与议事1000余人次。成功化解信访积案2起，实现积案清零。重点人员敏感时段管控率100%。率全市之先推行信访代跑工作，举办全区信访代跑现场会，确保小事不出村、大事不出镇、矛盾不上交。推行年轻干部成长导师制，联系培养“一对一”导师制。创新推出民生实事“三比三拼”载体。新建育人、星贝、紫菜现代园党支部，建成党群服务中心3个，“四化”标准化创建全覆盖。全年村集体经济总收入超100万元村7个，经营性收入超50万元村3个。开展纪检监察规范化办公场所建设,举办全区基层清廉建设现场会。投入资金80万元，打造“霓虹之屿 清风之路”清廉文化示范带，启动“清廉村居”建设4个，编印《清廉霓屿规范化建设一本通》。主题教育开展学习教育27场次。结合“三助三红”“三服务”及“两区”建设等行动，坚持问题导向，全面开展调查研究，完成“已经办”项目63件。

【“两园”建设】2019年，霓屿街道推进紫菜现代园建设，累计投资3.5亿元。其中工业地块一标段31幢结顶，二标段基础建设开挖，三标段处优化方案阶段，完成投资2.2亿元；商业地块结顶8幢（共12幢），完成投资1.3亿元。田园综合体共29个子项目，其中紫菜育苗生产通道、渔具房迁建、海区整治一期、村庄弱电入地、环境综合整治等10个项目完成竣工。推进海区智能化管理服务平台、桐岙村乡村旅游、330国道沿线渔用综合码头、海区养殖监控设备、下郎村风情渔村等6个项目施工。基本完成蟹公寓及新型养殖、紫菜育苗大棚、山尖海洋生态廊道、污水处理设施、红树林及泥滑公园等13个项目。

【花园村庄建设】2019年，投入260万元，推进同兴村、下郎村花园村庄建设，其中下郎村完成工程量70%，同兴村完成工程量60%。投入290万元，优化提升石子岙、上社、桐岙等村花园村庄建设。石子岙村、桐岙村分别获全区第一轮和第二轮花园村庄“五四竞赛”一等奖和二等奖。

【城镇环境整治】2019年，组织开展布袋岙小城镇综合环境整治，投入500多万元，完成“三线”入地、立面整治、街心公园等项目建设。全年评选美丽庭院68户，完成全区最脏村庄和最脏厕所整改工作。投入2.3万元，开展“三改一拆”“四边三化”工作，完成点位环境整治30个和拆违面积2759平方米。

（叶夏东）

大门镇

【概况】大门镇是洞头区陆域面积最大建制镇，位于区域西北，乐清湾南端，隔海与台州、玉环、龙湾相望。全镇陆域面积36.26平方千米。大门镇下辖农村新社区3个，行政村19个，居委会2个，社区委员会3个。建有5万吨级、5000吨级、3000吨级不同级别码头10余座。海水资源异常丰富，建有滩涂养殖、围塘立体混养养殖和深水网箱养殖基地；岛内平原广阔，山地资源丰富，以大荆、小荆、枫树坑、石浦为主四大经济林建设初具规模；花岗岩储量21亿立方米，可开采3.18亿立方米；港口资源丰富，海岸线长42.2千米，可建万吨级以上泊位15个；旅游资源丰富，景点总面积约4.5平方千米，是洞头区省级风景区主要组成部分，建有省级风景名胜马岙潭旅游度假区。大门镇作为洞头北片中心，拥有得天独厚区位优势、港口优势、旅游资源优势、花岗岩资源优势和丰富的山海资源优势，是浙江省首批五个“蓝色海洋经济开发示范园区”之一，全国羊栖菜和深水网箱养殖基地，先后荣获全国重点镇，温州市一星级文明镇、浙江省卫生镇、浙江省生态示范镇、浙江省教育强镇、全国环境优美乡镇等荣誉称号。

2019年，实现经济总收入100.6亿元（含华电），同比增长2.68 %。参与财政税收分成3187万元，增长43.22%。城镇居民人均可支配收入54217元，增速14.91%；农村居民人均可支配收入51229元，增速15.07%。第一产业收入0.93亿元。全年渔业总产量8037吨总产值7754.9万元。捕捞产量489吨产值806.5万元。同比上年总产量上升14%，捕捞产量上升2%。第二产业收入55.43亿元，工业总产值约28.15亿元，增长80.29%，其中，规模以上工业总产值27.19亿元，增长82.66%。建筑业总产值21.04亿元，增长21.46%。完成固定资产投资13.87亿元，增长69.09%；招商引资项目到位资金6.08亿元，完成任务数126.67%。民营经济收入20.80亿元。第三产业收入44.24亿元。举办“山脊瞰岛·花海大门”第三届海岛文化旅游节暨赏花攀登游、“推广东川·共兴大门”大门东川第一届长桑果开摘节活动和大门月亮湾沙滩美食节活动。全年新增民宿5家，实现民宿优惠政策兑现8.5万元。创成AAA景区村1个，浙江省景区村5个（其中：A级景区3个，AA级景区1个，AAA级景区1个）。全年接待游客36万人次，增长20%；旅游业优惠政策兑现50.5万元。全年实现海运业收入2.27亿元，海运业运力全市第一。

枫树坑、集镇、乌仙头、豆岩、小门等村居通村环路投入使用，集镇交通应急疏导工程投用，美沙隧道全线贯通，岙底至沙岙隧道推进500米，沙岙交通码头进场施工，仁前途至建筑工业化基地道路完成施工图设计。长沙市政一期工程基本完工，朝阳片区污水治理完成，大门农村饮用水水质及供水能力提升工程、集镇污水处理厂提升及污水主管建设工程开工建设。小门至朝阳亮化设施修复，美丽示范路与仁前途至石化起步区景观建设工程基本完工，新增绿地面积约3万平方米。完成甲山振兴路立面改造，集镇店招2900多米。

全年村集体经济收入2959.45万元，23个村居（除朝阳外）均完成经营性收入超15万元任务目标。总收入100万以上村居14个，其中大荆村超300万元。23个村居无收支倒挂。打造“临港绿动”“蓝色乡愁”乡村振兴示范带2条，涵盖大门镇村居20个，安排建设项目13个，总投资17.55亿元，全年完成投资3.36亿元，投资完成率102%。新建成花园村庄10个、党群服务中心8家、党代表工作室1家。投入500余万元，建成石浦村浙贝母种植基地、沙枫港浙贝母姜黄种植基地、海区养殖场、东浪水果园、大溪养殖场、寨楼来料加工厂等造血型项目6个。设立巾帼党代表工作室，破解民生事项53项。大荆村成立巾帼创业基地，为妇女提供就业岗位100余个，人均增收4万余元。成立大门慈善分会，首期慈善基金302.5万元。新增兰小草道德馆讲解员2名，培养红色旅游讲解员6名。新建文化礼堂3家，沙枫港文化礼堂为村社合并后首家新建文化礼堂。以“接力兰小草、构筑道德链”为主题，开展兰小草“我来学”“我来讲”“我来当”活动，对接温州医科大学做好“兰草寻香”活动。配合完成《寻找兰小草》电影拍摄。吸引本地爱心人士捐赠100万元建立“兰小草”爱心驿站。林永弟获评“温州好人”，朱友才获“浙江好人”、第七届温州市道德模范、第五届“最美洞头人”称号。组织开展黑恶线索排查梳理，上报线索3条，立案查处2起，累计接待群众来信来访50余人次，组织苗头性隐患和重难点问题自查50余次，排查隐患点92处，整改率100%，迎接省、市、区暗访、交叉检查、部门联动检查30次。开展各类法治宣传活动6场次，组织法治讲座2场，发放宣传资料1300余份，分发宣传品700余份；调处矛盾纠纷175起，纠纷调处金额499.558万元，调解成功率100%。

2019年12月13日，大门镇人民政府迁至长沙社区青岙路55号和欣家园9号楼办公，原办公楼保留消防、执法等部分行政职能。

【沙枫岗村实现新村融合】2019年4月26日，根据全区村规模优化调整部署，撤销枫树坑村和沙岙村，合并组建为沙枫岗村，是全区唯一一个完全融合新村。沙枫港村位于大门岛东部，东邻观音礁村，南接东浪、石浦村，全村面积3.41平方千米，其中耕地面积217亩，林地2621亩，总人口1908人，总户数599户，中共党员47名，村两委班子11人。2019年，集体经济收入10余万元。洞头区先后投资14245万元、9174万元、2943万元、218万元、176万元、86万元，分别建设大门岛美岙至沙岙隧道及接线工程、大门岙底至沙岙隧道及接线工程、大门沙岙综合交通码头及接线工程、沙岙花园村庄、枫树坑花园村庄、枫树坑通村环路等工程。

【乡村振兴“五四竞赛”评比成绩突出】2019年，大门镇按照区委区政府决策部署，推进村庄“农村美化、农民转化、农房亮化、农地彩化、农耕文化”等，组织参加三轮乡村振兴“五四竞赛”现场观摩评选活动，共获评先进村一等奖4个，即沙枫港村、岙底村、观音礁村、寨楼村；二等奖3个，即兰湖洞居、东浪村、仁前途村、营盘基村。

【东屿村整村搬迁】2019年，大门镇完成东屿整村搬迁。东屿整村搬迁涉及安置户254户，户籍在册245户，户口外迁至本村有产权9户。拆迁面积9764.4平方米，拆迁用时56天。安置小区“和欣家园”有安置房源380套，其中高层住宅楼（电梯房）220套，多层住宅楼（无电梯房）160套。总计安置安置户237户，定位安置房327套，摸文率93.7%。优先向东屿村及东屿村住户安置小区16间商用店面出租销售，实现安置户转产转业22户。

【大门镇百姓书屋揭牌】2019年12月19日，洞头区图书馆分馆大门镇百姓书屋揭牌，该书屋位于洞头区大门镇交运所一楼，是洞头区第七家百姓书屋，面积120多平方米，藏书5000多册。书屋分为成人阅读区、儿童阅读区及半开放式户外阅读区。大门百姓书屋实行24小时不打烊，实现全自助借阅服务。

【豪大集团上榜浙江省AA级企业】2019年7月，为促进企业加强合同管理和诚信建设，根据《浙江省“守合同重信用”企业公示办法》规定，经企业自愿申报、各地推荐，温州市市场监督管理局向社会公示129家企业为2019年浙江省AA级“守合同重信用”企业，其中首次公示企业69家、继续公示企业60家。温州市豪大花岗岩集团有限公司入选浙江省AA级“守合同重信用”继续公示企业名单。该公司是一家专业从事花岗岩开采、加工、销售、设计、运输、安装等服务为一体石材生产经营企业。2006年经国家商标局注册“豪大”商标，先后获洞头县十强企业、洞头县重点骨干企业、洞头县十佳诚信民营企业、浙江省工商企业“守合同重信用”单位、浙江省信用合作AAA级资信企业、洞头名牌商标 等荣誉称号。

（林轩锐）

2019年12月19日，大门镇百姓书屋揭牌　　（大门镇提供）

鹿西乡

【概况】鹿西乡位于洞头区东北部鹿西岛上，东、南临东海，西南西隔黄大峡水道与大门岛观音礁相对，北与玉环市隔海相望，距离洞头本岛16.4千米，全岛东西长6.7千米，南北宽1.3千米，岸线长32.75千米，海域面积102平方千米，陆地面积为10.06平方千米，地形以丘陵为主。全乡辖鹿西村、口筐村、东臼村、山坪村、扎不断村、昌鱼礁村6个行政村。2019年末，户籍人口2356户8053人，常住人口5000余人，全年累计出生人口64人，死亡人口66人。

全年实现渔业总产值3.07亿元，其中大黄鱼产值增长34.9%。白龙屿生态海洋牧场项目实现650亩海域全域投养，黄鱼岛项目建成智能渔城2座。完成黄鱼岛南山下、白龙屿二期及鹿西岛生态围网项目海域使用权招拍挂工作，协助完成温州大黄鱼地域商标注册，出台养殖海区规范化管理方案，完成海上田园规范化建设。全乡有民宿56家，床位641张，全年接待游客近78万人次，旅游综合收入1.1亿元，分别同比增长21.3%、21.5%。建成南岸线游步道5.5千米，推进栖鹿湾沙滩修复、海洋文化博物馆等项目建设，完善白龙屿保护设施、道坦岩安全游览设施。实体化运作鹿岛民宿联盟，推动民宿层次化发展。举办首届海岛旅游文化节系列活动。“海岛振兴、五农五化”工作，全力推动强村富民工程，完成村集体经济总收入600.6万元，增长45.7%。

完成国卫创建省级技术评估，率先试点“无蚊岛”建设工作，总结推出“倒、清、封、除、栽、灭”六步法。常态化开展环境整治联合执法、“最脏系列”互比等活动，创新环卫保洁工作巡更点考核机制，开展农村生活垃圾分类处置和积分兑换工作，完成垃圾收集站迁建工程。环卫保洁工作考核持续位列全区首位。完成沿海防护林培育工作任务，推进“一村万树”工程建设，启动山坪花海一期建设。完成海景街三角梅补植，鹿东沿线撒播草花花籽近5000平方米，栽种香樟、红枫、桂花等各类苗木500余株，增种杜鹃花3000平方米。建设白龙屿巡逻队、道坦岩安保队等“生态保护队”，建立生态保护基础点。基本完成18个入海排污口整治工作任务，严格落实河长制。山坪、东臼、昌鱼礁等村负氧离子浓度为一级水平。

落实岛内公交“一元一票”制，推进岛内公交国有化改制。督促鹿西卫生院迁建工程和鹿西“120”急救分站建设进度，配备岛内医疗应急车1辆，建成扎不断村送医进岛便民服务点，常态化推动优质医疗服务资源下沉离岛。宣传移风易俗“八不准”“八严禁”，控制红白喜事操办流程，强化日常巡查督改。试点青山白化生态治理，完成私坟生态化改造1处。建成鹿西村百姓书屋。推出“一月一主题”“善行日”“送戏下乡”“红色星期天”等文化活动，办好“鹿曦周末课堂”。完善体育健康步道建设。启动建设集数据分析、旅游服务、防汛防台、治安稳控等功能为一体鹿西“智慧岛”数据平台，实现基层社会治理智能化、科学化。建立信访代跑工作制度，累计完成信访代跑10件；调解纠纷133起，其中疑难复杂案件14起，涉及金额2500余万元。推进七大百日攻坚行动，实现28间在册登记出租房“二维码”数据管理，整治消防安全隐患43处，开展电动车联合执法6次，规范上牌电动二轮车812辆、电动三轮车31辆。

聚焦“守初心、担使命、找差距、抓落实”总要求，结合“党性教育读书班”“主题党日”“夜学课堂”等载体，全面开展“红色寻根行”“问需问计问效”活动，深化“红色领雁”党员先锋示范行动，制定村干部工作任务清单和履职负面清单，完成东明纪事馆红色教育基地建设和瓯江红党群服务中心设施场地提升。完成清廉站所、清廉企业、清廉村居建设任务。全年开展正风肃纪督查27次，党内严重警告1人，谈心提醒181人次，干部家访110余人次。

【“无蚊岛”创建试点】2019年4月26日，鹿西乡创建国家卫生乡系列活动——“无蚊岛”创建暨清洁乡村百日攻坚启动。鹿西乡作为全区“无蚊岛”创建工作试点乡，确定鹿西村和山坪村作为试点村展开，启动村庄环境整治攻坚行动。总结推出“倒、清、封、除、栽、灭”六步法。与上年同期相比，4月，蚊虫的布雷图指数从26降到14。

【浙江省首个“送药进岛便民服务点”】2019年5月14日，鹿西乡扎不断村“送药进岛便民服务点”投入使用，该服务点是浙江省首个“送药进岛便民服务点”。服务点采用村委会联合互联网药品经营企业合作模式，引入“微问诊”电子处方+远程诊疗平台，村民可在药学辅导员指导下，完成问诊到购药一系列操作，做到“对症用药”。

【鹿西首届海岛旅游文化节】2019年5月26日，鹿西乡首届海岛旅游文化节开幕式暨“黄鱼岛杯”海岛振兴欢乐跑开跑，全国各地500名跑友参加。活动以鹿西村党旗广场为起终点、山坪露营平台为折返点，全程10千米。最终，男子组王炳金和女子组宋央丹获冠军。

【“我和我的祖国”系列活动】 2019年，鹿西乡组织开展“我和我的祖国”系列活动。其中，6月28日，开展以“我和我的祖国”为主题，以“我眼中最美的鹿西”“安全生产”等主题活动，举办“我和我的祖国”青少年绘画展示活动；7月22日，开展以“不忘初心、牢记使命”主题教育、“我和我的祖国”、国家卫生乡创建为主题鹿西村文化礼堂“我们的村晚”暨“最美鹿西人”颁奖晚会；10月1日，鹿西人民通过不同方式收看庆祝中华人民共和国成立70周年大会、阅兵式、群众游行和联欢活动直播。

【鹿西乡通过国家卫生乡省级技术评估】 2019年7月15日—16日，省卫生健康委健康处监察专员赖虔慧率国家卫生乡省级评估小组到鹿西评估考核国家卫生乡创建工作。评估小组分别对病媒生物防制、传染病防治和健康教育，环境卫生、社区单位和乡辖村卫生，食品安全、生活饮用水及公共场所卫生、环境保护等进行实地检查。鹿西乡通过小城镇环境综合整治、“无蚊岛”试点建设、“三花鹿西”等载体推进海岛美丽建设。对标对表完成各项创建指标任务，组织开展环境整治行动57次，参与党员干部群众1710人次，清理各类垃圾1140吨，整理房前屋后堆放342处，全乡健康教育工作有序开展，乡容环境硬件得到提升，病媒生物防制工作成效显著，乡村环卫管理工作日益规范。

【鹿西乡第十七届开渔节】 2019年9月16日，鹿西乡第十七届开渔节举行。“开渔节壮行仪式”是鹿西渔民开捕祈丰收特色文化。现场举行授旗仪式。19艘插着国旗的渔船停靠在码头边等待开捕响令，渔老大们接过写有“一帆风顺”字样旗帜和壮行酒，把旗插入船身，希望能够顺利开航，满载而归。中午12时，渔船开足马力向东海驶去。

【百姓书屋开馆】 2019年10月24日，鹿西乡百姓书屋开馆。鹿西乡百姓书屋位于鹿西村村部一楼，是洞头区第六家百姓书屋，室内面积约80平方米，设计风格以洞头海洋文化特色为主，船型隔断书柜，灯塔状圆柱，船帆状三角书柜，寓意着渔民收起船帆，回港修整充电，为明天启航做准备。书屋藏书5000多册，设有自助办证机、借阅机、无人值守门禁系统等配套设施，实现温州地区所有公共图书馆和城市书房间通借通还。

2019年5月26日，鹿西乡首届海岛旅游文化节开幕式暨“黄鱼岛杯”海岛振兴欢乐跑（鹿西乡提供）

【栖鹿湾人工沙滩开工建设】 2019年11月，鹿西乡栖鹿湾人工沙滩开工建设。鹿西该人工沙滩位于鹿西乡栖鹿湾，建设内容包含沙滩长度约100米，滩肩宽度55—75米，回填沙约2.85万立方米；南北两端3个排水口分别沿岸归并接入排水管，排水管长度约171米；新建沿护岸污水收集管网系统及污水处理终端及相应配套设施1套，日处理规模100吨，工程概算总投资1519.9万元。项目获评2019年温州市海洋生态建设示范项目和浙江省山林水田湖草项目，分别获补助资金500万元和600万元。责任单位鹿西乡人民政府，建设单位为温州市洞头旅游文化发展有限公司，设计单位为杭州国海海洋工程勘测设计研究院、浙江省环境工程有限公司，施工单位为黑龙江省港航工程有限公司，监理单位为江苏苏科建设项目管理有限公司。

【鹿西东明纪事馆建成】 2019年12月17日，鹿西乡东臼村东明纪事馆建成并投入使用。东明纪事馆以东臼村村民家中长期张贴毛主席像事件为导线，孙安标受毛主席接见事迹为主题，通过场景复原、图文资料、实物、模型、多媒体技术等多种手段，为大家勾勒出一个时代的缩影，重温毛泽东时代中国共产党使命与任务，感悟东臼人“农业学大寨，渔业学东明”历史初心和新时代精神。

（彭盛杰）

附　录

沙滩夕阳·陈建辉

“海霞精神”

爱島尚武　励志奉献

附　录

重要表彰

2018—2019年度全区海上花园建设先进

海岛振兴先进集体

海洋经济发展先进集体：浙江立鹏建设有限公司、浙江诚意药业股份有限公司、浙江卓信建筑有限公司、华中房地产开发有限公司、浙江永宏电气股份有限公司、温州环岛酒店开发有限公司、浙江中燃华电能源有限公司、温州金源新材料科技有限公司、中海油温州能源销售服务有限公司、温州华港石化码头有限公司、区发改局、区经信局、区审计局、区统计局、区投资促进服务中心、大门镇、区气象局、农业银行洞头支行。

海洋经济发展先进个人：黄智华（区府办）、陈阳熹（区纪委监委）、董文锐（区法院）、金岳燕（区委组织部）、彭德金（区委统战部）、叶海燕（区委改革办）、张海山（区委台办）、郑益群（区融媒体中心）、林海志（区发改局）、沈境（区财政局）、陈子海（区人力社保局）、刘君（区自然资源和规划分局）、林加锋（区生态环境分局）、柯位宪（区交通运输局）、林进尊（区农业农村局）、柳福跃（区文广旅体局）、李成丰（区应急管理局）、许生星（区统计局）、侯文琼(区机关事务管理中心)、王建财（区投资促进服务中心）、吾娟佳（区海洋与渔业发展研究中心）、彭进贵（洞头城发公司）、邓　勇（区税务局）、丁干（农行洞头支行）、黄胜贤（北岙街道）、陈伟明（大门镇）、朱显妙（东屏街道）、庄瑞鹏（元觉街道）、郭志涛（霓屿街道）、南海（鹿西乡）。

历史遗留问题（僵尸项目）处置先进集体：区府办、区法院、区信访局、区自然资源和规划分局、区住建局、区文广旅体局。

历史遗留问题（僵尸项目）处置先进个人：朱红波（区府办）、章渊（区法院）、林思敏（区经信局）、叶明铁（区司法局）、朱文杰（区住建局）、金均民（区文广旅体局）、林坚（洞头旅发公司）、周必东（东屏街道）。

乡村振兴先进集体：区人大办、区委组织部、区委宣传部、区委统战部、区教育局、区财政局、区农业农村局、区综合执法局、区机关事务管理中心、区供销社、区妇联、北岙街道、北岙街道隔头村、大门镇沙枫港村、东屏街道、东屏街道半屏社区、元觉街道、霓屿街道、鹿西乡、洞头农商银行。

乡村振兴先进个人：陈钦杰（区委办）、李明设（区纪委监委）、庄丽燕（区检察院）、林一鹏（区委组织部）、王俊（区委宣传部）、倪小龙（区委政法委）、林烨（区信访局）、陈素芳（区档案馆）、陈青委（区人大预算工委）、范贺然（区融媒体中心）、陈群斌（区教育局）、柯凡（区公安分局）、郑程（区民政局）、彭哲婷（区司法局）、王丹（区人力社保局）、叶艳芳（区农业农村局）、叶海函（区农业农村局）、苏丽艳（区审计局）、许晓斐（区市场监管局）、施成永（区旅游发展中心）、方雯君（团区委）、陈亦奕（区文联）、叶生杰（区残联）、朱元标（北岙街道三盘社区下尾）、倪建伍（北岙街道三盘社区擂网岙）、张孚世（北岙街道大长坑村）、唐奎蛟（大门镇）、林春（大门镇）、刘春利（大门镇东浪村）、陈同济（大门镇岙底村）、王静静（东屏街道）、陈礼欢（东屏街道中仑村）、陈素娟（东屏街道寮顶村）、蔡武剑（东屏街道惠民村）、沈莎丽（元觉街道）、苏剑培（元觉街道）、唐伍平（元觉街道状元村）、叶夏东（霓屿街道）、张建海（霓屿街道下社村）、叶高利（霓屿街道上社村）、金许阳（鹿西乡）、缪双叶（鹿西乡）

花园工程先进集体

重点工程建设先进集体：区住建局、区交通运输局、北岙街道、大门镇、元觉街道、霓屿街道、洞头城发公司、洞头旅发公司、浙江瓯越交建科技股份有限公司、浙江重山实业有限公司。

重点工程建设先进个人：陈晓明（区府办）、柯建喜（区发改局）、吴生瑶（区经信局）、林高承（区财政局）、宋文彬（区自然资源和规划分局）、曾海峰（区住建局）、邱艳萍（区交通运输局）、谢琪（区文广体旅局）、陈杰（区审计局）、颜先念（区统计局）、夏俊康（区重点项目建设服务中心）、庄庆平（大小门投资公司）、王志敏（洞头城发公司）、蔡海鹏（洞头旅发公司）、吴昊夫（浙能温州液化天然气公司）、郭温胜（北岙街道）、郑华端（北岙街道海霞村）、陈清勤（大门镇）、廖荣新（大门镇寨楼村）、石耀光（元觉街道）、侯晓杰（元觉街道小北岙村）、黄仁锋（霓屿街道）、章朝阳（鹿西乡）。

蓝湾工程建设先进集体：区财政局、区自然资源和规划分局、区生态环境分局、区海洋与渔业发展研究中心、东屏街道东岙村。

蓝湾工程建设先进个人：何晓玲（区发改局）、陈增成（区自然资源和规划分局）、张遥（区重点项目建设服务中心）、李昌达（区海洋与渔业发展研究中心）、陈礼锋（东屏街道）、洪求伟（东屏街道东岙村）。

招商引资先进集体：区纪委监委、区委台办、区发改局、区经信局、区投资促进服务中心、区旅游发展中心、大门镇、东屏街道、元觉街道、霓屿街道。

招商引资先进个人：丁国欣（区委办）、林高鹤（区发改局）、叶文海（区经信局）、黄虹（区财政局）、王嘉惠（区自然资源和规划分局）、郑成刚（区住建局）、林赞锋（区交通运输局）、林合峰（区农业农村局）、柳蓓蕾（区文广旅体局）、陈后春（区卫生健康局）、柯繁荣（区应急管理局）、杨建波（区市场监管局）、陈超才（区投资促进服务中心）、叶枫（区政务服务中心）、郭　健（北岙街道）、李毅（大门镇）、叶礼健（东屏街道）、庄为民（元觉街道　）、张奇峰（霓屿街道）、许荣华（鹿西乡）。

全域旅游先进集体：区府办、区政协办、区融媒体中心、区发改局、区人力社保局、区自然资源和规划分局、区交通运输局、区农业农村局、区文广旅体局、区市场监管局、区公安分局交警大队、北岙街道、东屏街道、鹿西乡、洞头溢香国际大酒店。

全域旅游先进个人：顾建军（区委办）、曾国耿（区委组织部）、余建林（区精神文明建设指导中心）、郑元阳（区政协科教卫体文史委）、李隆隆（区经信局）、苏欧阳（区公安分局）、张梦遥（区财政局）、庄海东（区人力社保局）、林碎增（区生态环境分局）、方健健（区住建局）、林加民（区交通运输局）、黄正宝（区文广旅体局）、黄素芬（区卫生健康局）、刘杰（区统计局）、张琼芸（区综合执法局）、江晓燕（区投资促进服务中心）、张警余（区旅游发展中心）、庄鹏远（区总工会）、陈倩倩（团区委）、金惠杰（洞头旅发公司）、倪佩雪（洞头先锋女子民兵连）、方萍（洞头开元度假村）、陈素萍（洞头新境界旅游有限公司）、颜峥嵘（浙江左舍文化产业有限公司）、项慧敏（温州启合文化旅游发展有限公司）、陈灿渊（洞头贝雕博物馆）、庄素芳（北岙街道）、黄诸渊（北岙街道白迭村）、林浙（大门镇）、陈昆炬（东屏街道东岙顶村）、陈蓉蓉（元觉街道）、郭芳芳（霓屿街道）、陈同德（鹿西乡鹿西村）。

营商环境先进集体：

营商和两个健康工作先进集体：区委政法委、区委政研室（改革办）、区委巡察办、区综合执法局、区金融工作服务中心、区工商联、国网洞头供电公司。

营商和两个健康工作先进个人：鲍珊珊（区纪委监委）、虞献兵（区委政研室）、苏翔（区发改局）、杨伶俐（区经信局）、胡云丰（区公安分局）、朱海滨（区财政局）、陶世成（区自然资源和规划分局）、林麟（区农业农村局）、黄昕岗（区市场监管局）、柯立军（区综合执法局）、蔡雪婷（区机关事务管理中心）、苏志毅（区政务服务中心）、张益稳（区投资促进服务中心）、周建顺（区金融工作服务中心）、黄希景（区工商联）、曾国雄（区税务局）、叶宣杰（大门镇）、邵进宝（东屏街道）。

最多跑一次改革先进集体：区委编办、区民政局、区卫生健康局、区政务服务中心、公积金洞头分中心。

最多跑一次改革先进个人：金鹰（区公安分局）、陈维靖（区司法局）、周必杰（区人力社保局）、韩乐菲（区住建局）、谢铭（区交通运输局）、黄志强（区市场监管局）、张熔熔（区医疗保障分局）、颜泉（区大数据管理中心）、叶艳明（元觉街道）、彭林春（鹿西乡）。

“三助三红”“三服务”先进集体：区委办、区公安分局、区应急管理局、区市场监管局。

“三助三红”“三服务”先进个人：张宝伟（区委办）、林焕勇（区委台办）、林国辉（区卫生健康局）、朱俊帆（区退役军人事务局）、张志荣（区应急管理局）、张孚庆（区科协）、柯华足（区消防救援大队）、林进国（公积金洞头分中心）、陈金杭（北岙街道）、陈声伟（元觉街道）。

2016—2018年考核优秀等次（三等功）公务员

王仁建、戴华姆（区人大办）、柯友疆（区委巡察办）、郑怡、陈斌斌（区法院）、张小兵［区委渔农办（农林水利局）］、颜黎君（区发改局）、曾婵婵（区教育局）、李武、陈勤业、张益明、施海阳、杨宗威、叶信智、蔡运希（区公安分局）、许战胜（区审计局）、陈航程、陈生谊、刘德完（区市场监督管理局）、许生坚、王振永（北岙街道）、陈丽芬、李金微（大门镇）。

2019年洞头区“百岛先锋”名单

先进基层党组织：北岙街道两新组织党工委、大门镇老干部党支部、东屏街道后坑村党支部、元觉街道状元村党支部、霓屿街道桐岙村党支部、鹿西乡山坪村党支部、区人民法院机关党委、区烟草专卖局党支部、溢香国际大酒店有限公司党支部、北京洞头企业商会党支部。

优秀共产党员：彭世伟、南少、黄诸渊、董绍新、夏玲萍（女）、陈福民、唐爱平、南金富、林　春、姜少谊、林素娟（女）、谢炳遵、郑西平、张益敏、许荣华、南月珠（女）、林罗义、陈盈盈（女）、毛立强、陈磊、柯友兵、张素朋（女）、郑元富、颜丽函（女）、戴海东、林立东、吕孙战。

优秀党务工作者：吴兹添、叶国强、叶根、柯受锡、陈荣华、朱松贤、方后文、陈昆炬、蔡继勇、侯晓杰、潘步总、黄信海、纪华丽（女）、林淑云（女）、侯仙琴（女）。

2019年度绩效考核优秀单位

街道（乡镇）：大门镇、东屏街道、霓屿街道、元觉街道。

部门单位（A组）：区委办、区委宣传部、区委组织部、区委台办、区委统战部、区融媒体中心、区委政法委、区委政研室、区法院、区纪委监委、区信访局、区妇联。

部门单位（B组）：区府办、区发改局、区农业农村局、区文广旅体局、区经信局、区卫生健康局、区市场监管局、区交通运输局、区财政局（国资办）、区民政局、生态环境洞头分局、区统计局、区审计局、区投资促进服务中心、区人力社保局、区政务服务中心。

部门单位（C组）：国网洞头供电公司、人行洞头支行、住房公积金中心洞头分中心、电信洞头分公司、区气象局、洞头华数广电网络有限公司、邮政洞头分公司。

2019年度全面从严治党主体责任落实暨清廉洞头建设考核优秀单位

区审计局、区人力社保局、区市场监管局、区农业农村局、区民政局、区委办、区府办、区委统战部、医疗保障局洞头分局、区委政法委、生态环境洞头分局、区委宣传部、区委组织部、区财政局、区妇联、霓屿街道、大门镇、元觉街道。

2019年度行风政风双评议满意中层科室（基层站所）

区市场监管局消保分局、公安洞头分局指挥中心、海霞供电所、区发改局发展战略和规划科、区人力社保局劳动保障监察大队、区市场监管局稽查大队、洞头农商银行服务大厅、鹿西供电服务站、东屏社区卫生服务中心、大门派出所（交警大门中队）、区税务局审批窗口、区人力社保局审批窗口。

2019年度洞头区先进集体汇总表（市级以上）

表63

单位	奖项名称	获奖时间	授奖单位
洞头区	浙江省平安区	2019年3月	省委、省政府
洞头区	省级“无欠薪”区	2019年11月	省根治欠薪工作领导小组办公室（省人社厅代章）
洞头区	2018年度基本实现无信访积案区	2019年2月	省信访工作领导小组

续表63

单位	奖项名称	获奖时间	授奖单位
洞头区	2018年度全省万里美丽经济交通走廊示范县	2019年12月	省综合交通改革与发展领导小组办公室
洞头区	全省“七五”普法中期成绩突出县（市、区）	2019年3月	省普法教育领导小组
洞头区政府	全省扩大有效投资优秀单位	2019年3月	省发改委
洞头区	“市无欠薪”建设示范区	2019年12月	市防范处置企业拖欠工资工作领导小组办公室
北岙街道新城社区	城乡社区治理和服务工作突出贡献集体	2019年5月	省委、省政府
东屏街道蓝港社区			
元觉街道元觉社区			
爱加壹社工服务中心			
温州市生态环境局洞头分局	2018年度美丽浙江建设工作成绩突出集体	2019年12月	省委、省政府
洞头区委办	2017—2018年度全省党委信息工作优秀单位	2019年1月	省委办公厅
洞头区关爱帮扶志愿队	浙江省关心下一代工作先进集体	2019年11月	省关心下一代工作委员会、省精神文明建设委员会办公室
洞头区人大机关退休干部党支部	最美离退休干部党支部	2019年10月	省委老干部局
洞头区关爱帮扶志愿队	最美银耀志愿服务团队	2019年10月	省委老干部局
洞头区法院办公室	集体三等功	2019年1月	市中级人民法院
洞头区科技局	2018 年度全省科技信息工作先进单位三等奖	2019年2月	省科学技术厅
洞头区科技局	2018年度全市科技宣传及政务信息先进单位一等奖	2019年4月	市科学技术局
区融媒体中心	温州市2019年度防台救灾先进集体	2019年12月	市委组织部、市委宣传部、市防汛防旱指挥部等
洞头区民政局	2018年度全省民政工作考核先进县（市、区）	2019年3月	省民政厅
温州市洞头区海霞妈妈普法志愿者队伍	全省社会化大普法“六优”培育行动计划优秀普法志愿者	2019年11月	省普法办
区人力社保局	温州市尊重人才突出贡献集体	2019年2月	市委、市政府
洞头区人民防空办公室(民防局)	浙江省2019年度人民防空工作先进单位	2019年12月	省人民防空办公室
洞头区人民防空办公室(民防局)	温州市2019年度人民防空工作先进单位	2019年12月	市人民防空办公室
洞头区文化和广电旅游体育局	浙江省2018年度体育宣传工作优胜奖	2019年7月	省体育局、省体育总会
洞头区文化和广电旅游体育局	推广国际铁三运动杰出贡献奖	2019年11月	中国铁人三项运动协会
温州市洞头区图书馆	“书香温州”全民阅读节“我最喜爱的童书”阅读推广活动突出贡献奖	2019年11月	市委宣传部、市文化和广电旅游局
洞头市民中心文化驿站	2019年度十佳活动奖	2019年11月	市文化和广电旅游局

续表63

单位	奖项名称	获奖时间	授奖单位
洞头区消费者权益保护委员会	2018年度浙江省消费者权益保护组织报告编制工作先进集体	2019年11月	省消费者权益保护委员会
洞头区消费者权益保护委员会	2018—2019年度消费维权先进集体	2019年11月	省消费者权益保护委员会
元觉街道社区卫生服务中心第二团队	浙江省“优秀家庭医生团队”	2019年5月	省基层卫生协会
温州市洞头区妇幼保健计划生育服务中心	2019年温州市艾滋病筛查实验室室间质评	2019年12月	省皮肤防治研究中心
温州市住房公积金管理中心洞头分中心住房公积金窗口	温州市工人先锋号	2019年4月	市人民政府
北岙街道	全市城乡危旧房治理突出贡献集体	2019年5月	市委
北岙街道	全市乡村振兴立功竞赛先进集体	2019年9月	温州市乡村振兴办
灵昆街道	浙江省第四次经济普查荣获省级成绩突出集体	2019年12月	省人民政府第四次经济普查领导小组
灵昆街道	第九批温州市学前教育先进乡镇（街道）	2019年12月	温州市人民政府教育督导室
灵昆街道	2018年度浙江省志愿消防队先进单位	2019年2月	省消防总队
东屏街道	浙江省拥军模范单位	2019年8月	省委

2019年度洞头区先进个人汇总表（市级以上）

表64

姓名	奖项名称	获奖时间	授奖单位
叶尊国	全国模范司法所长	2019年1月	司法部
林爱英	坚持发展“枫桥经验”实现矛盾纠纷不上交试点工作表现突出个人	2019年6月	司法部
许丽环 庄仁莲 杨丽君 唐欢非	2004—2013年中国慢性病及其危险因素监测工作先进个人	2019年1月	中国疾病预防控制中心慢性非传染性疾病预防控制中心
王　钰	浙江省道德模范	2019年8月	省委、省政府
叶丽月（北岙街道上新社区） 洪求伟（东屏街道东岙村）	城乡社区治理和服务工作突出贡献个人	2019年5月	省委、省政府
苏滨滨	2018年度“五水共治”工作成绩突出个人	2019年12月	省委、省政府
罗　明（东屏街道办事处）	2018年度美丽浙江建设工作成绩突出个人	2019年12月	省委、省政府
甘寒冬	全省机构改革成绩突出个人	2019年8月	省委办公厅

续表64

姓名	奖项名称	获奖时间	授奖单位
叶元才	浙江省关心下一代工作先进个人	2019年11月	省关心下一代工作委员会、省精神文明建设委员会办公室
成贞心	最美银耀志愿者	2019年10月	省委老干部局
邱国鹰	银尚达人	2019年12月	省委老干部局
林黎明家庭	银尚之家	2019年12月	省委老干部局
张益根	“守护海洋”专项监督活动成绩突出个人	2019年12月	省人民检察院
黄赛微	大庆安保维稳工作个人嘉奖	2019年11月	省司法厅
柯友贤	浙江省审计机关先进工作者	2020年1月	浙江审计厅
余克新 林 浩	“四经普”省级成绩突出个人	2019年12月	省第四次经济普查领导小组
曾华静	全省环境执法工作先进个人	2019年2月	省执法稽查总队
陈立新	2018—2019年度消费维权先进个人	2019年11月	省消费者权益保护委员会
曾国耿	2019年度扫黑除恶专项斗争突出贡献个人	2020年3月	市委、市政府
石耀辉	2018 年度温州市“大建大美”工作突出贡献个人	2019年5月	市委、市政府
林淑苗	温州市劳动模范荣誉称号	2019年4月	市人民政府
甘寒冬	温州市尊重教育、尊重人才突出贡献个人	2019年2月	市委办、市府办
王芳草	2018年度全市法院优秀干警并记个人三等功	2019年1月	温州市中级人民法院
苏丽丽	最美温州人最美医生护士	2019年12月	中共温州市委宣传部 温州市卫生健康委员会
庄海省	市第二届“最美温州人—最美残疾人”	2019年5月	市残联

统计资料

2019年洞头区国民经济和社会发展统计公报

洞头区统计局

（2020年3月31日）

2019年是中华人民共和国成立70周年，也是洞头加快海岛振兴、深化海上花园建设的重要一年。洞头坚持以习近平新时代中国特色社会主义思想为指导，全面贯彻党的十九大和十九届二中、三中、四中全会精神，坚持稳中求进工作总基调，深入实施“三区”战略，加快特色崛起，经济社会各项事业取得新的重大进展。

一、综合

初步核算,2019年全区地区生产总值107.84亿元（不含灵昆街道为89.42亿元，下同），比上年增长8.8%（9%）。分产业看，第一产业增加值5.86亿元，下降1.0%；第二产业增加值44.55亿元，增长11.0%，其中工业增加值26.02亿元,增长19.5%；第三产业增加值57.44亿元,增长8.4%。按户籍人口计算，全区人均地区生产总值69655元（67946元）[按年平均汇率折算为10097美元(9849美元)],增长8.6%(8.9%)。国民经济三次产业结构由上年5.6：36.2：58.2调整为5.4：41.3：53.3。根据第四次全国经济普查结果和GDP核算制度规定，2018年GDP修订为94.68亿元，三次产业增加值结构修订为6.0：39.7：54.3。

二、渔农业

全年实现农林牧渔业总产值122757万元，比上年增长2.9%；其中农业产值11893万元，下降1.9%；林业产值659万元，增长15.2%；牧业产值2101万元，下降43.7%；渔业产值108104万元，增长5.4%。农作物播种面积2582公顷，比上年增长10.1%；其中粮食作物播种面积887公顷，增长17.5%；粮食作物中谷物播种面积94公顷，增长59.3%，番薯播种面积400公顷，增长12.0%，马铃薯播种面积198公顷，增长41.4%。

全年渔业总产量16.59万吨，比上年增长1.8%，其中捕捞产量

13.78万吨，下降0.2%，养殖产量2.82万吨，增长13%。渔业总产值108104万元，增长5.4%，其中捕捞产值73028万元，增长6.0%；养殖产值35076万元，同比增长4.2%。

渔业加快转型，“两菜”入选温州首批“瓯越鲜风”品牌，“蟹公寓”“智能鱼城”等模式取得成功，创成国家级渔业健康养殖示范区、省级渔业转型发展先行区、省级农产品质量安全放心区。

三、工业和建筑业

全区实现规上工业总产值101.49亿元，比上年增长64.9%；规上工业增加值17.70亿元，增长73.4%，增速居全市首位；工业用电量1.45亿千瓦时，增长17.3%。规上工业五大行业四升一降，建材工业、医药化工、机械汽配和电子电器产值分别增长60.2%、57.4%、5.6%和2.2%，仅水产品加工产值下降7.8%。规上工业企业利润总额-0.31亿元，和上年同比亏损额下降94.9%；剔除2家亏损较大的企业后利润总额为3.45亿元，增长49.3%。

永宏公司、迪特公司进入2019年“隐形冠军”培育对象，诚意药业进入中国医药工业百强。

全区建筑业省内产值108.66亿元，比上年增长54.7%。新增有资质建筑业企业9家，全区拥有三级以上资质的建筑企业40家。实现利润总额1.95亿元，增长3.7%。建筑业总产值突破 100 亿元，总部经济税收突破 1 亿元，双双创新高。

四、固定资产投资和房地产业

全年限额以上固定资产投资比上年增长11.8%，其中民间项目投资增长89.6%，高新技术产业投资增长40.2%，工业投资和服务业投资分别增长69%和7.9%。93个重点建设项目完成投资37.65亿元，为年度计划的107.5%。

全年房地产开发投资5.45亿元，比上年下降10%；房屋施工面积87.34万平方米，增长30.4%；商品房现（期）房销售面积9.43万平米，增长20.5%。

五、内外贸易和旅游

全年实现社会消费品零售总额39.49亿元，比上年增长9%；完成批零住餐销售总额141.94亿元，增长22.9%，其中限上批零住餐销售额99.82亿元，增长34.8%。实现电子商务交易额1.4亿元，同比增长30%。

全年外贸进出口总额14.34亿元，比上年下降29.7%，其中自营出口额3.09亿元，增长9.6%。按企业类型分，外贸企业自营出口额0.93亿元，增长40.6%；生产企业自营出口2.01亿元，增长16.9%；三资企业自营出口额0.15亿元，下降56.7 %。

全年接待游客890万人次，比上年增长15.6%，实现旅游总收入40.11亿元，增长15.5%；国际邮轮港累计接待游客2.75万人，同比增长 87.4%。

获评“全国文旅融合特色创新示范区”“中国铁三赛事杰出贡献奖”，创成首批省级全域旅游示范区，列入省AAAA级景区城和十大海岛公园建设，“民宿管家培训”项目获评2019年国家级“终身学习品牌项目”，东屏街道上榜省级旅游风情小镇，望海楼入选省生态旅游区，先锋女子民兵连纪念馆入选省红色旅游教育基地，两大旅游伴手礼入选省特色旅游商品名单。大力发展“星光经济”，串联15公里夜游线路，开通夜公交，持续推进望海楼夜游活动，推出音乐夜市、激光水秀、民俗演艺等项目，打造海鲜夜市、酒吧、茶吧等星光经济带。

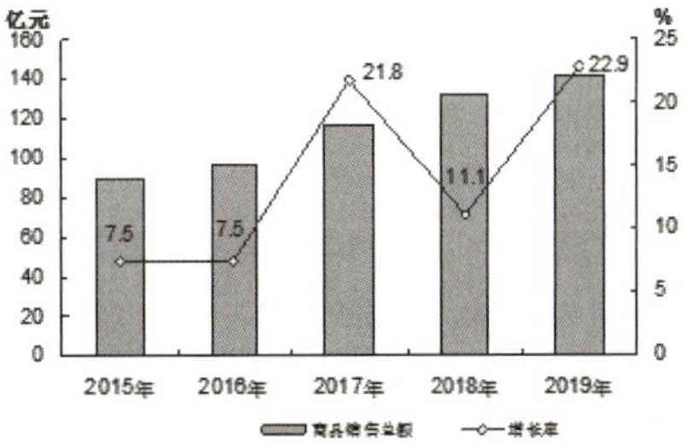

图9　2015—2019年商品销售总额及增速

2019年洞头区规上工业主要行业产值一览表

表65　　单位：万元

行业	产值	同比增长%	占总产值的%
五大行业小计	485726	45.8	83.4
其中：机械汽配	46175	5.6	7.9
电子电器工业	26269	2.2	4.5
医药化工	361939	57.4	62.2
水产品加工	3867	-7.8	0.7
建材工业	47476	60.2	8.2
临港工业	299529	63.1	51.4

六、交通和电力

全区共有海运企业19家，总运力规模59.04万吨，继续领跑全市，在册货运船舶150艘，平均船舶吨位4016吨，拥有万吨级以上船舶14艘。全社会货运量2519万吨，比上年增长44.0%，货物周转量225.49亿吨·公里，增长18.1%。全年完成港口货物吞吐量773万吨，增长23.9%；全社会客运量969万·人次，下降0.9%，客运周转量14999万人·公里，下降1.3%。

状元岙港区承接温沪、温甬集装箱外贸内支线转移业务，新开辟温州至越南海防、泰国曼谷两条干线，揽货能力进一步提高。开通环岛旅游公交专线、夜间1路公交线路和洞头至S1瓯江口站的区间客运班线。

全年全社会用电量37229万千瓦时，比上年增长11.0%，其中第一产业用电量147万千瓦时，增长30.0%；第二产业用电量16261万千瓦时，增长14.1%；第三产业用电量9484万千瓦时，增长16.1%；居民生活用电量11336万千瓦时，增长2.9%。

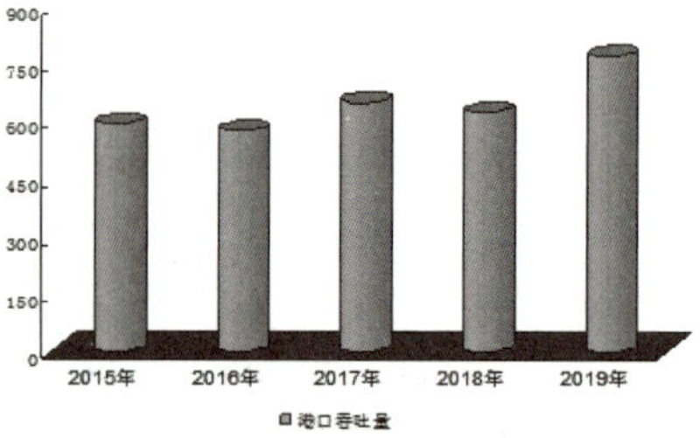

图10 2015—2019年港口吞吐量（万吨）

七、财政和金融

全年实现财政总收入15.09亿元，比上年增长20.7%，其中一般公共预算收入9.70亿元，增长18.7%。全年一般公共预算支出32.74亿元，比上年增长18.5%，其中节能环保、城乡社区、卫生健康、社会保障和就业等民生领域支出保持较快增长。

年末金融机构人民币存款余额105.14亿元，比上年年末增长11.8%，其中住户存款余额56.89亿元，增长24.3%；金融机构人民币贷款余额113.82亿元，增长34.9%，其中短期贷款44.52亿元，增长11.7%；中长期贷款余额68.28亿元，增长53.7%。

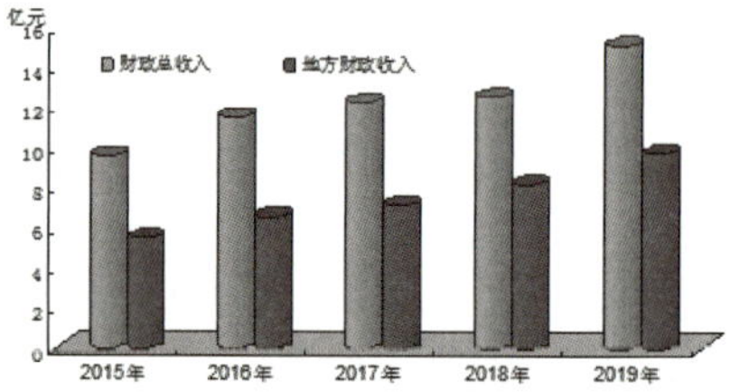

图11 2015—2019年财政收入（亿元）

八、教育和科学技术

2019年末，全区共有小学11所，招生1190人,在校生7162人，小学学龄儿童入学率达100%；初中7所，招生1241人，在校生3497人，初中入学率达100%；普通高中2所，招生807人，在校生1752人，毕业生429人；中等职业学校（含技工学校）2所，招生401人，在校生970人，毕业生247人。义务教育中小学专任教师1024人；中等职业学校（含技工学校）专任教师72人。全区共有幼儿园26所，其中省一级幼儿园2所，省二级幼儿园8所，省三级幼儿园16所；在园幼儿3983人，幼儿园（公办）专任教师138人。

截至2019年末，全区设有洞头区社区学院（含洞头电大、洞头老年开放大学）1所，创成市二级社区学院。7个乡镇（街道）均设有社区学校（含成人文化技术学校），其中，创成省级标准化成人文化技术学校7所，创成省级社区教育示范学校各1所、市级社区教育示范学校1所、市一级社区学校3所、市二级社区学校2所。2019年，民宿管家培训项目荣膺国家级和浙江省终身学习品牌称号；增创省级成人教育品牌项目1个，全区累计3个；增创省现代化成人文技校1所，全区累计2所。

2019年专利申请受理量266件，专利授权量223件，其中发明专利授权33件。鉴定科技成果14项，新增国家级高新技术企业4家，累计19家；新增省级科技型企业21家，累计87家。

九、文化、体育和卫生

年末全区共有文化馆1个，乡镇文化站7个，图书馆1个，总藏书37.59万册；艺术表演91场，受益群众5.35万人次；拥有文化设施建筑面积2.30万平方米；国家级非物质文化遗产2个，省级非物质文化遗产12个，市级非物质文化遗产53个；省级文物保护单位3处，区级文物保护单位33处;拥有文化信息资源共享基层支中心1个，省文化强镇1个，市级文化强镇1个，省级文化示范村（社区）8个，市级文化示范村（社区）28个，区级文化示范村（社区）29个。

年末全区共有体育场馆1个，体育场地设施面积40.25万平方米；现有篮球场60个，门球场14个，健身苑点155个，登山健步道3条。成功举办“铁人三项”世界杯赛、“一带一路”国家间体育交流赛。全年洞头区运动员在市级以上体育比赛获省级金牌3枚、省级银牌1枚，省级铜牌5枚、市级金牌16枚；获国家级以上比赛前八名5人次。

年末全区共有医疗卫生机构91个，其中医院2家，卫生院（社区卫生服务中心）7家，社区服务站17家，村卫生室27家，个体诊所医务室29家。卫生技术人员705人，其中执业（助理）医师323人，平均每千人拥有医生3.12人；注册护士243人。医疗机构年诊疗104.5万人次；医疗卫生机构床位数378张，平均每千人拥有床位3.65张。妇幼健康管理服务不断强化，实现连续14年孕产妇零死亡，产妇住院分娩比例达100%。5岁以下儿童死亡率5.91‰，婴儿死亡率2.95‰。

十、人口、人民生活

年末户籍总户数5.45万户，户籍总人口15.49万人，其中城镇人口6.11万人，乡村人口9.38万人。按性别分，男性人口7.92万人，女性人口7.57万人，分别占总人口的51.1%和48.9%。据卫计部门统计，全年出生人口1307人，出生率8.44‰；死亡人口888人，死亡率5.74‰；全年自然增长人口419人，自然增长率为2.71‰。

全年城镇常住居民人均可支配收入49567元，同比增长9.2%。农村常住居民人均可支配收入29962元，同比增长10.4%。城乡居民收入比由上年的1.67缩小为1.65。

全年城镇居民人均消费支出31459元，农村居民人均消费支出22390元，比上年分别增长12%、11%。城镇居民恩格尔系数34.6%，农村居民恩格尔系数36.5%，与上年持平。年末城镇居民人均居住面积64.2平方米，农村居民人均居住面积66.5平方米。年末每百户城镇居民家用汽车拥有量37.8辆，每百户农村居民家用汽车拥有量28.8辆。

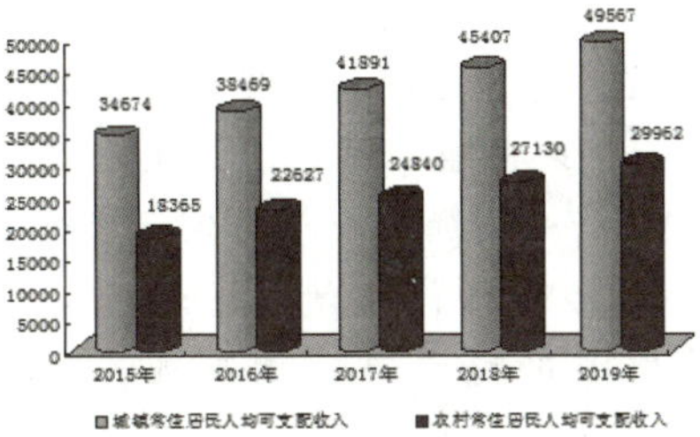

图12 2015—2019年居民收入（元）

十一、劳动就业与社会保障

全年城镇新增就业1405人，下岗失业人员实现再就业313人。年末城镇登记失业人员369人，城镇登记失业率1.93%。举办大型专场招聘会4场，其中赴外招聘2场，共提供就业岗位2440个，达成就业意向1538人，开发公益性岗位69个，安置就业困难人员上岗136人。全年劳动合同签订率为97.9%，比上年提高0.1个百分点。

年末参加城镇基本养老保险人数41066人，比上年增加2329人；参加城镇基本医疗保险人数18976人，比上年增加1402人；参加失业保险人数11938人，比上年增加1534人；参加工伤保险人数33243人，比上年增加10512人；参加城乡居民合作医疗保险人数100202人，比上年减少1770人；参加城乡居民农村社会养老保险人数40253人，比上年减少819人；全年实缴基本养老保险费39520万元，发放养老金43071万元。

年末城镇最低生活保障人数51人，发放最低生活保障金45.7万元；年末农村最低生活保障人数1679人，发放最低生活保障金1329万元。低保补助标准每人每月804元。特困供养人员79人，特困集中供养人员29人，集中供养率为36.7%。

城乡医疗救助2830人，医疗救助资金支出563万元。共有居家养老服务照料中心57家；公办敬老院3家，民办养老机构7家，养老机构床位数1076张。全年办理结婚登记1101对、离婚登记412对。

十二、生态建设、环境保护

累计建成国家级生态街道（乡镇）5个，省级生态街道（乡镇）1个，市级生态村65个（由于2019年洞头行政区划调整，部分生态村合并），生态村覆盖率78.31%；国家级绿色学校1家，省级绿色学校9家，市级绿色学校11家；省级绿色社区3个，市级绿色社区5个；省级绿色家庭30个，市级绿色家庭

2015—2019年洞头区城镇居民消费性支出情况表

表66　　单位：元

名称	2019年	2015年	五年递增%
消费性支出	31459	20194	8.9
食品烟酒	10908	7402	8.2
衣　着	2152	1383	7.5
居　住	7890	4485	8.2
生活用品及服务	2060	1084	11.0
交通通信	3029	2336	8.4
教育文化娱乐	3225	1659	13.3
医疗保健	1552	1222	10.9
其他用品及服务	643	623	7.7

54个。蓝湾指数获国家行业标准立项，整治成果获央视《新闻联播》报道，亮相新中国成立70周年成就展，成为全国生态修复典型。获批建设省级山水林田湖草生态保护修复试点，建成浙南最大人工沙滩。连续两年被授予美丽浙江建设工作考核优秀单位，首次获得“大禹鼎”，2019年生态环境公众满意度、“五水共治”公众满意度获得全市双冠。

全年空气质量有效监测天数353天，其中空气质量达优良的天数339天，环境空气质量优良率96.0%，PM2.5年均浓度为22微克/立方米。

注：

1.本公报中数据均为初步统计数，部分数据因四舍五入的原因，存在总计与分项合计不等的情况。

2.地区生产总值、三次产业及相关行业增加值和人均生产总值绝对数按现行价格计算，增长速度按不变价格计算，国民经济行业分类按2017年GB/T4754-2017标准执行。

3.根据第四次经济普查和统计调查制度规定，对地区生产总值，三次产业及相关行业增加值等相关指标的历史数据进行修订，2019年增速按可比口径计算。

4.受调查项目限制，以上的固定资产、房地产、外贸、旅游、交通运输、电力、财政、金融、劳动就业及环境保护数据不包含灵昆街道。

5.部门数据采用市县社会经济基本情况表，为部门上报汇总数据。

2018—2019年洞头区主要经济社会发展指标一览表

表67

项目	2018年完成数	2019年完成数	增速（%）	增速全市排名
地区生产总值（亿元）（全区）	101.15	107.84	8.8	3
#第一产业增加值	5.66	5.86	−1.0	11
第二产业增加值	36.62	44.55	11.0	1
#规上工业增加值	17.79	26.02	19.5	1
第三产业增加值	58.87	57.44	8.4	10
渔业产值（亿元）（全区）	13.32	14.15	8.2	—
渔业产量（万吨）（全区）	16.31	16.59	2.0	—
规上工业产值（亿元）（全区）	60.47	101.49	64.9	1
财政总收入（亿元）	12.50	15.09	20.7	3
#公共财政预算收入（亿元）	8.18	9.70	18.7	1
工业用电量（亿千瓦时）	1.24	1.45	17.3	1
限额以上消费品零售总额（亿元）（全区）	4.25	4.57	9.7	5
限额以上批发、零售、住宿和餐饮业销售总额（亿元）（全区）	63.15	47.06	−0.2	11
金融机构人民币存款（亿元）	94.0	105.1	11.8	7
金融机构人民币贷款（亿元）	84.40	113.8	34.9	1
城镇常住居民人均可支配收入（元）（全区）	45407	49567	9.2	3
农村常住居民人均可支配收入（元）（全区）	27130	29962	10.4	3
全社会货运周转量（亿吨公里）	190.88	225.49	18.1	—

（区统计局提供）

2019年温州市各县（市、区）主要经济指标一览表

表68

县（市、区）	年末户籍总人口（万人）	地区生产总值（亿元）		第一产业增加值（亿元）		第二产业增加值（亿元）		第三产业增加值（亿元）	
		累计	累计±%	累计	累计±%	累计	累计±%	累计	累计±%
温州市	832.36	6606.11	8.2	151.72	2.1	2811.93	6.1	3642.46	10.1
鹿城区	78.55	1137.13	8.6	1.93	2.7	285.40	5.5	849.79	9.8
龙湾区	34.05	704.52	8.2	2.46	0.8	213.05	7.1	240.11	9.7
瓯海区	46.32	661.12	8.6	6.62	1.5	278.06	7.1	376.44	10.4
洞头区	15.49	107.84	8.8	5.86	−1.0	44.55	11.0	57.44	8.4
瑞安市	125.82	1003.96	7.6	25.10	2.5	460.11	5.9	518.75	9.2
乐清市	131.49	1209.93	8.7	20.36	0.2	557.41	7.6	632.16	10.1
永嘉县	98.79	444.52	8.5	16.07	2.4	191.73	7.4	236.72	10.0
平阳县	88.45	510.29	8.9	18.61	3.4	228.84	7.5	262.84	10.3
原苍南县	135.03	652.21	6.2	35.45	2.4	267.79	4.8	348.98	7.6
文成县	41.08	104.91	9.1	9.34	3.1	24.29	10.0	71.28	9.6
泰顺县	37.3	110.60	8.2	9.48	4.0	37.10	8.9	64.02	8.5

续表68

县（市、区）	人均生产总值（元）（按常住人计算）		规上工业销售产值（亿元）		规上工业增加值（亿元）		固定资产投资（亿元）	
	累计	累计±%	累计	累计±%	累计	累计±%	累计	累计±%
温州市	71225	7.7	5070.80	6.5	1109.28	7.6	—	10.3
鹿城区	90536	7.4	222.42	12.0	56.99	8.9	—	10.0
龙湾区	97667	7.7	811.15	8.9	77.42	8.2	—	10.1
瓯海区	69709	8.1	491.47	6.0	126.69	8.4	—	10.1
洞头区	101883	5.4	100.41	69.6	17.7	73.4	—	11.8
瑞安市	69985	7.2	830.49	0	179.59	4.0	—	10.0
乐清市	84848	8.1	1353.08	4.7	296.49	7.9	—	10.1
永嘉县	53473	8.6	295.37	5.5	71.03	8.8	—	10.1
平阳县	63529	8.3	369.58	14.8	78.84	8.5	—	10.1
原苍南县	52280	6.1	358.78	5.2	73.39	3.1	—	10.0
文成县	42829	8.5	19.71	27.8	3.66	15.4	—	21.0
泰顺县	43236	8.0	12.96	6.0	2.84	10.7	—	12.0

续表68

县（市、区）	社会消费品零售总额(亿元)		财政总收入(亿元)		一般公共预算收入(亿元)		一般公共预算支出（亿元）	
	累计	累计±%	累计	累计±%	累计	累计±%	累计	累计±%
温州市	3655.87	9.6	936.87	8.6	578.97	12.5	1084.12	24.0
鹿城区	832.57	9.5	55.28	8.2	34.39	13.5	68.19	32.7
龙湾区	438.30	10.2	54.02	13.3	32.16	13.7	40.00	19.9
瓯海区	337.19	9.2	71.60	10.4	42.01	14.0	70.14	33.4
洞头区	39.49	9.0	15.09	20.7	9.70	18.7	32.74	17.1
瑞安市	525.37	11.1	125.20	6.3	79.64	12.0	139.92	28.2
乐清市	535.41	9.0	167.02	8.5	99.69	13.3	155.39	34.0
永嘉县	216.69	13.4	62.20	10.5	39.53	12.7	109.23	34.0
平阳县	229.01	10.2	57.48	10.3	38.03	16.0	90.88	27.0
原苍南县	395.94	6.0	67.66	9.0	42.46	12.6	113.75	8.0
文成县	50.63	8.4	13.84	22.2	9.63	16.6	56.14	18.8
泰顺县	55.27	9.9	17.22	25.2	10.10	15.3	55.55	17.4

续表68

县（市、区）	出口总额（亿元）		城镇常住居民人均可支配收入（元）		农村常住居民人均可支配收入（元）		金融机构人民币存款余额（亿元）		金融机构人民币贷款余额（亿元）	
	累计	累计±%	累计	累计±%	累计	累计±%	累计	累计±%	累计	累计±%
温州市	1902.23	26.3	60957	8.7	30211	9.9	13156.44	12.1	11529.55	15.6
鹿城区	470.41	91.7	68113	9.0	36255	10.0	0.00	−100.0	0.00	−100.0
龙湾区	406.27	21.1	61248	8.7	37642	9.8	0.00	−100.0	0.00	−100.0
瓯海区	183.02	13.8	63022	8.8	36619	9.5	0.00	−100.0	0.00	−100.0
洞头区	18.57	−21.7	49567	9.2	29962	10.4	105.02	11.7	113.82	34.9
瑞安市	305.39	11.9	64721	8.8	33497	10.0	1722.53	12.7	1351.83	13.1
乐清市	185.66	15.7	64442	9.1	35478	10.3	1634.51	14.2	1384.77	11.0
永嘉县	62.30	12.9	49489	9.3	24550	10.6	806.17	16.9	715.96	13.0
平阳县	79.35	18.4	50767	8.0	24957	9.8	659.03	14.8	642.54	24.2
原苍南县	53.43	12.2	50803	8.0	24320	9.7	775.13	11.5	964.19	19.0
文成县	3.63	−37.0	42116	8.9	19128	10.2	344.11	14.0	170.75	21.9
泰顺县	4.30	10.8	40622	9.4	18805	10.5	245.27	15.2	151.09	21.0

索　引

远洋归来・陈海英

“海霞精神”

爱岛尚武　励志奉献

索 引

说 明

一、本类目设主题索引和图表索引。

二、主题索引中文标目按汉语拼音字母（同音字按声调）顺序排列，同音同调按第二字母的音序排列，依次类推。数字开头的标目按数字0—9顺序排列。

三、部分标引词下面编有二级索引。

四、标目后的阿拉伯数字表示内容所在页码。

五、图表索引按序号排列，仅标注所在页码，不标注内容。

主题索引

0—9

A

B

E

F

G

H

K

L

T

W

X

Y

图表索引